U0455765

[明] 张居正 著

張居正全集

【五】

附录一 张居正资料选编
附录二 周易直解

长江出版传媒
崇文書局

目录

附录一
张居正资料选编

附录二

周易直解

上经

下经

附录一

张居正资料选编

孙大鹏　编

张文忠公行实

［明］张敬修等

先太师，讳居正，字叔大，别号太岳。其先庐州合肥人也。始祖福，以壮士从高皇帝起濠，渡江，克采石；从大将军定吴、越、闽、广，累功，授归州长宁所，世袭千户。其后四世孙，自秭归徙家江陵，遂为江陵人。高祖旺，曾祖怀葛公诚，祖东湖公镇，皆负隐德不仕。至考观澜公文明，而经明行修，为时望所属。然数奇，数上有司不第，遂弃去。语在太保桂林吕公、今少傅蒲坂张公、大司空承天曾公所为碑碣若状中。由怀葛公而下，俱赠如太师官。曾祖妣聂、祖妣李，俱赠一品夫人。母赵，封一品夫人。

始，赵夫人尝夜见室中有火光，光上照天，顷之，一青衣童子约五六岁，冉冉自天而下，绕床左右，遂娠有身。凡在身十有二月，以嘉靖四年乙酉五月三日生太师。生之夕，曾大父东湖公梦有大水骤至，流溢庭下。大父大惊，问奴属所从来，奴属口对状，言水自张少保纯地中流出者。是夜，会怀葛公亦梦有月堕水瓮中，流光发色，化为白龟，浮水上曳。有顷，太师生，因名太师白圭，应月精之瑞。

嘉靖五年丙戌，太师二岁能言，有殊异状，即见者，亡不人人色动。一日，从世父龙湫公读《孟子》，龙湫公戏谓太师曰："儿毋自负，儿能识余所指'王曰'二字，则诚奇耳。"他日，龙湫公方坐读书，而会乳媪抱太师至，龙湫公抱至膝上，戏以前所指"王曰"字验问太师，太师识如前，若素所诵习。国中以此皆称太师神童，而长老先生有识者，皆以公辅期太师矣。五岁始授句读，辄授辄记。十岁通六经大义，以能属书摛辞闻郡中。

嘉靖十五年丙申，就试有司。时大司徒李公士翱为郡太守，先一夕，梦上帝剖符封识玉玺，令授一童子。明日，进所取士庭下，太师名在第一。李公揖太师升阶，目摄童子何如人，果梦中所见者，乃大喜。更太师初名，曰：“白圭，不足名子，子他日当为帝者师，余得闻命天皇上帝矣。愿自爱。”会督学使者田公顼行部至郡，李公具言郡中有童子能文，大奇。田公立召之至，试《南郡奇童赋》，援笔立就，无所点窜。田公目视李公曰：“太守试以为孺子何如贾生？”李公再拜，贺曰：“贾生殆不及也。”田公谢曰：“虽顼亦以为不及也。”遂补太师博士弟子高等。适摹得唐北海太守李邕《南岳碑》，田公读未竟牍，即以与太师，曰：“子之才，他日无论北海矣。”明年，就省试。时大司寇顾公璘开府楚中。顾公者，故海内所称矫然名世臣也。一见，知太师王佐才，语直指使者冯公曰：“张孺子天授，即令蚤在朝廷，宜亦无不可，然余以为莫若老其才，他日所就，当益不可知耳。此使君事也，使君其图之。”于是太师棘中所射策，业为观察使陈君束所称。陈君以为请，而冯公竟用顾公言，置勿第。至庚子乃第。会顾公以大司空有事于献皇帝陵园，太师过谒顾公。顾公曰：“张生幸过我，大器晚成，此自中材，仆诚不当以中人薄视吾子，迟吾子三年作相。然仆诚见解承旨奇才，高皇帝遣归受学，德念甚厚，即今谨待十年未晚。而承旨曾不少下，卒以此为世所悲叹。我所为语冯侍御者，愿吾子志伊学颜，毋徒以秀才独喜自负也。”久之别去，顾公亲属文赠之，又解所系束带为贺，曰：“此非子所就，聊以明吕虔意耳。”

二十六年丁未，太师举进士，选庶吉士，读中秘书。

二十八年己酉，授翰林院编修。时少师华亭徐公在政府，见太师沈毅渊重，所为文虽旁列子史百家者言，而其学一本之躬行，根极理道，以此独深相期许，曰：“张君他日即荩臣重国矣。”然太师体故孱弱，又倦游。

三十三年甲寅，遂上疏请告。既得请归，则卜筑小湖山中，课家僮。锸土编茅，筑一室，仅三五椽。种竹半亩，养一癯鹤。终日闭关不启，人无所得望见，唯令童子数人，事洒扫煮茶洗药。有时读书，或栖神胎息，内视返观。久之，既神气日益壮，遂下帷，益博极载籍，贯穿百氏，究心当世之务，盖徒以为儒者当如是。其心固谓与泉石益宜，翛然无当世意矣。大父见太师居山中且三年，而坚卧不起，常邑邑不乐。前问大人所为焦劳状云何，大父辄起行若不顾，而又时时以其意语所亲者。以此恐伤大父心，遂出。

三十九年庚申，以右春坊右中允，管国子监司业事。太师至，则劝学兴礼，建首善为天下先，诸生弟子即有秀才异等，咸为选首。天下士愿得若丘文庄在成均十年，令学士靡然向风。而会世宗皇帝诏文学侍从纂述兴都肇基事，为《承天大志》。再阅岁，犹弗就。

四十一年壬戌，少师徐公上言太师有良史材，遂用中允充副总裁，领其事，盖异数也。既受命，甫八阅月，而手自脱稿，为十二纪以献。书既上，世宗心知太师他日能以经术辅朕皇太子，兴理太平之业，遂令以右春坊右谕德，侍皇考讲读。太师仪容峻整，每进讲，必引经执义，广譬曲谕，词极剀切，以故皇考往往目属太师，加礼焉。

四十五年丙寅，进翰林院侍讲学士，掌院事。

隆庆元年丁卯，皇考录用旧学，进太师礼部右侍郎兼翰林院学士。未几，进吏部左侍郎兼东阁大学士，参赞机务。《永乐大典》成，进礼部尚书兼武英殿大学士。

二年戊辰，加少保、太子太保，赐衣一袭。时太师条上六事：省议论、振纪纲、重诏令、核名实、固邦本、饬武备，皆朝廷大政。又以嘉靖之季，虏数犯塞，请举祖宗大阅礼，以饬戎事而振士气。皇考嘉纳，遂以明年秋九月，大阅于北郊。是日，天子躬擐甲胄，太师戎服扈从。选卒十二万，戈铤连云，旌旗耀日。天子坐武帐中，观诸将士为偃月五花之阵。已，乃阅骑射，简车徒。礼毕，三军之士皆呼万岁，欢声如雷。都城远近，观者如堵。军容之盛，近代罕有。

四年庚午，用考绩恩，加太子太傅、吏部尚书，官一子中书舍人。先是，元孽小王子裔孙阿著故崛强。而俺答者，又最强大，有控弦之众十余万，马四十万，橐驼牛羊百万，驻云中、上谷。伯兄吉囊蚤死，有男子四，有众数万。而俺答弟昆都力哈部落亦复三万，与吉能埒。肃皇帝时，岁入边，杀略人民畜产甚多，云中、辽东最甚。其后，我叛人赵全与其党李自馨、刘四、赵龙等亡抵俺答，居板升。而最后中国无赖亡命若赵宗山、穆教清之属，又悉往从虏。此属熟知险隘阨塞，为虏乡导，日夜教虏候利害处。以故，二十九年，俺答大举逼京师。四十年，犯蓟。

隆庆元年，陷石州。当石州失守时，赵全谓俺答曰：“那颜春秋高矣。那颜莫若以此时据有云中、上谷，东封居庸，南塞雁门，独以一面西制晋、代，此五霸之伐也。”谋未定，会俺答夺其孙把汉那吉所聘妇予袄儿都司。那吉怒，以为俺答善淫，无畀尊礼，乃与其妻比吉、妳公阿力哥等十人，马十三匹，息山西平虏城外，叩关而入。督府少司马蒲坂王公、御史中丞嘉鱼方公上状。朝议纷纷，皆以为不宜纳叛人，徒启衅，或云杀之。太师独劝上纳那吉降，授以官职，厚给赐饮食衣服器具，置大同城中。俺答闻那吉亡，大惊，发万人，临平虏城来索。廷臣恇惧，咸谓宜与之。太师独不许。令诸将坚壁清野，勿与战。故令那吉衣其所赐绯衣金带，夸示虏使。而使谍者以好语款虏曰：“尔能缚我叛人赵全等献，盟誓于天，约以数年一骑毋穿我塞，乃得归而孙耳。”时有谓虏久不去，老师费财，欲乘老酋得孙急，而因与为市者。王公以为不可。太师报书王公曰：“公言良是。和戎自有体。彼即欲得孙，谓宜先缚致全等境上，尽屏往来游骑，请命幕府，我乃然后礼那吉而归之耳。乃今拥万骑平虏城外，欲坐索而孙，何可谓诚款乎？设有吐蕃劫盟之事，谓朝廷何？夫全等至狡狯矣，彼岂能坐而待缚若鸡犬乎？假令语泄，彼得以为谋，或聊以胁从数人欺误朝廷，而我乃轻弃重质，非细故矣。此不可不虑也！且那吉归而老酋幸奉约束，无他肠，吾即假爵封王，通贡市，无不可矣。有如虏诸所言，特空绐幕府，殊无意称臣，又或多所请乞，明年又复寇边，损国家威重，则虽得全等数十百辈，何为乎？愿公熟计之。”于是王公遣鲍崇德一再诣虏营，晓以利害。俺答仰天笑曰：“吾何爱数十人头，不以易吾孙！”乃夜袭板升，得赵全等九人，缚致境上。上用太师计，厚礼那吉，遣归。俺答感泣，遂奉表请称臣内属，通贡市，岁岁勿绝。时大司寇案全等反状悉具，上令礼官为文，祠告郊庙，戮之东市，支解以徇，传其首于边，既厌快众愤矣。上嘉太师殊勋，加少傅兼建极殿大学士，官一子尚宝司丞。而诏集朝臣诣阙下，议封贡可否。一时众议藉藉，有谓便者，有谓不便者。太师复以书抵王公曰：“今之议者，皆谓和戎示弱，开市启衅。此殆不然。仆独以为有五利焉。边鄙不耸，穑人成功，一也；我得以其间，修战守之具，蓄士卒，养马，岁无援兵，可省行粮数十百万，二也；俺答既臣属，土蛮、吉能不敢轻动，三也；赵全等既禽，即板升十万之众，可驯而致也，四也；虏骄天亡，其兆已见，老酋死，其族必分，即不死，必有冒顿、呼韩之变，我得乘其败而坐困之，五也。”王公得书，叹息曰：“张公可谓知社稷大计矣！”然论者发言盈庭，犹欲伺衅而动。太师不得已，乃诣文华殿，举成祖封和宁、太平、贤义三王故事告上。上意遂决，许通贡市。

隆庆五年辛未，俺答遣使奉表称臣，贡名马三十匹，上御建极殿受之。使太史奉金册封俺答为顺义王，其弟子若孙、部落六十五人各授官，赐金帛有差。俺答大喜，告中国使者曰：“全等虽诛，赵宗山犹在，此属不灭亡，终败和约。”王公以闻。诏捕谳狱如赵全等刑。已而套虏亦愿修贡天皇，请得市易中国财物，如宣大例。上报可。赐吉能都督同知，余受秩者凡四十有九人，并赐衣帛。于是中国以段布皮物市易虏马，虏亦利汉财物，贸易不绝。东自四海冶，西尽甘州，延袤五千余里，无烽火警。行人不持弓矢，近疆水陆屯田，悉垦治如内地。墩台哨望之卒，渐已彻去，所省饷，岁不下数十万石。北地精锐所易马至数十万匹。盖居庸以西，天子无所忧事事，得以一意备东虏矣。

是年春，当会试天下士，上命太师典试。太师崇雅黜浮，思得真才以裨实用，故所举士皆才行高秀，号称得人。

六年壬申，上念太师运筹制虏，茂著忠猷，加少师兼太子太师，予锦衣正千户，令世其官。一日，先帝视朝，忽起走，语且嚼。太师偕司礼监太监冯公扶持还宫。坐稍定，先帝召太师榻前，执太师手，属托甚至。太师饮泣不止。既出，遂触地号天，几不可生。

今上既嗣皇帝位，念山陵大事，诏太师卜视大行皇帝陵寝。太师当烦暑，以身暴烈日中，历险乘危，上下山谷，与二三堪舆，遐瞩玄讨，得大峪岭吉。识者以为乾坤奠隩，风雨呵灵，足绵皇家万年无疆之绪矣。途归触暑，且病，将请休沐。而上亟欲访落太师，亟召见平台，慰劳恳至，曰：“先生为父皇陵寝辛苦受热，已追述先帝凭几末命，称先生忠臣。”太师感激悲咽，不能仰视。仓皇数语，皆保王躬、补王缺要道。上悉嘉纳。赐大官酒馔，白金彩币。

先是，上在东宫，尝昼寝，梦一美髯大臣在侧，若将有所陈见。上寤，异之，以问内侍。内侍对曰：“殿下他日当有太平宰相如其人。”及见太师平台，长身玉立，髭髯修美，上记忆梦中事，语内侍曰："此即朕梦中所见者乎！"因赐太师玉带。太师以为上神灵明圣，必得虞九官十二牧，周四友多士在廷，乃可以称任使，以故疏请大诰文武群臣，示上意所向。又念国有大故，或启戎心，天子设锐意灭胡，念非此时令匈奴有所震叠不可，故请敕本兵，令边吏毋得解甲，谨备胡。是时，薄海内外，知上意指，既瞿然改意。太师乃按刘文靖故事，请御日讲，三日一出视朝，毋得以寒暍小故废罢。

会皇考将掩玄宫，太师奉上命，奔诣昭陵，恭题穆宗庄皇帝神主。山陵礼成，用翊赞功，进左柱国兼中极殿大学士，官一子尚宝司丞。累疏辞免，上不许，益降敕奖谕曰："卿受遗辅政，有安社稷之功，勋荫未足以酬。"太师辞益力，上不得已，许之。已，复亲洒宸翰，赐大字凡五：曰"元辅"、曰"良臣"、曰"尔惟盐梅"、曰"汝作舟楫"、曰"宅揆保衡"。太师顿首曰："上幸向意文字，即操觚染翰，非帝王要务，亦无不究极精微，动以古人为法，臣知所以事上矣。"乃属讲官略采古昔帝王善可为法者八十一事，恶可为戒者三十六事，衍为《帝鉴图说》以献。上敬起受，降温旨奖劳，令宣付史馆，昭示君臣交修之义。

时锦衣卫逮沐黔国朝弼至京师，廷鞫之，榜笞备至。太师为请宽其罪，得减死，安置于南京。

万历元年癸酉，正月，时有大辟，主傅上刑，其罪人业有所指。一时人情汹汹，皆以为祸且不测。设非廉得其状，从中持之，且连染无辜数千百人大狱矣。太师心知其事，大缪不然，为解说于上，请以百口保其无他。上意始解。竟以罪当其人，他无所波及。外庭未有知者，益彰天王明圣矣。

二月，岭东平。岭东有巢，曰洋乌潭、马公等寨。其地在惠州，丛山深箐，延袤八百余里，一夫当关，万夫莫开。故伍端、黄世乔等，得啸聚其中，蚕食东路数十年。人望之，如回纥、冒顿，殆天厚其毒耳。皇考时，蓝一清、赖元爵至为魁杰，而曾廷凤、江汉、王栗、叶景清、马祖昌诸贼，亦据有坚巢，为寇暴，所从来远矣。太师乃计移督府殷公，言："岭东故多盗，往岁当事虽举兵首事，然徒尝寇，略取所获一二报上，虚往虚返，即名杀贼耳。仆以为非大举，将为东南忧。且此属皆闽越人，非若强胡不可化诲，既称听抚，而犹拥坚巢如故，此何为者也？仆以为自非望风解散已列为编氓者，不得言抚。公独不见曾廷凤之事乎？”于是殷公用太师言，大誓文武将吏，进捣其巢，俘斩蓝一清等一万二千二百八十有奇。诸走匿堕岩谷焚溺死者，不可悉数。上谓太师等赞谋庙堂，算无遗策，将首论太师功。太师谢不受。上以太师功在社稷，乃劳谦不有，足立臣极，特赐金绮酬之。

七月，上言：“臣当先帝时所上便宜六事，其一愿上幸综核名实。乃当事者玩岁愒月，卒不能以实应，即所敷奏，徒文具耳。请令自今天下吏民所上封事，有事下四方郡国者，请令诸曹皆置记籍，与为约期，而月令科臣按之。设所在抚按奉行诏书，不以时奏报，或已奏报，而诸曹故慢令、不与可否者，臣等当条列其事，请诏下所司诘问，责令对状。”上报可。

十一月，以六年考绩，进中极殿大学士，不获辞。

万历二年甲戌，正月，西南夷都蛮平。都蛮，古泸戎也。自汉遣唐蒙通巴筰，开犍为郡，治道置吏。其后诸葛武侯仅能讨平之，然亦弗靖。至数千年而至纯皇帝时，程尚书、李襄城至烦十八万之师，费金钱巨万，越四年，仅克霸。盖九丝、凌霄等寨，皆天险，故僰人人屯聚其中，人莫能摧其坚，而彼得以时出没为寇钞。比年以来，所杀掠我人民以万数，至陆梁矣。方隆庆改元，蜀当事者以都蛮上变。时赵文肃叹曰：“都蛮不灭，吾叙泸赤子且无噍类！安得畀一巡抚往任之？”太师曰：“吾楚一士足办此，第名未著耳。”公问曰“何？”太师以曾公对。已，乃卒请于上，诏曾公往讨之。曾公故有伟略，约灭此后朝食。而太师又数移书曾公，其大指谓宜征兵积饷，为坐困之形，而募死士从间道捣其虚。先年破香炉，取岷洮，皆用此道耳。盖先是言官有以闽事论刘总戎显者，罪且不贷。太师曰：“临敌易将，兵家所忌。倘蜀事不效，当并闽事逮治之。”于是言者意始解。而显以此惧且感，竟奋不顾身，受曾公方略，以平蛮自效。凡越六月，而凌霄、都都、九丝等寨悉平。所擒斩俘获四千六百有奇，得酋王三十六人，拓地四百里，得武侯所遗铜鼓九十三而还。

七月，皇考《实录》成，诏太师兼俸尚书，官一子中书舍人。太师累辞谢，不受。

十一月，初，东虏见俺答已得封，而独已土蛮速把亥请封不许，故骄踞，耻言修贡事。隆庆五年四月，寇连山驿。五月，寇盘山。六年二月，寇长胜堡。万历元年，犯镇西堡边外。秋七月，寇铁岭。冬十二月，寇镇宁。太师患虏悖慢，令大筑亭障，修烽火，前后所以授当事者，机宜甚备。而虏曾不悔祸，转益钞暴。然每入犯，辄大创而去。虏以此大恨，计邀建州属夷，以二年冬十月，入犯清河。逆酋王杲，遂诱杀我裨将裴承祖等。时督府张公，大将军李公闻状，用太师策，鼓行而前，乘胜直捣红力寨，斩首虏一千一百有奇，马牛羊无算。上闻，谓辽东大捷，皆太师等运筹功，乃手诏太师敕谕云："朕以幼冲嗣位，赖先生匡弼，四方治安，九边宁静。我祖宗列圣亦鉴知先生之功，就加显爵，亦不为过。乃屡辞恩命，惟一诚辅国，自古忠臣如先生者罕。朕今知先生实心，不复强，特赐坐蟒衣一袭，银五十两，以示优眷，用成美德。其钦承之。"

十二月，太师以上方精核吏治，乃与太宰张公、大司马谭公约，置为御屏，中绘天下疆域，旁列上公而下、郡太守而上文武群臣姓氏屏中，上之。上令设于文华后殿省览。

万历三年乙亥，二月，太师请修复祖宗故事，令日讲官记注起居，兼录诏谕制敕，凡郊祀、耕耤、幸学、大阅皆令侍从。又选择史官供奉文字已久者六人，日居馆局中，编摩诸司章奏。其大臣便殿独对，有密勿谋议得闻史臣者，令入对大臣纪述，送史局诠次。

五月，请敕吏部，凡所在督学使者，非方正博闻之士，宜勿遣。督学使者所至，修起教化，毋得日坐都城中虚谈贾誉，计日待转，使人得干以私。宜以时遍历所部郡邑，所至，兴廉举孝，谨察学官博士弟子。每三年，四方郡国既大举士，即令主爵御史大夫察举其能否，御史中丞部使者，又非时得以论列其事。其能明布谕下，纲纪人伦不涉流俗者，诏进其官。设有群聚徒党，虚论高议，若受事请谒，及以突梯脂韦事入，辄罪之，而请诸不称者罪。博士弟子务崇孝弟廉让，敦本尚实，毋得剿袭异端，游大人成名；其有讥时好讦，不务成事，市语道谤，敢行称乱者，令有司论如法。上俱报可。

万历四年丙子，六月，请重修《大明会典》，备一代典型。

五月，太师以圣龄日长，宜躬御万机，省览章奏，乃取中书所藏皇祖御书圣谕、御制御批，凡二百四十有二以进。

是时岁比不登，又多水旱，上诏书数下，赐民田租。乃郡国守相奉上诏不勤，督赋益急，闾阎愁叹，盗贼多有。太师乃与执政吕公、张公上疏，请诏有司加意牧养，令主计议佐百姓。民有穷饿，或岁大祲，若岁久赋重，度终不能输将者，其悉除之。又言太仓所储，足支八年，独大帑无羡金，而民间复苦输粟，终岁勤动，不得修暇，盖国与民皆受其病矣。请令今岁赐民改折十分之三，上以实帑藏，下以宽恤民力，此两利之道，计无便于此者。上从之。

十月，以一品九年考绩，加特进左柱国，进太傅，支伯爵俸，赐玺书奖劳，福宴礼部，官一子尚宝司丞。已，遣中贵赐太师手敕谕："元辅先生亲受先帝遗嘱，辅朕冲年，今四海升平，四夷宾服，实赖先生匡弼。精忠大勋，朕言不能述，官不能酬，惟我祖宗列圣必垂鉴知，阴佑先生子孙世世，与国咸休也。兹九年考绩，于常典外，赐银二百两，坐蟒、蟒衣各一袭，岁加禄米一百石，薄示褒眷。先生其钦承之，勿辞。"太师累疏辞谢，上重违其意，诏许辞太傅、伯禄，其他宜悉勉承，以见君臣相信之义。太师遂不敢辞。

万历五年丁丑，五月，有诏修慈庆、慈宁宫。太师上言："两宫规制甚备，又至壮丽，足以娱太后万寿，不宜时诎举赢，令群臣啧有烦言，此徒以彰朝廷过举耳。"上心知太师等忠言，即入言圣母，得罢之。

六月，岭西罗旁平。罗旁据东南山海间，东西二山相距，惊江急峡，飞岩断壑，不知其几百里。诸傜窟穴其中，自天地剖判以来，未有闯其藩者。国初，邓申国用创业兵，仅能定之。其后马恭襄、叶文壮、韩襄毅虽弹压其间，亦不能荡平。张连吴平事，无论已。至世宗朝，诸傜召阳春山民耕，而与浪贼黄德祥等四千余人雄据两山，转相寇掠，遂至今日，不可复扑灭。盖其处万山蔽亏之中，尝负固自喜，以为天兵无足忧，非可单车片言，指计而縻也。前督府殷公既讨平惠、潮，上疏言贼当诛。一时议者谓粤军旅数兴，不无事矣。自古征蛮，未有大得意者，刘安谏伐闽越书，可念也。太师曰："不然。"会殷公入为大司农，乃推毂少司马凌公，请赐玺书，属凌去，审定计画讨贼，许留岁入帑金十一万为助。濒行，太师语凌公曰："虽鞭之长，不及马腹。即今五指北三八寨诸僮，虽乘间窃发，然要当审所缓急耳。”凌公既至，乃部署十道师，号三十万，分道并进。一切方略，悉如太师指。刊木夷山，摧破诸岩峒五百六十有四，俘斩四万二千有奇，拓地数百里，以其地置郡县。事闻，上赐太师金钱，谓“广东大捷，实赖先生每运筹”云。

是时，台官卜上大婚期，得冬十有二月吉。太师度上春秋未可，即上书圣母，言皇上为天地神明主，发动兴事，百神皆将受职，非阴阳小数所能持。且累朝列圣，无以十五龄纳后者。臣愚以为明年便。圣母许之。

八月，太师以所撰加恩张英国等敕上进。上遣中谒者谕太师，谓“皇祖四十五年实录，字字句句，都是先生费心，看改几次”，趣令拟敕加异恩。太师上书，极言君臣分义，欲必得请。乃上为感动，特允其请，令宣付史馆，昭垂万世云。

九月，大父以疾卒于江陵。先是，念大父、赵夫人春秋高，“私心愿得陛下赐臣一月之便，一日驰二百里为二人寿。又念皇考顾托臣至重，非所宜言。故居平常缅然长思，寝席多有涕泣处。”上察太师貌日癯，顾问左右曰：“张先生连日貌若有大忧，固忧勤国家者，得亡有二人念乎？”左右叩头对曰：“良然。”于是圣母、上出内帑绮币金钱，驰赐大父、赵夫人，而手书谕太师：“其为朕致先生父母。”大父惊跽感泣，再拜曰：“臣文明死无以报，愿藉手臣子以报陛下。”当是时，太师念上恩礼隆异，益不敢言省觐，然心不能一日置也。乃书移叔父居易、居谦，谋迎养大父阙下。大父不许，辄报书太师，亹亹数百言，其词严正剀切。大要谓肩巨任者，不可以圭撮计功；受大恩者，不可以寻常论报。老人幸未即衰，儿无多设不然之虑，为老人过计，徒令奉国不专耳。然大父心知太师内顾，则故令家僮日舁一舆，携一卮酒，与二三老叟游行山水间。有时蹑蜥登崇冈绝颠，无异壮夫。盖大父故健，而又欲故为趫捷，以示无恙。故往往有人自江陵来，辄言大父善饭。不谓一日晨出登王粲楼，蒙犯霜露，寝疾十有一日，遂卒。

大父讣既闻，中使奉圣母、上所赐内馔出问劳太师者，归言元辅毁甚，几绝。上大震悼，即手谕太师曰：“天降先生，非寻常者比。亲承先帝付托，辅朕冲幼，社稷奠安，天下太平。莫大之忠，自古罕有。先生父灵，必是欢妥。今宜以朕为念，勉抑哀情，以成大孝。朕幸甚！天下幸甚！”是时朝野相念者，皆言太师亲承皇考顾托，义不得复顾其私，恐上遂纳太师请，皆欷歔叹息。而会讣闻之夕，即彗出斗牛间，其尾指婺女，长数十丈。台官微言：“按天官书，斗，丞相之位，彗出牛、女、牛，主大臣移徙，天子愁，兵起，天下受怨。”于是上益慑悸，有诏诏吏部谕上意，勉留太师。太师闻命，计未知所出，即哀号上疏言：“臣幸未死，报国之日长。且国家非有金革之意，而令臣墨绖在阙廷，非盛世所当有。”上泫然流涕曰：“卿笃孝至情，朕非不感动，但念朕当十龄，皇考见背，丁宁以朕嘱卿，卿尽心辅导。今海内乂安，蛮貊率服，朕垂拱仰成，顷刻离卿不得，安能远待三年？且卿身系社稷安危，又岂金革之事可比？其勉遵前旨，以副我皇考委托之重。”太师闻诏，水浆不入口者三日。又叩心雪涕上疏曰：“先帝不知臣不肖，临终属臣以大事，臣何敢中道弃去？但念臣生离臣父十有九年，即死不及殡，攀号莫及。愿赐臣归葬，使得身自负土，加一篑丘陇之上。过此以往，死生惟陛下所用之，臣死且不朽矣。臣诚穷苦，心郁结而难舒，惟陛下哀怜。”上览奏，焦然不宁，复手谕太师：“卿言终是常理。今朕冲年，国家事重，岂常时可同？连日不面，朕心如有所失，七七之期，犹以为远。卿平日所言，朕无不从，今日此事，却望卿从。”又谕执政曰：“元辅必不可离朕，即百疏不允。”于是吕公、张公以上意闻太师。太师遂躃踊痛哭号天曰：“臣闻鹿死不择音，臣诚不胜乌鸟私情，臣不知死所矣！”遂上章极言曰：“臣既不孝，背弃死者。臣有老母，今年七十有二，人命危浅，朝不虑夕。设令知臣被留，恐不复相见，长思劳望，郁悒难聊，有不可知者矣。陛下方以孝养两宫，奈何不推心置臣腹中，顾念臣母乎？且臣上顾君父，下念父母，欲留不可，欲去未能，臣之进退，实为狼狈矣。假设令臣终不得所请，负痛在列，无论精神沮丧，不能复为国家发虑出谋。臣闻忧苦伤人，即臣犬马躯，有不可知者矣。陛下如令爱臣，何不生活臣，责他日后效。臣诚过激，愿跧伏苫凷，候伺诛死。”上曰：“朕为天下留卿，岂不轸卿迫切至情，忍相违拒？”乃再遣中使赐太师手谕：“朕以冲幼，赖先生为师。况朕学尚未成，志尚未定，万机尚未谙理，若先生一旦远去，则数年启沃之功，尽弃之矣。先生何忍？已特差司礼监官同先生子前去造葬，事完，便接先生老母来京侍养，以慰先生孝思。务要勉遵前旨，仰体圣母、朕惓惓至意，毋又有所陈。”于时，太子太保新昌潘公等，与吏科都给事中陈君三谟等，山东道监察御史曾君士楚等，南京户科给事中王君蔚等，先后交章恳留。诸侯卿相、大小百执事皆诣太师所，备极宽譬，责以君臣大义曰：“上固谓父丧当守，君命尤重。夫人臣既以发肤属上，惟上所生死，势安得自便已乎！且相君何能去？即章百上，无当于事，徒伤君父心。在礼奔丧记，奔丧之礼凡一，而不得奔丧之礼凡四，此言何谓也？”于是太师迸涕交挥，谢言者曰：“臣父至疏贱，今其即世，而圣母、上赐臣赙千金，他楮币称是。既诏仪部往谕祭，尚书工部郎往营葬事，为加祭五坛。已，又令宫禁贵臣经纪其丧，即令以臣母来。盖天恩加隆千载，令臣益道尽途穷，殆颠连无告矣。夫上所以隆施臣父之谓何？度臣父地下，且以己所不能报，塞责望臣。臣何可既负吾君，重违臣父？矧上大婚期且近，而臣殊死求去，非先帝意。臣不若以此时墨缞赞上机务，侍讲读。有如上察臣所为哀痛状，上终当幸听臣去耳。不然，臣请益力，而上有如震怒，即嘉礼成，而臣父春秋窀穸之事，臣不敢以请矣。”于是上疏言状，且请后归葬事。上大慰悦，许太师得谢常禄，令大官日给酒馔。在廷诸臣，月致刍米。既逾月，上遣中使召见平台，上悲感涕泣，慰劳太师曰：“朕为社稷屈留先生，先生想父皇付托的意思，成全终始，才是大忠大孝。”太师叩头谢。遂出视事。

万历六年戊寅，正月，礼官请举大婚，诏太师充纳采问名使。是月，慈圣皇太后将还慈宁，申谕太师朝夕纳诲，终先帝付托重义。太师顿首上书圣母，言：“臣在外廷，所不能及，伏惟圣母调护圣躬，开导圣学。幸甚。”已，又上书请上服膺慈训，上拱手谢曰：“当为卿等戒之。”

二月，上方行嘉礼，赖天地宗庙，会督府张公奏土蛮拥众万骑犯辽河劈山，我兵出边二百余里，斩首捕虏四百三十五级。圣母大喜，以为此勉留张先生明效。上恭述示太师，赐以金币。盖先是黄台吉握重兵，养家奴寨，强委禽王台。王台涕泣，以女女黄台吉子。一时言者遂谓王台阴阳中国，情伪不可知。太师独令边将善遇王台。万历二年，王台卒将致王杲献阙下。大将军斩馘虏千人，故天威益震荡。平虏之役，斩首虏二百，虏日以益弱矣。

三月，大婚礼成，上既恭上两宫圣母徽号，将论太师元功。太师以持服故，谢不受，即再疏请乞归葬。上不得已，敕尚宝司卿郑君钦、锦衣卫指挥同知史君继书奉太师归襄大事。约既葬，即令所遣司礼监太监魏公朝与楚当事者，趣令上道，期以夏五月还朝。又特颁“帝赉忠良”银记一。凡军国大事，或有阙失，令具实以闻。濒行，召入辞便殿，上曰:“先生前。”乃趣而前，蒲伏。上曰:“圣母、朕不能一日去先生，重违先生意耳。然微先生，朕奚赖焉？朕今旦暮望先生矣。”太师再拜顿首曰:“臣即行。今陛下新纳后，出入起居，臣不能一日忘。愿陛下善自爱。”上曰:“诺。先生行矣，其务强饭，勉抑哀情，以称朕意。”乃伏地悲泣不能起。上为呜咽流涕。入言圣母，圣母亦感痛，遣中使赐金钱。明日，圣母、上又遣中使祖道国门外，曰:“先生既念上，幸趣来，毋勤天子召也。”

既行，乃要绖素冠，乘布车。日行百里，见星而行，见星而舍。既至，则披发徒跣，悲号，趋入门而左，冯殡而哭，尽哀。远近送者，素车白马。同盟毕至，见太师焦毁过礼，皆大悦。遂以四月十六日葬大父青阳山之原。

是时，会大司马梁公新至辽，勠力安攘，三军踊跃。养善木屯之战，我兵斩首虏八百八十二级。上念太师推毂梁公知人，诏本兵以督府所上功，驰报太师，令太师议所以论功状来闻。太师既报上，因上疏言赵夫人病，请乞假臣数月，得扶持臣母。盖太师意在行服墓次，特以此觇上。即上不许，而得属茨倚庐，不即去，固虽加一日愈于已意也。乃上得书，大惊。而会太宰王公等，与太常寺卿王公友贤等、吏科都给事中陈君三谟等、福建道监察御史方君希孟等，又皆先后上书，请趣召元辅。上是诸公言，即趣令锦衣卫指挥佥事翟君汝敬亟乘传，造太师庐，赐玺书，令促装就道。太师闻命，犹趑趄涕洟，忍不能决。使者曰:“当宁倚重相君，凡军国重务，悉待处裁。设不即往，臣朝、臣汝敬且得罪。”太师乃叩大父墓下，惨怆悲号。使者促而登车，遂行。梁、楚守臣奉诏，飞骑闻上。上闻先生来，即入言圣母。上遣中常侍具天厨禁脔郊劳。明日，召见文华殿。太师顿首谢，具以岁丰民安，边境宁谧状上对。上大慰悦，亟称先生忠孝，赐休沐十日。乃叩头趋出。

九月，赵夫人至京师。圣母、上郊劳，赏赉赵夫人备至。惜赵夫人老，又善病，不能趣入宫，负圣母、上宠命耳。

十二月，前少师新郑高公卒。公夫人张请宽恤恩阙下。上怒。太师与张公、申公念高公无他大罪，徒以伉直得过君父，为婉言于上，得复其官，予祭葬。

先是，肃皇帝时，公族繁盛，国用困竭，以故礼官所裁《宗藩条例》，多刻意抑损，甚或自相乖乱，不可训。太师与张公、申公念诸侯王皆骨肉至亲，而令至是，不足以称天子亲亲至意。乃略举事例未妥者十一事上言，请敕礼官集群臣议，著为宪令。昭示诸侯王，今大宗伯潘公所定《宗藩事例》、徐公所定《宗藩要例》。诸侯王既感泣，益亲上。而薄厚亲疏有体，又不至重困民财，足称不刊矣。

万历七年己卯，二月，河工成。先是，淮安故有水患，然或所及，仅一二县道邑，扬固无恙也。至嘉靖中，河决崔镇吕泗，冲龙窝周营等处，往往夺淮流入海。淮势不敌，则或决高家堰，或决黄浦，或决八浅，淮扬诸郡悉为巨浸。河高出民屋上，败坏城郭田庐冢墓以万数，濒河十郡，治堤岁费且万万。及其大决，所残无算。又其从小河口、白洋河挟永堌诸水，越归仁集，直逼泗州，则其患不独在民，且忧在陵寝矣。异日者，漕臣吴公请开草湾。夫水以海为壑，开草湾诚是矣。然金城等处不足以分杀水怒，以数千里巨津，而独令云梯关当水冲，此势所不得为者也。当是时，有请漕海者，有请开胶莱河者，有请开泇河者，或请开卫河者，有谓新集故道当弃者，有谓朱家口等处决口当勿塞者，有请凿范堤者，有请开新兴场、牛团浦、导射阳诸水入海者，纷纷藉藉，迄无定论。大要以为天子日有事河，而河且不可为矣。上一日以问执政，太师与张公、申公因进言，故河道都御史潘季驯可使。上乃降玺书，即其家拜御史大夫，使持节行治河。一切假以便宜，久任责成，出帑藏及留所折科漕粟八十余万金，不问潘公出入。又令诸臣得条上所见，治其诸方命不及事事者，下诏狱鞫治之。于是当事者人人惴恐，建官舍河上，胼胝沾涂，日夜焦劳。盖逾年而告成事，为土堤若干，石堤若干，塞决口若干，建减水闸若干。计费不过五十余万，省羡金二十四万，以归水衡。今徐、淮之间，延袤八百余里，两堤相望，婉蟺绵亘，殆如长山夹峙，而河流其中。且黄河以归仁堤，势不得南决，其势既不能及陵寝。又高家堰既塞，淮不能奔黄浦，皆尽趋清口，会黄河由安东云梯关入海。田庐皆尽已出，数十年弃地转为耕桑，而河上万艘，得捷于灌输，入大司农矣。

二月，乌思藏僧锁南坚错奉书太师，词其哀恳，献四臂观世音一，氆氇二，金刚结子一。坚错者，即阐化王答赖剌麻也，故号活佛。以传经说法，戒淫杀，为虏所尊礼，称轮回转法功德世界佛大国师。万历五年，套酋切尽黄台吉约俺答迎坚错西海上，饮长生水。俺答所从部落数十万人，徒以奉坚错教，无肯淫逞者，其教化可知矣。太师曰："德泽不加，君子不飨其贽。且吾天子股肱臣，义不得与外夷私交。"遂归于上。上谓太师勋猷，宣播遐迩，令纳之。

三月，太师念宫中赏赉无算，度不可得已。一日，因户部进御览揭帖，遂上言："臣等伏见万历五年，岁入四百三十五万，乃六年所入，仅三百五十五万。五年，岁出三百四十九万，而六年所出，乃至三百八十八万。夫岁出则浮于前，岁入则损于旧，此不可不知也。愿陛下以主计所上疏张便坐。"时上方诏主计铸大钱，为赏赉资。太师持不可，曰："愚细小人，哗于道路，方患苦所积嘉靖缗钱无所用，而上又取外府以益左藏，令新铸大钱，是使民讹言而奔也。"上诏罢之。盖先是宫中自大婚以来，故事，当得赏赐者，皆籍记以待。又当供奉慈宁，岁币益不足，尽仰给东南织造。上不得已，乃从中出五千金畀孙太监隆，令得次第更请，外廷莫得知也。至是，大司空请罢苏、松、应天织造，上不可。太师与张公、申公亟持工部疏，入见上便殿，言："近者松、苏大水，民救死扶伤不暇，凡陛下尝有诏诏孙隆还，今既两年矣，而隆织造东南如故，非所以信诏令也。臣等以为部议良是。"上曰："近降去花样，皆出自内帑，不以烦民间，此须奉诏。其他未织者悉罢不取，则惟卿等耳。"时承运库以岁用不足给属夷缯絮，请于岁造外，加织数万。太师念东南民力已困，度所费非得四五十万金不可办，复入言上，得减织造之半，令出大帑水衡钱为之。

八年庚辰，正月，太师服除，诏加太傅，岁加禄米一百石。进前所予锦衣正千户世指挥佥事。太师辞太傅，时主爵言，太师当以九年考绩加恩。太师言："臣当墨绖时，既谢常禄，即名有父丧，臣服官之日浅耳，不宜以九年考绩。"上曰："卿之所处，实为恩义两尽，足以垂范万世。"

遂许之。

三月，太师以鸿典毕成，圣德日茂，乃拜手稽首，疏屡上，将告归。上大惊愕曰："卿岂得一日离朕！如何遽以乞休为请？朕恻然不宁！卿宜仰思先帝顾托之意，以社稷为重，永图赞襄，用慰朕怀。慎勿再辞。"是时交章恳留者满朝廷。盖九卿，则太宰王公国光等；列卿，则太常寺卿阴公武卿等；台省，则吏科都给事中秦君耀等；山西道监察御史帅君祥等，皆上言：元辅不可一日去上。上赐太师龙笺手敕曰："自今以往三十年，愿先生无复出口矣。"太师遂不得辞。

十一月，上有诏度民田。先是，高皇帝时，天下土田八百五十万顷。岁久伪滋，编户末民无所得衣食，其势必易常产，令豪民得以为奸，以故田赋之弊孔百出。而其大者，曰飞诡，曰影射，曰养号，曰挂虚，曰过都，曰受献，久久相沿，引为故业。于是豪民有田无粮，而穷民特以力薄，莫可如何，始受其病矣。及县官责收什一，贫民鬻子妻不能输纳，则其势不得不行摊派。盖自浮粮所在多有，而天下尽受其病矣。然民愁无聊，亡逃山林，转为盗贼，则其势又不得不请减额。今读《大明会典》所载，弘治十五年，天下土田，视高皇帝时已减二十七万。盖自所减额，以日益多，而国家又受其病矣。太师日夜忧劳，念欲为君国子民计，非清丈不可，然其意怀未发也。会御史中丞劳公奉诏荒度闽田，闽人以为便。太师遂与张公、申公、大司徒张公议，请以其意诏行诸路。所在强宗豪民，敢有挠法若潞城饶阳公族者，皆请下明诏切责，以故天下奉行惟谨。凡庄田、屯田、民田、职田、养廉田、荡地、牧地，皆就疆理，无有隐奸。盖既不减额，亦不益赋，贫民不至独困，豪民不能并兼。又民间新所垦治，皆赋其贡税，以新赋均旧额中，则国初故额得以减科，民赋幸益以轻。而天下吏民皆冀幸有田，以为世业，足利赖万世矣。

十二月，太师以上春秋鼎盛，宜省览章奏，裁决万几。又以祖宗奎章睿谟，神功骏烈，具载《宝训》《实录》，意义精深，规模宏远，足垂亿万统绪。即上欲润色鸿业，不必慕称上古久远之事，其道惟在鉴祖宗成宪耳。乃属儒臣出累朝《宝训》《实录》，取其大者，分类编摩，为《谟训类编》以进。每文华进讲，太师必粗述大指，随事献纳。上皆默识之。

九年辛巳，正月，太师请令翰林院官分番入直，应和文章。或令侍上清燕，质问轻义，陈说治理，如唐、宋故事。上从之。

四月，上御便殿，太师与张公、申公持南科给事中傅君作舟所上封事入见上，言："大江南北大饥，群盗大起，元末称乱首事者，皆颍川萧县人，可念也。请乞大发帑金十四万往赈之。"上既许诺，则太师又言："今天下至困竭矣，即上幸履蹈节俭，臣愚过计，犹以为大司农所入，不足佐缓急。乃近者宫中赐赉，动至巨万。夫今所谓常例，岂尽出祖宗旧例哉？不过代相沿及，如今年偶一为之，明年即称引以为故事陈乞耳。臣不暇远引，如世宗朝土木烦兴，服御无度，可谓多事矣。然其后晚年，私府所积，尚百有余万。今大司农既岁输金花银百二十万奉上，而陛下又欲取外府益之。且陛下与其施及缁流以求福利，孰与爱养百姓，蠲常赋与民用，以全活亿兆元元之命乎？"上为感动。

九月，太师在告，上数遣医问病。盖太师病未逾月，而上心如有所失，遣中贵奉手敕趣召者数四矣。太师遂力疾强起。

十月，以一品十二年秩满，上念先生精忠大功，冠于先后，命支伯爵禄，加上柱国、太傅，降敕奖劳，赐宴礼部，予一子尚宝司丞。太师累辞，不得所请，乃勉受太傅。上亦知太师以古人自期，致君安国，不计爵禄，不复强之云。

十年二月，太师疾，上勤念不置，时时下手诏，问先生安否。及疾久不起，上益忧之，为涕泣不食。常赐内厨馐馔食太师，黄门使者相望道路。都人有感叹泣下者。

六月丁亥朔，日有食之。朔三日，彗出五车口柱星以南。太师念病在不襄，遂上书请赐骸骨。上览之感痛，益使人觇太师，愿慎加辅助医药、厚自爱。十二日，上论辽东禽渠魁速把亥功，加太师今官，进前所予锦衣卫指挥佥事同知，世世不绝。时太师病已益革，不知所辞，惟涕泣，数行下，言万死不敢拜命。已而天子闻太师不粥，遣中使问太师天下大计。太师迷惑昏聩，且数语报上。使者既去。明日，太师欲迁正寝，未起沐浴，而溘然长逝矣。卒之日，为万历壬午六月二十日，距其生嘉靖乙酉五月初三日，享年五十八岁。

讣闻，上大震悼，辍朝数日。两宫圣母、上、潞王赐赙千余金，他楮币等无算。赠上柱国，谥文忠，予一子尚宝司丞。遣官谕祭，治葬如例，仍加祭五坛。已，楷车将发，上从张公、申公、余公请，诏太仆少卿于君鲸、锦衣卫指挥佥事曹君应奎护太师，而遣司礼监太监陈君政将赵夫人。

嗟乎！大父、赵夫人、太师所蒙于两朝，若白金、坐蟒、蟒、斗牛、五毒五彩、艾叶缠身、蟒衣、纻丝、彩币、金宝珠、长春花饰、宝珠环玉、花坠、金艾叶、符金篆字、金簪、银钱、钱八宝豆叶、羊豕酒馔，多不可悉数。又上念大师纯忠，有捧日之功，取以名其所恭建堂，御书大字对句其上，赐内帑千金佐之。此皆非近代所有，孤等不敢称述。孤等独谓见上平台，上至召"先生近御座，看朕容色"，执太师手相问劳。上朝夕起居饮食状，悉以示太师。一日昧旦，侍经帷，日中尚未食，偶病腹，上既手调所进御羹馔，令近侍捧至，太师拜手食之，上始解颜。呜呼！无论孤等，即百世后未死者读之，犹令人慨然失涕。主恩未报，太师诚未可死。太师何遽以死为哉！

太师处性淡泊，遇事有执持。外庄而内平，无所矫饰。事求当诸理，不拘文牵俗。居常慕子房、邺侯之为人，贵在实造，不为文言虚辞。自登仕籍，伉厉守高，不植党与。暨入政府，调剂宇内，遂杜绝私门，戒阍者无敢通一刺为人造请。已诸公咸亮其特介，不为私谒，门外寝不见长者车。及上在亮阴，太师湛静沈默，声色不露，以身系天下轻重者若而年。虽操心坚正，风节稜稜，似汲长孺，不可招麾去来，然道固委蛇，中无滞碍。已创一法，人称不便，辄罢之。百司庶府罣于吏议者，即不挠法回芘，终能自效，寻复振之。襟度汪夷，不喜苛察，不以一眚掩大节。有人指摘细过，置而不问，独于人劳勚，记存不忘，推奖恐后。诸司建白，惟良是采；若窾言无当，虽文弗录。士一见其姓名，即得其材指高下，他日遇事，握铨者或难其人，必指某某优为之，卒能其官，如所鉴不谬。常言:"策士谓水亟鱼噞，令滋民扰，国家自有制度，何纷更之为?"以故独申饬累朝令甲，无所创造。第恐沿习久则玩，玩则弗震；颓靡久则壅，壅则弗行，不得不稍稍改弦辙而淬厉之。大约以正纪纲、审命令、厚风俗、兴吏治、阜民财、充国计、振武功、讫文教为指。苟利公家，专行一意，不以远嫌自累，不欲沾沾令人喜，为众哗沮绌。忧劳天下，若振濡、若沃焦，皇皇如不及。闻一方岁饥，至深念废寝食，必计安之乃已。居官历歘三朝，光辅二帝，俱以精诚结于明主。先帝、今上，咸虚怀延纳。宫中府中，事无纤巨，悉咨而行。已位上公，持国秉，贵重矣，于人臣无两，而心常慄慄，如负谴怀惊。生平竭诚体国，至抉精弊神，亹亹忘劬。人或劝其省思虑，进医药，辄谢曰："吾欲毕吾分，安得恤吾身？且也疆宇未宁，群生寡遂，即吾发肤幸苟完，何益？"故其趋朝，常中夜振衣，即金门未启，或先往以待旦。总统庶务，断错解棼，出自秘阁，则留公署。延见诸公，扬榷政理，四方以其职事来者，接之，人人各厌其意，未尝以惫为解。竟用劳瘁病脾，自辛巳六月以来，业已委弊，犹力疾蚤作夜思，不怠于勤。比病困笃，尚伏枕擘画天下大事，绝口不属身后事一言，此中外所共闻知。惟睠顾宗社，系心帝室。属纩之时，既瞑，复张目视，大言："主恩未报，不能辞太师，吾死且不没！"遂卒。呜呼！若太师庶几哉，所谓死生以之者矣！

后生末进不知天下大务，然伏见先皇帝时，专务资格，人莫得竟其才，官职至耗乱也。今上诏行久，一简众职，尊礼公卿大臣。郡国守相有治行异等者，皆进于廷陛，上亲慰劳之，赐玺书金绮羊酒。六曹尚书郎积有功能，得拜卿寺，不得更相除调。外臣有所调选，悉就近其地，察繁简通塞，并用三途。督府部使者，论荐所部吏与简台谏，皆以四分之一。待孝廉、明经、茂才，有举不及格者罚。小吏如杨果、赵腾蛟等，得为令长。行大仆寺、苑马寺，得行观察使事与都运转。公卿子弟有行能者，待以高爵。不以左迁困人，尤寓意远方人材，不以衰老往。远方有缺员，不复虚其官。如曩时京朝官，不得通人馈遗。有以事请谒人，其所见托者与其子弟能发其罪以闻，有厚赏。暴官墨吏下所司论罪，悉尽本法。然禁诽谤、理诖误，许所系治吏得执奏。设举刺失实，或有异，必令推详。其或有赏罚疑误者，许觐吏得廷辨之。以故凡在有位，感激怀奋，皆抱功修职，不肯谒告，不以趋走逢上。其已得除书及以使事修觐入贺，行者不宿于家。各务教养实政，不肯取办簿书期会。众贤辐辏，仕路廓清，即虞廷师师，周士济济，不啻过矣。

往者，将权不重，功罪赏罚不核。又或苛细，使人不得展布。凡有罪当诘问，辄以武弁当之，人视将士易与，将士亦以此自轻，不复振耳。今上审定庙谟，假督府一切便宜，不数易置，时时出玺书金绮相劳。有壮猷宿望已数破虏者，即赐召还，不欲尽竭其力。每三年，遣重臣出行边，计成功。大将军进退予夺，皆取自上意。下至偏裨，亦皆假重事权，为之罢监军使者，令文吏毋得摧沮。又赐将士养廉田，出帑金数十万劳军。谓建议者与受事者多意见不侔，往往诏建议者即经略其事。大将军有冲陷折关，能多立奇功者，不爱通侯之赏。每敕边吏乘时修战守，持重安详，示虏闲暇，毋得张皇调遣，徒罢劳士卒。又亲理营兵，罢班军输作。令所在有老幼当赴代者，悉罢勿遣。其所审画，禁兵、入卫兵、蓟兵、南兵、浙兵、福兵、忠顺军、山东民兵、狼兵、苗兵、所在标兵、水兵，动悉机宜。以故将士感泣，皆引弓备虏，无不愿居前，得一当匈奴先死。

且往者，禁网疏阔，吏民无所请，事多填委，簿领书，不肯奏报天子。今询事考言，以言核事，以事核功。非岁久不可卒举者，皆校量繁简、难易、多寡、新故、久近，程督府诸司，令以时报成事。毋得故缓其大者难者以遗后人，徒以米盐琐屑之务苟塞明诏。以故人皆见素，无敢匿端，咸廪廪奉约束。士大夫非奉尺一，虽历郡国，无敢驰一轺传；县次，不得续食，劳所在候望。省赋车籍马之费，岁若干。日久，官属既盛，则出令者多，任事者鲜。今汰冗员什二三，用一事权，绝人观望之私，岁省稍食若干。计郡国吏，以赋入多寡为殿最，不烦加赋，得民宿逋岁若干。郡县负邑入，皆钩校其数，奸人无所逃罪，得吏胥所干没若干。其较著者，则决策款虏，减客兵，清粮糗，有宿饱之士，无脱巾之忧。岁所省，凡得数十百万。即如蓟、昌，每岁所犒虏，不过二万七千六百，而所省保定忠顺军及固原入卫兵马，与山东保河滦蓟宁夏兵饷，已至数十余万，即大较可知。以故嘉靖之季，太仓所储无一年之蓄，今公府庾廪，委粟红贯朽，足支九年。犹得以其赢余数十百巨万，征伐四夷，治漕，可谓至饶给矣。

往者，罪殊死以下，岁久不决，圜墙为满。残人得以几幸，讼狱滋多。今上诏理官修大明律例，令有司毋卖狱，毋深文巧诋，傅致人罪。无轻入人死刑，无以狱案结竟无辜，无逸囚，无纵逋逃。其覆谳具狱，当戮死者，即以县诸藁街。以故叛逆妖妄，如吕老十、猛谷王、马西川、周元、张彦文、张永宝、张天福、张崇库、王道、李一真、王志学、乔济时、龚志向、黄仑、刘守业、贾邦奇、杨时贡等，皆骈首就戮。赤眉、绿林、黄巾、白莲之祸，不足忧国家。且人重犯法，不敢徼幸三尺矣。异时，宵人越货事为故常，有司匿不以闻。今上重弭盗之任，申保甲之约，设斩捕之格，严沈命之条，厉窝盗之禁，厚协捕之赏，宽未得之期，薄既获之罚，则吏务诘奸，人怀逸贼。以故辐帨万里，皆重垣密树，如长虵委蛇，覆荫中路，警夜捕昼，巡徼江海。凡山行蹈檋、水行载舟者，皆万里不持寸兵，有道不拾遗之风矣。

初，上新嗣位之时，国用大诎。上不得已，念国家惠泽，唯施及困穷，不以惠养豪猾。虽有旨督赋，然万历丙子，业赐民田租，辑宁邦本，未可谓刻意也。且上旷荡之恩，宽大之诏，孤等靡得而志，志其大者。则是年太师偕吕公、张公，请蠲赋二百三十四万有奇。今年，太师偕张公、申公，请蠲赋一百三万有奇，本色米六十五万五千二百有奇，绢布一百四十二万七千二百有奇，颜料、蜡、茶三十三万七千一百有奇。其他如己卯所减泗州、宝应、盐城等郡邑赋钱一十三万二千七百有奇，河南赋钱一十三万一百有奇。所在有之，多甚不记。且上在位十年，而赈贷苏、松等郡凡七，减漕七十余万，赈贷淮、扬等郡凡十三，减漕九十三万，不可谓非省忧鳏寡孤独穷困矣。况外繇如马船料价、粮科马价、班粮工价、名粮均徭、公费驿递税契等，皆岁有宽政。上又明诏有司积贮，以备凶年。罢江南织造。令所在守臣、直指、监司，岁时巡行郡邑，问劳疾苦，察举冤狱，毋得辄自议法扰民，与黎民休息。上德念深矣，岂无烝民，不识不知，即从古已然乎！

夫俺答至崛强矣。自先帝甲胄临戎，匈奴喙息，谓将复有成祖犁庭之举，故明年，俺答、吉能遂请内属。夫强者先臣，弱者往焉。以故名王解辫，元戎献馘，芟薙南荒，慑倰东越。在闽粤，则朱良宝、林道乾、林凤；在粤，则惠、潮蓝一清、赖元爵，文昌李茂、郑大汉，龙川鲍时秀，东山石牛，青水覃公慎、覃世活，合浦黄章第，古田韦银豹，怀远韦朝义，右江韦明甫，昭平黎福庄，荔浦韦公海，北三韦千里，河池韦宋武，郁林黄邦缘，木头峒覃扶王；在蜀，则九丝阿大，凌霄阿苟，建昌阿怒，都都方三，傀厦葵咱呷；在陕，则偕文孟登，河州且戎卜，同官李宗鹗；在滇，则临安记来，主鲁寨易克，镞索箐罗革，金齿蓝昌黑；在贵竹，则安顺者念、继王，黎平汪约、石应斗，贵阳呵利，普安光见王，播州扬贯；在楚，则五开胡国瑞；及罗旁、府江、北五、咘咳、龙哈、十寨、宜山、都亮、渌乌免、多浪、里松、里婴，田、来宾、松潘、威、茂、风村、白草诸贼。或伪上帝号，或代袭王称，莫不顿颡伏辜，献图请吏。独东虏者，太师谓外宁必有内忧，故释土蛮不诛，以为外惧。然速把亥既禽，哈歹帖、阿都赤、明安之事，虏已累气胁息，设上欲灭之，第令使一枭骑缚之耳，何足烦大将军十万之师乎？乌思藏、莽哒喇，近古不宾之国；苗平天漂、亚寨阿斗，皆上世难驯之民；今皆煦沫承流，奉琛纳贽，岂非千载泰宁之一会哉！

夫天下有一世之计，有万世之计。今西自嘉峪，东至山海关，延袤万里，崇墉密雉，如天险不可升，虏无能躏入。又南自高邮，北至太行堤，延袤四千余里，两堤崻崒，屹为巨防，必不至引水病漕。且其所费，皆取诸赎锾，不索水衡少府金钱。此皆万世之计，非太师所能办。盖主上圣明，独运甄陶，下有二三元老，共熙帝载。诸所建设，修举废坠，皆诸荩臣石画。赖天地宗庙社稷，以故元化滂流，浸淫衍溢，功侔往初，兼并神明，先太师何幸身亲见之哉！

且太师道虽直方，中实恻怛。少读《春秋传》，慨言曰："古称政之所予，在顺民心，有以咈为顺者，子产也。吾殆类是乎！"其论治，欲儆官邪，齐民萌，不专姑息，有救世之思。盖独见谓罔少密，则莫能扞格，法可悬而不可用，特以初引绸维，不得不固握其柄而信用之，意俟天下遵制扬功，风成俗定，然后恢阔禁罔，削除烦苛，示民长厚之道耳。其后台省皆言诸象指者，竞趋武健，刑多失衷，非圣世事。太师深然之。遂请诏有司，以非罪榜掠人至死三人以上者，编为卒伍，著为令。嗟乎！深故之罚，其意断可识矣。比年犹崇惇大，惜未究刑措之施，遽以天年下世，可胜叹哉！昔子产为政，郑人厥有恶言。居有顷，郑人复歌之曰："我有子弟，子产诲之；我有田畴，子产殖之。子产而死，谁其嗣之？"夫民不可与虑始，而可与乐成，所从来远矣。乃太师生时，俺答、安国亨等，即为太师置像，旦暮尸祝公。今其无禄即世，鸿生巨儒多称引记功，宗以功作元祀，一篇之中，三致意焉。下至武夫健卒，田畯红女，闻有垂涕者。其所遭遇，岂不逾于子产哉！

太师少读书破万卷，无所不窥，然独观大义，惟务宗旨，不求蔓引泛溢。为文不屑屑程度，不喜谲怪，第取境与神会，言与志足，而柔澹春融，得天然之致。每属草，辄弃去，不欲垂空文自见。筐箧中虽多所存，行世者，奏对稿而已。至呈雝肃、大宝、丹扆诸箴解，若讲读诸书，无非阐理翼经，学士大夫类能道之。资由天授，警敏疏彻，博闻强识，尤明习累朝故实。事至辄口诵某时著为律，某岁挈为令，不烦讨核翻阅。目数行下，案无留牍。洞晰机宜，远至南垂篁竹之夷，北徼毡裘之虏，谭险阨要害，出没向背，较若列眉，若悬槼，用能以樽俎折衡。机务纷拏，人或忧其丛脞，太师殊闲适。自公退，则游情艺圃，旁通稗官小记，及诸省贤书。督学试义，悉手自品骘，示诸子弟。其暇豫如此。

家居驯行孝谨。以处君父骨肉之间，交直其难，不得归持大父丧，以此常邑邑何已。上凡赐鲜新，不上大父灵几，不敢食。侍大母赵夫人于邸，备极色养。每昕，必适寝所，问侍者太夫人眠食状，乃行。甫归，即之亲舍，从容宴语，怡乎犹孺慕也。于兄弟友爱，爱叔父居易尤笃。悼仲父居敬蚤世，娓娓子其孤侄嗣敏，拊而长之。寻以已所授荫与之，所教与孤等埒焉。庚辰春，季父居谦讣至，哭泣哀思，再上疏请告。疏入不报，可然后出。逾年不衣雾縠，朝士咸见之，盖天植云。教子独用严毅，慕万石君之风。每丙夜，肃襟危坐，诸子无论壮少，皆不敢入侍。居恒所面命，自砥节砺行、文艺两端之外，无一语及垣屋田宅。及诸子稍长，业登仕籍向用，其告以居官仕宦任职，惟比拟已行事。天下事有未发者，密不使闻。佥同乃可决尔，吾安能知？设或乘间问某事后当如何，即艴然大怒，曰："此非乃所当闻。"辄引曹相国之事相戒曰："昔汉惠使者曹窋，洗沐，私从容问其父以不请事，何以忧天下？相国怒窋，笞之二百。曰：'趣入侍，天下事非若所当言也。'夫窋为中大夫而亦既长矣，又奉帝命，乃相国怒，笞之二百，儿曹独不畏曹窋事乎！"于是诸子重足一息，无敢出声。每过庭，非有所问，辄良久侍立，不敢出一语而退。匪邸报，即除一令丞，蔑由知。盖不言垣屋田宅，不屑以治产导其后，此无足论。其于国家事，又惟谨不以言者，太师为国家之心，与其训诸子之意，深远矣。治家穷约如寒素。性好施与，大官之脯所入，以充岁时存问里中所知交，不求以羡姻党，诸僮指廪而食者，若而人。总族中仅有田若干亩，粮七十石，戒子弟输纳，无敢后时。其外繇非分所当复者，孤等不敢脱一践更卒。有豪猾贿里胥，窜名太师籍中，岁岁复，无有所与。孤等发其奸，守臣以闻，大司农请以其意布告天下。虽有长爵复，复毋得过制，令罢民得宽力作，皆推太师意也。比卒，发陈箧，仅得上所赐帑金文绮，亦大都烦费矣。上闻而悼之，赐钱布薪米各有数，乃得襄事如礼。

太师先配顾氏，赠一品夫人。继配王氏，封一品夫人。子男六：长敬修，礼部仪制清吏司主事，娶癸卯举人高公嵩女；次嗣修，丁丑进士及第第二人，翰林院编修，娶四川左参将贺公麟见女；次懋修，庚辰进士及第第一人，翰林院修撰，娶江西布政使司左参议高公尚志女；次简修，锦衣卫指挥同知，娶刑部尚书王公之诰女；次允修，府诸生，娶刑部四川清吏司主事李公幼淑女；次静修，尚幼，聘工部尚书李公幼滋女。女一，适刑部左侍郎刘公一儒子，太学生戡之。孙男六：重光，嗣修出；重辉，敬修出；重登、重元，懋修出；重润、重允，简修出，皆幼。女三：敬修所出，许聘吏部左侍郎王公篆子；懋修二女未聘，皆幼。

唯是本月二十八日，孤等将扶太师还楚，卜吉而藏。泣血拊心，以先人幽光与黄垆俱掩是惧。私心愿得长老先生，揭石墓门，以托不朽；非长老先生状之，则事且无征。恭惟明公道高管、鲍，文蔽班、扬；单言迥迈崇褒，半词允为信史。用是藐焉诸孤，敢徼福先灵，缞绖叩阍人以请。夫奉职守官，人臣常分。先太师谋猷入告，事在密勿，非世所宜知。孤等又故自木强，不问外事，聩聩靡所睹记。特按疏草宪令，聊攟拾什一于千百。事有缺漏，言无增饰。谨布之司籍者，伏乞哀而存之，赐一言以为太师重。实嘉惠九原，流精诚于窀穸；贻休百世，耀华衮于缣缃。岂惟孤等，实世世子孙非生死所能报塞矣。敬修等无任泣血哀恳之至。

张居正传上 张四维附

［明］王世贞

张居正，字叔大，湖广之江陵人也。少颖敏绝伦，十五为诸生，眇小。而是时尚书顾璘抚楚行部而试其文，奇之。已，得召见，复大奇之，曰："此儿国器也。"遗以金钱为膏油费。明年举于乡，谒谢，璘解所系犀带以赠，而曰："为若异时围腰饰，然当且玉不足以久溷也。"自是又六年，而登进士高第，改翰林院庶吉士。是时为嘉靖之丁未、戊申间，诸进士多谈诗，为古文，以西京、开元相砥砺，而居正独夷然不屑也。与人多默默潜求国家典故与政务之要切者衷之，而时时称老易，以为能得其用。诸老先生如徐阶辈，皆器重其人，相推许，遂得授编修。寻以妻丧，请急归。亡何还职。

居正为人颀而秀眉目，美须，须几至腹。沉深有城府，莫能测也。时严嵩为首辅而忌徐阶，诸善阶者皆避匿，而居正行意自如。尝考会试，而其门生喜客于嵩，能得嵩意，居正众斥之曰："李树不代桃僵耶？亟去，毋辱吾门！"众稍庄惮之，而有天幸毋为嵩耳目者。嵩顾亦称居正。久之，迁右春坊右中允，领国子司业事。居正待诸生严，亡所宽假，而独与祭酒高拱善，相期以相业。

寻还理坊事，遂以选侍裕邸讲读。王颇贤之。邸中中贵亦无不贤居正者，而李芳数从问《书》义，颇及天下事。寻进右谕德兼侍读，预校《永乐大典》。复预修《兴都志》，始解裕邸讲，进翰林院侍读学士，领院事。

时阶代严嵩首辅，尽以《志》事委居正，而其所具稿草辄为辅臣袁炜所削。及炜卒，阶乃复从居正草进于上，上意不怿，亡迁赏。然中外目属居正，谓必大用矣。世宗崩，阶草遗诏，颇引以共谋。事具《阶传》。

居正寻还礼部右侍郎兼翰林院士。月余，与裕邸故讲臣陈以勤俱入阁，而居正为吏部右侍郎兼东阁大学士。寻充《世宗实录》总裁。经筵开，为同知经筵事。至秋，进礼部尚书兼武英殿大学士。亡何，加少保兼太子太保。去学士之五品，仅岁余而至一品，其登进之速，虽张、桂不能过也。时年仅四十三。

当居正之进阁，阁臣凡六人。徐阶最为老宿，与李春芳皆好折节礼士，郭朴、陈以勤皆重厚长者。独高拱狠躁而以不得志，于言路稍绌，寻引去。居正最后拜，独谓辅相体当尊重，于朝堂倨见九卿，他亦无所延纳。而间出一语辄中的，人以是愈畏惮之，重于他相矣。徐阶既去位而春芳代，居正意狎视之，以为不足以与有为。而大学士赵贞吉入，其位居居正下，然自负长辈而材，间呼居正“张子”，有所语朝事，则曰：“唉！非尔少年辈所解。”居正内恨，不复答，而与中贵人李芳辈谋，召用高拱，俾领吏部，计以扼贞吉，而夺春芳政。拱至，益与居正善。

当是时，天子颇好游而重武。居正上疏言六事。其一曰简议论：谓朝廷之间议论太多，或一事而甲可乙否，或一人而朝由暮跖；或前后背驰，或毁誉矛盾；是非淆乎唇吻，用舍决于爱憎；政多纷更，事鲜统纪。大抵事无全利，亦无全害，有所长，亦有所短。要在权利害之多寡，酌长短之轻重，断而行之，信而任之。二曰振纪纲：谓近年以来，纪纲不肃，法度不行。上下务为姑息，百事悉从委徇；以模棱两可为调停，以委曲迁就为善处；刑法之加，惟在微贱；庶人之议，反重朝廷；贾谊所谓蹠盭者。欲上揽乾纲、张纪法。法所当加，虽贵近不宥；事有所枉，虽疏贱必伸。三曰重诏令：谓天子之号令譬之风霆，若风不能动，而霆不能击，则乾坤之用息，造化之机滞。欲部院覆奏，数日即报，不得诿之抚按；行抚按议处者，严令期限，不得延缓停阁。四曰核名实：谓今用人者称人之才，不必试之以事；任之以事，不必更考其成；至于偾事之时，又未必明正其罪。椎鲁少文者，无用而见讥；大言无当者，虚声而窃誉；倜傥伉直者，忤时而难合；脂韦逢迎者，巧宦而易容。或以卑微见忽，或以名高见崇，或用一善而藉资终身，或因一疵而取病众口。官不久任，事不责成，更调太繁，迁转太骤，资格太拘，毁誉太易。欲以严考课，审名实，责之吏部，官各久任，毋遽迁转。五曰固邦本：谓近以蠲赋至半，国用不足，边费重大，内帑空乏，分道检括，库藏尽扫。以致水旱灾伤坐视不能振，用兵供饷首出而不能支。欲上停免一切不急工程，无益征办。精择守令，讲求出纳，其分道之，使一切取回。六曰饬武备：则欲上修祖宗大阅故事，张皇六师，躬赐校肄，旌别技勇，汰易老弱。

疏上，褒谕下部院议行。于是各推演疏指，事别为演，多至十余条，以媚居正。而所谓大阅者，上意果为动，令所司择日行矣。大阅费不赀，时方绌，而给事中骆问礼颇言其非急，居正亦觉之，乃复上疏请停止。上不允。居正以善笔札，诸公有密勿，疏草多委之。如救给事中石星、御史詹仰庇，停取户部金三十万，请皇太子出阁讲学，其草皆自居正。

而同列李春芳、陈以勤、赵贞吉、殷士儋之见逐，虽发之自高拱，而其机皆出居正。居正故所独厚者司礼中贵李芳。一日官有忤旨而当惩者，春芳顾而言曰："当何处？"居正遽曰："不过示责而贷之耳。"春芳具如居正语。而俄顷居正以片纸使小吏投芳曰："此人狂妄，即上贷之，恐有继言，须谪罚而后可。"芳请于上，改停三月俸。而春芳后得之，心恨居正而不敢发。寻李芳以强谏失上意，杖锢之狱，而居正小屈。后诸公去且尽，独居正与高拱在，两人相得益密。会北虏请入贡通互市，亦惟居正赞之。初，以满三载加柱国，进太子太傅。再以六年满，加少傅，吏部尚书，建极殿大学士兼支大学士俸。辽东战功，加太子太师。和市成，加少师，余如故。

向者，少师阶，居正故受业知己也。其去由张齐之为拱而修忮，然居正实言之李芳，谓阶久倦宦，以是亟报许。既许，而心愧之。阶既去，然约束其三子事居正谨。而拱衔阶甚，必欲杀之，嗾言路追论阶不已，而使其所雠诬饰其诸子罪，下抚按置狱。事益急，阶求救于居正。居正从容为拱言：阶一旦叵测，公负薄旧僚名。拱稍心动。而居正颇复为抚按，居间业稍缓。而拱之客搆于拱，谓居正纳阶子三万金贿，不足信也。拱无子，而居正多子，一日戏谓居正曰："造物者胡不均，而公独多子也！"居正曰："多子多费，甚为衣食忧。"拱忽正色曰："公有徐氏三万金，何忧衣食也！"居正色变，指天而誓，辞甚苦。拱徐曰："外人言之，我何知？"以故两自疑。而拱之客谓间可乘也，日稍稍以居正过闻拱。而都给事中宋之韩遂具疏，且论居正。草成，而居正知之，走见拱而乘气言曰：

“公不念香火盟，而忍逐我耶！”拱错愕出不意，曰：“谁敢论公者？”居正曰：“公之门人宋之韩已具草矣。”公曰：“亟呼而止之。”居正曰：“公发之，安能止之？”拱曰：“请出之外，以明我心。”晨入部，以某省参政补之韩，而其疑居正益甚。拱又前后荐其所善中贵人陈洪、孟冲柄司礼，而抑冯保。时尚宝卿刘奋庸疏擿时政数事，语侵拱，而给事中曹大埜则极论拱诸大罪。居正为拟旨谪大埜于外，奋庸亦坐谪。或云居正实使之，或云独大埜受之冯保，莫能明也。

上一日甫视朝，忽驰而下，且蹶于陛间。第云“国有长君，社稷之福”，语且不了了，居正与拱趋而掖之起。还宫，即不豫者月余矣。群臣诣阙问安，而上方卧，蹶然兴肩舆至内阁，居正与拱惊出俯伏，上擿之，起而持拱臂，仰天，气逆结，久之始云：“祖宗法坏且尽，奈何？”亦复不了了，而持拱袂，步且至乾清宫门，始复谓：“第还阁，别有谕。”明日寂然。而居正察知上色若黄叶，而骨立神朽，虑有叵测，为处分十余条札而封之，使小吏持以投冯保。即有报拱者，急使吏迹之，则已入矣。拱亦不知为何语，第恚甚。至阁面诘居正曰：“昨密封之谓何？天下事不以属我曹而属之内竖，何也？”居正面发赤而不能答，干答而已。徐而曰：“吾日与饮食通，公安能一切瞰我？”拱浅谓实然，不复置臆。而上崩，拱与居正懽然具遗诏草。拱复自具草以闻，凡数事，皆欲夺司礼权归内阁。冯保闻之，意不善也。上方谅阴，拱有请，必报可，以为能得上心，而嗾所善言官四五人列疏论保，谓必下，拱即拟旨逐之。而使其心腹韩揖报居正：“行且建不世功，与公共之。”居正阳笑曰：“去此阉若腐鼠耳，即功胡不世也！”而阴使人驰报保，得预为备而逐拱。语见《拱传》。

居正既代拱首辅，即请还杨博吏部。顷之，上御平台，召居正面谕曰：“父皇昔在御日，尝一再聆德音，谓先生忠而高拱邪。先生幸自爱，悉心见辅。”因赐居正金币及绣蟒斗牛服。居正顿首泣谢，谓：“今国家要务惟在遵守祖宗旧制，不必纷纷更改。至于讲学、亲贤、爱民、节用，又君道所先，乞圣明留意。”上曰“善”。亡何，复赐居正白玉带，自是赐赉繁渥，无虚日矣。

时上幼冲，虚己委居正。居正既得国，亦慨然以天下为己任。中外想望丰采既已，大计廷臣。于拱私党多所屏斥，而他不职者亦称是。复具诏草请于上，召群臣廷饬之，谓："近岁以来，士习浇漓，官箴刓缺；钻窥窦隙，巧谋躐取；鼓煽朋党，公事挤排；诋老成廉退为无用，夸谗佞便捷为有才；爱恶横生，恩仇交错。遂使朝廷威福之柄，徒为人臣酬报之资。是用去其太甚，薄示惩戒，余皆曲赐矜原，与之更始。《书》不云乎'无偏无党，王道荡荡；无党无偏，王道平平'。朕方嘉与臣民会归皇极，诸臣亦宜痛湔宿垢，共襄王道。自今以后，其尚精白乃心，恪恭乃职。毋怀私以罔上，毋持禄以养交，毋依阿淟涊以随时，毋噂沓翕訾以乱政。任辅弼者，毋昵淫以塞公正之路；典铨衡者，毋作好恶以开邪枉之门；有官守者，宜分猷念以济艰难；有言责者，宜竭谠直以资听纳。大臣当崇养德望，有正色立朝之风；小臣当砥砺廉隅，有退食自公之节。若或沉溺故常，坚守途辙，以朝廷为必可背，以法纪为必可干，则祖宗宪典甚严，朕不敢赦。"诏下，百揆颇惕然。而是时上当尊崇两宫。故事：天子非嫡生而尊皇后称皇太后，若生母亦称皇太后，则加徽号于皇后以别之。冯保欲媚上生母李贵妃，乃风居正以并尊。居正不敢违，于是下议尊皇后曰仁圣皇太后，尊皇贵妃曰慈圣皇太后，而两宫不复别矣。慈圣徙居乾清宫，抚视上主持国柄，而倚冯保为重。又与保俱得居正，中外大柄悉以委之，而居正亦自淬励，亡所受徇。经筵开，为知经筵事。修《世庙实录》，为总裁。寻加左柱国，进兼中极殿大学士，予一子尚宝司丞。上疏三辞，不许。而赐白金百两，文币四有副，绣蟒衣一袭。复力辞前命，乃许之。下玺书褒谕，以风示百僚。

居正之为政，大约以尊主权、课吏实、明赏罚、一号令。万里之外，朝下而夕奉行，如疾雷迅风，无所不披靡。乃婾快于志，居恒谓：高皇帝真得圣之威者也，世宗能识其意，是以高坐法宫之中，朝委裘而天下不乱。以太阿不下授也。今上，世宗孙也，奈何不使之法祖？黔国公朝弼数犯法，当逮，而朝议皆难之，以为朝弼纲纪之卒且万人，不易逮，逮恐失诸夷心。居正擢用其子，而驰单使缚之，卒不敢动。既至，请于上贷其死，而锢之南京，人以为快。漕河通，居正以岁赋往往迂缓，逾春而后发，即水潢溢，非决则涸。乃采漕臣议，督艘卒以孟冬兑运，乃岁初而毕发，发少罹水患。其始农颇不便之，久而习以为常。太仓粟至支十年。岁与边互市饶马，则减太仆种马，而多令民以其价纳，民既乐于不扰，价以时上，太仆金亦积至四百余万。又为考成法以责吏治。前是，六部都察院有覆而行抚按勘者，度事之不易行，或有所按核，或两许当质成者，其人各以私轧，则稽缓之，至数十年而不决，遂废寝。居正下所司以大小缓急为限行之，误者抵罪。自是，一切不敢饰非，政体稍肃，而渐有不便于居正者矣。寻以六载满，加特进中极殿大学士，赐白金、彩绣、宝钞、羊酒加等。居正有子曰懋修，与其孽弟居谦俱试于湖广，得中式。懋修仅能成文，盖主司有庇之者，人以为居正不与也。而至会试不第，居正龂龂修怨其主者，人渐识其意。而是时吏部尚书杨博病免，当代，廷议以左都御史葛守礼、工部尚书朱衡、南京工部尚书张瀚推。衡自谓官宫保当前叙，而又素善居正，颇以骄于公卿间。居正闻而厌之。然亦恶守礼憨不能骫骳如意，故特拔用瀚。瀚望最凡薄，其预推也，众已怪之，自是忽见拔，举朝大骇，益相率趋事居正矣。始内阁臣高仪不久卒，居正以吕调阳弱荐代之。调阳与居正行同而年差长，然秩尚卑，居正引之数，加恩至保傅。调阳虽不敢有所持诤，然内不甚附之。居正事取独断，亦不复咨访。尝病假一日，而遽入取调阳拟旨皆更定，曰："如此，何以示远近？"部院大臣缘居正指，益易调阳，甚或故抑绌。其乡人及亲厚者以见公，调阳惟仰屋叹咤而已。

上以师臣待居正，凡所下御札皆不名，称先生，或称元辅。有二白燕育于翰林院，白莲双蒂者三。居正以为瑞，进之。上不自有，归德于居正。而居正父母皆老寿无恙，上尝出蟒绣金髻装重彩，以手书慰谕赐焉。居正故窭无居第，乃大买地于江陵城，使缇骑百夫长庞某者假干陬显陵之便，而为督治舍宇。甫建，而冯保言于上，名其堂曰"纯忠"，左曰"社稷之臣"，右曰"股肱之佐"，名其楼曰"捧日"。又为俪语，以"正气万世、休光百年"美之，皆御笔大书。而出内帑白金千两为资费。于是全楚之台使者监司郡守皆有赙已，环楚而为台使者监司亦如之。凡三载而就，费直将二十万，自居正帑者不能十之一矣。留都之小阉醉辱一给事中，其长已执而榜笞数十，且请旨系治矣。而他给事中争上疏请究阉，其语激。居正取其尤激者赵参鲁谪之外，而谓其欺幼主不道，意以悦冯保也，保故以德居正。居正稍稍说其裁抑中贵人，毋与六曹事，毋轻衔命出使，即使而缇骑尾而阴诇其短。惴惴事毕，幸不见谪罚。以是怨居正，而不归心保。

居正念御史在外，骄傲往往凌抚臣，出其上，痛欲折之。一事小不合，诟责随下，敕其长，加考察。以故御史给事虽畏居正，然中多不平，而伉劲喜事者出。南京户科给事中余懋学疏请行宽大之政，居正以为风己，夺其职为庶人。而御史傅应祯继言之尤切，然不敢有所侵于居正也。居正以经筵进讲毕，诉于上，谓"此曹子欲市国恩，收召朋党，以便奸纵私"。至下锦衣，逮杖而戍之滨海。给事中徐贞明等坐就狱，视具橐饘，亦谪外。御史刘台，居正所取士也，由刑部郎改，居正拟以为德。而台居颇近，数刺得其阴事而恶之。俄而出按辽东，辽东捷，御史不当报，而台误报。居正以故事，裁斥台。台益恶居正，且分不得免，遂伉章极论其黩横十余事。居正怒甚，见上俯伏而泣，不肯起。上为下御座，以手掖之而曰:"先生起，吾为逮台竟其狱，以慰先生。"台至下诏狱。上命内阁杖之百，而远戍之。时物议颇觿剥，居正不自安，乃阳具疏为解，得不杖，而夺职还里。客有贺居正者:"公真宰相度哉！"居正蹙额曰:"不过宋宰相事耳。古人殆不然，盖以轻处为未慊也。"亡何，吏部左侍郎、翰林院学士掌詹事府张四维进礼部尚书，文渊阁大学士，入内阁。故事：入内阁者曰同某人等办事。至是直曰随着元辅居正等办事，不欲夷之僚佐也。于是四维恂恂若属吏矣。

张四维，字子维，山西平阳之蒲州人。少于居正一岁举进士。改翰林院庶吉士，授编修。以久次为右春坊，右中允，经筵日讲，进右谕德，兼侍读。四维北人，粗读书，自负能文章，而实少所通会，颇有干用才。于尚书博为乡后进，而尚书王崇古，其舅也。二人皆久任边事，以故四维亦颇习之，最为辅臣高拱所器重，遂超为翰林院学士，后超为吏部右侍郎，兼学士如故。转左侍郎。崇古时总督宣大，俺达求入贡互市。崇古以请于拱，而四维交关其间，颇有绪。拱益器之。而是时殷士儋长吏部，加太子太保矣。又上裕邸时，与拱先后讲臣也。而拱欲拔四维前士儋而入阁，士儋不获已，则以中贵人陈洪援取中旨，得大拜，以是心怨拱，而忌四维。四维犹干进不已，其父盬盐长芦累赀数十百万，而崇古盐在河东，相与擅一方利。按河东者御史部永春怒二家之横，上疏论劾崇古、四维。诏勿论。而士儋谓四维有隙可倾也，四维复疑士儋使之，以是两相搆。而给事中韩楫，拱客，而于四维有乡曲旧，复指擿士儋，以是益怨拱与四维，而卒不胜，竟罢去。有为士儋不平者，复缘永春疏指劾四维。四维意不怿，引疾请告归。未几，而拱复念之，以修《实录》副总裁召，同尚书高仪掌詹事府。将出，而拱败，复引疾予告。四维既饶于财，岁时候居正不绝。而慈圣太后之父武清伯伟，故籍山西，得四维重赂，为之白太后，召掌詹府事。时吕调阳朴而老病，数求去，不能当居正意。而四维颇精悍，其督视修《实录》功逾于昔，虽其出不尽由居正，非其所恶也。既入内阁，事推居正。居正雅亦相狎。寻《实录》成，调阳加少傅、太子太傅，而四维亦加太子太保矣。居正加左柱国、支尚书俸。顾再疏辞。上谓："《实录》国家最大典，且一句一字孰非出先生笔者，而何独辞？"居正复疏言："一句一字果出臣笔，第此臣子常分，何足言功？而迩年以来，人臣苟效微劳，辄萌非分之想，小有不酬，则深独贤之怨，臣实耻之。故不敢苟就，冀以少励此辈。"上始允其辞，为温谕百余言，颁示史馆。诸拜恩者皆不乐。而是时少詹事王锡爵迁詹事，亦上疏辞，不许。居正以锡爵官不及辞而辞者，当有激也，意衔之。锡爵侃侃自若。寻礼部举会试，而次子嗣修与吕调阳之子兴周皆中试。居正等以嫌请避，不允。于是假其柄于四维，而詹事申时行使所知以嗣修卷上之，四维已次名二甲第一矣。既进御，上启姓名，则拔嗣修一甲第二人，而召居正谓曰："无以报先生功，贵先生之子孙以少报耳。"居正叩首谢，出语于人，冀塞言者口。而刘台言渐验。

虏款塞久不为中国害。独小王子之部十余万众东北直辽左，以不获通互市，数入寇。然其人少弱，非久即退。而总兵李成梁勇悍善战，数拒却之。东直者泰宁福余诸属国，长好侵袭为不利。成梁伺其入，辄劫其后营，屠杀老弱，焚掠辎重。又以春中率精骑掩之，贼屋居不便移徙，斩首卤生，岁以千计。居正张皇其捷，天子数褒美加恩辅臣，居正多辞不受，仅受赏。而成梁至僭五等，爵位三公。而两广之破山贼者，督抚殷正茂、凌云翼所卤斩尤多，至数万，其爵赏亚辽左。天子谓居正运畴功多，居正益重。戚继光者，亦东南良将也。既移镇蓟门，多挟南兵，从而北人嫉之，继光惧。而是时兵部尚书谭纶与继光以财通。纶善御女术，颇干居正，居正试之而验，则益厚纶以示宠。继光乃时时购千金姬进之居正，且他所摹画多得居正意。以是事与之商榷，诸督抚大臣惟继光所择，欲为不利继光者，即为之徙去之。而成梁与二广之赂亦接踵至，居正不能却也。

居正性整洁，好鲜丽，日必易一衣，冰纨霞绮尚方所不逮。时锦衣大帅朱希孝所畜名书画甚富，且死，裒其精绝者以识别居正，既露之，于是日有进以博一解颜，然不能当严氏之十二，而他珍奇瑰异稍浮之矣。

居正天资刻薄，好申、韩法，以智术驭下，而士大夫之俭黠者争投其意。张瀚以久任之说进，然仅能行之藩臬、守令，而不能行之给事、御史、吏部，属谭纶用。给事中杨言以核驿递之说进，则两都大臣诸方面之任咸僦民舟车，就旅店，食与货商贾无别;而其属以公使行，则驰驿呵殿，道路不胜其陵替，而远宦者虽贵不任行矣。省冗官，则郎署多长僚，而待补者累累无罪而褫禄矣。清庠序，则大邑之挟经就试者千余人，而获隶学官仅百之一，贫书生改业而贾矣。皆睹以为名美而奉行之，人卒不能坚久，以故见害而不见利。然仕路为少清，费亦率减十三四。

承平日久，奸盗猬起，至深入城市剽府库以去，有司秘之，莫敢发。居正特严其禁，匿弗举者，虽循吏亦必黜。得盗即报斩决。以是有司莫敢饰情，盗贼良死，为衰减，而亦多仓卒不审者。例盗边海钱米盈数，皆斩首示众，然往往取长系不能完，至瘐死。居正独亟斩之，而追捕其家属。文吏不习，见祖宗制创闻以为骇而不便者，相率而为怨讟，居正奋然身任之不恤也。又以粮道阻，喜进者议通海运，然不能得，故时舟子长年，而且谓山岛多峊崿，能触舟。于是胶州一大僚谓有胶河故道，每海入青，穿莱而出，可以避之。其意欲通故河以其乡邑，而大僚之上佐久滞淫不获登，八坐和而请从事焉。居正大喜，命以侍郎兼宪职，发青、登、莱三郡夫数万人凿之。然河之中道高下不能达，稍深则岸立颓，迂道而其下多石，费十余万金，卒不可复。而大僚之乡人未见利，不胜调发，相与逐而噪之，乃中寝。然居正竟不罪此两人而用之。其自用类如此。

世宗朝士大夫之言祥瑞者，居正颦额而丑之。其秉政，乃独好饰祥瑞，以上下两蛊媚，言及灾异则怒而见辞色。于是一切为蒙蔽。满九载不上考，请罢。温旨降谕，如例赐白金麟绣御膳肥羜上尊，外复加赐白金二百两，坐蟒衣一袭，彩币八有副。坐蟒者，禁服也，惟司礼首珰、上所凭倚，间或得之。而居正凡三被赐。吏部具故事上，进柱国、太傅，予一子尚宝司丞，玺书褒美，给四代诰，赐宴礼部。凡三辞，不允。最后辞太傅而已。上将行大婚礼，敛发用帻，欲加恩。居正疏辞，仍赐白金百两，彩币八有副。调阳等赐各有差。

慈圣去乾清宫，将返慈宁，敕谕居正，谓："吾不能视皇帝朝夕，恐不若前者之向学、勤政，有累圣德。先生亲受先帝付托，有师保之责，与诸臣异。其为我朝夕纳诲，以辅台德，用终先帝凭几之谊。社稷苍生永有赖焉。"因赉坐蟒、蟒衣各一袭，白金二百两，彩币八有副。居正侈之外，光动朝野。寻冯保之赉与托寄，约略埒是。而亡何，其父封少师。

文明卒，同列以闻，上遣司礼中贵人慰问起止，视粥药，止哭，络绎道路。三宫赙赠白金共一千五百两，钞万贯，彩币三十皆有副，白粲六十石，麻布百五十匹，香油薪炭称是。上加恩居正虽逾于他相数十倍，然未尝有意留之。而居正出错愕无专见，而最厚者同年户部侍郎李幼孜等倡谀辞，谓："上冲年不能亲万岁，不可一日无相，公何忍舍而远去？"遂以夺情之说进，而居正惑矣。故事：首辅去位之三日，则次辅迁坐左，而翰林诸僚吏衣绯以谒。至是，诸僚吏皆衣绯入，调阳椎不能识物情，虽不迁坐左，而不先期止其僚入揖。有报居正者，谓翰林皆衣绯入阁矣。居正恚，谓："我尚在而不复少顾忌，即一旦出春明门，何望更入！"乃阳上疏，请乞守制，而露意冯保，使固留之。时有识者皆以为非然，而不敢言之朝。而王锡爵与其僚张位、赵志皋、吴中行、赵用贤、习孔教、沈懋学辈，皆以为不可。懋学移书李幼孜，责使谏止，且责给事、御史不言。幼孜唯唯而已，而泄之居正。居正怒甚。时上遣吏部尚书张瀚慰留居正，宣旨毕，瀚在吏部，其事居正无不茅靡，且以污滥，数为言官所谪，藉居正以安，然不敢以居正夺情为是。而左都御史陈瓒，北人也，倡六部请留居正，礼部马自强颇持之，未上。而居正恚，则请于上，谓"瀚昏耄"，敕令致仕矣。御史曾士楚等遂上章请留居正。吏科陈三谟，故居正客也，而迫于同事者，小迟。闻居正之怒，因蒲伏谒居正，涕泣求解。俄而疏亦上矣。用贤不能平，约中行具疏请敕居正归，除服而用之。然其辞缓，而刑部员外郎艾穆，主事沈思孝继之，则稍峻，且傍刺讥居正他事。疏上，留中不出。冯保盖欲取居正指，而居正怒，不知所为，将拟加重辟。于是王锡爵要申时行谒居正而请解，时行不可。锡爵乃独身往质居正于丧所，辞甚峻。居正勃窣，且拜且言曰："上强留我，而诸曹子力逐我，我何以处？使有尺刃在，我且自刎矣！"锡爵辞不可，已而居正揖之出。则进士邹元标者，复上章极言："居正以元宰而首斁大伦，何以师表天下？且其人非能以仁义辅人主，不过智力把持耳。用之何所利！"前是，上已下旨廷杖穆、思孝八十，谪远戍；用贤、中行六十，为编氓。而元标袖疏草入左掖门，睹诸臣宛转血肉，心不为慑。疏上，而中外壮之。得旨杖戍如穆、思孝，皆濒绝而苏。时彗星从东南方起，长亘天，无所不扫。人情汹汹，久不晓有夺情事，事创起，而诸言者皆得罪，以为居正实应之。街议巷擿，至作谤书，悬之两长安通道，谓居正且反。居正不得已，乃草诏戒励群臣，谕所以留居正，而罪言者，意再及之，必诛无赦。冯为请于上宣之朝，谤稍息。于是，使居正子编修嗣修与司礼大珰魏朝驰传往代司丧，而礼部主事曹诰并为治祭，工部主事徐应聘治葬。居正请不造朝，而以青衣、素服、角带入阁理政，及侍经筵讲读。又请辞岁俸。上许之，而日给酒馔之席，月给白粲十石，香油百斤，烛二百枝，茶三十斤，薪炭称是。计直于俸赐矣。

始，居正自矫饰，虽不能无任情，而英敏善断，辟阖挥霍，庶几以为有魏相、姚元之风。而其客面谀之，谓汉、唐所未睹见，至相率而有伊、周之目。居正亦雅自负不世出。为刘台等所擿，志意渐恍惚，而至是始知天下之不见与，思以威权劫之，益无所顾忌。居正谓："罗伦小竖子何所知，其书当投厕中！"盖先朝成化前朝臣稍有事寄者，无所不夺情，自阁臣李贤夺，而罗伦以修撰疏非之，其言虽不行，而嗣后人稍自爱，非兵革无有言夺者矣。居正之闻丧，荐绅先生传录伦疏，纸几贵。居正知之，以故追恨伦。

而亡何，上且举大婚礼。故事：诸册遣聘皆勋臣主之，而首辅为副使。居正以有服不当与，慈圣亦疑之，而使中贵人问居正，恐难于易吉。居正醢其事，乃曰："后为天下母，国之大事孰有重者？且居正受上恩厚，即今赴汤火不辞，而靳即暂时吉乎？"于是居正遂被紫横玉，以从事凡十余日。初，给事中李涞疏谓："使居正不服吉，不可以将礼；将礼而服吉，恐非上所以处居正，与居正所以自处。夫吉礼，非兵革比也，阁部大臣皆可使，不止一居正也。上苟惜居正，幸更之。”居正虽甚恶涞，以其辞直，姑切责而付吏部处，涞寻补按察佥事出矣。锡爵意愤愤，请以省觐告。人谓：“相君不有父，而君故省父以形若短，且君何以责相君深乎？”锡爵曰：“吾自知父，不知有相君。且相君之自为情，而自夺之。夫上夺之，可也；今乃徼太后、中贵人以要上，即如所请，不入朝，不衣锦，可也；而今且衣锦而从吉；即从吉，吾意其颡之有泚；而顾扬扬自夸诩，谓人何幸躬逢其盛！”于是竟请告以归。故事：大婚礼成，阁臣第有赏，而无迁拜。居正知冯保诸中贵欲得之，思以为恩市，而身力辞之以钓奇。乃拟吕调阳进建极殿大学士兼支尚书俸，张四维加少保兼武英殿大学士，仍各录一子中书舍人，而冯保等皆加秩荫叙矣。上果谓居正让而有礼，赐玺书褒谕，累百余言，命吏部候服除而援旨以请。已，报辽东捷，赐居正白金百两，彩币八有副。先是，上所赐礼称“元辅”，或称“先生”而不名。称先生者，独孝庙然，面谕则有之，不以施笔札。至是始兼称“元辅张少师先生”，且待以师礼。而居正有奏谢亦自负，以为帝者师。且引赞拜不名之礼，隐然兼萧何、子房而有之。人谓居正傲于上，而卑于冯保，即陈蹇所不论也。

居正见人情已定，乃始乞归葬其父，再疏始允。使尚宝司少卿郑钦、锦衣卫指挥佥事史继书护归。以三月为期，葬毕即上道。仍命抚按诸臣先期驰赐玺书敦谕。范白金为印记，曰“帝赉忠良”以赐之，如先朝杨士奇、张孚敬例，得密封言事。仍戒内阁臣调阳等：“有大事毋得专决，仍驰驿之江陵，听张先生处分。”人谓古称伴食同事则有之，未有伴食于三千里外者。以调阳、四维当拂衣，而调阳独怏怏不乐，然未能果也。始，居正念以阁臣里居者高拱在，未尝一日忘，而殷士儋多左右奥援，或能乘间以出。谓徐阶老易，待拟荐之自代，遣人布腹心于阶，阶诸子且信之。而居正复自念阶出而居正被召还任，名位固相等，而阶前辈受业师，不敢踞其上。乃请广内阁员。诏即令居正推。乃疏推太子少保、礼部尚书马自强，吏部右侍郎兼侍读学士申时行。而时行已加太子宾客，忘不入衔，且谓自强资深，当加太子太保，文渊阁大学士；时行稍浅，当以左侍郎兼东阁大学士。诏如之，其辞同张四维。宫保，一品衔，当上自裁定，即不尔，亦当别具密疏以请，不应于推疏定之。靡非欲自张大，而轻自强等。自强抗直，数与居正左，自分不敢望之，人以居正是举稍不易云。

（《嘉靖以来首辅传》）

张居正传下 申时行附

［明］王世贞

申时行，字汝默，苏之吴县人。举进士第一人，为翰林院修撰。初从外家姓，为徐，久而后复之。时行美姿容，秀目疏眉，性温茂，有体韵而不促狭，能诗文，善笔札，见者无不亲重之。初，以王父忧归。家贫，时时居间，有司又稍从狎邪游。既服除，补故官。与同年王锡爵善，锡爵数规之，始稍树立，不苟取予。久之，副顺天试。迁左春坊左中允，兼编修。选充经筵日讲官，进左春坊左谕德，兼侍读，预修世、穆两庙《实录》。寻为《穆庙》副总裁，进左庶子，掌翰林院事。《穆录》成，进詹事府少詹事兼侍读学士。以久次转詹事，再迁礼部右侍郎。改吏部兼学士。《世录》成，加太子宾客，食二品俸。

时行素蕴藉，不为居正所忌，由是得与四维并入阁。

居正当行，上及两宫赐道里费为白金者，合千三百两，彩币十六有副。既朝辞，复请见于平台，上抚谕之，曰："朕不能舍先生，恐重伤先生怀，是以忍而允所请。虽然，国家事重，朕将何所依？"居正乃劝上以大婚之后，宜撙节爱养，留心万机。因伏地而哭。上亦为之哽咽堕泪，为居正奏辞慈宁宫。皇太后复以银八宝六十两赐之，所以慰谕有加。出国门，遣司礼中贵张宏供张郊外以饯。百官皆班送。于是所经由，有司饬厨传、治道路。然意居正奔丧，或参用凶礼，则饰白罗伞幔，执事与台胥吏之徒，皆具素服以俟。而居正以边将所馈遗兵器，罗列禁卫千兵百骑，前后部鼓吹，光彩耀日。于是复皇恐，相率易缯彩一新，费复不赀。

前是，居正父初死，巡抚都御史陈瑞，癸丑所取士也，驰至江陵，乘幔舆以谒。入门，从者易白服毕，解纱帽，出麻冕于袖而戴之，已复加绖，伏哭。尽哀毕，则请见太夫人。太夫人不出，跪于庭。良久，太夫人出，复伏哭。前谒致慰，乃坐。太夫人傍有小阉侍，居正所私留以役者也。太夫人睨而谓："陈君幸一盼睐之。"瑞拱立揖阉，曰："陈瑞安能为公公重，如公公乃能重陈瑞耳。"公公者，中贵之尊称，臧获见而呼者也。太夫人亦为之启颜。至是，陈瑞已迁刑部右侍郎。复与郧阳都御史徐学诗及司道守令会葬，所以赙遗不可胜计，光彩倾远迩。

时有同年御史子业者，罢久矣，而与居正故善。会葬，至墓所，自诡工堪舆言，密语居正："吾相地多毋逾于此者，是且有天子气。"居正惧掩耳，礼而趣之去。

既毕葬，且还朝，而兵备宪臣分守阃帅约请居正阅操，用大帅礼。居正欣然许之。改服上所赐蟒绣以御。礼成，大出其金帛劳使加等。

时辽东续奏大捷，上复归功居正，使使驰谕，俾定爵赏。居正为条列以闻。而大学吕调阳内惭坚卧，累疏乞休矣。居正疏以母老不能冒炎暑，请俟秋凉而后上道。于是内阁、两都部院卿寺、给事、御史俱上章，请促居正亟还朝。上遣锦衣卫指挥翟汝敬驰传往迎，为日以俟。汝敬陛辞，锡之白金彩币。而令中贵人侍太夫人以秋日取江路，真州上。

汝敬至，居正就道，先具疏闻，而抚按诸臣各驰奏报矣，上皆有优旨。而前是所经由，藩臬守巡迓而跪者十之五六，居正意未慊，檄使持庭参吏部尚书礼。至是，无不长跪者。台使越界趋迎毕，即身为前驱，约束吏卒干陬饬厨传。居正所坐步舆，则真定守钱普创以共奉者，前为重轩，后寝室，以便偃息；傍翼两庑，庑各一童子立而左右侍，为挥箑炷香。凡用卒三十二舁之。始所过州邑邮，牙盘上食，水陆过百品，居正犹以为无下箸处。而真定守无锡人，独能为吴馔，居正甘之，曰："吾行路至此，仅得一饱餐。"此语闻，于是吴中之善为庖者，召募殆尽，皆得善价以归。道经襄，王出候，折简要居正宴。故事：人臣虽贵极公侯，谒王执臣礼。居正不欲执臣礼，辞不入，王强而后可。于是直入至便殿，具宾主而出。王者之有北面，自襄王与居正始也。过南阳，唐王亦如之。诸抚臣争相竞以异礼待居正，而独保定之孟重为甚，虽同事者亦羞称之。居正入，则孟重以兵部侍郎超佐京营大帅矣。居正既过良乡，抵郊外，诏遣司礼中贵何进宴劳于真空寺。口谕："先生以午入，即召见平台；以未入，则质明见。"而两宫亦各遣大珰李奇、李用宣谕，赐八宝、金钉川扇、御膳、饼果、醪醴。百僚复班迎。以次日质明入朝，上延之于平台，慰劳恳笃，且询以途路所见岁计物情与北虏衰败之状良久，乃予假十日而后入阁。仍赐白金百两，彩币六有副，新钞三千贯，双羊上尊，御膳。因引见两宫。

当居正之归日，而御史赵应元以候代襄阳，不及会葬。既得代而中悔，恐获罪于居正，上书移病归。前是有旨，御史在外不得轻移病，非抚臣为代请移病者，都察院密察以闻。然亦视为故常，莫有举行者。而居正之门客佥都御史王篆时佐院，要胁其长陈炌，使论应元。时吕调阳以疾在告不出，而张四维等拟旨特斥应元为民。中外知其自，咸遗遗。而户部员外郎王用汲遂劾炌以非法陷应元，阿辅权臣，应元不当罢。且谓星变，而考察所惩抑者，皆居正所不喜，宜斥炌而留应元。其词甚峻。诏夺用汲官，亦为民。居正既见用汲疏，怒甚，辨其事谓："臣赋性愚戆，不能委曲徇人。凡所指画注施，一概之法。法所当加，亲故不宥；才有可用，疏远不遗。又务综核名实，搜剔隐奸，推抑浮竞，以是大不便于小人。而倾危躁进之士，游谈失志之徒，又从而鼓煽其间，相与怂恿撺嗾，冒险钓奇，以觊幸于后日，为攫取富贵之计，蓄意积虑，有间辄发。故向者刘台为专权之论，今日用汲造阿附之言。夫专权阿附者，人主之所深疑也。日浸月润，铄金销骨。小则使臣冒大嫌而不自安，大则使臣中奇祸而不自保。明主左右既无亲信重臣，孤立于上，然后呼朋引类，籍势秉权，恣其所欲为，纷更变乱，不至于倾国家而已。此孔子所以恶利口，大舜所以疾谗说也。臣日夜念之，忧心悄悄，故敢不避烦渎，控之圣明之前，遂以明告天下之人。臣是顾命大臣，义当以死报国，虽赴汤火，皆所不避，况于毁誉得丧之间！皇上不用臣则已，必欲用臣，臣必不能枉己以徇人，必不能违道以干誉。台省纪编，必欲振肃；朝廷法令，必欲奉行。奸宄之人，必不敢姑息，以挠三尺之公；险躁之士，必不敢引进，以坏国家之事。如有捏造浮言，欲以荧惑上听、紊乱朝政者，必奉祖宗之法，请于皇上，而明正其罪。此臣之所以报先帝而忠于皇上之职分也。"优诏褒美居正，累百余言，戒饬言者。然居正意欲逮治用汲，而以四维等轻之，遂厉色而待，一语不接，握笔纵横，了无顾盼，咸捧手受成而已。

及秋，而魏朝奉太夫人所经由浒步，皆设席屋、张彩幔。徐州兵备副使林绍至身杂挽船卒中为之导护，远尔奔趋。将抵京，上遣司礼中贵李佑郊迎，与魏相结骑队，鸣鼓角，列旌帜，横穿御道而过，观者如堵。上复遣中贵人赐金累、珍珠、青红宝石首饰，杂色绣蟒、帛罗凡四袭，白金百两。而两宫之赐尤有加。所以慰谕居正母子，几用家人礼。居正乃制妆绮绣、奇器宝玩以进上及慈宁宫，所费颇巨。而锦衣缇帅刘守有、史继书皆受役如奴客，为之收敛织作矣。

高拱之逐，其自出居正，而有王大臣狱，居正复与发而旋救之。拱既内恨刺骨而畏其权与文深，又不能不外示感。居正始归葬，道新郑，拱已病若痱，故为笃状舆诣。居正抚之，乃大哭，谢谓："往者几死冯珰手，虽赖公活，而珰意尚未已，奈何？"居正笑曰："珰念不至此，且我在，无忧也。"居正归，而拱意其不即召，使使贿太后父武清伯谋之。武清伯纳其贿，不得间。居正既入而知之，诮让良苦。拱既失贿，而知其泄，忧懑发疾死。居正为请于上，复其官，予之祭葬之半。而殷士儋归历城，其密戚为阁中掾，与故裕邸中贵人善，谋乘居正归，而用士儋。居正知，复切责，此掾怖而不能食，数日死。冯保有所私门下笔札人徐爵，居正为擢用之，至锦衣指挥同知，署南镇抚。又使其苍头游七与结为兄弟。居正有所谋，使游七入以告徐爵，爵以达冯保。保有所谋亦如之。或曰上之奖慰居正诏旨，皆爵草也。游七亦入赀得官，勋戚文武大臣至翰林给事御史多与还往，通姻好。游七具衣冠报谒，据上坐为款，宵饮欢呼无间。居正固与冯保通关，然意忌闻张四维之私结保也，恫喝止之，四维以是恨居正益甚。

掩答入贡，久而以兵西逼回夷，使使之乌思藏迎所谓国师镇南坚者，创招提刹以居之。镇南投书上居正乞赏，而侑以大士像、氆氇、金刚结。居正疏闻，且辞。上褒称居正"辅理勋猷，宣播遐迩，戎狄咸宾。朕得以垂拱受成，深用嘉悦"。敕受之，而别为答赐。

时上病疹愈御朝，群臣皆廷贺，而居正以持服不与。复为之御平台以见，慰谕有加。赐金币、御膳、殽蒸上尊。上执手使视颜色，居正称贺。因劝上慎服食、戒色欲。上曰："圣母日与朕偕动止，三宫俱未宣召。"居正叩头谢。使还阁而后鸣钟鼓见群臣。

嘉靖末，徐阶执政，而李春芳在礼部，患宗室日藩衍，中外数万人皆仰给县官，国土之入不足以供岁额，相计议为宗藩条列。于是封袭婚娶、子女名数、禄赐之属，苛为之限。至是，居正条摘其间彼此矛盾，前后抵牾，或减削太苛，或拟议不定，或一事而或予或夺，或一令而旋行旋止，或事与理舛，窒碍难行，或法与情乖，轻重失当者，皆指实言之，请下礼部会议，入《会典》遵守。报可。居正于诸藩王赂却不受，亦无敢以私干者。而礼部尚书潘晟于居正前辈，顾谬为恭谨，其在留都率九卿疏请亟迎居正入朝，居正怜而用之，而渐知其颇纳赂，为藩王道地，不悦也。微讽言者论去之，而超用刑部左侍郎徐学谟。学谟少亦工文章，通晓吏事，而其守荆州，能为民抗持景王侵占长沙。适居正为编修，使归治妻葬，学谟礼厚之甚，以是心德之。居正既贵用事，学谟两遇劾归，居正俱力持起之田间。自成、弘后百余年来，礼部尚书必翰林擢。嘉靖之初，上以席书言大礼当意由他曹特迁，言路攻之十余疏，不止。学谟自刑部擢，亡敢有出一语者，人谓居正威在世宗上矣。而居正始与姻家刑部王之诰，之诰自用兵事，歇历中外，不尽由居正显，而又数与之争论，以养母归。其所善者，即同年侍郎幼孜，尝为郡守，见辱于儒生，居正为左右之，不十载而至八座。居正复与之通姻，迁工部尚书。幼孜无他长，以讲学博士大夫名。每见居正，辄语移日，多布腹心。及广树朋党，援引所私，而时一进逆耳语，以示忠赤，而他为夺情擅权事，未尝不开端引之。出则颔身以交伉直声者，谓："吾力言之，如相公不听何？"殷正茂为户部尚书，进大珠瑰宝天鹅罽以媚居正而得用。居正转以罽奉慈宁为坐褥。或曰："上见之，知其自居正，而不善也。"幼孜与正茂却争宠而妒，数嗾言路论之归。而王篆入吏部，其见知爱甚于幼孜，数为居正言幼孜时时在外扬相公之愎谏而已，力弥缝之，冀为他日地。居正微伺得而悉之，幼孜以疾在告，居正授一札曰："吾惫矣，寡助之，至亲戚叛之，奈何？"幼孜惧，遂乞归，居正弗留也，而以曾省吾代领工部。省吾，居正所取士也，为人贪而巧媚，小有文。其抚四川，而借军兴干没万计。入佐兵部，以右都御史掌南院。至是代幼孜。而居正之门人梁梦龙，自蓟辽总督入为兵部尚书，其品在下中，尤善媚。吏部尚书王国光，山西人，四维同乡有连，恐居正之疑之，而篆从傍为耳目。于是六曹咸倾心事居正，虽对妻子床第，无不称居正贤者。其始士大夫之谀以伊、周，渐谓为常谈，不能得居正色，则进为五臣，又有以稷、契、皋陶不为重，则直进之舜、禹，而居正恬然不以为骇怪。至中允高起愚之试士，遂以舜、禹命题，非必有他意也，而诸当事者纷纷目启愚劝进矣。

时上渐备六宫，太仓所储金钱多所宣进。居正乃因户部进御览数目而陈之，谓每岁入额皆在其内，锱铢毕尽。今考万历五年，岁入四百三十五万九千四百两，而六年所入仅三百五十五万九千八百余金，则已少八十余万金矣。五年，岁出三百四十九万四千二百余金，而六年所出乃至三百八十八万八千四百余金，则已多四十万余金。质之该部云，因诸省请留蠲免之不时，追赃人犯财产之已尽，奉旨请用之屡下，是以入数减，而出数溢也。因忧其不可继，而请上置之坐隅，时赐省览，量入为出，罢节浮费。疏上，留中。上复传旨工部置钱应用，居正亦以利不胜费止之。时言官请停苏、松织造，不听。居正面为宛曲以请，得损数之大半。复请停修武英殿工，及裁省外戚迁恩数，上多曲从之。一日，上御文华殿，居正侍讲读毕，而以给事中所上灾伤疏闻，因谓凤阳及江南诸郡屡无岁，而徐、宿之间民至屑榆皮为粥，不早赈之，则相聚为盗，赈之不可缓。上曰："惟先生所处。"居正复奏："上至仁，爱民如子，凡请蠲请赈无不赐允。而在外诸司，往往营私背公，剥民罔上，非惟不体皇上子惠困穷之德，意且不知臣等所以赞皇上之愚忠，殊可恨也。今给事疏云：'报灾，则云不敢报；云请蠲，则曰不敢请。'有何不敢报与请，而推调支吾，归怨君上？即积谷一事，屡奉旨申饬，竟成虚文。彼皆有自理赃赎，未尝佐公家之急，则将焉往？臣等不胜愤懑，窃以为此辈若遇圣祖，不知当处以何法！"上怒曰："审尔何不重处之！"居正再拜领命，乃又曰："迩年正赋不亏，府库充实，皆以考成法行，征解不爽。今江南江困穷甚矣，河南风灾，畿辅亢旱，将来蠲赈恐不容已。惟皇上加意樽节，于宫中一切用度，及服御可省者省之，赏赉可裁者裁之。至于布施一事，尤当禁止。与其惠缁黄之流以求福利，孰若宽恤百姓，全活亿兆之命，其功德尤大。"上曰："然。用度当从省，即赏赉亦故事耳，无所增减。"居正又曰："夫故事者，迩年之所偶行，遂据以为口实，非祖宗故事也。世宗朝用最不为节，而晏驾之后，尚余百余万金。今岁之所进内帑者二十万，而随取随用，常告乏者，故事必不尔也。愿皇上留神。"上首肯之。于是有蠲贷而督责奉行者之旨肃如矣。江南贵豪如华亭、金坛、上海各恃势，若奸猾巧避匿而不肯完赋者，与泻卤蝌螺之民错，莫知所辨析。居正闻而深恨之，以是选择大吏精悍者严行督责，赋以时起，而民不胜楚朴，则相率而归怨居正。国家日益以富，闾阎日益以贫。然功与罪实相当。

时会居正服将除，而上宣召吏部问期日，于是手敕："元辅张少师先生忠孝两全，今制服已满，朕心嘉慰。特赐白玉带一围，大红坐蟒、蟠蟒各一袭，金壶一把，金台盏一副，用示眷念。俾朝见后，仍御平台召对。以后朝参经筵俱吉服如旧。"既对，慰谕久之，使中贵张宏引见慈庆宫，于宫门叩头。仁圣皇太后赐白金文币。寻见慈宁宫，礼如慈庆。而慈圣皇太后慰奖尤至，赐御膳九品、金丝壶、台盏、金箸、白金、彩帛、荤素甜食十二、酒器十瓿。使张宏侍宴。甫就职，而吏部以大婚敕谕请特诏："元辅社稷重臣，受先帝顾托，翊戴朕躬，以及大婚，弼成治理，勋绩茂著。复加太傅，增岁禄百石。先录锦衣千户简修为指挥佥事，于南镇抚理事。"居正复辞太傅，而受其余。寻吏部复举居正守制岁月为之请十二年满加恩。复再辞。诏复加慰谕，凡百余言，谓："卿之所处，恩义两尽，足以垂范万世，特允所请，以全忠孝大节。至于卿之勋劳，简在朕心，当别有酬眷。"时复当会试，大学士申时行与学士许国为主司。而居正二子懋修、敬修与四维之子泰征皆中式矣。居正扈上谒诸陵归，即具疏乞休。中云"拜手稽首归政"，则隐然复子明辟。凡再上，而天子慰留恳切。最后手书称慈圣口谕："张先生亲受先帝付托，岂忍言去？俟辅尔岁至三十而后商处。先生毋复兴此念。"居正乃出。而懋修即状元及第矣，敬修亦在前列，而泰征次之，皆得礼部主事。而皆邑邑不乐，人为之语："首甲幸有三人，云胡靳此二子！"而懋修、敬修俱列史官，每出则众相指而诅，或作俚谚书而粘之宫墙。门下客至，引以相告，辄得外补。

王篆与曾省吾益横南北，给事、御史则傅作舟、王蔚、秦耀、李选、朱琏、钱某、顾尔行为之爪牙，而作舟、琏尤恣肆，选鄙无耻，人所羞而不道者。而南京兵部主事赵世章抗章言时政不便数事，皆阴以指讥居正之操切。居正怒，欲遣之，吏部尚书王国光为画策曰："谴之是成其名也，且或以动上听，某请为公任其怨。"不旬日，出为楚府左长史，盖杜其迁转地也。又半岁，当大察，属南京吏部都察院去之。时尚书何宽与郎中李己比，而并谴司业张位。位特以居正闻丧，有所刺讥，其望实益著，以王篆属不敢抗。李已素有直声，人为之恨且惜。居正闻位谴，亦不悦曰："何至乃尔！"而是时抗居正者，穆思孝、邹元标皆已远戍，督抚大臣故折挫之使不堪，冀以闻于居正取一快。而王篆旦夕侍居正，知其不释意于刘台。台之归，颇不理于乡人口，以是乘间使其乡御史贺一桂嗾怨家疏其盗边银不法数事。于是江西之巡抚王宗载、巡按陈某下有司悉为之证实，而辽东巡按于景昌傅会之。坐远戍，而系追其赃金，又系其父子，竭产以偿不得，则别以富人犯法者宽其罪，使为之偿。而后遣戍至岭外。无何，饮于其戍主所，归而暴得疾以死。或曰戍主有所受毒之也。而是时王锡爵归省，久之不出。其女得道仙去，有所奉大士上真，俾锡爵与友大理卿王世贞筑室于城居之，而女仙之蜕附焉。锡爵属世贞为之传语，颇传京师。给事中牛维垣、御史孙承南故尝客曾省吾，谓此奇货可以贽居正也。省吾遂为维垣具草，与承南先后论劾锡爵等，语甚危，冀以动摇上意。事下礼部，而尚书徐学谟方思所以报居正，攘臂谓："此妖孽不可长也！"具稿欲大有处。而慈圣在西宫闻之，不怿，使中贵人张宏语居正："神仙者，何预人事？"而言路批劾之。居正意绌，而学谟方盛气以见，居正笑谓："此二人者，皆君乡人也，事渺小，且已往，不足道。"学谟薨然而退，事遂停寝。而南给事中吴之美辈复吠声有言，报闻而已。而赵用贤、吴中行亦与锡爵家近，王篆与省吾意未慊，则风陈炌使用故尝请夺情御史曾士楚按吴，使伺用贤、中行短而甘心焉，且因以孽锡爵。士楚之初为御史，新胁于长，不得已具疏，而中悔之。既至，叹曰："吾向者犹豢龕也，而今乃使我鹰犬耶！且吾已愧人，复安敢愧天？"因绝不复问，移疾归。而居正竟亦无他。

有狂生吴仕期者，宁国人也，与沈懋学善。时懋学亦移疾里居，而仕期常欲走京师上书，有所规于居正，而懋学止之矣。其语颇流闻，而吴中轻薄子伪为故都御史海瑞论劾居正罪恶，亦传至宁国，而有梓之者。操江都御史胡槚属同知龙宗武，使究其人，不得，则执仕期以塞。而槚调知其为懋学友也，使宗武捕而引懋学，且报居正，欲自以为功。而居正意不欲彰闻，曰："小竖子耳，何足烦白简！"王篆贻书宗武，必令引懋学。而宗武不可，乃饿死其人于狱，而寝其事。王篆思所以媚居正，与尚书王国光谋曰："彼前后上疏斥者，皆壬夫也，而意未尝一日忘复用，欲杜之，则莫若中之考察之例。”于是因大觐，疏请录诸戍斥者姓名于察吏后而榜之，示不收。居正悦，报可。诸戍斥人皆非外僚，不当觐察，而戍者已重于察吏，不当榜，即榜，而异日安能以例杜其用也？人谓居正敏识人也，而昏誖若此，知其不久矣。

上之初即位，冯保朝夕视起居，拥护提抱差有力焉。小所扞格，即以闻慈圣，而慈圣素诲上严，切责之甚苦，且曰：“内廷可耳，即使张先生闻之，奈何？”于是上严重居正。而冯保意自得，所以事上不能一切顺，上渐长而厌之。保内恃太后，外挟居正，待上左右贽御殊苛峻，小与上狎，辄牵下加笞责。诸有财力可资藉，监局多持不与，而与所私门下阍张大受辈，使为上耳目，颇倚保势，藐上左右。如孙海、客用则乾清宫之用事者，孙德秀、温泰，司礼之参佐，周海则兵仗之领局者也，皆贵幸，善为媚，而不甘保之见凌。上颇好驰骑、挽强弩、击剑，豪饮至醉，海等以言激之。上怒甚，睨视其侧有二监，皆保养子，手剑杀之。即骑而驰之保所，呼而复欲杀之。保已知其事，惧，拥大石支门。会上醉已甚，扶归，熟寝至晓。保亟趋谒慈圣，为肤受语。慈圣怒且骇，召上跪而诘责之，语不可闻。上哭谢罪，则曰：“孙海、客用诱我耳。”慈圣乃使保捕海、用，杖而逐之南京为小火者，发孝陵种菜。而尽收乾清宫所蓄兵杖，钥之库。且使上手书诏自责，谕内阁。居正请于上，谓海、用处之轻，复削净军。而又疏条海、用与德秀、泰及周海罪恶，请并逐之。其司礼监中贵及内侍皆敕令自陈，上裁去留。因劝上戒游宴以重起居，专精神以广胤嗣，节赏赉以省浮费，却珍玩以端好尚，亲万几以明庶政，勤讲学以资治理。上迫于太后，不得已，皆报可。于是左右亲信之为狎而他失冯保意者，所余无几矣。

居正当上初政，尝纂古君人治乱之事，而条治者八十一，乱者三十六，以应阴阳之数，绘而为图，以俗语解之使易晓。至是，复属儒臣纪高皇帝及列圣《宝训》《实录》分类而成书，凡四十：曰创业艰难，曰励精图治，曰勤学，曰敬天，曰法祖，曰保民，曰谨祭祀，曰崇孝敬，曰端好尚，曰慎起居，曰戒游佚，曰正宫闱，曰教储贰，曰睦宗藩，曰亲贤臣，曰去邪奸，曰纳谏，曰理财，曰守法，曰警戒，曰务实，曰正纪纲，曰审官，曰久任，曰重守令，曰驭近习，曰待外戚，曰重农，曰兴教化，曰明赏罚，曰信诏令，曰谨名分，曰裁贡献，曰慎赏赉，曰敦节俭，曰慎刑狱，曰褒功德，曰屏异端，曰饬武备，曰御夷狄。其辞多检切。请以经筵之暇进讲。又请立起居注，纪上言动与朝内外事，为修史张本。日用翰林臣四员入直，应制诗文及备顾问。上皆优诏报许。

旋以满十二载奏最，上为召吏、礼二部传谕:“元辅居正受先帝顾命，夙夜在公，任事任怨。虽称十二年满，实在阁十五年。忠勋异常，恩典宜厚。”寻使司礼中贵张诚赐白金三百两，彩币四十皆有副，坐蟒、蟠蟒各一袭，酒六十瓿，钞十万贯，馔羞五卓，羊豕鹅鸡饧蜜油面枣果薪烛之类，多以千百计。手敕褒谕，称其“精忠大勋，朕言不能尽，官不能酬”。及吏、礼二部议上，加上柱国、太傅、支伯爵俸，仍加岁米二百石，予一子尚宝司丞，给四代诰命。下玺书褒美，锡宴礼部。疏辞上柱国及伯爵俸而已。明兴，文臣无真拜三公者，谓居正当力辞。至是皆惊怪，以为且必封公侯，加九锡。而居正亦益汰，毋论六卿，其视四维等若不屑与称僚寀者，四维等事之益谨。

而居正则亦已病矣。病得之多御内则不给，则日饵房中药，发强阳而燥，则又饮寒剂泄之，其下成痔，而脾弱不能进食。使医治痔小效，寻下壅结而不能畅，不获已，复用寒剂泄之，遂不禁，去若脂膏者，而大肠亦遂出，日以羸削。上时下谕问疾，大出金帛以为医药资。凡四阅月，竟不愈。而自六部卿大臣、翰林、言路、部曹，下至官吏冗散，亡不设斋醮祠庙为居正祈祷者。吏部尚书而下舍职业而朝夕奔走，仲夏曝身赤日中。延至南都、山、陕、楚、汴、淮、漕抚按藩臬，亡不醮矣。居正深居不出，若使知之，则赂其家人以达，取一启齿而已。上始令四维等理阁中细务，而大事犹即家令居正平章。居正始自力，而其后惫甚，不能遍阅，然尚不使四维等参之。辽东复以大捷闻，居正遂进太师，岁加禄二百石，子为指挥佥事者进同知。而四维亦加少傅、太子太师、建极殿大学士。时行加太子太保。居正病益欬不可为，乃疏乞归。上复优诏慰留，称之为“太师张太岳先生”。居正度不起，而上亦使人问可次入阁者。居正首荐礼部尚书潘晟，次则尚书梁梦龙，侍郎余有丁、许国、陈经邦，而复荐尚书徐学谟、曾省吾、张学颜，侍郎王篆等，皆可大用。而指王锡爵为奸邪。上为粘之御屏。先是，居正病，大臣为设醮阁中，典籍以请，时行执不可。

已，居正病剧，大臣复有言醮者，时行笑曰："此再醮矣。"居正闻之怒。至是，荐晟位时行上。然晟虽居正故识，不甚重之，而冯保，晟故所授书者也，强居正使荐之，时居正已昏甚，不能有所主矣。

居正待其子弟严，每三五日入问安，颔之而已，不交一言。而以貌羸，甚恶人见之，卧帷中，至明不闻声，家人怪而发焉，则气绝矣。讣闻，上怆悼辍朝。赐斋檀麻布五百匹，米二百石。两宫麻布二百匹，米二百石。又与潞王合赙白金二千三百两；香及油为斤者，烛为对者，以千计；薪为斤者，以数万计。祭九坛，复增七坛，大约视国公之兼师傅者。赠上柱国，谥文忠。遣官营葬。仍命京堂之四品者，锦衣之在堂上者，护丧归。其子编修嗣修等疏辞谢。上报谕："朕念先生受先帝顾命，鞠躬尽瘁，殁而后已，忠劳可悯。"遣司礼中贵人陈政护丧归。俱令驰驿。居正之丧与辎重凡七十余艘，用夫三千余人，前后十余里不绝。

于是四维始为政，而事渐变矣。冯保亟为上言起潘晟为武英殿大学士，使行人即家召之，驰驿来京。晟鄙而贪，士论所不齿，一旦脱废籍大用，亡不姗且笑之者，而益以追恨居正。四维度时行不欲为晟下，于是合而风给事、御史数上章攻之。四维虽以冯保故拟旨留晟，然而无褒美，第云"为故辅臣所荐"而已，以示轻晟意，冯保不悦也；而御史荐吴中行等诸臣当召用，冯保怒而黜之。而给事、御史有诋居正时政者，居正之客诸大臣犹持不肯行，于是徐学谟归女于时行之少子以自固。而冯保以病在告，少时，给事、御史复乘间论劾晟。晟上疏辞，四维拟旨放之归。时晟已至临安道中，委顿返驾。冯保病起，恚曰："我小病也，而遽无我！"居正之党王篆、曾省吾、朱琏微知之，谓四维之且甘心于居正，而逐我曹，因委身自昵于时行，还往无间。而是时余有丁亦得入文渊阁大学士矣。

皇太子生，上喜甚，因上两宫徽号，颁诏赦天下。四维进少师、中极殿大学士，时行进少保、户部尚书、武英殿大学士，而有丁遽加太子太保。遂以杜中官口，而冯保至录一侄都督佥事矣。张宏以下为锦衣指挥使同知佥事有差。保之始欲封伯爵，而四维以无故事难之。保诟曰："尔由谁得今日耶？而负我如是！"篆、省吾行数万金为保寿，益欢接无间，得从容言四维短，而亟称时行。相约逐王国光，则省吾代为吏部；逐陈炌，则篆代为都察院。四维，故炌所造士也，而省吾以陵工辄进太子太保。御史某者，篆所厚也，遂上书极论王国光，而中谓国光媚四维，拔其表弟王慊为吏部主事。四维引嫌不敢出。时行遂拟罢国光，而于工部覆谦交代疏，以御批责其钻刺而谪之，于是言者纷然起攻。四维窘甚，求徐爵、张大受为保道地，皆有贿。于是时行小罚言者以解，而四维谓时行之子与谋，遂水火矣。国光既去，而拟当代者，冯保私其乡人梁梦龙，王篆不敢违，遂推梦龙。省吾以篆之负约也，怒而相诟，至相击。朱琏复为之交鬬其间，遂不可解。

而上故所幸中贵人张诚者，见恶冯保，上不得已斥之外，而使密诇保所为，遂及居正。至是，诚复入，悉以两家交结恣横状闻上，且谓其珍玩宝藏逾于天府。上心动。而冯保又以止上郊天及选婚事得罪，左右浸言保过恶。其与四维善者泄之，而四维遂以属其门人御史李植，使极论徐爵擅入宫禁，为保拟旨挟诈通奸诸违法事。而他复论曾省吾贪邪从欲，欲以尝上，而上已执冯保禁中矣。于是御史江东之杨四知遂极论保罪状，寻逮徐爵，下缇骑狱。省吾勒致仕。而谪冯保为奉御居南京，其下大阉张大受等悉夺职从徙，而尽籍其家。保金银百余万两，珠宝瑰异以万计，他宅舍田产器用称是。大受等所籍亦不赀，内藏充牣。而上益心艳居正，疑其赢积或过当矣。

始居正卒，而王篆犹挟冯保以恫疑恐喝，士大夫尚畏之，其衔恩者趋之若流水。有两子，一试其乡，一试于南都。试南都者，九卿、给事、御史出郊迎，巡按以下为之饬传舍、具邮供，提学至檄属邑之隽同经者与处，而监试御史当试时，委曲使之同号，竟日至暮，美酒粱肉、水陆之珍络绎馈饷，御史至自具草，使同号者酌量之，且代为书，唯坐饮噉食耳，竟得中前列。而其乡之试者亦与选。人情益愤愤，而言官乃列上其事，并论劾居正三子躐取上第，而四维之子泰征已为山西之第二人，时行之子用嘉，顺天第六人，而用懋冒浙籍与选如篆矣。四维虽恨居正，而畏其不利己，乃不复穷究，而第摘居正，篆之乱政，悉削籍为编氓。时给事、御史新进者益务攻居正为奇，并及其党，而御史杨四知语尤峻。于是居正始夺上柱国、太师兼太子太师，再夺谥。而王篆、曾省吾、朱琏、陈瑞辈，毋不斥削，朝班几为一空。而吴中行、赵用贤等皆召，补官有差。刘台赠光禄少卿，还其产。御史魏允贞见四维、时行之子先后预荐而亡有及之者，意不平，乃于建言疏，颇讥切时政，而谓二相不改居正之覆辙而私其子。坐贬。二相皆有疏辩，时行尤龈龈强饰，人莫不唾之。而其后执政骤迁允贞至吏部郎，以为差善补过云。四维知海内之怨居正深，一切务为宽大，以收人心。而法度渐废弛，至大计贪酷不谨罢削者，亦得复官及章服，而祖宗之法圮且尽矣。

时行既已为王篆辈所推，意不自安，曾得寒疾，逾月不能起。四维语时行之客曰："夫首相者，若四时之有春，行必有夏，有俟煎迫耶？"时行起，不敢谢过，唯默默而已。而泰征、用嘉复登第，四维嗾其门客之在言路者，俾具草，令先攻尚书徐学谟，以赏上，学谟斥，即攻时行。草具将上，无何，四维以父丧归。

四维家素富，累积金至百余万，而犹纳贿不已。度不可如居正例夺情，乃大行金于上左右张谅、张诚诸用事者，使为间时行。上颇心动，久而察知其无他得，稍自安。而御史羊可立者，亦四维客也，乃复追论居正罪恶，而谓居正以私构成辽庶人宪㸅狱。辽庶人之妃因而上疏辨冤，且曰："庶人之库金宝万计，悉入居正府矣。"上喜，以可立籍居正。乃命司礼中贵张诚及刑部右侍郎丘橓，偕锦衣指挥、给事中往籍其家，并勘故构王宪㸅事。

王宪㸅者，其父庄王薨，以幼未立，而居正之祖父为护卫卒。太妃闻居正少警颖，且与王同岁，召而奇之，赐之食，而坐王宪㸅下，且谓："而不才，终当为张生穿鼻。"王宪㸅以是惭居正。而会居正登第，召其祖虐之酒，至死。居正心衔王。然王淫酗，暴横其国，远近皆苦之，弹劾屡上，后遂至削国身死。当削国时，居正虽在阁，然不甚当事，所谓金宝者，雠语也。

张诚等行，则居正诸子颇侵夜焚其奇货禁物，而荆州守令以御史意，先期录其人口出。其子女遁避空室者不及发，已锢其门，则饿死者十余曹，皆为犬所残食而尽。发其诸子兄弟藏，得黄金将万两，白金十余万两。长子敬修不胜刑，自诬伏寄三十万金于曾省吾、王篆、傅作舟等，然尽其产不能十之三，而敬修自缢死。家人亦有从死者。事闻，时行等与六卿大臣合疏，请小缓之。于田诏留田千亩，以赡其母。而省吾等追究亦小缓矣。

时御史丁此吕复追论科场事，谓高启愚之以舜、禹命题，为媚居正策禅受，且旁及诸党人。时行拟旨留启愚而报处其余。于是吏部尚书杨巍等驳此吕为暧昧中人，以大辟，若先朝之赵文华、王联等。旨下，虽出此吕于外，而夺启愚职，焚其告身。给事中王士性等窥上旨所向，遂极论杨巍，且谓时行实党居正而主之；内阁部院诸大臣复劾士性等，旃席之地几成讼庭。于是彼此相率而诣中贵人求援，时行、巍虽得留，而大权悉旁落矣。其后言者复攻居正不已以媚上，于是复敕法司尽削居正官籍，夺其所赐玺书、四代诰命，以罪状示天下，谓当剖棺戮尸，而姑免之。其弟都指挥居易，子编修嗣修俱发戍瘴地。李植、江东之、羊可立以能发大奸，迁京秩有差。而时行等圣诞推恩，时行加少傅、太子太傅、吏部尚书、建极殿大学士，余有丁加少保、户部尚书、武英殿大学士，许国亦加太子太保、文渊阁大学士。其赏犹先四维，时行惧，行万金张宏、张鲸等，始获称元辅。每颁赏，异于余、许。

明年，云南上莽酋捷，时行复加少师、太子太师、中极殿大学士，有丁加少傅、太子太傅、建极殿大学士，许国加少保、武英殿大学士。时行自意贵极，可以杜四维出，即出，不至位其下，而滥典逾于居正矣。

（《嘉靖以来首辅传》）

张居正传

［清］周圣楷

张居正，字叔大，江陵人。母赵氏，尝夜见室中有光上照天，顷之，一青衣童子自天下，绕床左右，遂娠。凡十有二月生。少名白圭，颖敏绝伦。十二为诸生，就郡试。时大司徒李公士翱为郡守，先有异征，奇其状，更名居正。尚书顾公璘抚楚，行部，大奇之，语监试直指使者："张孺子，相器也，宜老其才。即见其名，姑乙之。"及启卷，果售，直指因用顾公言，乃置之。次日，为特"鹿鸣"慰劳焉。庚子，举于乡。谒谢璘，璘犹以为早，因解所系犀带以赠，曰："若异时围腰饰，然若且玉，不足久溷也。"

丁未，举进士，选庶吉士。己酉，授翰林院编修。时少师徐阶在政府，见公沈毅渊重，深相期许。

甲寅，请告归。则卜筑小湖山中，终日闭关不启，人无所得望见。久之，益博极载籍，通当世之务。

庚申，以右春坊中允管国子监司业事。甲子，重修《兴都志》成，进右谕德，为裕邸日讲官。每进讲，必引经执义，广譬曲喻，词极剀切。庄皇帝往往属目加礼焉。

隆庆元年，累进礼部尚书，兼武英殿大学士。公之入阁，同时阁臣皆折节从容，公班最后。独谓辅相体尊，当自严重，时倨见九卿，他亦无所私款洽。而间出一语，辄中的，人以是愈畏惮之，重于他相矣。

当世庙末，政多偷玩，事无统纪。举朝务为繁言，鲜实效。诏令屡下，多废格不行。是以上下相蒙，名与实爽。又国用空乏，督赋之使四出，民苦搜括。而寇数犯塞，京师武备久弛。乃条上六事：省议论、振纪纲、重诏令、核名实、固邦本、饬武备。因请举祖宗大阅礼。上嘉纳。已巳之冬，遂大阅于北郊。公戎服扈从，天子坐武帐，躬擐甲胄，观将士，为偃月五花之阵。已，乃阅骑射，简车徒。人已知为救时相焉。

四年庚午，用三年考绩恩，加太子太傅、吏部尚书，官一子中书舍人。

先是，北寇俺答最强盛，肃皇帝时岁入边，杀略吏民畜产甚众，云中、辽东尤甚。其后我叛人赵全与其党李白馨等亡抵俺答，居板升，拥胜兵数万。而中国亡命，又悉往从寇，熟知险隘厄塞，为寇乡导，日教寇候利害处。以故二十九年，俺答大举逼京师；四十二年，犯蓟；隆庆元年，陷石州。会其孙把汉那吉隙于寇，与其妻比吉等十余骑来款关，督抚王崇古上状。朝议以为纳叛启衅，非宜，不然，宜杀之。公独劝上纳那吉降，安置大同城中，厚给饮食、衣服、供帐、器具以市之。俺答闻那吉亡，大惊，发万骑临平虏城来索。廷臣恇惧。公令诸将坚壁清野，勿与战。使那吉衣所赐绯衣金带，夸示寇使。而阴遣谍者以好语款寇，曰：“若能缚我叛人赵全等献，约称臣守边，乃得归而孙。”时崇古谓寇久不去，老师费财，欲乘老酋得孙急，而因与为市。公与书曰：“和戎自有体。彼即欲得孙，谓宜先缚致全等境上，尽屏往来游骑，请命幕府，我乃礼那吉而归之耳。今拥万骑平虏城外，欲坐索而孙，何可谓诚款乎？夫全等至狡狯，彼岂能坐而待缚若鸡犬乎？假令语泄，彼得为谋，或聊以胁从数人欺误朝廷，而我乃弃重质，非细故矣。且那吉归，而老酋幸奉约束无他，吾即假爵封王，通贡布可矣。有如寇诸所言，特空给幕府，殆无意称臣，又或多所请乞，明年又复寇边，损国家威重，则虽得全等数百辈何为？”于是，崇古遣使，一再诣寇营，晓以利害，坚其约。俺答仰天笑曰：“吾何爱数十人，不以易吾孙？”乃夜袭板升，得赵全等九人，缚致境。上命厚礼那吉遣归。俺答感泣，遂称臣内属，求通贡市，岁岁勿绝。上命磔全等东市，传首于边。全骁黠甚，顾其属曰：“吾属死，边事宁矣。”上嘉公殊勋，加少保，兼建极殿大学士，官一子尚宝丞。而诏集朝臣诣阙下，议封贡可否，众士藉藉。公复以书抵崇古，言封贡有五利：边鄙不惊，穑人成功，一也；我得以其闲养士马、修战守备，岁无调援，可省行粮数十百万，二也；俺酋既臣属，土蛮吉能不敢轻动，三也；赵全等既禽，即板升数万之众，知寇不足恃，可驯而致，四也；寇骄夭亡，其兆已见，老酋死，族必分，必有冒顿呼韩之变，我得乘其败而坐困之，五也。乃复诣文华殿，奉成祖封和宁、太平、贤义三王故事告上，上意遂决，许通贡市，封俺答为顺义王。俺答大喜。已而套寇亦愿修贡市易，如宣、大例。自是中国以段布皮物市寇马，寇亦利汉财物，贸易不绝。居庸以西五千余里无烽火警，天子无西顾忧，得一意备东寇矣。上念公运筹制寇，茂著忠猷，加少师，兼太子太师，予一子锦衣卫正千户，世其官。

六年五月，上不豫，召辅臣至御前，受顾命。公伏地号泣，不能起。神宗嗣位，诏公卜视大行皇帝陵寝。比归，而首辅拱已去位矣。公为首辅，召见平台，慰劳恳至。初，上在东宫，尝昼寝，梦一美髯大臣在侧，若将有所陈见。寤而异之，以问左右，对曰："殿下他日当有太平宰相如其人。"及见公，长身玉立，髭髯修美，上忆梦中事，特赐金币及绣蟒斗牛服。公顿首泣谢，因疏请大诰文武群臣，示上意所向，百僚寖寖振动矣。又念国有大故，或启戎心，请敕本兵，令边吏毋得解甲，谨备寇。又按刘文靖故事，请御日讲，三日一出视朝，毋以寒暍小故废罢。山陵礼成，进左柱国，兼中极殿大学士，官一子。累疏辞免。上复亲洒宸翰，赐大字凡五：曰"元良"，曰"良臣"，曰"尔惟盐梅"，曰"汝作舟楫"，曰"宅揆保衡"。公顿首曰："上幸向意文字，即操觚染翰，非帝王要务，亦无不究极精微，动以古人为法，臣知所以事上矣。"乃采古帝王善可为法者八十一事，恶可为戒者三十六事，以应阴阳之数，绘为《帝鉴图说》以献。上起敬受，令宣付史馆。

万历元年癸酉，有王大臣之狱，一时汹汹，祸及旧辅高拱。公以百口保其无他，事乃解。

岭东平，上将首论筹策功，谢不受。上言："臣当先帝时，上便宜六事，其一愿上综核名实。乃当事者玩岁愒月，卒不能以实应，即敷奏，徒文具耳。请令自今天下吏民所上封事，有事下四方郡国者，诸曹置记籍，与为期约，月令科臣按之。设所在抚按皆奉行诏书，不以时奏报，或以奏报而诸曹故慢令，无可否者，臣等当条列其事，请诏下所司诘问，责令对状。"上报可。十一月，以六年考绩，进中极殿大学士。

二年甲戌，西南夷都蛮平。都蛮，古泸戎也，数剽掠蜀郡。公推毂曾省吾抚四川，以刘显为总兵征之。是时，言官论显闽事，罪且不贷。公曰:“临敌易将,兵家所忌。”卒不罢显,显竟就功。

公以上方精核吏治,乃与太宰张瀚、大司马谭纶奏上御屏,中绘天下疆域,左文右武,各列职名。上命设于文华殿省览。又请修祖宗故事,令日讲官记注起居,兼录诏谕制敕,凡郊庙、耕耤、幸学、大阅,皆令侍从。又选史官六人,居馆局中,编诸司章奏。其大臣便殿独对,有密勿谋议得闻史臣者,令入对大臣纪述,送史局诠次,为异日国史原本。

四年正月,御史刘台劾奏公。台故公所取士也,出按辽东。辽捷,御史不当报,而台违例报,公以故事裁抑之。台怒,遂抗章极论公黠横十余事。公上疏乞休,上慰留之。廷杖台,公复申救,竟从宽贷。

六月,重修《大明会典》。是时,岁比不登,又多水旱。上诏书数下,赐民田租,而郡国奉行不勤,督赋益急。闾里愁叹,盗贼窃发。乃请诏责有司,加意牧养,令主计议佐百姓。民有穷饿,或岁大祲,若逋久赋重度不能输将者,其悉除之。又言太仓所储足支八年,独大帑无羡金,而民间复苦输粟,终岁勤动,不得休暇,上下交病矣。请令今岁赐民改折十之三,实公帑,宽民力,真两利之道。上从之。亡何,以一品九年考绩,加特进左柱国,进太傅,支伯俸,官一子尚宝丞,于常典外赉赐有加。累疏辞谢,许辞太傅、伯禄。

五年丁丑三月,廷试,赐公子嗣修及第第二人。有诏,修慈庆、慈宁宫。公上言:“两宫规制甚备,又至壮丽,足以娱太后万寿,不宜时绌举赢。”上即入言圣母,得罢之。六月,岭西罗旁平,以其地置郡县,公举兵部侍郎凌云翼力也。

公为政,大约以尊主权、课吏职、信赏罚、一号令。万里之外,朝下而夕奉行。尤留心边事。有本镇将吏不知,而公别侦之以告者,人亦不测其繇。是以群臣恐恐然,救过惟谨,职事厘举,无敢饰非枝梧者。居恒谓高皇帝真得圣人之威者也。世宗能得其意,故高卧法宫之中,朝委裘而天下不乱,以大阿不下授也。于时政体大肃,而渐有不便于公者矣。

九月,父文明卒于江陵。讣闻,累乞守制。不允。是时,彗出斗、牛间,尾指娄,长数十丈。台官微言,按天官书:斗,丞相之位;彗出斗、牛、女,主大臣移徙,天子愁,兵起,天下受怨。于是留公益坚,至于流涕。公又以母老,疏请极哀切。上乃命司礼监差官一员,同公子嗣修驰驿归，营葬，即迎母来京侍养。公感殊恩，慨然遵谕暂留。疏乞辞俸守制，预允归葬。从之。

十月，杖编修吴中行、检讨赵用贤、刑部员外艾穆、主事沈思孝于朝，复杖刑部观政进士邹元标，五人皆以疏谏夺情。自是怨公者益甚，公皆身任之，即以是稍除异己者，不恤也。

六年三月，大婚礼成，再疏乞归葬。上不得已，敕重卿金吾护归，以三月为期，葬毕，即上道。又特颁"帝赉忠良"银印记一，如先朝杨士奇、张孚敬例，得密封言事。仍戒内阁臣调阳等，有大事毋得专决，仍驰驿之江陵，听先生处分。濒行，入辞便殿，上为呜咽流涕。入言圣母，圣母亦感痛，所以慰赐祖送有加。既归，襄事讫，奉旨敦迫还朝。召见文华殿西室，问所过民间疾苦，及北寇衰败状，公对甚悉，上大悦。

先是，肃皇帝时，公族繁盛，国用困竭，礼官所裁《宗藩条例》，多刻意抑损，且乖牾不可训。公乃略举事例未安者十余事，请敕礼官集群臣定议，著为令甲，昭示诸侯王。诸王有见而感泣者。

七年二月，河工成。自河决崔镇吕泗，淮阳诸郡悉为巨浸。濒河郡县，治堤费且万万。廷议迄无成，上以问执政。公因言故河道御史潘季驯可使。乃降玺书，即其家拜都史，一切假以便宜，逾年工成。

上渐备六宫，太仓所储金钱，多所宣进。公因户部进御览数目陈言："万历五年，岁入四百三十五万余两，而六年所入，仅三百五十万余金。五年，岁出三百四十九万余金，而六年所出，乃至三百八十八万余金。夫岁出则浮于前，岁入则损于旧，不可不知也。王制，量入为出，三年必有一年之积，而后可以待非常之事，无匮乏之虞。设法巧取，不能增多，惟加意撙节，则用自足。愿将主计所上疏，置座隅，时赐省览。"又上传旨工部，置钱应用。公亦以利不胜费止之。言官请停织造，不听。公面委曲以请，得省数之大半。复请停修武英殿工，及裁省外戚迁官恩数，上多曲从之。

十一月，诏度民田。高皇帝时，天下土田八百五十万顷，至弘治十五年，已减二十七万。岁久滋伪，弊孔百出，有所谓飞诡者、影射者、养号者、挂虚者、过都者、受献者。久久相沿，豪民有田无粮，穷民摊派受病矣。民穷逃亡，势又不得不请减额，而国课日以益亏。公请料田。

凡庄田、屯田、民田、职田、荡地、牧地，皆就疆理，无有隐奸。贫民不至独困，豪民不能兼并。又民间新所垦治，皆赋其贡税。以新赋均旧额，则国初故额不失，而民赋以轻。其挠法者，皆下明诏切责，天下奉行廪廪焉。

八年庚辰，服除，诏加太傅，岁加禄米百石，晋前所予锦衣卫正千户世指挥佥事。公辞太傅。寻以大礼毕成，圣德日茂，拜疏乞休。上谕恳切，最后手书传慈圣谕："张先生受先帝付托，今以往，辅尔至三十而后商处，愿今无复出口矣。"遂不辞。

三月，廷试，赐公子懋修进士及第第一人。

九年正月，请令翰林官分番入直，应和文章，或侍上清宴，质问经义，陈说道理，如唐、宋故事。又奏属儒臣纂辑累朝《宝训》《实录》，分类成书，以经筵之暇进讲。一日上御文华殿，讲《训》《录》毕，公偕辅臣四维、时行持南京给事中傅作舟疏进览，因言大江南北大饥，或相聚为盗，大可忧。即如《训》《录》所载，元末之乱亦起于此。乞将积逋，尽赐蠲贷，而责各官发赎锾仓谷，以惠穷民。上俞允。公又言："今天下至困矣。即上幸履蹈节俭，臣愚犹过计，以为大司农所入，不足佐锾急。近者，宫中赐赉，动至巨万，辄引常例。夫所谓例者，今年偶一行之，明年即指为故事陈乞耳，非祖宗旧制也。至于布施一事，尤当禁止。与滥施缁流以求福利，孰与蠲赋与民，以活亿兆元元之命，其功尤大？"上为感动。

十月，以一品十二年秩满奏最，上手敕褒谕，称其"精忠大勋，朕言不能尽，官不能酬"。加上柱国、太傅，支伯爵俸，仍加岁米二百石，予一子尚宝臣丞，给四代诰命，下玺书褒美，赐宴礼部。辞上柱国及伯爵俸。

十年二月，寝疾。上时时下手诏问安否，赐内厨馔及视医药，黄门使者络绎不绝于道。久之不愈，上令辅臣四维理阁中细务，大事即公家平章。

六月，上书乞骸骨。上览之感痛。会辽东大捷，至加公太师，进前所予锦衣卫指挥佥事同知，世世不绝。时病已革，上使中使问国家大计，不知所报。次日卒。上怆悼辍朝，赙赐金币他物皆加等，两宫赐亦优厚。

予祭九坛，复增七坛，盖视国公兼师傅者仪。赠上柱国，谥曰文忠。遣营葬，仍命太仆、锦衣、内监护丧归。

公性谨严敏决，博闻强识，尤练习本朝故实，及边域情形。少时即自负以天下之重，伉厉守高，不好为好言以悦人意。及入政府，感穆庙顾托，神庙幼冲，虚心委任，故任法独断，操持一切，无所顾避毁誉。尝与人书曰："仆以一竖儒，拥十余龄幼主，立天下臣民之上，国威未振，人有侮心。况自隆庆以来，议论滋多，国是靡定，纪纲倒置，名实混淆。自仆当事，始布大公，章大信，修明祖宗法度，一以尊主庇民，振举颓废为务，天下始知有君也。彼谗人者，欲剸刃于仆之身，又无所污蔑，独曰专擅云云，欲以悚动幼主，间仆于主上耳。仆受恩深重，当以死报国，违道干誉，直仆之所薄而不为。"其大意如此，是以人多恨之。

上敬重公，呼太岳先生而不名。掖庭少有嬉戏，辄虑张先生知之。而公亦益以夹辅主德自力。然上春秋渐长，公过为禁持，不少假。尝在讲筵，上读《论语》，至"色勃如也"，读作"背"音。公从旁厉声曰："当作勃字。"上悚然惊。而上左右贵幸用事，多恨老珰冯保。又尝疏请斥逐其为奸佞者，是以寖相构。而辅臣张四维亦怨公。会公卒，上所幸珰张诚，以保与公交结专恣奏闻。上心动。其与四维善者，泄之四维，遂嗾其门人极论保以尝上。上谪保南京，而籍其家。言事者窥望风旨，益务攻公为奇，并及其党。于是夺上柱国、太师，再夺谥，削其诸子官。

御史羊可立者，追论公罪，因谓公以私构辽庶人宪㸅狱。庶人妃因讼狱，且曰："庶人金宝万计，尽入居正府矣。"上心艳其事，以可立籍公家。乃命中贵人张诚及刑部右侍郎丘橓，偕锦衣卫指挥给事往，并勘故构王宪㸅事。王宪㸅者，其父王薨，未立。而公之祖父为护卫卒，太妃闻公少警颖，且与王同岁，召而奇之。赐食，而坐王宪㸅其下，且谓而不才，终当为张生穿鼻。王宪㸅以是惭而衔之。会公登第，召其祖虐之酒，至死。而王淫酗，横暴其国，远近皆怨之。弹劾屡上，遂至削国，以幽死。所谓金宝者，雠语也。丘橓等籍其家，惧不中程，乃拘其诸子，备极榜笞。长子敬修自缢死，家人死者累累，而荆楚之间，骚然株及矣。狱成，命削公秩，夺前所赐玺书、四代诰命，谪其子编修嗣修戍。

当籍没时，侍讲于慎行遗丘橓书，略曰："江陵殚精毕智，勤劳于国家，阴祸机深，结怨于上下。当其柄政，举朝争颂其功，而不敢言其过；今日既败，举朝争索其罪，而不敢言其功：皆非情实也。且江陵平生以法绳天下，而间结以恩，此其所入有限矣。彼以盖世之功自豪，固不甘为污鄙；而以傅世之业期其子，又不使滥有交游：其所入又有限矣。若欲根究株连，称塞上命，恐全楚公私，重受其困。又江陵太夫人在堂，八十老母累然。诸子皆书生，不涉世事，籍没之后，必至落魄流离，可为酸楚。望于事宁罪定，疏请于上，乞以聚庐之居，恤以立锥之地，使生者不致为栾、却之族，死者不致为若敖之鬼。亦上帷盖之仁也。"橓得书，不能用。

万历末，台谏等连章讼居正冤，且言其有十大功于国，不听。天启二年，朝庭始追述其功，复原官，予祭葬，稍稍给其房屋之未变直者，与子孙奉祠住。今上御极，尤思之，录用公孙同敞为中书舍人，追恤有差。

毛寿登曰：江陵承顾托，辅幼主，身伊、周之任，宠眷稠渥，前古未有也。天下固已侧目其身矣，而振纲剔弊，海内披靡，又皆其誓沈族碎家而为之者也。虽欲避"专擅"之迹，何可得！然公无所不可得之人主，而夺情之役，不以死争，摧击过当，有容之度阙焉。岂自信报主眷，平物论，盖有非常之功，诚不屑区区形迹间饰款言、塞众望邪？海忠介有言："居正工于谋国，拙于谋身。"谅哉！上下数十年间，墨衰视事，楚人两见，然江陵名差不正，而人顾益思之矣。

圣楷按：衡山宁太虚先生咸，视学于鄂，必参稽楚人楚事，互相问答。一日，谢古心凤洲在坐，宁问曰："楚之相如张江陵，将如熊经略，可谓才矣。然江陵夺情，今曩同讥，如何？"谢曰："古大圣人有夺情者二，皆以天下事其亲，不足为疑。"曰："为谁？"曰："父死不葬，爰及干戈。"宁曰："学圣人者，须大中至正。武王反经行权，后世有口实之者。且史阙疑，宁足传信？"谢曰："更有一无间之圣人。《洪范》曰：'鲧则殛死，为乃嗣兴'，如何？"宁然之。既而曰："古心引经证事，可广《孝经》。"

显鹤按：《明史·赞》称江陵"通识时变，勇于任事。神宗初政，起衰振靡，不可谓非干济才。而威柄之操，几于震主，卒致祸发身后"。盖犹以救时相目之也。余故节采本传事迹，备录于此，以明文忠功在社稷，不愧大臣之目。同敞负志节，具文武材，卒与瞿忠宣同死。余为增辑忠义传后云。——此湘皋先生考异，节引《明史本传》按语也。卷首已载，故不录。

（《楚宝》）

张居正传

［清］张廷玉等

张居正，字叔大，江陵人。少颖敏绝伦，十五为诸生。巡抚顾璘奇其文，曰："国器也。"未几，居正举于乡，璘解犀带以赠，且曰："君异日当腰玉，犀不足溷子。"嘉靖二十六年，居正成进士，改庶吉士。日讨求国家典故。徐阶辈皆器重之。授编修，请急归，亡何还职。

居正为人，颀而秀眉目，须长至腹。勇敢任事，豪杰自许。然沉深有城府，莫能测也。严嵩为首辅，忌阶，善阶者皆避匿。居正自如，嵩亦器居正。迁右中允，领国子司业事。与祭酒高拱善，相期以相业。寻还理坊事，迁侍裕邸讲读。王甚贤之，邸中中官亦无不善居正者。而李芳数从问书义，颇及天下事。寻迁右谕德兼侍读，进侍讲学上，领院事。

阶代嵩首辅，倾心委居正。世宗崩，阶草遗诏，引与共谋。寻迁礼部右侍郎兼翰林院学士。月余，与裕邸故讲官陈以勤俱入阁，而居正为吏部左侍郎兼东阁大学士。寻充世宗《实录》总裁，进礼部尚书兼武英殿大学士，加少保兼太子太保，去学士五品仅岁余。时徐阶以宿老居首辅，与李春芳皆折节礼士。居正最后入，独引相体，倨见九卿，无所延纳。间出一语辄中肯，人以是严惮之，重于他相。

高拱以很躁被论去，徐阶亦去，春芳为首辅。亡何，赵贞吉入，易视居正。居正与故所善掌司礼者李芳谋，召用拱，俾领吏部，以扼贞吉，而夺春芳政。拱至，益与居正善。春芳寻引去，以勤亦自引，而贞吉、殷士儋皆为所构罢，独居正与拱在，两人益相密。拱主封俺答，居正亦赞之，授王崇古等以方略。加柱国、太子太傅。六年满，加少傅、吏部尚书、建极殿大学士。以辽东战功，加太子太师。和市成，加少师，余如故。

初，徐阶既去，令三子事居正谨。而拱衔阶甚，嗾言路追论不已，阶诸子多坐罪。居正从容为拱言，拱稍心动。而拱客构居正纳阶子三万金，拱以诮居正。居正色变，指天誓，辞甚苦。拱谢不审，两人交遂离。拱又与居正所善中人冯保隙。穆宗不豫，居正与保密处分后事，引保为内助，而拱欲去保。神宗即位，保以两宫诏旨逐拱。事具拱传。居正遂代拱为首辅。帝御平台，召居正奖谕之，赐金币及绣蟒斗牛服。自是赐赉无虚日。

帝虚己委居正，居正亦慨然以天下为己任，中外想望丰采。居正劝帝遵守祖宗旧制，不必纷更，至讲学、亲贤、爱民、节用皆急务。帝称善。大计廷臣，斥诸不职及附丽拱者。复具诏召群臣廷饬之，百僚皆惕息。帝当尊崇两宫。故事：皇后与天子生母并称皇太后，而徽号有别。保欲媚帝生母李贵妃，风居正以并尊。居正不敢违，议尊皇后曰仁圣皇太后，皇贵妃曰慈圣皇太后，两宫遂无别。慈圣徙乾清宫，抚视帝，内任保，而大柄悉以委居正。

居正为政，以尊主权、课吏职、信赏罚、一号令为主。虽万里外，朝下而夕奉行。黔国公沐朝弼数犯法，当逮，朝议难之。居正擢用其子，驰使缚之，不敢动。既至，请贷其死，锢之南京。漕河通，居正以岁赋逾春，发水横溢，非决则涸，乃采漕臣议，督艘卒以孟冬月兑运，及岁初毕发，少罹水患。行之久，太仓粟充盈，可支十年。互市饶马，乃减太仆种马，而令民以价纳，太仆金亦积四百余万。又为考成法以责吏治。初，部院覆奏行抚按勘者，尝稽不报。居正令以大小缓急为限，误者抵罪。自是一切不敢饰非，政体为肃。南京小奄醉辱给事中，言者请究治。居正谪其尤激者赵参鲁于外以悦保，而徐说保裁抑其党，毋与六部事。其奉使者，时令缇骑阴诇之。其党以是怨居正，而心不附保。

居正以御史在外，往往凌抚臣，痛欲折之。一事小不合，诟责随下，又敕其长加考察。给事中余懋学请行宽大之政，居正以为风己，削其职。御史傅应祯继言之尤切，下诏狱，杖戍。给事中徐贞明等群拥入狱，视具橐饘，亦逮谪外。御史刘台按辽东，误奏捷。居正方引故事绳督之，台抗章论居正专恣不法，居正怒甚。帝为下台诏狱，命杖百，远戍。居正阳具疏救之，仅夺其职。已，卒戍台。由是，诸给事、御史益畏居正，而心不平。

当是时，太后以帝冲年，尊礼居正甚至，同列吕调阳莫敢异同。及吏部左侍郎张四维入，恂恂若属吏，不敢以僚自处。

居正喜建竖，能以智数驭下，人多为乐之尽。俺答款塞，久不为害。独小王子部众十余万，东北直辽左，以不获通互市，数入寇。居正用李成梁镇辽，戚继光镇蓟门。成梁力战却敌，功多至封伯，而继光守备甚设。居正皆右之，边境宴然。两广督抚殷正茂、凌云翼等亦数破贼有功。浙江兵民再作乱，用张佳胤往抚即定。故世称居正知人。然持法严。核驿递，省冗官，清庠序，多所澄汰。公卿群吏不得乘传，与商旅无别。郎署以缺少，需次者辄不得补。大邑士子额隘，艰于进取。亦多怨之者。

时承平久，群盗猬起，至入城市劫府库，有司恒讳之。居正严其禁，匿弗举者，虽循吏必黜。得盗即斩决，有司莫敢饰情。盗边海钱米盈数，例皆斩，然往往长系或瘐死。居正独亟斩之，而追捕其家属。盗贼为衰止。而奉行不便者，相率为怨言，居正不恤也。

慈圣太后将还慈宁宫，谕居正谓：“我不能视皇帝朝夕，恐不若前者之向学、勤政，有累先帝付托。先生有师保之责，与诸臣异。其为我朝夕纳诲，以辅台德，用终先帝凭几之谊。”因赐坐蟒、白金、彩币。未几，丁父忧。帝遣礼中官慰问，视粥药，止哭，络绎道路，三宫赙赠甚厚。

户部侍郎李幼孜欲媚居正，倡夺情议，居正惑之。冯保亦固留居正。诸翰林王锡爵、张位、赵志皋、吴中行、赵用赞、习孔教、沈懋学辈皆以为不可。弗听。吏部尚书张瀚以持慰留旨，被逐去。御史曾士楚、给事中陈三谟等遂交章请留。中行、用贤及员外郎艾穆、主事沈思孝、进上邹元标相继争之。皆坐廷杖，谪斥有差。时彗星从东南方起，长亘天。人情汹汹，指目居正，至悬榜书通衢。帝诏谕群臣，再及者诛无赦，谤乃已。于是使居正子编修嗣修与司礼太监魏朝驰传往代司丧，礼部主事曹诰治祭，工部主事徐应聘治丧。居正请无造朝，以青衣、素服、角带入阁治政，侍经筵讲读。又请辞岁俸。帝许之。及帝举大婚礼，居正吉服从事。给事中李涞言其非礼，居正怒，出为佥事。时帝顾居正益重，常赐居正札，称“元辅少师先生”，待以师礼。

居正乞归葬父，帝使尚宝少卿郑钦、锦衣指挥史继书护归，期三月，葬毕即上道。仍命抚按诸臣先期驰赐玺书敦谕。范“帝赉忠良”银印以赐之，如杨士奇、张孚敬例，得密封言事。戒次辅吕调阳等“有大事毋得专决，驰驿之江陵，听张先生处分”。居正请广内阁员，诏即令居正推。居正因推礼部尚书马自强、吏部右侍郎申时行入阁。自强素迕居正，不自意得之，颇德居正，而时行与四维皆自昵于居正，居正乃安意去。帝及两宫赐赉、慰谕有加礼，遣司礼太监张宏供张饯郊外，百僚班送。所过地，有司饬厨传，治道路。辽东奏大捷，帝复归功居正。使使驰谕，俾定爵赏。居正为条列以闻。调阳益内惭，坚卧，累疏乞休不出。

居正言母老不能冒炎暑，请俟清凉上道。于是内阁、两都院寺卿、给事、御史俱上章，请趣居正亟还朝。帝遣锦衣指挥翟汝敬驰传往迎，计日以俟；而令中官护太夫人以秋日由水道行。居正所过，守臣率长跪，抚按大吏越界迎送，身为前驱。道经襄阳，襄王出候，要居正宴。故事：虽公侯谒王执臣礼，居正具宾主而出。过南阳，唐王亦如之。抵郊外，诏遣司礼太监何进宴劳，两宫亦各遣大珰李琦、李用宣谕，赐八宝、金钉川扇、御膳、饼果、醪醴，百僚复班迎。入朝，帝慰劳恳笃，予假十日而后入阁，仍赐白金、彩币、宝钞、羊酒，因引见两宫。及秋，魏朝奉居正母行，仪从煊赫，观者如堵。比至，帝与两宫复赐赉加等，慰谕居正母子，几用家人礼。

时帝渐备六宫，太仓银钱多所宣进。居止乃因户部进御览数目陈之，谓每岁入额不敌所出，请帝置坐隅时省览，量入为出，罢节浮费。疏上，留中。帝复令工部铸钱给用，居正以利不胜费止之。言官请停苏、松织造，不听。居正为面请，得损大半。复请停修武英殿工，及裁外戚迁官恩数，帝多曲从之。帝御文华殿，居正侍讲读毕，以给事中所上灾伤疏闻，因请振。复言：“上爱民如子，而在外诸司营私背公，剥民罔上，宜痛钳以法。而皇上加意撙节，于宫中一切用度、服御、赏赉、布施，裁省禁止。”帝首肯之，有所蠲贷。居正以江南贵豪怙势及诸奸猾吏民善逋赋，选大吏精悍者严行督责。赋以时输，国藏日益充，而豪猾率怨居正。

居正服将除，帝召吏部问期日，敕赐白玉带、大红坐蟒、盘蟒。御平台召对，慰谕久之。使中官张宏引见慈庆、慈宁两宫，皆有恩赉，而慈圣皇太后加赐御膳九品，使宏侍宴。

帝初即位，冯保朝夕视起居，拥护提抱有力，小扞格，即以闻慈圣。慈圣训帝严，每切责之，且曰:“使张先生闻，奈何！”于是帝甚惮居正。及帝渐长，心厌之。乾清小珰孙海、客用等导上游戏，皆爱幸。慈圣使保捕海、用，杖而逐之。居正复条其党罪恶，请斥逐，而令司礼及诸内侍自陈，上裁去留。因劝帝戒游宴以重起居，专精神以广圣嗣，节赏赉以省浮费，却珍玩以端好尚，亲万几以明庶政，勤讲学以资治理。帝迫于太后，不得已，皆报可，而心颇嗛保、居正矣。

帝初政，居正尝纂古治乱事百余条，绘图，以俗语解之，使帝易晓。至是，复属儒臣纪太祖列圣《宝训》《宝录》分类成书，凡四十：曰创业艰难，曰励精图治，曰勤学，曰敬天，曰法祖，曰保民，曰谨祭祀，曰崇孝敬，曰端好尚，曰慎起居，曰戒游佚，曰正宫闱，曰教储贰，曰睦宗藩，曰亲贤臣，曰去奸邪，曰纳谏，曰理财，曰守法，曰儆戒，曰务实，曰正纪纲，曰审官，曰久任，曰重守令，曰驭近习，曰待外戚，曰重农桑，曰兴教化，曰明赏罚，曰信诏令，曰谨名分，曰裁贡献，曰慎赏赉，曰敦节俭，曰慎刑狱，曰褒功德，曰屏异端，曰饬武备，曰御戎狄。其辞多警切，请以经筵之暇进讲。又请立起居注，纪帝言动与朝内外事，日用翰林官四员入直，应制诗文及备顾问。帝皆优诏报许。

居正自夺情后，益偏恣。其所黜陟，多由爱憎。左右用事之人多通贿赂。冯保客徐爵，擢用至锦衣卫指挥同知，署南镇抚。居正三子皆登上第。苍头游七入赀为官，勋戚文武之臣多与往还，通姻好。七具衣冠报谒，列于士大夫。世以此益恶之。

亡何，居正病。帝频颁敕谕问疾，大出金帛为医药资。四阅月不愈，百官并斋醮为祈祷。南都、秦、晋、楚、豫诸大吏，亡不建醮。帝令四维等理阁中细务，大事即家令居正平章。居正始自力，后惫甚不能遍阅，然尚不使四维等参之。及病革，乞归。上复优诏慰留，称“太师张太岳先生”。居正度不起，荐前礼部尚书潘晟及尚书梁梦龙，侍郎余有丁、许国、陈经邦。已，复荐尚书徐学谟、曾省吾、张学颜，侍郎王篆等可大用。帝为黏御屏。晟，冯保所受书者也，强居正荐之。时居正已昏甚，不能自主矣。及卒，帝为辍朝。谕祭九坛，视国公兼师傅者。居正先以六载满，加特进中极殿大学士；以九载满，加赐坐蟒衣，进左柱国，荫一子尚宝丞；

以大婚，加岁禄百石，录子锦衣千户为指挥佥事；以十二载满，加太傅；以辽东大捷，进太师，益岁禄二百石，子由指挥佥事进同知。至是，赠上柱国，谥文忠，命四品京卿、锦衣堂上官、司礼太监护丧归葬。于是四维始为政，而与居正所荐引王篆、曾省吾等交恶。

初，帝所幸中官张诚见恶冯保斥于外，帝使密诇保，及居正。至是，诚复入，悉以两人交结恣横状闻，且谓其宝藏逾天府。帝心动。左右亦浸言保过恶，而四维门人御史李植极论徐爵与保挟诈通奸诸罪。帝执保禁中，逮爵诏狱。谪保奉御居南京，尽籍其家金银珠宝巨万计。帝疑居正多蓄，益心艳之。言官劾篆、省吾并劾居正，篆、省吾俱得罪。新进者益务攻居正。诏夺上柱国、太师，再夺谥。居正诸所引用者，斥削殆尽。召还中行、用贤等，迁官有差。刘台赠官，还其产。御史羊可立复追论居正罪，指居正构辽庶人宪㸅狱。庶人妃因上疏辩冤，且曰："庶人金宝万计，悉入居正。"帝命司礼张诚及侍郎丘橓偕锦衣指挥、给事中籍居正家。诚等将至，荆州守令先期录人口，锢其门，子女多遁避空室中。比门启，饿死者十余辈。诚等尽发其诸子兄弟藏，得黄金万两，白金十余万两。其长子礼部主事敬修不胜刑，自诬服寄三十万金于省吾、篆及傅作舟等，寻自缢死。事闻，时行等与六卿大臣合疏，请少缓之；刑部尚书潘季驯疏尤激楚。诏留空宅一所、田十顷，赡其母。而御史丁此吕复追论科场事，谓高启愚以舜、禹命题，为居正策禅受。尚书杨巍等与相驳。此吕出外，启愚削籍。后言者复攻居正不已。诏尽削居正官秩，夺前所赐玺书、四代诰命，以罪状示天下，谓当剖棺戮尸而姑免之。其弟都指挥居易，子编修嗣修，俱发戍烟瘴地。

终万历世，无敢白居正者。熹宗时，廷臣稍稍追述之。而邹元标为都御史，亦称居正。诏复故官，予葬祭。崇祯三年，礼部侍郎罗喻义等讼居正冤。帝令部议，复二荫及诰命。十三年，敬修孙同敞请复武荫，并复敬修官。帝授同敞中书舍人，而下部议敬修事。尚书李日宣等言："故辅居正，受遗辅政，事皇祖者十年。肩劳任怨，举废饬弛，弼成万历初年之治。其时中外乂安，海内殷阜，纪纲法度莫不修明。功在社稷，日久论定，人益追思。"帝可其奏，复敬修官。

同敞负志节，感帝恩，益自奋。十五年奉敕慰问湖广诸王，因令调兵云南。未复命，两京相继失，走诣福建。唐王亦念居正功，复其锦衣世荫，授同敞指挥佥事。寻奉使湖南，闻汀州破，依何腾于武冈。永明王用廷臣荐，改授同敞侍读学士。为总兵官刘承胤所恶，言翰林、吏部、督学必用甲科，乃改同敞尚宝卿。以大学士瞿式耜荐，擢兵部右侍郎，兼翰林侍读学士，总督诸路军务。

同敞有文成材，意气慷慨。每出师，辄跃马为诸将先。或败奔，同敞危坐不去，诸将复还战，或取胜。军中以是服同敞。大将王永祚等久围永州，大兵赴救，胡一青率众迎敌，战败。同敞驰至全州，檄杨国栋兵策应，乃解去。顺治七年，大兵破严关，诸将尽弃桂林走。城中虚无人，独式耜端坐府中。适同敞自灵川至，见式耜。式耜曰："我为留守，当死此。子无城守责，盍去诸？"同敞正色曰："昔人耻独为君子，公顾不许同敞共死乎？"式耜喜。取酒与饮，明烛达旦。侵晨被执。谕之降，不从。令为僧，亦不从。乃幽之民舍。虽异室，声息相闻，两人日赋诗倡和。阅四十余日，整衣冠就刃，颜色不变。既死，同敞尸植立，首坠，跃而前者三，人皆辟易。

而居正第五子允修，字建初，荫尚宝丞。崇祯十七年正月，张献忠掠荆州，允修题诗于壁，不食而死。

赞曰：徐阶以恭勤结主知，器量深沉。虽任智数，要为不失其正。高拱才略自许，负气凌人。及为冯保所逐，柴车即路。倾轧相寻，有自来已。张居正通识时变，勇于任事。神宗初政，起衰振隳，不可谓非干济才。而威柄之操，几于震主，卒致祸发身后。《书》曰"臣罔以宠利居成功"，可弗戒哉！

（《明史》）

张文忠公遗事

［清］宋学洙

世祖章皇帝谕木陈和尚曰:“明相张居正当主少国疑之日，乾纲若不独擅，天下事便成道傍筑舍。”大哉王言，直逼九十八年议权臣者睁眼矣!

惟功高祸大，解者绝少。俗人传讹，曰高新郑构之也。尝考新郑罢相，固在江陵壬申柄政之初，而新郑捐馆，实在江陵戊寅葬亲之岁。江陵壬午薨时，新郑亡已五年矣，安得谓甲申之难，发于新郑耶？又尝读江陵寿高公六旬文，周召夹辅之谊，期于同奖王室，而一时水火之由，文献皆无确据，江陵岂不耻匿怨而友者哉？比读文忠全集卒业，方知任怨绝交，莫非砥砺名教，而忠义大节，亦于斯提其人纲，识备记之。

其构新郑也，救徐文贞也。文贞为江陵馆师，又拜相之荐师也。考江陵拜相谢文贞时，文贞面嘱之曰:“家国之事，一以奉托。”则安知非虑新郑之构己，而托其相庇乎？高公再相，徐果受陷，三子被逐，拟破其家。文忠用智用愚，阴持四载。徐公之狱未即成，而穆宗宴驾。故江陵乘机罢高公相，而予徐公以安，所谓国士之报也。江陵岂不爱新郑者，权其师友之重轻，遂不能置身于两厚。观答应天巡抚朱东园书云:“存斋老先生以故相居家，近闻中翁再相，意颇不安，愿公一慰藉之。”又书云:“辱回示，业已施行，自难停寝。但望明示宽假，使问官不敢深求，早与归结，则讼端从此可绝，而存老之体面，玄翁之美意，两得之矣。仆于此亦有微嫌，然而不敢避者，所谓老婆心切也。”又答松江兵宪蔡春台（讳熙者）书云:“存斋相公家居，三子皆被重逮。且闻吴中上司揣知中玄相公有憾于徐，故为之甘心焉。此非义所宜出也。且存翁以故相终老，未有显过闻于天下，而使其子皆骈首就逮，脱不幸有伤雾露之疾，至于颠陨，其无乃亏朝廷所以优礼旧臣之意乎？亦非中玄公所乐闻也。”答河南巡抚梁鸣泉书云：“松江事，高老先生业已寝之，似不必深究。仲尼不为已甚，报怨亦自有常。牵牛以蹊人之田，而夺之牛，蹊者固有罪矣，而夺之牛，无乃过乎！”答奉常徐云岩书云：“仆在此，君家之事，万无虑者。”答徐仰斋书云：“仆受太翁老师厚恩，未有以报，凡力所能为者，自不待嘱矣。”与论大政书云：“陆氏之事，原当事者之意，实欲缘此中祸于师翁。其徒每倡言曰：‘陆氏家累巨万，死之日，数姻家欺其子之幼，遂分而有之。今惟刑并其子，使之取偿于所亲，则可不加赋而国用足。’其言如此，藉令当事者至今犹在，则祸诚不知所终矣。幸天启圣衷，俯纳愚言，俾陆武惠之功得明，而师翁见陵之耻亦因以雪。”答文贞书曰：“元年之事，选懦中立，不能昌言以树正帜，一罪也。及谗言外阒，中人内构，不能剖心以明老师之诚节，二罪也。公旦远避流言于今三年，不能以一语悟主，使金滕久闭，郊礼不行，三罪也。今日之事，惟以逭积慝而释大惭耳，其视古人所以报知己何如哉？”当是时，江陵想亦有泪从肠落者矣。

戊寅归葬，过新郑，晤高公于病中。还朝，再晤高公，许身任其后事。答张操江书云：“顷奸人挟刃入内，诬指新郑所使，中外汹汹，几成大狱。仆窃心知其不然，未有以明也。乃面奏主上，委曲开导，务求真的，乃可正法。荷主上面允。而左右中贵人亦皆雅相尊信，深谅鄙心，不敢肆其钩巨之巧。不然，此公之祸，固不待言，而株连蔓引，今不知作何状矣。”答司马王鉴川书云：“方玄翁事起时，仆即具揭入告于主上，为玄翁伸理。”答参军高梅庵书云：“恤典诸事，须稍从容，俟孤于内人多方调处，俾上意解释，孤乃具疏以请。旦夕有便，当告之贵省抚按，托其具奏报也。”又书云：“前闻讣后，竟不见使至，比已调解于内，似有可挽之机。须令嫂夫人自上一疏乞恩，孤当为面奏陈请也。”又书云：“玄翁恤典，甚费心力，仅乃得之。然赠谥尚未敢渎请，俟再图之。过此一番应得之例，则后来续请根基，定于此矣。”又书云：“仆与玄老交深，平生行履，知之甚真，固愿为之创传，以垂后世。墓铭一事，虽微委命，亦所不辞，谨操笔以俟。行状当属之曹傅川可也。”答司马曹傅川书云：“不穀与玄老为生死交，所以疏附后先，虽子弟父兄未能过也。叵奈中遭憸人交构其间，使之致疑于我，又波及于丈。悠悠之谈，诚难户晓。”比高夫人张氏陈乞恤典，该文书官田义口传圣旨："高拱不忠，欺侮朕躬，今已死了，他妻还来乞恩典，不准他。"文忠奏拱侍先帝于潜邸九年有余，又引嘉靖时杨一清、翟銮例，哀恳。奉圣旨："高拱负先帝委托，藐朕冲年，罪在不宥。卿等既说他曾侍先帝潜邸讲读，朕推念旧恩，始准复原职，给与祭葬。礼部知道。"与河南周巡抚书云："故相中玄公今尚未葬，闻恩恤葬价，有司未能时给，此仁人之所隐也。不揣溷冒，敢邀惠于下执事，惟公哀怜之。"据此，则文忠与高公，何尝不全始全终哉？而天下口实两家近百年，岂不大谬哉！

况修怨虽士大夫常事，断无覆人宗祀之毒心，而必如是者，宦戚之为耳。宰相以忠正犯时忌，即不结宦戚以为奥援，而即事宽假，未必非市恩之一道。文忠鉴汉、唐末季之祸，而为社稷长治之谋，不示恩，且更加威也。一日，该文书官丘得用口传圣谕："孙海、客用凡事引诱，无所不为，着降作小火者，发去孝陵种菜。"文忠奏："孙海、客用奸邪不忠，亏损圣德。论祖宗法度，宜正典刑，罪在不赦，不宜止降小火者。须充做净军，乃为正法。"奉圣旨："乾清宫管事牌子太监孙海、客用，凡事引诱，无所不为，降黜未尽其辜，着充净军，发去南京孝陵种菜。"兔死固已狐悲矣。又补参司礼监太监孙德秀、温泰，兵仗局掌印周海，谓与孙海、客用济恶，当与孙海、客用同罪。又勒令各管事牌子自陈。奉圣旨："司礼监太监孙德秀、温泰，兵仗局掌印周海，都降三级，着外私家闲住，永不叙用。其司礼监及管事牌子等，都着自陈。"连处数大珰，上意犹然姑息，此辈有不剚刃于文忠之腹者哉！

令有外戚申宿好者居间，则隐祸尚可内解。而文忠外戚之怨，巧相值也，命也。一日，该文书官丘得用口传圣旨："皇亲都督同知王伟，着进封伯爵，拟旨来行。钦此。"并将正德二年封庆阳伯复儒，嘉靖二年封泰和伯陈万言，及各子男辈授官事例传示。文忠奏："圣祖定制，公侯伯爵，非有军功，不得滥封。王伟系中宫至亲，臣等不敢抗违，谨拟传帖，上语圣裁。其皇亲子男辈，姑且从容。"又一日，该文书官丘得用口传圣旨，欲将皇亲永年伯王伟弟、男加恩授职。"臣等谨钦遵，拟传帖，将王伟弟王俊、男王栋，各与锦衣卫正千户，带俸。"顷又该丘得用传示圣意说："正德年间，皇亲夏助等俱授锦衣卫指挥使等官，世袭，今何止授千户，又无世袭字样？”文忠奏：“隆庆年间，今仁圣懿安皇太后之父固安伯陈景行，伊男陈昌言，初亦止授锦衣卫千户。至皇上登极，因上两宫尊号，方降敕将陈景行长男陈昌言，升锦衣卫指挥佥事，次男陈嘉言，授锦衣卫副千户。慈圣宣文皇太后父李伟，封武清伯，长男李文全，授锦衣卫指挥佥事，次男李文贵，授锦衣卫副千户：俱无世袭字样。今皇上虽欲优厚外戚，讵可逾于两宫皇太后之家乎？至于世袭一节，则祖宗旧制，决不敢违越也。”武清伯李伟请价自造坟茔一本，该文书官孙斌口传圣旨：“该部折价太薄，从厚拟来。”文忠奏：“嘉靖二年，蒋轮乞恩造坟，原系差官盖造，未曾折价。该部处办木石等料，当时估计，该银二万两，卷案俱存。想自祖宗以来，相传恩例如此，有难以逾越耳。今皇上孝事圣母，岂能有加于世庙？圣母笃厚外家，亦岂能有逾于章圣皇太后乎？今以世宗皇帝所不能加，章圣太后所不可逾，而圣母与皇上必欲破例处之，越分之恩，非所以厚之也，逾涯之请，非所以自保也。”

嗟乎！神宗枕席之爱，不畅于中宫；太后显亲之孝，见扼于元宰。虽一时屈于祖制，而王、李两家自不快然于心。彼孙、客诸珰，安知不乘机结构，相与观变哉？

予尤有疑于张凤盘。方文忠归葬之先，辽东长定报捷，内称出边二百余里，斩首四百三十，我之损伤，止于一卒。奉圣谕：“昨见辽东捷报非常，即奏闻圣母，蒙面谕朕云：‘赖天地祖宗默佑，此时正尔行嘉礼之际，有此大捷，乃国家之庆，我心甚喜。元辅运筹庙谟，二辅同心协赞，才得此奇功。我勉留张先生，这是明效。’朕恭对云：‘圣母慈谕的是。’兹恭述以示先生等知。一应叙录，宜从优厚，称朕惓惓仰体圣母至意。”文忠疑系杀降冒功，行该镇覆勘。故答本兵方金湖书云：“辽左之功，信为奇特。但细观塘报，彼既拥七八百骑诈谋入犯，必有准备。我偏师一出，即望风奔溃，骈首就戮，曾未见有抗螳臂以当车辙者。其所获牛羊等项，殆类住牧家，当与入犯形势不同。此中情状，大有可疑。或实投奔之虏，边将疑其诈，不加详审，遂从而歼之耳。今奉圣谕特奖，势固难已。但功罪赏罚，劝惩所系，万一所获非入犯之人，而冒得厚赏，将开边将要功之隙，阻外夷向化之心，其所关系，非细故也。且李成梁节被宠赉，已不为薄。异时边将以功荫子，未有世袭者。而渠每荫必世，又皆三品以上大官，今再欲加厚，惟有封爵耳。祖宗旧例，武臣必亲临行阵，斩将搴旗，以功中率，乃得封。今据所报，彼固未尝领兵当敌。如往战平虏擒王杲也，昔惟赏荫，今乃加封，厚薄亦非其伦也。孤待罪政府十年之间，措画该镇，颇殚心力。今奉温纶谬奖，亦岂不欲掠此勋阀，以为光宠？但其中实有未安于心者，故不敢不披其愚，望公虚心再审，务求至当，以服人心。”比及文忠南归，庙堂径行题叙，且请优厚之旨，胁文忠就家中拟票。文忠奏：“臣未见该覆勘详悉，第据同官大学士吕调阳等录示阁中题稿，并该镇塘报。李成梁虽未尝亲历战阵，论功行赏，似应量加流爵。副总兵陶承喾、副使翟绣裳、总督梁梦龙、巡抚周咏、尚书方逢时、侍郎曾省吾、郜光先，皆加服俸有差。阁臣除本身辞叙外，吕调阳、张四维加武荫，马自强、申时行加文荫。”虽迫于圣旨之不敢异同，终怪政府、本兵，扶同欺冒，故还朝之后，核勘愈力。答辽东安巡按书云：“承示长定事，鄙意以其事已成，可置勿论矣。不意该科又有此疏，已奉旨并勘。今惟当据实分别真伪，以俟宸断。量其虚实大小，以为予夺厚薄。明主悬衡鉴以裁照，决不致有枉抑也。”答辽东周巡抚书云：“李帅用奇出捣，使贼狼狈而返，乃孙膑走大梁之计，比前长定之捷，杀降要功者不侔。”答边镇督抚书云：“向者南归，奉圣谕辽东大捷，令孤议拟恩赏。比时心窃疑之，曾有请教。随具一密疏入告。及入朝，则业已处分矣。近得安道长一书，据其所访，则与小疏一一符合。何当事诸公之不审处，一至于此也！今大赉已行，固难追论。但赏罚劝惩所系，乖谬如此，殊为可憾。”竟俱追夺之。故答总宪吴近溪书云：“赏罚明当，乃足劝惩，未有无功幸赏而可以鼓舞人心者。近日辽左虚冒功级，虽督抚大将已降之恩皆追夺，况此辈乎！”据此一事，政府、本兵之体面扫地矣。体面失，则饮憾必多，故吕公即乞骸于是年，张公忍耻于政府五载。江陵殁而公当国，坐视其祸而不相救，莫非此一物据胸中而未化也？

今者读书论世，推测始终，确然见造冰者，外戚也；换日者，中官也；闪烁其间者，凤盘二三公；彼呶呶者，只鹰犬耳。故两宫圣母，不闻传矜宥之旨，神宗宿三十七年之怨，非惟新郑无此党，缙绅宁有此力量哉！全书俱在，愿尚论者备考焉。虽然，江陵薨于壬午六月，祸发于甲申初夏，迟久兴波，亦想见江陵之瑕颣不易摘，而公道之在人心，欲遽泯者难也。

（此篇载康熙府志、乾隆县志，均删去凤盘一段，兹从公后裔时伟家藏写本录出。考明史，四维为政，与公所荐王篆、曾省吾等交恶，而礼部君血书，亦有“告知蒲州相公”云云，是身后之祸，其为凤盘下石无疑。康熙修志时，距明未远，秉笔者或虑招尤，故节删曲为之讳耶？今则公论已章，存之见公致祸之由。不独小人，而凤盘为公援引，即以陷公，以怨报德，尤为今古同慨云。

又考公未归葬之先，辽东报捷，乃巡抚张学颜所奏，劈山之捷，斩获四百三十。奏上，正行嘉礼之时，公时在朝，已论功行赏，惟阁臣再疏辞免，仅赉银币而已。暨公归葬，辽东报捷，乃总督梁梦龙所奏，长定之捷，斩馘四百七十余级。使使即家谕公，俾定爵赏。覆奏所谓两月之间，捷报踵至，今次所获，比前次更多也。彼时阁臣、疆臣，论功受赏，惟公辞免。还朝后，查系虚冒，均遭追夺。凤盘之饮恨，以在先不与论赏。史称调阳内惭，称疾坚卧，乞休不出。后复遭追夺，其隙由此而深矣。容庵先生误合辽东两捷为一。恐论世者不察，遂并他事疑之，是以详列于后。桢识）

（《（康熙）荆州府志》）

拟恭进四书直解帝鉴图说表

［清］王柏心

臣闻六经赅至道，而折衷归四子之书；廿史罗旧闻，而得失炳千秋之鉴。宜敷陈于讲幄，咸进御于经筵。顾传注过深，难资启沃；丹青弗绘，莫决从违。然则鲁邹仁义之言，钩其玄，先提其要；往昔兴衰之迹，右有史，必左有图。斯圣学之初基，皇舆之先导也。钦惟皇帝陛下聪明天亶，惇敏性成。嗣初服于冲年，宣重光于宝箓。方资念典，用赞缉熙。臣窃虑师儒进讲，遽涉精微；侍从䌷书，未彰法戒。谨按前明万历时，大学士张居正辑有《四书直解》及纂次《帝鉴图说》。一则罕譬而喻，疏畅易通，以浅显之辞，发高深之理；一则昏明灿列，仁暴分陈，得师莫如择善，触目可以警心。此二书者，在当时实为纳约于幼君，在今日尤足辅成乎上圣。遍搜旧籍，均得全编，敬用装潢，进呈御览。藉申芹献，附贡葵悰。

伏乞饬下廷臣，重加缮写，更付雕镌。即命讲读诸臣，以二书朝夕纳诲，皇上亦咨诹弗置，䌷绎时勤。质固循齐，功惟思辨。举切近寻常之说，而悟发于触类引伸；考圣狂成败之林，而效收于立监佐史。悦口者虽燔炙芬芳，必先尝夫粱稻；启行者虽轮辕坚固，必首辨夫径途。由是俊德克明，圣功养正。以易简知能肇其始，以钦明精一底其成。则辉光启于日新，继羲画禹畴而拜焕；濬哲成于天纵，与尧兢舜业以俱隆矣。所有微臣拳拳至意，不胜悚息，伏祈圣鉴施行。谨奉表以闻。

帝鉴图诗序

[清] 梅曾亮

明张太岳相神宗，进《帝鉴图》。古帝王可法者八十一事，可戒者三十六事。其图以四字为目，而列说于后。其说皆明白简易，使童孺可晓，盖所以待其君者，自处固甚重矣。同年蔡季瞻次其目，为试帖，得百一十七首。陆立夫好而刊之，属为序。曾亮因读之，而有感于苏氏子由之言也。曰:“信乎‘权臣不可有，而重臣不可无’，而为人君者，往往能容权臣，而不能容重臣，为可叹也。”

自霍光、诸葛武侯、慕容恪后，如李文饶、张太岳皆几乎可以为重臣。而太岳之在明，尤可谓总己以听者矣。然一则祸发于身前，一则势败于身后，论者遂与怙权窃位者同类而共笑之。嗟夫！缘百尺之竿而不息，虽甚愚者，知其终一跌而靡也，况智士哉！然而计卒出于此者，何也？夫负高世之材者，不惮糜烂其身，而必一出其胸中之奇；宁负跋扈之名，而不使有所牵制者之败吾事。久矣夫，人情之日非也！成大功、立大名者，未有不害于庸众者也。岂惟庸众而已，当其专己独行，即君子亦疑其心，而群思有以快其后，则其祸不旋踵，固无足怪者。夫功名遂而身退者，古固有之，此寻常之显荣者则可矣。若操震主之权，必逆策夫权尽之日，身无所容而不悔者，则为之；不然，则宁忍而舍之，没世而不出。吾观太岳与时人书，亦自知所踞之危且难矣，及已至是，进亦败，退亦败耳。彼其先，固有所不能忍者也，则当其得为之时，又岂复为后悔者计哉？

安化陶文毅公于太岳盖深太息之，而为之刊定其遗集，吾以是知其不随俗为毁誉也，则季瞻亦文毅之志也夫。至于所作之工，季瞻之诗非可以试帖尽也，故亦不复赘也。

女诫直解序

明神宗

上大婚礼成，蒙圣母慈圣皇太后命臣居正直解汉班昭《女诫》，以教宫闱。《直解》进呈，圣制序曰：

我圣母慈圣皇太后德协坤元，功厚载。性好书史，宫中有暇，诵习不辍。凡内执事侍女，皆教以《女孝经》、内典诸书。又以朕大婚有期，虑民间女子未闻姆训，乃取汉班昭所著《女诫》，命侍臣略为注解，俾之诵读。既成，以示朕，曰："昔我仁孝文皇后有《内训》，慈孝宪皇后有《女则》，皆垂宪椒涂，纪炜彤管。吾不敏，不敢妄拟圣哲之制，独取古人遗编，为之笺释，亦述而不作之意也。"朕恭览一周，不胜感叹。

《礼》称：天子理阳道，以听天下之外治；后理阴德，以听天下之内治。男女正位，教顺成俗，故能不降阶序而天下咸理。朕以冲昧，早膺神器之重，闵然未知所适。仰承圣母朝夕谆谆迪朕，以法祖亲贤，励学勤政。数年以来，始觉有省。俯焉思所以兴道致理者，顾董内赞治，明章妇顺，盖亦有资于女德焉。乃仰廑慈虑，表章是书，以垂内范。若此者，诚欲毓成淑德，以佐朕共保鸿业也。呜呼！我圣母之心，何其勤哉！

昔周自姜原发祥，至于任、姒，代有圣善，以佐王猷，故历世享祚，至千有余年之久。我明之兴，孝慈以明德翊赞高皇，肇造区宇；仁孝、慈孝，济美嗣音。至我文母，鞠育藐躬，丕承芳躅，比于有周，休有烈光矣。由此言之，我国家之卜世，宁有既乎。呜呼！继自今有听内治之责者，其亦绎思我圣母之慈训，以淑慎厥躬，斯朕亦将有攸赖矣。

编次先公文集凡例敬题

［明］张嗣修等

先公文集在旧记室所者，自嗣修等逢难，十余年后，始得完归。存者十八，逸者十二。如少年所作诸赋，全逸。应制诗、敕撰文，逸十之二。谨据存者编次之，凡为诗六卷，为文十四卷，为书牍十五卷，为奏对十一卷。合之则为全集，离之亦可四种。

嗣修等虽不能读父书，然窃见先公诗拟盛唐十二家，而亦未专事模拟；文拟两汉，而亦未全师汉语；若书牍，则极其意所至；奏对，则极其情所敷，皆精诚之所独注也。律之以才人之致，则非雕龙篆刻，自矜其才；律之以事功之臣，则非椎鲁质直，不显其才。大雅则无奇，而炫奇者，又似不及。盖由质以征奇，则其抱负奇、结构奇、践履奇、得祸亦奇。由奇以征实，则见其抱负实、结构实、践履实、得祸亦实。总之未可以常品目之。昔向、歆著书，父子异议。不肖等老矣，且就木焉，而一班之见不敢有异议于先公，乃私评之如此，托梓诸以备家乘。

倘旂常大老，文章巨公，搜逸阐幽，留心国故，得赐一言以冠诸首，则白日贲于覆盆，青云起夫枯骨，违众非以一是，即一是以万年。死者不朽，存者不朽，非不肖小子辈所敢望也。

此外著述，尚有《帝鉴图说》《四书直解》《书经直解》《通鉴直解》，板俱在内阁。而《四书》《书经直解》又皆词林名公体贴《大全》撰集，而先公裁定，极切与学业者。又有《谟训类编》《大宝箴注》《贞观政要解》，皆以进御，家无存稿。因并记于此。

书牍凡例敬题

［明］张嗣修等

先公书牍，自旧记室所携来，盖嗣修等遭家难十余年所，而手泽完归。考其年月，似裁答俱无恙也。或有举其官，缺其号，或有举其号，缺其官，或官号俱备，或直举其讳，凡例不定。嗣修等不敢以己意追补，仍其旧日授书记语耳。谨次为编年，始隆庆元年，初入相也，终万历十年，讫告终也，厘为十三卷。盖其庙胜既审，循实而行，虽名简牍，实同文移。记始至终，成绩可镜，所以明相业微劳也。

又二卷报答知己。若徐、高、顾、王最著者，人为一类，各有编年，所以明师友谊义也。其示懋修手泽，附之于末，所以略见庭训之最著者也。其翰林时，附见于后者何？缘未当事，寒温之问不能悉录，录其尤著者十余篇，所以志学也。志学宜在前，而更居后者何？先公之言，后多践履，所以明“先行其言而后从之”之义也。存此以备家乘，非曰敢翼修词者也。然修词家所不必道，亦修词家所不能道也。

吴鸿、扈稽，锻者始知其为古；干将、莫耶，用者始知其为神。而奈何综核即束湿之成讥，任事即檀权之蜚语。总之禀河岳之气已来，其用物精宏矣。留此一段精诚在天壤间，古人所谓知我罪我，先公意在兹乎；史家所称为功为过，小子辈何敢避焉。

张太岳集序

［明］沈鲤

太岳张公集若干卷，即公之相业也。当时主上以冲龄践祚，举天下大政一一委公，公亦感上恩遇，直以身任之，思欲一切修明祖宗之法，而综核名实，信赏必罚，嫌怨不避，毁誉利害不恤。中外用是懔懔，盖无不奉法之吏，而朝廷亦无格焉而不行之法。十余年间，海宇清宴，蛮夷宾服，不可谓非公之功也。谁是人情惮检束而乐因循，积玩既久，一旦以法绳之，若见以为苛，而公持之益坚，争之益力，以是遂与世龃龉。而又一二非常之事，有众人未易测识者，其迹不无似愎、似少容、似专权、似纯任霸术，以与金革变礼，终未尽合。上一时虽优容，实已不能无疑。比公既谢世，言者益诪张其词，上眷宠始移，而公家之祸，于是不可解矣。至今观场者，犹多烦言。顾其先法后情，先国事后身家，任劳任怨，以襄成万历十年太平之理，我明相业，指固未易多屈也。藉令后人循其已定之规模，而但稍济以宽缓，亦自可以收拾人心，保回元气。顾乃不深惟其终，而但畏多口，遂尽反其所为，以取悦一时，卒使纪纲陵迟，浸淫以至今日，几无法矣。世道人心，识者有隐忧焉。谁阶之厉，岂非公之罪人哉！

公生平不屑为文人，然其制作，实亦非文人所能为。濡毫伸腕，悉经世大猷。自奏对代言，在天子左右、兰台石室外。遭祸后，稿多散逸无存，即存，亦秘灭无传者。殆今二十余年，而厥嗣殿元君始搜求遗业，仅得什一于旧书记刻之。嗟乎！斯亦禁鼎一脔，尝者可以知其味已。

余往守翰林，公与新郑，时同在政府。其初谋断相资，豪杰自命，即丙、魏、房、杜，固未肯多让也。无奈宵人从中构之，遂尔隙末，以致人言纷纷，而上之恩遇，亦因以不终焉。世遂两诟之。其实两公者，皆社稷重臣，未可轻訾也。近新郑公论大明，业已蒙恩追恤。而海内亦渐多思公功，有形之章奏者，可见直道在人心不容泯，是非未有久而不定者。况皇上无私如天地，踣碑立碑，断非有成心。昭雪表章，是在主持世教之君子，旦夕林莽之人，固不足为公重。要之，公功业在天壤间，亦非待人重者。特因殿元君远来谒序，聊书此以归之。

时万历壬子岁重九日。赐同进士出身、柱国、光禄大夫、少保、兼太子太保、礼部尚书、文渊阁大学士、知制诰、同知经筵、前翰林院庶吉士，门生沈鲤顿首拜撰。

书太岳先生文集后

［明］吕坤

楚客来自江陵，携先生文集四种：诗六卷、文十四卷、书牍十五卷，奏对十一卷。不肖一一读之，叹曰：先生不刻意为文，而庄雅冲夷，真醇正大，无奇谲之态，无藻缋之色，无柔曼之容，无豪宕之气。读其文，而得其所以为文，见弘邃之养焉，见精明之识焉，见剸割之才焉，见笃实之学焉。而丰功伟绩，昭揭宇宙，至今不可磨灭者，则一言以蔽之曰“任”。

庄皇帝之弃群臣也，今上以十龄御九五，虽天纵徇齐，敻迈今昔，而圣不自用，委任老成。当是时，两宫有并后之尊，诸珰操得肆之权，外戚有夤缘之藉，宣、大值那吉之入，两广兴怀远之师，海内多颓靡之政。当斯任者，顾不难与？先生念顾命之重，受圣主之知，以六合重担，荷之两肩；以四海欣戚，舍为一体；无所诿托，毅然任之。顾任天下之劳易，任天下之怨难。先生以一身系社稷安危，爱憎毁誉，等于浮云。以君德之成败责经筵，故帝鉴有图，日讲有规。以监局之纵畏关治乱，故付之主者，严其约束。立考成以督抚按，节驿递以恤民穷，限进取以重学校，核地亩以杜分欺，额举刺以塞私门，并催科以绳势逋，重诛遣以儆贪残。申宗藩之例，裁冗滥之员，核浸渔之饷，清隐占之屯，严大辟之刑。俾九围之人，兢兢辑志；慢肆之吏，凛凛奉法；横议之士，息邪说而尊王。事可安常者，不更张以开后衅之端；时当通变者，不因循以养极重之势。维泰山而捧金瓯，俾内难不萌，外患不作。北无敌国之礼，南无擅命之雄。五兵朽钝，四民乂康。此之为功，伊谁功哉？则先生肯任之心，胜任之乎，断断乎其敢任之效也。设先生避艰险，计身家，借一人殊眷，结四海欢心，国家威福，尽足以供之，其谁不悦？即不然，而优游暇逸，循敝辙、守陋规，上下习而安之，其谁生怨？而先生不为也。先生之言曰：“吾已忘家徇国，遑恤其他？虽机穽满前，众镞攒体，不之畏也。”噫！伊尹之任，宁是过乎。

然位极有可避之嫌，事尽有必反之势。先生日月之食，固其所不讳，而言者溲溺垢秽之，不遗余力，后来者索矍之震，抑夺之牛矣。至今父老忆海宴河清之时，士大夫追纲举目张之日，有穆然思，慨然叹者。功过相准，宜有定评。成季之勋，宣孟之忠，犹当十世宥。十年社稷之功，圣主岂能终忘？异日必有为之湔白者，则恃有此刻在。夫奏对载之国史，书牍副在往来者之家藏，不可欺也。事久论定，愈久则愈定。不肖跋一言于简末，俟公虚之君子考焉。

万历壬子中秋，梁宋间散人宁陵门生吕坤顿首拜言。

张文忠公诗跋

［明］马启图

此乡先达相国张文忠公诗草也。季子殿撰公搜而集之，庶无失世业者也。相国以功名显，词章非其所好，然出语浑灏，其文与《殷盘》、《周诰》、两汉制册相表里，其诗固骚选、初唐之音，咸有颛门名家所未易至者。盖其天授夐只，故事事兼诣。所著奏对稿，已久行世，兹辑诸裁答、书牍、诗文若干卷行之。

启图生相国后，高山仰止，殿撰公遂以校诗之役见委。已卒业，因忆相国甫垂髫，即受知顾东桥先生。而长老又言相国居约时，恂恂似不能言，乃介节凛然，此其意固已远矣。迨入翰林，不屑意为文墨，独蚤暮与新郑高公究悉国家之务，相得甚欢也。盖相国非常人，故诸所注措咸非常，要能尊主庇民，一切身家毁誉，在所不顾，所谓古豪杰大过人者。今其诗草不足尽相国之奇，即殿撰公所行裁答诸书，亦云显而可见者耳。至其魁柄潜运，上格君心，下肃臣纪，中绥氓萌，外慑四夷者，尚不尽于尺幅。穆叔有云“三不朽”，相国实兼之。彼世俗吠声辈，一无能窥相国之深。王弇洲之称相国曰：“业惟戡乱，勋表救时，在唐赞皇，复为元之。夫姚、李固相国所不逊，而赞皇以平泉自娱，相国辞三召亭，一书一意，为公家达观旷览，又非赞皇所敢望。相国师心，不蕲人知，人曷可不知相国也？”

启图少颇以功名自负，独束制举义，忽忽及壮，尚不知税驾所。相国精神，雷行宇宙间，今兹获厕校雠，得无徼灵之思乎？故抚相国之卷，无任慨然。

南郡后学马启图敬跋。

太师张文忠公集跋

［明］高以俭

潇湘梦人以俭，偕石首曾太史可前，校役将竣，旧史氏嗣修、懋修，金吾简修，文学允中辈以书来，谓校毕，宜惠一言简端。梦人曰："太史役也。"曾唯唯。无何，太史书来，可前病矣，牧仲宜有以复，惟时先生伯仲者，慎无赓辞。于是以俭拜手稽首而言曰："予小子何敢言，无已，举所知先宗工之言一二，就仁人君子证焉。"

庚子夏，楚臬使盱眙冯公索观江陵相业本末，贻书乡绅，其略曰："会间，谭楚中文献精华，正观风者所乐茹也。独江陵末年蒙谤，微独不知者，群然哗之，即当时蒙其泽者，讳而不言，于今慕其高者，湮而无考。不肖感今追昔，张公一段苦心，脉脉在臆，而欲备闻其平台暖阁之敷陈，金马玉堂之谋议，了不可得。辟日沉于海，终当丽天。而不肖望明念切，直欲上太山以求见光景。倘谅微忱，代为搜揽，探其辅治之原，而并及其得祸之状，庶几公论不失其平，而后生有观法焉。他日朝廷求遗稿，未必不基之乎此。"以俭庄诵其言，辄为叹服。因记甲申五月三十日，许相国移丘司寇书曰："明旨无罪及云云。愿推罪人不孥之义，以成圣主好生之仁，且无令后世议今日轻人而重货也。上累圣德，中亏国体，下失人心。奉旨行事者，亦何所辞其责。"吴门相公亦云："圣德好生，门下必能曲体。不使覆盆有不照之冤，比屋有不辜之累也。冀始终留神，以仰承上德，俯慰人心。"

先是，东阿于公一书，累累千言，播在谷城山馆，甚著，不具论，论其疏陛下者。"杨冢宰称某为顾命辅臣，事皇上十年，任劳任怨，一念狗马微忠，或亦有之。今云云，上干阴阳之气，下伤臣庶之心。职等身为大臣，受恩深重，惟皇上存天地之心，为尧、舜之主，使四海臣民仰颂圣德，则雷霆之威，雨露之仁，并行而不悖矣。此非独职等之心，乃在朝诸臣之心，天下臣民之心也。”当时大司寇有疏，台省有疏，政府有疏，乃蒙恩赉田宅，圣主所以报功念功之意，渊乎微哉。逾月，具锦再织，中貂返旆，稽天之浸，滥不可为矣！善乎，徐大宗伯叔明之言曰：“主上宽仁，从旁无一人持正论以定国是，伤哉！”语及闽狱云：“数年间事，朝士已梦梦无知者，则老成典刑，又何所仰藉以摅谠论而明国是？”又王洗马因东粤蔡侍御疏，请亟致书政府，亦累千言，曰：“天下有公是非。感恩而欲刎颈者，不能私；报雠而欲剸腹者，不能诬也。”词意慨切，读之涕下。以及冯慕冈先生实用编、丁未会程，庚戌钱探花进呈策语，可以对相国九京，可以答惟时伯仲矣。予小子何敢言。可前曰：“诺。吾病不能搦管，子复虚赫蹏乎？”虽然，以俭诵法邹、鲁之言有日矣，敢晋而质之有道。孔子曰：“众好必察，众恶必察。”故于陵矫矫，难为臣擘；以章落落，孟子赏其设心。此能好人恶人之权，惟仁人操之。若夫以我不以人，可以逞一时，而不可以信万世；可以闭死者于既往，而不可以开世道于将来。是自为好恶已耳。承学考古信今，洞晰本末。若太师张文忠公者，勋在旂常，尽瘁报主，于兹集窥一斑焉。

公自穆庙龙飞，以旧学简在密勿。惩世宗末季人心玩愒之后，力以振纪纲、核名实为第一义，其说在六事疏中。而辛未三策、及编修时规华亭相国一书，识者知其为救时宰相。万历初元，受顾命，辅冲圣。秉国十年，乃举其生平，析肝吐胆，献之天子，长我丕基，虽周成、汉昭不啻矣。惩边事之茀也，筹边累千百言，明若观火，指顾抵宁。惩漕河之哽也，选授名臣，经理工费，爱惜民力。惩粤治之敝也，先清吏治，后靖叛夷，遐不遗策。拓蜀地，捕闽寇，抚镇一心，无有中挠。彼时宫府祇协，中外慎肃，五气顺布，四夷来王，悉主上之福也，亦劳臣之致哉。其修文治也，以身体力践为学，崇尚质实，不务空谈。答罗近溪、周友山、屠平石、胡庐山诸公书，可证其非恶道学也，恶夫贼道学者也。又有太滥而逾制检者，乃申明卧碑、严饬学政，遂为急进取者，蒙以沙汰，而不知寓旌于别，严师于保，非薄学校也，去其害学校者也。以至清驿传，本为节算，省民膏髓，而或者以此招尤冠绅。清田亩，本以复旧额，便征纳，俾粮平无虚耳，而抵恨深积于豪右。其与杨二山、耿天台、宋阳山、劳开府之书，可证其以身殉国，不以一毫己私与焉。若忠介海公之评，曰“工于谋国，拙于谋身”者是也。呜呼！彼以为令基，此以为怨府；彼为功之首，此为咎之繇。论定盖棺，谗生投杼。甲申之事，所难言矣。掩覆逾世，抑独何哉？雷太史何思谓相国生平不喜著作，曾太史长石称为古今第一流人物。评骘大业，睹其遗集，未尝不掩卷太息，继之以泣也。除《帝鉴图说》《奏对稿》久行于世，兹从惟时伯仲所，索公遗集读之，不胜仰止之思云。以俭常从耿司马学，司马云：“太师严毅端重，才美天授。当其降名王而折盈庭，则边陲宁谧者垂四十年。论知己，而以萧之于韩，不保其往。”尤发千古英贤为国之忠。其他肝胆披示者，不可殚述，密勿敷宣者，无得以称焉。

呜呼！乾坤谁执？仲尼衡司世道者，宁无兴慨于斯言？夫荆轲、聂政，侠士之雄耳，受知一旦，无难七尺，毅然断而行之。况历事三朝，感恩圣主，君臣逢鱼水之欢，国势当振作之会，而乃犹取容容后福，自爱其身名者乎！由此观之，隐衷揭日月，而贞明大业，留天壤而不毁。荡荡上帝，临汝不贰，则请以竢夫知言复起之圣人矣。

庚戌天中谷旦，南郡后学高以俭跋。

太岳先生文集评（与徐从善知己）

［明］刘芳节

数日读太岳集，真是手舞足蹈而不能已。千古奇人，千古奇书，何迟我十年读也？然非迟十年读，又恐不能读若此之快也。乃今敢断谓：高皇帝为生民以来未有之神圣，开天而作君；太岳先生为生民以来未有之异人，中天而作相。盖气运闷之数千年，而始生此神异品，而又并集于我朝，盛哉！今颂高皇帝者，以为似汉高，固为不知类；以为似汤，亦未尽。予直以为跨辗神尧圣舜，而其摧陷廓清之功，直肘足于盘古。至若太岳先生，龙见二爻，总挈三教，所谓集大成者，方之同矣。何者？大成之学，历宋至我明，愈讲而愈晦，愈步趋而愈腐烂，得太岳先生而一洗刷之，光彩倍鲜。如曰平生学在师心，不曰师孔，而孔子之道愈尊，学愈明。彼梁汝元、李贽者，固皆自命为圣人，而天下群以圣人奉之者也。汝元一见而咋口，卓老所称为大觉，设位礼拜之而不置，有以也。

书牍入手，辄自批圈，不自知其喜心之倒极，幸勿罪其妄谬。信笔潦草写去，中间有许大议论，尚未得发出，会须作一篇大评论文字，留之天壤间。真是文忠千古少知己，诸人所谓知之浅矣。不佞颇知之深，文忠自当魂举。

社弟刘芳节顿首白。

书张文忠公文集后

［明］陈治纪

学人读书论世，千祀之遥，万里之旷，莫不考订构索，而况遐匪异代，近在桑梓，其丰功伟绩可与日月争光，忍听诸或是或非，竟付之悠悠恩怨之口哉？予自少习闻神庙初政事。及长，睹当道为江陵辨冤诸疏，而得其张氏父子祖孙之节孝益详。盖未尝不反复太息，而叹江陵为功之难也！

自昔更代丕承之会，类多萧墙危疑之变。肖放桐、徂东，圣人有所不免，则朝委裘，托六尺，至后世亦难群之矣。当宸濠之乱，四海鼎沸。世宗躬承大统，中兴不啻肇造，而末年静摄深宫，耄期倦勤。逮及穆考，西北东南，内外交讧，国家元气，已十丧七八。平台之召，不曰国有长君，社稷之福乎？当是时，即以霍子孟处此，吾终虞其不学无术，难以辅致太平也。且夫新郑公之德，允为治安良相，而语以主少国疑，群小侧目之时，方之吕正惠之处王继恩，韩魏公之黜任守忠，则似有间。观其不得于君，奉身而退，虽大臣之节宜尔哉？其如先皇之顾命何？奈何受遗未几，遂触天怒，而台省之交章论劾，亦竟不免。致御史张槚，亦有亟罢悭奸辅臣之奏，毋乃秉钧之权，先自失之耶？江陵之勘治寝园，不暇申救者，知救之无益也。而议者遂以为附保逐高也，呜呼哀哉！王大臣之狱，幸而得死。当时江陵深持国体，以肃宫禁，意固有在。而史谓江陵教大臣供称新郑使来，既复灭口以息。斯言其可信与？吾观江陵归葬过郑，与新郑执手流涕，不忍言别；于其殁也，为之请爵谥，予祭葬，是亦可以谅其素矣。夺情之起也，实出于帝与太后挽留之切。先朝夏原吉、戴珊故事，至今传为美谈，而谓一峰之论，果能为经权不易之则乎？夫君父并重，而忠孝难全。所全在忠，只觉君重；所全在孝，只觉父重。江陵之过，如日月之食。彼吴、赵数人，立名矫节，盖守经而过者也，而载笔者于此，独不能权所重轻耶？辽藩赐履荆土，其废国也，衅起于施宪副，而狱成于洪侍郎。国家纲纪，孰大于是？而史又谓江陵攘辽藩故宫为己第，且谋杀侍郎，为不附己。使江陵而果求田问舍人也，当时捧日楼、纯忠堂俱蒙恩赐，亦云壮丽，足以安矣。而辽藩故宫，且以给广元王，江陵何为而有是攘？又何为而谋杀朝选哉？史称宗武食秽物者，食衣袜之报；杀己子者，杀人子之报。夫使天道之施报不爽，何不报之于江陵之身，而报之于宗武耶？且谓江陵有逆谋，而挂舜、禹授受图。吾意江陵智过于人，即有逆谋，江陵不若是浅矣。善乎罗中丞之奏曰："居正受遗辅政，肩劳任怨，日久论定，人益追思。"此不独为楚绅之公疏言之也。

夫伊尹之放桐，周公之徂东，当其时，盖亦几几乎不免于不臣不弟之过矣，而两圣人卒处以无事。江陵行之，不幸而遽死，则所遇之变也。使天假之年，冲主壮盛，一旦躬亲万几，吾知江陵将稽首归政，自请庐于观澜公之墓，未可知也，而谗谤亦可以不作矣乎？余读文忠公集，感于传疑之诬，为历叙其事如此，因遗其裔孙别山，俾藏之以俟信史云。

张文忠公太岳先生诗序

［清］孔自来

尝读明史，而得二事焉。仁宗初政，夏原吉曾有内艰，请修朝制。上曰："卿老成人，宜共济艰难。卿无母，我有父乎？如卿辞职，我亦不当在此。"因留辅。孝宗朝，都御史戴珊乞休，不得，私邀刘大夏申其情。上曰："卿与珊言，朕以天下事推诚付托，辟如主人留客坚，客亦当少留。太平未兆，忍舍朕先归乎？"大夏述以语珊，珊泣曰："臣死此官矣。"由是以推江陵之不得遄归行志者，非必其揽权固宠之恋恋，抑帝与太后挽留之过敦尔。挤之不得，激以大义，同事者意固有在。而一倡众和，罔顾是非，"饶我""杀我"之谤，无乃已甚乎？

夫主少国疑，群奸侧目，与李文达之时，异同不啻径庭。一峰而在，必不与洪阳同议，纷纷恩怨之口，其足信哉！善乎邹忠介之言曰："江陵功在社稷，过在身家，国尔之议，死而后已。谓之社稷臣，奚愧焉！"

予既为公作传，以俟信史，因诵其诗而复及之，以告天下之读书论世者。公诗清华庄整，自成一家。阳春集原选若干卷，仍其旧。以公之所以不朽者，不在此区区明矣。

顾梁汾纂张太岳书札奏疏小引

［清］曹国榘

张太岳文忠公一生品行学力、功业经纶，已表著多年，海内有心者，莫不为之悒快叹惜。当君臣相得之时，绝不甘含光混世，以伊、周之志自任。天下非之而不顾，独立而不惧，其功尽在社稷，乃不能取悦群情，芥蒂于同时者。遂蔽障于谗，铄金销背，遗身后之祸，亦千古憾事！苏文集四十六卷行世，然无力办书之寒士，不能闻见其底里；即或有藏书家，亦阁庋尘埋，不复细心检阅。况世无沈深惊众之手眼，又谁于扬英喆，洞悉实心辅政者之苦心？

无锡顾梁汾公，才品卓越，无书不读。予见其翘楚冠伦，昂藏磊落，心为之折服久矣。偶来江阴，出所纂张文忠公书札奏疏以示，皆静气手录，栉比而点评之。凡商筹军国，统率百揆，因才授官，实学命士，并掌握机密，调和中外，杜河患，疏漕运，所关系世道封疆，一一收入选中。公之留心国家处，近世所罕见者，真文忠公知己也。忆吾郡绣林王天庚启茂拜文忠公祠诗，有“恩怨尽时方论定，边疆危日见才难”句，何先后两君之同心耶？似公之旷抱奇胸，仕中翰，即勇退，凡名泉佳岫，杖履俱到，但以词赋文章传，不以功业传。若使生在两汉，如班、马作史书，不知当如何扬扢也。

宗无齐曰：公尝对予言，平湖陆庄简公任少宰时，诸后进皆文致江陵罪，以逢当路。陆独谓：“江陵府权，非弄权也。且拥扆绸缪，其功又安可泯！”众恶其异，出迁南司空，力请还。是在同时尚有公道。“府权”二字，从无人拈出，此叔方公两番行文之本旨也。予每为江陡公扼腕，痛世人见浅而无学，读此，宁不为之展眉舒愤耶！

又曰：江陵相业，载在史书。议者纷纷，加以“权相”二字。概其生平，不思托孤寄命，大节不夺，孔圣乃称以君子，何独于江陵苛责之也？总之不揽权，则国事不能由我；揽权综理，则谗疑势所必至。但问揽权之时，其行事有为公为私之别耳。江陵行事，俱在政府，谁非为公家起见者，而可轻为訾议耶？自江陵受祸之后，柄国者率多养重远祸，反其所为，以至国事委靡不可复振，乃从而追恤之。呜呼，亦晚矣！

顾梁汾曰：先文端公在郎署时，立论颇不直张相国。后与史太常王池书有云：“梅长公致思于江陵，其言可痛。”盖久而论定也。又相国言：“有明一代艰巨之事，众所不敢承者，率楚人当之。”异时如熊如杨，可为一叹。叔老与云石大令，应叹息斯言。

重刻张太岳先生全集序

［清］陶澍

明至嘉、隆时，上恬下嬉，气象苶然，江陵张文忠公起而振之。挈领提纲，综核名实，法肃于庙堂之上，而令行于万里之外。其时海内殷阜，号为乂安。迄今读其奏疏及手牍诸书，洞中窾要，言简而虑周，卓然见之施行。其精神气魄，实能斡旋造化，而学识又足以恢之。洵乎旷古之奇才，不仅有明一代所罕觏也。惟是精能之至，近乎刻核；劳怨不辞，疑于专擅。恶声所蒙，遂至巢倾而卵覆，其亦可哀也已。

夫危疑之际，圣贤所难。舄几如周公，而不免于流言，卒致缺斨破斧而后已。历数百年，犹有执仁智未尽，以议其后者。世无孔、孟，安得有真是非？况江陵地非周公，而欲以天下之重，自处于伊尹之任，岂不难哉！王弇洲尝言："吾心服江陵之功而不敢言，以众所曹恶也。"由是推之，彼曹恶者之心，岂独昧江陵之功哉，特劫于众，而相率为违心之谈耳。或题江陵故宅云："恩怨尽时方论定，封疆危日见才难。"於虖，有旨哉！有旨哉！

江陵全集四十六卷，原板久亡。余属江夏陈芝楣、安陆李碧山两君子重校付梓。而以《浩气吟》一卷附于后，盖公曾孙同敞与留守瞿忠宣临难倡和之作，亦犹钦定《明史》附同敞于本传后意也。读之知忠孝一门，其来有自，论江陵者观此，益昭然矣。

赐进士出身、资政大夫、兵部侍郎、巡抚江苏等处地方、总理粮储、提督军务、赏戴花翎、前翰林院编修，安化陶澍。

又序

[清]陈銮

明张文忠公太岳先生全集若干卷，公之子懋修编订行世，镌板久亡，传者殆日见其少。安化陶云汀师以为公之经纶勋业，彪炳一代，此则其橐钥也；公之生平心迹，传闻异辞，此则其征验也，俾重刊以行。剞劂告成，谨识之曰：

君子处世，不外乎常变；君子用世之道，不外乎经权：工者非有异也。君明臣良，上下一德，人见为守经者，权固未尝不在焉。世处其变，危疑震撼，执国柄者守常道、秉直节、洁身远引是矣，若君国何？于是以磨棱刓角之力，成其旋乾转坤之功，由是君尊而国全，心安而理得，权之尽，即经之至也。故图一国者，不屑其家之毁誉；图天下者，不屑其国之毁誉。大臣身系社稷，虽天下之毁誉，不足以动之。汉、唐迄明，世不必如唐、虞，君不尽如尧、舜，虽以皋、禹当之，亦必有异于古。后世不察，执一成之榘以绳之，岂通论哉？

公相神庙于冲龄，当嘉、隆积弊之后，整饬纪纲，综核名实，朝野肃然称治。当是时，两宫无献懿孅介之嫌，奄寺无恭显窃枋之祸。外廷泯洛蜀门户之见，边圉无青唐麟府之惊。而使委裘之主，有泰山磐石之安。功业章章，具在方策。然而弹章满公车，谤议腾中外。马鬣未封，遂有倾巢覆卵之祸。积毁至今犹未尽白，未有如公者焉。且世之议公者，大抵谓夺情也，结冯保而倾新郑也。今试平情论之。夺情一节，诚君子所不与，然中此以来，宰辅习为故事。主少国疑，受恩深重，去处之际，人所难言。至谓公意不欲去位，讽部院留之，此文致之说，不足凭也。明代奄寺之权，根深柢固，骤难转移。新郑当女君幼主、宫府隔绝之时，乃欲夺司礼之权尽归内阁，其谋固已疏矣。无论不能逐保也，正使去一保，则必复用一保，此曹嵬琐，安得贤于保者而用之？且肘腋之间，持之过激，则南宫、甘露之变，可为寒心。新郑愎而疏，不能安其位也必矣。公之驭保，假以词色，俾就羁绁，然后宫廷一气，而惟吾所欲为。制御有方，保亦不能有所过恶。夫曲逆之交欢辟阳，梁公之折节群竖，计虑至深，斡旋至大，不屑以小节自拘也。然则其致谤者何也？明之中叶，百度废弛，民困滋甚，公不避怨毒，悉心整顿。澄学校，则士林谤矣；省冗员，则朝士谤矣；减驿传，则道路谤矣；清田亩、复赋额，则豪右搢绅无不谤矣。铄金之口，并为一谈。遂谓废藩为其干没，外帅为之敛贿，一宅之费数十万，一舆之役数百人。新郑晚年，著《病榻遗言》一书，诋诬尤甚。呜呼，仲尼没而天下无定评，《春秋》亡而天下无信史！迄今过公之故居，厅事仅容旋马；籍没之后，不闻有胡椒八百石之事：公之生平，亦可概见。不然，若《天水冰山录》《媚珰琐记》诸作，人岂为公讳哉？銮尝谓公之料边防，察吏治，千万里外，洞若观火，英略如李赞皇。处两宫、幼主之间，深心大力，不激不随，干济如吕文靖。然赞皇为党人所排，文靖亦不悦于范、富诸君子。甚矣！忼慨任事之难，而大臣谋国之心之不易白也！

集为诗六卷，文十四卷，奏对十一卷，书牍十五卷，今并原序文、凡例及公之行实，合为二卷，共四十八卷。其诗文之瑰玮宏博，蔚然为一代作者，诸先正已备著之，兹不缀云。

道光八年岁在戊子十月，后学江夏陈銮撰。

明张文忠公全集重刻述例

［清］田桢

一、谨案《四库全书提要》，《太岳集》四十六卷。今所据明刻本四十六卷，当是《提要》所采本。吾邑邓氏翻明本，增《行实》一卷，为四十七卷。安化陶文毅刻于吴门，复增原序一卷，为四十八卷。兹刻虽经重编，卷数仍依明本，惟并《行实》、原序为一卷，别辑附录为一卷，都四十八卷。

一、原编首诗，次文，次书牍、奏疏。兹刻以奏疏为一集，书牍次之，文集、诗集又次之，《女诫直解》又次之。以公之勋业著在奏疏、书牍，诗文乃其余事，而《女诫直解》本自为书，不必羼入文集也。至《帝鉴图说》、《四书直解》、《书经直解》各部，俟此刻工竣，仍当次第付梓，以成全书。

一、明刻、陶刻均署《张太岳文集》。乡国先贤，易名之典著在史策，似应称谥署集为宜。谨僭署《明张文忠公全集》，想亦论古者所许也。

一、原刻每类之中编次殊未画一，兹刻前后略有移掇，各从其类，取便捡寻。极知僭妄，阅者谅之。

一、兹刻初据邓刻为底本，开雕过半，乃得明刻（同邑陈兰坡孝廉克焜家藏本）、陶刻（同邑郑季舒茂才经晟家藏本），据为校勘，三本均有讹误。其有他书可证灼然易知者，径行改定，至若名称互异，如“北川”“白川”“百川”，“南明”“南溟”，“怀川”“怀洲”，“凤渚”“凤翥”，“莱山”“来山”之类；字句脱误，如“朕方取”“取具弥文”“河则舛”“徂两”之类，无从参验者，一仍其初。袭谬沿讹，诚所不免，海内方雅幸纠正之。

一、公立朝本末，略具斯编。身后公论，散见于各家文集者，尤班班可考，兹并搜入附录，用阐幽光，嗣有所知当补缀焉。

一、兹刻倡于爽召南观察良，捐廉筹款，发凡起例，授桢使董校刻。复得俞君实观察钟颖之存款，陈复心观察兆葵、舒畅亭太守惠之拨款，近又蒙濮紫泉观察子潼，慨分清俸，始克竣工。至商榷审订，则复州张纪廷振纲、山阴刘海门瀚两君，始终其事焉。桢以衰病躬任雠校，未能精审，舛讹滋多，良深内疚耳。

光绪二十有七年辛丑八月，邑人田桢莼父谨述。

先公致祸之由敬述

［明］张懋修等

万历元年，答阅边吴尧山曰："二十年前，曾有一宏愿，愿以其身为蓐荐，使人寝处其上，溲溺垢秽之，吾无间焉。有欲割取吾耳鼻者，吾亦欢喜施与。"

答张操江曰："受顾托之重，谊当以死报国，远嫌避怨，心有不忍，惟不敢以一毫己私与焉耳。"

答李太仆渐庵曰："草茅孤介，拥十龄幼主，立于天下臣民之上，国威未振，人有侮心，仆受恩深重，当以死报国。宋时宰相卑主立名、违道干誉之事，直仆之所薄而不为。"

万历五年，答应天巡抚论大政曰："仆今所为，暂时虽不便于流俗，他日去位之后，必有思我者。仆之愚忠，无一毫为己之心故也。"

答总宪李渐庵论驿递曰："天下事，非一手一足之力。仆不难破家沈族以徇公家之务，而一时士大夫乃不为分谤任怨，以图共济，将奈何哉？计独有力竭而死已矣！"

万历六年，答河道林按院曰："既已忘家殉国，遑恤其他！虽机穽满前，众镞攒体，不之畏也。如是，少有建立耳。"

万历八年，答学院李公曰："不穀弃家忘躯以殉国家之事，而议者犹或非之，然不穀持之愈力，略不少回。故得失毁誉关头若打不破，天下事无可为者！"

答朱按院辞建三召亭曰："吾平生学在师心，不但一时之毁誉有所不顾，虽万世之是非亦所不计。张文忠亦近时贤相，其声施于后者，亦不因三召亭而后显。不穀自许，似不在文忠之列。使后世有知我者，则不朽之称亦不因三召亭而后显明矣。时异势殊，高台倾、曲池平，即吾宅第且不能保，何有于亭？”

懋修曰：夫人必回顾，然后周虑足以庇后；必好名，然后完美足以保功。未有见先公专行一意，但知报主，祸机毁怨身后名都置之不顾者。明知其且破家而不恤，明知容容多厚福而不为，难乎免其后矣。长老先生每责余曰：“而大人忠劳之不白，而荏苒苟活，不思辩雪，而子职之谓何矣？吾甚羞之！”余闻之愧骇矣。久之，犹见追章陆续，莫非温、莽之波；野史浸淫，咸归鲁、墨之谤。余心亦疑之矣。二十年后，渐有思先公者。盖人固以盖棺而论定，事亦有必世而后明者。先公与人书语若此，行事若此，皆不回顾、不好名之心使之也。固知一片忠肝义胆，留在天壤，非么么小子辈所能肆辩。忆先父之心，亦有不必辩者，敬述以复长老先生，谢嘉义焉。懋修辈至是，始得无疑于心矣。

张文忠公改葬碑文

［明］石应嵩

相国江陵张公，飞文黉于世庙之年，亶王偶于穆皇之季。国疑主少，奠磐石之宴于盱衡；府肃宫清，消凭城之奸以指掌。贵而能降，抚撰席而轸念苍生；休焉有容，效平津而虚怀白屋。乃至振纲刷纪之计，诸凡安内攘外之谋，无不虑于针芒，剔蠡去蠹，防周户牖，息燧沈鼜。应嵩夙慕终游，曾委入关之传；偶从窦辟，亦挥勒燕之铭。历览边陲，思谭戚之功不朽；缅怀幄帷，识将相之付维艰。功既震而身危，狡兔良弓已矣；事盖久而论定，云台麟阁依然。顾起家当年，故吏咸吞声于太尉；而仆碑衢路，行人益掩泪于雍门。顷代匮兹邦，徘徊往事。簿书有衅，未敢效耿育之议甘陈；冠剑如存，庶几慕孔融之表通德。庸巩片石，附缀里词：

三辰而亏，畴复之明；八柱而拆，畴挽之贞。其功不滓，其德无名；巍巍大人，终莫与京。昔在壬申，道扬末命；玉几青蒲，拥扶冲圣。负扆垂裳，万几改政；群睍云消，重雾忽净。衮衣在朝，赤舄在宁；多士汇征，休休罔距。言济时艰，倡予和汝；吐哺登筵，翘材与处。竃岂无炀，宫亦有妒；惟公岳岳，不渝吾故。六尺仰成，千官禀度；聿届荒遐，俾克畏慕。东氛不兴，南波不扬；猃狁孔棘，俺答一方。缚彼孽孙，慑彼犬羊。文墨甲胄，廷议猬持。公曰时我，独断不疑。和则修备，安讵忘危；羁以封市，华夏永绥。今皇式凭，春秋日懋；学有就将，资实天授。宠眷并隆，俾公善后；公惟无斁；是图是究。岌岌河防，绳绳宗叶；环顾九边，饥而待馌。如此兹谋，宵不承睫；百虑既周，万年斯帖。中兴大来，乃赓康哉；朝无瘝职，野无遗材。一时宇宙，划然以开；公忠弥结，公志不回。冯河允济，明亡取忧；海覆天翻，世事相仇。台星中霄，前美波流；成功必代，人事何尤。社稷之勋，旂常之纪；四海阴沾，一人终倚。国是已明，家徽方趾；

其在裔夷，犹询公祀。我行幽燕，谂所由然；然管兴叹，有后同先。昔过公乡，曾式公阡；踌躇四顾，陵谷桑田。事乃不虞，缘以偶契；今兹绾符，公邦是戾。汉阳园庐，文靖宅第；溘其芜矣，眷言出涕。名德未徂，贞妇于都；遄表其节，蕙郁兰敷。孝标有作，懿好不孤；日月重光，左券维吾。

万历四十二年十二月。

张文忠公论

［明］沈鲤

尝论江陵相业，以霍光之宠任，而济以学；以诸葛之勤瘁，而乘其时。熹宗朝梅长公一疏，公道昭明，国史断可折衷矣。当其拥十龄冲主，负扆以临，惟是秉祖宗之成宪，振朝廷之纪纲，讲学亲贤，爱人节用为先务。其与养蒙作圣，诚无得而议之矣。

若夫吊古论世，举一二政事之大者。十载之内，真定木税，拒张诚之请；浙直织造，纳顾九思之章；岁额银硃诸料，罢王效之奏。时太仓粟支十年，冏寺积金四百余万，中外肃然，无有以货利进言者。自公没后，未几而开采频闻，貂珰四出。矿使山泽之征，括自闾里；税使手实之祸，察及鸡豚。乘传列署，纵千百虎豺于通都大邑，遐陬僻澨之内，飞而择肉。以至逮者株连，哗者响应，岌岌乎有土崩瓦解之势。此真桑孔之所不屑为，而安石新法未有如斯之酷者也。谁秉国钧，而任其播恶如是？开元之治，衰于天宝，有职其咎者矣。

至节钺重寄，一有缓急，取诸夹袋。蜀则曾省吾，闽则殷正茂，两粤则凌云翼，河道则潘季驯，蓟辽各镇则张学颜、王崇古、梁梦龙、谭纶辈，以故逋寇授首，河朔告成。如俺答之强，在嘉靖中岁岁入寇，烽火达于甘泉。一旦就我羁勒，如豢牢羊。且大帅用李成梁、戚继光，将相调和。每辽左警急，辄戒以坚壁清野，不轻与战。用是人人竞奋，思得一当，于时有斩馘出塞之绩。以视末年三路出师，马上催战，一败涂地而莫可收拾，所谓平章军国，又何如也？

覆辙频闻，后先对照，《易》称“大车以载，积中不败”，公之功，良不可泯也已。惟是诸君子抗疏言夺情者，持论自正，处之已甚，未免失天下士夫之心。迨后史作，而挟私者快其报复，徇声者务为深文，功大而过亦不小矣。噫！怨毒之于人甚矣哉！

读张居正传

［明］冯从吾

昔人论管仲功大而器小，又以为功之首而罪之魁。居正为相，功不及管仲，而罪过之。父死，不奔丧，罪一。初丧，衣绯入朝，罪二。方葬，衣蟒阅操，罪三。三十二人之辇，越分僭乘，罪四。邹元标、赵用贤、吴中行、傅应祯、沈思孝、艾穆等廷杖远谪，罪五。刘台、吴仕期、洪朝选等以私忿而置死地，罪六。三子倩人作文，联翩而取鼎甲，罪七。冒边功，荫子为金吾，罪八。决囚千百，而无恤渭水之赤，罪九。阉宦如保，望尘雅拜，罪十。吏兵用人惟其所私，罪十一。王篆、王宗载、胡檟、陈世宝、陈绅、于应昌、陈三谟、曾士楚、朱琏、劳堪、龙宗武辈，夤缘结党，而杀人以媚人，罪十二。负此十二罪，譬之失节之妇，即有他美，何足赎哉？呜呼！居正未尝无才，而才浮于德；未尝无功，而罪浮于功，又安得与管仲并论哉？敢以此两言断居正千古之案！

（《冯恭定公全集》）

张文忠公论

[明] 胡克敬

人臣负论道经邦之重。当主少国疑之时，安危惟视乎社稷，成毁何计夫身家。盖事权之所集，固恩怨是非之丛也。如文忠公者，初以董、贾之才，终跻揆衡之位，劻勷黾勉，辅冲人以敉海宇，功施烂然矣。迨身后祸起，追夺籍没。其子敬修，至殉家难。崇祯间，始赐恤复。诚有如王启茂所云“半生忧国眉犹锁，一诏旌忠骨已寒”者。噫嘻！姚崇止于救时，寇准尚未读传。有秉钧之权，而合进退之道者，盖难言之，而况石破剑尽、煅烈金销者乎？公之恩怨在当时，是非在千古。谨因其概略而言之，亦以见权非圣人不能用，而得志行道者之当思所以自处也。

熊襄愍公传跋

［明］尹民昭

予兄宣子民兴见皇帝之明日，即奏文忠张公、襄愍熊公诸大绩，请降殊典，风励群臣。疏朝上，夕报可。皇帝更列二公夹辅捍御之劳，招怨开谤之本，烺烺近百言，多非疏中所有也，益见皇帝神圣，高出臣下矣。公久夺爵，钦赐复原官，谥襄愍。张公钦赐四代诰命。有冢孙张同敞，具本谢恩。同敞号别山，能古文，与予善。

江陵救时之相论

［明］林潞

苏文定云："天下有权臣，有重臣，二者其迹相近而难明。凡为天下，宜有以养其重臣之威，使天下百官有所设忌，而缓急之间，能有所坚忍持重而不可夺。"吾尝据此以论江陵。江陵在时，举世皆目为权臣者也。当时群臣，徒见其外而不见其内；见其侵天子之权，而不察其所为有不得已而出于救时者。由今视江陵，似是两人。观其逐新郑、废辽王、夺情起复，几于无上。观其十五年之经济，乘得为之时，优之以才，济之以刚，猛鸷而立功名，一时廷臣无出其右。原其意，以为举朝因循玩愒，方且伺隙于我，而我无以肩之，则事必不济，两宫、冲圣之倚毗必不副。当时观场之人无论已。百年以来，曲学腐儒，动辄讲王霸、辨义利，不察其本末，而概以揽权震主相责。夫世庙以来无相久矣，生非文、武、成、康，而不识救时为急。予以为逐新郑、废辽王、夺情起复三者，罪之大者也，其事载在国史，怙宠悖理何疑焉？吾宁信之；岂惟信之，将以责之。此其事姑未辨。

洪武初，罢丞相，以五品殿阁加孤卿，名之曰阁臣。夫阁臣，词臣也，分其任于六曹，而职司票拟。其不贤者，窃一人之鼻息以张威福；其贤者，宫中府中斡旋调济。上一阁揭，回以片言，而相之职止此矣。功可以窃，而罪可以诿，莫阁臣若。江陵起而忧之，欲举相职。其进《直解》，进《大宝箴》，进《帝鉴图》，欲天子敬学；进《皇陵碑》，进《宝训》，进御札，欲天子法祖；裁进奉，谏营造，欲天子节俭；引见贤能，欲天子知吏治；图百官于御屏，欲天子体群臣；请大阅，欲天子念边防；蠲逋赋，欲天子子庶民；绝馈遗、戒请托，欲天子知大臣法，则小臣廉。不宁惟是，当江陵官翰苑时，即志期公辅。四方辅轩奉使归者，必往为造请。辙迹所至，户口、扼塞、山川形势、地利平险、人民强弱，一一札而记之。肃皇帝二十余年间，彼亲见贵溪、分宜交相龁，而边备废弛，天子纵有所诛杀，卒无成功。一旦柄国，辅十龄天子，绸缪牖户，措置边防者为至。江陵匪直相也，而直以相将将。故南北守御，百粤、滇、蜀，必付托得人。将帅能效力者，量其才，专其责，湔其瑕，励其志。鼓之以爵禄，假之以事权，凛之以三尺，破之以疑畏，责之以实效。数万甲兵藏于胸，而指挥乎数千里之外。虚怀咨询，削牍星驰，尝有数什伯相君，贯乎将士之心，而戴乎将士之首。战胜攻取，代为奏稿，当以某事咨禀。功成凯至，又谕以朝意，当以某辞入告，某策善后。勇怯强弱，进退疾徐，洞若观火。边吏奏记政府，命之亲书，以毋泄机宜。又必命其书衔，择其重大窾要者，一一陈说于天子之前，而使至尊识其劳苦，知其姓名。故能缚大憝，歼群丑，以奠安中夏者垂十年。至江陵殁，而享其余威以固吾圉者又二十年。此江陵所为举相职也。而且不遗余力，以综庶务。由是而严清丈，董驿递，度河工，疏饷艘，询水利，饬学校，核名实，辨职掌。久视为具文者，按实行之。揽权震主之外，世所谓益之以操切者也。诸葛君曰："愿陛下责臣以实效，不效，则治臣之罪。"夫既已有实效矣，两宫、冲圣知之，举朝知之，而其心未必知之。方其柄国时，惓惓致书贤者，辨明心曲。以为吾非不知府天下之怨，既已肩其任矣，吾欲贻冲圣以安，不专必不一，不断必不成。十年之间，两宫、冲圣享其逸，江陵处其劳。两宫、冲圣任人则逸者也，六曹大臣荫其逸，犹曰侵官。乃委琐龌龊者畏之，有才无胆者妒之，清正拘牵者非之，畏难者怨之，迎合者惮之，深文排诋者疑之。蜚语喧腾，而欲虚心衡断其功罪也，胡可得哉？虽然，江陵三罪，不可以不辨。禁籞何地，而奸宄得以阑入？亲藩入议，而大臣不为援请？时际宴安，而金革何以变礼？即不曲为文致，而罪已不容逭。才大而溢，任重而疏，以忠君爱国之心，而杂以一切吐弃之意，此则太史公责淮阴不能学道谦让，不矜不伐者也。

吾犹有说焉。宰相为天子统百官，如裘之有领，门之有阑，舟之有柁。宰相重，则朝廷尊，百务举；宰相轻，则朝廷卑，事权杂。自江陵殁后，而诋江陵者，非惟自轻，而卒以误国。庙堂诸老，委蛇无建白，而使神考轻宰相，恶谏官，燕安无忌；矿使四出，宫闱挟宠；九列无官，朝堂不御；封疆大患，帷幄无谋；以门户筹边，以朋党任将：一误再误，宦寺乘之，而国不可为矣。思陵之季，抚髀思江陵，而后知得庸相百，不若得救时之相一也。

答洪稚存书（节）

［清］袁枚

明吴中行劾座主江陵，仆心不喜道："师有过当谏，谏而不听，当避位。"斯言也，下笔后，颇知其非。位受之于君，非受之于师，不得以孟子论异姓之卿之礼，援为事师之则。继而思之，位虽受之于君，而所以能受之于君者，未必非师之力。饮水知源，不为无理，故仍而不改。

昨接手书，果招足下之规，夫复何辨？然足下尚有未悉者。书中道座主轻于举主，说良是也。举主知其人，其恩重；座主知其文，其恩杀。然唐、宋以后，科目盛，辟举衰，士大夫舍座主无由进身，则座主之恩，不得不同于举主。东汉举主有丧，门生衰麻避位，亦何尝不以君臣之义，行之师弟之间。唐萧遘扶王铎上殿，昭宗见之甚喜，曰："卿待座主如此，待朕可知。"李夷简劾杨凭，杨远贬，其门客徐晦送之，夷简表晦为御史，曰："君不负杨公，肯负国乎？"古明君贤臣往往观过知仁，十不爽一。而足下乃虑禁劾座主将有植党之虞，则尤与仆言相背。何也？仆言事师之道，有过则谏，谏而不听，则避位。果如仆言，则门生多，谏者愈多，避位者愈多。大臣不善，朝廷且为之一空矣，彼座主者独无所愧慑于心，而不改弦易辙乎？又安见植党满朝，而不可动摇也？所引楚弃疾、李怀光事，尤为不伦。楚王将杀子南，三泣其子，王之心岂不欲其子之谏父耶？然而弃疾之谏与不谏，传无明文，卒与父同死。或其间必有委曲难全之故，遥遥千秋，难以臆断。至于怀光谋反，李璀大义灭亲，自无两全之术。使当日江陵果谋反，则中行劾之当也，足下书中所谓缓不及待是也。乃江陵并非谋反，所劾者不过夺情一节，则是江陵一身之私罪，与宗社安危毫无关阂，有何缓不及待之言？而况中行上书之明日，赵疏入矣；又明日，艾疏入矣；又明日，沈疏入矣。明目张胆攻江陵者如云而起，何劳门下士急急争先？古名臣如汉之赵熹、耿恭，唐之房、杜、褚遂良、张九龄，俱有夺情之事，彼诸君子者，岂无门生故吏略知大义之人？而何史册寂然，不闻有弹之者，何耶？

史称江陵相万历，二十余年，四夷宾服，海内充实，有霍子孟、李赞皇之遗风。然则中行果有爱国之心，方宜留护江陵，为贤者讳过可矣。中行本传称，中行既上疏，以副封白江陵。江陵大惊曰："已上耶？"曰："不上，不敢白也。"审是，则中行不但不谏其师，并欺蔽之，使不知其过而突出其不意以相攻击，其心术尚可问乎？左氏曰："人之欲善，谁不如我？"中行好名，江陵亦好名，观其惊问疏上否，颇有悔过掩覆之思。使中行不廷争之，而私执门生之谊，爱人以德，造膝婉陈，未必不动其天良，而自行求去也。及闻疏已上，则大名已裂，状如被逐，刚愎之性遂至倒行而逆施。程子所谓吾党激成之过，《儒行》所谓贤者之过可微辨而不可面数，正谓此也。且中行为他人父，为他人母，忍使自已父母之遗体毁伤廷杖，尤为可嗤。而此后台臣、阁臣水火偾兴，互相排诋，无一日休，必至国亡而后已，如庸医治病，专务斗药争方，而不顾其人之元气命脉也。扬其波者，中行与有罪焉！

答王子寿比部书

［清］朱琦

去冬获手教，寄来江陵画像一轴，云于祠中摹得，朱服修髯，神采甚英异。琦少时读《明史》，尝怪江陵以彼其才辅少主，明赏峻罚，鞭笞海内，有安天下社稷之大功，何以论者不稍恕若是？既而读其遗集，然后知江陵所处之难，则其用心固宜非流俗所识，而琦窃妄为窥见一二，而恨不一见其人也。及得见足下所遗画像，瞻拜久之。又读所为《悯忠赋》，掩卷长叹，以为知江陵莫如吾子寿之深，则虽举天下后世疑且谤，而固不害其为江陵也。

夫江陵之才大矣。后世岂无为江陵者？而卒不敢望江陵，非其才之绌也，遇也；亦非其遇之绌也，有其才与遇，而忠不足也。夫为宰相者，不可无才；有其才矣，不可无遇，而尤不可无忠以济之。彼朝夕谋谟于帏幄之中者，恩宠非不隆也，倚任非不专也，进退天下士，非不与闻也；然出入唯唯，但伺人主意指。民日困，财日匮，远夷内侵，盗贼并起，则曰时为之也，我无如何也。是非有其遇，而无其才者乎？幸而有其才矣，有才而用之矣。然一言不合，则遽夺之宠；一事不臧，则旋罹于祸；施者未及尺寸，丛咎已若丘山。则虽有人焉蒙伊、吕之术，挟管、葛之智，而非破成格，举一国任之，犹讫不得施也，况下此者乎？而谓无其遇者，其可行乎？幸而又有其遇矣，有其遇，宜可以有为矣。顾天下事，利害参半。有害重利轻，有利巨害细。有关一时一事利害者，有关异时利害而忧并及其身者。利于公而不害于身，人固为之；利于公而害于身，智者或辍不为；就令为之，亦必曰：吾受其害，犹冀人之予我以名而不我谤也。至于不予我名，而又我谤，此至不平之事也。然智者犹曰：谤我一二，吾犹为之；谤者千万，虽贲育之勇，亦必为之夺气，而辍不为矣。

若江陵则不然。江陵，愚忠者也，盖明知其害于身而为之者也。明知害于身而利于国，又负天下后世之谤，而勇为之者也。呜呼！是真所谓愚忠者乎？是故无江陵之才与遇，不可为江陵；有江陵之才与遇而无其忠，亦不可为江陵。然则江陵其遂无訾尔乎？江陵之过，在于功成而不知止，又不能荐达贤相以为之后。虽然，此不可以之责江陵也。有江陵之功名而能知止，又能树贤以为国家长久计，其几于纯臣哉！

画像谨装成轴，并如来教书《悯忠赋》于后。琦非知江陵者，聊感足下之意而附论之。

悯忠赋（谒张文忠墓作）

［清］王柏心

伟上宰之迈迹兮，挺时栋于南荆。月符梦而流耀兮，岳降神而炳灵。蕴王霸之奇略兮，信命世之豪英。应在田之龙德兮，扬弼亮之休声。如凤翙于石渠兮，遂鸿渐于讲幄。穆皇察其国器兮，俄秉钧而当轴。道玉几之末命兮，翊冲人而翼翼。运谋断而若神兮，综宫府而尽肃。狄稽颡而震詟兮，蛮请吏而纳土。粟红腐于太仓兮，金流衍于少府。吏奉法而不欺兮，民熙熙而忘苦。令下于流水之原兮，赏罚疾于风雨。繄夫子之枋政兮，实身崇而地逼。夫岂不知冒亢龙之悔兮，恐皇舆之败绩也。振盅极之颓纲兮，佛众情而不惜也。犯危机而履深阱兮，夫唯党人之激也。鉴不察夫人之精忱兮，盛震电之严威。得殁身以为幸兮，及恩礼之未衰。功则隐而罪彰兮，福已盈而祸基。朝阿衡而夕浑敦兮，怨者又构之以南箕。旦揃爪而蒙谤兮，霍骖乘而积衍。元成既踣其丰碑兮，文饶流窜夫海边。勋烈轻于纤埃兮，衅罪积于丘山。怀忠信而攘诟兮，固自古而已然。昔夫子之成功兮，何不举贤而自继？异萧曹之规随兮，贻后来之责备。岂人才之寡俦兮，庸庸者固不足以相寄？况暗主之猜疑兮，又焉能任人而不贰？拜丘垄而流哀兮，瞻遗像而慨慷。兴微管之遐思兮，独沾襟而浪浪。咎固昧夫盈满兮，功实在乎富强。诚瑕瑜之不掩兮，纵訾议其何伤。感乡闾之下士兮，时慨想乎云雷。怅名世之不作兮，独心折乎斯才。使学术而谦让兮，将比隆乎伊莱。望荆山之奇气兮，犹郁勃乎中台。

张文忠公祠堂记

［清］奭良

丞相之有祠堂，莫古于汉诸葛武侯。祠堂之有记，莫著于宋张益公。岂非以其丰功伟烈，与其磊落英多之性，为人所乐道与？余懿慨夫明张江陵之为人也。其生也，声施烂然；其没也，婴祸最烈。衡其功罪，盖时制为之也。自洪武罢宰相不设，而设四学士以备顾问，久之，一宰相也，有其实而不居其名，操其权而不任其责。其不肖者，罔利鬻爵，私恩怨，猥至无可指状。而贤者偶有设施，辄隔阂于定制。斯固小人之所甚便，而君子所甚不便也。文忠公出，独取宰相之事而任之，一不为文法所拘，于是防边治河，清赋察吏之功兴焉，赫然以有成。而乃病其专者，啁啡乎朝野，延嬗乎后世。闻之《书》曰："任贤勿贰，去邪勿疑。"勿疑勿贰，专之义也，病云乎哉！神宗之初，内安外攘，几于富强。迨其末年，贫匡交迫，截若旷代。毋乃继其任者，鉴前人之祸，因循弗治，用迄凌夷。然则公之祸福，即国之存亡所与系焉，顾不重与！

余以己亥之冬，筮仕来荆。越岁献春，谒公墓下，敬赋短章，寄其欣慕。父老相与慨然曰：邦有名贤，而异乎畏垒，恭敬之谓何矣？乃割龙山书院之东偏，建屋三楹，少加丹雘，撤公家祠画象而祀焉。司其事者，邑令三原张集庆、邑贡生田桢也。余每慨今世孱陵，徒抱新亭之泣，诚得如数公者经纶于内，勇割于外，虽四夷交侵，觉可以济。余独不得其人而事之，犹幸待罪大贤之邦，获与骏奔之列，斯亦执鞭之余意也。《诗》曰："我闻在昔，先民有作。"又曰："亦既见止，我心则降。"谨书其事，而附所见，以待论古者之考定焉。

张文忠公祠落成祭文（代）

［清］张振纲

惟公钟扶舆之间气，濯江汉以抽英；表异姿于绮岁，悬光价于楚珩。及作弼而应期，拓鸿基于久大。虽疐后而跋前，讵求伸于异代。蒙薄涉乎昔编，烛千秋而退览。苟非今时之所稀，胡为旷世而相感。溯有明之垂统，累十叶而渐凋。迨孱主之嗣服，乃委裘以临朝。公身佩夫安危，揽颓纲而振肃。起坐废之沈疴，支大厦于一木。窒幸门之千孔，扫蠹窳于百年。内引绳于宫府，外抗楞乎绝边。赫乾清而坤夷，启重熙之盛轨。何天柱之中倾，壤金关与铁牡。属才慝之抵隙，竞吐舌以烧城；揣文犀而飞谤，讹市虎以同声。果冕旒之蔽明，弃成功于微管。牵草索以蝉联，遂覆巢而破卵。比朱勃之上鲁，被建初之追录。讵众口之嚣嚣，铄朽骨而仍酷。迨兴朝之抚运，荷天语于章皇；比伊周而论定，乃腾耀乎三光。顷大府之驰书，访武侯之遗垄；余石兽之攲斜，卧丰碑而尘拥。蒙停轺乎兹土，求卫瓘之诸孙。获仰瞻乎遗像，复修谒于墓门。惟祠宇之阙然，揆五义而未当。傍龙山之讲堂，假三楹而草创。列莘莘之俎豆，萃髦畯之峨峨。或闻风而崛起，庶共挽夫洪波。尚飨。

江陵书院记（代）

［清］王闿运

江陵之重于天下，自周以来，非独山川形胜之奢，盖必有与国俱立者。贤才应时，则兴育之为亟。然自唐、宋取士之法敝，儒者歧体用为二。而曰道有所不行，其行者，或辞爵禄，蹈白刃，均天下，而曰彼于道有不足也。自承平时观之，循循随流，亦无以辨人材。及夫临大节，任重远，盘根错节，乃别利器。往者寇难，海内波靡，湖广之士起里塾，弃帖括，饥困奔走，以成大勋。及天下丰乐，物力饶衍，诸生从容讽议，以谋策海外，言必笼宇宙，目必营四海；畿甸小警，颠仆失据，夫非空言与实行之异与？《诗》曰：“高山仰止，景行行止。”言远慕古圣，未若践迹循涂之易为功也。故古者国学必祀先师，耳目相接，贵于亲炙。

江陵近代名人，未有如张叔大相国者也。昔闻曾文正言，以张公与唐李太尉文饶，皆以恢瑰负俗谤。而李承强固之余，张当窳盬之极，其功尤伟。曾亦名臣，爵位事望，如在张公右。世之以夺情訾张者，未达权耳。管仲事雠，而孔子仁之。儒者无用，又焉知体？奭良下车，则已躬谒张公之墓，又新其祠，以式荆人。窃病夫今日之学问，趋于无用。空言而不行，而轻疑先贤。是用更辟堂馆，增置公田，因立书院，祀张公为先师，与公欲废书院之意，适相成也。夫通经所以致用，张公知之；不通经则不足用，公或犹未知也。诚知之，则无忿于攻己，而益免于咎谤，以全令名。多士勉乎哉！其能入修己而出康时，绍张公之鸿勋，以仰几乎鬻子之师文王，则广江陵于天下，而楚学昌矣。舍用言体，何贵乎学。

江陵古大州，名贤相望，数近代人物，必以明张文忠公为最。公救时之相也。学者不必用，用者必济于时，乃不负所学。若乃雍容俯仰，取容一时，苟保禄位，世奚补焉？近人之言曰“宋朝名相半书生”，书生犹可，乡愿将奈何？文忠者，其诸异乎乡愿者欤？有能如公之设施，振时敝而培国本，虽并世之谤，身后之祸，可勿计也。

今春建公专祠于龙山书院之旁舍，适湘潭王先生来游，求为作记。已而文来，实曰江陵书院。邑之人曰：先生揭救时之义，斯足昭前人之大烈，而垂来哲之正轨矣。将遂易其旧名，而取王先生文为之职志，士其有兴者乎！余甚乐佽成之，会以去官不果。邑人曰：虽然，是不可以无言。夫人之好善，孰不如我，后之君子，政成时平，率事作功，亦易耳。兹邦父老，惓惓于去官之人，一言以为重，其犹行古之道欤？抑重有感于斯文耶？

庚子长至日，满洲奭良倚装识。

谒张文忠公祠

［清］王启茂

袍笏巍然故宅残，入门人自肃衣冠。半生忧国眉犹锁，一诏旌忠骨已寒。恩怨尽时方论定，边疆危日见才难。眼前国是公知否，拜起还宜拭目看。

江陵相公祠

［清］孔自来

维楚多材近帝宸，文章勋业见斯人。两朝定策安危系，十载阿衡肺腑亲。积毁可怜终烁骨，先忧谁信未谋身。只今圣主图功日，麟阁将无忆老臣？

吊张相国文忠公墓

［清］夏熙臣

故国山河古战场，章台风雨色苍凉。文孙尚带苌弘血，遗笏维留召伯棠。断简有人藏笔墨，荒原无主荐蒸尝。我来展拜生悲感，红叶萧萧月一塘。

读张文忠公传

［清］王酿

六尺孤君一个臣，利才归国害归身。生前独任山河担，死后谁扶日月轮？党有流言因孺子，史无直道对斯民。我朝论定章皇帝，除却伊周只此人。

谒张文忠公墓

［清］程炌

丞相荒坟绿水滨，闲花野草自成春。当年议论倾三事，天下安危在一人。为国已教忘怨府，磨碑何遽及忠臣？千秋公是今谁定，独拜松楸泪满巾。

（《款花居稿》）

都门谒乡祠花茶陵应山二公像而无江陵慨然久之归当摹寄配食于不朽焉即用前韵柬夔臣宫允以坚此诺

［清］王柏心

古云不婚宦，情欲失大半。我意殊未然，仕宦实堪叹。缋锦衣庙牺，文采讵足玩？百年视组珪，何异浮云散？惟有豪杰流，名与金石伴。缅昔江陵相，伟抱慕奭旦。攘狄予齐桓，赫矣春秋案。筹策运庙堂，九塞坐戡乱。不闻奉遗容，再拜肃沐盥。鄙儒猎崇班，论高步何缓？金紫徒纷纶，文武孰综贯。负鼎安国家，能不愧庸偄？安得起斯人，筹边拯涂炭。遂令千年来，寂寞黄金馆。归往摹其像，撷蘋涧初暖。列之李与杨，朗若三星粲。

读张文忠公集题后

［清］陈黉

江陵勋阀委逝水，太岳文章寿不死。捧日宸翰金石镌，殊恩渥宠被闾里。金可铄兮石可移，富贵磨灭不如纸。玄公谤由践阼兴，霍氏祸从骖乘始。从来直道在人心，千古褒讥付青史。我读遗编深长思，习习清风出颊齿。

（《瓣香楼稿》）

谒张文忠公墓

［清］奭良

荆楚应官谒墓门，胜朝名相瓣香存。防秋有令边烽静，函夏无言主极尊。身后蛾眉酬长者，劫余马革得诸孙。赞皇老向崖州去，暮雨凄风问九原。

礼部仪制司主事敬修血书

[明] 张敬修

呜呼！天道无知，似失好生之德；人心难测，罔恤尽瘁之忠。叹解网之无人，嗟缧绁之非罪。虽陈百喙，究莫释夫讥才；惟誓一死，以申鸣其冤郁。窃先公以甘盘旧眷，简在密勿。其十年辅助之功，唯期奠天下于磐石。既不求誉，亦不恤毁，致有今日之祸。而敬修以长嗣，罹兹闵凶，何敢爱身命，而寂无一言也！

忆自四月二十一日闻报，二十二日即移居旧宅，男女惊骇之状，惨不忍言。至五月初五日，丘侍郎到府。初七日，提敬修面审。其当事噂沓之形，与吏卒咆哮之景，皆生平所未经受者，而况体关三木，首戴幪巾乎？在敬修固不足惜，独是屈坐先公以二首万银数。不知先公自历官以来，清介之声，传播海内，不惟变产竭资不能完，即粉身碎骨亦难充者。且又要诬扳曾确庵寄银十五万，王少方寄银十万，傅大川寄银五万。云从则已，不从则奉天命行事。恐吓之言，令人胆落。嗟此三家，素皆怨府，患由张门及之，而又以数十万为寄，何其愚也？吾意三家纵贪，不能有此积，亦不能完结此事，吾后日何面目见之？且以敬修为何如人品也？今又以母子叔侄恐团聚一处有串通之弊，于初十日又出牌，追令隔别，不许相聚接语。可怜身名灰灭，骨肉星散。且虑会审之时，罗织锻炼，皆不可测，人非木石，岂能堪此？今幽囚仓室，风雨萧条，青草鸣蛙，实助予之悲悼耳。故告之天地神明，决一瞑而万世不愧。

嗟乎！人孰不贪生畏死？而敬修遭时如此，度后日决无生路。旷而观之，孔之圣也而死，回之贤也而死。死有重于泰山，有轻于鸿毛者，予于此时，审之熟矣。他如先公在朝，有履满之嫌；去位，有忧国之虑。惟思顾命之重，以身殉国，不能先几远害，以至于斯。而其功罪，与今日辽藩诬奏事，自有天下后世公论，在敬修不必辩。独其虚坐本家之银，与三家之寄，皆非一时可了案，则何敢欺天罔人，以为脱祸求生之计？不得已而托之片楮，啮指以明剖心。此帖送各位当道一目，勿谓敬修为匹夫小节，而甘为沟渎之计也。

祖宗祭祀，与祖母、老母饘粥，有诸弟在，足以奉承，吾死可决矣！而吾母素受辛苦，吾妻素亦贤淑，次室尚是稚子，俱有烈妇风，闻予之死，料不能自保。尤可痛者，吾有六岁孤儿，茕茕在抱，知亦不能存活也。

五月初十日写完此帖，以期必遂，而梦兆稍吉，因缓。十二日会审，逼勒扳诬，慑以非刑，颐指气使，听其死生。皆由含沙以架奇祸，载鬼以起大狱，此古今宇宙稀有之事。上司愚弄人，而又使我叔侄自愚，何忍！何忍！丘侍郎任抚按活阎王，你也有父母妻子之念，奉天命而来，如得其情，则哀矜勿喜可也，何忍陷人如此酷烈？三尺童子亦皆知而怜之！今不得已，以死明心。呜呼！炯矣黄垆之火，黯如黑水之津。朝露溘然，生平已矣，宁不悲哉！

有便，告知山西蒲州相公张凤盘，今张家事已完结矣，愿他辅佐圣明天子于亿万年也！

尚宝司祖允修死难纪略

[清] 张同奎

壬午冬，逆闯寇荆，令伪防御孟长庚守之。先是，奎祖率众走避江南。长庚欲得荆之士宦，为逆闯重，造先祖，不起。因变姓字，徙避长湖。及癸未冬，献贼至，驱长庚而夺荆，掠其人民入蜀，城野皆空。奎祖允修适遇难，贼众絷以见献，不跪，左右叱之。先祖厉声曰："我有双膝，跪我君父，我岂北面事汝？惟求杀。"献义之，命守者囚于北城土室。至夜，题诗于壁，纵火自焚。守者惊走，且绐之曰："火起矣，何不出？"先祖曰："吾闻从古忠臣义士赴汤蹈火，其甘如饴。吾背义而生，不若赴义而死，何惧焉！"奎患难相从，挽之不出，遂及于火，有识者悯之。为甲申年正月初十日事也。越二月初六日，献始弃荆走蜀。奎于烬余泣收骸骨，蹲坐如生。遗竹杖一，茶盂一，若未毁。及拾之，则为灰烬。遂裹葬于天井渊，与祖母安人李氏合圹。并于壁上得绝命诗云："八十空嗟发已皤，何期衰骨碎干戈。纯忠事业承先远，捧日肝肠遗后多。今夕欣追文谢辈，他年羞比近伦科。愿将心化铮铮铁，直付雄才歼秽魔。"

先祖讳允修，字士元，号建初，为先文忠公第六子，尚宝司司丞。后别山司马闻之，旋与同官述其事，以疏闻烈宗，得谥忠烈。孙男同奎泣述。（按诗与志书所载，微有不同，两存之。）

上六部禀帖

[清] 张同奎

湖广荆州府儒学生员张同奎谨禀为温纶出自圣朝，先帝之洪恩广被；微功掩于雠口，故相之幽迹堪怜。乞布仁慈，削史诬、革戏嘲，以维直道，以作忠荩事。

奎闻观往迹者，必论其事；泽枯骨者，不问其人。故帝王阐幽，见鼓舞当时之意；史书纪实，有劝惩万世之功。如奎曾祖张居正，官太师，谥文忠，昔为隆、万辅臣，感顾托之重，任嫌怨之丛。横被诬谤，纷纷旧史，迄今流于好事之口，编演戏文。有名《朝阳凤》者，污蔑过甚，负屈莫伸。

蒙我世祖皇帝好恶必察，独垂慈鉴，诚论古之特识，泽枯之深仁也。若道忞和尚《北游录》所载：先帝一日与忞评论古今名臣宿将，摘瑕指瑜，纤悉无遗。忞因问上："廿一史，想经御览多矣。"上曰："闲尝寓目，百不记一。若《资治通鉴》，则朝夕在案，不时展观也。"忞曰："宋臣李纲、明臣刘大夏，诚如圣鉴。然宋、明两代享国灵长，多由大臣辅弼之力。如赵普之逢君，张居正之揽权，姑置不论；至若韩琦之调停两宫，梁储之迎立世庙，不可谓非精忠练达也。"上曰："老和尚许二臣精忠练达，所谓其知可及也。朕许二臣精忠练达，其愚不可及也。即老和尚罪居正揽权矣！彼时主少国疑，使居正不朝纲独握，则道傍筑室，谁秉其成？亦未可以揽权罪居正矣。"忞曰："圣智渊深，诚非凡见可测矣。"夫不袭史氏陈言，而独标睿鉴，足以息谤决疑，媲隆唐、虞。其在先祖居正，能不感激于地下乎！

奎不揣蟥蛾之微，冒昧泣陈于前。忆先祖居正秉国时，两宫并后，权当横恣，朝纲颓靡，人习惰玩。至岭东、岭西，及蜀之都蛮，寇氛数十年不靖。穆宗特简先祖居正，泣受顾命，誓捐顶踵。辅神宗于冲龄，规以谨身勤学，于是《帝鉴》献图，《宝训》进讲。呈《四书》《尚书》《纲鉴直解》，启沃多方，为养正格心第一义。而疏条六事，皆救时急务。因以考成责之抚按，教养稽之郡邑，进取严之督学，宦竖摄之司礼。止两宫之修建，停浙直之织造。而且蠲逋欠以恤民穷，度田亩以杜诡隐。申宗藩之例，汰冗滥之员。塞私门、核名实，而骄纵戢志，勤慎成风。宫府肃穆，海宇乂安，酿四十八年承平之福。至于屡辞伯爵，坚谢恩荫，未可谓怙宠也。三乞守制，屡请生还，未可谓贪位也。嗟乎！毅然引天下之劳，任之于己；即群然集天下之怨，归之于身，而身后之谤旋起矣。如隆庆二年，荆州施分巡奏辽王宪㸅谋反，刑部侍郎洪朝选鞫之，坐以淫酗，锢之高墙。而《明史》诬先祖居正羡其府第壮丽，攘以为宅。不知先祖庐在郡东，神宗赐金营构，御笔额其堂曰“纯忠”，楼曰“捧日”，而辽藩故宫，则赐广元王也。又万历元年，有无须男子王大臣拦入上方勾楯中，搜之得兵刃。内监初讯其人，语指戚继光及高拱所来。先祖居正谓无辜株连，亏损国体，但以拦入罪诛之。此先祖于同朝和衷之苦情。不意《明史》遂诬先祖欲害辅臣高拱。夫岂不虑请付外廷杂治，反泄己谋，此虽至愚不为也。况高之去位，实御史张槚疏参，于先祖居正何与焉？至万历五年，先祖居正闻父讣，疏乞归籍丁忧。屡上不允，谕留愈切。不得已，乃请服墨缞，辞禄守制，不奉常朝，惟侍讲读。一切劾夺情者，劾专擅威福者，持论虽正，而语多过情，致激上怒。先祖居正皆有疏救，且求去。史皆抹煞疏救从轻，而反诬以下石从重也。盖先祖卒于壬午，天下犹羡其功，以惜其人。至甲申，有辽王宪㸅母因其子废国除之故，不思发其私者施分巡，讯此案者洪侍郎，而妄怨先祖居正不为引救。以疏入讼，致向之怀嫉忌者藉以快其私忿，而竟罹覆巢之祸。且巧为诋说，捏造危言，遂为纂修所影籍。至杜撰戏文，更谬矣。

幸公道昭于崇祯初年。有楚臣罗喻义等公疏讼冤，而邹元标亦疏功在社稷。蒙旨复爵谥诰荫，立像追祀于纯忠堂。彼时劳苦已明，帷盖已施，第《明史》之诬尚未改削。至今百有余年，恩怨尽矣，忌讳消矣，又值主圣臣贤，而天下之公是公非，于此出焉。

奎思历代帝王之恩，有及先代名臣者。盖原勤王定国之劳，以鼓忠臣义士之气。骏骨必市，意何深哉！且往代之史，必经兴朝厘正而后定，何也？往史恩仇在心，褒讥任意。爱者加膝，憎者降渊。所赖仁人君子远见精识，发既隐之幽光，还直道于三代，是以冒干威严，为奎曾祖居正雪此覆盆。伏望俯念忠魂久郁，幸蒙圣鉴，将先帝煌煌天语，载入琅函。矫偏正枉，改削《明史》。删从前之横诬，昭盛朝之特笔，与《春秋》《纲目》炳耀千秋，庶足以励当代而信万世。其《朝阳凤》戏文，傀儡劳臣，大伤风教，恳赐查禁，以正人心。使天下后世咸知鸿恩并及异代功臣，纵身死蒙诟，而泉下幽魂，犹被容光之照，无不鼓舞兴起矣。奎虽殒首捐躯，无能抑答涓埃者也。临禀，曷胜惶悚待命之至，须至禀者。

康熙癸丑初夏，内方公（同奎字）赴阙陈情，民本之例未开，将此禀帖一册，投阁下、六部及词林各衙门。一时名公卿士，面谓江陵功在社稷，自有定论。今君不惮险阻，劳心竭力，真孝子贤孙矣。修史在迩，责在我辈，其回家以俟之。及秋抵家后，即晓喻天下各府州县，令严劈《朝阳凤》戏板，永不许做。礼部行文转到荆州府江陵县，取文忠公行略、文集与世系年谱，诸名公传叙诗文，并礼部敬修公血书，尚宝允修公纪略，司马别山公之《浩气吟》诸集，汇为家乘一册，具呈赍部。厥后史书，果删荒谬架诬之语，予以大公至正之论者，班班可考。迨史定而内方公亦已谢世，未及一睹，惜哉！

文忠诸子传

［清］宋学洙

张敬修，字炎州，江陵人，文忠长子。万历庚辰进士，授礼部仪制司主事。籍没命下，刑部侍郎丘橓等至荆，方酷暑，暴诸子烈日中，掠治惨烈。因讽以诬所不快，且旁摭荆大姓。敬修狱中报橓书，有“先人在国数十年，赏赉之外无私入，赐第之外无别椽。刚介之节，海内共知”等语。橓得书愈怒，考掠愈急。敬修乃咋血为书，报诸乡人，决计一死，以快怨者之心。怨者谓张四维，为文忠引居政府，至是倾挤无遗力。敬修投缳死事闻，诏留田千亩，室一区，赡其祖母。并下诏切责当事失罪人不孥之义，自是事少解。敬修妇高氏闻变，拊心大哭，投缳求死不得。一日，忽就婢手夺茶匕刺其目，血流被面，左目遂枯。孤甫五岁，高抚之成立，凡二十七年而终。万历辛亥，直指以事闻，诏建坊旌表。崇祯即位，复敬修官，以旌其孝。还文忠二荫，敬修孙同敞荫中书舍人。

懋修，号斗枢，相国四子也。万历庚辰进士，殿试第一，授翰林修撰。积学好古，清约如寒素。中遘家难，冤愤投井，不死。不食者累日，又不死。遂脱屣一切，日抢文忠手迹，每有感触，则呜咽哭不成声。崇祯间，公论昭雪，始搜其散亡梓之。年八十卒。著有《墨卿潭乘》《太史诗略》。仲兄嗣修，丁丑榜眼。齐名一时。

允修，字建初，文忠第六子。尚宝司司丞。甲申正月，献贼掠荆，允修不食死。留诗于北门主家之壁：“八十空嗟发已皤，岂知襄骨碎干戈。纯忠事业承先远，捧日肝肠启后多。今夕敢言能报国，他年漫惜未抡科。愿将心化铮铮铁，万死丛中气不磨。”

（《（康熙）荆州府志》）

张同敞传

［明］周圣楷

张同敞，字别山，居正曾孙。少负志节。崇祯中上书请复武荫，并复其祖敬修官。帝授同敞中书舍人，复敬修官。同敞感帝恩，益自奋。十五年，奉敕慰问湖广诸王，因令调兵云南。未复命，两京相继失，走诣福建。唐王亦念居正功，复其锦衣世荫，授同敞指挥佥事。寻奉使湖南，闻汀州破，依何腾蛟于武冈。永明王用廷臣荐，改授同敞侍读学士。为总兵官刘承允所恶，言翰林、吏部、督学必用甲科，乃改同敞尚宝卿。以大学士瞿式耜荐，擢兵部右侍郎，兼翰林侍读学士，总督诸路军务。

同敞有文武材，意气慷慨。每出师，辄跃马为诸将先。或败奔，同敞危坐不去，诸将复还战，或取胜。军中以是服同敞。大将王永祚等久围永州，大兵赴救，胡一青率众迎敌，战败。同敞驰至全州，檄杨国栋兵策应，乃解去。顺治七年，大兵破严关，诸将尽弃桂林走，城中虚无人，独式耜端坐府中。适同敞自灵川至，见式耜，式耜曰："我为留守，当死此。子无城守责，盍去诸？"同敞正色曰："昔人耻独为君子，公顾不许同敞共死乎！"式耜喜，取酒与饮，明烛达旦。侵晨被执，谕之降，不从；令为僧，亦不从，乃幽之民舍。虽异室，声息相闻，两人日赋诗倡和。阅四十余日，整衣就刃，颜色不变。既死，同敞尸植立，首坠跃而前者三，人皆辟易。

而居正第五子允修，字建初，荫尚宝丞。崇祯十七年正月，张献忠掠荆州，允修题诗于壁，不食而死。

附录:《明史》瞿式耜本传:

部将戚良勋请式耜上马速走，式耜坚不听，叱退之。俄总督张同敞至，誓偕死，乃相对饮酒，一老兵侍。召中军徐高付以敕印，属驰送王。是夕，两人秉烛危坐。黎明，数骑至，式耜曰："吾两人待死久矣。"遂与偕行，至则踞坐于地。谕之降，不听，幽于民舍。两人日赋诗倡和，得百余首。至闰十一月十有七日，将就刑，天大雷电，空中震击者三，远近称异。遂与同敞俱死。

显鹤按：别山先生在桂林时，其夫人某氏，背负张氏七世神主，间关往粤。至宝庆，道梗，止邵阳车氏囊萤阁。经年复行，廑而得达。公死，夫人亦卒。两棺浮厝桂林栖霞寺，主僧浑融择地葬之。墓在桂林东关外，距栖霞不远。粤人至今以公生日上冢致祭，寺僧主之。浑融，故明参将，沅州人，亦奇士也。鼎革后为僧，收葬公夫妇，尤义举云。

附别山先生自诀诗

弥月悲歌待此时，成仁取义有天知。衣冠不改生前制，姓字空留死后思。破碎山河休葬骨，颠速君父未舒眉。魂兮莫指归乡路，直指诸陵拜旧碑。

自誓诗

翰林骨莫葬青山，见有沙场咫尺间。老大徒伤千里骥，艰难胜渡万重关。朝朝良史思三杰，夜夜悲歌困八蛮。久已无家家即在，丈夫原不望生还。

（《楚宝》）

张太岳大事年表

张居正，字叔大，号太岳，湖广江陵（今湖北江陵）人。远祖福，庐州合肥（今安徽合肥）人，从明太祖在濠州（今安徽凤阳）起兵，累立战功，授归州长宁所（今湖北秭归）世袭千户，乃定居。曾祖诚，从归州迁江陵，遂为江陵人。祖父镇，是荆州辽王府卫士。父文明，秀才，数次乡试，均未中。太岳于嘉靖四年（一五二五）出生。五岁入学读书，十二岁中秀才，十六岁中举人，二十三岁成进士，选为翰林院庶吉士。二十五岁授翰林院编修。三十岁返江陵养病，三十三岁复出。三十六岁任右春坊右中允，管国子监司业事。四十三岁以吏部左侍郎兼东阁大学士入阁，旋晋礼部尚书兼武英殿大学士。四十八岁任内阁首辅，五十八岁去世。在内阁十六年，任首辅整十年。卒谥文忠。

公元一五二五年（明世宗嘉靖四年） 一岁

五月初三日，生于湖广江陵。初名白圭。

一五二六年（嘉靖五年） 二岁

三月，定有司久任法。故事，官吏任期九年经考察后有政绩者乃升迁。

四月，鞑靼小王子扰大同，复犯宁府，边将御却之。

五月，广东徭族在肇庆府所属州县起兵，杀守备李松等。

一五二七年（嘉靖六年） 三岁

三月，小王子部两扰宣府，参将王经、闻山先后战死。

五月，起前南京兵部尚书王阳明（守仁）兼左都御史，总制两广、江西、湖广军务，以平复广西田州土司岑猛部卢苏、王受之乱。

十月，张璁由“大礼议”获世宗宠信，以礼部尚书兼文渊阁大学士入阁。璁至嘉靖十四年四月致仕，在内阁任职九年。

李贽（公元一五二七——一六〇二）生。

一五二八年（嘉靖七年） 四岁

二月，山西潞城民陈卿等起事，据青羊山（今山西平顺县北），败官兵。十月，为山西、河南、直隶、山东四路兵所平。

十一月，王阳明去世。

十二月，小王子复扰大同，大掠阳和、天城、平虏三卫及云、朔二州，指挥赵源战死。

一五二九年（嘉靖八年） 五岁

入学授句读，能记诵。

二月，桂萼以吏部尚书兼武英殿大学士入阁。萼与张璁均以“大礼议”而受重用。

九月，鞑靼部以数万骑扰宁夏，又犯灵州。

一五三〇年（嘉靖九年） 六岁

六月，河决曹县。

十一月，采张璁议，尊孔子为“至圣先师”。

一五三一年（嘉靖十年） 七岁

二月，张璁避世宗讳，改名孚敬。

三月，鞑靼部攻扰甘肃，掠庄浪、甘州。

十月，六万馀骑扰大同，应、朔二州告急。

一五三二年（嘉靖十一年） 八岁

三月，小王子犯延绥。

五月，方献夫以吏部尚书兼武英殿大学士入阁。献夫与张璁、桂萼同因“大礼议”被用。

一五三三年（嘉靖十二年） 九岁

二月，鞑靼吉囊部扰延绥花马池。

九月，提督、侍郎陶谐攻破广东“巢寨”一百二十。

十月，大同士兵苦于工役，兵变，杀总兵官李瑾。

一五三四年（嘉靖十三年） 十岁

已通读六经，略知大义，以幼而能文闻名。

正月，大同兵变尚未定，小王子乘机进扰。

四月，吉囊扰响水、波罗堡。八月，又由花马池入，窥固原。

一五三五年（嘉靖十四年） 十一岁

三月，速东军因余丁牧地事哗变，执巡抚吕经。

四月，内阁首辅张孚敬致仕。

六月，吉囊部扰大同。

一五三六年（嘉靖十五年） 十二岁

四月，吉囊部扰凉州。是冬复犯大同，掠宣、大等地。

五月，世宗笃信道教，毁宫中大善殿佛像。年底，以道士邵元节为礼部尚书。

闰十二月，夏言以礼部尚书兼武英殿大学士入阁。由此至嘉靖二十七年，言在内阁任职十三年，几次出任首辅，后为严嵩所害。

应荆州府试，成秀才。知府李士翱改“白圭”为“居正”。

一五三七年（嘉靖十六年） 十三岁

六月，吉囊扰宣府。八月，又犯大同、宣府。

至武昌参加乡试，湖广巡抚顾璘（东桥）欲“老其才”，故未录取。

一五三八年（嘉靖十七年） 十四岁

三月，三卫入扰大清堡（今辽宁义县北）。

四月，鞑靼军扰大同。六月，又犯宣府。

八月，吉囊部扰河西，周冕战死。

一五三九年（嘉靖十八年） 十五岁

二月，世宗葬皇太后蒋氏，亲临承天府（今湖北锺祥）察视墓地。四月，回京师。

五月，鞑靼军扰辽东。秋，两犯宣府。

冬，大同五堡成。是堡为大同总兵梁震建议所修。震在嘉靖年间，为西北名将之首。

一五四〇年（嘉靖十九年） 十六岁

吉囊部先后扰大同、延绥、万全卫、固原等地。

八月，世宗好神仙术，欲专事修炼，以太子监国。太仆杨最力谏，被杖死。

十一月，授秉一真人陶仲文为礼部尚书。仲文为邵元节所荐。

江西景德镇陶工万馀人因大水饥困，群起夺粮。

第二次参加乡试，中式为举人。时顾璘以工部侍郎督造显陵于承天府。往谒璘，倍受勉励，并赠以文词束带。

一五四一年（嘉靖二十年） 十七岁

二月，监察御史杨爵以世宗经年不视朝，日事斋醮，工役烦兴，乃上书切谏，下狱被杖几死。

五月，三卫入扰开原。六月，复犯太康堡（今辽宁义县西）。

七月，鞑靼俺答部及其属阿不孩款塞求贡，不许。八月，俺答等遂入山西，趋扰太原等地。

一五四二年（嘉靖二十一年） 十八岁

五月，广东琼州黎人乱，为张经、柳珣等所平。

闰五月，俺答复遣石天爵款塞求贡，为明将所杀。于是俺答大举内扰，遍及山西十卫三十八州，杀掠人口二十馀万，财物金钱无数。

八月，严嵩以礼部尚书兼武英殿大学士入阁。自此至嘉靖四十一年止，嵩入内阁整二十年，继夏言后，任首辅达十四年。

十月，宫婢杨金英谋绞杀世宗，未果。自是世宗移居西苑，不复入大内。

一五四三年（嘉靖二十二年） 十九岁

正月，贵州铜仁苗族首领龙子贤、龙桑科起兵，流劫麻阳等地。

是春，俺答屡扰延绥等地。时吉囊已死，鞑靼各部中，以俺答最强盛。

十月，三卫入扰昌平州，杀守备陈舜。

一五四四年（嘉靖二十三年） 二十岁

正月，俺答攻扰黄崖口。以后续犯大水谷、龙门所、大同等地。十月，小王子部攻万全右衛，致边墙，掠蔚州、定县，京师戒严。

三月，入京会试，落第。

十一月，加封道士陶仲文秩少师。

一五四五年（嘉靖二十四年） 二十一岁

二月，总督直隶、河南、山东、兵部侍郎张汉被逮下狱，谪戍。

八月，鞑靼入扰大同。十一月，再犯榆林。

一五四六年（嘉靖二十五年） 二十二岁

二月，宣大总督翁万达奏请在大同阳和口至宣府西阳河，筑边墙一百九十二里。

三月，四川白草番族起兵，破平番堡。

五月，俺答遣使至大同求通贡，边将杀其使。为此，俺答连月内扰宣府、庆阳、宁夏等地。

一五四七年（嘉靖二十六年） 二十三岁

三月，入京会试，中进士，选庶吉士，读中秘书。

五月，三边总督曾铣袭击河套的鞑靼部。铣并提出收复河套计划。

十二月，倭寇犯宁波、台州，大肆杀掠，官兵莫能抵御。

一五四八年（嘉靖二十七年） 二十四岁

世宗宠信严嵩，先后杀三边总督曾铣、首辅夏言。自是严嵩任首辅达十四年。

八月，俺答扰大同。九月，复犯宣府，深入永宁、怀来等地。

一五四九年（嘉靖二十八年） 二十五岁

二月，南京吏部尚书张治、国子监祭酒李本同时入阁。自夏言罢后，严嵩独相达一年有馀，至此张、李二人入阁，不敢预可否。

七月，浙江海盗起，寇浙东。先是朱纨讨闽海之寇，曾大破敌。四月，朱纨罢，终嘉靖朝无宁日。

八月，户部核算国家财政，岁入银二百万两，岁出三百四十七万两，入不敷出。大括逋赋，怨声四起，海内骚动。

授翰林院编修。上《论时政疏》。

一五五〇年（嘉靖二十九年） 二十六岁

六月，俺答扰大同。八月，大举入犯，经宣府、蓟州、怀来，至通州，直抵京师城下，戒严。严嵩不予抵抗，使俺答围城八日，饱掠而去，史称“庚戌之变”。

十月，张治卒。

一五五一年（嘉靖三十年） 二十七岁

正月，锦衣卫经历沈鍊上疏劾严嵩纳贿、误国等十大罪，被谪戍边。

四月，在俺答胁迫下，严嵩、仇鸾等同意在大同、宣府两地开马市。兵部主事杨继盛反对在新败之后即示弱开马市，劾嵩误国，被贬。

是年，京边支出五百九十五万两，入不敷出，乃于南畿、浙江加赋一百二十万两。加派始于此。

一五五二年（嘉靖三十一年） 二十八岁

三月，令仇鸾巡边，出塞，大败，诈称获胜，不久病死。八月，揭其通敌受贿等罪，追戮其尸，传首九边。

徐阶以礼部尚书兼东阁大学士入阁。在此前后，太岳为徐阶所器重。

四月，倭寇侵浙江，大掠舟山、象山等地，复登岸流劫温、台、宁、绍之间。

九月，罢各边马市。

一五五三年（嘉靖三十二年） 二十九岁

正月，杨继盛弹劾严嵩十大罪，五奸，被杖下狱。

二月，俺答扰宣府。后又数次扰边。

闰三月，海贼汪直纠集各岛倭寇，大举入侵，沿海台、宁、嘉、湖、苏、松、淮北等地同时报警。倭寇留内地三月，大掠而去。

七月，河南柘城人师尚诏起事，破归德等一府二州八县。

一五五四年（嘉靖三十三年） 三十岁

倭寇继续侵扰江浙一带，命南京兵部尚书张经统兵清剿。

是年，俺答部扰大同、宣府、蓟镇等地。

请病假回江陵休养。

一五五五年（嘉靖三十四年） 三十一岁

正月，倭寇不断侵扰江浙、福建一带，严嵩乃派其义子赵文华督视海防。五月，张经在王江泾大破倭寇，为赵文华窃为己功，反劾张经，并下狱杀害。

九月，俺答扰大同、宣府。

十月，杨继盛被杀。

撰《赠水部周汉浦榷竣还朝序》《荆州府题名记》《闻警》等诗文。

一五五六年（嘉靖三十五年） 三十二岁

倭寇继续进犯江浙、福建沿海。二月，命胡宗宪总督沿海军务。六月，俞大猷在黄浦大败倭寇。

六月，俺答扰宣府。以后续犯大同、辽东等地。

一五五七年（嘉靖三十六年） 三十三岁

二月，俺答扰大同等地。三月，老把都扰永平、迁安等处。吉能扰大同中西二路。

四月，倭寇攻通州（今江苏南通）。五月，转掠徐、扬二州。

葡萄牙窃据澳门，始设置官吏。

自江陵返京。

一五五八年（嘉靖三十七年） 三十四岁

三月，刑科给事中吴时来、刑部主事张翀、董传策同时上疏弹劾严嵩。时来等被谪充军，严嵩宠信稍疏。

四月后，倭寇多次进犯江浙、福建。北方的俺答，先后扰大同、宣府、蓟州、辽东等处。

是年，奉命到汝宁册封崇王，便道回乡稍住，至万历六年因葬父方再返江陵。

一五五九年（嘉靖三十八年） 三十五岁

二三月间，老把都、辛爱入扰潘家口，渡滦河而西，掠迁安、蓟州、玉田等地，京师大震。

四月，倭寇犯通州、福建等地。

仍在翰林院。

一五六〇年（嘉靖三十九年） 三十六岁

正月，俺答部进扰宣府、蓟州、广武等地。

二月，南京振武营因克扣粮饷事发生兵变。八月，福建所募御倭兵士因赏薄哗变。

由翰林院编修升右春坊右中允，并兼管国子监司业事。

一五六一年（嘉靖四十年） 三十七岁

正月，吉能部自河西踏水渡河南下骚扰。八月，俺答援宣府。九月，扰居庸关。

是岁，广东、江西、福建相继有民变。

倭寇侵浙江，戚继光大破之于台州。卢镗等又在宁波、温州等地破倭。

十一月，袁炜以户部尚书兼武英殿大学士入阁。

一五六二年（嘉靖四十一年） 三十八岁

是年，土蛮部扰辽东，吉能扰宁夏等地。

倭寇大掠福建。俞大猷、戚继光为福建正副总兵官进剿。

五月，御史邹应龙劾严嵩子世蕃，严嵩罢，世蕃下狱。徐阶晋内阁首辅。

八月，下诏重抄《永乐大典》，太岳与申时行、张四维等为分校官。

一五六三年（嘉靖四十二年） 三十九岁

四月，倭寇侵扰浙江、福建，巡抚谭纶率俞大猷、戚继光、刘显等合攻平海卫（今福建莆田）之倭，大破之，歼敌二千二百馀名，乃空前大捷。

十月，俺答子辛爱部和老把都部大掠顺义、三河，抵达通州（今北京通州），京师戒严，骚扰八日乃去。

徐阶荐太岳为《承天大志》副总裁，阁臣徐阶、袁炜任总裁。

一五六四年（嘉靖四十三年） 四十岁

二月，倭寇犯福建仙游，戚继光大败之。福建倭平。六月，俞大猷在广东海丰大破倭军。

十月，俺答扰陕西，深入内地五百馀里。十二月，复犯山西等地。

以修撰《承天大志》功，升右春坊右谕德，兼裕王朱载垕日讲官。

一五六五年（嘉靖四十四年） 四十一岁

三月，杀世蕃。抄嵩家，有黄金三万余两，白银三百馀万两，其他珍宝服玩所值又数百万。两年后，嵩死。

袁炜三月病死。四月，严讷、李春芳同时入阁。十一月，严讷病免。

四月，倭寇攻福建福宁，为戚继光所败。

七月，黄河在沛县决口，运道二百余里俱淤塞，潘季驯总理河道。

十二月，四川大足人蔡白贯以白莲教聚众起事，称大唐大宝元年，连破七州县。

一五六六年（嘉靖四十五年） 四十二岁

二月，户部主事海瑞上疏，历数世宗久不视朝、专事斋醮等过失，被逮下狱论死。

三月，郭朴、高拱同时入阁。

七月，辛爱以十万骑入宣府西路，为马芳所破。

十二月，世宗崩，子裕王载垕继位，是为穆宗，次年改元，年号隆庆。太岳参与徐阶起草遗诏事，革除嘉靖朝弊政。是年，晋翰林院侍读学士，掌院事。

一五六七年（穆宗隆庆元年） 四十三岁

正月，升礼部右侍郎兼翰林院学士。二月，升吏部左侍郎兼东阁大学士，入阁。四月，晋礼部尚书兼武英殿大学士。

二月，陈以勤以礼部尚书兼文渊阁大学士入阁。五月，高拱罢。

八月，调讨倭名将两广总督谭纶、总兵戚继光进京，加强北方边防。

九月，俺答扰大同，又深入山西内地，攻岢岚、汾州，破石州。三卫与土蛮同攻蓟镇，掠昌黎、抚宁、卢龙、乐亭等地，京师一度戒严。

一五六八年（隆庆二年） 四十四岁

正月，加少保兼太子太保。

二月，俺答扰柴沟堡，新庄守备韩尚忠战死。

五月，诏戚继光以都同知总理蓟州、昌平、保定三镇练兵事，自总兵以下悉听节制。次年，改为总兵官，镇守蓟州、永平、山海关等处。

六月，曾一本进攻广州，杀知县刘师颜。十一月，转扰福建。

七月，内阁首辅徐阶致仕，李春芳继任首辅。

是月，上《陈六事疏》：省议论、振纪纲、重诏令、核名实、固邦本、饬武备。

十月，废辽王为民。

一五六九年（隆庆三年） 四十五岁

三月，曾一本攻陷碣石卫。五月，广东总兵郭成败曾一本于平山。八月，俞大猷及福建总兵李锡会同郭成于海上擒曾一本。

八月，赵贞吉以礼部尚书兼文渊阁大学士入阁。十二月，高拱复入阁，兼掌吏部事。

九月，切谏穆宗行大阅礼。

一五七〇年（隆庆四年） 四十六岁

正月，以王崇古总督宣、大、山西军务。

四月，俺答扰大同、宣府等地。

七月，陈以勤致任。十一月，赵贞吉致仕。殷士儋以礼部尚书兼文渊阁大学士入阁。

十月，俺答之孙把汉那吉来降，太岳极力斡旋，受把汉那吉之请，许以官。十一月，俺答请封贡互市，以送归叛将赵全等换取把汉那吉。十二月，俺答执赵全等九人来献，王崇古送还把汉那吉。

十二月，因功晋太子太傅、吏部尚书、少傅、建极殿大学士等。

一五七一年（隆庆五年） 四十七岁

三月，封俺答为顺义王。四月，授俺答弟老把都、子辛爱都督同知，把汉那吉昭勇将军。六月，授河套部吉能都督同知。九月，开三镇贡市。自此除北方鞑靼之患。

五月，李春芳致仕，高拱继为首辅，兼吏部尚书。

十一月，殷士儋致仕。土蛮犯辽东，为总兵李成梁所败。

是年秋，戚继光于蓟镇边墙修敌台一千二百座。又调浙兵三千，以充实边防。

主持是年会试，撰《辛未会试程策》，主张法后王。

一五七二年（隆庆六年） 四十八岁

二月，倭寇攻陷神电卫，大掠吴川、阳江、茂名等地。惠、潮间蓝一清、赖元爵等为首，各据要隘结寨，连地八百馀里，众数万人。

四月，高仪以礼部尚书兼文渊阁大学士入阁，六月卒。

五月，穆宗崩，大学士高拱、张居正、高仪受顾命。六月，神宗即位，年十岁，以明年为万历元年。是月，高拱被罢。太岳继为首辅。吕调阳以礼部尚书兼文渊阁大学士入阁。

七月，请考察京官，整顿吏治。

十月，命兵部侍郎王遴、吴百朋、江道昆分阅边防。

十二月，进《帝鉴图说》。选古来帝王“善可为法者”八十一事，“恶可为戒者”三十六事，每事前各绘图。

一五七三年（神宗万历元年） 四十九岁

正月，有王大臣持刀入宫事，高拱因被陷，太岳解之。诛王大臣。

二月，广西府江徭人乱平。四月，柳州怀远徭人乱，亦为总兵李锡所平。

四月，总督殷正茂、总兵张元勋等平广东湖、惠之乱。

七月，上《请稽查章奏随事考成以修实政疏》。定考成法，由六部监督抚按，六科监督六部，内阁监督六科。月有考，岁有稽，使名实相副，政体为肃。

九月，调王崇古入理京营，以方逢时为宣大总督，边境益安。

十一月，晋中极殿大学士。

一五七四年（万历二年） 五十岁

正月，疏请神宗召见谢鹏举等二十名廉吏，并赐银币酒馔。

四月，给事中张楚城议久任法，因诏内外官员行之。

十月，建州女真王杲攻扰辽东，为李成梁所败。杲走南关，为都督王台俘杀。

十二月，同吏部尚书张瀚联奏，于宫中制天下疆域图及公侯至郡守等文武百官姓名御屏，以供日日御览。

一五七五年（万历三年） 五十一岁

二月，上《议处史职疏》，设起居注官，由日讲官分直。

五月，上《请申旧章饬学政以振兴人才疏》。上《谕边事疏》。整顿驿递。

六月，南京户科给事中余懋学、御史傅应祯劾奏太岳，懋学被罢，应祯戍边。

八月，张四维以礼部尚书兼东阁大学士入阁。

是年冬，泰宁部首领炒花等会土蛮诸部掠沈阳，为总兵李成梁所败。

一五七六年（万历四年） 五十二岁

正月，因辽东巡按御史刘台疏劾，上《被言乞休疏》。刘台被罢，后流放广西戍边。

二月，泰宁部炒花攻古北口，前总兵汤克宽追击，遇伏死。炒花再犯，为戚继光所败。

七月，时海口淤浅，吴桂芳开草湾河成。

是月，上《请择有司蠲逋赋以安民生疏》，慎择地方官吏，减免隆庆二至四年逋赋，及万历五年漕粮改折十分之三。

十月，晋左柱国。

一五七七年（万历五年） 五十三岁

四月，兵部尚书谭纶死。

五月，总督凌云翼率总兵张元勋、李锡攻破广东罗旁徭族五百六十寨。

九月，父文明病死。被旨在京守制视事。十月，吴中行、赵用贤、艾穆、沈思孝、邹元标等疏劾，均被杖戍边。

十一月，疏请查户口、田地。凡庄田、民田、职田、荡地、牧地，一概从实丈量，限三载竣事（此据《明史纪事本末》，而《明史·食货志》作六年，《明纪》作七年十一月，《明史·神宗本纪》作八年十一月）。

一五七八年（万历六年） 五十四岁

正月，泰宁部长速把亥与土蛮攻辽东，营于劈山，为李成梁所败。

二月，神宗大婚。以纳采问名副使与其事。

三月，马自强、申时行同时入阁，参与机务。七月吕调阳以病免。十月，马自强卒。

是月，返江陵葬父，六月回京。户部员外郎王用汲疏弹陈炌。上《乞鉴别忠邪以定国是疏》以辩之。用汲被罢。

是夏，潘季驯以工部侍郎兼右都御史总理河漕。

十二月，高拱卒。

一五七九年（万历七年） 五十五岁

正月，令毁全国书院六十四处。

三月，因宫中滥赏，上《看详户部进呈揭帖疏》，谏“一切无益之费，可省者省之；无功之赏，可罢者罢之”。

四月，上《论外戚封爵疏》。

五月，以辽东功，封李成梁为宁远伯。

十月，土蛮四万骑扰辽东，为李成梁所败。

十一月，上《请酌减增造段疋疏》。

一五八〇年（万历八年） 五十六岁

三月，第三子张懋修中状元，长子张敬修亦中进士。第二子张嗣修已于万历五年以第二人及第。懋修廷对，初拟列为第三名，会太岳方乞休，神宗遂改为第一。

是月，以“高位不可以久窃，大权不可以久居”，加之体弱多病，一再疏请归田，不允。

闰四月，广西右江十寨僮族人乱，为总制刘尧诲等所平。

是夏，南京兵部主事赵世卿疏奏“匡时五要”，被罢。

七月，俞大猷卒。

是年，清丈田土告竣，总计天下田七百〇一万三千九百七十六顷，比弘治时增三百万顷。

一五八一年（万历九年） 五十七岁

正月，土蛮犯锦州，复谋入广宁，均为李成梁所败。

是月，裁减冗官，罢去佐贰杂职等一百六十馀员。

二月，进《训录类编》。撮录列朝实训、实录而成，凡四十类，以备作日讲。

是年春，上《议外戚子弟恩荫疏》。

八月，因病在家调养，上《患病谢遣医并乞假调理疏》。

十一月，晋太傅、左柱国。

是年，全面推行一条鞭法。

一五八二年（万历十年） 五十八岁

二月，顺义王俺答死，子辛爱继立，仍受封，并互市。

因国库充盈，上《请蠲积逋以安民生疏》。

三月，杭州因减饷事兵变。

六月十九日，病危，晋太师。次日去世。赠上柱国，谥文忠，归葬江陵。

十二月，谪太监冯保于南京安置，抄其家，得金银百馀万及珠宝。

一五八三年（万历十一年） 殁后一年

三月，追夺上柱国、太师，再夺文忠谥，罢第四子简修锦衣卫指挥官。

一五八四年（万历十二年） 殁后二年

四月，抄家。长子敬修自杀。八月，再夺官，夺玺书、诰命。弟居易、第二子嗣修俱被充军。

一五九七年（万历二十五年） 殁后十五年

李贽《藏书》称太岳为“宰相之杰”。

一六二一年（万历四十年） 殁后三十年

第二子嗣修辑编《张太岳文集》，刊行于世。

一六二二年（明熹宗天启二年） 殁后四十年

五月，诏复原官，予祭葬，抚家属。

一六四〇年（明思宗崇祯十三年） 殁后五十八年

礼部尚书李日宣疏请论太岳功。授曾孙同敞（敬修孙）中书舍人。

一六四四年（崇祯十七年） 殁后六十一年

三月，李自成进京，思宗自缢。

附录二

周易直解

江陵张泰岳先生　订定
武林陈枚简侯甫　辑
缪树胤德深甫　参
李志阳　点校

上经

卷一

䷀乾上乾下

这 ䷀ 之名，虽自伏羲始，然伏羲画卦时，尚有画无文，至文王始著一“乾”字。曰《彖辞》:“元，亨，利，贞”四字，是文王占卜所系之辞。伏羲因八卦重为六十四卦，始《乾》终《坤》，将宇宙间人情世故，许多名物事变，都统括在其中，岂不大哉！至文王复取六十四卦再定之，首《乾》次《坤》，盖谓至大莫如天地，有天地然后万物生焉，与羲皇始《乾》终《坤》之旨一也。

乾：元，亨，利，贞。

这《彖辞》是文王示为君者当法天之治的意思。乾，卦名，画乾，是古文“天”字。天道运而不积曰乾，即是健之义。元是大，亨是通，利是宜，贞是正而固的意思。伏羲画卦名乾者，盖以阳的数奇，这卦六画皆奇，则是阳之纯；阳之性健，这卦上下皆乾，则是健之至。纯阳至健，乃天体也，而卦实具之，故以乾名。文王知那天道可通于君道，故系辞说大通至正。天道也亦君道也，人君若占得这卦者，就出那刚健的才，以君临于上，纲纪万邦而乘龙御天的事业，皆这才所优为者矣。何元亨如之，然可以有为者？这至健的才，而所以善那有为之才者，又至正之守也。故其运用设施，咸因其性而利遂之，随其分而付足之；开物成务，而无一毫人欲之私。凡未正者求其正，既正者守其正，而天下无不遂利以底于成矣，故谓之利贞。盖占者，自天子以至于庶人，皆当反躬修省，体天之运行不息，以开《坤》先，以周万化，使大通者可保其有终矣。

初九，潜龙勿用。

这一爻，是周公因有德无时而示以静守待时的意思。初者凡画卦自下而上，故谓下爻为初；九阳数。潜，是隐；龙，阳物也，是有德的象；勿，有禁止的意思，用，有出为的意思。周公系《乾》初爻说，初九阳气方萌，居于卦下，是行隐而不露名，伏而不彰，已具圣人之德而阻于机之未逢，时之未遇者，其象就如龙之潜藏而未出者也。既未出潜则宜静以自守，占者若得这一爻，惟养其身以有待，而不可轻于求用也，故曰勿用。

九二，见龙在田，利见大人。

这一爻是周公拟九二以显德之象，而示人以觌德之占的意思。见，是显著的意思，田地之有水者，亦是显著之所；利见，是别人宜见他，大人，大德之人。盖阳大阴小，凡《易》中阳爻二五多称大人，尊二五，贵中正也。周公系九二爻辞说，二以阳刚中正之德，当出潜离隐之时，则虽未居体元的位，而却已具那霖雨舟楫之才；上而致君，下而泽民，就如那龙，见在田，而雨泽已及于物一般。这样的大人，使君若见他，则资其谋猷，可成飞龙之治；民若见他，则赖其教养，可享文明之化。何不利之有？但占者须有是德，方应是占矣。

九三，君子终日乾乾，夕惕若，厉无咎。

这一爻，是拟大臣忧勤补过之占。君子，指占者；终，是日是尽一日的意思；乾乾，是健而又健，此心匪懈的意思，为卦下乾终而上乾继，有乾乾之象；夕，是日入的时候；惕，忧也，是此心警戒的意思；若，助语辞，是形状其惕之意；厉，是危厉不安也，无咎，即不危的意思。周公系九三爻辞说，三居下之上，即是任大责重，而以过刚不中处之，是以身任事者，未免有拂戾之嫌。这个危疑的地位，惟性体刚健的，乃能履危而知戒。故君子占得这爻，当思君上之属望于我者，将何以副他；下民之倚赖于我者，将何以慰他；终日乾乾，固不遑宁处矣，虽到那日入之夕犹阳若焉，不以夙夜而少懈也。这等操心危虑患深，则上或能谅我之非僭，下或不忌我之为专，则终于不危矣。此不易之理也，故无咎。

九四，或跃在渊，无咎。

这一爻是著为臣之防的意思。或，是欲进未定之辞，非犹豫不决也；跃，是起而进居的意思；渊，是深昧不测的去处；无咎，是无冒进之过。周公系四爻辞说，九四以阳居阴，阳则志于进，阴则不果于进；居下之上，当改革之际，是以能疑的人，居那可疑的地，每欲进而居乎天位，以应那飞龙之运，犹必致审乎天命之去留，人心之向背不敢而遽进；宁以吾身试天下，不以天下试吾身，其象就如那龙之或跃在渊，而尚未离渊者矣。占者能顺天应人，随时进退，又何冒进之咎哉！

九五，飞龙在天，利见大人。

这一爻是言圣君在上，乃为天下快睹的意思。五天位，飞，是兴起的模样；龙，比有德圣人看；在天，犹在尊位的意思；利见，指臣民；大人，指九五。周公系五爻辞说，九五刚健中正以居尊位，是有圣人之德居天子之位，则德位兼隆，便能覆被生民，就如那龙飞在天，而霖雨万物一般。这样的大人，正臣民所共仰者也。君子若见他，则道可行；小人若见他，则生可遂。有不利见这大人者哉！

上九，亢龙有悔。

这一爻是示人臣处势位之极当知退避的意思。上是最上一爻之名；亢，是极高的去处，盖上而不能下，伸而不能屈之意。龙之为物，始而潜继而见，中而跃终而飞，既飞于天，至秋分，又蛰而潜于渊矣，故为“亢龙”。周公系上九爻辞说，上九居卦之上，是阳刚之极，无变通之术，就如那龙亢于天，而无云雨布作一般；以时则极，以势则穷，安得不悔？占者处此则富贵不可长恃，而动必有悔矣。然在圣贤当这地位，必先有变通之权，如伊尹之复政厥辟，周公之罔以宠利居成功，岂至于亢而有悔乎？

用九，见群龙无首，吉。

这一节是示人君以用中之道的意思。用九，揲蓍时说，犹言处此上九之位也；九是老阳数。见，就傍人所见言；群龙，指潜见跃飞之龙也；首者头也，指龙之首，凡卦初为足，上为首，至刚者无首，是变刚为柔的意思；吉，是治成之占。周公说，乾的六爻皆用九，则变刚为柔，是为君者义以正万民，而又育之以仁，威以畏四方，而绥之以恩，其象就如群龙无首一般。苟能恩威并济，天下焉有不和平而迪吉乎？

《彖》曰：大哉乾元；万物资始，乃统天。

这一节是以天道首释"元"义。彖者材也，言一卦之材也；又恶兽名，盖取其能断之义也。《乾》"元，亨，利，贞"者，文王所系之辞，《彖》之经也；此则孔子赞经之辞，《彖》之传也；故亦以"彖曰"起之。大哉，叹辞；乾元者，乾之元也；万物，只指植物说；资，是藉；始，是发生之初；统，包括也，又贯彻的意思；天是亨利贞的天德。孔子传《彖》说，天道之流行，分而言，固有思德之分；统而言，实为一元之运。大矣哉，其乾之元乎！何以见其大也？物以之立命，而无有限量；德以之运行，而无有终穷。盖天道以生为心，而元则其生之始也；阳气初动，太和氤氲，载性命而出之，万物借以温煖，发动亦随之而出，是物所资始者元也。然此元化流行，原自无始亦无终，终春而冬，冬而又春；总是此一元发生之气贯通其间；是元非止始物，乃是统贯此"元，亨，利，贞"之天德也。乾元之大于此可见矣。

云行雨施，品物流行。

这一节是以天亨释乾之亨。行有流行意，施有沛下意，品物指植物之各有分类也，流形如水之流而不滞，是物各有形生不穷的意思。孔子说，以乾的"亨"言之，阴阳之气熏蒸而为云，和畅而为雨，固尽天下的物，而启沃他的化生之机矣。由是那品物赖云雨之泽，而向之资始者。今皆形形色色，如川之流而不可止，非若那资始的时，有气而无形，亦非若那资生的时，有形而未著也。品物流形这样，不可识乾之亨乎？

大明终始，六位时成，时乘六龙以御天。

这一节是言圣人的元亨。大明是默契的意思，终，谓上爻；始，谓初爻，即贞元之意；六位，指六爻之位言；时成，是理有攸当，自然而具的意思；乘，是凭依的意思；六龙，六阳也，阳有变化，故谓之龙；御，如御车，有运用的意思；天，以天道言。孔子说，这“元亨”也，不惟造化有之，圣人亦有之。人惟不明乾道之终始，是以不知乾元之大，惟圣人默契终始之机会。由贞起元，自元及亨之理，不过一时之运，而知流行于天者这时也，则见这《乾》的六爻始乎初而终乎上，或进或退，或见或隐，亦各以时成。在圣人则乘时而后动，如居初当处之时，则乘潜龙；居五当出之时，则乘飞龙；居上当韬晦之时，则乘亢龙；时当勿用，圣人则勿用；时当知晦，圣人则知晦。谓之曰“乘龙御天”，则是圣人一身常驾驭乎《乾》之六龙。而《乾》之六龙，当在圣人运用之中矣。学者当观天道终始迭运之机，圣人时中变化，行无辙变之妙可也。

乾道变化，各正性命，保合太和，乃利贞。

这一节是即天道的利贞，以明《乾》的遂且成也。乾道即是天道，变即元亨，化即利贞；然四德皆具变化，不必专属亦可。各者各自也，即一物原来有一身，各有族类不混淆也；正是不偏，言万物受质，各得其宜，即一身还有一乾坤，不相倚附妨害也；物所受为性，天所赋为命，是得于有生之初者。保者常存而不亏，合者翕聚而不散是完固的意思，太和是天地的全气，“乃”字是指言的字样。孔子说，以乾的“利贞”言之，那天道之运，不自元亨而已，由通而复，自变而化，这乃造化鼓万物而使之入者也。而物之在那变化中者为何如？但见他的性命具于有生之初，向固已形而未有所立。至这时，则物之所受者，皆得之以成性；天之所赋者，皆得之以立命。盖一物各具一太极者本无不足，则亦各足之而已。那各正性命有如此者，太和禀于已生之后，向固以出而未有所成。至这时，则太和发育那物者，皆有以完具之；太和之克塞于天者，皆有以完固之。盖万物统体一太极者本无不全，则亦浑全之而已。那保合太和有如此者，这乃气机收敛，有以妙成终之用，大化归藏，有以肇那将来之端，而资始流形者，至此则饱满完足而成终矣。这非乾的利贞而何？

首出庶物，万国咸宁。

这一节是言圣人的利贞。首出，是在高位的意思；庶物，指亿兆臣民说；万国是尽天下之地，咸是皆，宁是安。孔子说，以圣人的“利贞”言之，那圣人当乘龙御天之日，已先天下而尽制作之方，开太平之治矣。至这时复又何为？不过端拱首出于那万民之上，以观那德化之成，就如那乾道变化，默运无为一般。由是仁深泽厚，礼备乐明，不特一民之安，一国之宁而已。虽那万国的民，欲复其性者，咸跻于正德，欲遂其生者，咸入于太和，一造化之各正保合，而有以收乘龙御天之功矣。这非圣人的“利贞”而何？

《象》曰：天行健；君子以自强不息。

这一节是君子体乾之健，而懋自强之学。象者，伏羲卦之两象，周公六爻所系辞之象也，即彖辞之下，即以彖辞起之是也。天行者，天之运行一日一周也；健者，运行不已也；君子是圣贤的人；以者用也，有所因而用之之辞，即“箕子以之”之以也；“自”字，做“心”字看；强即是健；不息即不已，无人欲间断的意思。孔子说，有在天的乾，不已之命是也；有在人的乾，不息之机是也。乾的象为天，上下皆乾，则是天之运行，一日一周，却非至健不能。这是天道於穆不已的妙处，正修德合天者所当法也。君子观这象，以为吾心之健本与那天同运，但为私欲间蔽，那健者便息矣。君子天德的刚，则不屈于欲，静的时候，庄敬日强，而静以存天之神者，无所于息也；动的时候，强立不迫，而勤以达天之化者，无所于息。这等则君子的健，就如那天道的健一般；吾心的乾，却与那在天的乾无异矣。尧舜之精一，文王之缉熙，孔子之学不厌，正此地位也。

“潜龙勿用”，阳在下也。

这一节是把圣德隐下，来解那“潜龙勿用”的意思。阳是圣德，下是下位。此以下举周公所系六爻之辞而释之。孔子说，初九说是“潜龙勿用”者，盖初九以那阳刚在下位，便是圣人具渊微之德，而居侧陋之地，未可以轻出也。《乾》初曰“阳在下”，《坤》初曰“阴始凝”，扶阳抑阴之意见矣。

"见龙在田"，德施普也。

这一节是把圣德广被来解"见龙在田"的意思。德是德泽，即刚中之德也；施是敷布；普是周遍。孔子说，九二说是"见龙在田"者，盖二以龙德而际明时，则德以位显，而那泽之所施，普及天下，都无一人不蒙他的润泽之化，这人所以皆利见之也。

"终日乾乾"，反复道也。

这一节是把君子体道不息来解"终日乾乾"的意思。反复，是往往来来、朝夕无已的意思；道是道理。孔子说，九三"终日乾乾"者，岂徒为这无益之忧哉？盖这道也者，君子所以安那位者也。故君子体这道必把复而践行之道，本无时而不有功也，无时而不懈。这等是体道的全功已密，所以君不疑他，民不忌他，那大臣的职业无亏矣。

"或跃在渊"，进无咎也。

这一节是把那进之得宜，来申"或跃在渊"的意思。进是进居天位；无咎，无冒进之咎。孔子说，九四当那可进的时，而又能筹度审处，不肯轻进，如那龙之或跃一般；这样还进，则从容观变，可免躁妄之失。是以上顺那天命，下应那人心，果何咎之有？

"飞龙在天"，大人造也。

这一节是把圣人在上来解"飞龙在天"的意思。大人是大德的人；造，作也，言作而在上也。"大人"释"龙"字，"造"释"飞"字。孔子说，九五说是"飞龙在天"者，盖他元良克备，既有那圣人的大德，且应期而起，尤为天下的大君，礼乐征伐，我得而专执；四海兆民，我得而统驭。这所以如飞龙在天而作民之君焉。

"亢龙有悔"，盈不可久也。

这一节是把盛极必衰之势，来申"亢龙有悔"之义。盈是盛满的意思，即亢也；不可久，是难保其常盈的意思，即致悔之由。孔子说，上九"亢龙有悔"者，盖阳极于上，则是处那既盈的地，又有自盈的心，吾见进极必退，位不可长保，身不可长久，乌可久乎？这所以有悔也。处亢者，当善用其盈，庶可久耳。

用九，天德不可为首也。

这一节是把刚不可过来释用九之义。天德是阳刚，即“乾道”二字；首是先，即头也。孔子说，《乾》的六爻所以用九者，盖天德的刚，非不可有也，但以他为物先，则恐刚或太过，而反伤于猛；故高明之余，不可不以沉潜来济他。天德的健，非不可用也，但以他为事先，则恐健或太过，而反流于暴；故强毅之后，不可不以卑巽来济他。这用九所以为吉也。“天行”以下谓之《大象》，“潜龙”以下谓之《小象》，后仿此。

《文言》曰：元者，善之长也；亨者，嘉之会也；利者，义之和也；贞者，事之干也。

这一节是备举在人之德，以解元、亨、利、贞之义。文是释，言是旧文，指象、爻辞。元即是在人之仁，善是天性之德，长是统领的意思。亨者，自理之显著亨通而言，即在人之礼也；嘉是美，会是聚集的意思。利是上下彼此各得其当然之分，不相乖戾而合宜的意思；和无乖戾也。贞即吾性之智，干是茎干，犹木之身也；又筑墙两旁木，制板者为干。孔子《文言》说：经文说“元，亨，利，贞”者，岂无其故哉？亦惟即那天之赋于人者，与那人之全夫天者见之耳。那天以元而始乎物，固天德之长也。赋在人则为仁，一理开先，而凡存之为四德，发之为四端，为善不同，而同为元德所统矣。元非众善的长而何？天以亨而通乎物，固一新之会也。赋在人则为礼，美在其中，而凡大之为经礼，小之为曲礼，为美不同，而同为亨德所会矣。亨非嘉美的会而何？天德的利，所以遂物而使之和者也。在人则为义分之均，所以通人的情、位之辨，所以定民的志。盖义以辨分，而凡为亲疏、为贵贱，莫不各安其所，而归于和矣。天德的贞，所以成物而植那干者也。在人则为智知之明，所以善那事的始、守之固，所以保那事的终。盖智以明理，而或处常、或处变，莫不各有所依而立其干矣。四德之在人有如此者，此言天德之自然也。

君子体仁足以长人，嘉会足以合礼，利物足以和义，贞固足以干事。

这一节是言君子能兼体乎四德的意思。君子是圣人，体是与仁合一的意思，长是君长的长。盖仁者宜在高位也。嘉会是许多嘉美，一时凑合得成的意思，合礼即中礼。利是宜物是事者，义即是事之宜。贞是至明能择，固是至健不摇，干事是事依之而立的意思。孔子说，四德在人一也，而能行之者少。独那君子，知仁为众善之长，本足以怙冒天下，乃以仁为体，而所存所发，莫非这仁。则虽未尝出身以临民，然人君的度量既弘，自可以操那君长的权矣。天道的元，不全于君子的心乎？知礼为嘉美之会，本足以节宣人文乃嘉其所会，而动容周旋萃这众美；则虽未尝出身以明礼，然天下的人文既聚，自可以同那天地的节矣。天道的亨，不体于君子的身乎？知义公天下的利，有本然之和也；则于那分之所在因物而各足之，是能利物矣。吾知天下的情虽不一，而以分相安者，自以恩相爱，群情之涣莫不于此联属之矣。和义这样，天道的利不在我哉？知智一天下的动，有一定之干也；则于那正之所在，真知而固守之，是能贞守矣。吾知天下的事虽无常而裁物有方者，自应事不滞，万物之原，莫不于此培植之矣。干事这样，而天道的贞，不在我哉？四德于已生之后，信惟君子能独得之矣。

君子行此四德者，故曰“乾：元，亨，利，贞”。

这一节是申言君子的至健能行这四德。君子是至健的人，四德是仁、义、礼、智，行指上长人、嘉会、和义、干事说，故是所以，曰是经文说，乾即君子之健，元、亨、利、贞即是仁、义、礼、智。孔子说，人与天一也，君子与人一也，独君子何如就能行这四德？盖他的天行之健，不屈于私，天德之刚，常伸于物，这乃天下的至健者也。故出之以体仁嘉会，而仁礼的德莫不行焉；出之以利物贞固，而义智的德，莫不行焉。设或不是这君子的健，将何以行之哉？所以那经文不徒说“元亨利贞”，而必曰乾者，正见乾即是至健的君子；而元亨利贞，即是君子的四德。假使四德不出于君子健，则元亨利贞亦不必属之乾矣。然则观君子合天之功，又不以尽乾之蕴哉！

初九曰“潜龙勿用”。何谓也？子曰：“龙德而隐者也。不易乎世，不成乎名；遯世无闷，不见是而无闷；乐则行之，忧则违之，确乎其不可拔，‘潜龙’也。”

这一节是详申《象传》阳在下之意。龙德是比圣人之德，隐是潜而不出的意思，易世是不与世变易的意思，成名是彰己的名；遯豚者隐逸，不见是是不信用于人的意思；乐是道见用，行是不必于隐的意思，忧是道不见用，违是不必于出的意思，确是所守至坚，不拔是人不能移转他的志，潜龙是指其为圣德之隐也。那初九所说“潜龙勿用”者，其意是何说也？孔子解说，盖言初九具有圣人之德，而潜隐在侧陋的地位。何以见他是龙德而隐？盖举世的人，皆为流俗风靡所转，他则信其龙德在我而不为浊世所移易，举世的人皆为浮名虚誉所使，他则晦其龙德之实，而不求名誉之所成惟不易乎世。故虽不为世所用，而他的心惟以龙德自适而已，岂以遯世而闷耶？惟不成乎名，故虽不为人所是，而他的心，惟以龙德自安而已，岂以不见是而闷耶？道有可行之机，事有快乐于心者，则奋然而行之，忘食忘忧之类是也。道无可行之时，事有拂逆于心者则顺适而背之，伐木绝粮之类是也。且这不易也，不成也，无闷也，乐行忧违也，见得真守得定，确乎其不可拔。这便是身可潜，而道不可屈，世可违而操不可变，非是潜龙而何？设若当这时候而又变志出用，则是易世成名，有闷而可拔矣。又恶得叫做个潜龙哉？故曰“勿用”。

九二曰“见龙在田，利见大人”，何谓也？子曰：“龙德而正中者也。庸言之信，庸行之谨；闲邪存其诚，善世而不伐，德博而化。《易》曰：‘见龙在田，利见大人’，君德也。”

这一节是申解《象传》德施普也之意。正中是正当潜跃之中，庸常也，信是诚实，谨是谨慎。闲是防闲，邪是心之私欲；存诚是守全吾心的天理，邪自外人，故防闲之；诚自我有，故存主之。善世是盖一世，不伐是不夸伐。德博是德之所施者广及于人的意思，化是人被他的德者，皆不知是谁之所赐的意思。君德是明其所以为大人也。九二所说“见龙在田，利见大人”。其意是何说也？孔子解说，盖言九二刚健中正，出潜离隐，是有圣人的龙德而正当那潜跃之中者。何以见他是龙德之正中者？那庸常的言，庸常的行，都非大节所关，人所易忽，无事于信且谨者，而吾人之心则无时不存。故虽庸言，他也信实；庸行，他也谨慎；言必信，行必谨；则无一虚妄可知矣。夫惟言行谨信，则龙德之诚，已存在我。初无邪欲可闲，但他的德愈盛，则心愈敬，而无斁亦保的念，犹必闲邪而存诚，他不自知那德实有诸已矣。夫惟闲邪存诚，则龙德的善已盖乎世。若可挟以自夸，但他的德愈纯则心愈虚，而谦卑自牧的意思，虽善世而且不伐，他不自知那德过夫人矣。由是以这德值这时，那所施者溥及天下，而君心已格、已德、已新，有不知谁之所为矣。这可见其始也，有以潜龙德于一身；其既也，有以推龙德于天下。九二的龙德正中，这样则其辞。言“见龙在田，利见大人”者，正以虽未得那人君的位，而取象于龙则人君的德，却已因时之正中而著矣。这所以为大人，而为人所利见也。

九三曰“君子终日乾乾，夕惕若，厉无咎”，何谓也？子曰：“君子进德修业。忠信，所以进德也；修辞立其诚，所以居业也。知至至之，可与几也；知终终之，可与存义也。是故居上位而不骄，在下位而不忧。故乾乾因其时而惕，虽危无咎矣。”

这一节是申解《象传》反复道也之意。君子就圣学之君子看，进是崇而上的意思，德是理之得于心者，修有省治的意思，业是理之成于事者。忠是尽己的心，信就是尽己的实处；修辞是修省那言辞，立诚是可实行的意思，居是身可依据的意思。至是理之极致处，终是理之归宿处，几是理之萌动至微处，可与是许他的意思，义是事之泛应得宜处，存者守而不失也。上位是居民之上，骄是矜肆，下位是居君之下，忧是惧。九三所说“君子终日乾乾，夕惕若，厉无咎”者，果何说也？孔子解说，正言九三居危疑的地，非德业进修，不足以当那责望之重君子的惕厉，非事而徒勤也，正欲德之进，业之修耳。然德何由而进？盖德就是诚之涵于中的。苟内主忠信不失这本心之天，则所存者皆是实心。而德在我者，将日进于高明而不穷，非进德而何业何由而修？盖业就是诚之发于外的。苟言顾其行，而培植这本心之诚，则所行的皆是实事。而业之在我者，可以居之终身，而不迁非修业而何？忠信固所以进德。然德的极致而为至微妙而为几，一有未融，非所以语精进的功夫，君子则知至之所在，而心一于诚以至之。以己的真知，期理的实得，则诚精而明而几之奥妙不测者，殆将随那至之所造而俱融矣。几明而恋之进也何如？修辞立诚固所修业，然业之归宿而为终散殊而为义，一有未体，非所以语懋修的功夫，君子则知终之所在，而事一于诚以终之。以心的真见，为心的实践，则诚应而当而业之散殊不一者，殆将随那终的所得者而俱集矣。义存而业之修也何如？九三所以“终日乾乾，而夕犹惕若”者为这故也。是故九三居下之上，自其临民而言乃是上位易至于骄，他则德愈盛而礼恭、业愈大而心愈下，履盛满而知戒，居上何至于骄？自其事君而言，乃是下位易至于忧，他则德足以孚朝野，延足以格上下，当大任而不惧，居下何至于忧？这辞所以说乾乾惕厉，则虽危又何咎之有？

九四曰“或跃在渊，无咎”，何谓也？子曰“上下无常，非为邪也；进退无恒，非离群也。君子进德修业，欲及时也，故‘无咎’。”

这一节是申解《象传》进无咎之意。上是进，下是不进，无常、无恒皆是无一定的意思。在田者安于下，在地者安于上，是有常者也；四则非田非天，便无常矣。进而为飞，退而为见是有恒者也；四则虽见未飞，便无恒矣。邪是名利，群是在下的党类，时是可为的时候。九四所说“或跃在渊，无咎”，果何说也？孔子说，盖言九四君子，欲上不果于上而商度于上下之间，迹似为邪，而他的心却不以得禄为荣；欲进不决于进而度量于进退之际，迹似离群，而他的心却不以绝类独上。然则这君子的心，果何心？盖他的德已进矣，业已修矣，而致用之具已在我。正欲及这时，可以上而上，可以进而进，以我的德播而为济世的大德，以我的业扩而为格天的大业，这等所以虽无那为邪离群的心，而却也不计那为邪离群之迹。以是而进，则上而天与下而民归。惟及时以进修，而不干时以行险。尚何咎哉？

九五曰“飞龙在天，利见大人”，何谓也？子曰：“同声相应，同气相求；水流湿，火就燥；云从龙，风从虎；圣人作而万物睹；本乎天者亲上，本乎地者亲下，则各从其类也。”

这一节是申解《象传》大人造之意。同声相应，以唱和言，如鹤鸣而子和，雄鸣而雌应的意思；同气相求，以感应言，如取火于日，取水于月的意思。流湿谓水性本润下，就燥谓火性本炎上。龙属阳，云是阳气；虎属阴，风是阴气；从是随作，是兴起在位。睹是仰望的意思。本乎天是动物之生，亲上是其首仰；本乎地是植物之生，亲下是其首俯 ；各指本天本地之物。类指阳气阴气之类。九五所说“飞龙在天，利见大人”，果何说也？孔子说，盖言天下的物，声一同焉，而彼唱此和者自相应；天下之物，气一同焉，而彼感此应者自相求。天下之湿不与水期，而水一流，必到乎湿润之所；天下的燥不与火期，而火一燃，必就乎燥烈之处。龙兴而云致，云自从乎那龙。虎啸而风烈，风自从乎那虎。夫在物且然，况那圣人会声气之元？而龙兴于五位，际水火之交，而虎变于九重，则凡那万物在他的兼照之下者，莫不瞻仰其德，快睹其光，不容已于利见之诚。天下所以皆这样快睹者，岂圣人有其光，不容已于利见之诚？天下所以皆这样快睹者，岂圣人有心私那天下，而天下有心私那圣人哉？亦惟其类已。那本乎天的是动物，动物虽不同，而他的首则同亲乎上；本乎地的是植物，植物虽不同，而他的首则同亲乎下。盖动物为阳而天则阳之大者，其所以亲上者，物从那阳之类而已。植物为阴，而地则阴之大者其所以亲下者，物从那阴之类而已。然则圣人正人类的首出者也，而万物之快睹，怙之如天，戴之如地，何莫而非以类相从哉！

上九曰“亢龙有悔”，何谓也？子曰：“贵而无位，高而无民，贤人在下位而无辅，是以动而‘有悔’也。”

这一节是申解《象传》盈不可久之意。贵是有爵位，上则非君非臣，故曰无位；高是居民上，卦则纯阳无阴，故曰无民；贤是有才德的人，九四以下，龙德之贤，皆相从九五以辅相矣，故曰无辅。上九所说“亢龙有悔”，果何说也？孔子解之说，上九居在卦上，其势已极而所以处之者又不得其道。凡言贵者，以其有位，亢则有挟位的心，位已危而难保，是贵而无位也；凡言高者，以其有民，亢则无近民的意，民已离而难治，是高而无民也。所贵乎贤者，以其为吾的辅；亢则无尚德之诚，贤人不乐为他效用；是贤人在下位而无辅。夫无位则无以安其身，无民则无以戴于下，无辅则无以立于上。这等所以动而有悔也。

“潜龙勿用”，下也。

这一节是再申解《象传》阳在下意。下是无位。孔子说，初九所说“潜龙勿用”者，岂是他的德不足以有为哉？特以他的时未可为而居下位，故“勿用”也。

“见龙在田”，时舍也。

这一节是再申解《象传》德施普意。时是在田之时，舍止息也，是未得君位的意思。孔子说，九二说“潜龙勿用”者，盖他的龙德正中，非不足以居天位，特为时所舍，天命未归，人心未附，出潜离隐，而止息于田间也。

“终日乾乾”，行事也。

这一节是再申解《象传》反复道意。行即是进修，事即是德业。孔子说，九三所说“终日乾乾”者，岂是他好为自劳哉？盖三处危地，进德修业乃他的本等事，故“乾乾惕厉”者，亦以行吾所当行之事而已。

“或跃在渊”，自试也。

这一节是再申解《象传》进无咎意。试是试可乃已之试。孔子说，九四说是“或跃在渊”者，他的心果何心哉？正以自试天命人心之与我否，必可进而后进耳。

“飞龙在天”，上治也。

这一节是再申解《象传》大人造意。上是居天位，治是振作有为的意思。孔子说，九五说是“飞龙在天”者，岂是徒拥那虚位而已哉？正言以圣人的德，居天子的上位，制作大备，教养兼举以治天下的臣民也。

“亢龙有悔”，穷之灾也。

这一节是再申解《象传》盈不可久意。穷是极，即亢意，灾即是有悔。孔子说，上九说是“亢龙有悔”者，盖穷则变，上九又志得意满而至于那穷极焉，这所以有致悔之灾也。

乾元用九，天下治也。

这一节是再申解《象传》天德不可为首意。孔子说，乾为君象，元为君德；乾元用九，则足为君者也。义以正万物民，犹恐那义或过而伤于猛，又必仁以育之；刑以齐万民，犹恐那刑或滥而伤于暴，又必恩以抚之。这等那天下尚有不治哉？盖一于柔，则天下知爱而不知畏；一于刚，则天下知畏而不知爱。今威足以肃天下，既有以振那清明的治功，恩足以结天下，又有以敦那浑厚的治体，天下有不治乎？此皆以六爻之位言，故初不言阳，二不言德也。

“潜龙勿用”，阳气潜藏。

这一节是又申《象传》阳在下意。气是气运，潜藏是运未开的意思。孔子说，贤人的出处，每关气运之盛衰。初九以阳居下，正阴气极盛之时，当那天地闭塞之候，是贤人隐遯之时，所以为“潜龙勿用”。

“见龙在田”，天下文明。

这一节是又申《象传》德施普意。天下兼君民说，文明是成化的意思；因此爻变离，故以文明言之。孔子说，所说“见龙在田”者，盖言九二未出之时，虽有文明之象，却无自而显。今二一出，则上以龙德沃那君心，而君便为尧舜之君；下以龙德泽那生民，而已便为尧舜之民；而天下自成文明象矣。

“终日乾乾”，与时偕行。

这一节是又申《象传》反复道意。时是忧危之时，行指进修说。孔子说，所说“终日乾乾”者，盖言九三居卦之上，正危疑的时节，故乾乾惕厉，进修不怠，与时偕行而不悖，否则安能免咎乎？

“或跃在渊”，乾道乃革。

这一节是又申进无咎的意思。道字轻，当爻字看，革是变。孔子说，九四所说“或跃在渊”者，盖九四离下内卦之位，升上外卦之位，正乾道变革的时候；是乃天命更变，而所属者未定；人心摇易，而所主者未一。

故进退未决，欲审那出处的大事，天人的大机也。

“飞龙在天”，乃位乎天德。

这一节是又申《象传》大人造的意思。位是居，天德是天位。孔子说，所说“飞龙在天”者，盖天子的位，必有圣人的德乃宜居之。今五的位，天位也；五的德，天德也；以这德居这位，故曰“乃位乎天德”。若无德以居之者，可谓之天位，不可谓之天德之位也。惟圣人有是位，斯可言“乃位乎天德”也。

“亢龙有悔”，与时偕极。

这一节是又申《象传》盈不可久意。极，穷也，即是亢的意思。孔子说，所说“亢龙有悔”者，盖处时之极者，却贵有变通之道。上则当亢极而我不能变通，亦与时运俱极，这所以“动而有悔”。

乾元用九，乃见天则。

这一节是又申《象传》天德不可为首的意思。见是从傍人看出，天则是天理当然的法则。孔子说，刚而能柔，这乃天道当然不易的法则。人君若体春生之元，而用之于秋杀之亢，则是阴惨之后，继之以阳舒；肃杀之余，继之以生育；一张一弛，一刚一柔，不惟天下可治；而天道之法则亦于此而见矣，故曰乃见天则。

“乾，元”者，始而亨者也。

这一节是复申《彖传》大哉乾元两节之意。始是物之始生，亨是物之喜美。孔子说，天德的大始为元，这乾元果于何处见他？盖时当利贞，理气俱敛于元而尚未显，到这乾元的时候，则化几初动万物固资他以为始；然资未几，品物遂继之以流形，天道的乾元，非物之始而亨者乎？

“利，贞”者，性情也。

这一节是申《彖传》乾道变化节的意思。性者百物具足之理，情者百物出入之机，俱自藏而未动时说。孔子说，天德的遂成为利贞，这天德的“利，贞”，却于何处见得？盖时当元亨，性情谨肇其端，而未见其实；至这利贞，则一物各具一种性情，是收敛归藏，生理俱备，即涵为资生之端，观那天的利贞，不有以见性情之宜乎？

乾始能以美利利天下，不言所利，大矣哉！

这一节是合上两节，明其为一元所贯的意思。乾始即乾元，始是资始的意思，美利是物往之悦怿之意思，不言是归藏不露的意思，大哉是赞乾元之大。孔子说，天的四德，分而言，虽有通复殊科；合而言，则惟一元贯彻。这乾元也，始而必亨，既有以启资始之端倪，而显流形的渐化矣；又能显真机于有象，而以那嘉美的利，利那天下的物，理行而有所立，气出而有所成；且又泯机缄于无形，可使天下蒙其利，不可使天下知其利；理虽立而莫测其立，气虽成而莫测其成。此可见析之则四德各具一元，而所以专那成始成终的功者，何如其大？合之则四德统体一元，而所以总那先天后天的化者，何如其大？乾的元不其大矣哉！

大哉乾乎！刚健中正，纯粹精也。

这一节是言四德统于乾，正推乾元所以大的根本。大哉是叹起来，乾字包四德；刚以体言，是一时必能如是的意思；健以性言，是亘古不息的意思；中是所行无过不及的意思，正是所立不偏倚的意思；纯是不杂于阴柔的意思，粹是不杂于邪恶的意思，精是纯粹的极处。孔子说，四德流行，固贯于一元而孰非乾之所统。故元之大即是乾之大。大矣哉其乾乎？以言他的体，则专一而不可屈挠，是何等其至刚！兼言他的用，则运行而无所止息，又何等其至健！以言他的行，则四德适均，而无过不及，何等其至中！及言其立，则各正而无所偏倚，又何等其至正！且刚健者，不杂于阴柔，可谓至纯，而纯不足以尽之；中正者不杂于邪恶，可谓至粹，而粹不足以尽之；其殆纯粹之至极而精者乎？故析之而四德运行者，此精也此乾也；合之而一元统贯者，此精也此乾也。乾的大到这样，这所以普云雨变化之泽，而启圣人法天之治者有自矣。

六爻发挥，旁通情也。

这一节是言四德具于《易》，亦见六位时成的意思，以起下文体《易》的事。发挥是布列的意思，每一画有一爻辞以发挥之也；旁通是该括无遗的意思，情是乾之情义。孔子说，这四德统于乾这样，而圣人何以法之？盖天道不外乎时，而说天莫辨乎《易》。元、亨、利、贞，而流行不息，刚、健、中、正，而纯粹以精；皆天道之情。方那未有《易》先，情固隐而未见，惟夫六爻布列，如初之潜以至上之亢。凡事有万殊，物有万类，时有万变，皆该括曲尽于时成之下矣。

时乘六龙，以御天也；云行雨施，天下平也。

这一节是言圣人以经法天之功，申《彖传》乘龙御天、万国咸宁的意思。云行雨施是圣泽广被的意思，天下平是万民咸安的意思。孔子说，那六爻发挥，固旁通乎天道之情。圣人有见那六龙所在，即天道所在，乃乘那六龙变化之妙，而运诸南面听治之间。但见随时变易以尽道，而政治泽流，与那天的云行雨施者并其化，万国得所而咸宁；而正德厚生，与那物的各正保合者同其功。这便是治道与天而同泰，固圣人之元亨利贞也；而乾元之蕴，不可概见哉！

君子以成德为行，日可见之行也。“潜”之为言也，隐而未见，行而未成，是以君子勿用也。

这一节是复申解潜龙勿用的意思。成德是已成之德，为行是出用的意思，日可见之行是言指日可待的意思。以功业言，隐未见是身未出，行未成是功未显。孔子说，君子以那已成的德，举而措之于行，则那事业所就，必指日有可见者。这是有诸内必行诸外的常理。初九阳刚，固是成德之士，宜其指日见功于斯世者。而犹曰“勿用”，何哉？盖人的所能者德也，所不能者时也。初九德非不足，但那时尚当潜。潜之为言，则是隐而未见，而阻于机会未逢；行而未成，而病于职业未就。初九所遇时位的陁这样，所以占者得此，当晦其德而“勿用”也。

君子学以聚之，问以辨之，宽以居之，仁以行之。《易》曰“见龙在田，利见大人”，君德也。

这一节是复申解大人的意思。君子是圣人，学是博习，聚是会天下之理于一心的意思，问辨是稽考那所聚的，宽居是优游以涵育那所辨的，仁行是纯笃以体那所居的。四之字指正中之理。孔子说，九二未得大人的位，而何以称他？却由他有大人之德，然德之成，岂无其用？那天下的理，散于万殊，非学无以会这理于一心，故君子广其闻见以聚之。理既已聚，不能无疑，非问难无以明这理于一心，故又必亲师取友，辨其理之精粗本末，得失是非，而辨晰之。辨论既明，理有可居。然理本无穷，以有穷的心，欲速隘之不可也，必优游厌饫，勿忘勿助，使理融会于心，而执德一何私耶？居蓄既裕，理有可行。然理本无私，以有私的心，固执累之不可也，必纯乎天理，无意必固我，使理贯彻于心，而践履一何笃耶？夫学、聚、问、辨，穷理以致那知，而其所以明者，皆龙德也。宽居仁行，反躬以践那实，而其所行者，皆龙德也。其知与行，而圣学的始终备矣。《易》曰“见龙在田，利见大人”，盖言那九二虽未得君位，而由这四者以成君德故也，谓之大人而为人所利见矣。

九三重刚而不中，上不在天，下不在田，故乾乾因其时而惕，虽危无咎矣。

这一节是复申解乾乾惕厉的意思。重刚指爻与位言，三四居卦上下之交接处，是以刚接刚，故曰重刚。观九四处阴位，亦曰重刚，则非阳爻阳位之说矣。不中言位非二五也，天指五位言，田指二位言。孔子说，九三以阳居阳，性质本过于刚，而又不中，则所行亦未免过于刚。且以他的位言，五的位天也，在天则那道得以大行于上，为人利见，固不必忧惕。九三则上不在那天位，势近那崇高之地，身遇那天位之尊。二的位田也，在田则那道得以大行于下，为人利见也不心忧惕。九三则下不在那田位，势屈在一人之下，望重在百寮之上，以这人居这位，则大权未归于己，动不免有掣肘的患。位望特冠于人，动不免有专恣的嫌，正危疑之地，当忧惕之时，三能兢惕不已，则德日进，业日修，所以虽处危地，亦无咎也。

九四重刚而不中，上不在天，下不在田，中不在人，故“或”之。

“或”之者，疑之也，故无咎。

这一节是复申解或跃的意思。人指三位言，二四皆人位，然四则居人之上而近君，故曰不在人。重刚不中之中，二五之中也；中不在人之中，六爻中间之中也。孔子说，九四以阳居阴，刚而不中，疑而不果的人。以他的位言之，五居天位；以治人为事，四则时方历试，未从元后之尊，而上不在天。二居田位，以事君为事；四则功大名显，独居那百寮之上，而下不在田。三居人位，以自治为事；四则德业为时所重，闻望为众所与，而中不在人，界在这三者之间。所以虽有及时上进的心，又恐天下有不可必进的势；虽有安处在下的心，又恐时事有不能复至的机。故或之。或之者，言其熟思审处，疑而未决；惟其疑，便能审天人之归与何如而后进矣，所以能无咎也。

夫大人者，与天地合其德，与日月合其明，与四时合其序，与鬼神合其吉凶。先天而天弗违，后天而奉天时。天且弗违，而况于人乎？况于鬼神乎？

这一节是复申解利见大人的意思。大人直以圣人言；天地者，造化之主，覆载无私之谓德；日是阳之精，月是阴之精，照临无私之谓明；四时，春、夏、秋、冬也，生息无私之谓序。气之屈者为鬼，伸者为神，福善之谓吉，祸淫之谓凶。先天是有这理，无这事，先王自家创造出来的，后天是理之显于有迹者，大人则之以立为法制的。孔子说，夫人之生，天地以为知，日月以为纪，四时以为柄，鬼神以为徒，本与造化合一。但心一牿于私，始与那造化不相似矣。九五大人，乃是无私体道者，拟之造化，岂有不合处？但见天地以道而贞观，本无私以为覆载，大人覆载万民，却也以这道耳，不与天地合德耶？日月以道而附丽于天，本无私以为照临，大人君临那万民，却也以这道耳，不与日月合明耶？四时以道而迭运于天，本无私以为循环，大人所以时措那万民者，却也以这道耳，不与四时合序耶？鬼神以道而屈伸于天，本无私以为祸福，大人所以刑赏那万民者，却也以这道耳，不与那鬼神合吉凶耶？理含于天那机尚未泄，我则以义起之如作书契、制耒耜之类。虽天之所未为、而吾意之所为，默与道契，天亦不能违乎我，是天合大人也。机显于天，那法则已形，我则以身体之，如天叙有兴而我惇之，天秩有礼而我庸之之类。虽天之所已为，我知理之如是，奉而行之，而我亦不能违乎天，是大人合天也。盖以理为主，天即我，我即天，故无后先彼此之可言矣。然而至难感者亦莫如天，今天且不违那大人，而况于人与鬼神乎？人不过得天地之理以生，鬼神不过天地之功用，虽欲违那大人，自不能违那天矣。五以刚健中正之德应于上，故人所以利见之也。

“亢”之为言也，知进而不知退，知存而不知亡，知得而不知丧。其惟圣人乎！知进退存亡，而不失其正者，其惟圣人乎！

这一节是复申解亢龙有悔的意思。进退以身言，存亡以位言，得丧以物言；唯是独，正是所守的正道。孔子说，上九固谓“亢龙有悔”，然何如便谓之亢？盖进极必有退，存极必有亡，得极必有丧，这是理也，而亦势也。亢之为言，但知身之有进，而就必于进；曾不复知有退，但知位之有存，而就必于存；曾不复知有亡，但知物之有得，而就必于得；曾不复知有丧，昧变通的时宜，而处之不以其正；这所以动必有悔。求那不至于亢者，其唯圣人乎！盖圣人知得那进极必有退的机在，存极必有亡的机在，得极必有丧的机在。他便有变通之权，处那进的时，他就不忘乎退；处那存的时，他就不忘乎亡；处那得的时，他就不忘乎丧。知之既明，自不失那所处的正道。曾何至于亢乎？夫处亢而能这样不失其正，岂常人可能哉！必是那圣人明炳几先，不为那私欲所蔽，乃能知道以贞遇，而自不至于亢。非圣人而谁与归！

䷁坤下坤上

这 ䷁ 之名，是伏羲所画，文王则著一“坤”字，次于《乾》之后以见乾健坤顺，阳先阴后之意。六画皆偶，数则纯阴，性则至顺，故象地而名坤。

坤：元亨，利牝马之贞。君子有攸往，先迷后得，主利。西南得朋，东北丧朋。安贞吉。

这一卦是立为臣道之极，重在守顺德之正意。牝是顺，马是健，守这顺德而不变的意思。君子指上者，攸是所，往是出而有为的意思，先是居人的先，迷是不遂所为的意思，利是顺利。西南是阴方，坤之本位也，兑离巽三女同坤居之，故为得朋；东北是阳方，震坎艮三男同居东北，则非女之朋矣；丧朋是与那刚狠的人不相合的意思。安是守，贞是居后主利往西南的正道吉，即是元亨。这卦名为坤者，盖阴的数偶，六画皆偶，则为纯阴；阴的性顺，上下皆坤，则为至顺。故坤的名不易。文王系辞说，坤为地道，而亦臣道；人臣事君，若得那坤道的顺，则守那无成的职，率那代终的道，而大君黄裳的治，可以辅相而有成，尚不得元亨哉！然他道所以大通者，以其顺而能健，不失那正，故必利那牝马之贞。守这顺德而不变牝马之贞，何如？盖居后而不居先，这是阴之分；主利而不主义，这是阴之性；往西南而不往东北，这是阴之地。占坤之君子，苟有所往，若居先倡天下的大谋，则迷而不遂，惟居后而终君的事，则为有得。若主利而断天下的大机，则悖而不宜，惟主利而顺以从君，则为宜。然往西南亲那柔顺的贤，则同德要应而必得朋；若往那东北而从非其类，则人不我亲而必丧朋矣。凡已上数者，皆是臣道之正，而为贞之所在，君子所安守而不迁，又何不吉之有？但见以居后为正而安之，则不自用而事可成；以主利为正而安之，则不自专而分可尽；以西南为正而安之，则不失其亲而朋可得。所谓元亨可以保其终，故吉也。

《彖》曰：至哉坤元，万物资生，乃顺承天。

这一节是以地道解坤之元意。至是极，至哉是赞其功之至极而无以加的意思；元者四德之元，非乾有元而坤复又有一元也。万物指植物，资生是赖坤元以有生，生者形之始。承者接也，孔子传《坤·彖》说“至矣哉”，坤的元乎？盖天下的物，万有不齐，莫不资坤的理气以有生，然其所以生者，坤未尝自为之。天以理始那物的性，坤特顺那理而承之以生，而非别为一理；天以气始那物的形，坤特顺那气而承之以生，而非别为一气。资那物的生，而不自有其德；成那天的能，而不自有其功。坤元之至何如哉！

坤厚载物，德合无疆；含弘光大，品物咸亨。

这一节是明坤之亨意。坤厚以德言，载物是承藉许多物在上；无疆指乾德言，是无所不覆的意思。含是包蓄生意在中，弘就是那所含者，包蓄得最广的意思；光者昭明也，是吐露化机在外的意思；大就是那所光的，无远不届，发越极盛的意思。品是多品，物亦指植物说；咸是皆，亨是发荣滋长的意思。孔子说，以那坤的亨言之，高明覆物。乾的无疆，何如也？坤则厚德以载天下的物，而有合那乾德的无疆。然何以见他的德厚？方那厚德所积，而生意蓄于中者，固见其含矣；然且并包无外，而中的所含者，又这样弘焉。及那厚德所发，而化机着于外者，固见其光矣；然且宣着不穷，而外的所光者，又这样大焉。这正是坤德的厚处，所以配那无疆者这样。由是恐物得于所载者，莫不畅茂，莫不乐荣。而向之所以资生者，熙熙然着亨通之机矣。

牝马地类，行地无疆，柔顺利贞。君子攸行。

这一节是释彖辞利牝马之贞的意思。牝阴物也，地属阴，是与那地的阴性至顺一般；疆是限，无疆只是行地至健的意思；柔顺是无专成的意思，利贞有代终的意思。孔子说，那彖辞不说“利贞”，而必说“利牝马之贞”者，何哉？盖牝阴而马又行也之物，是牝马地之类而其性顺可知；且马之行地又若无疆，则其顺而能健又可知。然所以为牝马者，而坤何以象之？盖观那牝马至顺，可以见坤道的气顺，隤然在下，而不敢以专成；寂然无为，而不敢以自用。这气顺不与那地类者为一耶？观那牝马顺而健，可以见坤道的利贞。承天时行，而动刚之不挠；代天有终，而德方之不易。这利贞不与那行地无疆者为一耶？夫这坤道相似那牝马，故不说利贞，而必说利牝马之贞。然行这气顺利贞之道，却有在于君子。盖君子法那柔顺者，以养其和平的心；法那利者，以敦其果确的守；使身之所行，就如坤德顺而能健一般。所谓牝马之贞者，非君子行之而谁？

先迷失道，后顺得常。西南得朋，乃与类行；东北丧朋。乃终有庆。

这一节是承上节而言君子所以行的事。失道是失那柔顺的道，得常是得阴的常分。类是阴类，庆是相辅的庆。孔子说，君子所行，何如？盖阴可后而不可先，设若居先，则迷而失柔顺之道，惟居后则顺而得阴分之常；是先则非贞，而后则为贞。阴与阴一类，西南虽得朋，不过与巽离兑三女同类而行，未足以为庆也。若丧乎三女之朋，能从乎阳，则有生物之功矣，终必有庆也。是东北非贞，而西南则为贞。这固君子一时的所行者当如是，而终身所安者，亦当如是矣。

安贞之吉，应地无疆。

这一节是释彖辞安贞吉意。安贞即上居后往西南的意思，应即合，无疆是地道之气顺贞固处。孔子说，居后往西南者，莫非贞所在；而为君子所当安者，君子于这贞之所在，以为吾身之当然而安之，始终不离于正焉，则固可以得常得朋，而吉在是矣。这等不可以应地的无疆乎？盖安于柔顺，而且利于贞固，这是地道的无疆，君子安之而吉焉，则地道无成，而有代终之化。君子居后而无先倡之劳，坤居西南而收致复之功，君子往西南而获得朋之庆。盖无疆的德，地固有以上配乎天；君子安贞，却也下配乎地，故曰“应地无疆”。

《象》曰：地势坤；君子以厚德载物。

这一节是君子法坤的象，而有道济天下之仁的意思。地势西北高，东南低，顺势而下，本坤顺也。厚德以深厚之德言，载有含育意，物就人言。孔子说，坤为地，上下皆坤，即是地之为势，高下相因之无穷，至顺极厚而无不载。君子体坤的象，知那万民依君以有容，比如那万物依地以有载。然坤德惟厚，固足以载天下的物；君德惟厚，斯足以载天下的民；故内焉与那含弘者同其体。德之所积何厚？则本那所积者以兼容之，而尽地所载，皆纳于深仁厚泽中矣。外焉与那光大者同其用，德之所发何厚？则本那所发者以帡幪之，而极地所载，皆囿于仁渐义摩内矣。这君子的德，所以应地无疆。

初六，履霜，坚冰至。

这一爻是戒君子之防小人，当谨之于始的意思。霜是阴气始凝的，比小人初进的意思；坚冰是阴气极盛的，比小人势胜的意思。周公系初爻辞说。初六阴柔始生于下，其端甚微，而其势必盛；小人始进，则那漫长的机，剥床的势，所必至者，就如履阴气始凝的霜；而知坚冰之至，肇于此矣。然则君子可不早见而预图哉！

《象》曰："履霜坚冰"，阴始凝也；驯致其道，至坚冰也。

这《小象》只是申爻意。驯是渐，致是极，道是阴道。孔子说，初六象为履霜者，以阴始生于下，阴气始凝而为霜，是一小人始进也。从此而驯习渐致，至那阴道极盛，则必至于冰之坚，而众小人并集。然则图之可不早哉！

六二，直方大，不习无不利。

这一节是言六二圣德妙于自然的意思。直是粹然不偏的意思，方是截然不紊的意思，大是直方者又无一念一事之不直方。不习是不假学修，无不利是自然而然的意思。周公系二爻辞说。坤的德本直方且大，六二柔顺中正，又得坤道之纯，故蕴于内者，存主不偏，粹然一本体之直发于外者，化裁不紊，截然一制用之方；且那直者又无一念不直，那方者又无一事不方，彻底如是，何等盛大！六二的德这样，又岂待习而后利哉？自那直不徒直，而为直之大也，则不必主敬的学，而自足以素利乎内；与那坤的柔顺正固，而出之无心者无异矣。自那方不徒方，而为方之大也，则不必精义的功，而自足以利用乎外；与那坤的赋形有定，而运之以无为者无异矣。占者若有这德，庶可以当之。

《象》曰：六二之动，直以方也；"不习无不利"，地道光也。

动是心之感发处，"以"字即"而"字。地道即是坤道，光是全体呈露，大用显行的意思。孔子申说六二固有直方的德。然方那未动的时节，德固隐而未见。惟夫念虑方萌，而天机一动于内则此心的大公者，却已泄其蕴矣。事物来感，而真机一动于外。则此心的顺应者，截然示人以方，而人心的裁制，却已显其用矣。虽直方的德，固不待动而后有，宁不因动而始见乎。既直且方，而大又可知。所说"不习无不利"者，盖坤之道，即地之道也，设使待习而利，则道未必光。今直以素利乎内，而无待于习，则德辉动于地者，莫非地道之含弘；方以利用乎外，而无俟于习，则英华发于外者，莫非地道之光大。观于地道之大，不有以见造道之极哉！

六三，含章，可贞；或从王事，无成有终。

这一爻是言六三有德可以待用的意思。含是包蓄，章是美德而成文者，贞是自守。或是不自决之辞，从是不敢造始之意，从王事即从政的意思，有终是有治功的意思。周公系三爻辞说。六三以阴居阳位，则是才猷内蕴，已裕那经纶的大略，可以养晦自俟，而益坚那望道的雅操，六三这样，固无心于王事之从。然居下之上，岂终于含藏哉！故或出而从王的事，而相那黄裳的君，则始焉安为臣的分，固不敢以专成。然出那中涵的章美，而敷布于王朝，则可以辅君出治。而凡主上倡之于先者皆能代他以成其终，就如那地道无成，而代有终也。

《象》曰："含章可贞"，以时发也；"或从王事"，知光大也。

时发是待时而出，非终韬晦的意思。知光大是赞他的识见超迈。孔子申说六三含章可贞者，非是他要自私其美而不发，是欲待时而发；必上有黄裳的君任他，他便出那所含者以启沃之；必下有那直方的臣举他，他便出那所含者以协赞之。至发之以从王事，而无成有终者，由他的智识光明而不蔽，心思广大而能容知臣职之不可越，而又知其不可不尽。然王事之不可专，又知其不可不勤也。

六四，括囊，无咎无誉。

这一爻是言六四时事不可为，但当隐而不出的意思。坤为囊阴虚能受，囊之象也；括是结，括囊只是谨守的意思。无咎是无败事的过，无誉是无成治的功。周公系四爻辞说六四重阴不中，则是事当谨密，则敛迹而不为；时当隐遯，则晦身而不出；如括结那囊口的一般。这待则不敢任天下的事者，亦不过败天下的事，故无咎。然不能成天下的功者，亦不能向天下的名，又何誉之有？

《象》曰："括囊无咎"，慎不害也。

这一节申六四能自守免咎意。孔子说，六四能括囊则慎矣，无咎自不害。盖言慎其事而不为，则不坏夫事；慎其身而不出，则不辱夫身也。又何害之有？

六五，黄裳，元吉。

这一爻是言六五有中顺的德，而成治道之善。黄是中色，比大中的德；裳是下饰，比谨顺的德。元吉是大善而吉。周公系五爻辞说，五以阴居尊位，而有中顺的德，则是徽柔懿恭。德之积于中者极盛，由是见于立政之间，则逊以出之，而莫非那和顺所宣扬；推之临民之际，则谨以行之，而莫非那恺悌所发越，就如那黄裳的象一般。占者若有这德，则懿德修而万化行；上以之格天而天命永固，下以之治民而民心永戴。何元吉如之？

《象》曰："黄裳元吉"，文在中也。

这一节是推本六五心德之纯。坤为文，文即黄裳之德；在中谓居五之中，是克诸内的意思。孔子说，六五"黄裳元吉"，则中顺之发于政治者，莫非五道自然的文，然岂在外而得哉！却由那文原在中心出的。盖文一也，发在外则为文治之华；蕴在中，则为文德之精。六五中顺的德，克积于中，则无文之中，固天下的至文所在，足以润身，足以华国，皆这在中的文，发达出来，所以黄裳元吉也。

上六，龙战于野，其血玄黄。

这一爻是言阴盛亢阳，必致两败俱伤的意思。龙兼阴阳字看，战是相敌的意思。血者龙之血也；玄属阳，黄属阴；血玄黄，是俱伤的象。周公警君子戒小人的意思，说阴不敢与阳亢者，固一定之分，亦一定之理。今上六阴盛之极，敢与阳争，如龙战于野焉。夫势之所在，阳固不能以独全，而理之所在，阴亦不能以独免。两败俱伤，不有血玄黄的象乎？

《象》曰："龙战于野"，其道穷也。

道是阴道，穷是极。孔子说小人敢敌君子。而曰"龙战于野"者，由那阴道之盛极，是以越理犯分也。若当始疑而早制之，安有今日之祸哉！

用六，利永贞。

这一节是示人臣当确守懿恭之节的意思。永贞是长守这顺德的意思。《坤》六爻皆阴，故筮得这卦者，不用八而用六。周公系辞说，忠顺不失，以事其上，人臣的正道。坤本阴柔似不能固守，今六爻皆用六，则是变而为阳，而能永贞矣。人臣占此，要必宅心制行，确守那忠顺的正道，则无愧代终之义，而有安贞之庆矣。

《象》曰：用六"永贞"，以大终也。

这一节是美其能善变的意思。大指阳，终即永贞意。孔子说"用六永贞"，固有得那人臣的正道。然果何所本哉？盖《易》之理以阴为小，阳为大。在阴之小，本不能固守，今用六则变为阳，而终则为阳之大。吾见阳刚之才，自足以有为；刚健之操，自足以有守。这所以能永贞。

《文言》曰：坤至柔而动也刚，至静而德方。

这一节是申彖辞"利牝马之贞"意。柔是无专成的意思，动是承乾以发生，刚是有为的意思。静是无形见的意思，方是有定体的意思。孔子《文言》说，坤所以合德于乾，而生成万物者固不外那"元亨，利牝马之贞"。然其义果何如哉？自他无所专成，而不见那开创的形迹，这便是柔之至也。然曰柔，似嫌于不刚，况至柔乎？坤则动辟不遍，有以配天行健，理一行，他就成那物的性；气一出，他就成那物的形。是动也而未尝不刚，自他无所作为，而适得那宁谧的常道，这便为静之至也。然曰静，以嫌于不方，况至静乎？坤则赋形有定，有以因物而各足以成那性，则不相假借；以成那形，则不相凌夺；是德也，又未尝不方。这正是坤道顺而且健处，不可识牝马之贞乎？

后得主而有常。

这一节是以有常明后得主利之义。后是后乎乾，常是阴道之常。孔子说，由上坤以顺健为贞者观之，可见天下的物，莫不有常道。自先后的常道而言，天下惟属乎阳者，可以居先而主义。坤既纯阴，则居后主利，而无制义之功，此是他的职所当然而为阴道之常。夫坤以后得为常，则君子以后为贞，而安之者却也有以顺那坤的常道矣。坤以主利为常，则君子以利为贞，而安之者却也有以顺那坤的常道矣。这君子的攸行，所以如坤之德也欤！

含万物而化光。

这一节是申《坤》亨之义。含是包万物就生意言，化光是真机呈露处。孔子说，坤的厚德固有以配合乎无疆，则柔的质，足以有容。至静的体，极于无外，而凡万物的生意，尽包含在内，而那光辉的大本已裕矣。由是克积既厚，则那发达必盛，而那化机宣畅在外者，莫非真机中涵者发扬出来，而自有灿然不容掩的妙矣。何如其化光耶？

坤道其顺乎！承天而时行。

这一节是申明乃顺承天，见坤元所以为至的意思。道字当德字看时，是不先不后的意思。孔子说，乾的德，固极天下的至健。乃若那坤之为道，生万物而不有其功，成万物而不有其德，其诸天下的至顺者乎！盖物不能外天以有生，而天不能违时以独运。天意所在，便是时之所在。坤则天的理一敷，而赋之为物的性者；此其时也，他就承天的理以时行之而已，却无所容心焉。天的气一出，而赋物的形者；此其时也，他便承天的气，以时行之而已，却无所与力焉。这大坤道之顺乎！

积善之家，必有余庆；积不善之家，必有余殃。臣弑其君，子弑其父，非一朝一夕之故，其所由来者渐矣！由辨之不早辨也。《易》曰："履霜，坚冰至"，盖言顺也。

这一节是即家道盛衰、人伦变故以渐成者，申解履霜坚冰之义。积是积累，余是多，故是所以然之由，辨，察也，顺字即驯字。孔子说，天下的事，未有不由积累而成者。如家人好善，以渐而积，则不但福庆及于一身，虽后世子孙，且有无穷的余庆；如家人不善，以渐而积，则不但灾殃及一身，虽后世子孙，且有无穷的余殃。自那变故的大者而言之，臣弑其君，子弑其父，殃之作于家廷者何如？这岂一朝一夕的故哉！要其所从来，盖必以渐积而成。设使为君父的，能辨折于未萌之先，尚何有这弑君弑父的殃哉！却由这君父者辨之不早，所以不免有这弑逆的祸。《易》曰:“履霜，坚冰至”，盖言君子之于小人，必慎之于微，而绝乎殃之萌也。

“直”其正也，“方”其义也。君子敬以直内，义以方外。敬义立而德不孤。“直方大，不习无不利”，则不疑其所行也。

这一节是即君子内外交修的学，以申明直方大，不习无不利之义。直是心无邪曲，正是无偏倚的意思，方是事无差缪，义是有顺应之宜的意思。敬是敬慎，义是协义。不孤是高大的意思，不疑是顺利的意思。孔子说六二所说直者非他也，即是吾心之正也。盖此心之本体，本是这样大公，二能不失其正而已。所说方者非他也，即是吾心之义也。盖此心的裁制，本是这样顺应，二能不失其义而已。这特自那已成的德言之，然德岂无自而成哉？盖吾心的直，多以怠肆而失；君子以敬存心，则那私意无所容于内，不期直而自直矣。吾心的方，多以适莫而失；君子以义制事，则那私意无所容于外，不期方而自方矣。夫有敬而无义，偏于内；有义而无敬，则偏于外；皆孤也。今敬义夹持，而内外交养，吾见敬固德之聚，而又行之以义，则外有以养乎其内，而这德泽涵者，恢恢乎日新而不已；义固德之制，而又立之以敬，则内有以养乎其外，而这德发越者，骎骎乎日进而无疆。盖有不期大而自大矣。《易》曰:“直方大，不习无不利。”盖言六二有直方的德，而涵养纯熟矜持浑化，虽不求利乎内而全体呈露，自时出而不穷；虽不求利乎外而大用显行，自顺应而不滞。坦然由之而不疑，又何假于习？

阴虽有美，含之以从王事，弗敢成也。地道也，妻道也，臣道也。地道无成而代有终也。

这一节是即臣道之宜以申解无成有终意。阴指六三，当个臣看。孔子说，六三的阴，虽有章美的德，而顾含藏在内，则是经纶的大略；而涵蓄之有素，以这德而从五的事乃弗敢成者，岂是他的才之不足哉？乃是他的分之不敢耳。盖在天地，三则有地道；在夫妻，三则有妻道；在君臣，三则有臣道。地道于天，不敢专成，惟顺承那天施，而代他以有终也。观这地道，而妻道、臣道从可知矣。六三“王事之从”，乃是臣道，其含章无成也固宜。

天地变化，草木蕃；天地闭，贤人隐。《易》曰:“括囊，无咎无誉。”盖言谨也。

这一节是申解括囊的意思。变化是世道开泰，蕃是盛大，闭是气运昧塞。孔子说，贤人的出处，每关那气运的盛衰。天地变化，而文明之运已开，虽那草木，且熙然蕃盛，而况贤人？又岂容以终隐乎？天地蒙闭，而进贤之路已塞，则那贤人，莫不抱道而隐，岂肯轻出以徇人乎？是时可出，贤人固不终隐以沽名;时不可出，贤人亦不轻出以取咎。《易》曰:“括囊，无咎无誉。”盖言六四所遇，正天地闭塞的时，故宁谨守而不出，其无咎而无誉也固宜。

君子黄中通理。

这一节是申解“黄”字之义。黄即是中德，中即是在内，通是贯通，理是条理。孔子说，黄是中道，六五如何谓之黄？盖君子的心，固浑然中德涵养于内矣。然统而言，则通融包括，而时即不穷合之有以尽其大；分而言脉络分明，而条理不紊，析之有以极其精。这般通而且理，固中德之会于一心，而所以扩为化中之治者，不于此而豫之哉！

正位居体。

这一节是申解“裳”字之义。“正”字活看犹“当”字；位是君位，居如执字，体是礼体。孔子说，裳是下饰，六五如何取象于裳？盖君子虽正位于南面之上，然却能谦恭以礼下，不挟贵而骄人，平易以近民，不恃势而假物，而凡发见于外者，莫非这顺德所宣扬。正位居体这样，这裳之所由取也。

美在其中，而畅于四支，发于事业；美之至也！

这一节是合上二节而申赞之，以明顺本于中的意思。美是中德即黄字之义，其中即在内的意思，畅是条达，四支就一身动作上说，美之至是赞辞。孔子说，中顺的德，析之固有内外之分，合之实有一贯之妙。盖中为人君的美德，兹惟涵是美于一心之中；统观其道，莫非这美之浑然；析观其理，莫非这美之灿然；则一中既立，而所以为润身华国之猷者，已预于此矣。由是而见于四肢固蔼然顺德之宣扬，而实这美之不容秘也；由是而见于事业，固焕然顺德之发越，而实这美之不能藏也。夫克积未深不可以言矣，发越未盛不可以言至。今不徒为一心之懿，而且播之为四体之和。美而至此，殆尽善尽美，而不可以复加，不徒为文德之纯，而且变之为文治之光。美而至此，而不可以复加粹，而不可以复尚，不与那地道加美之会，皆为极至也哉！中顺一贯之妙如此，而黄裳之义无余蕴矣。

阴疑于阳必战。为其嫌于无阳也，故称“龙”焉；犹未离其类也，故称“血”焉。夫玄黄者，天地之杂也：天玄而地黄。

这一节是申解上六爻辞，全是扶阳抑阴，正名定分的意思。疑是似，嫌亦似也；二其字，指阴言。类是阴类。孔子说，不敢抗阳者，阴道本然的分。而上六何以曰战？盖阴盛至极，则那势必与阳均敌；但见阳恃他的分尊，而不为阴屈；阴恃他的势盛，而敢与阳抗；这等所以必至于战。当这时节，却已无阳，而又何以称龙。盖天下不可一日无阳，周公为其嫌于无阳，故称龙焉；正以存阳的名，以见阳虽微，而阳的分固有常尊，扶阳意也。既称为龙而又称血者，正以别阴的类，以见阴虽盛，而阴的分固有常卑，抑阴意也。又言玄黄者，盖以势言，则阳必受阴的害，是天的色却离于地；以理言，则阴也必受阳的伤，是地的色又杂于天。然这特自其变言之，若原那天地的定分，则天的色玄地固不得而与；地的色黄天也不得而与。盖初不以那阴阳相杂而遂变他的一定之色，阴阳固有定分这等。然则君子可不以那小人为防，而小人可不以抗君子为戒哉！

䷂震下坎下

屯：元亨，利贞；勿用有攸往，利建侯。

这卦辞是言拨乱之君有能为之才，屯是世难方殷，谓气始交而未畅，物勾萌而未舒的时候。元亨是险无不济的意思，利贞是未可遽进，而宜守正道的意思；不利有攸往是不可恃才妄动，利建侯是宜立诸侯，使民有所统的意思。这卦名为屯者，盖以震遇坎，乾坤始交而遇险陷；是当昧之初，天下尚未定，名分尚未明，故名为屯。文王系辞□□□□□□□□□□□□□□为谁，人至□□□善济的方。这卦的德震动坎陷，是能动乎险中，则那兴衰拨乱的大略，摧陷廓清的大才，足以弘济时艰，天下定而名分明。屯由之济，不其元亨乎？然在险中，尚有不容妄为者。故必从容观变，不萌那见小欲速的心；慎密察机，不为那行险侥幸的计；故“利贞”而“勿用有攸往”。然大难方殷无主乃乱，而外的初九，又有可君之象。故济屯者，又必众建君侯，使各有所统治，则人心归一而天下可定；上下相安，而名分可明。何屯之不济哉！

《彖》曰：屯，刚柔始交而难生。

这一节是解屯之名。刚柔即乾坤，当君臣字看；始交谓一索得震，难生谓遇坎险。孔子说，伏羲所以名这卦为屯者，盖这卦之体，下体为震，则一阳动于二阴之下，便是乾坤始交；坎以一阳陷于二阴之间，便是险陷而难生。这等是君臣始交，而适遭无道之乱，以天下则未定，以名分则未明，这卦所以名为屯。

动乎险中，大亨贞。

这一节是解元、亨、利、贞之义。动是才足以有为，险中是国家多难之时。孔子说，文王系彖说“元亨，利贞”者，何所取？盖卦德震动坎险，则是以奋发有为的才，而当那大难方殷之日，是能动乎险中，能动则才足以有为，而可以弘济天下的艰难。这所以大亨在险，则时未易为，而尤当从容以观天下的变，这所以利贞也。

雷雨之动满盈，天造草昧；宜建侯而不宁。

这一节是解利建侯之义。雷震象，雨坎象。天造是天运；草是杂乱，即天下未定的意思；昧是晦暗，即名分未明的意思。不宁是不可遽以为安也。孔子说彖辞又说利建侯者，何所取义？以那二体的象来观之雷雨交作，盈满两间，是即天运杂乱而晦冥，天下大乱之时也。以天下则未定，以名分则未明，正宜立君以统治那人民。君虽初立，又必常存戒惧，内切思患之防，外图弭患之术，使那天下由此而大定，名分由此而大明，不可以君既立而遽为安宁也。

《象》曰：云雷屯，君子以经纶。

这一节是示君子以济屯之道。《彖》言雷雨言其动，《象》言云雷言其体。经是引之于先正大纲的意思，纶是理之于后详细目的意思。孔子说，这卦上坎为云，下震为雷，是云未雨而雷未奋，世难方殷之象，其在天下则为屯难之世，大纲弛而不张，万目缺而不举，正君子有为的时候。故必总那大端，而经以引之于先，然后举那条目而纶以理之于后。如制田里以陈养道的大端，而又有法制之备；立学校以启教人的大端，而又有度数之详。这等则事各得其理，天下定，名分明，杂乱晦冥之运，可变而为太和文明之休，不犹那天之云行雨施，而天下得以平乎？

初九，磐桓，利居贞，利建侯。

这一爻是示人臣之济屯者，当尽观变之道，当预统民之策。石眠曰磐，表立曰桓，磐桓是迟回不进的意思；居贞是守那正道的意思，建侯是立己为君。周公系屯初爻说，初九当那屯难之初时，而未可遽进，且阳刚虽有能进的资而居下却无上进的势，动体虽有欲志，而所应又无引进的人。故当这世难方殷，他非不戚然于心，但终难遂他靖乱之谋。故有磐桓之象。然初九以阳居阳而得正，占者宜居其正，直己守道，观变待时，不轻举妄进可也。且初九本成卦之主，得民而可君之象，是他的德本足以君天下，那天下之民，仰他的德者，自将建己为侯。岂终于磐桓居贞而已哉！

《象》曰：虽磐桓，志行正也；以贵下贱，大得民也。

这一节申初九尽守己之正道，有得民之贵德。贵是有阳刚之德，贱指民。孔子说，人多以难进而失其正。初虽磐桓难进，然原他的志，则在于行正，有救人之心，而未尝无守己之节，这占所以利居贞也。所说利建侯者，盖立君所以为民，初无一阳在二阴之下，则自处卑下存心惟在救民，有不大得民者乎?

六二，屯如，邅如。乘马班如，匪寇婚媾；女子贞不字，十年乃字。

这一爻是六二有济屯之德，而不苟从于人，以励贞臣晚节的意思。屯如是为初九所难的意思，邅如是因其难而不能前进之意。班如是分布不进的模样，匪寇是言初九非害他，婚媾是言初九特求与他相亲。女子比六二，贞是守己的意思，不字是不许嫁于初也；十年是数穷之时，乃字是可许嫁于五的意思。周公系二爻辞说，六二阴柔中正，有应于上是备那才德，而欲同正应以济屯。但势近九五，而位近初九，故为初所留难。虽有君臣之素，不能遽合，有屯如邅如，乘马班如之象。然初九所以难他者，原初的心，却非为寇不过因磐醒之故，欲求为婚媾合力以济屯。但六二能守正不许他，就如女子贞而不字一般。然岂终不字哉！至那十年的时节，数穷理极，妄求者去，正应者合，相与动乎险中，在五不至屯膏之未施，在二无复邅如之为患，不犹女子十年乃字乎?

《象》曰：六二之难，乘刚也；十年乃字，反常也。

乘是居其上，刚指初九；反是复，常是相应的常道。孔子说初九本有阳刚之势者也。六二邅回难进者，以下乘初九的刚，却为他所难，这所以失那二五相应的常道，必至那十年乃字，始得以复其常也。

六三，即鹿无虞，惟入于林中；君子几，不如舍，往吝。

这一爻是为急于求进者立戒的意思。即鹿是逐兽，比徇禄的意思；无虞是无虞猎的人，比汲引的人；入林中比陷于屯中的意思。君子指占者，几是见进退之几，舍是不遽，往是去逐，吝是不免陷于屯的意思。周公系六三爻辞说，济屯必有资于人，犹那逐鹿者必有赖于虞。三以阴柔居上，不中不正，上无正应，是才德不足，应接无人，而妄欲徇禄位以济屯，益陷于屯而已。故有即鹿无虞，惟入林中之象。然时行时止之间，有几存焉。今惟入林中者，正以不见几耳。占者君子见几，宁居贞也，宁不字也，舍之而勿逐可也。若往逐而不舍，不免有陷入林中之吝。

《象》曰："即鹿无虞"，以从禽也。君子舍之，往吝穷也。

这一节是推六三求进之心，而申其必陷于屯。从有贪得的意思，穷是困。孔子说，六三"即鹿无虞"者，由他的心泥于功名富贵之欲，纵欲而忘返，这正是禽荒的人，故有陷入林中之困。君子当舍之可也，若往逐而不舍，是逐鹿无厌，必取羞吝穷困也。

六四，乘马班如，求婚媾；往吉，无不利。

这一爻是因六四才不足以济屯，教他以求贤之益的意思。马坎之象，求是四求之也，婚媾指初九；往是初往之也；吉，无不利，是济屯之效。周公系四爻辞说，六四居大臣的位，本有济屯之责，然阴柔居屯，才力不足以济，故有乘马班如之象。然极难亨者屯，必具那阳刚之才者方可。今初九以阳刚守正居下，以应于已，正六四的婚媾，乃济屯之所当求者；诚能虚已以求他，资他的才力以圃已的不及，则杂乱之运可回，而吾君无屯膏之患经纶之方得试，而吾民有大得之休。其吉无不利也何如？故占者当如此。

《象》曰：求而往，明也。

这一节是许六四有求贤之智。明是深见理天下，在于任人的意思。孔子说，六四知已的才力不足，乃求贤而往以济那屯。这是岂识见不明者所可能哉？都是大臣见天下的事，不必功自已出，而他人的功即是已之功，不自明而在人可谓明也已矣。

九五，屯其膏。小贞吉；大贞凶。

这一爻是深惜九五虽有德泽，阻于国运衰微，不得下究的意思。屯是难施的意思，膏是泽。小是小事，贞只是安常的意思，小贞指二；大是亨屯的大事，凶是危亡，大贞指五。周公系五爻辞说，九五虽以阳刚中正居尊位，然当屯之时，陷于险中，则是当国家的末造，而天运已去。虽有六二正应，阴柔才弱，不足以济；且初九得民于下，众皆归他，则是辅相无人，而民心已离；九五坎体的膏泽，亦终不得施布，故有屯其膏之象。占者值时势这样，无复可为，以处小事，无关那成败存亡的数者，能安常守分，或可以保天命人心于既去，得正犹可以获吉。若处那大事，而欲好大喜功，以大有为于天下，则那成败存亡，却于此决矣，虽正亦不免于凶。盖其所能者人，而所不能者天，时势这等，亦将如之何哉！

《象》曰："屯其膏"，施未光也。

未光是民未得霑润泽之美的意思。孔子说，九五所谓"屯其膏"者，盖当时天命已去，人心已离；虽阳德所施，本当光大，但陷险中，为阴所掩，即有那膏美的泽却也不足以润泽生民，故不得以施其光。

上六，乘马班如，泣血涟如。

这一爻是当济屯之时，无才无辅、误国自误的意思。周公系上爻辞说，上六处屯之终，本有将济的机会，但阴柔是无才，无应是无辅，人己两无足恃，自失那事机，付之无可奈何，徒为忧惧而已。故有乘马班如，泣血涟如之象。

《象》曰："泣血涟如"，何可长也？

这一节是申上六终必丧亡的意思。孔子说，上六所谓"泣血涟如"，是罪其比险自固而昧于可久之道，则必亡于屯而不能长，虽忧惧亦何及之有？

䷃ 坎下艮下

蒙：亨。匪我求童蒙，童蒙求我；初筮告，再三渎，渎则不告。利贞。

这卦辞见蒙者之得亨，由师臣之良而教养之正。蒙穉也，是善虽未著，恶亦未表之时。亨是不蒙的意思。匪我求童蒙是不先往教的意思，童蒙求我是蒙者执礼求教的意思。初筮是如那卜筮者的尽诚心，告是竭两端告他。再三渎是他无诚意求教，我自往教的意思。贞只是所能知能行的道理。这卦名为蒙者，盖卦象有蒙之地，卦德有蒙之意，只是蒙穉未明，赖人启发，非昏庸之比，这蒙所由名也。文王系辞说，蒙童的人，其知蔽，其行塞，似不可以得亨；而九二刚中，有发蒙之才，二五相应，有相须之义，故占得是卦者。知能可开蒙，不终于蒙而亨。然蒙者所以得亨，却由那明者之善教，如学者不曾来求教而我就先往教他，则道轻而人亵，非所以发蒙。必匪我去求童蒙，而童蒙自来求我，这等则师严道尊，有以起天下的人向慕之志，而人自不敢轻吾的道；愤悱未至，而启发先施，则言轻而人忽，亦非所以发蒙；必人尽那初筮之诚，我便详告与他。这等则择地施教，有以动天下的敏求之心，而人自不敢玩吾的教，这固是教之有方。而养之又不可以不正，故必崇正道于童蒙求教之余，倡正学于初筮则告之下，以那所能知的责他知，所能行的责他行，则作圣之功可期，而克家的责可副。蒙之所由亨者，何莫而非善教之所致哉！

《彖》曰：蒙，山下有险，险而止，蒙。

这一节是以卦象卦德释蒙之义。孔子说，这卦名为蒙者，何哉？以卦象来言，山下本峻绝，而又有次险困于后，则不可以行，这便是蒙之地。以卦德来言，内险是心，既有所不安如此，是行又有所不得，这便是蒙之意。而无所适，所以名蒙也。

“蒙，亨”，以亨行时中也。“匪我求童蒙，童蒙求我”，志应也。“初筮告”，以刚中也；“再三渎，渎则不告”，渎蒙也。蒙以养正，圣功也。

这一节是备释卦辞亨义。亨是亨人的术以是用，行是行以发蒙；时中是不疾不徐，适当其可的意思。志是五的志，应是应九二。刚中指九二的德言。圣功是作圣的功夫。孔子说，蒙之所以为亨者，岂是蒙之能自致哉？盖凡德不足以师世，而教有拂于那时中者，皆不是以亨蒙。今卦体九二有先知先觉，具可亨之道，足以发人的蒙，而得那时之中，当可而施，因才而笃，这蒙之所以为亨。然亨行时中何如？彼明者立教，与那蒙者受教，其心一也。而曰“匪我求童蒙，童蒙求我”，盖言二的刚明，初非有求于五，而五的柔暗，则纯一以听于二，这不可见亨行时中乎！使非有可亨的道，则童蒙决不求我，使非时中，则不待人求而亦应之矣。蒙者之求教，与那明者之告人，其心一也。而曰“初筮告”者，以九二刚而得中，故能告而有节，必待其诚而后告他。曰“再三渎，渎则不告”者，九二以为问者不诚为我，而我若告他，又为渎蒙，这又不可见亨行时中乎？若非可亨的道，则无可教的蒙者；若非时中，则告之无其节矣。其说“利贞”者，盖正者学之所由以进于圣者也。今能养蒙者以正，如崇那中正的教，以全他的纯一之真，则幼志已定，幼学已端，虽未能与圣同归，而作圣的功夫却在是矣。这贞之所以利，而蒙之所以亨也。

《象》曰：山下出泉，蒙；君子以果行育德。

这一节是示君子体蒙的象以亨己的蒙。果决也，是奋发必为的意思；育是涵养熏陶的意思。孔子说，山下出泉壅而未通，蒙之象。君子以为必行有渐，泉之始出固然。若养己的蒙，可无内外资养的道乎？那德之见于事者为行便行，若不果则无以征那在事的蒙。君子则体那必行者，以果行践履力行，务尽黾勉的力，则蒙在于事者无不明，不有以为育德的资乎？行之得于心者为德，使德若不育，则无以开在心的蒙。君子则体那有渐者以育德，省察克治，务尽涵泳之功，则蒙在于心者无不明，不有以为果行之助乎？这等则作圣的功已尽，而可亨的道在我矣。

初六，发蒙，利用刑人，用说桎梏；以往吝。

这一爻是言发蒙贵尚刚中之道。发蒙启发其初之蒙，谓下民之蒙，非指童蒙，刑人是用刑的人；说是不用，桎是足械，梏是手械，皆刑具；往是要用桎梏的意思，吝是无益而有害的意思。周公系初爻辞说，阳明阴闇，上明下暗。初六以阴居下，是暗昧之甚，占者遇此，当尽启迪之方，以发他的蒙。然发蒙的道何如？其始也不肃之以威，蒙将玩而不信，故必利用刑人以惩那不率；其既也，不济之以宽，蒙将阻而不进，故必用脱桎梏以劝他自新。何如？这等是宽严相济，而得那发蒙的道。苟徒见那刑人当用，不知桎梏当脱，遂往而不舍，则非惟不能诱他以进于正，而反为彼的寇矣。所谓亨行时中者，不若是之甚。非吝而何？

《象》曰：利用刑人，以正法也。

这《小象》是申言严教人的刑威者，所以端教人的规度。法是规矩条约。孔子说，初六必利用刑人者，盖发蒙之初，法度不正，蒙将玩忽。故正其将来，使他日就于范围之内也。

九二，包蒙，吉。纳妇，吉；子克家。

这一爻是言九二尽师道之善的意思。包是涵育的意思，凡《易》中言包者，皆外包乎内也；吉是蒙者不苦难的意思。纳是不弃的意思，妇是不善之类，吉是蒙者得自新的意思。子是臣子，克家是能胜君上任的意思。周公系二爻辞说，九二以阳刚为内卦之主，统治群英。当发蒙之任，固人君命他掌邦教者也。然物性不齐，岂可一概取必？是故敷教在宽，乃教人的道。苟不量他的才，而强责他，是诬人矣。九二刚而不过，有包蒙的象。占者能涵育熏陶，而包蒙焉，则非击蒙为寇，而不苦于不堪。何吉如之？有教无类，乃教人的道。苟因他不善而遂绝他，是弃物矣。九二以阳居阴，有纳妇的象，占者能不保其往而纳妇，则非勿用娶女，而人皆得以自新。何吉如之？然这敷教的道，本君上寄我者也。苟待人太严，而示人不广，则君之望我者亦孤矣。九二居下位而任上事有子克家之象，占者能包蒙而育天下的才，纳妇而兴天下的善，则大君司教的责，自我副之，而人臣克忠于国，不就如那子之克承于家者乎？

《象》曰："子克家"，刚柔接也。

这《小象》是推原九二所以得尽教民之责，由六五能委任之专。刚指九二，柔指六五。孔子说，九二克胜教民的责，如子克家者，盖二有刚中的德，而五有柔顺的资以应之。这便是人君知大臣有可亨的道，足以师范天下，而委任极其专，故大臣方得以尽他的才。不然，虽有克家的心，亦将阻于不得施矣。

六三，勿用取女，见金夫；不有躬，无攸利。

这一爻是示人以不屑教诲的意思。乾为金，九二阳刚，乾爻也，故称金夫；见金夫是动于欲的象。不有躬是丧其心的象；无攸利是终不能开他的蒙的意思。周公系三爻辞说，占者遇这六三，当拒绝他而不可轻教这样人，如勿用取女一般。盖六三阴柔，不中不正动于利而不知有其身。这正是枉寻直尺而利亦为之的人，蒙昧至甚者也，就如那女子见金夫，而不有其躬的一般。苟又以那可亨的道去教他，则我的言难入，而他的勤难解，何所利哉？不然，纳妇之吉，固吾设科的本心而何勿用取女如此耶！

《象》曰："勿用取女"，行不顺也。

这《小象》是原六三所以不可教之故，由他心穷于欲的意思。行指素行，不顺是徇欲灭理的意思。孔子说，君子与人为善未尝追既往而拒将来，今顾"勿用取女"，何故也？由那蒙者的素行不慎，正是自暴自弃者。虽圣人亦无如之何，故"勿用取女"也。

六四，困蒙，吝。

这一爻是言六四不能亲师取友，不免终于愚蒙自弃的意思。困是昏而不开，吝是民斯为下的意思。周公系四爻辞说，阴柔的人必赖那阳刚的人以启发之方可。今六四独远于阳，既无明师以训诲，下无正应，又无贤友以相资，蒙终无自而发，为困于蒙之象。占者这样，则愚不能明，柔不能强，昏迷日甚，下愚不移，何吝如之？

《象》曰："困蒙之吝"，独远实也。

这《小象》是原六四不能资人以变气质的意思。实指阳。孔子说，六四上下皆阴，蒙之甚者也；欲从那九二，则隔三；欲从那上九，则隔五；远隔于实者也。故曰独远实。独者，言本卦之阴皆近乎阳，而四独远。所以孤陋寡闻，终无可亨的日而吝也。

六五，童蒙，吉。

这一爻是幼君纯心亲贤，而德业可成。童是纯一未发的象，吉是德成业就的意思。周公系五爻辞说，六五柔中居尊，下应九二，则以那纯一之资，而切任贤之诚。然九二的道，足以启沃乎我，乃虚己以求他，而自不为屈。其象就如那童蒙，纯一未发，以听于刚明之贤。占者这样，则可以收作圣的功，而内圣之德由此养成，可以臻克家的效，而外王之业，由此赞成。其吉何如？

《象》曰："童蒙之吉"，顺以巽也。

这《小象》是推原六五能纯心用贤的意思。顺是有柔顺的德，仰承亲比上九的意思；巽是听从，俯应九二的意思。孔子说，六五说是童蒙吉者，盖由五能柔顺以听从九二，这正是童蒙求我者也。不然，是刚愎以自用，将不免有困蒙之吝，何有于吉哉！

上九，击蒙；不利为寇，利御寇。

这一爻见治蒙者贵以刚而捍其私，不宜过刚以责其成。击是太严的意思，寇是害，御是禁绝。周公系上爻辞说，上九居尊，当发蒙之任，治蒙过刚，视那九二包蒙者，大有不同，故为击蒙之象。占者得此，刚非不可用，但看他所用何如。若是取必太过，而责他以难知难行的事，则是过刚为寇，则击之者适所以害之而失那时中的道。何利之有？惟捍那外诱保护他的良知良能，是以过刚御寇，则虽击之，实所以止他的害，而得那养蒙的道。何利如之？过刚也，御寇则利，为寇则不利，治蒙者宜审所尚也。

《象》曰："利用御寇"，上下顺也。

这《小象》申言御寇则教者受者而有所宜。上指立教者，下指学者，顺即是利。孔子说，上九击蒙，若非敷教在宽的道，而以御寇则利者。盖寇是人心的害，上以刚御寇，则教得其道，莫非时中之妙，而上之顺也；下以刚自御其寇，则学得其道，莫非作圣的功。而下之顺也。上下顺既如此，这御寇所以为利。

卷二

䷄ 乾下坎下

需：有孚，光亨，贞吉，利涉大川。

这彖辞是言人君两尽处需之道，而各有其效的意思。需是须待的意思，有孚是存心信实也；光亨是此心光明，不为利欲所蔽的意思；贞是行事正大，吉是事无不顺；利涉川是险无不济。卦名为需者，盖以乾刚遇坎阴，则德行当易以知险，而有从容能待之休，故名需。文王系辞说，人君处需，内而存心，外而制事，皆不可以无其道。这卦九五，坎体中实，阳刚中正，而居尊位，为有孚得正之象。坎水在前，乾健临之，将涉水而不轻进之象。故人君于天下当需矣，而所需不本于中心之安，非能需者，必本于至诚，心所存者，莫非实心。这等则信理者无是非，信心者无顺逆虽险中，而此心的孚，自足以宁一。盖不惟遇变而不忧，殆且忘忧而不觉，其光亨何如？心既能需，而所行不合于当然之正；非能需者，必守那正道，而事之所履者，莫非正事。这等则定守者，有持重的谋；贞固者，有纾徐的道。虽临大难，而吾事的贞自足以镇静。盖不惟不陷于险，而且出乎险，其占利涉大川何如？

《彖》曰：需，须也；险在前也，刚健而不陷，其义不困穷矣。

这一节是以卦德解需道得之于刚健的意思。须是待；险指坎在前，就在上言刚健是有定见，能知险者；不陷是不冒进的意思，不困穷即是不陷于险。孔子说，卦名需者，有须待的义。何所取哉？卦德坎在上，乾在下，是险难在前，若难免那困穷。然以那乾健来临之，则沉毅不苟，从容有待，而不遽进以陷于险；以义来揆度，当自不困穷。卦有能待的义，这样故名为需。

“需，有孚，光亨，贞吉”，位乎天位，以正中也。“利涉大川”，往

有功也。

这一节是释孚贞利涉之义，本于中正的意思。位是居天位，是势；中正是德；有功是能出险。孔子说，需辞言“有孚，光亨，贞吉”者，何所取哉？盖人君当天下之难，必德位兼隆者，而后能有所待。今卦体九五阳刚中正而居尊位，则是正己南面。既有以为恭己无为之地，德备中正又有以妙从容能待之休；不徒有其位，尤且无反无侧，纳这身在皇极之内，但见纾徐以待天下自治，见小欲速的私欲不维于外；不徒有其势，且尤不偏不倚，钦这心于精一之中，但见久道以俟天下自化，好大喜功的私念不萌于内。夫惟位天位而得正，则所说贞而吉者在是；惟位天位而得中，则所说“有孚，光亨”者在是矣。又说“利涉大川”者，若以二体的象来言之，则乾有利涉的象，坎有大川的象。以那乾的刚健，遇那坎的险陷，则沉毅不苟，从容有待。此所以不入于险，而有不犯难的功也。

《象》曰：云上于天，需；君子以饮食宴乐。

这《大象》是言人君体需以泽民的意思。饮食是养其气体，宴乐是娱其心志。孔子说，坎象为云，乾象为天，云上于天，无所复为，必待阴阳和洽而后成雨，需之象也。君子体这象将何如？亦惟饮食宴乐而已。盖事之所当需，就如雨有所待而降者，君子以效不可急趋。惟安以待他，而不责效于旦夕，其恭己无为，亦若需之无所复为者一般以功不可遽就；惟静以俟他，而不期功于目前，其优游待治，亦犹云之待其自雨者一般。这待，则内有孚外守正，乃居易以俟命，涵养以待时，即此饮食宴乐之间，而能需之道尽于此矣。

初九，需于郊，利用恒，无咎。

这一爻是初九未仕于朝，虽当国难宜远去而守常的意思。郊是旷野之地，恒是安常守固的意思，无咎是祸不及身。周公系《需》初爻说，初九去险尚远，则是朝廷事变方殷，而我但优游于亩亩，不冒险以前进，有需于郊之象。然阴柔不能固守，而初九阳刚，又能恒于其所之象。占者能安于义命，有孚以待之，居贞以俟之，而不汲汲于功名。“利用恒”这等，则不降不辱，全名全节，世难无自而及。何咎之有？

《象》曰:“需于郊”,不犯难行也;“利用恒,无咎”,未失常也。

这《小象》是言初九得远害之道。犯是冒,常是处需的常道。孔子说,初九“需于郊”,言他去险尚远。故得超然于时事外,付理乱于□如,置是非于不闻,知难而退。又言“利用恒,无咎”者,盖处需的□□□久为常,久于其所,则不失其常,故“无咎”。

九二,需于沙,小有言;终吉。

这一爻见九二有德而终能远害。沙是近险的地,小有言是见讥于人的意思,终吉终不陷于险的占。周公系二爻辞说,九二渐上于坎,欲进不安退不可,故迟回观望以有待,为需于沙的象。这待则虽未有及身的祸,而群小见讥,不以我为不能洁身,则必以我为不能济险,却始小有言语之伤。而九二刚中能需,刚则有能耐的操,中则有善处的术。占者这样,是见险能止,终不为那险所困,知危能戒,终不为那危所伤,故吉也。

《象》曰:“需于沙”,衍在中也;虽小有言,以吉终也。

这《小象》是申二有刚中之德故得远害。衍是宽,即求字,凡江河水在中而沙在边,则衍在中者,言水中中央也。孔子说,九二“需于沙”,固近乎险,然能以宽居中,存诸心者,安处优游,而无欲速的念,且见诸事者,行无所事,而无作为之扰,乃能需而不进。故虽小有言语所伤,却竟能脱然于祸害之外,而以吉终也。

九三,需于泥,致寇至。

这一爻是言九三近险而不能避,由无德而自致。泥是陷入之地,致是自取的意思,寇是伤害的象。周公系三爻辞说,九三之阴愈近,是将陷于险,则所以需而不进者,必赖于刚中的德。九三又过刚不中,吾知行险侥幸,适取祸败,其象为“需于泥,致寇至”,求如那初的无咎,二的终吉,乌可得耶!

《象》曰:“需于泥”,灾在外也;自我致寇,敬慎不败也。

这《小象》是因三之近险,而戒以当尽预防之道。外是目前,敬慎是此心戒惧，不败是不陷于险。孔子说，九三“需于泥”者，言其灾难，只在外卦，与已相去甚近。又说“致寇至”者，盖由过刚不中，而不能需，是以寇害所至。自我致的，使他能敬慎而不妄动，则虽需于泥，亦可以不至于败。君子勿谓近险地，便无可救之术也。故占不言凶。

六四，需于血，出自穴。

这一爻是六四当国步艰难，而德足以靖难。血是坎之象，穴是险陷之地。周公系四爻辞说，六四交坎体已入乎险，则是身之所处，已在那患难不测的地，有需于血的象。然柔得其正，需而不进，是危行言逊，其默足以有容。故终可以潜身远害，而免冒险之祸，为“出自穴”之象。古者若在那险地而能这等，则虽无济国的谋，而却有得那保身的法矣。

《象》曰:“需于血”，顺以听也。

这《小象》是原六四德足以需的意思。顺即是柔正，听即是能待的意思。四虽需于血，然柔得其正，需而不进，韬晦静守，以听于时，所以免于乱世而出穴也。

九五，需于酒食，贞吉。

这一爻是言九五德位兼隆，自恭己而成化的意。酒即坎水之象，食即兑中之爻之象，“需于酒食”是言安乐的意思。贞即是固守那无为之道，吉是治化自成之效。周公系五爻辞说，九五阳刚中正需于尊位，夫居这位而有这德则所以修德祀天□□□民者，已无不至。但天命或未定。则躬玄默以凝之，人心或未来则修文德以来之，凡那恭己于南面者，莫非安于宴乐之常而已，不为需于酒食的象乎？这等处需，固人君的正道，则欲速不足以累他的心；而其所养者必深，见小不足以动他的志而其所成者必大，天命由此而永凝，人心由此而永戴。故占者有是贞，亦有是吉也。

《象》曰:“酒食贞吉”，以中正也。

这《小象》是原九五有能需之德。中是心之无偏，正是事之无邪。孔子说，五言酒食贞吉者，盖五居上卦之中，得阳位之正，中则敛这心于精一，而无计功谋利的心，正则纳这身于皇极，而无好大喜功的事。夫惟有能需的德，故能得需之效耳。

上六，入于穴，有不速之客，三人来；敬之，终吉。

这一爻见上六虽陷于险而得众共济以出险的意思。入穴是居险陷之极的象，不速是不去速他来的意思，三人指下三爻言；敬是虚心待他，之字指三人，吉是出险的效。周公系上爻辞说，上六阴居险极，无复有需，惟陷入于穴。夫既陷于险，宜无可为。然当这险、难的时节，惟阳刚的人，足以共济而不可以必得，幸其下应九三,三与下二阳，需极并进，是皆同事于需。而有志出险者，卒然遇之，为不速的客，三人来之象。然居险得人，固出险之一机，而所以使他乐为我用者，惟在我能敬之。上六柔不能御，而能顺之，有敬之的象。占者当陷险中，得非意之来，乃虚己以应他，则始虽才力不足，固有入于穴之危，终得阳助，自有出穴之吉。

《象》曰:“不速之客来，敬之终吉”，虽不当位，未大失也。

这《小象》申上六虽无德而却得亲贤之道。位者阴柔居险极，失是失处需之道。孔子说，上六有“不速的客来，敬之终吉”，不当位是阴柔居险极，而不当位则才与时左，不能无失，赖人以济，失中终得贤而能敬，于那处需的道，究无大失。占者若不知权变，又能保其无大失乎?

䷅ 坎下乾上

讼：有孚窒惕，中吉；终凶，利见大人，不利涉大川。

这彖辞是言讼者理直而求听于有德则讼可伸，若健讼而行诡术则取祸。讼是争辨，非必官讼，凡尚口争竞皆谓之讼。有孚是理实；窒是屈而不通，谓能含忍也；惕是心存戒惧而畏刑罚也；中是和平而不狠愎的意思；吉是事明理白。终是极讼；凶是情真反不得伸的意思；大人是至公至明的人；涉大川犹驾虚诞的词一般。这卦乾刚坎险，自上下而言，上刚以凌其下，下险以伺其上；自人己而言，则在一人为内险外健，在二人为己险彼健两相持而皆欲胜，是必讼的道理，故为讼。文王系辞说，讼本等有理，而所以处这讼者，又贵曲尽其道。这卦九二有有孚见窒的象，而卦变与九五，又有惕中大人的象，上九与卦象，又有终讼不利涉的象。故占者理直而见枉，情真而受诬，这是有孚见窒固不得已而讼。然又当何以处之？盖止则不辱，必心存恐惧，可止就止，而不终讼，则向虽有孚见窒，今不终于窒而吉。若终极其讼，可止不止，而不惕中，则讼虽有孚，却终不得伸解而凶，以至大人本是善听讼的人。苟本我惕中的心，而见那中正的大人，则听不偏、断合理，而讼之有理者，可以辨明而利。若以终讼的性，而驾为虚诞的词，则是冒险侥幸，虽讼本有理，亦必陷于罪，故不利。讼一也，惕中则吉，终讼则凶，"见大人"则利，"涉大川"则不利。讼者，可不致审于此哉！

《彖》曰：讼，上刚下险，险而健，讼。

这一节是以卦德解这卦的名义。孔子说，这卦所以名为讼者，以坎遇乾，乾健坎险，以上下言，则上刚以制其下，而下有不堪；下险以伺其上，而上为所胁。以一人言，则内险固有害人的心，且外健而力又足以遂他的奸。以二人言，则己险，固有过人的智，且彼健而人又足以敌我的势。这皆致讼的道，故名其卦为讼。

"讼：有孚窒惕，中吉"，刚来而得中也。"终凶"，讼不可成也。"利见大人"，尚中正也。"不利涉大川"，入于渊也。

这一节是以卦变体象解卦辞。刚来是卦变自《遯》九三的刚，下于九二；得中是刚柔不偏的意思。尚是好尚，大人所主也；中是听不偏正是断合理。入渊是陷于罪的意思。孔子说，争讼的端多起于人心不平。有孚见窒，在人心所甚不堪的。乃能惕中而言，然所言中者，何所取哉？卦变自《遯》而来，刚来居二而居下卦之中，则是无恃壮用罔的过，有刚而能柔的善，可止就止，自不至终极其事，这是中所由取。既得中，则为有孚而能惧亦可见矣。又言终凶者，以理而言，天下的事，惟善者皆可成。若那讼则非美事，宜得已便已，不可成也不可成而成，所以凶也。所说"利见大人"者，卦体九五居上卦之中，得阳位之正，是所尚者中正，中则听不偏，正则断合理，讼之有孚者，得以辨明矣。这见大人所以利也。又说

“不利涉大川”者，卦象坎为险陷，有渊象，乾以刚乘之，则是事本真实，顾乃冒险侥幸，造一端虚诞的词，这等讼虽有理，反自悖理而入于罪恶之渊矣。这利涉大川，所以不利也。

《象》曰：天与水违行，讼；君子以作事谋始。

这《大象》是教君子谨始虑终以绝讼端。孔子说，天运上，水流下，天西转，水东注，其行相违，讼之象。君子以为人的讼，不起在争讼之日，却起在作事之始。始初不慎，情义乖违，讼所由起。君子当始谋的时节，事必顺乎人性以息那是非于未萌，不待有孚见窒然后方有惕中的心。行必协乎人情，以杜那利害于未着，不待讼不克胜，而后方有安贞的图，是天水违行。易卦所以成讼的象，作事谋始，君子所以绝讼之端欤！

初六，不永所事；小有言，终吉。

这一爻是言初六不健讼所以终得免讼。永即是终，事即讼事，言是对理辨讼的言，吉是讼已解的意思。周公系讼初爻说，凡能终讼者，必是那刚强有势力的人然后可能。若初六阴柔，本无健讼的资，居下又无终讼的势，故中心畏慎，不肯终极其事，但小有言语相辨而已。占者值此，始虽不免于讼，而终得以辨明，有惕中之吉，无终讼之凶，不其终吉乎?

《象》曰:“不永所事”，讼不可长也；虽“小有言”，其辩明也。

这《小象》是申言所以不可终讼的意思。长即是终极的意思。孔子说，初六“不永所事”，虽是以那阴柔居下的故，然将理而论，讼却非是美事，祸患莫测，不可长也。这初六的心，所以不肯终极其讼。惟不肯终讼，所以始虽有言语与人争辨，终必得以辨明，故吉。

九二，不克讼，归而逋，其邑人三百户，无眚。

这一爻是言九二退避不讼自不召祸的意思。克是胜；归逋是退避的意思；邑人三百户是邑之小者，言自处卑约的意思；眚是灾祸。周公系讼二爻辞说，九二阳刚为险的主，则智谋才力兼有，本欲讼的人，然以刚居柔，得下之中，是能裁度事理，上应九五，阳刚居尊，势不可敌，又屈于势力，乃自处卑约，以免灾患，有不克讼，归而逋，邑人三百户之象。这正是能惧而得中的人。占者当屈而屈，则不越礼犯分，何眚之有?

《象》曰:“不克讼，归逋窜”也，自下讼上，患至掇也。

这一爻是解九二所以不讼者，以下不可与上抗之，故窜是逃避的意思。掇是自取也。孔子说，九二既不克讼，则归逋而窜而已。所以这等是何如?以上下本有一定的分，以下去讼上，是犯非其分，则义乖势屈，而祸患所至，非自取者乎?九二有见于此，所以不克讼，而安吾分也。

六三，食旧德，贞厉，终吉；或从王事，无成。

这一爻是言六三之柔，宜于争讼而不宜于听讼。食旧德是安守常分的象，贞是安守正理的象，厉是为人所讼，终吉是终不为人所害的意思，从王事是从听讼之政，无成是无功。周公系三爻辞说，六三刚柔，本非能讼的人；故惟守常分，安正理，自享其所有，而无心利人的。如此虽不免受人所侵而厉，然终不为己害吉。

《象》曰：食旧德，从上吉也。

这《小象》是申六三无专事的才，唯可顺承王事而已。上是位在吾上者。孔子说，天下的事，非常分所能拘，亦非常才所能济。六三阴柔，既惟常分是守，则凡一举在上的令，而趋承之可也。若自主事，岂有成功哉!

九四，不克讼；复即命，渝安贞，吉。

这一爻是知屈于理而不讼，德日益进的人。复即命是复就正理，渝是变那欲讼的心，安贞是安于义理之正，吉是身安德修的意思。周公系四爻辞说，九四刚则过暴，不中则过当。本是欲讼的人，然居柔，则知那讼非美事，而不可成，乃以理自制，不克讼而复就正理，无有讼事。不惟事当于理，其心且也渝变而安处于理，又无好讼的心。其象这样。占者处讼时而能内外一于正，则虽不能作事谋始而却能改图于后，故吉。

《象》曰：复即命，渝安贞，不失也。

这《小象》是申言不复讼者能绝讼端。不失是克，盖前愆的意思。孔子说，九四所说“复即命，渝安贞”者，则是向固未免有欲讼的失，合内外而一于正，则改进自新，何失之有?

九五，讼，元吉。

这一爻是九五德威服人。讼者见之自然无冤，讼是争讼的人；元吉是理明情伸。周公系五爻辞说，九五居听讼的位，而又有中正的德，这是听讼而得其所，乃尚中正的大人，而为讼者所当利见。占者遇这大人，若终讼无理，固不能逃他的明断。设使讼而有理，则他出其中，自听之不偏而理直见枉者，自理得以上伸，出其正，自断之合理，而情真见诬者，自情得以上达。不惟天下无冤民，而且民自不冤矣。元吉何如?

《象》曰：“讼，元吉”，以中正也。

这《小象》是推本九五有听讼之德。以是由的意思。孔子说，九五所说“讼，元吉”者，盖讼者之得，元吉。由听者之中正也，中便心一于公，而听在那未断的时，已无偏主，正便事得其宜，听在那未断的时，自无过当，这讼者所以得元吉也。

上九，或锡之鞶带，终朝三褫之。

这一爻正言终讼者之必凶。或是未必然的意思，锡是上者赐之；鞶带是命服之餙荣有理之人，只是必胜的象。终朝是一日；褫是夺；三褫是有众夺的意思，只是终不得胜的象。周公系上爻辞说，上九以刚居讼极，是不知讼不可成的人，诬伪以为真，矫曲以为直，穷极其讼以取胜，有或锡他以鞶带，而未必锡者焉。然以讼得之，必以讼失之，而真伪直曲，不久遂白，故又有终朝三褫的象。曰三褫，则夺之者众，然则何所利而终讼耶?

《象》曰：以讼受服，亦不足敬也。

这《小象》是中言健讼者之不足贵。敬是可贵的意思。孔子说，服为锡命之荣，所以彰有德本是可敬；今上九以讼得这鞶带，则受之者非道，服之者不衷，纵使受而不褫，且也不足敬，况终朝三褫乎？其不可终讼也明矣。

䷆ 坎下坤上

师：贞，丈人吉，无咎。

这《彖》辞是用师之道，出师贵有声罪的名，任将贵得老成的人。师是兵众，贞是正道，丈人是才德老成的人，吉是有战胜的功，无咎是无丧师的辱。这卦名为师者，盖卦德卦象有寓兵于农的意，九二六五有将兵将将的象，故名为师。文王系辞说，人君用兵，出师以正，统师有人，行师的道，庶几备于是。何则？兵出无名，事所以不成，必顺天应人的事，然后驱吾所容的民以战，必吊民伐罪的师；然后出吾所畜的众以征，则所行的皆正道，而为仁义之师。将不得人，功所以不立，必临事而惧者，然后委他以长子之任；必好谋而成者，然后隆他以锡命之荣；则所用的皆丈人，而为有能之将。夫兵既有名，将又知兵，则功收一举，有战胜攻取的吉，谋出万全，无穷兵黩武的咎。

《彖》曰：师，众也，贞。正也能以众正，可以王矣。

这一节是以卦德解那师贞的义。二千五百人为师，即彖之意。能以，以字解作用字；王是兴王，去声读。孔子说，卦名为师，而必言师贞者，盖师之义众也，贞之义正也。所以师贞者，何所取哉？盖卦体九二，一阳在下之中，而五阴皆为所以，则是大将御兵，用以除暴，非用以为暴，用以去乱，非用以生乱，正是王者仁义的师。夫为将者，能以众正，则命将者天与之，人归之，无敌于天下，而可以兴王。夫众正就可兴王这样，可见行师贵以正也。

刚中而应，行险而顺，以此毒天下，而民从之，吉，又何咎矣？

这一节是以卦体卦德解丈人吉、无咎之义。刚中是九二的才德，应是应六五，行险是行师，顺是顺人心，毒是劳力伤才之害，从是随。孔子说，师旅之兴不无害于天下，又说“丈人吉，无咎”者，何哉？盖丈人所以为丈人者，非以其人，却以其有是才德。卦体九二刚中而上应六五，则是威而有惠，勇而有恩，且委任专，而君宠日隆，卦德坎险坤顺，则是兵虽凶举，战虽危事，然除暴之举而民心莫不克顺。这二者正丈人之所以为丈人处，以此行师，则虽劳民伤财，不免毒害天下。然既有这刚中的善，则畏他的威者，又将怀他的德，孰不乐随他以制敌？有这行师的顺，则惮他的严者，又将悦他的宽，孰不悦从他以御侮？是其所以害天下者，乃所以除天下的害。固长子帅师，而得人和如此，由是百姓一心，三军用命，有怀邦的功，无否臧的失，有执言的利，无舆尸的凶，又何咎之有？

《象》曰：地中有水，师；君子以容民畜众。

这一节是言君子体师象而尽养师之道。容是保，畜是养。孔子说，地中有水，就似那民中有兵，师之象也，君子体这象以为兵与民本有合一道。故于无事的时，制那田里固所以养他的生，不知足民固所以足兵，而伍两卒旅的人，皆聚在这容民之中矣。立那学校，固所以养他的性，不知训民即所以训兵，而折冲御侮的人，皆蓄在这养民时矣。这是伏卒伍于比间，就如伏至险于大顺内一般，藏军旅于族党内，就如藏不测于至静中则出这众以随他。盖莫非以律之师，体《易》之功何至哉！

初六，师出以律；否臧，凶。

这一爻是言行师之道当谨其始的意思。律是号令，节制。否即不臧，是善；凶是丧师之危。周公系初爻辞说，初六在卦之初，为师之始，所以壮三军的气者基于此。由师者可不谨其始，□□师旅一行，固出于正。而见于号令者，必欲严明，师旅所统，固有丈人；而列于部伍者，必欲整肃，这是有制的兵，不可以败。敬号令不行，军伍不饬，而否臧，这便是无制的兵，不可以取胜也，故凶。

《象》曰：“师出以律”，失律凶也。

这《小象》是申爻辞的意明否臧即为失律。孔子说，师一出而国家存亡，人民安危，皆系于此。故必以律，苟不以律，则无制的兵难免丧师之危，故必凶。

九二，在师中，吉，无咎；王三锡命。

这一爻是九二有将帅之功而得君宠之隆。师中即军中，吉是有成功，无咎是无败绩，王指六五，三是频数的意思，锡命是恩礼下颁的意思。周公系二爻辞说，九二在下而为众阴所归，有将帅的责任，以刚中之善，有将帅的才德。这样的人，在那军旅中，故他的勇力足以克敌，那机谋又足以断成，威严足以戢众，那恩义又足以抚字。由是除天下的暴，自有成功，安天下的民，自无败绩，吉，无咎。然九二所成功，固是他的才德兼备，却也由君上宠任专隆。盖二应六五，为所宠任，则是知九二刚中之善，足为那行师的丈人，故锡命独隆；不嫌于再三，知九二行险而顺，足为那帅师的长子，故宠遇独厚；不厌于频数这等，则威望重而人心服。九二所以成功者，有所由然也。

《象》曰：“在师中吉”，承天宠也；“王三锡命”，怀万邦也。

这《小象》是推原九二所以成功，王者所以宠将的意思。天即是王，宠即是三锡命，怀是抚念的意思。孔子说，九二所以“在师中吉”者，岂独是他的才足以将兵哉？却由他以这才德，上承那天王的宠任，故他便得以尽其才。盖得君既传，自然成功不□□□然举动且不免于中制，祸将不测，况于吉乎？又言“王三锡命”，亦岂是六五的心？这样贪功哉，却由那王者的心，怀念万邦危乱，故欲赖二为之安戢。盖忧民既深，自然宠任独厚。不然，君恩不容滥与，虽一锡且不可，况三锡命乎？故曰人君有安天下之志，而后任将专，人臣能荷天子之知，而后成功易。

六三，师或舆尸，凶。

这一爻是无才德的人而冒领军卒不免有丧师败绩之危。或是有这理的意思，舆尸是载尸盈车而归，凶是丧师辱国。周公系三爻辞说，六三才德不足，既非师出以律，犯非其分，又非师出有名，由此以战，适以取败，或有舆尸的理。占者这等，外生敌国的患，内贻吾君的忧，其凶何如？

《象》曰:“师或舆尸”,大无功也。

这《小象》是申言六三之无功。孔子说,义以克敌为功,义而不胜,已为无功,舆尸而归,所丧甚多,大无功也。

六四,师左次,无咎。

这一爻是言六四能全师而退,则无丧师之辱。左是退后,次是舍。周公系四爻辞说,六四位近六五,亦与有行师的责者;但他阴柔不中,虽非克敌的才,居阴得正,却有量敌的智。故他自度才不足以致胜,乃全师以退,有师左次的象。古者若这等,虽无那怀邦的功,却也无否臧的失。又何咎?

《象》曰:“左次无咎”,未失常也。

这《小象》是申言六四退师之善,当是行师的常道。孔子说,师以进取为勇。今左次也得无咎,何如?盖知难而退,行师的常道,六四左次,亦不失那师道的常,这六四所以无咎也。

六五,田有禽,利执言,无咎;长子帅师,弟子舆尸,贞凶。

这一爻见人君固当兴除害之师,任将不可不得其人。田是田畴;禽是害稼的鸟兽,比害民的贼;利是宜执,是搏击之义,言是声罪致讨的意思。长子是才德老成的人,指九二;弟子是新进的小人,指三四。周公系五爻辞说,六五是用师的主,柔顺居中,不为兵端的君,然王者无外亲天下的民,皆吾的赤子。其或有作乱于其间以害吾民者,五的心有不容以自已,乃声罪致讨以救其民,就如那田中有害稼的禽,而不容不执言者一般。这固王者仁义的师,攻非所以为暴,取非所以为贪,何有穷兵之咎?然行师固贵得正而任将又不可非人,故必使长子,如那九二有刚中的才德者,以帅师,则以众正,可以王矣。若使那弟子,如三四无才无德者,参于其中,则大将不得专其志,以尽其才,不免舆尸而归,虽正亦凶。

《象》曰:“长子帅师”,以中行也;“弟子舆尸”,使不当也。

这《小象》申言六五任将所以宜于长子而不宜于弟子的意思。中是中德，行是行师，使是人君使任。孔子说，六五必用九二“长子以帅师”者，以九二有刚中的德，而行师自不至残民以生乱，此所以当任也。弟子舆尸，其过岂专在那三四弟子哉！却由为君者，使非其人以致败。然则命将行师，可不专于委任哉！

上六，大君有命，开国承家，小人勿用。

这一爻是言王者行报功之典，固当论功行赏，尤当因人异施。大君是集一统的君，命赏功的命，开是辟封疆，国是诸侯之国，承是受乘土，家是大夫之家。周公系上爻辞说，上六居师终，是兵戎已休，处顺极，是民心已得。大君当这时，是王天下的功已成，怀万邦的绩已著，所言论功行赏，正在这时，于是颁爵赏的命，以酬其功，比前三锡命者又加厚矣。然功有大者，非封国无以报他，则开扩疆土，使为诸侯；功有小者，非承家无以报他，则承受乘上使为卿大夫；皆以他有帅师的功。故与他共享天下太平。然这开国承家，惟有德君子可以当之，若那无德的小人纵使有功，不可使有国家；若使他有国家，安知他不为国中禽。占者若赏小人，但优以金帛可也。

《象》曰:“大君有命”，以正功也;“小人勿用”，必乱邦也。

这《小象》是申言大君报功固有正典亦不滥施。孔子说，上六言“大君有命，开国承家”者，盖功有大者，则封他以国，而国又有公、侯、伯、子、男；功有小者，则承他以家，而家又有上下大夫；是赏有大小者，正以定那功的大小也。又言“小人勿用”者，小人有邦，必挟功自恣，必危乱邦国，始以靖乱，终以生乱，则于王者怀万邦之心，亦甚拂矣。于此见圣人行师，惟救其民而已。岂得已哉！

䷇ 坤下坎上

比：吉。原筮，元永贞，无咎。不宁方来，后夫凶。

这卦辞是言人君比天下必尽比天下的道，斯得天下来。比吉是得天下协从的意思。原是再；筮是自家审察；元是有元善的德，永是守这元善，无间于始终的意思；贞是行这元善，不流姑息之私的意思；无咎是无愧于君道的意思；不宁是未得所比不安的民；方来是至此才来的意思；后夫是不早来归附的人；凶是必受刑戮的意思。卦为比者，九五一阳居上得正，上下五阴顺而从之，是有一人抚天下，而天下亲辅一人的象，故为比。文王系辞说占者得此，当必为人所亲辅而吉，然民之比我非私我，将以怙我的德，故必再筮以自审。果有好生的德，而体仁以长人，这便是仁；果能持守这德，久而无间，推行这德，正而不私，这等则显比的道在我，然后可以当众来归而无咎。然不特近者悦而已，其未比而有所不安者，莫不仰吾元永贞的德，而方来归我，这便是以德而来天下之比而民心皆系属于一人。苟有匹夫迟而后至，且欲天下人去，比他这便此交已固，彼来已晚，而自失所比，无复可为，徒取凶耳。求其能比天下，胡可得哉！

《彖》曰：比，吉也；比，辅也，下顺从也。

这一节是以卦体解比的名。下指天下的臣民言，顺是情不容已，从是分不可逃。孔子说，这卦名为比者，以比有亲辅的义。然于卦何所取？盖卦体九五以阳刚居上卦之中，而得其正；上下五阴比而从之，是以一人当天下亲辅。故为比。

“原筮，元永贞，无咎”，以刚中也。“不宁方来”，上下应也；“后夫凶”，其道穷也。

这一节是以卦体解卦辞。以是因，刚是有果断的德，中是有时宜的德；上下是臣民，道是比道，穷是困。孔子说，卦辞所言“原筮，元永贞，无咎”者，何所取哉？盖君德以刚为主，而刚以得中为难。九五以阳居中，是主之以明作的心，而协之以大中的矩；奋之以果断的志，而济之以时措的善。以君临天下，则体仁长人，所以为元者，这刚中的德为之也；以化成天下，则深仁必世所以永者，这刚中的德为之也；以表正天下，则至仁无恩所以为永者，这刚中的德为之也；这等所以当众来归而无咎。所言“不宁方来”者，盖卦体上下五阴应那九五，则是敷天戴德，率土归心，或自内而比者，或自外而比者，或为有孚而来。比者，或为不诚而来比者，所比，自天下的人矣。又说“后夫凶”者，盖九五以那“元永贞”

的德，而来天下人，比则民心固已非一日；若后夫而欲民之去，此就彼自失机会，则无复可为，必至困穷所以凶。

《象》曰：地上有水，比；先王以建万国，亲诸侯。

这《大象》是言先王体比象以尽比天下的道。孔子说，地上有水，水比于地，不容有间，比卦的象。先王观那比卦的象。可无比天下的道乎？盖天下至大，可以一人统，不可以一人治，乃建立万国、列爵分土，而制为巡狩述职、朝聘往来的礼，以亲天下的诸侯，则下情不阻于上达，君恩不壅于下流，在天子以其所以亲天下者而亲诸侯，在诸侯亦以那天子所以亲我者而亲天下。不有以比天下而无间耶？

初六，有孚比之，无咎；有孚盈缶，终来有他吉。

这一爻是勉人臣于事君之始当尽输诚之道。有孚是有真诚的心，比是亲辅，之字指君言，无咎是无愧臣职的意思；盈缶只是充实至盛的象，终是后，来是自外而来，他吉如言又有异常的宠，无咎对言。周公系《比》初爻辞说，初六居比的初，是服官尚在有位之始，情意尤隔于那势分之疏，所恃以进结于君者孚而已。故必内而孚诸心，一忠君爱国的实心；外而孚诸事，一履正奉公的实事；有孚以比君。这样则忠顺的道不失，而为臣的职不愧，无咎。然所患者，特患诚未至于克实耳，苟由一念的诚心积至念念皆诚，自一事的实事克至事事皆实有孚盈缶，这等则岂特无咎而已。将见显比的君，莫不谅我的诚；外比的臣，莫不信我的诚；而朱绂之来，推毂之及，盖有出于意望之外有他吉。

《象》曰:《比》之初六，有他吉也。

这《小象》是申言至诚比君者，必获宠渥之隆。孔子说，初六既曰“有孚”，而且“盈缶”，故不特无咎而已。将见天宠日隆，益加于意望之外；君恩日至，愈出于常典之表；而“有他吉”，见比贵诚实也。

六二，比之自内，贞吉。

这一爻是言六二出其素养的道以比乎君，则必得君行道的意思。内是家修所蕴，贞是进非苟合，吉是可以格君。周公系比二爻辞说，六二阴柔中正，上应九五，即是养其身以有待的。故一遇那显比的君，则就出那内之素养者以此也。懋修于家庭间者，悉显设于王庭主矣，这是自内比外而得其正者。占者这样，是见可而进，得君而事，何贞如之？又且君心赖他以启沃，皇猷藉他以赞襄，何吉如之？

《象》曰："比之自内"，不自失也。

这《小象》是申言六二得比君的正道。失是失身。孔子说，所比非人，三之所以失身，六二比之自内而得其正，则择君而事，不至失身，盖得事君的正道矣。

六三，比之匪人。

这一爻是言六三不能择人而比。匪人即非其人的意思，指上六。周公系三爻辞说，六三阴柔不中正，才德不足，不能择善而从；又且乘承应皆阴而所比的人，皆非可与共成德业者，盖必失身于苟贱之党矣。

《象》曰："比之匪人"，不亦伤乎？

这《小象》是深慨六三自伤于匪人之比。伤哀伤也。孔子说，二不自失者，以其所比得人。六三既比匪人，则不惟无益于我，而反为我身心的累，能免同恶相济之伤乎？

六四，外比之，贞吉。

这一爻是言六四竭诚徇国尽道于己，而有功于上的意思。外比是国尔忘家的意思，之字指九五。周公系四爻辞说，六四以柔居柔，外比九五，是以柔正的德而居那近君的位，知九五刚中，所存皆纯王的心，则精白一心，以承天子的休德；舍正应之阴柔而知九五显比，所发皆纯王的政，则体公弘化，以扬天子的休命。这是自外而比君，正而且吉的道。占者这样，则明良相遇，一德咸有，何贞如之？且内可以辅君的德，外可以佐王的治，何吉如之？

《象》曰：外此于贤，以从上也。

这《小象》是申言六四比君所以尽事上的意思。贤指九五有刚中之德言，上亦指九五，从即比意。孔子说，九五以无私比天下，诚天下的贤君。六四外比九五，岂止从其贤而已。盖君臣的义，无所逃于天地间，唯那义有所不逃。故他的心有不容已，亲有德者，实所以明有尊也。

九五，显比；王用三驱，失前禽，邑人不诫，吉。

这一爻是言九五比天下以大公的道，自有以得天下大顺的心。显比是比人的道显明而无私的意思。三驱、失前禽，是言止开一面的网，将那三面的网去驱禽，随那禽从一面而去也罢，比施无私的恩于民，随民心感不感的意思；邑人是同驱的人；不诫是不相警备，以求必得那禽的意思，比那王者的臣民，虽蒙王者的泽，且忘王者的泽而不知的意思；吉是王化大行。周公系五爻辞说，九五居尊，以刚健中正的德，为上下五阴所比，是王者普天地太公的心；而无私恩加天下，不必人人皆戴了的恩，天下的人也不知是谁加我的恩。凡比之内外，比之终始者，无一不效王者的化，则上下相忘于失得勿恤之天，就如那王用三驱，失前禽，邑人不诫的象一般，这乃吉之道。占者也能这样，则功虽不计，而王道有自然的功，利虽不谋，而仁义有自然的利，不宁方来的民，可以固结于不替，显比无私的治可以永享于无虞吉。

《象》曰："显比"之吉，位正中也；舍逆取顺，失前禽也；邑人不诫，上使中也。

这《小象》是申释爻辞见王者无心之化，成于无私之德的意思。位是爻位，正是守正不泥的德，上是君，使有默化的意思，使中是相忘于大道之中的意思。孔子说，九五"显比吉"者，盖五居上卦中，而得阴位之正，是天德克慎子而为绝王的心，发而为纯王的政，而"显比"的治皆不显的德为之。又说失前禽者，盖天下有逆吾的治，而蹈后夫的凶者，则虽强他不能使来，我但舍之而已；天下有顺吾的治，而切方来的志者，不能使来，我但舍之而已；天下有顺吾的治，而切方来的志者，则虽推他不能使去，我但取之而已。惟不较那顺逆，所以有前禽之失。又说邑人不诫，这固是下化于中，而不知显比之吉，取舍之公，却由王者建中于上有以使之然耳。盖民心罔中，惟尔之中，故曰上使中也。

上六，比之无首，凶。

这一爻是言上六无德不能居上比民的意思。无首是无德而居上的象。周公系上爻辞说，人必有刚中的德，然后可以首出庶物而为人所比。上六阴柔，则再筮自审，既无那元永贞的德而居上则欲得人来比，但不能当众来归，为比之无首之象。占者这样，则民已属那显比的君，而众叛亲离，必蹈后夫之凶。

《象》曰：比之无首，无所终也。

这《小象》是申言上六无德比人，终不能保其位的意思。无终是无终稍的意思。孔子说，上六“比之无首”者，盖无德而居上，正是后夫的人，则民叛而难作，必不能保其终以善其后，这所以凶。

☴ 乾下巽上

小畜：亨；密云不雨，自我西郊。

这卦辞是喜君子的道有可亨，惜君子的蕴未远施。亨是不为小人所制，密云是阴物，西郊是阴方，不雨是所蕴未大、不能远施的意思。卦名小畜者，卦体以巽畜乾，六四以一阴畜众阳，有以小畜大的义。又以阴畜阳，能系而不能固，有所畜者小之象。故为小畜。文王系辞说，时当小畜，阳为阴制，似难得亨。然卦德内健外巽，有能为的才，卦体刚中志行，有可为的势。故能不为所畜，犹足以安其位，行其志而亨。然虽可以得□□□□□未极。□未远，却不能大有所为于天下益大有涵养者，而后有大设施。这卦为小畜，但能懿文德而已。若欲厚积，而远施则不能，故有密云不雨起自西郊而不雨的象。

《彖》曰：“小畜”，柔得位而上下应之，曰小畜。

这一节是以卦体解卦的名义。柔得位指六居四，有得时用事的意思；

上下指五阳；应是受他制束的意思；之字指小人。孔子说，这卦名小畜者，盖以六四的柔，居得其位，而上下五阳皆应他，是小人处得高位，而众君子为他所牵制，有以小畜大的义，故为小畜。

健而巽，刚中而志行，乃亨。

这一节是以卦德卦体解那亨字之义。健是有刚健不屈的操，巽是有沉潜缜密的志，刚指君子，中是当要路的意思，志行是势有可为。孔子说，以阴畜阳，君子未见制于小人，卦辞乃说亨者何哉？盖卦德内健外巽，则是立心刚毅，既足以植吾的正气，而处事顺理，又足以消他的奸谋，其才有能为矣。曰体二五刚中志行，则是君子得位，在我有可制的权，行无不得；在彼无可乘的隙，其势又得为；这所以不为他所畜而亨。不然，健而说者，尚可以成决和的功；刚中而应者，尚可以慊《咸》《临》的志。况处《小畜》而有不亨耶？

“密云不雨”，尚往也；“自我西郊”，施未行也。

这一节是释言君子的蕴畜未大，正当进修而不能兼济的意思。尚往是尚当去学的意思，施是恩泽，未行是不能远布的意思。孔子说这卦辞，又说“密云不雨”者，何哉？盖君子以泽及天下为心，今则积未厚，当懋其进修的力，养未盛，正当奋其勇往的功。尚往也，惟畜未极而尚往。故“自我西郊”者，正言德未能以远播，无以兼济万物，恩未能远及，无以润泽生民，施未行于天下也。

《象》曰：风行天上，“小畜”；君子以懿文德。

这《大象》是言君子体易象，以尽威仪文辞之美。懿是美，文德是德之发见在外的。孔子说，风行天上能畜而不能久，有小畜的象。君子观象于这卦，可无小畜的功乎？故厚积远施，以经纬那天地，非其所能。但近取诸身，以树那风声，于威仪则致其美，而文以君子的容；于辞气则致其善，而文以君子的辞；则风行天上，固有以宣一时的湮郁，而君子美在其中，亦可以淑一身的令仪。由是养盛而为大畜，又将风动于天下矣。

初九，复自道，何其咎？吉。

这一爻是言初九之进，能以正道自守，则无枉道的失，而有正人的功。复是上进的意思，自是由，道是正道。周公系初爻辞说，阳刚本宜在上，志欲得位以行道，但为那阴所畜，而久屈于下，却非道之当然。今初九体乾，居下得正，前远于阴，虽与六四正应，而能自守以正，故小人不能畜他，而得以居那所当居的位，有进复自退之象。占者这等，则行义达道，而非枉道以徇人。何其咎？然且出那文德所蕴者，上足以正君，下足以正民。小畜的时，可转而为大道为公之世，故吉。

《象》曰："复自道"，其义吉也。

这《小象》是申言初九进身以正，宜其立功不小的意思。孔子说，枉己者不能以正人，无得吉的理。初九"复自道"，则进必以正，吾见阴邪不能制他，志得以行，揆度于义当得吉也。岂幸致者哉？

九二，牵复，吉。

这一爻是言九二能偕同德以进，则不为小人所制而得遂其进的意思。牵是连，吉是志遂道行。周公系二爻辞说，九二亦欲上进，而渐近于阴，若不免为小人所畜。然他有刚中的德，适与那初九刚正的心相契行道的怀，又与那初九自道的□□□。故同升诸公，为牵复之象。占者这样，则正气日伸，而吾道由之大行，故吉。

《象》曰：牵复在中，亦不自失也。

这《小象》是申言九二有刚中的德，故以道而进无愧于初九。中是刚中，亦是与初九无异的意思；不自失是不失身于那小人的党类。孔子说，初九刚正，故不自失；九二牵复，以其有刚中的德，中以行正，亦不自失也，言与初九同也。

九三，舆说辐，夫妻反目。

这一爻是言九三无德而妄进，则改节乱群，不免为小人所畜的意思。舆脱辐是不得进的象；夫妻是三阳与四阴的象；反目谓怒目相视，是与四争进的象。周公系三爻辞说，九三欲进的心，虽与初二同，然刚而不中，志行邪僻的人，故不能自进，为舆脱的象。且他的志刚，又不安于四所制，不得平，与他争，又为夫妻反目的象。这可见不能进而与小人说者固此刚，不能平而与小人争者亦此刚。人的中德其可少乎？

《象》曰：夫妻反目，不能正室也。

这《小象》是推原九三所以与人争者，由自失守正之道。孔子说，以顺为正妾妇的道。今“夫妻反目”，岂皆妻的过哉？由为夫身，身不行道，不行于妻室。可见六四所以畜九三者，却由九三刚而不中，自处不以其道耳。

六四，有孚；血去惕出，无咎。

这一爻是言六四以诚感人，故得二阳之助以成畜乾之功。有孚是有诚信的德，血去是伤害可免的象，惕出是忧惧可去的象，无咎是有功于国的占。周公系四爻辞说，六四有大臣的责者，以一阴而畜众阳，本有伤害忧惧，但以其柔顺得正，虚中乾体，则一诚感通，二阳乐助，以这畜乾，则合众人的谋以为谋，兼众人的力以为力。故伤害可去，而外焉得以安其身；忧惧可免，内焉得以安其心，为有孚，血去惕出的象。占者能如六四有孚，则可以制小人而安邦家，何咎之有？

《象》曰："有孚惕出"，上合志也。

这《小象》是申言六四所以成畜乾的功，由得二阳助他。上指二阳，志是畜乾的志。孔子说，六四“有孚惕出”，岂一阴独力所能济哉？盖好善恶恶，人的同心，六四志在去奸而上二阳与他合志。故小人可畜，而得免忧害也。

九五，有孚挛如，富以其邻。

这一爻是言九五有德有势，足以感结众心以同御暴。孚是诚信的心，挛如是人不忍离他的意思，富是富厚的力，以者左右之也，邻是相亲不离的意思。周公系五爻辞说，三爻同力畜乾，而九五为之首。然无德者，不足以孚人；无力者，不足以使众。今五居中，则此心的孚诚，既足以感人心，上下皆与他合志而不忍离；且处尊位则势力富厚，又足以屈服群力，上下皆听他左右而不敢违，与这上下的人而同力以畜乾，何强暴之不可御哉！是则有孚挛如者，心之同；富以其邻者，力之同；未有心不同而力能同者。这所以有孚尤为以邻的本，而占者有孚，则能以其邻也。

《象》曰："有孚挛如"，不独富也。

这《小象》是申言九五所以能感结二阳与他同力畜乾，在德而不在力。孔子说，九五既"有孚挛如"，是有孚以为感召的本，不独以那富厚的力使人而已。这所以众皆信从者，莫非此诚为之充也。

上九，既雨既处，尚德载；妇贞厉，月几望；君子征凶。

这一爻是言小人势盛，君子为其所制，因戒小人不可以害正，而君子不可不防奸的意思。既雨是与阴相和的象，既处是与阴相止的象，尚德是尊尚阴德，载是满；妇是阴柔小人的象，贞厉虽正亦不免犯分，月亦阴类、小人的象，几望是已盛的象；征是所行所为，凶是见制于小人。周公系上爻辞说，上九虽阳爻而居巽体，亦为阴类夫；阴畜阳之极则阴力制乎阳，而阳亦受制于阴，畜道成而至和。故昔固密云不雨，今则既雨；向固尚往，今则既处。所以然者，盖由阳自尊尚阴德，至于积满而然。这阴盛的时，在小人不可以不戒；在君子不可以不慎。盖以理言，阴的常分，本不可加那阳，故如阴妇的小人，占而得此虽得其正，而犯非其分，却不免于厉。求其能免那伤害，能免那忧惧，胡可得哉？以时而言，阴盛抗阳，其象如"月几望"，故君子占而得此，却不可以有行，必受小人的制，凶，求其能自道而复牵连而复，胡可得哉？

《象》曰："既雨既处"，德积载也；"君子征凶"，有所疑也。

这《小象》是申言上九阴盛之极，君子当知戒的意思。疑是窒碍不通。孔子说，阳与阴和而"既雨既处"者，岂君子之得已哉？盖以阳为阴畜，不能防其始，尊尚他的德至于积满而然，君子有所行则凶者。盖阴盛抗阳，其行有所疑碍，然则岂可妄行哉！

☰☱ 兑下乾上

履虎尾，不咥人，亨。

这卦辞是言人臣事刚暴的君，有恭顺的德，亦足以得其君而行其志。履是蹑而进，虎尾是刚君之后的象，不咥是无斥辱的象，亨是有可为的占。卦名为履者，这卦以兑至柔，而蹑乾至刚之后，乃至危的地非所履而履者，故为履。文王系辞说，以巽顺的臣，事那刚暴的君，动则有危，然以和悦的德处之，则懿恭的德，自足以取信于君，非惟斥辱不加，而素履的愿，且我不行，就如那履虎尾，不至咥人一般。占者这样，则虽处那危地，而上下辨，民志定，光明正大的业可臻矣，故亨。

《彖》曰："履"，柔履刚也。

这一节是以卦体解履名义。孔子说，卦名履者，是二体兑为至柔，乾为至刚，以和悦履刚强之后，则是以柔弱的臣，而事刚暴的君，动则有危，故名为履。

说而应乎乾，是以"履虎尾，不咥人，亨"。

这一节是以卦德解彖辞。孔子说，人若履危，未有不见伤者，而又何以得亨？盖天颜不可犯，尤虎尾不可履，惟卦德说以应乾，则忠顺不失，而君心可格。由是得君可以行道，获上可以治民，志愿何如其大行？以此为臣，不为天下的良臣乎？所谓亨者，固于臣道而可见矣。

刚中正，履帝位而不疚，光明也。

这一节又是即那卦体以明亨义。刚中正是指九五的德言，不疚是德称其位的意思，光明是治功显著。孔子说，不独卦德有亨义，又以卦体言之，那帝位不易居，就如虎尾不易履，惟九五以刚中正，履帝位则德称其位，而内省不疚。以这不疚的德而推见于治，则刚中的善奕而为建中的加猷，刚正的德敷而为表正的治化，功业何如其光明？明此为君，不为天下的明君乎？所谓亨者，又于君道而可见矣。

《象》曰：上天下泽，履，君子以辨上下，定民志。

这《大象》是言天地有自然的礼，而君子体之制为一定的礼以治民。君子是圣人在天子之位者；辨上下是因人之贵贱，而列爵享之厚薄的意思；定民志是使人心各安其位，各安其享，而无过望的意思。孔子说，上天下泽，定分不易，此乃是天地自然的礼。君子观这象，以上下有一定的位，如天泽有一定的分，民志不定，每由上下的位有未辨，于是随人的德所在而因以定其位，随人的位所在而因以定其享。位有贵者，享亦从其厚，所以列在上者，一法乎天而已；位有贱者，享亦从其薄，所以列在下者，一法乎泽而已。这等，则位以德称，自无出位的思；享以分限，自无越职的失。为上者志定于上，而求处于有礼之安，就如那天安于上，而无嫌于高一般；为下者志定于下，而求远乎礼之危，就如那泽安于下，而无嫌于卑一般。礼制于上，而分定于下有如此。

初九，素履，往无咎。

这一爻是言初九达不离道，斯无负其所学。素履是平素所欲行的；往是今日所出仕时；无咎是无负平生所期望，则无旷职之失的意思。周公系初爻辞说，初九有果确的操，而当出仕之初则爵禄足以縻他的心，而平日尧舜君民自期者，皆显设于大行之际、无咎之道。占者率这素履而往，则那穷养之有素者，已达行之有验，上不负致君的初心，下不负泽民的素志，光明正大的业，可卜于日之始进，何咎之有？

《象》曰："素履之往"，独行愿也。

这《小象》是申言初九达之所行者，一行其穷之所志，独有卓然不变意。愿是平日行道的志。孔子说，君子未仕的时节，莫不有必欲行道的愿，但修于家者，而卒坏于天子的庭，则得行其愿者鲜。今素履而往，正以独行其愿，而致君泽民的志，确然无负于初。不然，则于那平日所期待者何如？其所负不多乎？

九二，履道坦坦，幽人贞吉。

这一爻是言九二有德而不为时用，惟隐居以自乐。履道是独行其道的意思，坦坦是此心自得，幽人是隐士，贞是所守正，吉是名节高。周公系二爻辞说，君子得志当与民共由，不得志即独行其道，不必于处而亦不必于出。九二刚中在下，无应于上，是有德而不见用于时者也，乃即其所居的位，而乐吾日用之常，素位而行，不愿乎其外，正履道坦坦者。幽人占而得此，则抱道自乐，而宠辱有所不惊，黜陟有所不闻，贞而吉。

《象》曰："幽人贞吉"，中不有乱也。

这《小象》是申言九二隐忧之志，不为利禄所摇夺的意思。中是中心，乱是摇动的意思。孔子说，九二"幽人贞吉"者，以二有中德，在我足以自乐，此心自不乱于功名也。

六三，眇能视，跛能履，履虎尾，咥人，凶；武人为于大君。

这一爻是言六三无才无德，徒恃刚暴以取辱。眇是不能视，跛是不能行，武人是刚暴的人，为大君是得志肆暴的象。周公系三爻辞说，六三居下之上，是上有可事的君，下有可治的民。但不中不正，柔而志刚，愿乃好于自用；明本不足，而强以为明，就如那眇者，自言能视，其所视几何？行本不足，而强以为行，就如那跛者，自言能履，其所履几何？这样的人，以事君固不可履乎乾，以治民亦不可以履帝位。盖人必有和悦的气，而后可以蹑刚强之后；苟以志刚者履之，则与那悦而应乎乾者不同，吾知必见伤害，有"履虎尾，咥人，凶"之象。人必有中正的德，而后可以履帝位；苟以志刚者履之，则与那刚中正，履帝位而不疚者不同，吾知必不能久，有武人为大君，而播恶于众之象。

《象》曰："眇能视"，不足以有明也；"跛能履"，不足以与行也；"咥人之凶"，位不当也；"武人为于大君"，志刚也。

这《小象》是历申六三无才无德，徒刚暴之不可的意思。孔子说，六三眇而说、能视，虽强以为明，然明不烛远，实不足以有明；跛而说、能履，虽强以为行，然行不及远，实不足以有行。又说"咥人凶"者，由他位居不当，无和悦的德，故不能履乾也。又说"武人为大君"者，由他柔而志刚，无刚中的善，故不能履帝位也。

九四，履虎尾，愬愬，终吉。

这一爻是言大臣近刚君，能尽祇事之敬，斯有得君之庆的意思。履即近，虎比九五，**愬愬**是敬惧的意思，终对始言，吉是安位行志的意思。周公系四爻辞说，九四上承九五的刚，而以不中正履之，则必触其怒而犯其威，有履虎尾之象。这等似难免咥人的凶，然幸九四以刚居柔，故能小心畏惧，以事其君，则始虽履那危机，终则得以安其位，而行其志，位虽高而主不疑，权虽重而上不忌，终吉。

《象》曰："愬愬终吉"，志行也。

这《小象》是申言九四能敬顺事君，可以得君行道。志是平日所期待的。孔子说，欲得君行道，九四的素志；今**愬愬**而终得吉，则上不疑而任必尊，平生的抱负得以显设于天下，志有不行乎？

九五，夬履，贞厉。

这一爻是言英明的君恃德位而妄有所作为，必至激变危民的意思。**夬**是急迫妄为，贞是虽关国事，厉是危乱。周公系五爻辞说，九五以那可为的才，乘那得为的势，凡为臣下者，又皆将顺他的所欲为。故于天下的事，不能熟思审处，而作聪明以自恃。惟取决于行，这正是武人为大君，则虽乾刚独断，固君之正道。然好大喜功，适以激变生乱，危厉不免，何有光明之治？

《象》曰："夬履贞厉"，位正当也。

这《小象》是推本九五所以妄作致危，由其恃才逞势。位是居，正是有刚中的才，当是有人君的位。孔子说，这《小象》言"**夬**履贞厉"者，以他的位正当也。正则有雄才大略的资，而才能有为；当则居崇高富贵的位，而势又得为。这所以恃他的才，恃他的势，而"**夬**履贞厉"也。

上九，视履考祥，其旋元吉。

这一爻是言君子详考所行的事，必尽善无亏，然后可以获天之福。视履是看他平日所行的事，考祥是稽卜将来的福兆何如，其旋寓有周旋无亏意在内，元吉是获天眷的大善之福。周公系上爻辞说，上九处履终，是人事已为之后，乃天心昭鉴之基，所以考休徵的应验，正在这里。君子就即已践履的实迹，以验那休咎的朕兆，果足以契那天心，而足以致祥否也。然必其所履者，事果尽善，周旋无亏，动出万全，乃为合乎天心，斯百祥毕集而元吉。盖君子不取必于天，而且反考吾心的天。苟不合天，便是跛履以致凶，夬履以致厉，不祥莫大矣，况元吉矣？

《象》曰：元吉在上，大有庆也。

这《小象》是申言上九所行的事尽善无亏，则获福非小。在上即获终的意思，大即是元，庆实时中。孔子说，善其始者未必善其终。今元吉在履之终，则德会其极，而天休兹至，行造其成，而帝命潜孚，不特有庆，且大有庆也。

䷊ 乾下坤上

泰：小往，大来；吉亨。

这卦辞是言隆盛之世小人进迹，君子进用。小是阴，即阴浊的小人；往是退而在外的意思；大是阳，即阳明的君子；来是进而在内的意思。吉是得位行道；亨是功成业就。且泰者为言通也，这卦坤上乾下，则是阴阳交密贞元会合于两间，有通泰之义，故为泰。文王本人道以系辞说，《易》的大分，阳为大，阴为小。这卦的体与变，皆小往大来，是小人在外而退听，君子在内而用事。占者有这阳刚的德，而当这隆盛的时，则正气为之日伸，正人为之日奋，且治道与世道而并隆，文运与国运而同泰，吉亨。

《象》曰："泰，小往大来，吉亨。"则是天地交而万物通也，上下交而其志同也。内阳而外阴，内健而外顺，内君子而外小人：君子道长，小人道消也。

这象辞是总释泰的名辞，无非发明天道人事之泰的意思。天地交是二气絪缊的意思，通是化生的意思，上下交是君臣道合，志同是致治的志相同，内阳是君心存主处阳明，外阴是阴浊不得累其内，内健是君心发用处刚健，外顺是柔縻不得间于内，内君子是君心信用的皆正士而奸邪不得参于内，道长是济民利物的道大行，道消是害民蠹国的道莫行。孔子说，卦名为泰，辞说小往、大来、吉亨，则是天地以气交，而化生万物的气无不通，是天地先君臣以开其泰，君臣以心交而兴道致治的志无不同，是君臣后天地以成其泰。然天地的气所以通，君臣的志所以同者，却又系于君心理欲邪正之辨。盖乾为阳，为健，为君子；坤为阴，为顺，为小人。内乾外坤，则是君心所存者，皆阳明的善；而阴闇无以累其善，内阳而外阴也。君心所发者，皆刚健的德而委靡无以累其德，内健而外顺也。君心所信任者，其正直的君子，而小人无以参其用，内君子而外小人也。内君子则君子康国阜民的道，得以设施而日长；外小人则小人蠹国害民的道，不得以设施而日消；这所以联上下之交而成天地之泰，卦名卦词义尽于此。

《象》曰：天地交泰，后以财成天地之道，辅相天地之宜，以左右民。

这《大象》是言人君尽致泰之道。后是元后，即大君；裁成是裁那大过者，以成就之道，是气化自然的运辅；相是辅那不及者以补益之；宜是事理当然的宜；左右是扶植的意思。孔子说，天地的气一交而文明的运即开，这是泰的象。天既有这时，则人却有这事，所以共成天地的泰，元后于是有致泰的道。那天地的道，任其自然，容或有过，则从而裁成他别为四时，而阴阳分奠为四方，而刚柔节立为五常，而仁义断。过者，抑而就于中矣。天地的宜，根于形气，容或有不及，则从而辅相他。用天的道而本阴阳以作事，因地的利而承刚柔以阜财，立人的极而缘仁义以设教。不及者，辅而进于中矣。这等正以左右斯民于天地中，使他各遂其生，各复其性，皆得以道天地的道，宜天地的宜。人君治功之盛，不有成天地气化之盛哉！

初九，拔茅茹，以其汇；征吉。

这一爻是言初九偕同类以进用，而道得以大行。茹是根；拔茅茹，以其汇，是相连而起的象；汇即是类，征是进，吉是功业有成的意思。周公系初爻说，初九当泰时，而有阳刚的德与上二阳相连而进，是值天地交泰，幸上下志同。初固有登庸的志，而那尚中行之道者怀艰贞之术者，皆与初俱进，就如那拔茅其根以类而起一般。占者有这德，而征行焉，则在已阳刚的德，固足以有为，在人中行的道，艰贞的术，皆足以致治，所以成辅泰之功者在是，吉。

《象》曰：拔茅征吉，志在外也。

这《小象》是申言初九所以与同类并进，而得行其道者，由同类的志皆欲行道于天下。外指天下国家。孔子说，志在一身一家者内矣。初九与二阳并进，而以其志在天下国家，欲进而立裁成辅相的功，尽左右斯民的业，志在外这样，这所以为“拔茅征吉”也。

九二，包荒，用冯河，不遐遗；朋亡，得尚于中行。

这一爻是因九二当泰时而有刚中之德，故示占者以尚中之道。包荒是有容的量，冯河是有果断的才，不遐遗是不忘远，朋亡是无私比，尚是配合的意思，中行是九二的中道。周公系二爻辞说，九二以刚中的德，当那世道隆盛的时，正主乎泰而得中道的人。占者必如何而后得尚他中道，必待人以恕，处事以宽，而包容那初之荒秽。且有罪必诛，有弊必革，而用冯河的勇，举及侧陋，虑及隐微，而不遗于遐远。且不亵近幸，不玩目前，而亡那朋比的私能，这四者则用刚于那所当刚，用柔于那所当柔，刚柔合宜，四者各得其中。用刚而济之以柔，用柔而济之以刚，刚柔不偏，四者共成一中，我的所行，合那九二的中道，治泰的道何以加此？

《象》曰：“包荒”，“得尚于中行”，以光大也。

这《小象》是推本九二所以能尚中行之道，由他的心不蔽于卑暗之私。孔子说，九二“包荒”、“得尚中行”，果何所本？盖中心蔽者，有中而不能察；中心隘者，有中而不能体。惟九二能舍相比溺爱之朋，而尚往以事中德之君，岂不光明广大哉！

九三，无平不陂，无往不复；艰贞无咎，勿恤其孚，于食有福。

这一爻是言世道盛极将衰，君子当尽保泰的意思。平是泰，陂是不平，往是小人去，复是小人又来，艰是思虑艰难，贞是施为正固，无咎是人事无失，恤是忧，孚是否极泰来、一定的信期，食是享，福是太平之福。周公系三爻辞说，九三泰过中，而否欲来之时。夫天地交泰，固为世道幸。然天下岂有常平的世？未有平而不陂者。小往大来，固足为君子庆，然小人岂有常往的理？未有往而不复者。这泰极否来，乃天运一定的孚信，而可恤者，为今计必艰难守正以处之，一念不敢肆，一事不敢苟，则人事已尽可以无咎。由是不必恤那无平不陂，无往不复之孚，而太平的福可以永绍其休矣。若或不忧此理之可信，不能艰贞以保之，是自食尽其所有之福禄，可畏之甚也。占者可不戒哉！

《象》曰："无往不复"，天地际也。

这《小象》推原九三正当天运将否之候。际是泰复为否的交会处。孔子说，九三说"无往不复"者，盖九三所处的时，乃天地泰复为否之会，正吾人转否为泰之机，可不思所以保之哉！

六四，翩翩不富，以其邻，不戒以孚。

这一爻是忧小人复集于朝，其势甚易的意思。翩翩是群飞而下的象，不富是不用富厚的力，邻是类聚的象，不戒是不待告戒的辞，孚是相信的心。周公系四爻辞说，小人合交以害正道，乃是他的本心。故当那泰极的时，而三阴翩然下复，其相与共事，不待驱他而后从，其相与为谋，不后约他而后信。这正是平者陂，往者复，君子戒之。

《象》曰："翩翩不富"，皆失实也；"不戒以孚"，中心愿也。

这《小象》是申言小人进用，虽用冒膺虚位而实则惬他的本心。实是居下的实分，愿是三阴的志愿。孔子说，三阴翩翩不富而不复者，盖小人本在下的物，居下乃是他的实位。今一旦下复而交集于上，是虚居这位失那阴分之实；既失其实，他的心便恐恐然，常忧君子议他的后而攻他，故"不戒以孚"。而欣然交合以媒蘖君子的短者，固中心的志愿，恨不得一日试者也。以失实的故，而恐不容于君子，以害君子的故，而自结交于小人，固小人的情所必至者，君子可自疏其防哉！

六五，帝乙归妹，以祉元吉。

这一爻是言柔顺的君能虚心以下贤，而可以成致泰之功。帝乙是尊象，归妹是下贤象，以祉是以此受福的意思，元吉就是天休的福祉。周公系五爻辞说，五为泰主，虚中而应九二之刚，是不以泰宁自恃，不以势位自高，而惟谦卑以下任那保泰的臣，如帝乙的妹，下嫁那匹夫而不嫌其为屈。古者这样，则得贤弘化，上足以凝天休，下足以固民志；盈成的运，可以当抚于无穷；大有的庆，可以常保。于无疆非以祉元吉乎?

《象》曰:“以祉元吉”，中以行愿也。

这《小象》是推原六五所以享太宁之福，由他能纯心以下贤的意思。中是中德，即纯心意；愿是屈己下贤之素志。孔子说，六五能保泰而以祉元吉者，由他有柔中的德，以行那下贤的愿，则以贤在九二，福在六五，以祉元吉也固宜。

上六，城复于隍；勿用师，自邑告命，贞吝。

这一爻是言上六当泰极之时不可以力回，但可反己以自修的意思。城复于隍是泰极而否的象，师是势力的象，自邑是反己的象，告命是修政令的象，贞即是修政令的正道，吝是羞吝。周公系上爻辞说，上六居泰之极，是平者以陂，往者以复，有城复于隍的象。占者当这时节，则天命人心，不可以人力挽回。但反求诸己，以修吾的政治，庶乎可以持其危而不坠。然不能保邦于未危而欲制治于已乱，虽所行的，皆是收人心，凝天命的正道，却也不免于羞吝。况不正乎?

《象》曰：城复于隍，其命乱也。

这《小象》是推原上六所以泰极而否者，由他平日不能益修政治的意思。命是政令。孔子说，“城复于隍”者，盖由他当那久安长治之后，法度不修，政令不治，其命已乱，故复否，告命所以治之，岂徒天运使之而然?

䷋ 坤下乾下

否之匪人，不利，君子贞；大往小来。

这卦辞是言世运厄而人道斁，君子正道不行，正人敛德，奸邪进用。否是气运闭塞的时候，匪人是非人道之常，贞是正道。这卦乾上坤下，天地不交，二气不通，故为否。泰者，人道之常，否则三纲沦，九法斁，非复人道之常。占者不利君子的正道，盖卦体卦变。大往小来，则是君子敛迹而小人得志之日，如之何其利君子的贞乎？

《象》曰："否之匪人，不利，君子贞；大往小来。"则是天地不交而万物不通也，上下不交而天下无邦也。内阴而外阳，内柔而外刚，内小人而外君子：小人道长，君子道消也。

这一节是总解否卦的名辞。无邦是言那邦之所以为邦，以其有邦君臣，今上下不交，则君臣的情意隔绝，不能图治，岂成个朝廷？虽有那邦，却如无有一般。"内阴"三句，俱就君心体用上看，只将《泰·象》反看便是。

《象》曰："天地不交"，"否"；君子以俭德辟难，不可荣以禄。

这《大象》是言君子当无道的时候，宜兴时俱晦以保全身家的意思。俭是收敛，辟是避祸。孔子说，天地不交二气闭塞，正否之象。君子以为当这否时，正小人得志，而吾不知所以避他，鲜不为他所害。故收敛那道德之光，以避小人的难，使名誉不彰，征辟不至，而人不得以这禄位荣他，声光若见则人得以荣之矣。禄之荣者，祸之来也，岂避难的道哉！

初六，拔茅茹，以其汇，贞吉，亨。

这一爻是言小人并进能变其害正的初心，则可以成善行而孚人心的意思。吉是行之善，亨是行之利。周公系初爻辞说，三阴在下，连类并进，如拔茅连茹的象。小人并进，势虽莫遏，但初恶未形，犹或可回，使能变那防贤病国的心，而为荐贤利国的谋，则改过迁善，而为君子路上的人。由是德孚于人，行无不得，吉亨则必然也。

《象》曰："拔茅贞吉"，志在君也。

这《小象》是申言初六能变那徇私的心而为徇国的心，亦开天下以从正之途的意思。孔子说，初六"拔茅贞吉"，贞者，盖君子的志，常在于君，若小人但知有身，而不知有君。今变为君子，则亦能以爱君为念，而不计其私。所以"吉亨"。

六二，包承，小人吉；大人否，亨。

这一爻是言小人不伤善类，亦可阴受其福，在君子也要安守其正，然后道亨的意思。包是包容，承是承顺，吉是福，大人是君子等人，否即是俭德避难的意思，亨是道亨非身亨。周公系三爻辞说，六二阴柔本有伤善的恶习，但居中正，未忘好善的良心，故人皆欲害君子，而他独能包容承顺那君子，而不遽伤害他，这是小人的善处。古者在小人能这等，则必阴受那君子赐，可以得吉。若在大人则当安守其否，不为小人所浼而后道亨，不可因他包承乎我而遂入他的党。何也？盖小人之真者不足畏，而那不纯于小人者最可畏也。

《象》曰："大人否，亨"，不乱群也。

这《小象》是申言君子当守正，不可亲□小人之党。乱是与他混处的意思，阴在下，阳在上，两不相交，故不乱群。孔子说，所谓"大人否亨"者，非独言小人包承而得亨，正言君子当安守正道，不混入于那小人的党类，所以身虽困而道则亨。苟一失其身，安得亨哉！

六三，包羞。

这一爻是鄙小人伤善之未能，却有警戒他的意思。包是包藏，羞是可耻的事。周公系三爻辞说，六三是个阴柔的小人，本有伤害君子的心，然不中不正，是他的才力歉弱，不足以成其奸谋。故那伤善可耻的事，徒包蓄在心而不能发，故象为包羞。若终隐而不发，亦可免于凶咎。

《象》曰："包羞"，位不当也。

这《小象》是推原六三包羞之故。孔子说，六三所以"包羞"者，由其以阴居阳，不中不正，所处之位不当，是既失其势，又短于才，所以伤善未能，徒包其羞。小人之羞，君子之幸也。

九四，有命无咎，畴离祉。

这一爻是幸九四当天人交际之会，而善类皆亨的意思。有命是天有开泰的命，无咎是人无动制的咎，畴是同类之三阳，离是附丽，祉是福祉。周公系四爻辞说，君子在天下，不患无可为的时，惟患无可为的道。九四当那否过乎中之时，而有不极其刚的德，其占为反乱以为治；在天已有开泰的命，宪天以出治，在人又有致泰的德，天命而人从，时至而事起，有命无咎。这等岂独是九四获天的福哉！虽那同类的君子，皆得罄其平生之抱负，以遂那尚往的志愿，可以奠安邦国，而功在社稷，则其获福祉也何如！

《象》曰："有命无咎"，志行也。

这《小象》是申言九四得遂反否为泰的志。孔子说，当否的时，人孰无休否的志？但天时未至，人事未修，卒阻于施为未能耳。今天有是时，人有是事，则道与时遇，可以大展平生的所蕴，志愿无不行矣，畴离祉不言可知。

九五，休否，大人吉；其亡其亡，系于苞桑。

这一爻是言九五有开泰的功，而因戒他尽保泰的道。休否是渐息其否的意思，大人指有德位的人君看，吉即是休否。其亡其亡有将危的意思，惟恐其亡也；系是缚束；苞桑是丛生的桑，牢固的意思。周公系五爻辞说，天下之否不可有，君子于否不易倾。今五的德位兼隆，为能休息其否，以驯致于泰，这乃大人的事，必有大人的德位，乃可以当此而吉。然祸乱每生于所忽，犹不可以那否既休而自肆也。又当常存危亡之忧，则所以制治者无不至，防乱者无不周，而所复之泰，如系苞桑之不可拔矣。

《象》曰："大人之吉"，位正当也。

这《小象》是推广九五所以能休时之否，由他有德位之兼隆。位是居，正是德之盛，当是位之尊。孔子说，九五能休否而得吉者，由阳刚中正以居尊位，则是帝德罔愆，既具那休否的资，而帝位是履，又有那休否的势，以这否世的大略，而操那独运之权，自足以奠安区宇，而休否之吉自得矣。

上九，倾否；先否，后喜。

这一爻是言上九当乱极的时，而有拨乱的才，卒能反乱为治的意思。倾是一时尽去的意思，先否是否未倾，后喜即是否已倾。周公系上爻辞说，上九阳刚居否极，阳刚是有可为的才，否极是有可为的时，以这才而当这时，则拯溺亨迍，可以辟乾坤于再造。盖倾其否而尽去之，非若那休否，犹有待于渐者此也。占者值此，是前此未倾，固不免于否，至此否倾，则丰亨遇之，不其有喜乎？

《象》曰：否终则倾，何可长也！

这《小象》是申言上九能拨乱，则不终于乱。孔子说，否泰本有循环之机，上九否至于极则其势必倾，将转而为泰，岂有长否之理乎？这上九所以能尽倾其否矣。

卷三

☰ 离下乾上

同人于野，亨，利涉大川，利君子，贞。

这卦辞是主与人同者贵以广而尤贵以正。于野是周而不比的意思，亨是无往不利的意思，利涉川是虽险难可济，君子贞是君子之正道。这卦名同人者，观那火上于天，见性之同，观那六二上应于五，见德之同，观卦唯一阴，而五阳同与之，见情之同，故为同人。文王以同人之道，莫大乎公，而这卦则以健而行，亦莫贵乎正。而这卦则文明以健，中正而应，占者必视天下犹一家，而恩无不洽，以万物为一体，而爱无不周，大同无我，而同人于野。这等则爱敬的多，亲辅的众，何所感而不应，何所往而不通！虽当天下变故，最险而难行的事，众皆协力而克济矣。亨而利涉何如？然尤必所同者，合那君子的正道，以理同天下，而非以情徇天下；公待天下，而非以私要天下；乃为于野而亨且利涉。苟为不然，岂大同的道哉！

《彖》曰："同人"，柔得位得中而应乎乾，曰同人。

这一节是以卦体解卦名义，见君臣同德的意思。柔是六二，得位是有柔正的德，得中是有柔中的德，乾指九五。孔子说，卦名同人者，以卦体六二的柔，得位得中而应九五刚中正的君。夫得位而应乎乾，是以柔正而应刚正，得中而应乎乾，是以柔中而应刚中，则是手足腹心，相待有成，元首股肱相须甚殷，同心同德之义已著。天下大同的道，何以加此？这卦所以名为同人。

"同人于野，亨，利涉大川"，乾行也。文明以健，中正而应，君子正也。唯君子为能通天下之志。

这一节是以卦德卦体释同人之辞。乾是健，以才言。文明是内有光明的德；以健是外有守固的德；中正是道在我而应是人心孚；君子正是同人的正道。唯君子的君子字，以大同而正的理言；通是与他潜孚的意思。孔子说，彖辞说“同人于野，则亨”，而利涉者何哉？盖去同人的私本以健。今以乾而行，则刚足以自胜，而能克那比匿的私。何有志行不孚，而险难不济耶？又说“利君子贞”者，盖卦德文明以健，所以能明大同的理；而健以行之者也，卦体中正而应，所以能体大同的理，而与人相孚者也。内外人已皆一于理，这等这皆是君子同人的正道，惟这正道为能通天下的志。盖天下的人不同而同这志，天下的志不同而同这正，一正潜孚，固有远近亲疏不得而间之，宁不足以通天下的志乎？这便是大同的道，所以致亨而利涉也。

《象》曰：天与火，同人；君子以类族辩物。

这《大象》是教君子以致同之道的意思。类是品列，族是名分，辩是分别，物是名器。孔子说，天在上，火炎上，同人之象。君子欲大同于天下，必无审其异以致其同，自天下有一定的名分，这便是族，族不类，将何以同天下之伦？故必因那德有大小，而名以命之，以尊卑则有序，以贵贱则有等，庶天下的人，得以类而相同矣。自天下有不同的名器，这便是物，物不辨，将何以同天下之轨？故必因那位有高下，而器以别之，以宫室，则有度；以服御，则有制；庶物得以类相同，而制度不乖矣。夫类族，则德行以议，而道德可一，正所以同天下之族也。辨物则度数以制，而风俗可同，正所以同天下之物。君子审异致同如此，天下大同的化，岂外此哉！

初九，同人于门，无咎。

这一爻是言初九与人交而无所私，人不得以有私咎他。门是门外，无咎是人不得罪他的意思。周公系初爻辞说，同人若累于私，则人得以不公咎他。今初九当同人之初，且有阳刚的德，而无私系的人，是初的心，太公无我，一接人而遂与之尽一德之交，同人于门者也。占者这样，则己私不累，公道昭明，虽不能通天下的志，而人却不得以不公咎之矣。

《象》曰：出门同人，又谁咎也！

这《小象》是申言初九无私交必无见议于人的意思。孔子说，同人而人得以咎之者，必其心有所私。若出门同人，则所同者广，公其心于天下，而人亦乐吾之能公矣，又谁得以咎之哉！

六二，同人于宗，吝。

这一爻是鄙六二匿于比昵之私的意思。宗是私党，吝是羞吝。周公系二爻辞说，天下的人，孰非我所当爱？同人者，当通天下的志，而大同之可也。今六二虽中且正，而有应于上，则情有牵系，心有偏主，而不能大同于人，有同人于宗的象。占者这样，则所同者私而不公，狭而不广，观那初九出门的心何如，观那君子于野的心何如，苟合的行，可羞孰甚！

《象》曰："同人于宗"，吝道也。

这《小象》是申言六二私交，非大同之道。孔子说，君子同人当以天下为一家，中国为一人，使大同于天下方可。今但同人于宗，则那所现者私而且狭，非吝道而何？

九三，伏戎于莽，升其高陵，三岁不兴。

这一爻是言同人者，恃其智力而犯非其分徒劳而无功的意思。伏是藏，戎是兵，莽是草；这是伺九五的隙，将与他相敌的意思。升高陵是窥六二的动作，将攘夺他的意思。三岁不兴是屈于势力，而终不能发的意思。周公系三爻辞说，六二本与九五是正应，今九三必欲求同于二，然本非他的所应，故惧那九五来攻，乃厚为防备，它可以自免于患者，无所不用其谋。凡可以求同于二者，无所不用其力，有伏戎于莽，升其高陵的象。然义既不正，而势又不敌，将安所施？故又三岁不兴，终于隐伏，岂能遂其同耶！

《象》曰："伏戎于莽"，敌刚也；"三岁不兴"，安行也。

这《小象》是申言九三强求同人终屈于理势的意思。刚指九五，安是安于理势而不发的意思。孔子说，九三伏戎于莽者，惧五见攻，将以智力而敌其刚。又言三岁不兴者，盖义既不正，势又不敌，将安行乎？吾知谋无所用，力无所施，终不能敌五而攘二矣。

九四，乘其墉，弗克攻，吉。

这一爻是言强同于人者而能自反，以理则终无过咎的意思。墉是墙壁，隔于九三的象；攻是取，乃隔三以取二的象；吉是能复于无过的占。周公系四爻辞说，九四刚不中正，亦欲援六二以为应，时为九三强勇所隔，且我的力又足以胜他，固有不知九三为梗，而必欲九二我与为乘墉以攻的象。然又幸其以刚居柔，能自反于理，而弗克攻焉。占者这等，则克己愈于克敌，自胜强于胜人，可以免过而远当，故吉。

《象》曰："乘其墉"，义弗克也；其"吉"，则困而反则也。

这《小象》是申言九四能安于义的意思。义是理，困是屈于义的意思，则是理之不可逾者。孔子说，九四谓"乘其墉"者，非是力之不足，特以二非正应，义不可攻，而乃自止。其所以得吉者，正以其能以义自断，心困于义而不通，即反于义之法则，不为非义，吉。

九五，同人，先号咷，而后笑，大师克相遇。

这一爻是言君臣致同之道，由五能远奸亲贤得于自克的意思。号咷是忧怨的象，大师是刚断的象，克是胜，相遇是同。周公系五爻辞说，五刚二柔，中正相应，本同心者也，而为那三四所隔，则是君臣之间，不免有谗间之疑。然义理所同，物莫能间，故始虽不免于相揆，而终得以庆明良之会，其象如先号咷而后笑焉。然六二柔弱，君子易退者也；三四刚强，小人易进者也。故必用大师的势，以伸正大的理，使那九三伏戎者，终不得兴那九四乘墉者，终弗克攻，然后得与六二正应相遇，而遂后笑之乐。否则优游不断，终见隔于刚强，乌可同哉！

《象》曰：同人之先，以中直也；大师相遇，言相克也。

这《小象》是申言九五与六二之同本以道，去谗邪之间贵以刚。中是中正相应，直是理直。孔子说，"同人先号咷而后笑"者，盖二五以中正相应，其理本直，理既直，又岂谗人得间之哉！又说“大师克相遇”者，盖六二柔顺，而三四刚强，故必以强毅自胜，然后谗邪不入，而君臣相遇也。

上九，同人于郊，无悔。

这一爻是言上九孤介特立的意思。郊是旷野无人的去处，只是孤立的象；无悔仅可以自守的意思。周公系上爻辞说，上九居外无应，是其孤介特立，荒僻自守，举世无与合者，故有同人于郊的象。然二之吝，三四五之争皆起于同人之故。今上九虽无同人之益，却也无同人之累，可以无悔。

《象》曰："同人于郊"，志未得也。

这《小象》是深鄙上九不与人同的意思。志是大同的志，未得是有歉于大同的意思。孔子说，君子宜通天下以为志；上九乃“同人于郊”，则离群而索居，遗世而独立，其视民物为己责，宇宙为分内事者大相反，其志未得也。

䷍ 乾下离上

大有：元亨。

这卦辞见王道大行幸盛时而更进之。大谓五阳，有谓五阳皆为六五所有也。卦名大有者，离居乾上，火在天上，无所不照，有人君照临万国之象；卦体六爻一阴居尊得中，而诸阳应之，有天下戴仰一人之象，故为大有。文王系辞以为大有者，势也；治有者，道也。卦德乾健离明，则所以治有者，有其本；卦体居尊应天，则所以治有者，有其机，本有亨道。占者有这德，则礼乐官乎天地，经纬贯乎百王；以这遏恶，则天讨之公，而天下莫不用惩；以之扬善，则天命之公，而天下莫不用劝。不其大善而亨乎！

《彖》曰："大有"，柔得尊位大中，而上下应之，曰大有。

这一节是以卦体解大有的名义，见天子建中和之极而天下成大顺之化的意思。柔指六五，“尊位”是君位，大中是君德，上下兼四海臣民说，应之是向化于君的意思。孔子说，卦名大有者，卦体六五之柔，享有元后之尊，其位则天子的位。六五居中，妙夫建中之治，其德则圣人的德；这是德位兼隆，既有以感发天下的志，且卦之上下五阳应之，戴那元后的位者，莫不起“徯后”之思；仰那建中的德者，莫不典化中之愿；或荷承戴之劳于君也，或致用享之实于君也，或于君而切匪彭之戒，或于君而笃信顺之诚也。是极天下之大，皆为其所有，故为“大有”。

其德刚健而文明，应乎天而时行；是以元亨。

这一节是以卦德卦体解大有的卦辞，见君德体用兼备而王道所以大行。其指居大有的人；德指君德刚健，是有断；文明是有諆。应天是宪天出治，时行是随时从道。所言元亨者何取哉？盖卦德乾健离明，则是刚足以有断，明足以有谋，而德之存于中者尽善；卦体居尊应天，是宪天以弘化，因时以立极，而德施于外者尽善。夫惟有其德，是以礼乐明备，经纬有章，王道以之四达，王化以之大行，大有元亨，不于此而见哉！

《象》曰：火在天上，“大有”；君子以遏恶扬善；顺天休命。

这《大象》是言人君严惩劝之典，以承天道本然之善，正是明治有的道。遏是加刑罚以禁他，扬是诏爵尝以褒他，休是美，命是天理之当然者。孔子说，火在天上，尽天下的物，皆在那照临之中，为大有的象。君子居那天位之上，当体天以尽保有的道。故以所有既大，无以治之，则衅孽萌于其间。必因天下有恶的人，正所以累吾之有，则法那火在天上者以旁烛之，废以驭其罪，诛以驭其过，而禁那奸恶焉；天下有善的人，正所以培吾之有，则体那火在天上者，以明扬之，爵以驭其贵，禄以驭其富，而彰那才德焉。盖君子遏恶，非私怒也。盖天命本无恶，则恶者指乎天心，而天亦欲恶之。故五刑五用，正以天讨有罪，奉天休命以遏之而已矣。君子扬善，非私喜也。盖天命本善，则善者合乎夫心，而天亦欲扬之。故五服五彰者，正以天命有德，奉天休命以扬之而已矣。这等则恶无不化，善无不劝，而大有的政治可长保无虞。

初九，无交害，匪咎；艰则无咎。

这一爻是言初九当盛满之时，而能尽处盛之道。交是涉，害是骄奢所至的患害，匪是无，咎是败礼度的过失；艰是谨守持盈之戒的意思，无咎即是无败礼度之咎。周公系初爻辞说，大有之世，盛满盈成之际，初九以阳居下，上无系应，在事之初，则骄奢未生而未涉乎害，本为无咎。然人欲易肆，少有所忽，而害已随之。故必以之治有，而兢业之心恒存；以之保有，而详审之应明切。必这等而后无咎，有大者易盈，其能免于咎哉！

《象》曰:《大有》初九，无交害也。

这《小象》是申初九所以无害之由。孔子说，大有时世，萌孽易典；今当大有之初，而以阳刚的德处之，是以骄侈未萌，而未涉乎害也。

九二，大车以载，有攸往，无咎。

这一爻是言九二克胜家相之大任。大车是有天下的大才德之象，以是用载，是足以任其重的意思，有攸往就是去任那天下的大事，无咎就是能任其事而无歉的意思。周公系二爻辞说，九二刚中在下得应乎上，则是人君治有的责，保有的任，固若是其重，而出其那以德为车者，以大受之，皆有以负荷之而无愧，其象如大车以载焉。这正无咎之道，占者有二的德，而有攸往以任那天下的事，则以之遏恶，而五刑以明，可以措天下于合辙之风；以之扬善，而五服以章，可以纳天下于同轨之治无咎。

《象》曰:“大车以载”，积中不败也。

这《小象》是申言九二承君任之重，而德足以胜之的意思。积中是任天下的事于一己，不败即能胜意。孔子说，九二“大车以载”，是以这刚中的德，承那君上的事，故虽所任至重，若车积满于中一般。然德既在我，自足以胜其任，而不至于败。不然，力小任重，鲜不仆矣，乌能胜其任哉？

九三，公用亨于天子，小人弗克。

这一爻是著九三有大臣纳忠的象，而因言小人不能当以激之的意思。周公系三爻辞说，九三居下之上，公侯之象，而以刚正的德，上遇那虚中的君，于是举那平日所蕴藉者，献之于君；或先事而为治有的规，或后事而为保有的道，莫敷陈于那承弼之际，以副君上的下贤盛心焉。不犹公侯朝献于天子，述职而贡方物之象乎？占者必有这德，乃能当之；若小人无刚正的德，则谟谋不足以上陈，虽得此不能当也。

《象》曰：公用亨于天子，小人害也。

这《小象》只申言惟大臣能纳忠的意思。孔子说，九三“公用亨于天子”者，盖当大有而用享，正君子所以纳忠献诚者也。若小人则乏保邦经国的谟猷，而倡丰亨豫大的谬说，适为君国蠹害而已。此其所以弗克也。

九四，匪其彭，无咎。

这一爻是言君子履盛满而知戒，则无僭逼之祸的意思。匪作不字看，彭是盛。周公系四爻辞说，九四当大有的时而居近君的位，未免有僭逼的嫌。然以其处柔，故能尽事上的礼，安为臣的分。以之遏恶，惟辟作威，吾不敢作威，盖权虽重，而不敢专权以自恣；以之扬善，惟辟作福，吾不敢作福，盖势虽大，而不敢挟势以自骄。不极其盛这等，则上焉君不疑我为僭，下焉民不忌我为专。何咎之有？

《象》曰：“匪其彭，无咎”，明辨晢也。

这《小象》是推原九四有知几之晢，故能知履盛之戒。明是见之真，辨是审之详，晢是明之至。孔子说，天下有大分，非大智者不能知；九四位极人臣，而能匪彭无咎者，由他明辨晢然也。明尊卑之分，而知臣不可以陵君；烛盛衰之机，而知满必至于招损；故能不极其盛而无咎。

六五，厥孚交如，威如吉。

这一爻见君道贵以诚而又贵以断的意思。孚是以诚任人，交如是人以诚归我的意思，威如是有果断以济其恩，吉是大有可保的意思。周公系五爻辞说，六五当大有之世，柔顺而中以处尊位，虚己以应九二之贤，而上下归之。则是知九二與己已闲，可与共保那大有的治，乃虚己以待他；而上下用情于我者，遂有以交孚之而无间，我以诚而任贤，人以诚而归我，有“厥孚交如”之象；这是以柔道致治者也。然君道贵刚，太柔则废，又当有威以济之慈，顺中有果断者存，仁厚有神武者在，则怀其惠而不忍离者，又畏其威而不敢玩；这等而后臣民的志，维系于无穷，大有之盛可长保于不替，吉。

《象》曰:“厥孚交如”，信以发志也;“威如之吉”，易而无备也。

这《小象》是原其能孚化推其当刚克的意思。信是孚信，发是感发，志是君民的志；易是慢易，备是畏备。孔子说，六五“厥孚交如”，则是君臣同德，而上下皆归德；明良一心，而朝野咸倾心。所以这等者，盖由六五一人的信孚于九二，而有以感发上下之志；中孚由于一己，而作孚尽于万邦。凡所以竭用亨的诚，而效匪彭的恭者，皆五有以感发之也。又言威如吉者，盖君德以刚为贵，刚则有威可畏，太柔则臣民将萌玩易之心，故不可不济之以威也。

上九，自天祐之，吉无不利。

这一爻是言大臣能屈己以下贤，格君以为福，斯能凝天之休。吉是享丰亨之治，无不利是妙化理之宜。周公系上爻辞说，上九居《大有》之上，宜其以满而招损。然六五乃有德的君，而上九能以刚而从之，则履信思顺，有以克当乎天心；尚贤崇德，有以永孚乎天命。但见锡之以繁祉，介之以景福，而随在皆自顺之吉。推之而即准，动之而即化，无往非自得之休；吉无不利，天之祐也何如！

《象》曰:《大有》上吉，自天祐也。

这《小象》是申上九获福之隆，由得天眷之意思。孔子说，《大有》上九所以“吉无不利”者，由他履信思顺而尚贤；是以德行合天，而天命眷顾有加，惟其应天眷，所以获福甚隆。

☷☶ 艮下坤上

谦：亨，君子有终。

这卦辞是言人而能谦则无往不利，久益受益。亨是目前得人乐从，君子指三，有终是终须得人尊敬的意思。卦名谦者，盖卦德止乎内而顺乎外，有谦的意；卦象山至高而地至卑，乃屈而止于下，有谦的象；故为谦。文王以为谦者，人情所同好。占者能谦，则以之待人，而莫不乐吾可亲；以之接物，而莫不乐吾易就。行无不通，施无不利，其亨何如？然不独亨于一时而已。始虽不居其有，终亦不没其有，以之居上，德以位而益显；以之居下，不假位而自高，其有终何如？

《彖》曰：谦，亨。天道下济而光明，地道卑而上行。

这一节是即天地以明谦之必亨。下济是以阳气下交于地，光明是化育昭著而不可掩，卑是居后而不先的意思，上行是承天施行的意思。孔子说，卦名为谦而辞言亨者，观造化可验。那天气下降以济乎地，这是天之谦，惟其能谦，是以化育之功，光明宣著；天道之必亨也何如？地德卑顺而居乾之后，这是地之谦，惟其能谦，是以气化上行，以交于天；地道之必亨何如？夫观天道下济光明而人之虑以下人者，其亨可知；观地道卑而上行而人之卑以自牧者，其亨可知。谦亨之义可识矣。

天道亏盈而益谦，地道变盈而流谦，鬼神害盈而福谦，人道恶盈而好谦。谦尊而光，卑而不可逾：君子之终也。

这一节是即造化人事推损益之理以明君子有终之义。天道盈是来而伸者，亏是损而消之的意思，天道谦是往而屈者，益是增而生息的意思，地道盈是堆而成积者，“变”是变坏之义，地道谦是流而成川者，流是凝成之义，害盈是降祸以谴过恶者，福谦是降祥以眷守德者，恶盈是挫夺其骄傲者，好谦是加录其巽顺者。尊是在上位，光是德望益著，卑是在下位，不可逾是德望日高。孔子说，谦言君子有终者何哉？吾尝验之造化人事矣。以天道来言，则亏盈而益谦，观那寒暑之往来可见；以地道来言，则变勇而流谦，观那陵谷之推迁可见；以言乎鬼神，则害盈而福谦，观那祸福之征应可知。夫天地鬼神且然，况于人乎？吾知恣满假之习者，人皆从而恶他，也如天地鬼神之损夫盈者一般。尚卑逊之心者，人皆从而好他，就如天地鬼神之益夫谦者一般。夫谦为人所当尚。这样，故人而能谦，正天道之所益，地道之所流，鬼神之所福，人道之所好者也。又焉往而不善哉！以之居尊，则德因位而益彰；虽无心于君子之光，而道自无不光。以之居卑，则德不假势而自崇，虽未尝有上人之心，而人自莫能逾。是其屈之于先者，乃能伸之于后，所谓谦之鸣于当世者此也，所谓谦之服乎万民者此也。否则居上不免于致疑，居下必至于取辱，求其有终得乎？

《象》曰：地中有山，谦君子以裒多益寡，称物平施。

这《大象》是言处人己而各适其宜，亦能谦之道。裒是减损的意思，多是过于自傲，益是加，寡是歉，物即事，平施是处人己之间、无过不及的弊。孔子说，以卑蕴高谦之象。君子体之，以为人己之间，本有当然的法则。惟视己的心恒多，视人的心恒寡，是以物我所施，不得其平，故必多者裒之。而凡视有余，而为上人之心者，使之日损焉。寡者益之，而凡视人不足，以为下人之心者，使之日益焉。裒多益寡之等，正所以称物的宜，以平其施耳。盖视己贵犹人，多者既裒，则施之待己者得其宜。而上人的心，殆损之以趋于平，视人贵犹己，寡者既益，则施之待物者得其宜。而下人的心，殆益之以趋于平，君子体谦的功，何如哉！

初六，谦谦君子，用涉大川，吉。

这一爻是言君子有至谦之德，斯所为有莫大之功。谦谦是谦而又谦的意思，君子是有德的人，涉大川是济大难的象，吉是有功。周公系初爻辞说，初六阴柔，有能谦之资；居上崇谦虚之度，虽未尝足恭以待人，而退谦之道，固已极其至，谦而又谦的君子者也。占者这样，岂特用之处常，而无不获吉。虽用这谦德以济天下的大难，人莫不乐吾能谦，而出险的功可成，吉。

《象》曰：“谦谦君子”，卑以自牧也。

这《小象》是原君子有至谦之德，由其有自谦之心。卑是谦，牧是养。孔子说，所说“谦谦君子”者，盖人的谦德系于所养。初六以柔居下，是他平日卑以自养，而退逊的心，素蕴于内，故发于外的，自然极其谦，而处己待人，皆退让之度矣。

六二，鸣谦，贞吉。

这一爻是言六二谦德孚于人，而功效臻于己。鸣谦是谦在我而声闻人，贞吉是如是而贞则无往不得的意思。周公系二爻辞说，六二柔顺中正，能外亲君子，和鸣九三，是谦德积于中，则必闻于外，名誉彰著，而人皆知其为谦，有鸣谦的象。占者这等，则誉称其情，而非干誉，名符其实，而非活名，何贞如之？由是远近交孚，邦家俱达，莫不服吾之谦而行无不得，何吉如之！

《象》曰：“鸣谦贞吉”，中心得也。

这《小象》是表九二谦德者闻，皆本于由衷之实。孔子说，六二“鸣谦贞吉”者，夫岂袭取于外者哉？盖由中心所自得的谦，与三相唱和，以发之于外，而声誉之播，皆德之根心者达之也。

九三，劳谦君子，有终吉。

这一爻是言大臣有功而不伐则有莫大之益。劳是功劳，谦是不夸伐，君子指行说，有终吉，是有懋赏之庆的意思。周公系三爻辞说，九三以一阳居下之止，是位高而责重的人以刚正为上下之归，是懋德而建功的人，夫固有功劳矣。然有功于国家，而不伐于上；有劳于生民，而不伐于下；这是劳而能谦，诚君子之行，而有终的吉，有不可得哉？吾知功劳所在，本足以起天下敬仰的心，而谦让所在，又足以泯天下忌嫉的念；始虽不居其功，终则为君者，加其劳谦，而眷顾日隆，为民者仰其劳谦而歌讼日兢，所谓挟不赏之功者，终有懋赏之庆。九三善居功如此，所以有功而吉。

《象》曰：劳谦君子，万民服也。

这《小象》是申言人臣有功而不伐，则有以服天下的心。万民是尽天下的人，兼臣民说。孔子说，九三有劳而能谦，则勋庸懋建，既有以答天下的心，而谦德光著，益有以投入心的好；是以五阴归一阳，有万民来服之象也。

六四，无不利，撝谦。

这一爻是言六四柔正能下，有大臣不矜之风。无不利是行惬人情，撝是发挥。周公系四爻辞说，六四柔而得正，上而能下，是大臣有德而能谦者，将见上焉加其谦而不疑，下焉安其谦而不忌，其占固无不利。然居在九三上，功未及而位却过之，则有不能偃然于上者。故当本其谦德之已形者，而更发挥于容仪间，俾臣有劳者，谅吾不敢自安之意斯已矣。虽九三劳谦，本无忌嫉之嫌，而六四自处，则固不敢不尽。盖必这等，而后无不利者常在我。不然，其能居尊而光哉！

《象》曰："无不利，撝谦"，不违则也。

这《小象》是申言大臣能谦却是理之当然的意思。不违是不过，则是义理当然的法则。孔子说，六四无不利，既能谦而又撝谦，似乎过于谦，而违夫则殊。不知六四无功，而居九三功臣上，非其所安，理当益致其谦而不为过也。

六五，不富以其邻，利用侵伐，无不利。

这一爻是言人君谦德之化。不富是不用富厚的力，以邻是人心邻服；用侵伐是又有不服者，当用师以征服他；无不利又指为治上说。周公系五爻辞说，六五以柔居尊，在上而能谦，则其德已足以服人，而不必势以迫之，而人无不归。然犹有一等不服的，复加以谦，则太柔必废，故利用侵伐以征之，而人自无有不服者。然能谦如五者，岂特征伐为利哉！以之临民，而百姓安之，以之主祭，而百神享之。天下的事，无所施而不利也。

《象》曰："利用侵伐"，征不服也。

这《小象》是申言六五用师，非好为兵端的意思。孔子说，六五"利用侵伐"者，岂谦德之主，所宜尚哉！盖人之不服有非文德不能绥，而定之以武功者，所以征那不服，而使之服耳，非得已也。

上六，鸣谦，利用行师，征邑国。

这一爻是与上六谦德著闻，而歉他的才位不足的意思。鸣谦是谦极有闻誉的意思，邑国是一邑的小国。周公系上爻辞说，上六处谦之极，下应九三，谦极则声闻于外，而人皆乐与他，有鸣谦的象。故用这谦以行师，则师以人和为贵，而本人之所与者以出之，固无不利。但他的质柔而无位，则才不足无以克大敌，力不足无以兴王师。故虽行师，亦不能昭圣武于天下，但可以征己所属的邑国而已。然这乃是他的才位所使，而亦何损于谦德哉！

《象》曰："鸣谦"，志未得也；"可用行师"，征邑国也。

这《小象》是惜上六之才力的意思。志未得是未遂他的大为的志。孔子说，上六固为鸣谦，然质柔而才不足，无位而力不足，不能遂其有为之志；惟其志未得，故虽利用行师，亦不及远，适足以治其私邑而已。

☳☷ 坤下震上

豫：利建侯行师。

这卦辞见人心和悦而天下之事无不可为。豫是人心和乐以应于上的意思；建侯是立他人为君，以统众言；行师谓一阳五阴，以动众言。卦名豫者，卦体刚应志行，有豫之意；卦德以顺而动，有豫之由；则是人君和乐于上，万民和乐于下，而欢欣交通，故为豫。文王系辞说，天下的事，莫大于立君行师，而非素得人心之和，其谁能与我？今卦的德体，有人心和乐以应上之义，则是得人和者已素有日。古者用这豫以建侯，则百姓之心，可以任君长之寄，用这豫以行师，则三军用命可以成敌忾之功。夫建侯行师且利，则凡行事之利，可知矣。

《彖》曰：豫刚应而志行，顺以动，豫。

这一节是以卦体卦德解豫的名义。刚是九四有阳刚之德，应是上下人心应他，志行是九四的志得行，顺是顺乎理，动是推诸政事之间。孔子说，卦名为豫者，盖人心不和，则为睽为涣，不足以言豫。今卦体九四一阳，上下应之，其志得行，则是在已居大臣的位，天下有乐从之休，而其志在得民者无不遂，举动不顺则弗信弗从，不可以致豫。今卦德以坤遇震，为顺以动，则是举措合天理之正，弛张协人情之公，而凡政之教施者无不当。夫惟刚应志行，下之所以豫于上，有豫之意。惟以顺而动，上之所以豫于下，有豫之由。故名这卦为豫。

豫，顺以动，故天地如之，而况建侯行师乎？

这一节是言顺动之德可以动天地，而建侯行师尤可知的意思。如有默乎的意思，之字指我言。孔子说，卦辞所说“建侯行师”者，盖卦德以顺而动，则是顺天下的理，以制天下的动。夫顺和众之理，而动则天地之理，此其不违。三极初无二理，而以和召有，有以潜通之而无间。天地且然，况建侯特为天地立君，其有不利乎？则夫万姓一心，而乐于推戴者可知，况行师特为天地讨罪，其有不利乎？则夫三军用命，而乐于从事者可知。

天地以顺动，故日月不过，而四时不忒；圣人以顺动，则刑罚清而民服。豫之时义大矣哉！

这一节是极言天地圣人的豫，而赞其义之大。天地顺动是气序自然推迁，不过是各循其度；不忒是各顺其序。圣人顺动是举措协天理之宜，清是不必用的意思，服是遵道、遵义的意思。时义指顺动言，大是合天人皆不外处见。孔子说，以那豫的理而极言之，岂惟建侯行师为然哉！虽天地圣人亦不能外。盖天地是化机所主宰者，今通复之间，惟顺理而动，则日月四时的柄，已握于是，故日月各循其度焉，四时各顺其序焉，豫之见于天地者如此。圣人是天下所仰望者，今驰张之际，惟顺理而动，则万民率服的基，已立于此，故刑不必施，而民自服，罚不必用，而民自化，豫之见于圣人者如此。天莫大于天地，而天地本顺动以化成，则太和的气，充塞于两间者，莫非这豫也。莫大于圣人，而圣人本顺动以成治，则和乐的情，通于上下者，莫非这豫也。豫的时义其大矣哉！

《象》曰：雷出地奋，豫；先王以作乐崇德，殷荐之上帝，以配祖考。

这《大象》是言造化宜和畅之气，先王体之而成和神人之功。作乐是制乐，崇是发扬阐明的意思，德兼心德、功德言，殷是乐用的盛处，配是配享，上帝兼指天地，祖配天，考配地。孔子说，雷出于地而后声奋，和极其至，豫之象也，这是天地自然的乐。而先王乃体这象以作乐，既象那奋震的声以为声，又取那和畅的义，以为乐之和，固备始终节奏之详，而极一代制作之盛。由是用这乐，则不徒备乎声容气数而已。蕴而为心德之懿者，于此充布；发而为功德之盛者，于此而奋扬。德之未崇者，首于乐而崇之。及其用这乐而至于盛，则不徒用之家庭邦国而已。冬至荐于南郊，而配这以祖秋季荐于明堂，而配之以考。神本难格者，皆于乐而格之。夫乐一也，以之崇德，则有以和夫人；以之殷荐，则有以和夫神，乐以作而神人以和，体豫之功何至几乎？

初六，鸣豫，凶。

这一爻是言初六阿附权奸，不胜自矜则不能保其终乐的意思。鸣豫是自夸其乐于人，凶有不免于祸的意思。周公系初爻辞说，初六阴柔而有九四强臣之应，求无不得，欲无不遂，意得志满以夸于人，豫而自鸣者也。占者这样，则般乐怠傲，是自求祸也，凶。

《象》曰：初六“鸣豫”，志穷凶也。

这《小象》是申言初六自矜其乐者，由他的志意满足，故如是而取祸。穷是满极的意思。孔子说，初六“鸣豫”者，由他上应九四，志得意满，而不知安分以自守，这所以不免于凶也。

六二，介于石，不终日，贞吉。

这一爻是深替六二持守固而见几决，故不溺于豫的意思。介是守，石是坚确的意思；不终日是不待其日之晚，而即见凡事的几微；贞是自不肯求豫于人，吉自无溺豫之非的意思。周公系二爻辞说，天下易溺者是豫，天下不可溺者亦是豫。六二当豫的时，而独以中正自守，虽逸豫的私，人所易动者，而安静坚确的德，却卓乎不可援，其介如石一般。由是安静中得虚灵之体专确，内启明觉之精。盖不候终日，而见凡事的几微，所以启逸豫之端者可识。这正是贞而且吉的道。占者这等，则天下的定见已融，而不陷于渎，莫非惠迪的善，何吉如之?

《象》曰：不终日，贞吉，以中正也。

这《小象》是推本六二知几之善，由他有自守之德的意思。中是无所偏倚的德，正是无过无不及的德。孔子说，当豫的时未有能自守以正者。六二“不终日贞吉”，而敏于见几者，由其以中正的德自守，而不溺于逸豫之私。是以睿智因之以出而事有定见者，皆心有定守者为之也。不然心有所乱则事有所昏，虽事已至动，尤未能悟，安能速于见几，而得贞吉如此。

六三，盱豫，悔，迟有悔。

这一爻是言六三附权有致悔之由，而因启他以改过之机。盱豫是张目上视，依四以为豫的意思；悔是有泆意，怠荒之非；迟有悔是不速改，终不免悔的意思。周公系三爻辞说，六三阴不中正，位近于四，故上视那四，而依阿取宠，以泆所欲，本有悔者。占者得此，当知权不可倚，乐不可从，而勇于改过方可。苟溺于因循而不知速改，则凶咎随之，而悔终不免。

《象》曰：“盱豫有悔”，位不当也。

这《小象》是推本六三所以媚上以取悔者，由他本无中正之德而然。孔子说，六三“盱豫有悔”者，由他阴柔不中正，而不足于德，德不足以自守，则溺于豫，而不自知。苟如六二中正一般，则虽居那初二之间，却也不为所溺矣。

九四，由豫，大有得；勿疑，朋盍簪。

这一爻是言大臣有致豫的功，而又启他以信贤的益。由豫是君民皆由他以致豫，大有得是行道的愿已遂的意思，勿疑是任贤不疑贰于心，朋是凡有道德之类者，盍是合，盍簪是皆速聚于我的意思。周公系四爻辞说，九四一阳居大臣的位，任天下之重，则君得享和乐于上者，皆我有以致之；民得享和乐于下者，皆我有以使之。由豫这等，则为上为德的心已遂，为下为民的愿已酬，不亦大有得乎？然致天下的豫，固由于己，而保天下的豫，却在于贤。又必开诚布公，以任那天下的贤人，则凡怀才抱德，而与我同类者，莫不闻令毕集，不期而致，就如那发之聚于簪一般。这等是以天下的贤，保天下的豫，而我之大有得者，不可长慰乎？

《象》曰："由豫大有得"，志大行也。

这《小象》是申言九四有济世的功，而济世的志已遂。志是致君泽民的志。孔子说，九四由豫而言大有得者。盖大臣的志，未尝不欲行道于天下，但不可得者君的心，而尤不可得者天下的心。今君享和乐于上，则为上为德的志，已大慰而无歉，民享和乐于下，则为下为民的志，已大遂而无阻矣。

六五，贞疾，恒不死。

这一爻是言人君之溺于豫者，国势有将亡之危，犹幸国脉有不绝之机。贞疾是贞痼的深病，恒不死是未至于遽亡的意思。周公系五爻辞说，六五当豫之时，以柔居尊，沉溺于豫，又乘九四之刚，众不附而处势危。是以昏君而制于强臣，国脉伤残，元气已丧，不可复救，就如贞痼的疾，不可复瘳一般。然以其得中，则先王的流风善政犹有存者，是以天下将有渎慢的心，则畏先王的礼而不敢为；将有离叛的心，则怀先王的仁，而不忍去。故又为恒不死之象焉。

《象》曰：六五"贞疾"，乘刚也；"恒不死"，中未亡也。

这《小象》是推原六五所以将亡，而犹存之故。刚指九四，中是先王之泽，未亡是尚在人心的意思。孔子说，六五"贞疾"者，以其乘那九四的刚，党植于下，势孤于上故也。恒不死者，以其得中，则先王余泽犹存，故能自保其虚位，而不至于亡也。

上六，冥豫，成有渝，无咎。

这一爻是言上六沉湎于逸豫，而因启他以补过的善道。冥是昏迷的意思，成是冥豫的事虽已成，渝是变改，无咎是无终迷之失。周公系上爻辞说，上六以阴柔居豫极，是安危利灾，为昏冥于豫之象。然以其动体，是能因天理萌动的机，而改其纵欲败度的失。故又为事虽成，而能有渝之象。占者这等，即补过的道。虽不能如六二介于石，却也不至于六三迟有悔。何咎之有？

《象》曰："冥豫"在上，何可长也？

这《小象》亦是速他改过的意思。在上冥豫之极的意思，何可长言不能久豫。孔子说，在豫之上，故为冥豫。即冥于豫，祸必随之，其能久乎？宜当速改，何可长溺于豫而不反也。

䷐ 震下兑上

随：元亨，利贞，无咎。

这卦辞是许为上者得人随之益，而戒其尽随人之道。元亨是得众可以大有为的意思，利贞是当以正道感人来随的意思，无咎是无淫朋比德之非。这卦为随者，卦变刚来下柔，卦德此动彼说，是为君的有德以致天下来随，而天下的人，以分而随乎君者自不能已，故名为随。文王系辞说，既得人来随，则合力协谋，何所为而不成，何所往而不济，固元亨。然义理的正道，犹王道所以为大者，必其所以致人随者出于义理之感动而非私情所系，则无有淫朋。无有此德，而内不失己，外不失人，何咎？设若所随不正，则虽大亨，亦不免于咎。

《彖》曰：随，刚来而下柔，动而说，随。

这一节是以卦变卦德解那随的名义。刚是强毅的德，下柔是就恭顺的贤臣，动是人君有所鼓动，说是民心感说。孔子说，卦名为随者，盖人君于臣，本有一德相交的道，今卦变刚来而下柔，是大君以发强刚毅的德而下那贤臣，既足以致臣之随，而臣皆恭顺以随乎君者，不容已也。人君于民本有一体相爱的义，今卦德此动而彼说，是大君以鼓舞振作的方，而动那万民，既足以致民之随，而民皆和乐，以随乎君者，不可解也，皆有卦义。故卦名为随。

大亨，贞无咎，而天下随时。随时之义大矣哉！

这一节是即众心比从解卦的辞，而因替其义。随时的时字作之字看，时义即是义理之贞，大就得天下皆随上见。孔子说，那随固可以得元亨，然必利于贞乃得无咎者。何也？盖天下的人不同，而所同者心；天下的心不同，而所同者正吾之所以为随。果皆出于义理之正，则远有望，近不厌，而所随尽天下之人，何咎之不可得乎？夫天下至大，惟得所随之正，斯致天下之随，随的时义不其大哉！为人所随者，其可不以正哉！

《象》曰：泽中有雷，随；君子以向晦入宴息。

这《大象》是言卦有随时休息的象，君子有随时静养的道。向晦是当日暮的时，入是居内，宴息是安养的意思。孔子说，泽中有雷，随时休息，这是随之象。君子以终日乾乾，夫固有不息的工夫，然非入无以养其出，必向晦入宴息无为以凝其神。主静以适其天，维夙夜匪懈，固君子所以存心。然昼焉有为者，必宵焉而有养斯已矣。不然，夕而或援于私，将牿其平旦的气，岂君子知静养的学哉！

初九，官有渝，贞吉；出门交有功。

这一爻是因初九偏主随人，必示其以正而广其以公。官是主，渝是变其大公的常度，贞是虽偏随却是道义之交，吉是德业有成，出门交是交得广不偏主随人的意思。有功是德业益广。周公系初爻辞说，一无所随者君子大公的心。初九以阳居下，为震之主，是主于随人者也。既有所随，则有所偏主，而此心廓然大公的常度，却有所渝变。然物不容以终绝，顾其所随的道何如？必所随以正，则因不失亲，而德业因之以有成，吉。又必有随以公而乐多贤友，而德业因之以益广，有功何如？

《象》曰："官有渝"，从正吉也；"出门交有功"，不失也。

这《小象》是申言随人的道当以正以公的意思。孔子说，心有所主，固不容不变其常；然必所从者正，而后可以得吉。六二失丈夫，六三失小子，皆有所失。今出门交有功，则友一乡的善士，友一国的善士，友天下的善士，不失其善也。

六二，系小子，失丈夫。

这一爻是言六二不事君而附党，致失所随之人。系是迷恋的意思，小子指初六，丈夫指九五。周公系二爻辞说，初阴在下，才德未成，有小子的象；五阳在上又为正应，有丈夫的象；是二所当随者，在五而不在初。而二以阴柔不能自字，是以系恋乎初，而遂遗乎五，非理所宜，故其占凶咎，不言可知。

《象》曰："系小子"，弗兼与也。

这《小象》是申言邪正之交不容并立，有勉人从正意。孔子说，六二"系小子"，何以遂"失丈夫"？盖人所随得正，则远邪从非则失是。二既系初，则必失正，其势不得兼与。然则随人者岂可不一于从正哉！

六三，系丈夫，失小子；随有求得，利居贞。

这一爻是言六三所随得正，而因戒其势利之交。丈夫指四，小子亦指初，求是把那平日所蕴蓄的去求他，得是得九四信从，居贞是守己的正道。周公系三爻辞说，四为丈夫，初为小子，三近四而失于初是知大臣者，吾道所赖以行藏者也，故定之为纳交之愿。而那淫凶的小人，则不为他所牵系。然四阳当任而己随之，则凡那经纶的谟略，悉形之于敷陈者，他则无不听纳而信从。岂有求而不得哉！但四非正应，不免有邪媚之嫌必利居贞，以道自处，以礼自防，辅他以义，责他以善，不可以求得之故，而阿意以取容。不然，所随固得其人，而失吾所随的正道奚可哉！

《象》曰："系丈夫"，志舍下也。

这《小象》是申言六三志在从正的意思。孔子说，三之从正而曰"系丈夫"者，岂独是势之弗兼与？盖他的取舍之极定于中，其志在从四，而因舍乎初之下也。不然，乌能决择有定如此哉！

九四，随有获，贞凶；有孚在道，以明，何咎！

这一爻是因九四势迫于君而必进以诚正之道的意思。随有获是权在我，任己所为的意思；贞是所为系国家的正务，凶是有僭逼之疑。有孚是心尽诚，在道是行尽道，以明就是知得当尽诚尽道的意思，何咎是无失臣职的意思。周公系四爻辞说，九四居大臣的位而近五，是君臣一德者也。占者以是而随君，则天下的事，惟吾所欲，而无有不可为者。但势陵于五，虽那所为尽出于正，却也不免为君所疑而凶。君子当此，将何以处置？大抵君心我疑者由我心未孚，必所存者，务皆忠君爱国之诚；君心我忌者，由我行非道，必所发者务皆履正奉公之道。这等，是灼见尊卑有定分而不敢逾，惟孚诚之当尽；真知上下有定等而不敢僭，惟正道之当行；是之谓既明且哲者也。由是上而君心安，虽威挟震主而不疑其迫，下而众心从，虽位极人臣而不忌其专，何咎之有？

《象》曰："随有获"，其义凶也；"有孚在道"，明功也。

这《小象》是申言九四不免有逼君之嫌，惟尽诚尽道斯得明哲保身之益。孔子说，九四"随有获"者，势陵于君，其义当得乎凶？有孚在道者，由其明哲，斯有保身之功。苟非至明，必不能以诚结君，以道律身矣。

九五，孚于嘉，吉。

这一爻是言人君诚信任贤，以致君臣同德之效的意思。孚是任之诚，嘉是有德的贤者，吉是治效已臻。周公系五爻辞说，六二柔顺中正，嘉美的贤者，九五以阳刚中正应之，岂知遇深而信任笃，无一毫疑贰的心，有孚于嘉之象。占者这等，则上下交孚，有以植那建中表正的体，而亨嘉之治可成，何吉如之！

《象》曰："孚于嘉吉"，位正中也。

这《小象》是推本六五成任贤之治，由他有任贤的纯德。位是居正，中是所性之德。孔子说，九五"孚于嘉吉"者，岂无其自哉？盖为政在人，取人以身，五中有正的德，可嘉之道在我。故能知二是个柔嘉的人而信任他，以我的刚正，而契彼的柔正；以我的刚中，而契彼的柔中。自极其孚信之至，其吉固宜。

上六，拘系之，乃从维之；王用亨于西山。

这一爻是言上六极诚之道可以结君，亦可以享神的意思。拘是执，系是羁，乃是更；维是束缚，总是固结不可解的意思。西山是山川之神。周公系上爻辞说，上六居随极而下随乎五，是其以诚而效君，相知之深，相信之笃，始终无间，有如物之拘系之，更从而维之焉。然人臣以诚而结君，犹王者以诚而格神，王者用这诚意，享那西山，而西山的神，亦随之以克享。盖鉴这诚于承祭之余者，却犹鉴这诚于媚兹之际者矣。

《象》曰："拘系之"，上穷也。

这《小象》是推言上六事君之诚，根于由衷的意思。上是居卦之上，穷是极。孔子说，上六所说"拘系"者，盖以其居卦之终，处随之极，则是尊君的念，极于盈缶之孚，随之固结而不可解，这所谓拘系之也。

䷑ 巽下艮上

蛊：元亨，利涉大川；先甲三日，后甲三日。

这卦辞见天有是时，则人有是事，宜勇往审治的意思。蛊是物久败坏而虫生，犹国家弊坏而有事也。元亨是天运有将大亨通的意思，涉大川是人君当大展拨乱之才。先甲三日是辛，有更新的意思；后甲三日是癸，有拨度的意思。这卦名蛊者，盖卦体与变，刚柔不交，是君臣无同心共济的志。卦德为巽而止，是君臣无励精图治的心，积弊日深，蛊之所由名也。文王系辞说，天下的治，不生于治。每生于乱，时至于蛊，天心厌乱。世将开泰，当得元亨。然天时不可徒恃，人事所当自尽，又必不避艰险，以大拯溺亨屯的力，用涉大川的勇以治之可也。然治蛊的方何如？与其救于既坏之后，孰若治于将坏之初？故于前事过中，而将坏者宜用先甲三日之辛焉。辛有自新之义，起敝维风以更新之，使不至于大坏。后事方始而尚新者，宜用后甲三日之丁焉。丁有丁宁之义，永终知敝以图全之，使不至于速坏。夫自新于新坏之前，则为涉川，于先事之际，而治蛊之元亨可致矣。丁宁于既新之后，则为涉川于后事之余，而治蛊之元亨可保矣。天下安至于蛊耶！

《彖》曰：蛊，刚上而柔下，巽而止，蛊。

这一节是以卦体卦变卦德解蛊的名义。刚上是君负其位以自骄的意思，柔下是臣负其能以自重的意思，巽是臣无敢为的志，止是君无必为的心。孔子说，卦名蛊者，盖天下的治，每成于上下交孚，彼此协力。今卦体刚上而柔下，是上下不交，无同心共济之美；卦德下卑巽而上苟止，是君臣因循，无励精求治之心。这种弊所以日深，而天下所以坏乱，故为蛊。

蛊，元亨而天下治也。"利涉大川"，往有事也。"先甲三日，后甲三日"，终则有始，天行也。

这一节是解卦辞，见天时人事不容不治的意思。天下治只是有将泰的意思。往是治有事，即是治蛊的事。终是乱极，始是将治，天行是天时自然之运。孔子说，"蛊而元亨"者，盖以天下不治，由于蛊之所为，治蛊而致元亨。坏无不修，废无不举，则乱而复治，天下固有可治的理。又说利涉大川者，正言在天者不可恃在我者所当尽，当往而有事以治之。至若那所治的道，必"先甲三日，后甲三日"者，盖以乱既终，自有治之始，盛衰之机每相为倚伏，夫固天道之当运然耳。此所以"先甲三日，后甲三日"以治之者，修人事以应天运也。

《象》曰：山下有风，蛊；君子以振民育德。

这《大象》是言君子治蛊之道不外乎明德新民而已。振是鼓舞作典的意思，育是涵泳熏陶的意思。孔子说，山下有风，披拂拥落，万物因以蛊坏，而将有事于更新，蛊之象也。君子将以风天下，而观象于此当何如。以天下所以蛊者，由民德未振，民德未振者，由己德未育。这二事是治己治人事，莫有大者，莫有大者，故于民德坏于旧染之治者，将有事于更新。这是民的蛊则鼓舞作兴，以振起其维新之机，己德坏于物欲之蔽者，将有事于复明。这是己德蛊，则优游涵泳，以培育其本明之体。这等则己德可明，民德可新，而蛊坏的业，可转而为丰亨豫大之治。君子治蛊的道何以加此？

初六，干父之蛊，有子，考无咎，厉终吉。

这一爻是言初六克修先业之始的意思。父蛊是前人已坏的事，有子是继述得人的意思，无咎是克盖前愆的意思，厉有勉励更新的意思，终吉是蛊终可治。周公系初爻辞说，初在卦始，是前人的蛊未深，事尚易济，能即此饰治而振起，奋励而改图，干父的蛊如此。占者这等乃为有子继述尽善，有光先烈，而考得无咎。然既曰蛊，亦已危矣，不可以为未深而遽以为易，必当自新而怀先甲之图，丁宁而致后甲之戒，然后蛊可治而终吉。不然，蛊未深者，必至于已深，事易济者，必至于难济，岂得公有子哉！

《象》曰："干父之蛊"，意承考也。

这《小象》是申言初六克修先业，志在继父之志。承是继。孔子说，初六"干父之蛊"，孰不以为改父的道，而不知其意正欲以承乎考。盖父之所以蛊者，其心岂愿至此哉！盖常以不能为者责诸身，而以其所能为者望诸子，虽吾干蛊者，若与父而有违，而其心则固以父的心为心者也。不然，坐视其考之咎矣，奚可哉？

九二，干母之蛊，不可贞。

这一爻见人臣克替君业当知尽祇顺之道。母是柔顺的君，贞是坚抗的意思。周公系二爻辞说，五阴居尊有母的象，而二以刚中应之，能干其蛊，则是勇于补君的过，救君的失，而治所当治者。然以刚乘柔，未免有拂戾的嫌，故戒以不可坚贞。言当巽顺以尊他，从容以谕他，不可任己的才，伸己的志而至于矫拂以伤恩。

《象》曰："干母之蛊"，得中道也。

这《小象》是推本九二能赞柔君之治，由其有德而然。九二以刚德的臣，应六二柔德的君，而能治其蛊，如干母之蛊者。盖治蛊非阳刚固有所不能，然阳刚而非中，又未免有直遂之嫌，二惟以刚而得中道，则经纶素定者，能审其因革之理，而谟谋克臧者，善酌乎损益之宜。这是委曲巽顺以干之，而不至于坐视其蛊也。

九三，干父之蛊，小有悔，无大咎。

这一爻是言九三干蛊虽伤于太急，而却为能革其弊。悔是乖戾，无大咎是终免积弊之非的意思。周公系三爻辞说，三居下体以承上事，亦为干父之蛊者。然以过刚不中，则更张无渐，而措置乖方，不免小有拂戾之悔。然巽体得正，则一洗因循积习的弊，复归咸正无缺之中。虽那所为的志或过，然于治道则未必无补，何至大咎！

《象》曰："干父之蛊"，终无咎也。

这《小象》是申言九三终能一洗先弊的意思。孔子说，九三"干父之蛊"，虽说他过刚不中，然巽体得正，终能克盖前愆而无咎。岂特无大咎而已哉！

六四，裕父之蛊，往见吝。

这一爻是言大臣治蛊无才，则政终必日流于弊的意思。裕是宽裕而不急救，见吝是吝必立见的意思。周公系四爻辞说，治蛊不可不急。今六四重阴才弱不能有为，是以乐于因循，惮于变更，持那阴柔不断的心，而无励精必为的志宽裕以治蛊。这等则蛊将日深而往见吝，惟当奋迅以救之，乃可免吝。

《象》曰："裕父之蛊"，往未得也。

这《小象》是申言不急去弊者，终不足以济天下之蛊的意思。往是去干蛊，未得是终不济事。孔子说，大臣当国家的重任，惟有才的方能治蛊，惟能治蛊，主而有得。今六四裕父的蛊，则蛊将日深，不足以有济其往也。何得之有？

六五，干父之蛊，用誉。

这一爻是言饰治而勇于任贤，斯显令名于天下的意思。用字作致字看。周公系五爻辞说，六五以继世的贤君而应名世的贤臣，是其一德相求同心共济。或先甲以新不在此列，或后甲以怀永图，而前人已坏的余绪，莫不饰治而振起。由是克盖前愆，而被那声教者，不讼他做中兴的令主，则必称他是个继体的贤君，而令闻广誉，施于天下后世矣。

《象》曰："干父用誉"，承以德也。

这《小象》是推本六五能显名于天下由贤相佐辅之功。承是辅，德是刚中的德。孔子说，"干父用誉"，岂六五能独致哉？由九二承他以德，则赞襄有人，自足以图天下之治。故功在九二，而名归六五。

上九，不事王侯，高尚其事。

这一爻是言上九无意于用世，而惟高节以自守的意思。事是治蛊的事，不事王侯犹言不以王侯的事为事，其事的事是独善的事。周公系上爻辞说，上九以阳刚居蛊之终，在事之外，以治蛊的君，已有用誉的六五；干蛊的臣已有刚中的九二。吾复何事？故不事王侯。而天下的蛊，殆不足以为吾累。惟高尚其事，居吾仁由吾义，以治吾身的蛊，而清风高节超然于天下后世而已矣。

《象》曰："不事王侯"，志可则也。

这《小象》是申言上九之高，足以风天下后世的意思。志就是不事王侯，高尚其事的志。孔子说，上九虽"不事王侯"，然不事者特时之遇，岂以其不事而我裨于蛊哉！其高尚的志，真足以振作乎颓俗，激励乎人心，可以为人的法则，不于其功而于其节，其有益于世岂小补哉？

䷒ 兑下坤下

临：元亨，利贞；至于八月，有凶。

这卦辞是圣人既以理戒君子，又教他先事而防小人的意思。临是临迫于小人，元亨是阳道可以大行，利贞是戒他去奸尽善的意思。八月是自卦爻数上看，自复卦一阳之月，数至遯卦二阴的月便是八月；有凶是阴长阳消的时候，君子道衰的意思。这卦名临者，盖二阳浸长以逼以阴，则君子之势浸长，小人之类退听，有临迫的义，故为临。文王系辞说，当那刚长的时节，既有可为的势，而卦德卦体，又有善为的道。占者值此则阴类可以渐去，吾道可以大行，元亨。然君子不可以吾道既亨，而可以妄为，必守那天理之正，使合卦之善，然后可以得元亨。况阴阳消长，天时的常运，今日阴消阳长，固为可喜，至于八月，则阴长阳消，宁免凶乎？吾知剥床剥肤，浸浸至矣。这君子所以当戒之戒之，以防于未然也。

《彖》曰："临"，刚浸而长。

这一节是以卦体解卦的名义。浸是骎骎然上进的意思，刚是阳刚的君子，长是道亨的意思。孔子说，卦名为临者，卦体三阳浸而长，前此为复阳气尚微，未有逼阴的势；至九二阳浸长于下，则是群贤毕进，多士汇征，君子之势浸浸乎不可御，小人不能以自全，有临之义，故为临。

说而顺，刚中而应。

这一节是以卦德卦体言卦之善。说是中心和悦，顺是施为顺理，刚中是在我有德，应是得君之专。孔子说，又以卦德言之，兑说坤顺，则存主平和，而施为协乎天则；立心乐易，而举动合乎时宜。卦德的善有如此，以卦体之刚中而应，则强毅不偏，而又获上之任威重有度，而得君之专。卦体的善又如此，此皆临之义也。

大亨以正，天之道也。

这一节是推天理之当然，以释元、亨、利、贞之辞。孔子说，当临之时，既有卦德卦体的善，固可以得元亨，而必利于贞者，乃天道之当然也。盖天道本大通而至正，君子当临时，不恃其可为的势，而恃其当为的理者，固所以尽人之道，而不敢肆。是所以奉天之道而不敢违，使于此而或有不正焉，则是逆天，岂可哉？

至于八月有凶，消不久也。

这一节是推言阳消之易所以危君子的意思。孔子说，卦辞又言“至于八月有凶”者，盖物无常盛的理。今日的临，阳固盛长，然其消也只在数月间，而实不待久。然则君子可不预为之备，而徒归诸天运之自然哉。

《象》曰：泽上有地，临；君子以教思无穷，容保民无疆。

这《大象》是君子临民之道，有教养的深泽。教思是一团教人的意思，无穷是极其深，容保是保民的度量，无疆是极其广。泽上有地，地临于泽，临之象也。君子观这象而得居上临下之道焉。那教以复民的性，则道德齐礼，其心犹未已，而劳来匡直之有加，渐仁磨义，其心犹未已，而提撕警觉之无已。即那教思无穷，固有亹亹不倦，而与兑泽之深同一致，养以遂民的生，则内而泽及畿甸，外而海隅，亦不有遗。近而惠我中国，远而要荒，亦无或弃。即那容保无疆，固有荡荡广适，而与坤地之广同一揆，居上临下的道，何以加此。

初九，咸临，贞吉。

这一爻见君子之制小人，不徒以其势而以其道的意思。咸是遍，贞是举动有道，吉是群邪退而吾道行的意思。周公系初爻辞说，初九当阳方长的时，以正去邪；凡小人在位者，皆为他所逼，有咸临之象。然使自处者，一有不正，小人得以中伤；今刚而得正，又得临之至善者。故占者必循那义理之正，而非发于意气之和，则动出万全，而在我无可乘的隙，制彼有术，而在道有可行之会，吉。

《象》曰：“咸临贞吉”，志行正也。

这《小象》是嘉初九有守正之志，所以必欲尽去小人。孔子说，初九咸临固得正而吉，然岂徒逞一己之私已哉？盖邪正不容并立，小人的邪道不去，则君子的正道不行。初九的志，欲行正道于天下，所以必欲去乎小人也。

九二，咸临，吉，无不利。

这一爻是言九二尽去小人得以肆志于天下的意思。周公系二爻辞说，二阳遍临四阴，以君子而尽临乎小人，故亦为咸临之象。然刚得中，而势上进，则其举动尽善，权力专隆，比初又不同。是以阴党尽去，吾道得行，而天下的事，惟吾所为，功业日建，无不如意者，吉无不利。

《象》曰："咸临吉无不利"，未顺命也。

这《小象》是言君子所以去小人者，特惩他逆命之罪的意思。命作天理之正命说。孔子说，"咸临吉无不利"者，盖以那小人所为，未顺乎天命之正，以我的顺，攻彼的不顺，所以吉无不利。

六三，甘临，无攸利；既忧之，无咎。

这一爻是言矫情者失临民之正，因启他以补过之道。甘是甘悦的私惠，无攸利是不足以得民的意思，忧之是能改甘临之失的意思，无咎是无甘临之咎。周公系三爻辞说，君子临民，教思无穷，是有实惠；六三居下之上，有临民之责者，而乃以甘悦临民，无实德以及下，则不诚未有能动者，亦何利哉？然天理之在人心，却有不容泯者，诚能忧而改之，变那骓虞之私，而为大道之公，则虽王者皞皞之治，皆由此而得。何咎之有？

《象》曰："甘临"，位不当也；"既忧之"，咎不长也。

这《小象》是是申言临民以伪者由其德之不足，临民以诚者斯无矫情之失。孔子说，六三"甘临"者，由他阴柔不中正而无其德，故不能行王道；而待甘悦以临民，所患者特不如改图耳。苟能既忧而改那甘临的过，则得公平正大之体，而克去近小欲速之治，虽有甘临之咎，却不长也。

六四，至临，无咎。

这一爻是善大臣至诚以下贤斯尽相道之职。至是切，临是视。周公系四爻辞说，六四以柔正的大臣，下应初九刚正的贤士，至诚相与，而内外为之交孚相感，临之至者。占者这等，不得为相用人的道，而无妨贤病国的咎。

《象》曰："至临无咎"，位当也。

这《小象》是推本六四，好贤之笃根于心德之真的意思。位字作居字看，当是柔正之德。孔子说，六四"至临无咎"者，由他以阴居阴，处得其位，而在我者有柔正的德，是有休休好善之诚，无訑訑自足之意。故惟贤知贤，而相临极其至。苟无这德，虽见贤而未必亲，虽亲贤而未必笃矣。

六五，知临，大君之宜，吉。

这一爻是言人君明于任贤之道，斯有得贤成化之益。知临是有任贤以临民之智，大君之宜是不自任而任人的大道，吉是是治化成。周公系五爻辞说，六五以柔居中，下应九二，是以谦冲之主，而任天下之贤，民性未复，赖贤人来教之，资他的聪明，以达一己的聪明；民生未遂，则赖贤人来养之，资他的视听，以广一己的视听。是其所以为临者，以一身临天下，而不以天下累其身，是正善用其智，而为大君之宜。占者这等，则贤才辅而天下治，不必惠自己出，而容保为之无疆；不必忠自己施，而教思为之无穷。所谓无为而治者在是，何吉如之。

《象》曰：大君之宜，行中之谓也。

这《小象》是申言六五能尽君道由其能任贤臣。行中是行好贤的中道。孔子说，"大君之宜"，果何谓哉？盖不自用而任人，乃是天理当然的极处，这便谓之中。自那昧于任人者，则为不及，不及非中；自那好于自用者，则为太过，太过非中；自那好于自用者，则为太过，太过非中；皆不可言大君之宜。若六五所谓大君之宜者，正以五居中，而九二又居中，不自用而任人，行中之谓也。

上六，敦临，吉，无咎。

这一爻是言人臣久道以临民则治化成而臣道尽。敦临是始终如一，敦厚以临民的意思；吉自治化言；无咎以尽责言。周公系上爻辞说，君子临民善其始，未必能厚其终。上六居卦之上，处临之终，是其所以临那民者，教思无穷，而无间于其始；容保无疆，而不替乎其初；盖敦厚于临者也。这等则悠久成物，久道化成，无愧于君师的责，而尽临民的道。吉又何咎？

《象》曰："敦临之吉"，志在内也。

这《小象》是推言上六临民之厚，莫非笃爱天下之心的意思。志就是敦厚的志，内指天下国家之内言。孔子说，有为民的志，斯有厚下的仁；上九敦临吉者，由他存心于天下，加志于穷民，惓惓乎以万物为一体，肫肫乎以天下为一人，而志在天下国家之内，所以治愈久而心愈笃也。

䷓ 坤下巽上

观：盥而不荐，有孚颙若。

这卦辞是言人君恭默无为，以立天下之极的意思。观是为天下所观仰之义，盥是将祭而洁手也，不荐是不轻率致享。有孚是诚敬在中；颙若有仪可仰的模样，总是人君笃恭之象。这卦名观者，为卦九五居上，四阴仰之，又内顺外巽，而九五以中正示天下，故其卦名为观。然中正以示人，固人君为观的道，而所以为观者，不必于表暴之迹，欲以建中于民，表正于下，惟潜神于渊默之天，而所以为天下化中就正之地者，不戒而自孚，不言而自信，不犹祭者致洁于盥。不轻于荐而孚信在中，颙然可仰者乎？设使中正不本于渊默，是亦祭者之既荐，而其诚不足观者，其何以为观于天下乎？

《彖》曰：大观在上，顺而巽，中正以观天下。

这一节是以卦体卦德解观的名义，见维皇建极上之所以观于人者。大观在上是位至尊显，顺是和易，巽是深潜，中正是所行出者皆建中表正之道，观天下是示天下所瞻仰的意思。孔子说，卦名为观者，盖以中正的道示人，而为人所仰者，观之义也；然无位则其道不立。今卦体九五居上，四阴仰之，则首出庶物，而位所在，足以为统一天下之具，卦德内顺外巽，则和顺深潜，而德所在，足以为鼓舞人心之本。由是位以德尊，德以位显。而况九五以中正示天下，则出其中以建中于下，有以为四方仪刑；

出其正以表正于下，有以为万邦的承式。卦之所以为观者以此。

“观盥而不荐，有孚颙若”，下观而化也。

这一节是即德纯而化神以解卦辞，见维民归极下之所以观人。孔子说，“观之盥而不荐，有孚颙若”，盖言大观圣人，执中守正，而肃然有笃恭的体，有如祭者盥而不荐，有孚颙若焉。吾见仰建中的治者日趋于皇极之中，被表正的化者，率由于大道之天，下观无不化，此为观者所以必本于诚也。

观天之神道，而四时不忒；圣人以神道设教，而天下服矣。

这一节是极言观道之大，天的神道是气之运于无声无臭者，圣人的神道是心之妙于无思无为者。设教是为政的意思。孔子说，又自那观道极言之，观天道流行大中至正，无声无臭，何如其神。但见四时运行，寒暑往来，为舒为惨，无有过中而失正，天之所以为至教者，一观而已。圣人设教建中表正，无思无为，何如其神。由是天下人民会极归极，不识不知，自皆化中而从正，圣人所以为治者，一观而已。观道何如其大耶！

《象》曰：风行地上，观；先王以省方观民设教。

这《大象》是言圣人尽为观之道。省方是巡狩省察四方，观民是考验民风同土俗所尚，设教是因他俗尚不同而设立教化的意思。孔子说，风行地上无物不遍，这观之象也。先王以身率人，固足以导民于中正之归；然尤虑那风土异宜，习俗异尚，有不能以遍及者。故又定五载的期，分四时的巡狩，行万国以观民，而因民俗以设教，使他同归于中正之域，则四方风动，而无不同的风，亦若风行地上，而物无不遍也。

初六，童观，小人无咎，君子吝。

这一爻是于那近小之见者，而深鄙他见君子当有远大之观的意思。童观是幼稺无远大识见的人，小人是无知的百姓，无咎是不足为责的意思，君子是有德位的人，吝是羞。周公系初爻辞说，九五在上为下四阴所观，而四阴皆观于五，惟初六相去甚远，又以阴柔见浅，不能振拔以观大君道德之光，为童观的象。占者为无位的小人，这等明日用不知，固不足咎他。若是有位的君子，也这样童观，则是才德不足以近君子之光，为可羞吝。

《象》曰：初六“童观”，小人道也。

这《小象》是申言童观之道宜于小人，宛然见君子不当如是。孔子说，初六“童观”，是乃百姓日用而不知者，小人在下的道则然。岂君子所宜哉？

六二，窥观，利女贞。

这一爻是鄙隐于内观者为女子的贞道，见丈夫当观光于上国的意思。窥观是不肯出仕，特窃窥外之光者。周公系二爻辞说，九五中正为观，固万国所咸观者；六二阴柔居内而，观乎外则上有可仕的朝，时有可事的君，他则甘于侧微，以仰窥乎国家之光，有窥观的象。这乃是女子的正道，故利女贞。若丈夫则志于天下，而思以作宾王家，岂利窥观哉！

《象》曰：“窥观女贞”，亦可丑也。

这《小象》是申言不能观光上国者，为深可鄙的意思。孔子说，六二“窥观”，乃女子的正道；若丈夫则志在四方，宇内事乃吾分内事。若徒窥瞷如女子之行，不亦可丑之甚哉！

六三，观我生，进退。

这一爻是言六三的进退于己所在，见人的出处卜其所养何如。我生是我的所行有通塞。周公系三爻辞说，六三居下之上，可进可退者；九五中正，为可事的君，不必观他，顾我的德何如。故当观我所行的通塞，以为进退，如我中正的德，足以弘施而不匿，则进而观国之光，否则宁养其身以有待，而进退于己取之，岂待于外者哉！占者亦当知所审矣。

《象》曰：“观我生进退”，未失道也。

这《小象》是申言六三得出处之道的意思。道即进退当可的道。孔子说，六三“观我生进退”，则行通而进，行塞而退，是可以进则进，可以退则退。岂失进退之道哉！

六四，观国之光，利用宾于王。

这一爻是言君子幸际文明之君，当觐宾兴之愿。观是亲见的意思，国之光是纪纲文章之盛者，利用宾有不负明时的意思。周公系四爻辞说，六四当观时，最近九五，凡九五的中正之德，发见于纪纲法度，显设于礼乐文章，而焕然昭布于一国者，四皆得而亲见之。占者当这时，遇这君，宁肯自负哉？已仕者必朝觐以述其职，未仕者必行义以达其道，“用宾于王”也如四之观光可也。盖有君如此虽在异世，尚思以扬其盛，而况躬逢这时者乎？虽在他邦，尚立于其朝，而况生于这国者乎？

《象》曰：“观国之光”，尚宾也。

这《小象》是原君子庆有为之志，由其遇可为之会。尚宾是人君尚礼天下的贤士。孔子说，六四所以能“观国之光”者，何哉？盖由九五忘势以乐道，屈己以下贤，而尚那宾兴的典，此所以得观国之光。不然，上无尚宾的君，君子乌得有用宾的志哉！

九五，观我生，君子无咎。

这一爻是言人君反身而观，能建中正之极，斯于君道无歉。君子是君子之道，指九五的中正言；无咎是观道无亏。周公系五爻辞说，九五德位兼隆，而为四阴所观，是以君子的道君天下者。占者于此，不必他有所求。反而观之，凡所以本诸身，而措诸民者，果如九五建中表正，一与君子无异，然后己不失德，民不失望，足以中正观天下，而无愧于万民的具瞻，又何咎？

《象》曰：“观我生”，观民也。

这《小象》是申言君道之得失，验诸民德之善否有可知的意思。孔子说，民的视效系于君，君的得失验于民；故观我生者，不但自观己也，必观民德的善否，以自省察焉。观于民之化中，而后验我之能建中也；观于民之从正，而后验我之能表正也。不然，是我所以示天下者有未至，而何以为观乎?

上九，观其生，君子无咎。

这一爻是言占者反观所以合于上九阳刚之道，斯无忝于师表之责的意思。君子即阳刚上九之道。周公系上爻辞说，上九阳刚居尊位之上，虽不当事任，而亦为下所观瞻，是以君子的道，师天下者。占者得此，但当自观其所行，果能以道自重，以德自尊，是以师世觉民，就如那上九的君子一般，则可以为民的表仪，而副其所观;可以为民的矜式，而不失所望;无咎。

《象》曰:“观其生”，志未平也。

这《小象》是申言师天下者，虽不当事任而虑世之心却未尝尽忘。平是安宁的意思。孔子说，上九虽不当事任而亦观其生者，盖所以系斯民之观瞻者，其责为甚重，而其志安能以忘戒惧，则夫忧勤惕厉以求不失乎君子，以免于咎者不容忽矣。

䷔ 震下離上

噬嗑：亨，利用狱。

这卦辞是言人君能去小人之间斯君臣道合，而去小人之间又当用折狱之勇的意思。噬是啮，嗑是合，亨只是君臣志通的意思，用刑是治小人之罪。卦体中虚，而四阳间之，必噬之而后合，有如强梗的小人，间天下的治，必去那小人，然后上下交合，故卦为噬嗑。文王系辞说，凡君臣的情有不通者，以有小人离间其情，若能去他则上下交而其志通，固可得亨。然上的人，非威与明而得其中却无以服小人的心。今卦德、卦体、卦象、卦变兼而有焉，执这些善道去治那小人，则刑当其罪有以折他强暴的心，而去天下之间矣。故其象又为利用狱。

《彖》曰：颐中有物，曰噬嗑。

这一节是以卦体解卦名义。孔子说，卦名为噬嗑者，盖此卦两阳中虚，九四一阳间之如有物间于其中一般，则是君臣相得之中，而有强梗谗邪以间他，必去其间，而后上下的志同也，犹物在颐中，啮之而后合，故为噬嗑。

噬嗑而亨，刚柔分动而明，雷电合而章。柔得中而上行，虽不当位，利用狱也。

这一节以卦德体象变解卦的辞，见去间贵于威明得中。刚柔分是无惨刻姑息的病，动而明是有决断、明允的善，雷电合而章是威风播而明昭显的意思，柔得中上行是居上无偏断的意思，不当位是德未至圣修、不能化暴的意思。孔子说，噬嗑固无不亨，又说“利用狱”者，盖治狱的道，惟威与明，而得中为贵；故刚柔不适中，则不可。今卦体之三阴三阳而刚柔以分则刚不过暴，柔不过纵，威明缺其一不可。今卦德下震上离动而且明，则威足以断，而明足以照。然威明相济，非惟卦德为然，在卦象亦有之。雷电合而章，则其威如雷，而持之以断；其明如电，而察之以明。刚柔适中非惟卦体为然，在卦变亦有之。柔得中而上行，则惟刑必恤，而不失乎平，以恕求情，而必合乎理，凡此皆用狱的道。是虽六五以阴居阳，处位不当，而本那刚柔得中者以理他，固有加以屦校，而无嫌于轻；加以何校，而无嫌于重；出那威明相资者以治他，固有以之明罚，而不为过察；以之敕法，而不为过严。此所以有用狱之利也。

《象》曰：雷电，噬嗑；先王以明罚敕法。

这《大象》是言先王体威明的象，以预慎乎用刑的道。明是辨，敕是正；罚是因罪有轻重，而一时所用的刑罚；法是号令布告，乃平日所定的法律。孔子说，“雷电合而章”，故为噬嗑。先王以为法之用于一时者，这便是罚，故必从而明之。何者为轻，以加那过小；何者为重，以加那过大；秩乎有条而不可乱，罚之立于平日者，这便是法，必从而敕之。亲疏贵贱，有限而不可逾；度数多寡，有常而不可紊；凛乎其严而不敢越，明辨其墨劓剕宫天辟，以至流宥鞭朴金赎之数者，正所以振敕法度，使人知所畏避，则有以防于未然，而间者可去矣。

初九，屦校灭趾，无咎。

这一爻是言能惩小恶，终免刑罚的意思。屦犹着，校是木械，灭是伤，趾是在下的足趾，总是薄刑加小恶的象。无咎是不进于恶，可以免刑的意思。周公系初爻辞说，初九在卦之始，罪薄过小，固未应得重刑；又在卦下，尤如足趾处于下者，有屦校灭趾的象。占者能惩恶于初，这等则有所惩于前必有所儆于后，有所戒于始，必有所惧于终，而由此可以免过矣。何咎之有？

《象》曰："屦校灭趾"，不行也。

这《小象》申言初九有受薄刑之象，正欲其止恶于初的意思。孔子说，初九所谓"屦校灭趾"者，盖趾所以行。今屦校而灭趾，正所以禁其行，而使不进于恶也。

六二，噬肤，灭鼻，无咎。

这一爻是拟六二治狱有难易之象，而又著以终能服人之占。噬肤是易治的象，灭鼻是强梗难治的象，无咎是终无不服的过。周公系二爻辞说，六二以中正的道听断合宜，则易以得人的情，而人无不服者，故其治狱为独易。然以柔乘刚，则仁厚有余，而刚断不足，那所治的又是强梗之徒，故未免于心力辞说烦费，而为他所阻伤，如噬肤灭鼻一般。然在彼既所当治，在我又能善治，终可以服他的心而无咎。

《象》曰："噬肤灭鼻"，乘刚也。

这《小象》是推本六二治狱易而又难者，由所治之人强梗的意思。刚指初九。孔子说，"噬肤灭鼻"者，岂是那道不足以服人哉？以下乘初九之刚，所治的人强梗难服故也。

六三，噬腊肉，遇毒；小吝，无咎。

这一爻见六三治狱歉于才而顺于义。腊肉是坚的物；噬腊肉遇毒是治人而人不服的象。小吝是不慊己意；无咎是义所当治，咎不在我的意思。周公系三爻辞说，六三阴柔，非治狱的才，不中正无治狱的德，故治人而人不服。有噬腊遇毒的象，有用刑之责者，这等固不免小吝。然当噬嗑的时，在我虽有刚明不足的患，在彼实为有罪当治的人，于我何咎？

《象》曰："遇毒"，位不当也。

这《小象》是申言六三治人不服，由他的才德不足的意思。孔子说，六三治人而人不服有遇毒之象者，盖以阴柔不中正，既无明断之才，又无听治的德，所居的位不当，所以人不服他。

九四，噬干胏，得金矢；利艰贞，吉。

这一爻是言九四治狱足以服人而戒他当慎重用刑的意思。胏是带骨的肉，噬干胏是难治的象；金矢是古人狱法入钧金束矢而后听，取坚直的意思；得金矢是得其心愿求听的意思。艰是心无忽易，贞是事无偏倚，吉是天下称平的意思。周公系四爻辞说，九四以刚居柔，则是刚柔相济，宽威适宜，最得用刑之道者，以此治狱，则所治的虽是那强梁难制之徒，却也都有以得他的情，服他的心，故为噬干胏，得金矢的象。但用刑非易事，故必其难其慎，持敬畏的心，以理天下的讼，不偏不倚，秉至公的念，以听天下的狱这等，则罚不及无辜刑必当有罪，而天下无冤民，吉。

《象》曰："利艰贞吉"，未光也。

这《小象》是申言善听讼者未足为治道之善，见当使民无讼为贵的意思。孔子说，君子不以听讼为难，而以使民无讼为贵，九四虽曰利艰贞吉，然不过治末塞流的事，其道未得为光明也。

六五，噬干肉，得黄金；贞厉，无咎。

这一爻是言六五听讼德足以服人，而益当明慎用刑的意思。噬干肉是易听的象，得黄金是人愿服听的象，贞是剖决允当，厉是临刑敬慎，无咎是无冤民意。周公系五爻辞说，六五柔顺而中，以居尊位，有好生之仁，而不流于姑息者。以此而治天下的狱，无偏无党刑罚清而民自服有如噬干肉易嗑之象。又恐柔不能断，故必如黄金的刚焉。然刑岂可以轻旧哉？况万民的命，悬于一人。苟一毫有所纵则失所者多，故必正以自守，而举措咸当，毋曰操纵在我，而可以自私为也；危以自持，而钦恤常存，毋曰生杀在我，而可以自恣为也；则庶乎刑罚中，而不失天下的心，乃得无咎。

《象》曰："贞厉无咎"，得当也。

这《小象》是申言六五治狱而人无不服者，由其用刑允当的意思。孔子说，所谓"贞厉无咎"者，盖贞则听断惟公，厉则思虑精详，而用刑得当，所以无咎。

上九，何校灭耳，凶。

这一爻是言上九恶极罪大当服上刑的意思。周公系上爻辞说，上九刚恶已极，宜服上刑，在卦又当耳处，故为何校灭耳的象。占者这等，则罪大而不可解，凶可知矣。

《象》曰："何校灭耳"，聪不明也。

这《小象》是推原上九所以服重刑，由他平日不能听言自改的意思。孔子说，所说"何校灭耳"者，盖王者明罚敕法以示天下，凡有耳者所共听。今上九听之不聪而至于纵恶以自恣，以灭耳的刑，正以治其不听的罪耳。若能审听而早图，又焉有此祸哉！

卷四

䷕ 离下艮上

贲：亨，小利有攸往。

这卦辞是仅许饰治者之可为，而歉其不足大有为的意思。贲是文饰；亨是文质得宜，推之天下后世皆通的意思；小利往，是文过乎质，推之天下后世不免有弊的意思。卦名为贲者，取文饰的义，卦变刚柔交错，卦德文明以止，天下的文焕然可观，故为贲。文王系辞说，贲之为义，在那文质，文质在人，贵乎得中。占者若以那柔来文刚，而离明在内，则是人君制礼，为天下国家贲者，以质为本，以文为辅，既敦朴以为先，而又观人文以成化。文质得宜，达之天下后世无有不准者，何亨如之？若以那刚上文柔而艮止于外，则是人君制礼以为天下国家贲者，文为之主，质为之辅，虽足以矫那固陋的习，却无以敦尚实的风，文过其质，推之天下后世，必有其弊，故小利有攸往。

《彖》曰：贲亨，柔来而文刚，故亨；分刚上而文柔，故小利有攸往，天文也。

这一节是以卦变解卦辞。文是辅济的意思，天文是刚柔交错自然成文者。孔子说，卦名为贲，而辞说“亨小利有攸往”者，以卦变而论，自《损》与《既济》来者，皆是柔来文刚，则刚为之主，才足以有为，而柔为之助，又有以济其所不及，此所以得亨自《损》与《既济》来者。皆以刚上而文柔，则柔为之主，才不足以大有所为，刚为之助，又不免有所限制，此其所以小利有攸往。然刚柔交错，这等是即在天日月星辰的运，往来而不穷，经纬而莫掩，一自然天象之昭回，非天文而何？知那天文，则贲之义昭于天象矣。

文明以止，人文也。

这一节又以卦德广其义。文明是灿然可观，以止是截然有限。孔子说，又以卦德而论，离德文明，艮德静止，文明以止这等，则是在人亲疏贵贱之间灿然有文以相接，截然有分以相守，一焕然人道之昭著，非人文而何？知那人文，而贲之义彰于人事矣。

观乎天文，以察时变；观乎人文，以化成天下。

这一节是即天人以极言贲道之大的意思。观是即那卦上的天文人文，察是知得详的意思，时变是寒暑往来之变；化成是天下皆有礼相接，有分相守的意思。孔子说，以贲道而极言之，刚柔交错，即是天文，是天文不在天而在易卦，故即这天文来观，而可以知察时变焉。自那刚来文柔，见阳之复，时之寒往而暑来也；自那柔来文刚，见阴之复，时之暑往而寒来也，时变不于是而察乎？文明以止，是即人文，是人文不在人而在易卦，故即这人文来观，而可以知化成天下焉。自那文明以出治，天下各以礼相接，而恩不至于相睽；自那艮止以立极，天下各以家相守，而防不至于相渎，天下不于是而化成乎？夫莫大于时变，而贲卦的天文可以察之；莫大于天下，而贲卦的人文可以化成。贲道不其大哉！

《象》曰：山下有火，贲；君子以明庶政，无敢折狱。

这《大象》是言君子体易象，但可明于小事而不能决乎大狱。庶政是庶务之小事；狱是人的死生所系，是非最难明者。孔子说，山下有火，光昭乎万物，贲之象。君子以山下有火，明不及远，故所以致饰于治者；但明庶政，无敢折狱焉。或审国计的盈虚，固君子之所以用其明，而刑狱为天下的大命，则拟议以缓死恒存那钦恤的仁；或稽出纳之多寡，固君子之所以慎其微，而用刑为天下的大事，则从容以致罚务加那慎重的惠。盖庶政事之小者，虽明有不足，而可以当之。若夫折狱，则事之大者，非视远惟明者，不能君子，岂敢专乎哉！

初九，贲其趾，舍车而徒。

这一爻见初九有自守之节。贲其趾是以隐为荣的意思，舍车是不屑非礼之赐，而徒是宁安徒行之劳。周公系初爻辞说，初九刚德明体，刚则不屈于物欲，而有定守；明则不汩于利禄，而有定见；是其德非不足以文明斯世，化成天下。但他以道德为丽，不以爵位为荣，惟自责于下，为贲其趾也。故车所以锡爵位，得这车，亦足以安其身，他则以德为车，其为吾身之贵者多矣。而于非道所得之车，则宁舍弃而安于徒步，奚肯容心于此哉？

《象》曰："舍车而徒"，义弗乘也。

这《小象》是申言初九轻非道之赐，所以重自守之义的意思。孔子说，"舍车而徒"者，岂好劳而恶逸哉？盖初九刚德明体，是以守义正，而见义真。以这车之所在，义不当乘，宁徒步而弗乘也。这是不以得车为荣，而以得义为荣；不以徒行为辱，而以失义为辱；一决于义而已。

六二，贲其须。

这一爻是言六二能资于人以有为的意思。须是须，有附颐而动的义。周公系二爻辞说，阴阳相应而后成贲，二以阴柔居中正，三以阳刚而得正，德本足以相附，彼此皆无所应，而势又足以相附，非似那小人相为党与者一般。故二附三而动，刚柔相须，有文可观，如那须附颐以动，有仪之可象也。

《象》曰："贲其须"，与上兴也。

这《小象》是申言六二附三同进的意思。与是从，兴是起。孔子说，六二所说"贲其须"者，言三有所动，二也与他俱动；三有所行，二也与他同行；故有贲其须之象。

九三，贲如，濡如，永贞吉。

这一爻是言九三得人之逸，又戒他不可溺于二阴的意思。贲如濡如是得其所贲，而有润泽之光的意思；永贞是长守正道，吉是常得贲而润泽之休的意思。周公系九三爻辞说，九三一阳居那二阴之间，二阴为他顺承左右，奔走后先，是阳得阴贲，足以润泽吾身，有"贲如濡如"的象。然阴能贲乎阳，却也能溺乎阳；为九三者，岂可溺于所安哉？故必长守刚正的德，莅他以庄，接他以礼，而始终不易其贞，则在我有不恶之严，在彼无不逊的志，常得润泽而不为我害，吉。

《象》曰："永贞之吉"，终莫之陵也。

这《小象》是申言九三能守正不溺，则小人终不敢侮玩的意思。孔子说，人必自侮而后人侮。三能永贞，则严于自持，而有威可畏。凡彼阴柔，固将奔走服役，惟恐或后，终莫得以陵也。

六四，贲如，皤如，白马翰如；匪寇，婚媾。

这一爻是言大臣之于贤者，相求恒相殷而相遇恒相疏。皤如是求初不得，如皤然而白不成贲的意思；翰如是求初的心，如飞翰之疾；匪寇是九三非寇害乎初；婚媾是欲与初求相亲。周公系四爻辞说，六四居大臣之位，而初九为辅己的贤，本阴阳相贲者，乃为九三所隔而不得遂，是一德有艰于会悟，而无以共成那经纬之章，其象如物之不成其贲，而皤如一般。然迹虽相睽，而心实相求，那往求的心，甚切于中。盖有一日未得乎初，而一日不能自已，具象犹如白马之行，如飞翰之疾一般。然九三刚正，非为寇者，盖委曲相求者乃求亲，比以展那壮行的略而非分相干者，亦欲缔交以达那行义的怀，匪为寇，实求为婚媾耳。

《象》曰：六四当位，疑也；"匪寇婚媾"，终无尤也。

这《小象》是申言六四之求初，不免有迹相睽而终得心相应的意思。孔子说，六四"贲如皤如"者，以他所居的位，与初远而近于三，疑若有可求者，故乘三之求而皤然其贲。又言"匪寇婚媾"者，则以九三刚正君子，虽有求我的心，而终不能强夺我的志，我能守正而不与他，必不能加尤于我，然则何所疑，而不决于从初乎？

六五，贲于丘园，束帛戋戋，吝，终吉。

这一爻是言人君敦朴以为天下先，终不失礼奢宁俭之意。贲丘园是崇朴实的象，束帛戋戋是太俭的象，吝是固陋可鄙，终吉是可成惇大之治的意思。周公系五爻辞说，人君御极固必有礼以为防，而其行礼，尤必得中以为本；六五为贲的主，而有柔中的德，是其厌烦文日盛，而思敦尚乎忠信诚确之风，有贲于丘园的象。这固是贲道善处，但阴性吝啬。凡施在政治闻者，纯任乎简略，而一些礼文不备，又有“束帛戋戋”的象。这等则质胜而野，难免固陋的弊，是可鄙吝。然俭乃为礼之本，虽不能粉饰乎太平，而忠信不薄，终能化成天下，终吉。

《象》曰：六五之吉，有喜也。

这《小象》是申言六五革浮文之弊，则遂返朴之志的意思。吉是忠信成风。孔子说，民俗日趋于文，六五的心久欲返之而不可得；今从俭而曰终吉，则返朴还淳之志无不遂，不有喜乎？

上九，白贲，无咎。

这一爻是言大臣能去文胜之弊，斯无灭质之非的意思。周公系上爻辞说，上九居贲极反本之时，当人文化成之后，则是厌烦文日胜而崇雅黜浮，挽民俗于淳庞之治，有白贲的象。这等则敦本尚实，无文胜灭质的弊，有化成民俗的治。何咎之有？

《象》曰：“白贲无咎”，上得志也。

这《小象》是申言民俗之薄去斯尚是之心遂的意思。上指上九，志是反朴之志。孔子说，上九处那贲极则厌文尚质，乃是他的素志。今质素是事，则可以反那淳古的风，而其志得矣。

䷖ 坤下艮上

剥：不利有攸往。

这卦辞是言君子当道衰之时，而有退避之智。剥是阳消落之义，不往即退避。这卦名剥者，五阴在下而浸长，一阳在上而消落，阴盛阳孤，其势将尽，故为剥。文王系辞说，以小人道长时固当止，卦德坤顺艮止，又有顺时而止的象。君子处此，惟俭德避难，随时消息，而不利有攸往。盖一阳在上，尚不免为小人所剥，君子如之何而可往也。

《彖》曰:“剥”,剥也,柔变刚也。

这一节是以卦体解卦的名义。柔指五阴,变是更去之义,刚指上九一阳。孔子说,卦名剥者言,阳将剥落,卦体五,阴上进,而欲变乎一阳,是小人乘势而进,将欲尽去君子,使皆变易而为小人之党,阳剥到这等,故名为剥。

不利有攸往,小人长也。顺而止之,观象也;君子尚消息盈虚,天行也。

这一节是以卦体、卦德解剥的辞。长是进,顺是顺阴长之时,止是不进,观象是观这卦的顺止之象。尚是体而行之的意思;息与盈指阳长说,是世道亨通的意思;消与虚指阳衰说,是世道否微的意思;天行指消息盈虚说。孔子说,卦辞言“不利有攸往”者,盖卦体五阴方生,乃小人浸长的时,观时者,当此固可以无往;卦德坤顺艮止,有顺时而止的象,观象者,当此亦可以无往。何也?盖消息盈虚,天运一定的理,君子于那阳之息而盈,则尚之以进,是天将开世道的泰,时行则行,君子不得而与;于那阳之消而虚,则尚之以退,是天将成世道的否,时止则止,君子不得而与。今剥之时,正消而虚者在阳,君子安得不顺时而止之哉!

《象》曰:山附于地,剥;上以厚,下安宅。

这《大象》是言人君厚民生以安已位的意思。下指民,宅是人君所居的位。孔子说,山起于地,今反附之,摧剥之象也。君子以一身而居兆民之上,以为地也者,山之所附以为奠者也;民也者,上之所恃以为安者也。地不厚,不足以为山之附;下不厚,不足以为宅之安。于是发政施仁,省刑薄敛,以厚乎下,使本固邦宁,于以安已所居的宅,而不至于剥焉。

初六,剥床以足,蔑贞凶。

这一爻是拟初六有害正之渐,而戒君子当知有及身之祸的意思。蔑是灭。周公系初爻辞说,初六剥自下起是祸未及而恶已矣,故有剥床以足以揭有。然祸虽未切,而上进的势,则不可遏。占者君子,当知其渐必至于蔑贞而凶,惟见几而作可也。

《象》曰："剥床以足"，以灭下也。

这《小象》是申言小人伤正之祸，必自微而起的意思。孔子说，"剥床以足"，阴之灭阳自下而起，其端虽微，其势必盛，可以为未切而忽之哉？

六二，剥床以辨，蔑贞凶。

这一爻是言小人伤正之势已著，君子尤当知有及身的祸。辨是床的干，势已上进的意思。周公系二爻辞说，六一剥阳的势已渐进而上，伤善的恶渐盈，害正的奸渐炽，如剥床已及其辨一般。君子占此，当知其势渐盛，必至蔑贞而凶，可不思患而早图之哉！

《象》曰："剥床以辨"，未有与也。

这《小象》是申言小人之势尚尤未盛，见君子尚可速图的意思。孔子说，"剥床以辨"固已上进，然阴之党与犹未甚盛，君子尚可为计也，以不早为，将无及矣。

六三，剥之，无咎。

这一爻是言六三能去阴类而独应君子，不失从正之道的意思。剥是去，之字指众阴。周公系三爻辞说，群阴皆剥阳，而三处其中，犹与上应，不党邪以害正，是能自剥去其党以从正人。这等则有以孤小人的党，而伸君子的气，何咎？

《象》曰："剥之无咎"，失上下也。

这《小象》是申言六三得从正之善，以他能离小人之党而然。上下谓四阴。孔子说，六三所言"剥之无咎"者，盖上下四阴，皆欲剥阳，惟他独能从正，心那君子的心，而不心小人的心，此所以无咎。

六四，剥床以肤，凶。

这一爻是言小人害正之祸甚切，君子必为他中伤的意思。周公系四爻辞的说，六五阴长已盛剥阳而及其身，故为剥床以及其肌肤的象。君子于此，必受剥于小人，故不言“蔑贞”，而直曰“凶”。

《象》曰：“剥床以肤”，切近灾也。

这《小象》是申言小人之祸为至切，所以危君子的意思。孔子说，剥肤则祸及君子的身，非灾之切近者乎？苟于那未害之始，而早为之所，或可以免此灾，亦未必如此切近矣。

六五，贯鱼，以宫人宠，无不利。

这一爻是言六五能率众阴以从正，则必获君子之赐的意思。贯是穿，鱼是阴物，贯鱼是统率众阴的象；宫人亦是阴类，以宫人宠是领众阴受制于阳的象；无不利兼君子道行、小人蒙福说。周公系五爻辞说，天道不可以无阳，犹世道不可以无君子，故五为众阴的长，当率那蔑贞之党，而为从正之举，如贯鱼然；以之受制于阳，亦犹后妃以宫人承宠于其君也。这等则君子道行，天下蒙福，小人亦阴受其赐，何不利之有？

《象》曰：“以宫人宠”，终无尤也。

这《小象》是深与小人无害正之罪，亦开人以迁善之门的意思。孔子说，害君子者，小人之罪；五率其类而听命于阳，则有从正之善，而无蔑正之凶。世道正也，公论与他，终无尤也。

上九，硕果不食，君子得舆，小人剥庐。

这一爻是圣人于上九一阳，而深致扶养的意思。硕是大；果是木实，阳类；不食是幸存留的意思。得舆是得民所承载。剥庐是尽去茯覆庇。周公系上爻辞说，诸阳剥尽，而上九独存，是天犹留这贤人以开治，而善类因以复兴，故为硕大的果，不为人食，而能复生的象。占者若君子欤？则尊居人上众阴载之，功及斯世斯民而得舆。若小人欤，则必剥极于上，尽去君子，自失其所庇覆。而剥庐，盖君子在上，天下咸赖以为庇；君子既去，小人安得以独存哉？

《象》曰：“君子得舆”，民所载也；“小人剥庐”，终不可用也。

这《小象》是申言有德者为民所归，而无德者自失所归的意思。孔子说，君子得舆，盖君子的德，天下倚他以为重，虽独立于上，而实万民所共之，非为民所载乎？此所以谓得舆也。小人剥庐，盖君子之道，小人赖他以覆庇，剥尽于上，小人亦不独存，终亦何所用乎？此所以谓之剥庐也。

䷗ 震下坤上

复：亨。出入无疾，朋来无咎；反复其道，七日来复。利有攸往。

这卦辞是言君子当阳复之世，进无不利行无不得的意思。复是阳几灭而复生之义。亨是君子退而复进的意思。出入无疾是己之行无不利。朋来无咎是朋类之进，亦无不利。反复其道是天道有否泰之会。七日来复是自姤卦一阴始生，至此七爻一阳复生，见阳道有大行之机的意思。利往是君子可以进而有为。这卦为复者，盖阴剥而至于坤，阳几尽而不可复，然又复生于下，是造化无终尽的理，而阳道妙生息的机，所以为复。其在人是君子退而复进，则善类既塞而复通，正道几绝而复续，有亨道焉。然使处之不以其道，又安得亨？今卦德阳于下而以顺上行，故不惟己的一出一入，既得以无阻滞的忧，而朋类之来，亦将无摧抑的咎。然这固是君子类进之时，而亦天道好还之会。盖自姤而来，于卦历七爻，于时为七日，当得来复。然这固是天运复兴之日，而实阳道大行之机。盖刚德方长，一君子进而众君子皆进，相与同心协力，而开世道之泰矣。何攸往之不利哉！

《彖》曰："复，亨"，刚反。

这一节是以阳复生解亨义。刚即是阳。孔子说，卦名为复，而辞说亨者，盖剥极之余，小人得志君子道否。今阳既往而复反，则善类复植，正道岂有不亨乎？

动而以顺行，是以"出入无疾，朋来无咎"。

这一节是以卦德解卦辞。动是举动，顺行处置协宜的意思。孔子说，卦辞说"出入无疾，朋来无咎"者，盖阳长固可喜，而自恃其长，动有不顺，却也可惧。今卦德一阳动于下，而以顺上行，是能虑善而动，相时而行，凡那更张措置，一皆从容顺以处之，则自处有道，无隙可乘，达己达人，无所不善，是以无疾而无咎也。

“反复其道，七日来复”，天行也。

这一节是指阴阳消息为天运之自然，见君子之复为当然的意思。孔子说，卦辞说“反复其道”至于“七日来复”者，岂人为哉！盖以五月姤卦一阴始生，至此七爻而一阳来复，其阴阳消息，一天运自然而已。然则君子来复，非天之所为哉！

“利有攸往”，刚长也。

这一节是以卦体解利往之气。长字有渐盛之义。孔子说，一阳虽复，君子的道尚未盛，而乃言“利有攸往”者，何哉？盖卦体一阳既生，则其势渐长，而历《临》《泰》以至于《乾》，无非阳明用事之日，君子于此何往不利？

复，其见天地之心乎！

这一节是咏叹阳动之机。孔子说，观那复于世道，固足以见阳道之幸，而观那复于天地，其有以见造物之心乎？夫天地以生物为心，方其阴气盛行，为《剥》为《坤》。天地生物的心几于灭息，而泯无所见。至此一阳来复，则无中含有而乾元资始者，于此露其机；贞下起元而坤元资生者，于此呈其朕。生物的心，虽非至此而始有，则固至此而始见，化机之无息也固如是夫。

《象》曰：雷在地中，复；先王以至日闭关，商旅不行，后不省方。

这《大象》是言先王体复义，而有安静以养微阳之政。先王是古之先王，至日是冬至一阳初动之日，商旅是在下的民，后是今之时王。孔子说，雷在地中，静极而动，阳气始复的象。然运化之机，虽存乎天，而赞化之妙却存乎人。一阳初复，其气尚微，不安静以养之可乎？故先王立法，不以至日闭关，使下而商旅不行，以培养那生意；上而君后亦不省方，以静养那化机。这非是妨民，却也非是废事，必养得固，然后发必力，这乃先王顺天时、赞化育的道也。

初九，不远复，无祇悔，元吉。

这一爻是言初九能复心过可以几道的意思。不远复是一念人欲，即反求天理的意思；无祇悔是不至有离道之远的悔；元吉是大善。周公系初爻辞说，初九一阳在下为复的主，又居卦初，是人心一念之萌，失尚未远者。即能知而改图，以复那道心之正，初不至离道甚远而有愧于心。这等则天理日萌，人欲日消，可以希贤圣可以参天地，大善而吉也。

《象》曰："不远之复"，以修身也。

这《小象》是申言初九尽克己之功，即是修身之学。孔子说，过有不寡，身有不修；初九不远之复，正所以修身。盖省察必精，正欲维此身于有道之归，克治必加，正欲举此身于天理之正。不然，则有过而或不知，知之而或复行，岂所修身哉！

六二，休复，吉。

这一爻是言六二能资人以复于善，亦可以成德的意思。休复是复得顺适美利的意思，吉是德业以成。周公系二爻辞说，六二柔顺中正，近那初九而能下求，取他的善以辅我的仁，则人的善即我的善，不待困心衡虑，而理自复，复之休美者。这等则德因人而日进，业因人而日修，可以希贤而希圣。何吉如之？

《象》曰："休复之吉"，以下仁也。

这《小象》是推原六二有成德之美，由他亲仁贤的意思。仁指初九。孔子说，初九不远复，是克己的仁人；二有虚中的德，而能下以亲他；则初的仁，是即我的仁；这所以复之休美而吉也。

六三，频复，厉，无咎。

这一爻是不深足六三屡失屡复，见复善贵守之固者。厉是不免有从欲之危，无咎是无惮改之非。周公系三爻辞说，六三资禀虽偏，却喜于有为，而又不能持久，是以复善未固，出入于那理欲之间，有频失频复的象。自他屡失，固将陷于人欲之危，若几于迷复之凶而厉；目他屡复，则终不失为天理之归，又若有不远之复者。故占者虽厉而无咎。

《象》曰："频复之厉"，义无咎也。

这《小象》是许六三之频复终能免过的意思。孔子说，过而不改犹可以过咎，他六三频复，虽不免于厉，然能屡复，则过而能改，固非遂非，而文过亦非，畏难而苟安于义无咎也。

六四，中行独复。

这一爻是深嘉六四能拔出邪党，而独从善人的意思。中行是同行于群阴之中，独从初九之善的意思。周公系四爻辞说，四处群阴中，而独与初应，是不以凡民为伍，而毅然以豪杰自期；不以异端乱心，而挺然以圣贤自待；是与众俱行，而独能复于善；真可谓善变者矣。

《象》曰："中行独复"，以从道也。

这《小象》是推原六四能独复乎善，由他能从初九之有道者。孔子说，四之"中行独复"者，岂有他哉？以初九"不远复"，乃道之所在；道之所在，则从之而已；何恤乎违众之嫌哉！盖不求同俗，而求同理；不系于类，而能出类者矣。

六五，敦复，无悔。

这一爻是原六五复善之已纯，自无私欲之或累的意思。敦复是复得安固敦厚的意思。周公系五爻辞说，六五当复时，而有中顺的德，则是操存已至，践履已熟，本然的善得于心者，安固而不摇固有的理；体于身者，重厚而不迁，有敦复的象。占者这等，则心安于善，行协于理，固非复之频者，亦非复之远者，何悔之有？

《象》曰："敦复无悔"，中以自考也。

这《小象》是推本六五复善之固，由他自成其德的意思。中是中德，自考是自能完全而无亏的意思。孔子说，“敦复无悔”者，盖五的德本中，以吾之所固有者，吾自成之，固不假下仁以要其成，亦不假从道以考其成，此所以为敦复欤。

上六，迷复，凶，有灾眚。用行师，终有大败；以其国君凶；至于十年不克征。

这一爻是言上六终迷于欲而不复于善，其凶危必甚的意思。迷是昏冥而不醒觉的意思，凶是下愚下贱的意思，灾眚是为天厌人恶的意思，用行师以下是甚言其灾眚的象。周公系上爻辞说，上六以阴柔居复之终，则既无为善的资，而又无为善的念；故性善虽天之所命，他固昏冥而莫知所觉，好善虽人所同，他则蒙昧而莫知所为，有终迷不复的象。这等则困而不学，民斯为下，凶。其凶何如？上则为乘天的命，而天必厌他，天灾有所不免；下则拂人的性，而人必绝他，人眚有所不免。且以是而行，徒足以败已的事，而反足以致害于人，终身昏闇而不德以振拔。是象犹用行师，终有大败，以其国君凶，至于十年不克征的象。吁，迷复之凶一至于此，学者可不畏哉？

《象》曰：“迷复之凶”，反君道也。

这《小象》是由言溺于欲者非君道之宜，见君道贵勇于从善的意思。孔子说，“迷复之凶”者，盖君贵于改过，若迷而不改，则反乎君道，此所以凶。

䷘ 震下乾上

无妄：元亨，利贞；其匪正有眚，不利有攸往。

这卦辞是言至诚足以感人，而因示以不诚之戒。无妄是无虚伪即真实意，元亨是行无不得的意思，利贞是必协天理之正的意思，匪正即伪妄的私意，有眚是人将戕害，不利往是人将阻抑。这卦名无妄者，盖实理自然，谓之无妄。卦变九来居初又为震主，则动而不妄，故名无妄。文王系辞说，无妄固有亨贞的道，而震动乾健，刚中而应，又皆正而可亨者。故值此占者，则诚能动物，可以悦亲而信友，可以获上而治民，必得元亨。然谓之无妄，则无有不贞，必其本诸心而见于行者，纯乎天理之正斯可谓之无妄，而得亨耳。一有不正，是妄而已，眚且不免，况求往之利，而得亨乎？将见从或戕之，推不准而动不化矣。

《彖》曰：无妄，刚自外来而为主于内，动而健，刚中而应；大亨以正，天之命也。其匪正有眚，不利有攸往；无妄之往，何之矣？天命不祐，行矣哉！

这一节是以卦变、卦德、卦体解卦的辞。刚自外来而为主于内，刚是善，主是存，内是心，是言收那天理的善，以存主于念虑之间的意思。动而健是所发者，皆纯粹之德性。刚中而应，是以诚实接人的意思。孔子说，卦名无妄，而卦辞又言“元亨利贞”者，盖卦变刚自外来而为主于内，是道心为主，而人心听命，所存者诚而未尝不正。卦德震动而乾健，德性用事，而物欲不行，所发者诚而未尝不正。卦体九五刚中，而应六二，同德相信，而匪人不亲，所接者诚而亦未尝不正。合内外人己而无不正，皆大亨以正的道。故其占元亨，而必利于正者，吾知其为天命之当然者矣。盖天命流行，纯然不杂，无一而不诚，亦无一而不正者。惟天以这理命人，而人亦以那理自全，斯为顺天的命，天将祐之而元亨矣。其说“匪正有眚，不利有攸往”者，盖无妄而不正，欲往何哉？惟逆天的命，而天不祐他，如之何其可行也。

《象》曰：天下雷行，物与无妄；先王以茂对时育万物。

这《大象》是言天有无妄的化育，而先王有赞化的王政。雷行是震动发生之时，物与无妄是天皆付物以无妄的理，茂是盛，对时是顺那长养的时候，育物是使人物皆遂生若性的意思。孔子说，天下雷行，震动发生，万物各得其性命以自全，是物物而与他以无妄。然天能与人物以性，而不能使他尽其性。王者则体上天生物的心，而代天以理物，天生万物，固不违乎时，而王者之育物，亦茂对乎时。物之动者不一，而以时养之；物之植者不一，而以时遂之。所以扩吾物与的量，而成赞化的功者。岂其微哉？是则造化以一诚而畀万物，王者以一诚而育万物，均一无妄而已。

初九，无妄，往吉。

这一爻是言初九有存诚之实，自有能诚之应的意思。无妄是心之所存所发皆至诚，往是应事接人，吉是无不利的意思。周公系初爻辞说，所以刚在内而为卦的主，是实理裕于中，而无那一毫私欲所间；真诚发于外，而无那一念私意所发；无些伪妄者也。以这诚信而往，事以诚应，无有不得，物以诚感，无有不通而吉。

《象》曰："无妄之往"，得志也。

这《小象》是申言初九至诚动物斯志无不遂的意思。志是通天下的志，得是遂。孔子说，君子至诚顺理，虽无所期望于外，而行有不得，未免有不足于心的意思。今初九无妄而往，则至诚有动物之机，中孚有发若的效，何往而不遂其心志哉！

六二，不耕获，不菑畬，则利有攸往。

这一爻是言六二始终无计利的心，而自然有获的意思。耕是春种，获是秋收，菑是初开垦的田，畬是成熟的田，则字紧承上说，利往即功效自得的意思。周公系二爻辞说，六二柔顺中正，因时顺理，而无私意期望的心；是其因物，付物尽我接物的诚而出自无心，固未始计其感之必应；以事处事，尽我应事的诚而顺以无情，固未始期其效之必得；是不期功于前，如不耕不菑；不收功于后，如不获不畬者一般。占者这等，则至诚自有动物之机，大公自有顺应之妙，不期人感，而人无不感；不期效得，而效无不得。岂不利有攸往哉？

《象》曰："不耕获"，未富也。

这《小象》是申言六二无计利的心。未是不，富是利。孔子说，"不耕获"者，言其因时顺理，为所当为，初非计那利而为之也。

六三，无妄之灾；或系之牛，行人之得，邑人之灾。

这一爻是言六三之灾非所当得，而来自意外者亦所遇之或然耳。周公系三爻辞说，这卦六爻皆无妄者，六三本亦无妄，但所处不得正，在人事，则为所居非其地，所遇非其时，所处非其人；故不当得灾而有灾，为无妄的灾。然无妄的灾何如？就如那或人系以牛，行道的人得之，而邑里所居的人，反遭告捕之扰，无妄的灾如此。

《象》曰：行人得牛，邑人灾也。

孔子说，二爻言行人得牛而去，邑人不期望失牛而牛失，则邑人必受其灾，此理所必至，故为无妄之灾。君子处此，惟顺受之而已。

九四，可贞，无咎。

这一爻是言占九四者，但当固守己德，自无妄动之愆。周公系四爻辞说，九四阳刚乾体，本无妄而可以有为者，但下无应与，则无可为之机。占者但可固守吾所有的实理，而不妄意以有为，则虽无动物的功，却也无妄动的咎。不然，是知其不可为而犹为之，是亦妄而已可乎哉！

《象》曰："可贞无咎"，固有之也。

这《小象》是申言九四无妄动之咎，由其能守固有之善。孔子说，九四说"可贞无咎"者，盖阳刚乾体，深知无妄之德，人所本有的理。故澄虑以凝其真，洗心以存其理，固守而不自失，此所以无咎。

九五，无妄之疾，勿药有喜。

这一爻是言人君值国家有意外之变，但当静以制之而其变自弭。无妄是不测的意思；疾是忧危之变。不药是不必动威武的意思；有喜是祸乱自弭，不必忧虑的意思。周公系五爻辞说，九五乾刚中正，无妄之至者，则是君臣一德，所以调国家的元气，寿生民的命脉者，无所不至，宜乎天下无事四海安宁。设或变起不虞，而朝廷有腹心的忧，祸生意外，而天下有疮痍的患，是为无妄的疾。占者于此，文德不必改图，安静以镇之，感吾诚而变将自弭；威武不必更尚，从容以处之，孚吾德而祸将自消。盖邪不胜正，而疾自平矣。宁不勿药而有喜乎？

《象》曰："无妄之药"，不可试也。

这《小象》是申言九五欲弭不测之变，不可妄动以速祸的意思。孔子说，天下有当治的疾，药之不可以已也。苟无妄的疾，而复药之，则治体或为他所伤，而祸乱反从此始，元气将为他所损，而灾害以从此生，是本无事，而扰之以多事，终至于不可救药矣。孰谓无妄之药，其可试乎哉？

上九，无妄，行有眚，无攸利。

这一爻是言上九存诚而不能感人，亦是他所遇之穷的意思。周公系上爻辞说，上九阳刚，非有妄者，但以其居卦之极，则是所处非地所遇非人。故以是而行，或言虽忠信，而时有难通，反因言以招尤，而无以启人听信；或行笃敬而势有所阻，反因行以取祸，而无以取人协从，而"有眚无攸利"者。这可见诚固有动物之机，而所值之穷，君子亦无如之何也已。

《象》曰：无妄之行，穷之灾也。

这《小象》是申言上九亦是无妄的，而却所遇非人不免有灾的意思。孔子说，上九以无妄之行，而有灾者，盖居卦之极，处时势之穷；故虽至诚在我，却有所不能行，而反致其灾也。君子固能必其诚之在己，而岂能必其遇之不穷哉！

䷙ 乾下艮上

大畜：利贞；不家食吉；利涉大川。

这卦辞是言君子王道之体既裕，而王道之用自行。利贞是纯乎天德王道之正，不家食是必食禄于朝，吉是道可大行，利涉大川是有匡济时艰的大功。这卦名大畜者，以艮畜乾，以阳畜阳，畜止之力大；以乾遇艮，内外交修，蕴畜之大，故名大畜。然自卦变、卦体、卦德观之，刚上尚贤，止健，皆非大正不能。而尚贤的君，应天的德，又皆可与有为者。故得这占者，利于所畜以正，必盛德日新者，纯乎天理之公；舆卫日闲者，粹乎人心之正。不徒多识前言而已，务择那言之贞者而识之；不徒多识往行而已务择那行之贞者而识之。利贞这等，方可言所畜之大。然徒畜而不知所以适于用，便是自私。由是而际良马之逐，则出那所畜者以应大烹之典，或以言而扬，或以行而举，而吾道因以大行，不亦吉乎？然徒出而不知所以自效，这是苟禄。由是而出其所畜者，以匡济时艰，或以言而论列朝廷的利害，或以行而援拯天下的颠危，而大功因以懋建，不亦利乎？是其畜而以正者，天德之精也；出而有为者，王道之大也。这乃体用合一之学，吾儒功用之全也。

《彖》曰：大畜，刚健，笃实辉光，日新其德。

这一节是以卦德解卦的名义。刚健是天理浑然在内，笃实光辉是实理昭著在外，日新其德是日进于高明光大的地位。孔子说，卦名大畜者，卦德内乾刚健，则是存在中者，惺惺乎天理常存，而涵养的功为甚深；外艮笃实辉光，则是见于事者慥慥乎实理昭著，而践履的功为甚懋；内外交修，体用咸备，理裕于已者，骎骎乎日进于那高明光大的田地，而且不自知；这便谓日新其德，而所畜者大。故名大畜。

刚上而尚贤，能止健，大正也。

这一节是以卦变、卦体、解利贞的义。刚上是言九自五而上于上，是德望高出人上的意思；尚贤是六五尊尚上九之贤；止健言艮能止乾的刚健，是君子能制那强暴的小人；大正是言三者皆要持正道中。孔子说，卦辞所说“利贞”者，以卦变九自五而上，是以德望居人的上；卦体五居上，而反下乎上九，是以人君尊尚乎贤人；卦德又为止健，是在我能化强暴的人，使他自不为恶；这三者必大正而后能。故刚上非正，则进不由道，这固不可；尚贤非正，则恭敬无实，这也不可；止健非正，则化导无本，这又不可。上下的位虽不同，莫非以正为修身用人的则，君臣的分虽不同，莫非以正为行己率物的原。然则有事于大畜者，独可以不正乎？

不家食吉，养贤也。

这一节亦取尚贤的义。孔子说，彖辞又言“不家食吉”者，盖卦体六五尊上那上九，是为君者，忠信重禄，以养天下的贤；君能养贤，则贤者进身于朝，必得君的养而吉矣。不然，则君所以养我者何如，而我可以自私耶！

“利涉大川”，应乎天也。

这一节是亦以卦体释那涉川之意。孔子说，彖辞又说“利涉大川”者，卦体九五，下应乎乾，为应乎天；是天以那拨乱反正的任付于我，而君子以身承之的意。而举错施设，一合那天理之当，操纵阖辟，一顺那天道之公。由是奉天以有为，虽举世所不能为者，他必为之，顺天以有行；虽举世所不能行者，他必行之，涉大川所以利也。不然，天之所以望我者何如，而我可不大有所为耶！

《象》曰：天在山中，大畜；君子以多识前言往行，以畜其德。

这《大象》是言君子尽博学之功以成大畜之德。前言是载于训诰者，往行是见于功业者，畜是聚，德是理之在身者。孔子说，天大无外而在山中，大畜的象；君子体之，以德原于一本，而散于万殊。故前言往行，所在天下的理，皆管于是。多识乎前言，而凡一言几乎道者，无不详察；多识乎往行，而凡一行几乎道者，无不精究。务使万物会于一心，以造那高明的域；一心统乎万善，以达那广大的归。刚健之纯，笃实之光皆由此而日新矣。其畜不亦大乎？

初九，有厉，利已。

这一爻是言初九为小人所畜，不宜进而宜退的意思。有厉是进则必危，已是止。周公系初爻辞说，初九刚正，所畜在我，可以上进而为那六四小人所畜，则不相援而反相排挤。故其占为犯之而进，则有危厉，若知几而止，则无不利。

《象》曰：“有厉，利已”，不犯灾也。

这《小象》是申言初九退则不罹小人之祸。灾是摧陷的祸。孔子说，初九往则厉而利于已者，盖初为四所畜，苟能自止，则不犯他的拥抑之灾，这所以利于已也。

九二，舆说輹。

这一爻是言九二能自止不进，亦有知几之哲者。周公系二爻辞说，九二阳刚，就如那车这足以有行者，特为六五所畜，而不得进；二则能以中道自裁，明理义，识时势，自止不进，如车脱輹而不能行；这是时止而止，智矣哉，九二能自处也。

《象》曰：舆说輹。中无尤也。

这《小象》是申言九二能不进者，由他有中德故能自守也。中是中德，尤是妄进的过。孔子说，九二能自止不进，有如那舆之脱輹者，由他居下卦之中，是有中德，故能审时识势，自止不进而无妄动的失，何尤之有？

九三，良马逐，利艰贞；日闲舆卫，利有攸往。

这一爻是言九三与那上九同升诸公，而又戒他宜有修进之具的意思。良马指三，逐是三逐上九以同进，艰是存心敬慎，贞是不枉己徇人；日闲如言时习，舆所以载，卫所以防，是畜德多才的象；利往是遂良马逐的意思。周公系三爻辞说，九三却为上九所畜者，所畜极而通，既值那时势可进，而同德相济，又喜其心志相孚，故同升诸公，与他驱驰王事，和鸣国家如那良马并逐一般。夫以那九三的刚，不患不能进，特患进之太锐，故必知进不可以欲速。艰难其思虑，正固其施为，必那时当可进而后进焉。知进不可以无具，以德为车，以礼为御，忠信以为甲胄，仁义以为干橹。以是而往，则有以广那多识的谋猷，扩那日新的大用，焉有不利？

《象》曰："利有攸往"，上合志也。

这《小象》是推本九三与上九利于同升，由其与他同志。上指上九，志是九三欲进的志。孔子说，当畜的时，初利已，二脱輹，皆不利往；而九三独"利有攸往"者，盖君子的志，莫不欲出那所畜之大者，以有为于天下。今以日新运于富有，九三的志，固不安于家食，而上九者，欲与他共鸣乎国家之盛，则多识以弘功业；九三的志，固欲奋乎利涉，而上九者，欲与他共咸乎帝载之熙，承何天之衢以有为者，不将与乘良马之逐以有为者，其志相合乎？这所以利有攸往。

六四，童牛之牿，元吉。

这一爻是言六四能制恶于未形，则为力不劳而民皆化善的意思。童牛是未角的小牛，取邪恶未盛的象；牿是横木，施于角以防其触的器，这是善制恶的象；元吉是强恶化，而民俗善的意思。周公系四爻辞说，天下的事，制于已然者难为力，制于未然者易为功；六四艮体，乃居大臣的位，与初为应，正有畜初之分且初九在下，阳势尚微；当那时节，而道以政令，齐以刑法，而默夺其邪心，如那童小的牛，而加牿于角；则上不劳于禁制，自有以革下的心；下不苦于刑诛，自有以从上的化；大善而吉之道也。

《象》曰：六四"元吉"，有喜也。

这《小象》是申言六四制恶有术，可以遂化民之心。孔子说，六四止恶于初而得元吉，则是无劳上之禁制，而民日迁善用力甚少，而成功却多；化民成俗的心，无有不遂，不有喜哉！

六五，豮豕之牙，吉。

这一爻是言六五制恶有术，而化行天下的意思。豮豕之牙言欲制豕的牙，先豮豕的势，而牙自不利的意思，是潜消民恶于既形的象。周公系五爻辞说，民恶已形，而欲把那力来制他，则虽密法严刑不能禁止；六五以柔中居尊，不惟有可制的权，而又有善制的术，知民之为恶，非他的本心，特迫于不得已而然。故厚地的生，以启那从善的心；正他的德，以固那天性的良，得其机会而治之；其象如患那豕牙过和，乃不制其牙，而豮其势。占者这等，则不必致详于法，而自无犯法的民，反侧者已安，教化大行于天下，故吉。

《象》曰：六五之吉，有庆也。

这《小象》是申言人君能制民之暴，斯为世道之庆。孔子说，刚暴上进，将贻患于众；六五得其要而制之，非徒一人的喜，而实天下的福，不亦大有庆哉？

上九，何天之衢，亨。

这一爻是言上九当天下顺治，而王道自然大行。何是赞辞；天衢是天路，顺达无所阻碍的意思；亨德教大通之占。周公系上爻辞说，上九畜极而通，则是邪党已消，反侧已安；凡那易好度者，不贰于皇极之归，不待于牿之豮之而自革面以革心，有何天之衢的象焉。占者这等，则德教洋溢，沛然四达，文命覃敷，浩然磅礴，应天之绩成，而造化开昌运，济险之功臻，而生民乐太平。王道至此其大和地，何如其亨哉！

《象》曰："何天之衢"，道大行也。

这《小象》是申言上九能使奸党顺治，则道化四达。孔子说，上九畜极而通，如那何天之衢，则不仁者远，而德教洋溢；有以成那混一之治，梗化者消，而文命覃敷；有以臻宁一之休，其道不亦大行哉！

䷚ 震下艮上

颐：贞吉；观颐，自求口实。

这卦辞是言养道贵以正，而当验诸养德养身之间。颐是口旁，取养义；贞是不嗜于欲，吉是有益于身心的意思；观颐是考其养德者必以正，自求口实是考其养身者必以正。卦为颐者，为卦上下两阳，内含四阴，外实内虚，上止下动，皆颐之象，有养之义，故为颐。占者不患其无养，特患其所养者不得其下在，故必得其正，则养得其道，而可获吉。然于何而验那所养正与不正哉？惟在观那所养的道，皆圣贤的道，而所以养德者，得其正乃吉。不然，邪术诐行，衹以乱德，何益之有？又考其养身的术皆有道之获，而所以养身者，则得其正乃吉。不然，徇情纵欲，适以伤生，何益之有？

《象》曰：颐，贞吉，养正则吉也。观，观其所养也；自求口实，观其自养也。

这一节是详卦辞之义。孔子说，所谓"颐贞吉"者，是言其所养能正，顺天理，循物则，有益于身心而吉。然养莫大于养德，养德者，易溺于欲；所谓“观颐”，言观其所以养德者，必纯乎性命之正而后吉。养莫切于养身，养身者，易溺于欲；所谓“自求口实”，言观其所以养身者，必由乎义理之正而后吉。由是观之，而君子之养可知矣。

天地养万物，圣人养贤以及万民：颐之时大矣哉！

这一节是极言养道而赞其大。养物指雷动，风散，雨润，日暄言；养民是使贤臣，立教养之法以养他；时是时义；大就养万物万民上见。孔子说，颐之道，岂惟一人自养已哉？又以那养道至大者而论，天地者万物的父母，而施那雨露之泽以养乎万物，以太极的理而养其性，以太和的气而养其形，万物于是乎咸若矣。圣人者，万民的父母，而养天下的贤，以及乎万民，使他司教以养其性，使他司牧以养其生，万民于是乎咸和矣。夫莫大于天地，而天地所以养万物者。此养也，此时也，莫大于圣人。而圣人所以养万民者，此养也，此时也，约之不出于成身成性之间，而极之则见于尽民尽物之际，颐之时岂不大哉！

《象》曰：山下有雷，颐；君子以慎言语，节饮食。

这《大象》是言君子尽养德养身之功。慎是谨密而不妄发，节是寡欲而不贪饕。孔子说，山下有雷，鼓元气于域中，而物因以发育，颐养之象。君子以言语从颐而出者，慎言语，使勿妄发，以养其德；饮食从颐而入者，节饮食，使过则以养其身。盖养德无所不谨，而慎言语乃其切务；养身无所不谨，而节饮食乃其切务。内外交养，君子体易之功，斯其至矣乎！

初九，舍尔灵龟，观我朵颐，凶。

这一爻是言初九本有可贵的德，因慕势利而卒改晚节，不免有丧志失身之非。灵龟是无欲的物，比有自守之节；朵颐是欲食的模样。周公系初爻辞说，初九阳刚在下本饱乎仁义，而不愿人的膏粱之味者，就如那灵龟以气自养，而无求于人者一般；乃上应六四，是那利禄为荣，遂忘其平生所守，而动外慕的心，其象如舍尔灵龟，而观朵颐者焉。这等，则徇私害义，纵欲害己，失那所养的宜，凶。

《象》曰:“观我朵颐”，亦不足贵也。

这《小象》是深鄙那自丧其无欲之守者。孔子说，初九阳刚，本有可贵的德，而顾动心于欲，则饮食人贱，将并那初先所得的之贵者而失之。尚足贵哉?

六二，颠颐;拂经，于丘颐，征凶。

这一爻是言六二无才德不能自养，求养于上下而俱无所得的意思。颠是倒，谓下求初九的意思;拂经是悖逆常理，丘是土之高者，上之象，指上九言;征凶是言情无相投，反有相伪的意思。周公系二爻辞说，卦惟初上阳刚足以养人，六二阴柔不能自养，必待于阳刚的人;然以上养下乃理之常应而后求，斯为有利。若这六二皆有不然者，故求养于那初，则以上求下，颠倒而违理;求养于上，则非其正应;反不与而有凶，言皆不可以有求;然则六二惟贵自重而已。

《象》曰:六二“征凶”，行失类也。

这《小象》是申言六二求养于初上，皆非他的正应，所以有凶的意思。类是亲类。孔子说，六二求初，不得于初而往求于上，亦复得凶者，以初上皆非正应，分不相接，情不相投，往求失其类故也。

六三，拂颐;贞凶，十年勿用，无攸利。

这一爻是言六三无德而纵欲，凶害必甚的意思。拂颐亦是失那养道的常理;贞是人所必有者，凶是为欲所害;“十年”以下，是终身凶意。周公系三爻辞说，六三阴柔不中正，以处动极是那所以为颐者，莫非徇利害义，纵欲伤生之为，而失其所养的道。占者这等，则所养者，虽是天理所必有人情所不能无者，然纵肆之极，岂能免于凶乎?将终身汩没于从欲之危而已。何所用而有攸往之利乎?纵肆之害一至于此。

《象》曰:“十年勿用”，道大悖也。

这《小象》是推原六三失养正的常理。道即是经，指养道言;悖即是拂。孔子说，六三至于十年终不可用者，以其贪饕富贵而不能以理制欲，纵情于禄而不能以道御情，大悖所养的道，终何用哉？

六四，颠颐，吉；虎视眈眈，其欲逐逐，无咎。

这一爻是言大臣下贤之益，而因示以任贤之道贵专。颠颐是上求养于下的意思，吉是养及天下，眈眈是下视之专，逐逐是追求之继，无咎是养民之道无愧。周公系四爻辞说，六四虽当事任而却不能养人，然幸有柔正的德应那刚中的贤，赖他的养以施于下，有颠颐的象。然养贤以及民，则惠不必自己出，而天下蒙其养者广矣。虽颠而吉，用贤的道必如何而后尽，又当忘我的势位，而屈己以下贤，且不间于谗邪，而下之最专。资他的谋猷而虚心以求贤，且不间于始终而求之常继，就如那虎视眈眈而不他，求食逐逐而不已。然后贤者得尽其才，而无负于养人之责。何咎之有？、

《象》曰：颠颐之吉，上施光也。

这《小象》是申言六四能任贤养民，则恩泽自我流光。上指四，施是德泽及人，光是显著的意思。孔子说，六四“颠颐之吉”，盖大臣泽天下，泽必恩自己出，然后便为能养。今能任初九的贤以养那黎民，则有以继我心思所不及，而德泽光被于天下，是养虽在初，而功却归四，则上施光也。

六五，拂经，居贞吉，不可涉大川。

这一爻是言人君养民用贤则治，自用则危的意思。拂经指求养于上九而失养道之常经言；居是守；贞是君道之正，即居那赖上九以养民的正道；吉是恩泽广被；涉大川是自任养天下的大任。周公系五爻辞说，人君以养天下为常道，五居尊位，而阴柔不正，不能养人，反赖那上九为他养民，则拂逆那养道的常经。然养贤以及万民，乃人君的正道，苟能守这正道而不变，则惠不必其出于己，而无一民不蒙其养，故吉。若不能度己的力，而冒险以求必济，则才力有所不及，而养道已废，故“不可涉大川”。

《象》曰：居贞之吉，顺以从上也。

这《小象》是申言人君不当自用，惟当任贤的意思。顺是谦让的意思，从上是任上九。孔子说，六五“居贞吉”者，盖上九德足以养人，而六五虚心以从他，正有得那养贤及民的道，这居贞所以吉也。

上九，由颐，厉吉，利涉大川。

这一爻是言大臣负养民之重任，当持敬畏之心可奋兼济之力的意思。由颐是天下的民皆赖人养的意思，厉是危惧，吉是无负养民之责的意思，涉大川是济民难。周公系上爻辞说，上阳刚为五所赖，是天下有生者，皆由我以养他的身；天下有性者，皆由我以养他的德。位高任重这等，必当危厉自持不敢暇逸，惟恐上负人君的心，下失万民的望，乃能胜养人的任而吉，然这乃自养道的常而言耳。又阳刚在上，才力可为，则虽天下的大险，有难以施那兼养的功者，亦可以转危而致之安，救民于陷溺之中而无不利也。

《象》曰:“由颐厉吉”，大有庆也。

这《小象》是申言大臣能养天下，斯福在天下。庆是福庆，大是通天下言。孔子说，上九“由颐”，能处之以厉而吉，则忧人之忧者，必能事人之事，博施济众，无一夫不被其泽，而福庆及于天下，非大有庆乎？

䷛ 巽下兑下

大过：栋桡；利有攸往，亨。

这卦辞是言君子当时事之过，才弱者不足以济事，大才者方可以当大任。大过是时有极天下的大事。栋是屋上梁脊木，有重任的象；栋桡是才不足以胜重任的意思。利往亨，是德可以建非常之功。卦名大过者，盖四阳居中过盛，是事之大者，过乎常，故为大过。文王系辞说，凡天下大过人的事，必有天下大过人的才，可以当卦的二阴上下，才弱何以堪此，所以栋桡。然天下无难为的事，顾所以处之者何如？四阳虽过，二五得中，内巽外说有可行的道，以是而往，则可以当天下的大事，建非常的大功，故亨。

《彖》曰:“大过”,大者过也。

这一节是以卦体解卦的名义。大者指四阳。孔子说,所谓大过者,卦体四阳居中过盛,是时事之大者过乎常,所以名大过。

“栋桡”,本末弱也。

这一节复以卦体解卦的辞。孔子说,栋桡者何?卦体初上皆阴柔,则是委靡的资,不足以当天下的重寄;柔弱的质,不足以负天下的重任,所以有栋桡的象。

刚过而中,巽而说行,利有攸往,乃亨。

这一节是又以卦体卦德解卦的辞。刚过是刚果过人的意思,中是处事得时中之宜,巽是心思精密,说行是行事和顺。孔子说,二阴既不足以任事,则所以任之者,非有天下的大才德者不可;卦体刚过而中,强毅过人而出之以时,巽而悦行,思虑情研,而行之以和。这样的人,固不至于太刚则折,亦不至于浅虑妄行,以这才德处大过的事,诚足以达天下的权宜,建非常的功业,所以利有攸往而亨。

“大过”之时大矣哉!

这一节是深叹其大过之事为难处。时是任大事的时节。孔子说,当大过的时,必有大过人的才,如那刚中巽说者,而后乃有济。这等可见大过之时,所以立非常的事业,兴不世的功勋者,固非智小者所能谋也,非力小者所能任。其时义不亦大哉!

《象》曰:泽灭木,大过;君子以独立不惧,遯世无闷。

这《大象》是言君子体大过的象,而立大过人的行。独立是挺然自立的意思,不惧是略无疑惧的意思,遯世是穷居,无闷是略无怨悔之意。孔子说,泽水的大过浸灭乎木,大过的象;君子观这象而有以立大过的行,有见于那道之所在,挺然以身任之。虽至于独立而无倚,自守益笃,有举世所不敢言者,而我独肯言;有举世所不能为者,而我独肯为;天下非他,他也不顾;威武临侧,他也不惊;不以无倚而有惧也;有见于那道之所在,毅然以身安之。虽至于遁世而莫知，自信益深，能困吾的身，而不能困吾的心；能屈吾的名，而不能屈吾的道；仰焉而无怨于天，俯焉而无尤于人；不以莫知而有闷也，这正是有大过人之才。岂常人所可及哉！

初六，藉用白茅，无咎。

这一爻是言人臣任国事而能过于畏慎，自无偾事的咎。藉是赖；白茅是洁净的物，是以这洁净的茅，包裹那物，置之于安，恐有危败的意思。周公系初爻辞说，初六当大过的时，以阴柔居巽下，则是以那至慎的心，当天下的事，必置诸安而后已；有如物措于地，而又藉用白茅焉。占者这等，则精详可以无愆，敬慎可以不败，于那大过人的事，一敬以处之而有余矣。又何咎哉？

《象》曰："藉用白茅"，柔在下也。

这《小象》是推本初六处事能慎，以他素有巽慎的德性。柔是性质谦巽，在下是处事慎密。孔子说，初六"藉用白茅"者，以其阴柔居巽下，是本我卑顺退让的资，而处以深潜缜密的行。此所以过慎至于如此。

九二，枯杨生稊，老夫得其女妻；无不利。

这一爻是言大臣任刚明之资而又得柔顺者助他，故有以成济世之功的意思。枯杨是老杨，稊是根之旁出者，女妻是女之未嫁者，枯杨老夫是阳过的象，生稊妇妻是少阴有生育的象，无不利是可成济过之功。周公系二爻辞说，二当阳过之始，而比那初阴，资他的柔，济已的刚，这正是刚过而中;大臣以是而当那生民憔悴的时，则根本可培，而元气日固;取象于物，为枯杨生稊，而能复其发生的性；取象于人，为老夫得其女妻，而能成那生育的功。占者这等，则高明柔克，犹可以成天下的大事，而无不利。

《象》曰："老夫女妻"，过以相与也。

这《小象》是表九二刚明之资，而得柔克之善。过是阳过，相与是得阴相助。孔子说，"老夫女妻"者，言九二阳过之始，而得初阴以相与，刚未至于其极，而有柔以济他。这便是刚而不过，可以有为矣。

九三，栋桡，凶。

这一爻是言大臣过于刚暴，适以偾天下的事。栋是当大任的象，凶是败乃事的意思。周公系三爻辞说，九三当天下的大任而惟刚愎自用，一任己的才力所为，而不知人有所不堪者，徒自取桡败而已，故不制重如栋桡也。占者这等，则事每失于主张太过，适以坏天下的事，凶何如也！

《象》曰："栋桡之凶"，不可以有辅也。

这《小象》是推原九三挟才自专，所以不免有偾事之危。孔子说，"栋桡凶"者，盖九三既过刚，则訑訑自足，而不可以有辅，故象桡而占凶。

九四，栋隆吉，有它吝。

这一爻是言大臣有刚正之德，足以胜国事之重，因戒他不可复过于柔以比匪人。隆是特起的模样，栋隆是足胜大任的象，吉是有济时的功，有它是复济之以柔的意思，吝是覆败之羞。周公系四爻辞说，九四以阳居阴，过而不过，是大臣刚柔合德，可以负荷天下的大任，而不桡屈，故有栋隆的象，而其占则吉。然济大事，以刚为主，过刚而济以柔则可。今九四非过刚者，而复以初六藉用白茅者济之，则反至于委靡，不足以成天下的事，是则可吝也。

《象》曰："栋隆之吉"，不桡乎下也。

这《小象》是申言九四刚正之德，足以胜国家之重任。孔子说，太刚则折，栋之所以桡；桡乎下，则不隆于上。今九四言栋隆吉，正言其刚柔相济，未始过刚，以桡乎下也。

九五，枯杨生华，老妇得其士夫；无咎无誉。

这一爻是言以那过刚的君，而比那过柔的臣，终无辅不能立事的意思。华是枝之旁出者，士夫是丈夫之未妻者，无咎是虽无败事的咎，无誉是终无济事的誉。周公系五爻辞说，九五刚过之极，既不可以有辅，而比那上六过极的阴，则又不能辅他；故虽欲振天下的神气，而实索天下的元气，其象为枯杨生华，无益于枯，老妇士夫，终不能育。占者这等，虽不至败事，又何补于天下之治，故言无咎无誉。

《象》曰："枯杨生华"，何可久也？"老妇士夫"，亦可丑也。

这《小象》是申言过刚者，而比那过柔者，终无成功的意思。孔子说，"枯杨生华"，本实先拨，终无发生的机，而不能久；"老妇士夫"，配偶非宜，终无生育的道，而亦可丑。然则上六之过柔，岂能为五之助哉？

上六，过涉灭顶；凶，无咎。

这一爻是言人臣以身徇国者事虽不济，而心无可咎的意思。过涉是勇以济难的象，灭顶是舍生捐躯的象，凶是杀身无济的意思，无咎是成仁全节的意思。周公系上爻辞说，上六处过极的地，时不可为，他则尽心竭力不避艰险，而勇往肯为；但阴柔才弱，不足以济天下的事，而徒死天下的事；故其象为过涉灭顶，而其占则凶。然君子于天下所可尽者此心，而成败利钝非我所必，上六事虽不济，要之杀身足以成仁，舍生足以取义，又何咎？

《象》曰："过涉之凶"，不可咎也。

这《小象》是申言人臣能死国难，人不得以无功非他。孔子说，人臣于天下，幸而能成天下的事，君子固当论其功，不幸而能死天下的事，君子尤当谅其心；上六虽有过涉的凶，即其心，则足以自靖自献，而愧那天下后世为人臣之不忠者，果孰得而咎之？

䷜ 坎下坎上

习坎：有孚，维心亨；行有尚。

这卦辞是言君子得处险之道，而自有出险之功。习坎是重险；有孚是所行诚是，无侥幸苟免的意思；心亨是中心无疑惧；行是往以济险；有尚是有功可嘉尚。这卦为坎者，盖一阳陷于二阴之中，其卦为坎，重之又得坎焉，则陷益深，而险益重，故为习坎。文王系辞说，人于处险，以信为本，而非体中实，有有孚心亨的象。故处险者，若能积那孚诚，安于义命而始终无侥幸苟免的心，则中有定主，利害不能为他惊，祸福不能为他动而心亨。这等而往必能静观时变，以尽那图维的术，熟察事机；以尽那经理的方，可以出险；而有功可尚也。

《彖》曰："习坎"，重险也。

这一节是据字以解卦的名义。孔子说，这卦为习坎者，内体九二，一阳陷二阴之中；外体九五,一阳陷二阴之间；则是身当患难之冲，而所居非其地；势处艰危之际，而所遇非其时；重险如此，故名卦为习坎。

水流而不盈，行险而不失其信。

这一节是以卦象解卦辞有孚的义。不盈是足此通彼的意思；行险是流于科坎中；不失信是昼如此夜如此，明日昼夜又如此的意思，如人当变难中，信义愈明的意思。孔子说，卦辞言有孚者，于卦何所取哉？盖坎象水，流水为物，是此通彼，未见其或盈夫水之流，即是行险；流而不盈，是其信也。水何曾失其信乎？卦象有有孚之义，正犹君子身处乎险难中，而其所自于道义者，不变那平生的守，有孚之义不在是乎？

"维心亨"，乃以刚中也；"行有尚"，往有功也。

这一节是解卦辞维心亨行有尚之义。刚中是以诚实的理，存于心中的意思；有功是济险的功。孔子说，卦辞说"维心亨"者，坎何以得亨？盖人心不能以理为主，则不免困于所遇；卦体二五以刚在中，是那所以为心者，莫非诚实的德存主于内，则理以胜私，而所遇不足以或戕，心其有不亨乎？又说"行有尚"者，习坎中若难以遽出，惟以那有孚心亨处之，则安而能虑；所以处那险者，却有其道；而所以济险者，有其功，而险可出矣。此内外功效之自然也。

天险不可升也，地险山川丘陵也，王公设险以守其国：险之时用大矣哉！

这一节是极言险道而赞其大。天险是无形的险，地险是有形的险，王是天子，公是诸侯，设险是刑法城池甲兵之属。孔子说，又以那险的道而极论之，天虽确然示人以易而却有险焉。险在何？高不可升是已。地虽隤然示人以简，而却有睑焉，险在何？山川丘陵是已。王公法天无形的险，设为那刑政法度，法地有形的险，而设为那城池甲兵，设险这等，则僭越者不敢犯，强暴者不敢侵，非所以守国乎？这又人道的险也。夫险之为道，上极于天，下极于地，中极于王公。这等，其时用岂不大哉！

《象》曰：水洊至，习坎；君子以常德行，习教事。

这《大象》是言君子体习坎之象，而治己治人皆有重习之功。洊至是再至，常是有常而无间，习是时习而不倦。孔子说，水流洊至，两坎相习之象。君子以之为学，以之为教，皆不外此。以德行不常，则吾心的俭得以汨那天理，必日新又新，以至于无一息之少间；使道之熟于身心者，如江河之浸，膏泽之润斯已矣。教事不习，则民心的险，得以阻王化也；必劳来匡直以至于无一时而或倦，使道之熟于听受者，如沦于肌肤，浃于骨髓斯已矣。夫德行常，则推已及人，而教事之习日以笃。教事习，则因人反已，而德行之常益以纯，交修不怠，道其周流于君子之身乎？

初六，习坎，入于坎窞，凶。

这一爻是言初六处重险中，而无才无德，益困于险的意思。窞是险中之深处，凶是终不得出的意思。周公系初爻辞说，君子以阳刚处险，则能有孚心亨，而险可出；若初阴柔居重险之下，凡其处险，一皆柔邪诡诈，行险侥幸。故不特无那可尚的功，而且益陷在险中，其象为习坎，入于坎窞。占者这等，则终于沦濡，而无出险的理，故凶。

《象》曰："习坎入坎"，失道凶也。

这《小象》是推原初六所以益昭于险者，由他不知出险的道。孔子说，天下不可必者时，不可强者才，所可安者道；初六时险才弱，而犹以非道处之，这所以入于坎窞而凶也。

九二，坎有险，求小得。

这一爻是言人臣有才德而居险中，犹可图偏安的策。坎有险是当国难的象，小得是犹可保守不丧的意思。周公系二爻辞说，九二处重险中是身当艰危之际，世值变故之秋，有坎有险的象；然刚而得中，则有孚而心亨者。占者虽未能行有尚，而大有所为。然犹可维持国势，而不至入于坎窞之凶不可以求小得哉！

《象》曰："求小得"，未出中也。

这《小象》是推本九二所以不可大有为者，由他值国难之方殷。孔子说，九二本有才德的人，而但可求小得者，以其身值国家多难之秋，未出险中；所以虽有才德，无可施为，若出险，则大有得矣。

六三，来之坎坎，险且枕，入于坎窞，勿用。

这一爻是言人臣之无才德者，当国难方殷欲侥幸而反陷于险。来是就内看；之是往，就外看；坎坎是险而又险的意思；枕是头，又枕乎上之险。周公系三爻辞说，六三阴柔不中正，而履那重险间，来则内有险而枕，往则外有险而险，前后皆坎，进退两难，将入于坎窞，而不复能出。占者这等，何所用其济哉？言决不可用也。

《象》曰："来之坎坎"，终无功也。

这《小象》是申言六三所遇皆险，则终不可以出的意思。孔子说，"来之坎坎"者，以六三才德不足，终无出险的功，若以那阳刚中正处之，则不至于此。

六四，樽酒簋，贰用缶，纳约自牖，终无咎。

这一爻是言大臣当多难之时，而能尽格君的道，则君臣同心有出险的功。樽酒簋是薄礼的象，贰用缶是诚意的象，约是要结，纳约自牖是因明通蔽的象，无咎是臣道无亏。周公系四爻辞说，九五居尊位，六四近他，本有君臣的分；夫臣事君，固病于无礼；然在险中，君臣的情不交，而有不在于缛礼繁文者。故礼宜从简，惟开诚心，布公道以感格那君，有如祭者，樽酒簋，贰用缶焉。夫臣之事君，固贵于抗忠；然在险中，人君的心昏塞，则有不容以直遂者，故因明通蔽，以启悟他有如纳约不自户，而自牖者焉。这等，则上下交而其志同，有尚的功可致，祇平的业可成，而臣道其无愧矣。何咎之有？

《象》曰："樽酒簋贰"，刚柔际也。

这《小象》是推六四所以但用薄礼，能感乎君者，由本在险中，君臣自相依以同谋的意思。刚指九五，柔指六四，刚柔即君臣，相际是同心的意思。孔子说，六四于君，但用薄礼，是岂事君不尽礼哉？盖在险难的时，君赖臣以济其业，臣倚君以效其忠，势迫而相依，不必礼文，但以诚心是尚可也。

九五，坎不盈，祇既平，无咎。

这一爻是言人君虽在险中，却有出险的功，而君道无亏。坎不盈是险未出，祇是至，平是险将出，无咎就尽道上说。周公系五爻辞说，九五尚在险陷，大难未解，坎不盈。然以阳刚中正以居尊位，那德与势皆可为，且那将济的时又有可待，将必成天下的治安，而险者以平。占者这等，则往而有功，非终无功者可比；志乃大得，非求小得者可伦；而人君计安天下的责尽矣，何咎之有？

《象》曰："坎不盈"，中未大也。

这《小象》是申言九五犹在险中，则虽有德却限于那时，不可大有所为。中是中德，未大是时未至于光大。孔子说，人君的德莫大于中，而德施既普，斯可以语大；九五坎不盈是难犹未解，而德教所施，未能覃敷而无外，有中德而值时之艰，其显施未大也。

上六，系用徽纆，寘于丛棘，三岁不得，凶。

这一爻是言人臣无德，而陷险极，终必危亡的意思。系是缚束，徽纆是绳，丛棘是难脱之地，三岁不得是愈久而莫解的意思，凶是危陷之占。周公系上爻辞说，上六以阴柔居险极，才与时悖，故其陷益深而终不得出；如人既系以徽纆，而又置在那丛棘之上，三岁不能解脱。占者这等，死亡之祸不能免矣，故凶。

《象》曰：上六失道，凶三岁也。

这《小象》是申言上六终不得出险的意思。孔子说，人必处险有道，险终可出；今上六阴柔失那处险的道，不能有孚维心，故其凶至三岁，而终莫之出也。

䷝ 离下离上

离：利贞，亨；畜牝牛吉。

这卦辞是言人臣事君的道，贵以正而不谀不僭的意思。离是附丽，利贞是始仕当以正道事君，亨是得君行道，畜牝牛是已仕当以恭顺事君，吉是终必得君而而行道显。这卦为离者，为卦一阴离于二阳间，故为离，重之又得离焉，故其名不易。文王系辞说，君子不终独善，则必丽君以行其志，然岂可以得君为急，而不以正乎？必择而后事。臣附那有道的君，而利贞焉，则得君行道；幼学素蕴，可以毕达，而无不竟之叹，不亦亨乎？然事君贵乎小心，而骄亢非立身的道，岂可以丽得其正，而不知顺乎必恪恭有度，而惟恐有罔上的失，而畜牝牛焉？则同心一德，禄位之荣可以长保，而无嫌隙之生，不亦吉乎？

《彖》曰：离，丽也；日月丽乎天，百谷草木丽乎土。重明以丽乎正，乃化成天下。

这一节是详即造化人事之丽以解离的名义。重明指君臣说，正是正位。孔子说，卦名离者，取附丽的义，物与人莫不各有所丽。故仰观那上，日月丽乎天，而阴阳之精，恒必依天以成其象；俯察那下，百谷草木丽乎土，而险阳之质，恒必依地以遂其生；至若人则参天地，而灵万物，宁独无所丽乎？故为君者，克明峻德，以丽乎君的正位，而明明其在上也。为臣者自昭明德，以丽乎臣的正位，而穆穆其在下也。是重明以丽乎正，就如那日月丽天百谷草木丽土者一类，而不有以化成天下耶？吾知君臣协心，可以启天下文明的会，而正朝廷、正百官、正万民，熙熙乎成无反无侧之俗。盖日月所以明，万物所以生者，其皆圣人参赞位育之功矣。是则离之为道，达于天，淆于地，而著于圣人。道之大也何如哉！

柔丽乎中正，故亨，是以畜牝牛吉也。

这一节是以卦体解卦的辞。柔是有柔嘉的德，中正有无偏的德。孔子说，卦辞“利贞亨，畜牝牛吉”者，盖人臣丽君，苟非中正则情每流于妄语；苟非柔顺，则行或失于谦和；如是而求亨与吉，必不可得。今卦体二五，各丽乎上下之中正，则是慈祥恺悌的德秉诸天，而施为又得其当，不流于偏倚之私；徽柔懿恭的德蕴诸内而发用，又得其宜不涉于反侧之失。夫惟中正则无偏无党，而情不流于邪妄，有贞的义夫是以能择君而事，而道其可大行，所谓亨者取诸此也。夫惟其柔则不骄不无，而行能守夫谦和;有牝牛的义，夫是以能小心事上，而情无有不洽。所谓吉者，取诸此也。

《象》曰：明两作，离；大人以继明照于四方。

这《大象》是言人君体重明的卦象，而以明德临天下。作是起，大人是君天下者，继明是继续光明的德。孔子说，离象为日，上下皆离，大明继作，重离之象；大人法此以明其明德，日新又新，使那德在我者继续光明，无少间断，发而为光辉，显而为毕业，足以被四表而格上下焉。这明德之照四方，一大明之照下土，其斯以为善，法离也欤。

初九，履错然，敬之，无咎。

这一爻是言君子伤于恃才之勇而贵于敬慎之行。履是行，错是杂，履错然是急为无渐象，敬是从容慎度的意思，无咎是无履错的咎。周公系初爻辞说，初九以阳刚居下，而处明体，自恃那刚明的才，足以任事，卒然进为，而不顾那时势何如，取有履错的象。夫以初九的刚明，不患他不能为，特患他进为太过而伤于义；不患他不能明，特患他刚明太过而至于察。故必审时度势，事有所不为，明有所不用，则敬慎不败，而履错之咎可免也。

《象》曰："履错之敬"，以辟咎也。

这《小象》是申言初九必审而进者，所以求免那躁进的愆。辟是回。孔子说，履错固有咎，而必敬慎者；盖咎之以敬，正所以避妄进之咎也。

六二，黄离，元吉。

这一爻是言纯臣以中德附其君，斯能成治化的意思。黄是中色，离是丽君，元吉是治化大成。周公系二爻辞说，六二以阴柔的臣，丽乎中而得其正，以其柔顺的德，见于辅理、承化间者，皆合那义理的当然，而无太过不及之差，黄离之象。臣道这等，则尽善尽美，上有以助文明的君，下有以成文明的化，非大善而吉者乎？

《象》曰："黄离元吉"，得中道也。

这《小象》是推本六二成相君之始，由他本诸中德之善。中即中德，道字虚。孔子说，六二"黄离元吉"，则所以尽那人臣事君的职者固无不中。然果何以得此？亦惟居下体之中，而得中道。盖臣德贵中，而中又本于心。今则不偏不倚者，素蕴于幽微，由是见于躬行，所以为无过不及者，皆此以为本耳。夫岂袭取于外哉？

九三，日昃之离，不鼓缶而歌，则大耋之嗟，凶。

这一爻是言九三当世运将微，但当安常以自乐的意思。日昃是过中的象；鼓缶是击乐器；歌是乐，日用之常的意思；大耋是老年将倾没的象；嗟是忧叹的意思；凶是忧辱。周公系三爻辞说，世道有盛有衰，如人有生有死，必然的理；九三处那重离间，前明将尽，盛极当衰，故有日昃之离的象。占者值那时候，当知这乃是天运自然，而人所以圣天顺命者，固必有常道可安，使不能守义以安命，而戚戚然于那危亡之忧，则人谋弗忧，天命不佑，徒忧何益适以自速其亡，能免凶乎？这可见患未至时，当防其未然；患既至时，当顺其自然；固不可侥幸以苟免，亦不可迫蹙于自底于沦没。要在安我道义之常，或可回天之命耳。

《象》曰："日昃之离"，何可久也！

这《小象》是申言九三当盛极之时，则必至于衰的意思。孔子说，九三“日昃之离”，则盛极必衰，何可久也？

九四，突如其来如，焚如，死如，弃如。

这一爻是言人臣当国运初定而卒伤于更张大骤以致灾。突如来如是急遽无渐的意思，焚、死、弃总是危亡的意思。周公系四爻辞说，后明将继，是九四当天命初回之际，人心始向之秋，正宜以顺而动，徐以安定方可；而乃以刚迫之，一陋那前人的规，尽行一己的志，骤施无渐，有突如其来如的象，则天命不凝，人心不固，一变革之下而灾咎迭生；不惟不足以成天下的事，而适以自殒一己的身，是固以刚自败者，其诸以火自焚者乎？焚则死，死则弃矣。

《象》曰：“突如其来如”，无所容也。

这《小象》是申言人臣更张太骤，灾所不能免者。孔子说，九四“突如其来如”，则过刚以取祸，不戢而自焚，何所容其身乎？

六五，出涕沱若，戚嗟若，吉。

这一爻是言人君能常存忧惧，斯可以保位于无虞。出涕沱是哭泣的象，戚嗟是叹息的象。周公系五爻辞说，六五以阴居尊，而迫于那上下的二阳，是以柔顺的君，而为那强臣所胁制，君权已至于下移。占者诚能忧惧以处之，既出涕沱若，而忧惧形于色；又戚嗟若，而忧惧形于声，则恐惧足以致福；然后可以收天下的权，而归于一己，权臣不能为他伤害矣。

《象》曰：六五之吉，离王公也。

这《小象》是申言六五能忧惧，可以保王公的位。王指五，公指上九。六五当强臣胁制，难乎得吉。乃言吉者，盖可忧惧则可以挽天命，回人心，丽乎王公的位而不失矣。

上九，王用出征，有嘉折首，获匪其丑，无咎。

这一爻是言上九威明并著，自有以奏伐暴之功。用是用那刚明之德，嘉是嘉美的功，折首是其首恶，获匪其丑是所获者非那丑小之类，无咎是无姑息寡恩的咎。周公系上爻辞说，上九阳刚居卦的上，处离的终，正刚明及远的人；王者用这幽明以出征，则能伐叛救民，而有嘉美的功；诛戮首恶，而灭己克震，罔治协从，而刑不至滥。占者这等，则恩威并行，惩劝兼得，既有以剪元凶，而不流于姑息；又有以安众心，而不伤于寡恩，无咎。

《象》曰:“王用出征”，以正邦也。

这《小象》是推言王者必用乎师，为安天下而然。孔子说，“王用出征”，岂故为那穷兵哉？盖征之为言正也，寇贼奸宄授我邦国，故不得已而出征以正邦。然则“折首”者，固出于威所当震；而“获匪其丑”者，亦岂复于那正之外，而残民以自逞哉？

卷五

䷞ 艮下兑上

咸：亨，利贞；取女吉。

这卦辞是言人情之相感自天下之志通，然必感之以正而亨通，可以保其终。咸是交感之义，亨是情自相通的意思，利贞是不为私情之交。取女正是交感之以正者，即亨意。这卦名为咸者，盖咸的义感也，卦体二气相与，感见于刚柔，卦德止说相应，感见于人口；卦象艮为少男，兑为少女，男女相感之洁，莫如少者，故名为咸。文王系辞说，君子所以通天下的志，惟此感，故以此感那天下，则感有必通的理而亨。然其所以亨者，非徒亨以情，而实亨以理，必其所以感孚人情者，合那天理而出于无心；当那人情，而应以无意有虚孚的公，无朋从的累，乃为利而无不通。然感通在人伦日用者，莫大于取女，六礼不备，婚姻不成，固无不正者，感而如这取女一般，则非感以情而实感以理，所说亨者，可常保吉。

《彖》曰：咸，感也；

这一节是解卦的名义。感谓初阴四阳，二阴五阳，三阳六阴，皆阳感而阴应，阴感而阳应也。孔子说，卦名咸者，交相感应之义。盖天下无有无时的物，而夫人必有相感的情，这是自然的理。故卦去其心曰咸，以明公也，象加其心曰感，以见非私感也。

柔上而刚下，二气感应以相与，止而说，男下女，是以“亨利贞，取女吉”也。

这一节是以卦体、卦德、卦象解卦的辞。柔指兑，柔上是阴气上腾的意思，刚指艮，刚下是阳气下交的意思，止是人相接，说是人情相洽，男是艮为少男，女是兑为少女。孔子说，卦辞说“亨利贞，取女吉”，盖柔非上，刚非下，则其气不通；卦体兑柔在上，艮刚在下，则是天地交而二气通也。感非止，应非说，则其情不洽德，艮止于内，兑说于外，则是人已交，而其情洽。至若女加于男，难与为配矣。卦象艮以少男下那兑的少女，则是以少配少，无过时的丑，男先于女，无渎伦的非。此其所感者，未始不亨，亦未始不正，是以亨而利贞，以此取女则吉。

天地感而万物化生，圣人感人心而天下利平；观其所感，而天地万物之情可见矣！

这一节是极言感通的理。天地感是气相通，化是气化，生是形生，圣人感是心相感，和是和洽无乖戾，平是太平无反侧。其感指上天地圣人之感言，天地的情在广大上见，万物的情在化生上见。孔子说，又以那感通的理极而论之。天地万物，本同一气，天地以化生的气感万物的气，而万物以气化者，化以此；以形生者，生以此；无一物而不通。圣人、天地同一心，圣人以和平的心感人的心，而天下的躁心释，何如其和？天下的欲心消，何如其平？无一人而不通，故即这感应的理而推之，则见大而天地尊位，而所以为大生、为广生者，皆不外这感通，而天地的情见矣；众而万物散殊，而所以为气化、为形生者，皆不外这感通，而万物的情见矣。感之义何大哉！

《象》曰：山上有泽，咸；君子以虚受人。

这《大象》是言君子无心以通天下的感。虚是心无私欲，受是受人的善。孔子说，山上有泽是泽通乎山，而山受乎泽，有咸的象。君子以为山惟虚，故能受泽的感；人心不虚，何以受天下的善？故湛其心于寂然不动之时，定其性于廓然大公之天。则那无物中，固百物所由以皆通；无事时固万物所由以顺应。随其所感，惟本吾心之虚以受之，与那山以虚而受泽之感者，何异？

初六，咸其拇。

这一爻是事未来而孤阴先有心思感者。拇是足大趾，咸其拇是感于最下的象。周公系初爻辞说，初六感于最下，是事未来先有感事的心，虽未便感乎物，却已是有心以感者，为咸其拇的象；幸其感尚浅，而事未来，欲进而应事却无事可应，故不见吉凶。苟以这心去感物，将为憧憧者流，未见其可也。

《象》曰:“咸其拇”，志在外也。

这《小象》是由言初六物虽未来而志却在感物。外是初与四为正应，其志在外卦也。孔子说，“咸其拇”则虽未尝感物，其志已在于外卦之九四。盖未感之先已有心以迎之，但感尚浅，将这心去应事已非廓然太公，何以物来顺应乎?

六二，咸其腓，凶；居吉。

这一爻是事方来而遽有心于期必者，以见躁凶静吉的意思。腓是足肚，躁动象；凶是此心皆憧憧之私的意思；居是以静虚待感的意思；吉是心无私扰。周公系二爻辞说，六二居初的上当足腓的处，又以阴柔不能固守，是有心于感物者;方那事之至于咸其腓即其所为，莫非意必固我之私;况九五君位，岂可妄动以感之？故不免于凶。然物不容绝，岂能以无心忘天下哉！且爻有中正的德，能安居其所，使二能主之以静，以明觉为自然，则其所感者，莫非天理当然，而顺事于无情。何吉如之?

《象》曰：虽凶居吉，顺不害也。

这《小象》是申言六二能静以应物自无私累。顺即顺应，不害是不害其感也。孔子说，六二之凶，而犹言“居吉”者，圣人的心，岂欲绝天下的物哉！盖当感而感，便是顺应，顺则大公的体常在，不为那私感所害，故吉。

九三，咸其股，执其随，往吝。

这一爻是事既来而有心于偏主者。股髀也，是随足而动的；执其随是偏执要随人的意思;往是去应事，吝是羞吝。周公系三爻辞说，天下的事，当处之以静，不可以轻动；初二爻皆欲动，三不能以阳刚的德自守，而亦随他去转动，乃专执以自信。若这等往以应事，则中无主，适以败天下的事，而羞吝不必言矣。

《象》曰:“咸其股”,亦不处也;“志在随人”,所执下也。

这《小象》是申言九三偏执随人,其志可鄙的意思。处是静守之义,下是卑陋的意思。孔子说,初与二皆欲动,固不处;今九三“咸其股”,却也不自处者。然二爻阴躁,不处则宜,今所望者,惟九三的刚,所贵于阳刚者,谓其能自主;今志在随人。所执卑下矣。

九四,贞吉,悔亡;憧憧往来,朋从尔思。

这一爻是言君子感人,贵以公而不贵以私的意思。贞是大公无我的意思,吉是有同心之应;悔是内省不疚,无不正之悔。憧憧是有心要求人感我的意思,往是初感乎四,来是四感乎初;朋是相识有限的人,谓中爻三阳牵连也;尔是呼其心而名之也;思谓四应乎初之阴,初乃四之的思也;朋从尔思是四与三、五共从乎心之所思也。周公系四爻辞说,九四居股上脢下,位则心也,心之感物当正而固,乃得其理;今九四以阳居阴,未免有不正的悔。故周公因占设戒说,君子的心一有所感,必以虚受人,予夺无所私,爱憎无所倚,能贞这等,则至诚足以动物,举天下之大,皆囿于和平中吉,而不正的悔亡。若乃有心于感,有心于应则所从者,尔思之所及,而思之所不及者,不能致也,吉何可得?而悔何可亡?

《象》曰:“贞吉悔亡”,未感害也;“憧憧往来”,未光大也。

这《小象》是申言感人莫贵于公、莫病于私的意思。未光大是心思卑暗。孔子说,正固则“吉悔亡”者,何也?盖不正而感,则有害;今能正固,则心普万物而无心,情顺万事而无情,何害之有?若“憧憧往来”,则阴私计较的念,交横于胸中,暗昧浅狭之甚,其心岂得为光明正大哉!

九五,咸其脢,无悔。

这一爻是有心孤子以绝物者。脢是背脊肉,与心相昔者;无悔是无私感的悔。周公系五爻辞说,人的一身,如那耳目口鼻,四肢之类,皆听命于心;独这脢肉,却与心相背,而不能感物。这九五适当其处,是有心于绝物,而于物一无所感者。占者这等,则虽不能感物,然未有私感固也,无那咸腓的凶,却也无那执随的吝,何悔之有?

《象》曰："咸其脢"，志末也。

这《小象》是申言六五有心绝物，其志深可鄙的意思。末谓上六。孔子说，君子以一心为那事物的主，志在感物；凡天地间的事，无一件而非吾心所当感的；若但一于绝物而以那无悔自足，其志不亦末乎？

上六，咸其辅颊舌。

这一爻是当应物之际，而有心以感物者，如吝人以口给的意思。辅是口旁近牙之皮肤，颊是面旁，舌动则辅应而颊从之，总是以言感人的象。周公系上爻辞说，人于天下固不可无心于感，亦不可有心于感；上六以阴柔居说之终，又当那感之极，故不能积诚以动物，但以那便佞口给，取悦于人，如苏张之流，凶咎不言可知。

《象》曰："咸其辅颊舌"，滕口说也。

这《小象》是申言上六徒驾虚辞以感人，却有鄙他的意思。滕是张口骋辞的貌。孔子说，君子感人贵以心，上六咸其辅颊舌，则不能以心相感，徒腾扬口说以悦人，君子以诚感人的道岂如是乎？

䷟ 巽下震上

恒：亨，无咎，利贞，利有攸往。

这卦辞是言君子学贵有恒，而恒贵以正的意思。恒是造诣深，亨是机自得，无咎是无捍格之弊，利贞是所学皆圣贤大学之；利往是发用设施，无不顺达的意思。这卦为恒者刚上柔下，有分之常；雷风相与，有气之常；以巽而动，有事之常；阴阳相应，有情之常；故名为恒。文王系辞说，天下所以阻于不通，动而有失者，以其不能恒。人而能恒，则守之笃者行必利，居之安者动必臧，固亨而无咎。然其所以为恒者，于正而已；又必守那中正的极，而不杂乎曲学之私，则一正足以通天下的志，推之皆准，所以得亨者此也；行之无弊，所以无咎者此也。何往之不利？

《彖》曰：恒，久也。刚上而柔下，雷风相与，巽而动，刚柔相应，恒。

这一节是以卦体、卦象、卦德解恒的名义。孔子说，卦名为恒者，盖恒有长久的义，即久之谓也，且卦亦具有有常之义。那天下的理，凡分有相维，而气有相须，事有当然，而情有同然者，皆的是常道，故卦体刚上柔下是刚柔本有当分。今尊以统于上，卑以承于下，一定的常分也；卦象雷风相与，是二气本有常度。今雷得风而愈迅，风得雷而益烈，一定的常气也；卦德巽顺震动，是二卦本有常质。今本其巽顺者以奋发之，由其沉潜者，以振扬之，一定的常事也。六爻阴阳相应，是阴阳本有常情，今刚感乎柔而柔应之，柔感乎刚，而刚应之，一定的常情也。体德象爻，皆具有恒义，如此故卦所以名恒。

“恒：亨，无咎，利贞”，久于其道也。天地之道，恒久而不已也。

这一节是解利贞之义。其道是率性之真。孔子说，恒固能亨，且无咎。又言“利贞”者何也？盖久不于道，非所以为恒，惟利于贞，则所久者，乃当然的道，而非久于私智，久于异端者。观天地有可见，那天地的道，所以恒久不已者，亦以正而已。其无私覆者，乃所以为物被于常覆也；其无私载者，乃所以为物被常载也。天地不外于正，况于人乎？此恒所以必利贞也。

“利有攸往”，终则有始也。

这一节是解利往的辞，见体立用行之道。终是克积之久，始是发用之端。孔子说，有守斯能有为，不义则不可动。今卦辞所说“利有攸往”者，言能利贞而久于其道，则所以待天下的用，观天下的变者，已非一日。由是自流于那既之余，自发于那持满之后，盖虽庶事纷纭不一，而致用皆于此托始。夫知那终必有始，则利贞必利攸往者可知。

日月得天而能久照，四时变化而能久成，圣人久于其道而天下化成：观其所恒，而天地万物之情可见矣！

这一节是极言恒久之道。得天是附丽于天，变化有循环不息的意思，道指政治之道，化成是化于道而成美俗，万物兼动植说不兼人说，情是常性。孔子说，以那恒道极论之，秉阴阳之情者，日月也；日月丽天以垂象，而明生不穷，是以能久照乎万物。盖太极的理判为日月，而其理有常主，则日月亦有常明；分阴阳之气者，四时也，四时循序以错行，而循环不息，是以能久成乎万物。盖太极的理布为四时，而其理有常度，则四时亦有常运，圣人道本于身者纯一不已，施诸政者，悠远无疆；所谓久于其道，是以天下熟于见闻，深于沦浃，莫不动那丕变的心，而成文明之俗。盖太极的理，会于圣人一心，而其理有常用，则圣人亦有常治。故即这恒的理而观之，大而天地的情，虽微妙而难知，然万古这运行，而机不容息，固天地所以立心也。天地的情不于恒而见乎？众而万物的情，虽散殊而无纪，然万古这发育而化不终穷者，固万物所以立命。万物的情又不于恒而见乎？是如日月也，四时也，圣人也，其功不同，而同归于恒；天地也，万物也，其情不同，而同见夫恒。恒道之大何如哉！

《象》曰：雷风，恒；君子以立不易方。

这《大象》是君子体恒象而尽久道之功。立是止于此而不迁，不易是不背；方是理之一定者，即当然的道。孔子说，雷风相与，其机交助而有常，君子体之，则久于其道。何则？方者人心本然的矩，人所皆有，能立不易者或寡，君子知方的学已精，而向方的功已笃。故于那恒道一定者，为能卓立而不易焉。虽化裁之妙，固非方体所能拘，而这方之在我者，犹有所植立而不易，不如那雷风相与而同为有常哉！

初六，浚恒，贞凶，无攸利。

这一爻是言初六深求乎情疏之人，非惟无益而友有怨的意思。浚恒是深以常理求人，贞是所求者皆当然的理，凶是有损，无攸利是无益。周公系初爻辞说，君子于天下必相得者，斯可以相求；初与四为正应，固是理之常。然自初言之，居下在初则分远情疏，未可深有所求；自四言之，震动阳性，则好高不下，又为乖戾难合；为初六者，量而后人可也；顾以柔暗的质，深以常理求他谏必欲行，言必欲听，有浚恒的象；是虽相应则相求固为理之正。然未信而谏者，难免谤己之诮，交浅而言深者，实起怨恶之心，盖将求荣而反辱其凶也。又何所利哉？

《象》曰：“浚恒”之“凶”，始求深也。

这《小象》是申言初六过求于始交之人，所以不免于凶。孔子说，初六言“浚恒贞凶”者，盖初四相与之始，未可深有所求，顾乃不量时势可否，而求之深，所以凶。

九二，悔亡。

这一爻是行过而心纯，盖能善友者。悔是拂乎常理；亡是失之于初，而改之于终。周公系二爻辞说，九二以阳居阴，是那所行者或有乖于经常的理，本当有悔；然能久于其中，则能奋友善之功，而范其身于中正之归，久于其道而不失，故能悔亡。

《象》曰：九二“悔亡”，能久中也。

这《小象》是申九二有恒德之贞，所以能亡悔的意思。孔子说，九二宜悔而亡者，何以致此？盖道所贵者中，而中所贵者久；故不恒其德者，致或承的羞；久非其位者，致无禽的失。惟九二以阳居下体中，而中道得于己者，服膺勿失，始终不渝，时虽变而中不可变，势虽迁而中不可迁，则一中运用，何悔不可亡？

九三，不恒其德，或承之羞；贞吝。

这一爻是士有德而变其守者。不恒其德是改节之象；或是不知何人之辞；承是奉，言人皆得奉而进之的意思；羞是贱恶的意思；贞是始有的德；吝是羞吝。周公系三爻辞说，五三位得其正，本是有贤德者，贞而能恒，乃为可贵；然过刚不中，志从于上，则是涵养未熟，见富贵而遂变其节，不能久于其道，而人皆贱他。占者贞而不恒，为可羞吝。

《象》曰：“不恒其德”，无所容也。

这《小象》是深绝乎无恒之人。无所容是见黜的意思。孔子说，人而无德，不恒犹可；惟有德而不恒，则大节一亏，无所逃于天地间；在君子则绝他，在小人则议他，果何所容于世乎？

九四，田无禽。

这一爻是学术学偏者。田是田猎，比为学；无禽是无所获，比无益。周公系四爻辞说，位者吾心本然之天，正立不易方之道；九四以阳居阴而久非其位，那所应者皆是异端曲学之私，非圣贤中正之道，内不足以成己，外不足以成物；虽使诡遇可以获禽，而久非其道，安能致一禽之获哉？

《象》曰：久非其位，安得禽也？

这《小象》是申言所学之偏终无所得的意思。孔子说，常久的位，即正道所在；今九四以阳居阴，不得其正，则久非其位；故虽久而无益，如人田于无禽的地，安得禽乎？

六五，恒其德，贞；妇人吉，夫子凶。

这一爻是圣人深不足乎柔顺不断之人。贞就是恒其德，这德是顺从的德；吉是宜的意思，凶是不宜如此的意思。周公系五爻辞说，六五以柔中而应那九二的刚中，常久不易，是恒其顺从的中德者。夫以那柔中应刚中，正也；常久不易，固也；可谓贞矣。然以这顺从为恒者，乃是妇人的道，故其占惟在妇人，则行无专制，事无专成，正位乎内之道在是，乃为吉。若夫子当有果决独断的勇，若随世立功，大丈夫不当如此，不亦凶乎？明不利于男子也。

《象》曰：妇人贞吉，从一而终也；夫子制义，从妇凶也。

这《小象》是申言守顺德，宜于妇人而非丈夫所宜。一是丈夫，终是终身，制义犹言以义断制，从妇是从妇人的顺道。孔子说，六五言“妇人贞吉”，盖妇人无专制之义，当从夫子以终其身，故以顺从为正而吉；若是夫子其行己，贵有自立的操，当临事贵有独断的才，宜以义为断制；苟从那妇人顺从的道，委靡不振甚矣，不亦凶乎？

上六，振恒，凶。

这一爻是学将垂成而卒自弃，如大臣更法以扰天下的意思。振恒是变动其久道之守，凶是物欲炽、天性亡的意思。周公系上爻辞说，上六居恒之极，处震之终，且阴柔不能固守，居上又非其所安，是遽忘恒德之贞，而易动外欲之累，功将至成，而一旦变迁，有振恒的象。这等则物累一攻，良心尽丧，过动反常，凶可知矣。

《象》曰：振恒在上，大无功也。

这《小象》是申言不恒者，终亦必亡其德。孔子说，上六以振恒而在上，则良心以逐物而丧，性真以外诱而亡；上而无益于国家，下而不利于生民；不惟无功，而且大无功。此所以凶也。

䷠ 艮下乾上

遯：亨，小利贞。

这卦辞是勉君子之避小人，戒小人之害君子。遯是退避之义，有自得的意思；小利贞是小人当持正道，不可恃势肆祸的意思。卦为遯者，盖这卦二阴浸长，则是小人将盛，君子所当退避者故名遯。文王系辞说，九五当位，下应六二，若有可为；但二阴浸长，其势不可不遯。故其占为君子能遯，则身虽不能题于当时，而反求吾心的道，则无不亨。若小人则利于守正，不可以浸长的，故而戕害那君子。盖一害君子，则天下国家，皆受其害，小人岂能以独免乎？

《彖》曰："遯，亨"，遯而亨也；刚当位而应，与时行也。

这一节是以九五一爻解亨义。刚指九五，当位以德言，应指六二，时指二阴浸长之时言。孔子说，卦名遯而卦辞又言"亨"者，盖君子必能遯，而后道可亨。于卦何所取？盖天下时而已，当遯的时，正时所当遯。这卦九五君子，有可为的德，而有六二小人包承，若犹可以有为；但二阴浸长于下，则时不容不遯，故与时偕行。而决于遯，正其志于未降志之先，令其身于未辱身之日，这是见几明决，遯之嘉美，所以得亨。若待祸已迫，则维欲去，却有不及者，何以亨？

"小利贞"，浸而长也。

这一节是以卦下体二阴，解小利贞之义。浸有骎骎不止的意思，长有上进的意思。孔子说，卦辞又言“小利贞”者，盖小人浸长于下，是同恶以相济，骎骎乎渐有伤善的心，其势必为天下国家之害，圣人所以戒他必利于贞。

遯之时义大矣哉！

这一节是深叹处遯之难的意思。时以当遯的时言，义以能遯的义言，大就难遯上见。孔子叹说，夫遯的时以遯为义，不亦大矣哉？盖姤的一阴始生，制之而已；夬的一阴在上决之而已，皆无难处；惟遯的二阴浸长，固非若姤之可制，亦非若夬之可决，其与时偕行者，乃为遯而亨。不然，“遯尾”者不免于有灾，“系遯”者不免于有厉。其时义之大何如哉！

《象》曰：天下有山，遯；君子以远小人，不恶而严。

这《大象》是言君子体遯象，而尽远小人的道。不恶是无媚嫉的形迹，而严是守己之节，有难犯的操守。孔子说，天下有山，天非有意于远山，而山自不能以近天；君子体这象而远小人，则知壮頄必取凶；固尝不易以近人，而律身于法则者，却又未尝无难犯的势，不恶而严。这等，可见天下的小人，不必远；而所当远者，吾身的小人；吾身的小人既远，天下的小人，自与之俱远矣。

初六，遯尾；厉，勿用有攸往。

这一爻是言初六不能遯，而戒占者当遯的意思。遯尾是初居下而遯在后，不能早遯的象；厉是祸必及身的意思，勿有戒勉二意；往是往而遯去也。周公系初爻辞说，时既当遯，贵速不贵迟；初六不能与时偕行而遯尾，则必受小人的祸而厉。夫遯而在后犹不免于厉，占者未仕，岂可出而有所往哉？惟临处静俟方可耳。

《象》曰：“遯尾”之“厉”，不往，何灾也？

这《小象》申言能遯者无及身之祸。孔子说，“遯尾厉”者，以其不知早遯，而尚往耳。若能早遯而不往，则俭德可以避难；所谓嘉遯之贞，肥遯之利，皆在我，何灾之有？

六二，执之用黄牛之革，莫之胜，说。

这一爻是知时当遯而固守不出者。执是执缚，之字指遯说；黄是中色，指二牛，是顺，用黄牛是守中顺之德的象；革是皮胜是任，说是解。周公系二爻辞说，六二当遯时，以中顺自守，而应五是知时不可以有行，而俭德避难；虽万钟于我无所加，知世不可以有为，而含章守贞；虽三公不以易，其介殆犹执之用黄牛之革者，莫之胜脱者矣。

《象》曰：执用黄牛，固志也。

这《小象》是申言六二，以必遯为志，亦见几明夬者。孔子说，当遯的时，君子孰无遯志？但有所不固，则又未免于系吝之私，九二的志与五中正相合而已定，则其遯自不容以不决矣。

九三，系遯，有疾厉；畜臣妾，吉。

这一爻是溺志于富贵功名者，圣人深鄙其不能遯也。系遯是有所系累而不能遯的意思，疾是有损名的病，厉是有中伤的祸；畜臣妾是养奴仆之类，指下二阴也。周公系三爻辞说，当遯的时必与时偕行，而高尚其志者，斯可以得亨；九三下比二阴，溺于富贵功名有所紧而不能遁者。占者这等，则非惟名节有病，且不免于中伤，有疾而危之道。然这系恋的私情，惟用以畜臣妾，则可以得他的欢心，而服役于我，吉，岂可以施之遯乎？

《象》曰："系遯"之"厉"，有疾惫也；"畜臣妾吉"，不可大事也。

这《小象》是申言九三系恋之私不可以处遯。疾惫是疲惫于私欲，大事指出处言。孔子说，"系遯厉"者，盖遯而有所系，则阴祸切身，必有疾惫；然系遯的道惟可以"畜臣妾"则吉者。盖君子的出处，系生民进退关天下，惟当刚决以处之，岂可以这系恋的心处之乎？这所以只可畜臣妾而已，岂能决断其出处去就之大事哉！

九四，好遯，君子吉，小人否。

这一爻是能绝富贵之念，而尚穷居之志遯之决者。好遯是心本有所欲之私好，却能舍所好而甘心于遯者；君子是循理者，吉是道亨意；小人是循欲者，否是不得吉。周公系四爻辞说，九四下应初六，本有富贵之好者；然乾体刚健，有所好而绝之以必遯，不以富贵系其心，其视那系遯者何如？占者若果是君子，则必能胜其人欲之私，止知其遯不知其好，得以遂其洁身之美，故吉。若小人，则徇欲忘反，止知其好，不知其遯，而自取祸败也。

《象》曰：君子好遯，小人否也。

这《小象》是申言独君子能绝所欲以必遯。孔子说，九四言“君子吉小人否”者，盖君子知时不可以不遯，故能绝所好而必遯；若彼小人，则率引于情欲之私，岂能果于遯哉！

九五，嘉遯，贞吉。

这一爻是知时识势见几而遯者。嘉遯是去得恰好的意思，贞是义洁分明的意思，吉是心逸道亨的意思。周公系五爻辞说，夫人或当遯而不能与时偕行，或能遯而濡滞不决；这但可谓遯，而不可谓嘉遯。今九五阳刚中正，是有德的君子，而下有包承的小人，若尤可以有为而不必遯者；但当遯的时，见几而作，不安于尾遯，不至于系遯，遯得最嘉美者，这是九五的贞处。占者也能这等而贞，则身虽退而道亨，否则疾厉且不可免，况于吉乎？

《象》曰：“嘉遯贞吉”，以正志也。

这《小象》是推本九五能遯，由他有守正的志。正志是志道义而不志利禄的意思。孔子说，人志富贵者，富贵足以累他的心；志功名者，或名足以撄他的累；这便遯尾之厉，系遯之疾所由致。若九五嘉遯贞吉者，由所守者道义所惜者名节，那富贵功名皆不足以动他的志也。

上九，肥遯，无不利。

这一爻是超然物外得意于远去者。肥是处之裕如的象，无不利是行之自得的占。周公系上爻辞说，上九阳刚，有必遯的志，而居外无应，尤得以遂其志者；故遯自裕如，无滞阻有肥遯的象。占者这等，则理乱不闻，而宠辱不惊，小人的祸，自不能及，如尧不屈饮犊之高，武终全孤竹之节。能超然于物外，何不利之有？

《象》曰："肥遯无不利"，无所疑也。

这《小象》是推原上九遯之裕者，由他心一无所累。孔子说，九三"系遯"，九四"好遯"，其心皆未免有所疑；惟上九则进退绰绰，不以利害祸福动其中，而此心一无所疑，故"肥遯而无不利"。

䷡ 乾下震上

大壮：利贞。

这卦辞是言君子当为先时之防。大是阳，壮是盛，利贞是戒君子不可恃势妄动的意思。这卦名大壮者，盖易的大分，阳大阴小；这卦四阳盛长，则是君子的正道得以大行于天下，故名大壮。文王系辞说，时至大壮，占者吉亨；不假于言然，或恃其壮而不贞，小人得不乘间而中伤乎？故必利贞。时虽可为，不敢自恃其时，以起天下的争；势虽可逞，不敢自恃其势，以激天下的变。这等则小人不得乘其隙，而吾道可以保其壮。夫卦名大壮，所以幸天时之得；辞系利贞，所以虑人事之失；修人事以应天时，斯为君子处壮的道乎？

《彖》曰："大壮"，大者壮也；刚以动，故壮。

这一节是以卦体、卦德解卦的名义。大者指君子，壮也指道大行，刚是勇足以有为，动是才足以善用。孔子说，卦名大壮者，盖卦体阳长过中，是君子的势盛而壮，其势不张而自大，威不奋而自振。然所以致这壮者何哉？盖君子之大，大于道而非徒以其人；君子之壮，壮以理而不徒在于势。这卦的德，以刚而动，乾刚则能胜其私，而体不挠；震动又善用其勇，而气不慑。是以伸天下的公义，而小人不得以阻其谋；扶天下正道，而群邪不得以议其后；所以致壮者此耳。谓非大壮之得名乎？

“大壮，利贞”，大者正也。正大而天地之情可见矣！

这一节是解利贞之义而极言之。大者指大人言，天地之情就覆载生成言。孔子说，时当大壮，宜无不可为，而又言利贞，何哉？盖凡大人所禀者，天地的正气，所行者天下的正理，而大者自无不正。然这正大，不惟大人为然，天无私覆，而后能无所不覆；地无私载，而后能无所不载；虽天地的情。却也不外正大而可见。然则大壮君子，以参天地为己任者，而可以不正哉？这大壮所以必利贞也。

《象》曰：雷在天上，大壮；君子以非礼弗履。

这《大象》是君子胜私之学。非礼是己私，履是践，弗履是弗体诸身而行。孔子说，雷在天上，那震惊的势何壮，故为大壮；君子体之，以为礼也者。天理之正，而非礼者，即人欲之私苟非礼而履之，则无以胜其人欲之私而不可以言壮。故必省察以致其功而以道御情，不肯少失其身于邪动之非，克治以致其决；而以理制欲，不忍一置其身于从欲之危，则大德之刚常伸，而德义之勇在我。不亦矫哉！其强也哉！

初九，壮于趾，征凶；有孚。

这一爻是自卑而急于有为其势必败。壮是勇决必进的气象，趾是在卑下的象，征凶是往必见危，有孚是可期必的意思。周公系初爻辞说，初九居下无可为的势，以阳刚处之，则心不安于卑位者；且当壮时，又值君子道长之会；故君子锐其欲进的心，大励其必为的志，遽欲建兴大事，进而去小人，有壮于趾的象。这等则以那疏远的臣，一旦举天下的事，惟吾意之所欲为，亦已难矣。吾知天子必疑，大臣必忌，终不足以有为，其凶必矣。

《象》曰：“壮于趾”，其孚穷也。

这《小象》是申言恃壮者必致败。孔子说，既无应援，又居下位，宜安其分；初九遽欲大有为，而壮于进，则于理甚逆，于势甚拂，其取困穷必矣。

九二，贞吉。

这一爻是大臣有反正之善。贞是不恃壮妄行的意思，吉是邪莫害而功可建的意思。周公辞二爻辞说，大者本无不正，九二以阳居阴，不免失那利贞的戒；然所处得中，犹可因中以不失其正。占者果能因中以求正，不乘势而妄为，不恃壮而躁动，则内不失那持己的正道，外不中那小人的奸谋，凡那壮趾的凶、用罔的困，皆可免，不亦吉乎？

《象》曰：九二“贞吉”，以中也。

这《小象》是推本九二能因中以求正。中是存心不偏。孔子说，九二本不得正，而又言“贞吉”，何也？盖中也者，天下之大本也；九二有这中德，则心不偏而事合理；所以能反不正，而归于正，其吉固宜。

九三，小人用壮，君子用罔；贞厉，羝羊触藩，羸其角。

这一爻是恃壮妄为必取困败者。用壮是好勇妄动，用罔是轻视天下的事，贞以君子去小人言，厉是反为小人所困，羝羊是壮羊，羸是瘦。此二句是贞厉的象。周公系三爻辞说，君子于天下必有忍人所不能忍的德性，然后有为人所不能为的事功；九三过刚不中，当壮的时，是小人固用壮，好勇不顾理的是非，而冒为之；而君子亦用罔，视有如无，轻视那小人于不必备与用壮者何异。夫小人之谋君子常审，而君子自处疏略。这等则虽贞亦危，非惟不能胜小人，而反为小人所困，拟诸其象不犹羝羊恃其强壮而触藩；其角出于藩之上，易去而难反，不能用其力，是角之壮者，反为藩所困制而弱病矣，故曰羸其角。信乎用壮者，固以壮而败；而用罔者，亦以罔而困也。

《象》曰：小人用壮，君子罔也。

这《小象》是申言君子用罔之不可。孔子说，小人用壮固未有不败者，而君子亦用罔，宜必有遭其反噬者，宁免困乎？

九四，贞吉，悔亡；藩决不羸，壮于大舆之輹。

这一爻是大臣不恃壮以妄动，则进无有不利者。贞是不恃壮的意思，悔是进不以正的悔；决是破，藩决不羸是有可进的路；輹与辐同，车轮之中干；壮于大舆之輹是有可进的具。周公系四爻辞说。九四当四阳盛长。势可以胜小人，而以阳居阴则四所以自处者，犹有不正的悔；幸而不极其刚，犹有反正之机者。故占者苟能不恃壮用罔，而以礼自胜则小人无可乘的隙，而吾道有可行的机，吉也；而不正之悔亡矣。其象维何？盖用壮自进者，不免于触藩之困；太刚用事者，不免于脱輹之虞。今惟不极其刚，则出必从容而事罔有阻抑的困，发必详审而事鲜有败折的虞。盖小人的势，恒足以阻君子之进，至此则不复能阻，取象于羊，不犹藩决而不羸其角乎？君子的心，惟患无可行的道，至此则不免无具；取象于车，不犹壮于大舆之輹，前无困阻而可行乎？

《象》曰："藩决不羸"，尚往也。

这《小象》是申言九四进无不遂的意思。孔子说，壮趾者不免于凶，用罔者自取乎困，此往之所以不利。四惟得贞，自可以遂那壮行的愿，自可以壮那大行的猷；群邪莫之困阻，而吾道得行，可以尚进也。

六五，丧羊于易，无悔。

这一爻是安于退缩无为者。羊是刚狠易触的物；易即场，田畔平地；丧羊于易，是忽然失那刚壮的象；无悔是可免小人的害。周公系五爻辞说，六五以柔居中，夫柔刚卑巽而无有为的才，居中则安分而尤必为的志，是众皆喜必有为，而彼独失其刚壮。所以秉道嫉邪以除天下的恶者，非其所敢为有丧羊于易的象焉。这等，则虽不胜乎小人，亦可以自免其害。何悔之有？

《象》曰："丧羊于易"，位不当也。

这《小象》是推本六五德之过柔，故自失刚壮之勇。位是居，不当指居壮时而处柔中言。孔子说，君子处壮，而欲去小人必有刚果的才，然后方可；六五处位不当，则优游不断，何以树立于天下，这所以丧羊于易也。

上六，羝羊触藩，不能退，不能遂，无攸利；艰则吉。

这一爻是志刚才弱者无以遂其进。遂是进遂，无攸利即是不能遂意，艰是不恃刚的意思，吉是可以遂其进的意思。周公系上爻辞说，上六壮终动极，志何刚壮，其质本柔，则才又柔怯；惟其志壮，则恃壮而动，有如羝羊触藩，而不能退；惟有才弱，则临事疏略，又不能遂其进。这等，何所利哉？然犹幸其不刚，故占者诚能艰难以处之，内审事机，外顺时势，则善用其壮，终得遂其进而吉。

《象》曰："不能退，不能遂"，不详也；"艰则吉"，咎不长也。

这《小象》是申言上六审艰难详审的意思。详是敬慎审度的意思，即艰字意。孔子说，上六"不能退，不能遂"者，由其壮终动极，不能审度时势，而处之不详慎也。苟能不恃那刚，而艰以处之则得遂其进，而不能遂的咎不长也。

䷢ 坤下离上

晋：康侯用锡马蕃庶，昼日三接。

这卦辞见人臣当明进之世，可以立功而获宠。晋是上进之义，康侯是安国的公侯，用是人君用之，锡马蕃庶是赏赐丰厚的意思，昼日三接是接见殷勤的意思。卦名晋者，这卦明出地上，有其时；顺丽大明，柔进上行，有其德；又遇其君，是跻治道于昭明，升斯世于大猷，故名晋。文王系辞说，人臣立功，启之者时，本之者德，而成之者君，君子有这三者，而上进当为安国的侯，功在王室，泽被生民；由是功丰者报必厚，业伟者宠必隆。故不惟锡以马，而又加之以蕃庶，大赉以昭其惠，不拘于锡予的常数，不惟日有所接，而又加以三接燕见以通其情，不限于朝见的常期。夫宠任无已，固足为康侯幸，而康侯所以自处者，亦不可诬也。

《彖》曰："晋"，进也。

这一节是解卦名就世道上看。孔子说，这卦名晋者，言治道上跻于文明，世道允升于大猷，有上进之义，故名晋。

明出地上，顺而丽乎大明，柔进而上行，是以“康侯用锡马蕃庶，昼日三接”也。

这一节是以卦象、卦德、卦变解卦的辞。明出地上见清明世界，顺丽是恪恭厥职的意思，大明是有道的君，柔进上行是有虚柔的德而居崇高的位。孔子说，卦辞言“康侯用锡马蕃庶，昼日三接”者，盖人臣不难于立功，而难于居功；卦象明出地上，是值那天下文明的时，赏罚大明，不患其功之不建于上；卦德顺而丽乎大明，是为臣者以靖恭的德，附那知临的君，殆非矜功恃能的臣，而所以承宠者有其德；卦变柔进而上行，是为君者，有虚中的德，履崇高的位，又崇德报功之主，而所以施宠者，有其君。夫有德则能善处其功，逢时遇主，则又不没其功；这康侯所以多受大赐，而显被亲礼；苟无其德，则处功为难，非其时与君，则负功者亦危，安能有这宠哉！

《象》曰：明出地上，晋；君子以自昭明德。

这《大象》是言君子日新的学。自有由己的意思，自者我所本有也，昭有懋昭的功夫，明德是天性本明的德。孔子说，明出地上，有进而上行的义，君子体之，以吾心的德与日俱新，本无不明；但为物欲所蔽斯昏必致那缉熙的功，以复那本体的明，亦如日之光明不息斯已。

初六，晋如摧如，贞吉；罔孚，裕无咎。

这一爻是欲进而无援引者，圣人教他当守正以待时的意思。摧是阻抑下来的意思，两如字助语词；贞是修其在我，不畔援苟且，汲汲以求进；吉是终得遂其进。罔孚是没有人不信用他的意思，裕是宽裕自守，不以进退为欣戚的意思；无咎是无失身的咎。周公系初爻辞说，初六本欲进者，但应非其人，故欲进而丽那大明的君，不免有摧抑的患。占者何以处此，但尽那道义之在我者，而不自失其正，则立身无亏，自足以取信于人而得上进，不亦吉乎？然这特论其时之常，设不为二三所信而向之见摧者如故，亦当处以宽裕，则无咎。苟欲进的心甚切，非汲汲以失其守，则悻悻以伤于义，能免咎哉？

《象》曰："晋如摧如"，独行正也；"裕无咎"，未受命也。

这《小象》是申言当守正而原其能自待。独行是独进也，正是应与之正道，命是官守的命。孔子说，晋而见摧，未有不丧守者；初九独能守正以俟时，不汲汲以求进，此所以得吉。裕无咎者，盖初居下位，未有官守的命，故得宽裕以处；若受其命，则当见信于君，一有不合，则必去而已，岂可处以宽裕而旷官苟禄哉？

六二，晋如愁如，贞吉；受兹介福，于其王母。

这一爻是言有德而不见推于人，久之自当见宠于君。愁是心有忧虑的意思，贞是守中正之德，吉是中正之德久而必彰。介福是宠赐的大福；王母指六五，离为日，王之象；为中女，母之象。周公系二爻辞说，六二有可进的德而无汲引的人，是以欲进不遂，而吾得君行道的心，于是阻矣，有晋如愁如的象。占者岂可以愁如而遽易其守哉？亦惟以中正的德自守，而不汲汲于功名；则中正的德，久而必彰，未进而君求之，既进而君任之，皆其理所当得者；将有锡马蕃庶，昼日三接；而愁不终于愁，不其吉而受兹介福于其王母乎？

《象》曰："受兹介福"，以中正也。

这《小象》是推本六二有获宠之由。孔子说，六二所以"受介福"者，由六二居下之中，而得柔之正；则是养其中于精一，而蕴藉日深者；已具那安国的本，豫其正于缉熙，而涵养有素者，无亏邪顺丽之原。故五自求二之德，而介福之受，岂幸致哉！

六三，众允，悔亡。

这一爻是素行有歉，因得同道相孚以遂其进者。众指下二阴，是同欲丽乎大明之君者；允是心孚意契，悔是不得进的悔。周公系三爻辞说，君子所以自进者惟其德，三不中正，宜不得进而有悔；然与下二阴皆欲进，而丽乎大明之君。故其志同道合，为众所信，而得遂其进，可以丽大明而建安国之勋；不惟无摧如之虞，而且无悉如之患，悔亡。

《象》曰："众允"之志，上行也。

这《小象》是推本六三所以孚于众阴之故。志是三的志，上行是进而附那大明的君。孔子说，人孰无志？但志于功名富贵者皆不为众所信。六三的志，欲上而丽那大明的君，以康国为心者，初二皆有上行的志，此所以众允之也。

九四，晋如鼫鼠，贞厉。

这一爻是人臣无德而窃据高位，终不能保位者。鼫鼠是田鼠，昼伏夜飞，畏人之物；贞就位得于君言，厉是失位的危。周公系四爻辞说，四不中正，居下体之上，是无德而窃据高位者；上畏五六大明之知，下畏三阴群小之忌，有晋如鼫鼠的象。虽位出于君命，锡予所得固贞；然上不足以辅大明之君，下不足以建安国之绩，德不足以称位，而位终不可安，不亦厉乎？

《象》曰："鼫鼠贞厉"，位不当也。

这《小象》是推本九四无德不足以据高位。位是所居的位，不当是不中不正。孔子说，九四"鼫鼠贞厉"者，盖不中不正，居位不当，是无德而窃高位，故虽正亦危。

六五，悔亡，失得勿恤；往吉，无不利。

这一爻是言六五有善反的德，而又广他以无心的化。悔是才不足以有为的悔，失得是民心向背，恤是忧虑，吉无不利是治成化溥。周公系五爻辞说，六五以阴居阳，则所行未免有过差而悔；但以大明在上，天性聪明，则能早见而亟反之，天下无不顺从而悔亡。然以那不正的资禀，当那晋盛的时候，必有计功谋利的心而少荡荡平平的气象；这等则狃于近利，终无以进于王道。故必一切去那计功谋利的心，人心化与不化，世道治与不治皆不恤；惟吾修吾德则功深而效自溥，德盛而化自行不期人心之化，世道之治而自无不化不治者，往吉无不利。

《象》曰："失得勿恤"，往有庆也。

这《小象》是申言六五无心之化功效为至大。有庆即吉无不利。孔子说，人君求治太急，而庸心于失得之间，虽有所成，亦不过小补的治。盖六五"失得勿恤"，是王者无心的治，岂无其效哉？吾见德化溥于无疆，神功溢于无外，荡平的治，有莫之为者矣，不亦往有庆乎？

上九，晋其角，维用伐邑，厉吉，无咎；贞吝。

这一爻是极刚躁急的人，圣人仅许他惟可用，为克己之学的意思。角在首之上，是刚锐的象；维是独，邑是私邑，伐邑是治己私的象；厉即过锐之患，吉是有明德之益，无咎是无私欲之咎。贞是克己的正道，吝是难，盖前失的意思。周公系上爻辞说，上九刚极则强猛，进极则躁急，是果于用强而无宽舒度量，故为晋其角的象。占者得这极刚，无适而可，惟用此来反治其身，使而无咎；然纵欲败度，而始悔悟，虽使后之所行间得其正，却也不足以掩那往行的失吝。

《象》曰："维用伐邑"，道未光也。

这《小象》是鄙上九制私之未早。道是阳刚的道。孔子说，上九"维用伐邑"者，盖以极刚而治其私，非禁于未发之先者，何光之有？

䷣ 离下坤上

明夷：利艰贞。

这卦辞是言人臣遇难，当曲全保身守正的道。夷是伤，明夷是光大君子为暗主所伤的象，艰是敬慎，贞是正固。卦名明夷者，卦象明入地中，是日本明却为地所掩，如那君子之明为阴柔所伤，故为明夷。文王系辞说，日入地中明而见伤，是所遇既非其时；上六为暗主，六五近之，所事又非其君。占者值此，欲为不可，欲去不能，不正则失己，直己则取祸；惟艰难以守其正，即不唯唯以徇君的非，却又不皎皎以激君的怒，则得那处乱的道而身可保。

《彖》曰：明入地中，“明夷”。

这一节是以卦象解卦的名。卦为明夷者，盖卦象离下坤上，则日入于地中，而为地所掩；如检壬得志，而正道有剥床的伤；奸佞当权，而善类有篾贞的害；此其卦所以为“明夷”。

内文明而外柔顺，以蒙大难，文王以之。

这一节是以卦德解卦的义。内文明是心理见得治乱之几，甚是明白；外柔顺是外而谦恭，不敢用明的意思；蒙是遭大难，是人君的大虐；以之是用这内文明外柔顺的道。孔子说，卦德内文明，则是生民的休戚，国家的利病，固其所素明于心者，而外又柔顺，惟小心翼翼而不敢以自用其明，以是而蒙国家的大难。古人有用这道者，文王是已。盖文王具缉熙的德，而又尽事殷的礼，遭商纣不悛，而囚己于羑里，非明夷的义乎？

“利艰贞”，晦其明也；内难而能正其志，箕子以之。

这一节是以六五一爻之义解卦辞。晦是有心遮掩，内难是宗社之祸，正志有委曲以尽忠的意思，以之是用这晦明正志的道。孔子说，“利艰贞”者，言晦其明而不使之露于外，以六五切近暗主的难；惟正其志于内，而不敢直遂以行其正；古人有用这晦明正志的道者，箕子是已；盖其遭近亲的难，而佯在受辱，委曲以遂其正，非晦其明乎？

《象》曰：明入地中，“明夷”；君子以莅众，用晦而明。

这《大象》是言君子临民不为苛察之政。用晦是有心宽忍的意思。孔子说，日入地中，明而见伤，明夷之象；君子体以莅众，不明则人皆我欺，过明则物不我容。于是见虽足以察于几微，而不尽任其见；以为苛察的私智，虽足以乎隐伏，而不尽用其智，以失含弘的度；用晦而明这等，则为善用其明，人情不至睽疑。莅众的道，何以加此？

初九，明夷于飞，垂其翼；君子于行，三日不食。有攸往，主人有言。

这一爻是伤未切而几可去，宜速避的意思。飞是行道的象，垂翼是小伤的象，行是作而去，三日不食困而绝粮的象，往是适于彼地，主人是所适之主人，有言道不相合的意思。周公系初爻辞说，君子以道而行，犹鸟以翼而飞；初九阳明在下，当伤之时，虽那贬削所未及，而諫不行、言不听，其道将不能行；如那鸟于飞而垂其翼一般，所伤虽未切，然其几则可去。占者这等，在此在彼，皆见伤害；吾见见几而作，避难而行，这个有所行。然当行而行，无所顾虑，而适处困穷，盖至于三日不食，行不见伤乎？然亦不可以行见伤而遂不行。至若违此适彼，去乱就安，这固有所往，然随在致嫌，所如不合而道无可容。盖至于主人有言，往不见伤乎？然亦不可以往之见伤而不往也。

《象》曰："君子于行"，义不食也。

这《小象》是决言君子当见几而作。孔子说，"君子于行"，岂独迫于势而不得食哉？揆之于义，自当速去，当行即行，无所顾虑；虽至不食，君子亦可以自慰矣。

六二，明夷；夷于左股，用拯马壮，吉。

这一爻是言伤未切，而去之速者可以免祸的意思。股是用以行的象，左股是行未甚便切的象，拯是救，用拯马壮救之急的象。周公系二爻辞说，君子得位行道，如人必有左股而后可行；六二以至明的德，处至暗的地，比那初九，则又稍近。故于暗主，或夺他的爵位，或削他的权势，使不得展那经纶的志；如有伤下体左股的一般，当这时不去，少不罹祸，君子必须急去如用马救，乃可以免祸而吉。

《象》曰：六二之吉，顺以则也。

这《小象》是推本六二有远祸之德。顺是外柔顺的德，则是救伤的法则。孔子说，初九时已难去，六二所处尤甚于初者，而乃得吉者。何也？盖见几而作，这是救伤的法则，顾伤于所恃者，刚以取祸，而牵系不断者，又柔以取辱；惟六二柔中，而有顺德不诡不随，早见而亟去，救伤有其则，故吉。

九三，明夷于南狩，得其大首；不可疾，贞。

这一爻是言九三有伐暴之功，圣人因戒他当知顺天应人，勿急也。明夷亦是明而见伤，南狩是向明除害的象，得大首是元恶就执的象，疾是急，贞是定要以伐暴为正的意思。周公系三爻辞说，九三以刚居刚，有天下的大德；又居明体之上，有天下的大望；居于至暗之下，则民心有所不堪，正与上六暗主为应，则震主而致危。故其居下得已之地，行不得已之权，而向明除害，得其大首，然不可以亟。占者殆必上观天命，下察人心然后从而征讨，则人不以我为利天下，而以我为安天下。苟以疾为贞，则不免有悖逆的罪，奚可哉！

《象》曰：南狩之志，乃大得也。

这《小象》是申言伐暴救民，能克集乎大勋。孔子说，九三有"南狩之志"，非富天下以为心；戎衣一着，而天下的乱以定；王师一怒，而天下的民举安；除害救民，而大勋为之克集。非大有得乎？不然，志非南狩，将不免为万世的罪人，安望其能大有得也哉！

六四，入于左腹，获明夷之心，于出门庭。

这一爻是身虽近暗主，犹得意于远去者。左腹是暗地的象，出门庭是得脱身遯去的象。周公系四爻辞说，六四当明夷的时，居至暗的地，是身处昏朝，道无由而明，有入于左腹的象。然幸柔顺得正，有处明夷的德，居暗地尚浅，未受明夷的伤，为能获暴虐之心意，而远去超然于忧患伤害之外，故有入腹获心之象。于是出门庭而遯去也。

《象》曰："入于左腹"，获心意也。

这《小象》是申言六四得遂去乱之志。孔子说，六四虽不入于左腹，然柔正居暗地而尚浅，终能获远害的心意而远去也。

六五，箕子之明夷，利贞。

这一爻是宗臣晦明内难而能正其志者。箕子是处内难的象，利贞是君子宜如箕子之正的意思。周公系五爻辞说，六五居至暗的地，近至暗的君；而以那柔中的德，则既不徇君的非，以枉其道亦不失臣的节，以激其怒，能正其志，有箕子明夷的象。夫箕子的明夷，乃贞之至者，君子不幸而处此，亦惟守其贞而不乱，晦其明而不耀方可。

《象》曰：箕子之贞，明不可息也。

这《小象》是发明古人用晦的心。明不可息是一念真知的心，不可灭息。孔子说，六五能正其志，如那箕子的明夷，以那本心的明，不可灭息，真知君非不可以徇，臣节不可不靖，故内虽而能正其志。

上六，不明晦；初登于天，后入于地。

这一爻是甘溺于昏闇，终必至自陨者。不明晦是暗主昏暴的象；初登于天是始虽居君位，如日在地上的象；后入于地是终坠厥命，如日在地下的象。周公系上爻乱说，上六阴柔质本暗，而居坤之极，又昏闇之甚者，是以不明其德，以至于□而下民受祸者众；然伤人的明，己亦不免。故始虽处高位以播其恶，而终则必自丧其位，求为匹夫不可得者，有初登于天，后入于地的象。占者可不知所鉴哉！

《象》曰："初登于天"，照四国也；"后入于地"，失则也。

这《小象》是深惜上六虽居君位，而卒自丧其君道。则是君道当然的则。孔子说，"初登于天"者，言他始焉高居天位，而照临乎四国，这所以有登天的象；"后入于地"者，言他终焉不明其德，而失君道的法则，这所以有入地的象也。

䷤ 离下巽上

家人：利女贞。

这卦辞是言正家的要道，在于先正乎闺门。家人是一家之人，内外各正，成个家道的意思；利女贞是宜先正妇人的意思。卦名家人者，这卦九五六二内外各得其正，是举家无不正的人，而家道成，故名家人。文王系辞说，家之不正，恒起于妇人；而人之难正，尤莫甚于妇人。故欲正家者，当以正内为先务，谨那刑本，是非专欲正女；盖内正，则外无不正，故以此为先耳。

《彖》曰：家人，女正位乎内，男正位乎外；男女正，天地之大义也。

这小节是以卦体九五、六二解那利女贞的义。女正位只是无专外事，男正位只是无愆阳教，言男女一家之人尽之矣；“天地大义”是天地间大纲常的意思。孔子说，卦名家人，而辞说“利女贞”者，卦体六二主卦于内，有女之象；而柔顺得正，则是为女者，以顺为正，无专成之责，而女正位乎内；九五主卦于外，有男之象，而刚健得正，则是为男者，以义制事，有仪刑之善，而男正位乎外。夫男女各得其正，这等岂细故哉？乃纲常所系，而为礼义的原；秉彝所关，而为风化的本；一定不易，万世通行，诚天地间至大之义。然必先正内而后外正，此占之所以利女贞也。

家人有严君焉，父母之谓也。

这一节亦是以九五、六二推言有家人之义。严君是尊严的主一般。孔子说，一家中，不一者分，不齐者情，必有严君以主之；严君谓谁，将以属那诸父，请父尊而不亲，不亲则不信；将以属那昆弟，昆弟亲而不尊，不尊则弗从。惟卦的九五，正位于外，有父道焉。父其外之严者乎？六二正位于内，有母道焉，母其内之严君乎？以分而言，尊之至而足以整饬乎一家的分；以情而言，亲之至而足以联属乎一家的情。严君不与父母而谁与？父母严以治家，则内外无不正而家成矣。

父父，子子，兄兄，弟弟，夫夫，妇妇，而家道正，正家而天下定矣。

这一节是又以画推原所以当女贞之故。父指上言，子以初言，父父子子犹言父尽父道、子尽子道的意思，下皆然；兄指五爻言，弟指三爻言主；夫指五三爻言，妇指四二爻言；天下定是天下的父子兄弟夫妇皆各正的意思。孔子说，又以卦画推之，上以刚而为父，初以刚而为子，则善作善述，而父子各得其所；五以刚中而为兄，三以刚正而为弟，则以友以恭，而兄弟各得其所；五三为夫，无愧于刑家，四二为妇，无愧于内助，夫妇又各得其所；而家道有不正乎？夫天下一家，家道既正，则道德一，风俗同，而天下无不定。然不先正乎内，何以致此？故利女贞，为治家之首务也。

《象》曰：风自火出，家人：君子以言有物而行有恒。

这《大象》是言君子修言行以端风化的本。有物是言实而无虚的意思，有恒是始终不怠的意思。孔子说，风自火而出，如那风化自家而出，故有家人之象；君子以风之自，则又在于身而身之所有，则又不外言行。盖言出乎身，而昭示乎一家者，无物非所以使家人承听；必修辞立诚，言期于有物而使那一家的人皆可守以为则，斯已矣；行措诸身，而仪刑乎一家者，无恒非所以使家人承顺，必敦艮厚终，行期于有恒，斯已矣。这等，则身修国治而天下平矣。

初九，闲有家，悔亡。

这一爻是言能严法于正家之始，则家道可成的意思。闲有训戒约束的意思，悔亡是不至有乖戾的悔。周公系初爻辞说，正家的道当谨其始，初九以那离明阳刚，处有家之始，是初之刚，固当闲;而初之明，又能闲；当这时，乘人情未流，而立法度以防他，因人心未变，而业训戒以约他，明尊卑的分，谨内外的防，而闲家。这等，则人心只畏，家道齐肃，而相渎相夷的悔亡。

《象》曰："闲有家"，志未变也。

这《小象》是申言正家之法当乘其机的意思。孔子说，"闲有家"者，盖有家之始，方切听顺，伤恩之念未起，乘这时而防闲他，则在我预防者，益厚其终；而在彼相率者，不替于始，此所以当闲于其始。

六二，无攸遂，在中馈，贞吉。

这一爻正是女正位乎内者。攸是所，遂是专成，无攸遂是无专外事；馈是饷，治饮食系内事，故言中馈，在中馈是惟专妇事；贞是女子的正道，吉是成宜家之化。周公系二爻辞说，六二柔顺中正是贤女子而从夫者，阃外之事，无所专成，而一于中馈是主，这正女子贞者。占者也如这六二之贤贞焉，则风化的原已端，而桃夭的化以成，吉。

《象》曰：六二之吉，顺以巽也。

这《小象》是推本六二有柔顺之德，顺是顺德，巽是巽从乎夫。孔子说，六二克尽妇道而吉，果何修而得此？由他以柔居柔，和顺本于天纵；故能必敬必戒而无专制的失，顺从而卑巽乎九五之正应，此所以吉。

九三，家人嗃嗃，悔厉，吉；妇子嘻嘻，终吝。

这一爻是言治家贵严而不贵宽的意思。嗃嗃严大之声是有畏惧的意思，悔厉是有伤恩拂的失，吉是家道齐肃的意思，妇是妇人，子是男子，嘻嘻是笑乐无节的状，吝是渎伦的羞。周公系三爻辞说，治家的道贵宽严相济，九三以刚居刚而不中，是严毅有余，和顺不中，使一家人畏威惧法而不敢犯，有家人嗃嗃的象。占者这等，则近于伤恩，嫌于拂情，一时固不免有悔厉。然家道严肃，人心祇畏，犹为正家之吉。苟使一于宽，而不知有严，致使妇子嘻嘻，笑乐无节，则败度丧礼，家政日隳，终必有吝。这可见治家的道，贵于宽严得中，与其宽，宁过于严也。

《象》曰："家人嗃嗃"，未失也；"妇子嘻嘻"，失家节也。

这《小象》是申言治家者宜于过严而不宜于过宽。未失是未失治家的道，节是治家的节制。孔子说，九三能使"家人嗃嗃"，犹足以立法度，而肃人心，治家的道未甚失也，故吉。若使妇子嘻嘻则情纵而至于疏，恩胜而挠于义，失那治家的节制矣，吝。

六四，富家，大吉。

这一爻是大臣善理财，而因成天下之治的意思。富家是能足民富天下之家，大吉就治化上说。周公系四爻辞说，人君以天下为一家，而大臣有家相的责者；今六四以阴居阴，是经理有道而具致富的资；在上位，则下三爻皆所管摄，是其权在我而挟致富的势；故能为国家开财之源，节财之流使民俯仰皆足，相安于乐利之域，盖能富天下的家者也。这等，则民生既厚，民德自新倡兴仁兴让的风，成正内正外的俗，莫非财之富足者启之，吉孰大焉？

《象》曰："富家大吉"，顺在位也。

这《小象》是推本大臣善理财者，由他德位兼隆。顺是有理财的资，在位是有理财的权。孔子说，六四当天下的家而大吉者，盖以那柔顺的德，在那大臣的位，是以本吾致富的资，而又操吾致富的权，故富家而大吉。不然，天下虽有同欲的利，而性其柔顺者，恒歉于施为，君子虽有生财的道，而位不在我者，每限于统理，奚能富天下的家而得哉？

九五，王假有家，勿恤，吉。

这一爻是言人君得内助之益。王是君天下者，假是至，假有家犹言处家而有此，勿恤是勿用忧恤，吉是正家而天下化的意思。周公系五爻辞说，九五刚健中正，下应六二柔顺中正，是在己既有刑家的德，而得那内助的贤女；这是以德而配德者，王者以此而至于家，则一德相承，两情交爱可以纲纪六宫，可以风化天下，固有不出家而教成于国者，何用忧恤而后吉！

《象》曰："王假有家"，交相爱也。

这《小象》是推本九五成内助之治，非出于比暱的私情。孔子说，"王假有家"者，言五爱二的柔中之德，足以内助乎五；二爱五的刚中之德，足以刑于二，而一德相孚；盖出礼义理的当然，而非私情相狎，所以吉。

上九，有孚，威如，终吉。

这一爻是能恩威并著而家道永昌者。有孚是有恩以洽其情，威如是有威以肃其志，终吉是正家久远之道。周公系上爻辞说，上九居上，则为一家之主，卦终则为有家之久，阳刚则能治其家者，故既本诸一心的诚信以笃一家的恩义；又本诸一身的威严，以正一家的伦理。这等，则信足以结家人的心，而不至于乖离，威足以正家人的志，而不至于渎乱刑家的化，不特可行于一时，而家道世其永昌矣，终吉。

《象》曰：威如之吉，反身之谓也。

这《小象》是表上九齐家本于修身，见非作威的意思。反身是修身。孔子说，上九“威如吉”者，岂一于作威哉？亦惟言有物，行有恒；敦伦理，笃恩义；正衣冠，尊瞻视；能反身自治，而人自畏服耳。

䷥ 兑下离上

睽：小事吉。

这卦辞是言当人心睽异之时，不可大有所事。睽是众志乖离的意思，小事是修举废坠的意思，吉即是可为。卦名为睽者，上火下泽，性相违异，这是物之相睽；中女少女，志不同归，这是人之相睽；故名睽。文王系辞说，天下的事，每成于众力之协，每败于众志之乖；当睽的时，众情乖离，若一无可为者。然卦德内说外明，卦变柔进上行，卦体又得中应刚。故其占虽不可大有所为，以济天下的睽，而小事无赖于众力，无关于人心者，尚可补葺修理，不至废坠，而有吉之道也。

《彖》曰：睽火动而上，泽动而下；二女同居，其志不同行。

这一节是以卦象解卦的名义。上是燃上的意思，下是润下的意思，二女指中女少女，同行只是志各有向。孔子说，卦名睽者，盖以同而异，这便叫做睽。此卦自取象于物者而言，则火燥炎上，泽湿就下，性本相违，有睽之义；自取象于人而言，则二女同居，志不同行，情各相违，亦有睽之义，故名为睽。

说而丽乎明，柔进而上行，得中而应乎刚，是以小事吉。

这一节是以卦德、卦变、卦体解卦的辞。说是有和说的德，丽乎明是附明君的意思，柔是有徽柔的德，进而上行是进居君位，得中是中道在我，应刚是任用贤臣。孔子说，当睽时本无可为者，何以言小事吉？盖卦德说而丽乎明，是人臣以和悦而丽乎大明之君，而天下之德已在我；卦变柔进而上行，是人臣以徽柔而居元后之尊，而天下之位已在我；卦体六五得中而应乎刚，是行协乎中，双贤才为之左右，而天下之辅已在我。有这三者之善，宜无不可为者。然当那人心乖离的时，但可安常守分，以俟人心定而后可徐而举之，是以小事吉。

天地睽而其事同也，男女睽而其志通也，万物睽而其事类也：睽之时用大矣哉！

这一节是极言睽的理而赞之。天地睽是以上下的体言，事同是化生的事，妙于相合的意思；男女睽以阴阳的分言，志通是介和的志，切于相求的意思；万物睽以散殊的形言，事类是感应的事妙于相得的意思；时用就有睽有合上说，大就天地人物皆有上见。孔子说，人知睽之为睽，而不知睽之有合，故极而言之；天尊地卑，其体本睽，而一施一生，化育的事则同；乾男坤女，其分本睽，而一唱一和，相求的志则通；万物散殊，其形本睽，而一感一应化生的事则类；可见虽有睽异的迹，却有合同的化。是这睽也，生生化化的原，而天地人物的道，皆由此立。睽之时用不其大矣哉！

《象》曰：上火下泽，睽；君子以同而异。

这《大象》见君子异以迹而同以理，是同中之异。以字轻；同而异犹言虽与人同处，中间却有个介然持正的操，这便是异处。孔子说，上火下泽，物性相违，睽异的象；君子体之，以一于同者，则同流合污，这便是有心徇物；同中之同，不可言异。故他则坦然平易中，却有介然难犯者在，廓然大公内，却有确然不易者存，是其同而能异；固无绝物，而亦无徇物。君子其善体睽哉！

初九，悔亡；丧马，勿逐自复；见恶人，无咎。

这一爻见当睽时，故幸有同道之助，而尤当有避祸之几。悔就初与四皆九应非正上看；悔亡是以阳应阳，道则相同，且皆有济睽的志，故得悔亡；丧马就是悔的象，勿逐自复就是悔亡的象；恶人是非同道的人，见是不严绝他的意思，无咎是无中伤的祸。周公系初爻辞说，当睽乖的时，必有合而后可济；初九上无正应，宜不能济睽而有悔；然幸遇九四，情虽不相入，而道则相同，戮力以济时艰，由是睽可济，而悔可亡。但时正当睽，不可强求人之必合，故必去者不追。惟听其自罪，其象如丧马勿逐自复一般，来者不据，虽那恶人也不绝他，而与他相接见焉，是善于处睽者也，自能悔亡而无咎矣。

《象》曰："见恶人"，以辟咎也。

这《小象》是推本初九不绝恶人之故。咎是睽乖之咎。孔子说，君子去恶人，惟恐其不远，如何又见他；盖在睽时，行动即有咎病，故恶人亦不拒绝，而见者所以辟咎也。

九二，遇主于巷，无咎。

这一爻是人臣当睽时而委曲求遇于君，亦是尽忠效国者。巷是委曲之途，遇是会逢之谓，有许多宛转竭诚尽力，以求与主合的意思；无咎是无失职的咎。周公系二爻辞说，二五本有君臣的义，而当那睽涣的时未免有不合者，二的心岂容已哉？惟至诚以感动之，尽力以扶持之，凡可以求合者，无不委曲以为之，有如遇主于巷者。这等，则君臣的情可合而臣子的责可尽；若其不合，遂恝然而去，则吾所以自处者亦薄矣，是谁之咎？

《象》曰："遇主于巷"，未失道也。

这《小象》是申表九二能以诚遇君则亏臣节。道是臣道。孔子说，人臣事君，道合则留，不合则去；九二顾"遇主于巷"何耶？盖君臣正应，义不容绝，情不容舍，不得不委曲以求之，未失道也。

六三，见舆曳，其牛掣；其人天且劓。无初有终。

这一爻是始虽制于强援终必合于正应者。见是从傍人所见而言，舆是前进的乘舆，曳是后为九二拖曳住他的舆不得上进的意思，牛是引车者，其牛指九四，掣是挽住他不得前进的意思；其人是车中的人指六三，天是去发，劓是去鼻，为上九所刑的意思；无初是始与上九相睽，有终是后与上九相合。周公系三爻辞说，六三上九正应，本有君臣之义而处于二阳间，将欲离下以应上，前为四所掣而势不得进，所望以救援者惟有上九耳；而猜狠方深，又欲绝其人而天且劓焉，此其所处亦甚难。何其无初，但邪不胜正，久则奸邪自息，节义自明，猜疑的心自释，终必得遇于正应的君，虽无初而有终也。

《象》曰："见舆曳"，位不当也；"无初有终"，遇刚也。

这《小象》是推本六三无初有终之由。位是所居的位，不当谓阴居阳位，遇是会合，刚指上九。孔子说，"见舆曳，其牛掣"者，以阴柔居阳位，而所居有不当，不免为二阳所胁制也；虽"无初而有终"者，盖邪不胜正，而二四之求自去，而得遇上九之刚也。

九四，睽孤；遇元夫，交孚，厉无咎。

这一爻是大臣当睽时而幸得同德之助，又当慎其所处的意思。睽孤是当睽时而无正应；遇是相合，元夫是元善的人，指初九；交孚是心意相契，厉是敬慎，无咎是无睽孤之患。周公系四爻辞说，九四初九本为正应，奈左右之邻，皆阴柔小人，孤立而无助，故有睽孤之象；然性本离明，终能与初同德相信，是睽违孤立之际，而遇那硕德的元夫以相孚者，同寅协恭，固可以匡救国家的难。然当睽时，虽合而易睽者，必敬慎危厉以处之。然后可保其交孚之美，而无睽孤之咎。

《象》曰："交孚无咎"，志行也。

这《小象》是申言人臣协谋有人，自遂济睽之志。孔子说，九四的志，本在济睽，惟协谋者无其人，则虽有志而不能行；今得初九元善的夫以相信，同心共济，何志之不可行哉！

六五，悔亡，厥宗噬肤，往何咎？

这一爻是人君得臣之易，自可以济睽。悔是才弱的悔，得九二辅他，故悔亡；厥宗是所党类者，指九二；噬肤是易合的象；无咎是无忝君道的意思。周公系五爻辞说，君德以刚为主，六五以阴居阳，则才不足以济睽；本有悔，但悔不终悔，而悔可亡，何也？六五以柔中的德而应那九二刚中的贤，是为臣者，欲遇主于巷；而为君者，又有虚己下贤的诚心；君臣相合，为甚易耳，有厥宗噬肤的象。人君这等，而往以济睽，则同心共济，可以合天下的睽，成大同的治，何咎？此所以悔亡。

《象》曰："厥宗噬肤"，往有庆也。

这《小象》是表六五君臣相合，自有济睽之功。庆指睽已济言，是福在天下的意思。孔子说，六五君臣相合甚易，岂特能亡其悔哉！由是而往则上下交而其志同，可以济天下的睽，而福庆及于天下矣。

上九，睽孤，见豕负涂，载鬼一车，先张之弧，后说之弧；匪寇，婚媾；往遇雨则吉。

这一爻是与那六三先睽而后合者。睽孤是与六三不得相与，见是上见三，豕是污浊的物，负是背，涂是泥，豕负涂是疑其有污的象，载鬼一车是疑其有污愈甚的象；张弧是开弓欲射，是上欲害三的象；说弧是解弓不射，是疑稍解，不忍伤三的象。匪寇知三非与我为害；婚媾是知三欲与我为亲。往是上九往就三，遇雨是相和的象，吉就是相和合的意思。周公系上爻辞说，六三乃上九可正应，既制于强援而难合，而己又以刚处明终睽极的地，又多猜狠而乖离，故睽孤而无与；六三本不受污于二阳而上九则疑他受污，如见豕负涂，三本无受污的事，而上九则疑他有污，如载鬼一车，凡此皆睽孤。然时偶睽者，不终证理当合者，必终合；先虽张弧，后即说弧，非复昔者猜狠一般，知他非寇而实相亲，非复昔者乖离一般。由是而往求乎三，则得以谐正应之好，如阴阳和而雨泽降，不亦吉乎？

《象》曰："遇雨之吉"，群疑亡也。

这《小象》是申言上九终与六三相合的意思。群疑指见豕三句。孔子说，上九"遇雨吉"者，盖以其有负涂载鬼之疑，有先张欲射之计，此疑之未尽亡，而睽之所以不能合。今雨情好合，而乖戾不形，二人同心，而指狠尽泯始先致疑六三者，至是尽亡，又何睽之不合哉！

䷦ 艮下坎上

蹇：利西南，不利东北；利见大人，贞吉。

这卦辞是言济蹇者，贵所据得其地，所辅得其人，所仗得其义。西南是平易之地，可以为战守兴复之便的意思；东北是险阻之地，不可以资形势之便的意思；大人有才德谋略的人，指九五；贞是正道，如顺天应人，吊民伐罪之类；吉即可成济蹇的功。这卦名蹇者，坎险艮止，知险不可进而止，是有难而不行，故为蹇。文王系辞说，方在蹇中，不宜走险；又卦变自《小过》来，阳进居五，退则入于艮而不进。故占者当观那顺逆之势，以为进止之宜，如平易通达之地，便为西南，则利往以资那形势之便；险阻艰难之地，便是东北，则不利往，恐失那进取的资。当蹇时必见大人守正理，乃克有济；又卦体九五，刚健中正，有大人的象；自二至五，皆得正位，有贞之义。故占者必见阳刚中正的大人，庶乎资他的才德，可以图那兴衰救弊的略；毋以世方多艰，而甘为匪人相比，必守正而不行险侥幸，庶乎施为合理，而可以成那拨乱反正的功；毋以时方草昧，而苟为一时的计。是则西南者，济蹇之地；大人者，济蹇之辅；而贞者济蹇之道也。处是地得其辅，而行是道，尚何蹇之不济哉！

《彖》曰："蹇"，难也，险在前也；见险而能止，知矣哉！

这一节是以卦德解卦的名，因赞其有知几识势的智。难是行不进之义。孔子说，这卦名蹇者，多难之谓也。盖坎德为险，而坎居上，是险在前，无可进的机；艮德为止，而艮止于下，是遇险而止，有不进的善。夫见险能止，这等是知险知阻为能明哲以保其身，早见豫图，为能全身以远其害，非有定见定守者，鲜不陷于险，不其知矣。

"蹇，利西南"，往得中也；"不利东北"，其道穷也。"利见大人"，往有功也；当位"贞吉"，以正邦也。蹇之时用大矣哉！

这一节是以卦变、卦体解卦的辞，而又赞其时用之大。往得中是阳进居五，在上卦之中，以据得其地言；其道是济蹇的道，穷是困陷的意思。有功即济蹇的功，正位指二爻至上爻，阴阳各得其正说；正邦是天下不至蹇的意思。时用大就有地有辅有道上说。孔子说，卦辞有言“利西南”者，以卦变言之，自《小过》而来，阳进则往居五而得中，是据形势之便，而可以为恢复进取的资，故利。又言“不利东北”者，盖退则入于艮而不进，是所处非其据，而英雄无用武之地，非惟不足以济蹇，将必陷于险而困穷，何所利哉？其曰“利见大人”者，盖九五阳刚居尊，其德足以联属天下的心，其势足以汲引天下的士，依是而往，以济那天下的蹇，则功无弗成。其曰“利贞”者，盖直己守道，所以济时，又以卦体五爻当全，有得正的义，吾知摧败困苦，而威信不忘，险阻艰难而恩义愈笃，相与图济蹇之方，天下于是可正。由是观之，所处必得其道，所依必得其人，所进必得其正，然后可以济蹇，蹇之时用大矣哉！

《象》曰：山上有水，蹇；君子以反身修德。

这《大象》是君子尽自修之道，正所以去吾身的蹇。孔子说，山上有水，人所难行，蹇之象；君子体之，以行有不得，乃吾身的蹇。若怨天尤人，安能济其蹇？惟是反身以修德，或省察于念虑，或体验于躬行。这等，则德孚于人，行无不得，吾身的蹇济矣。由是身正而天下归，天下的蹇有不济乎？

初六，往蹇，来誉。

这一爻是时与才皆不足有为者，宜见几而止。往蹇是去济蹇，而益陷于蹇的意思；来是退处，誉是有见几的智识。周公系初爻辞说，天下多难，其事已无可为者，况初六以阴柔居下，则无济蹇之才；又无济蹇之位，故往而济蹇，是载胥及溺而已。惟俭德避难，退处以待天下之清，则得见几识时的誉。君子可不审哉？

《象》曰：“往蹇来誉”，宜待也。

这《小象》是申言初六欲济蹇，当待时而动。孔子说，初六“往蹇来誉”者，岂终于不往哉？时未可进，故见几而止，待时可行而自行耳。

六二，王臣蹇蹇，匪躬之故。

这一爻是言忠臣以身徇国难者。王臣是有勤王之责的臣，蹇蹇是难而又难，不避艰险的意思；匪躬之故是他的心，却不为身谋的意思。周公系二爻辞说，六二以精忠的臣，而当那主忧国危的时，故鞠躬尽瘁，蹇而又蹇以求济之，是王臣蹇蹇者也，而岂以其身之故哉？盖以君父的难，必这样而后可济；臣子的责，必这样而后可塞；事有可为，则以其身而济吾君的难，功无与于我；事不可为，则以其身而徇吾君的难，死无与于我。占者得此，成败利钝非所论也。

《象》曰："王臣蹇蹇"，终无尤也。

这《小象》是深许以身徇国无可罪者。孔子说，六二"王臣蹇蹇"，臣道已尽，纵或不济，那忠君爱国的心却无愧于人，孰得而尤之。

九三，往蹇，来反。

这一爻是言不当任事者，惟当退处自修。来反是反就下二阴，同与退处修德的意思。周公系三爻辞说，九三虽备阳刚的才，而不在那王臣的位，且当大难方殷；苟欲竭诚赴难，但为五所隔，徒陷于蹇，惟反就二阴，与他反身修德，则虽不能建荡平的绩，而却得以遂乐道之心矣。

《象》曰："往蹇来反"，内喜之也。

这《小象》是申言九三为二阴所乐与者。内指下二阴，喜是喜他有阳刚的才，之字指九三。孔子说，九三虽"往蹇而来反"者，盖内二爻阴柔不能自立，喜得阳刚以为依；或资他以壮那经纶的猷，或资他以养那匡济的略，乐其相与以有成。故反而就之，自得其所安也。

六四，往蹇，来连。

这一爻是言才力不足者，当资人以共济乎蹇。来连是下连九三有阳刚之才者，与他同进的意思。周公系四爻辞说，六四当大臣的位，而值人君险难的时，这正是与君同休戚者，使以己的阴柔而往以济险，必陷于险；惟宜连于九三阳刚有为的人，与他合谋，则济险的功，庶乎其可图矣。

《象》曰："往蹇来连"，当位实也。

这《小象》是推本六四当连九三之故。当位实指九三，是居在阳刚的位，以有能为的才言。孔子说，六四"往蹇而必来连"者，九三以阳居阳，是那所居的位当其实，明足以有断，才足以有为，故四当连他以济蹇也。

九五，大蹇，朋来。

这一爻是言人君当国步多艰之际，当招贤以济蹇。大蹇是国祚存亡所关，朋是众贤之称。周公系五爻辞说，九五以大君当蹇之时，乃社稷安危所关，国家存亡所系，蹇之大者。但九居尊而有刚健中正的德，则不惟位望足以系属乎人心，而德望亦足以感孚乎众志，凡天下的贤才，无不乐为他用，岂终于蹇哉！

《象》曰："大蹇朋来"，以中节也。

这《小象》是推本九五得贤之故在有德。中节是中有能守之德的意思。孔子说，"大蹇而得朋来"者，盖中德存于平居的时易，存于变故的时难；惟五居尊位而有刚健的德，则是当那艰难的时节，而志概不移；值那颠沛的时候，而信义愈笃。岂不足以激忠义之士，而起其来助的心哉？此其所以得朋来而蹇无不济也。

上六，往蹇，来硕；吉，利见大人。

这一爻是言人臣当蹇难之时，而能仗策以从王者。往蹇是无主不足以济，来是来就九五，硕是可成硕大之功；吉就是有硕大之功意，利见大人是为占者说，言仍当从这样有才德的大人。周公系上爻辞说，上六以阴柔居险极的时，其才不足以济者，若欲自往益以蹇难；今九五中节的君，正赴义集事者所当从，惟来就九五与他济蹇，则可以拨乱反正而成硕大的功，不亦吉乎？夫上六自往则蹇而来则硕吉。这等，占者若值这时，而有那济蹇的志，亦岂可昧于所从哉？殆必择那才德兼备，如九五一般者而相就他，则蹇可济而功可成，斯为利也。

《象》曰:“往蹇来硕”,志在内也;“利见大人”,以从贵也。

这《小象》是推原上六之心在于从王。内指九五,贵指九五的位与德言。孔子说,上六“往蹇来硕”者,以他的志欲从乎九五,与他同心以其济,相资以有为,此所以能成其功而吉;又必见大人而后利者,亦以九五居尊位,而刚健中正,其位与德皆为可贵。今往而见他,资他的位以系那天下的望,资他的德以收那天下的心,所以利济蹇也。

下经

卷六

䷧ 坎下震上

解：利西南；无所往，其来复吉；有攸往，夙吉。

这卦辞是言人君当国难方解，宜政尚平易，与民安静不久为烦扰的意思。解是难方散，利西南是法尚宽平简易；无所往是僭逆已除，不必征伐的意思；来复是休兵罢战，安静致治的意思；吉是民皆安息。有攸往是余孽未殄，宜有所往以讨其罪；夙是早往早复的意思，吉不久扰民而民心安乐的意思。这卦名解者，卦德居险能动，则不特不陷于险而且能出险，是国难已解，故为解。文王系辞说，险难方解利于平易安静，不欲久为烦扰，且卦变自《升》来，三往居四入于《坤》体，二居其所，而又得中，又皆平易安静之义。故占者当那国运方复，元气未固，必敦以宽大之体，国难甫定，人心未洽，必施以简易之规，而利西南。若时既乱，略悉除，天下已安，不容有所往，则与民休息，养以安静。由是事不苦于纷更，民不至于困敝，而天下享和平的福，不亦吉乎？若时或余孽尚存，天下未宁，不容有所往，则早往以除其衅，早复以收其成。由是既不至于养乱，亦不至于黩武，而天下享宁谧的庆，不亦吉乎？

《彖》曰：解，险以动，动而免乎险，解。

这一节是以卦德解卦的名义。动是有鼓舞振作的才，免乎险即能解难意。孔子说，这卦名解者，卦德坎下震上，居险能动，是当天下大变的时，而有转移通变的略，则可以拨乱反正，易危为安，而免乎险，此其所以为解。

“解，利西南”，往得众也；“其来复吉”，乃得中也；“有攸往，夙吉”，往有功也。

这一节是以卦变解那卦辞。众是坤画偶的象，得众是得众人的心；中指九二居下卦之中，言得中是所行合乎时宜的意思；往是去讨余孽，有功是有解难的功。孔子说，卦辞“利西南”者，卦变自升而来，三往居四入于坤体；是当危乱既解，而政尚优游，绥天下以和平的福；治崇简易，溥天下以生意的恩；宁过于宽毋过于猛；虽或法度之详，容有所未备者，亦舍徐以图谋，自不为苛急以残民，此西南所以利也。“其来复吉”者，卦变二居其所而又得中；则是内为宅心安静，而喜功之念不萌；外焉处事循埋，而纷更的私不作；此其所以能与时休息，来复其所而吉也。“有攸往”，能早往早复而吉者；卦变九二得中，则往而有功；诚以德而非中，则于余孽之未平，必不早往以图之，而不免于养祸；及其既平，必宜早复以安之，而不免于毒民，这皆无功也；今惟以是中德而往，则筹谋之早，既足以殄乎余孽，而不至于养天下的乱；已事遄往，又足以安集乎群生，而不至于敝天下的民，往有功也。

天地解而雷雨作，而百果草木皆甲坼：解之时大矣哉！

这一节是极言造化之解而赞其时之大。天地解是阴阳之气交通而发散，雷雨作就是二气奋激和畅，甲是萌芽包含未开者，坼是萌芽已开发者，时就雷雨作甲坼上言。孔子说，又以解义极而言之。那方冬的时，天地闭塞未至于解，及那二气交通而闭塞者发散。正所谓天地解者。由是气化流行，奋发和畅而雷雨作，雷以动之，雨以润之；而百果草木，凡枯者以甲而生意即萌；甲者以拆，而生意毕达。是天地一解，而雷雨所以神其机，庶物所以露其生，皆随此时而动。不然，造化或几乎息矣。解之时，不其大矣哉！

《象》曰：雷雨作，解；君子以赦过宥罪。

这《大象》是君子仁存法中正以解民的难。过是无心失理处，赦是释放他罪是有心犯法者，宥是宽缓他一着。孔子说，雷雨交作，则散郁结而为亨通，有以解那万物的难，这是解之象也。君子体这以为有过必惩，在平时则然。今民值天下未定之余，易至于有过，使欲以常法加他则不可。故必于民无心失理的过，则略其细微直赦之，而不问有罪必诛，在平时则然。今民值名分未明之后，易至于有罪，使欲以常法加之，则不可。故必于民有心犯恶之罪，虽不可赦，亦存矜恤的心而宥之以从轻。所以体天地生物的心，以解斯民之难也。

初六，无咎。

这一爻是柔得刚济而无过举者。无咎是无生事滋弊的意思。周公系初爻辞说，解难之初扰以多事者，固不足以安天下的心；而弛以无事者，又不免于滋天下的弊；此咎所以不终无。初六以柔在下，而上应九四的刚，则是为人臣者，以沉潜之资，而运之以明作之勇，时无所往则静以敷来复之化；而与民以休息者，适合那时措的宜；时有攸往，则动以弘速往之功；而相时以有为者，适得那变通的道；固无有纷更的弊，亦何有于委靡的失。故其占为无咎。

《象》曰：刚柔之际，义无咎也。

这《小象》是申初六解难所以无失之故。义是事理之当然者。孔子说，初六"无咎"者，盖解难后纯任乎刚，不免启纷更之端；全溺于柔，不免徇因循的弊；这便咎不终无。今以初的柔，而得那四的刚以济他，是柔而能断；固非太猛以启天下的衅，亦非不振以养天下的乱。此其义当得无咎也。

九二，田获三狐，得黄矢；贞吉。

这一爻是能去邪媚而举正直者。狐是性柔而情奸，昼伏而夜动，小人的象；田是猎，获是得，三狐指初六与六三、上六之三阴爻言，总是能除小人的象；黄是中象，矢是直象，得黄矢是得中直君子的象；贞是去邪从正的正道，吉是邪媚去而正人集之占。周公系二爻辞说，当解难的时，以众君子成之而不足以一小人败之而有余；况小人肆志，君子所以见摧。九二上应六五，既操那举直错枉的权，而德备刚中，又守那秉道嫉邪的正。故于邪媚的小人，从而去之；而正直的君子，因以得焉，有田获三狐，得黄矢的象。这远小人，亲君子，正九二，贞而且吉的道；占者也能这样贞焉，则小人去而乱邦之祸以消，君子进而正君之功可成，吉。

《象》曰：九二贞吉，得中道也。

这《小象》是申言九二有去邪得正之本。中道是所存所发之协宜。孔子说，九二得正而吉者，盖二居下体之中，而得中道；则取舍之极，定于中；是非之鉴，昭于外；持以至公，断以必行；所以能去邪崇正而得吉。

六三，负且乘，致寇至；贞吝。

这一爻是无才无德而窃据高位，终不能保其有者。负是用力去负物小人的事，乘是车乘彰有德者的器；致有自取意，寇是寇害，至是人必欲加害而夺之者；贞是爵位出于君与者，吝是可羞耻的意思。周公系三爻辞说，惟有德者，宜在高位。六三阴柔不中正而居下之上，是本无才德的人，特以草昧的时，而窃据高位者。今当解时，公道昭明，君子进用，小人退听；六三乃以无德而据非其位，则黜辱所必加，贬削所必至，虽得之，必失之，就如那负乘的人。去乘君子的乘而致寇至也。占者这等，其所得的位，虽得于王朝，而非由于攘取；然非他名分所安，却有不称的羞，况不正乎？

《象》曰："负且乘"，亦可丑也；自我致戎，又谁咎也？

这《小象》是申言六三德不称位，卒为自取之咎的意思。丑即是吝意。孔子说，六三"负且乘"，则德不称位，可丑孰甚？这等则寇之至，卒自我致，又谁归咎哉！

九四，解而拇，朋至斯孚。

这一爻是大臣能绝去邪党，合交同德之朋。解是绝，而是汝，拇是在下小人之象，朋至是同道朋类之来，斯孚是不戒而自相契的意思。周公系四爻辞说，九四是居大臣的位者，与初皆不得其正而相应，是不正之交，即本当解者；然四阳善类，与初不同，又势之所必解者；故为九四者若能遏绝私交而不为他所援，有解而拇的象。这等则邪正不两立，非类者既去则同类者自集。凡阳刚之朋至而相信，同心一德，以上事那维解的君。苟小人尚在，君子将避而远之，况望其孚乎？

《象》曰："解而拇"，未当位也。

这《小象》是推言九四当解初之故。未当位指皆阳位说。孔子说，九四所以必解去初六者，盖初四皆不得其位而相应。应不以正，非道义之交；理所当解者，使不解而去之，则终为他所累。何以来"朋至斯孚"哉？

六五，君子维有解，吉，有孚于小人。

这一爻是勉人君当解去小人。维是独，解有绝去的意思，吉是君子的用解，小人远退故吉；孚是验，言当以小人之退为验。周公系五爻辞说，三阴所以祸天下者，以有六五为之主。然人君与小人共事，其患有不可胜言者；君子处此，维于小人解而去之，则朝纲振肃，而来复之治可成；君德清明，而夙往之功可得，不亦善乎？而余非其所忧也。然人情多溺于所比，抑何以见其能解哉！故以小人之退为验，不然犹未见其能解也。

《象》曰：君子有解，小人退也。

这《小象》是申言人君能解小人，而小人自退。孔子说，邪正不容并立，君子有解，小人不必逐之而自退，故必以此验之。

上六，公用射隼于高墉之上，获之，无不利。

这一爻是言大臣能去君侧之权奸，斯为国家之庆。公是公侯，指占者；隼是鸷害之鸟，指上六之小人；高墉犹王宫之墙，是上位的象；获之谓获其隼，是已除的意思；无不利是奸邪迸迹，国家清宁的意思。周公系上六辞说，上六以阴柔居卦之上，是小人据高位，以祸天下，有如隼在高墉之上者。占者公侯遇此，必除高位的权奸，清君侧的大恶，有射隼于高墉之上，而获之的象。这等则小人既远，朝廷所以清平，而上焉无负于天子之托；憸壬既退，邦国所以宁一，而下焉无负于生民之望，无不利。

《象》曰："公用射隼"，以解悖也。

这《小象》是申言大臣去奸，正所以除朝廷之害。悖是乱，谓以下叛上。孔子说，"公用射隼"者，盖小人心术奸伪，足以惑上残民，悖乱之大者；今射之，正所以除此坏乱耳，岂徇一己之私恶哉！

䷨ 兑下艮上

损：有孚，元吉，无咎，可贞，利有攸往。曷之用？二簋可用享。

这卦辞见人君不得已而损民之财，贵取之以诚，用之以节。损是减损，于常赋之外，取赋以足用的意思；有孚是出于不得已，而非妄取的意思；元吉是行得大善，无咎是非过于害民，可贞是可为后世权行的法，利往是推之天下可通的意思。曷之用是言用财当何如的意思，二簋是至薄祭礼，可用享是不嫌于薄的意思。这卦名损者，盖卦体损刚以益柔，卦象损泽之深以增山之高，皆剥民奉君的象；民贫则君不能独富，而上下俱损，故为损。文王系辞说，于那常赋外而别有所取者，谓之损；损本拂人的情，难得元吉而无咎，不可以贞而利往。然亦看那所损者何如，诚能损所当损，迫于势之不得已，而后为之，有孚不妄。这等则天理顺人情安，吉孰大焉？谗不兴悬不作，咎又何有？由是垂之，可为正常的典。后世之天下，不幸而有损焉，不能外此；孚以为取民的制，扩之可为权宜的方。当世之天下，不幸而有损焉，不能外此；孚以为敛民的法，夫损而有孚，固有这四者的应。然当损时，其用财的法当何如？盖损出于不得已，既不得已而损之，亦当不得已而用之。彼祭祀乃国家的大事，宜厚不宜薄，若损时虽二簋，亦可用享；盖礼有所当俭，不嫌其为固。祭祀尚然，则凡事皆在所损可知。苟或取之于不得已，而用之于可已，则公私俱困，国非其国，岂可哉！

《彖》曰："损"，损下益上，其道上行。

这节是以卦体解卦名义。其道是损道，上行是君亦必至于损。孔子说，卦名损者，盖卦体损下卦上画的阳，益上卦上画的阴，有剥民奉君的象；然民贫则君不能独富，而损下之道上行于君，上下俱损故名损。

损而有孚，元吉、无咎、可贞、利有攸往。曷之用？二簋可用享。二簋应有时，损刚益柔有时：损益盈虚，与时偕行。

这一节是以卦画物理解"曷之用"二句之义。孔子说，"损而有孚"固有四者之应，又言"曷之用，二簋可用享"者，岂祭享的当道哉！特当损的时，不得已而为之，这独在损时而可用；苟时非损，乌可为"二簋之用"哉！且以那卦画来推论，刚不可损，柔不可益；而损上画的阳，益上画的阴。盖刚柔无一定的时，而卦画无一定的位，是在卦画固不能外时以为损益。况君子之用享，又岂可违时乎？自物理来推论，物不可以终盈，亦不可以终虚；盈而不已，必损；虚而不已，必益；盖时之运无常，故物之生不测，是物理亦不能外时以为损益。况君子之用享，又岂可违时乎？

《象》曰：山下有泽，损；君子以惩忿窒欲。

这《大象》是言君子有损己私之学。惩是惩于前，而戒于后的意思；忿是私怒；窒是遏其根，使不萌于再的意思；欲是嗜欲。孔子说，山下有泽，泽气上通于川，损下益上的象；君子体之以修身，惟损其所当损者而已。彼忿则不能以理处人，欲则不能以理处己，皆吾身的害所当损者；必惩忿于方动之际，而不使之逞；遏欲于将萌之始，而上使之肆。这便是损所当损，而身无不修矣。

初九，已事遄往，无咎；酌损之。

这一爻是人臣急于匡君之失，因教他以进言之智。已事是辍在已独善的事；遄是急往，是去救正的意思；无咎是无负臣职。酌是酌量上之信我浅深何如；损之是去他的过失处。周公系初爻辞说，初九当损下益上之时，而有那阳刚的才，修身的事已尽；上应六四，而有阴柔的疾，岂能恝然不加之意乎？故辍已所自治的事，而速往以益他，汲汲然讷诲于朝夕，无非本在已阳刚的道以益其君。这等，则得奉公的道而无咎。然居下而益上，则分有所限，而情易以疏，又必酌其交之浅深而损之，则量而后入；

庶为君者，信我有陈善闭邪的敬，而不疑我为渎。不然，未信而谏，不将以为谤己乎。夫既曰遄往，又曰酌损，在忠与智者自择耳。

《象》曰：已事遄往，尚合志也。

这《小象》是申言初九急于君，由君有志于损疾。尚与上通，指六四，志是损阴柔之疾的志。孔子说，初九“已事遄往”者，盖初九的志，固欲损四的疾；而四的志，正欲损己的疾；是上合其志，故速往以益他志。苟不合，岂肯若是之急切乎！

九二，利贞，征凶；弗损益之。

这一爻是直节自守以风在位者。利贞是宜于守道义之正；征凶是往求乎功名，必枉道辱己的意思。弗损是不变所守，无损于己之所有者；益之是有益于君国。周公系二爻辞说，九二刚中，志在守正，是重节义，而轻利禄，得在下之贞者。故占者宜崇自重之贞，励无求之操，亦如那九二的贞，乃为利。若不贞而征，则降志辱身，其凶必矣。且君子岂必贞而后有益于上哉？亦惟不变那所守之贞，则清风高节，足以廉顽而立懦；德尊望重，足以振俗而移风；上可以崇人君尊礼之诚，下可以抑天下奔兢之习。盖不必损己的所有，而有益于君上者多矣。

《象》曰：九二利贞，中以为志也。

这《小象》是推本九二有守正之志。中是刚中之德。孔子说，九二所以不妄进者，盖其居下之中，而有中德；志惟以中德自守，凡富贵利达，皆不足以移他的所守也。

六三，三人行，则损一人；一人行，则得其友。

这一爻是言朋友去其非类之杂者，则同类之与自相专一。三人行是与众友杂处的象，损一人是绝去非类之友的象，一人行是同道相与的象，得其友是得志同道合者以相友。周公系六三爻辞说，损之六三，正这卦之所以为损者。下卦本乾，而损上爻以益坤，有三人行，则损一人的象；一阳上而一阴下，有一人行而得其友的象；是致一的道。六三已备，故占者于那同类中，不免有非类之杂，是三人行，则损去一小人，使他不得以兼与焉。一人既损，则道不同者去；而同道以为朋者，益笃那交孚的情，德弗类者远；而同德以相济者，益坚那作求的志，而得其友。盖损其异，正所以致其同；而去其杂者，自可以专其与。这正致一之道也。

《象》曰：一人行，三则疑也。

这《小象》是推言当去一人之故。孔子说，“一人行”，固当得其友，以其两而专矣；若三则杂而乱，必至于疑而不专。此所以当损去一人也。

六四，损其疾，使遄有喜，无咎。

这一爻是大臣取善以修己，变化气质以图新者。其疾是六四阴柔的疾，遄是速有，喜是喜其无疾，无咎是无忝臣道的咎。周公系四爻辞说，六四大臣有阴柔的疾，是常以委靡不振为忧者，乃以初九的阳刚益己；而损其疾是因其病而药之，以进于刚强者。然改过贵勇，诚能知其非而速改，惩其忿窒其欲，使吾身刚大的正气遂奋焉，则何以不能自克。为忧者，至是赖有启发而幸其阳刚之奋迅，不有喜乎？占者那等，则近有益于吾身，远有益于天下，而国家的神气可培，何咎之有？

《象》曰：损其疾，亦可喜也。

这《小象》是申言六四有取善之益。孔子说，疾本人情所深忧，而无疾固可喜也；六四有疾而能损，则亦归于无疾；而以一身图天下之安，亦可喜也。

六五，或益之十朋之龟，弗克违，元吉。

这一爻是人君纯心亲贤，能受益而成治者，或是不期而至的意思。两龟为一朋，十朋之龟，是天下的大宝，总是多贤来益的象；弗违是不能却之使去，元吉就治化上说。周公系五爻辞说，六五以柔顺虚中，以居尊位，是为君者纯心以用贤，而不挟势以自亢。故一德之招徕贤者献其德，如人或益我以十朋之龟，而卒不能违者。占者这等，则贤才辅而天下治，由是而迓天休，绵国祚，元吉可知。

《象》曰：六五元吉，自上祐也。

这《小象》是表人君受益之大，皆由虚中得天眷之隆。孔子说，“六五元吉”岂有心于必得哉？盖其虚中尚贤之诚，克享于天心而自天祐之。此所以受天下之益者，皆天也。

上九，弗损益之；无咎，贞吉，利有攸往，得臣无家。

这一爻是大臣能行仁政，而推以仁心，则天下之民无不归心者。弗损是不分己之所有，益之是利自及下；无咎是无失养民之职的意思，贞是本纯王之心以益民的意思，吉是道出于天理之公，利是泽及于四海之远；得臣无家是得民心之归，不止一家之近的意思。周公系上爻辞说，上九受益之极，而欲自损以人者；然益固善，而必出诸己，则所益者不亦隘乎？故必不损己以为益，惟以天下的利，惠天下的民，则是益也，上不负那天的所委，下不失那民的所望，无咎。然政固善矣，而心有未正，则所益者不亦私乎？故必不诡道以得民，惟以纯王的心，行那纯王的政，则是益也，稽诸天理而顺，推诸四海而孚，吉而利有攸往。夫仁心仁政，相须不悖，益道无不尽矣。由是德泽所施者愽，而民心所归者众；以近则悦，以远则来。盖益之也，非以家赐□臣之也，难以家计，其得臣宁有家耶？

《象》曰：“弗损益之”，大得志也。

这《小象》是表上九遂惠民之志，见王政益民之大。孔子说，王者以万物得所为志，上九“弗损益之”，则惠不必出自己，而泽及天下者为无疆，而其志不大得乎！

䷩ 震下巽下

益：利有攸往，利涉大川。

这卦辞见君臣同德以益民，合常变而皆尽其善。益是损上的财以惠下之义，利往是惠足以溥乐利之休，涉川是泽足以拯斯民之困。这卦名益者，盖本卦体损上益下之义而得名焉。文王系辞说，卦体二五皆得中正，是君臣一德，得处常益下之道；下震上巽，皆木之象，是才猷素裕，得处变益下之道。故人君占而得此，于处常而益民，则发政施仁，无一夫不被其泽，不亦利有攸往乎？于处变而益民，则拯溺亨迍，无一人不安其生，不亦利涉大川乎？

《彖》曰:“益”，损上益下，民说无疆；自上下下，其道大光。

这一节是以卦体解益的名义。自上是泽由君布，下下是下及生民；其道是益下的道，指恩泽言；大是广，光是明，大光是昭布无外的意思。孔子说，这卦名为益者，这卦下体本坤，上体本乾；今损上卦初画的阳，益下卦初画的阴；则是为君者，自损所有以益下民，减常赋的供，行补助的政，则损在上人，而利在天下。由是蒙有孚的惠者，兴惠德之思，而远近为之胥悦，诚无疆限之可言。然所谓损上益下者，实自上卦而下于下卦之下，则是君之益下者，自朝廷以及天下，而泽不阻于上壅，则一人的利为天下的公。故克积博厚，发舒高明，而那气象所该，自有丕冒宇宙，昭格上下为者，非特煦煦小补而已。此民说所以无疆，这固上不求益，而自有其益的事，故名为益。

“利有攸往”，中正有庆；“利涉大川”，木道乃行。

这一节是以卦体卦象解卦的辞，见益民者贵德与才之兼备。中正指君臣的德言，有庆是福在天下的意思，木道是匡济的谋猷，乃行是敷施于天下。孔子说，《益》何以利有攸往？卦体九五、六二皆得中正，则君臣一德，而施诸政事者，皆神化宜民的道；是以法行而民自安，所以福天下苍生者在是，而有利往之庆也。《益》何以利涉大川？卦象下震上巽，皆木之象，则涵养有素，而蕴诸身心者，皆济人利物之奠；是以守贞而行自利，所以作天下舟楫者在是，而利涉可行也。

益动而巽，日进无疆；天施地生，其益无方。凡益之道，与时偕行。

这一节是又以卦德卦体推赞益道之大。动是奋勇为之功，巽是有渐进之序，日进是德业日日上进，无疆是不可限量的意思；其益无方是化机昭著不已的意思；凡益之道自圣学造化之外者言，指人事物理也。孔子说，又以益道极论之，圣学的益，以勿忘勿助为贵，卦德震动而巽顺，则奋发有为，沉潜善入，将见圣学缉熙于光明；以之迁善，则善日益长；以之改过，而过日益寡；其进宁有疆乎？造化的益，以资始资生为功，卦体阴上而阳下，则天道下济，地道上行，将见化功充塞于无外，雷以动之者，咸鼓其生；风以散之者，咸显其仁；其益宁有方乎？凡此皆时之所为，然岂止此而已哉！由圣学而推之人事，凡穷而复通，失而复得者，皆益也，皆时之所值也。由造化而推之物理，凡虚而复盈，消而复长者，皆益也，皆时之所适也。方其时之未至，固不能先时而有益，及其时之既至，亦不能后时而不益。大哉益乎其时之所为乎！

《象》曰：风雷，益；君子以见善则迁，有过则改。

这《大象》是言君子自修之学，皆取益于己者。善是性中之理，迁是移这心以就那善的意思，过是人欲，二则字着力。孔子说，风雷的势，交相助益；君子的益，岂有加于性分之外哉！善者，吾性所本有。君子见人的善，则屈己以从，虚心以受，而取之以为躬行之助；惟不见则已，见之而未有不迁者矣。过者，吾性所本无，君子有过于己，则明以察其几健以致其决，而去之恐为躬行之累；惟不有则已，未有有过而不改者矣。这乃圣学交相益者，何异于造化之交相益者也！

初九，利用为大作，元吉，无咎。

这一爻是人臣受君之益，当竭诚尽力，以图万全者。大作是大有所作为，如建大功，立大业的意思；元吉是那所大作者又要尽善尽美，不主效言；无咎是臣不得以越职咎他。周公系初爻辞说，初虽居下，然当益下的时，亦不尝受益于君上者，不可徒然无所报效。故必奋身以任天下之重，大有树立，以答人君的厚遇；大有建明，以酬人主的殊恩。然居下任重，非分之常，使大作或有未善，则入得以议其后，咎不可免。又必所树立者，帝王其规模，真有功于社稷，而为救时的良法。所建明者，圣贤其事业，实有利于国家，而为垂世的嘉猷，庶乎优于报称，而无越职的愆。善其施为，而免出位的罪，使作非大作，固不足以报乎上，善非大善，又奚足以塞其咎哉！

《象》曰："元吉无咎"，下不厚事也。

这《小象》是推言初九所为，不可不尽善之意。下是居下位，不厚事是本不当任厚事的意思。孔子说，以初九所作之元吉，而仅止于无咎者，何也？正以在下的人，本不当任厚事，出位而为，已非得已，或有不善，适以重其过耳。故必元吉而无咎。

六二，或益之十朋之龟，弗克违，永贞，吉；王用享于帝，吉。

这一爻是有谦巽之诚者，足以格君格天而获福。六二是恭顺的臣，或益之以十朋之龟是人君隆宠渥的象，弗克违是有莫得而辞者，永贞是戒他当常守这廉巽的德，吉是能长保其益，王用是王者用这谦巽的德，帝是天帝，吉是受天之益。周公系二爻辞说，六二虚中处下，当益时，是谦巽以事其君者，故能得君上的心，而受其益，宠锡优渥；诚有辞之不得者，有或益之十朋之龟，弗克违的象。夫忠诚固足以格君，而阴柔或嫌于无守，故必常守这虚中处处的德，而不移于晚节，则君宠不衰，可以保其益而吉。然这德岂惟人臣受益于上为然哉！盖以臣视君，那君固是上，以君视帝，而帝又为上。故王者用这虚中处下的德以享上帝，则明德惟馨，而百禄来萃，其受益于天，亦如那六二受益于君也。

《象》曰："或益之"，自外来也。

这《小象》是申言六二受益有不期然而然者。外来是不知所从来。孔子说，六二受上的益，而曰"或益之"者，盖六二虚中处下，惟尽己的分，本无求益的心，而益自来，是益出于意望外者。盖卒然受益，而莫知其所从来，初不知其谁为之益，故曰"或益之"。

六三，益之用凶事，无咎；有孚中行，告公用圭。

这一爻是人臣因君警以成其德，而又当修德以副其望。凶事是艰难险阻之地，无咎是得补其过；有孚是存忠爱之心，中行是体公正之义；告公是告于四圭，是通信之物；用圭是道达诚意于君上的象。周公系三爻辞说，六三阴柔不中的人，不当得益者；然当益下的时，而又处具瞻的位，不可不益之。故有不益他以十朋之龟，而益他以凶事，使他动心忍性，增益其所不能，亦是益他处。占者这等，则有以动那补过的心，而得无咎。然上之益我以凶事者，以我的心未孚，殆心存诸内者，一忠君爱国的心；上之心凶事益我者，以我的行未中，殆必见诸外者，一履正奉公的义。然心虽能孚，而未知君之见谅与否也；又必积诚上达，于以副君责望之意斯已，行虽能中，而未知君之我信与否也；又必摅诚上通，于以答君玉成之心斯已。必这等，而后上之益我者，不负我之受益者，亦大矣。

《象》曰：益用凶事，固有之也。

这《小象》是申言君上所以益三之意。固有是坚固其所性本有之德。孔子说，上所以益三以凶事者，何也？盖人之有生，孚诚根于所性，中正原于秉彝，乃其所本有的德；特以溺于安乐，而或失之耳。今益用凶事，正欲他震动修省于那拂郁之地，使他始失之伪者。今反而归于诚，始失之邪者；今反而归于中，而坚固其心所本有者耳。

六四，中行告公从，利用为依迁国。

这一爻是大臣以益下为心，而君民无不信从者。中行就是益下之心，告公是以这益民的道而达于君上，从是君即信从他，依是倚着所安之地，迁国即是徙都，利用是民心协从的意思。六四居大臣之位，是君民之所系望者；而不得其中，是无益下的心，而君民不见信从。故周公因占设戒说。人臣能以益下为心，而合那三爻之中道，由是以所欲为者，而告于公，则益下的政，正君之所乐闻者而谏行言听，无弗从矣。虽依之以迁国至重的事，然去危就安，实大益于民，亦人民所乐从者，而不拂他。安土重迁之情，而从之者如归市，无不利也。

《象》曰：“告公从”，以益志也。

这《小象》是推原六四所以得君信之意。以益志是以益下为心。孔子说，进言在臣，听言在君，而君却难必其见从。今六四“告公从”者，何哉？由四以益下为心。盖君求臣，本所以为民，惟以益下为心，则是臣以君之心为心，君独不以那臣的心为心哉！此所以告公而见从也。

九五，有孚惠心，勿问元吉，有孚惠我德。

这一爻是人君以至诚之心惠乎民，而民即以至诚之心应乎上。有孚惠心是发政施仁，皆出至诚恻怛的意思；有孚惠我德即是元吉处。周公系五爻辞说，九五刚健中正而居尊位，为益的主，是其发政以惠乎下者，皆本于至诚恻怛之意，而无一毫干誉之私；这等则元吉的效，不假于问而可知。盖上既有孚惠心，则被其惠者，亦皆有孚以惠其德，而好义用情自无所解于心，所谓元吉如此。

《象》曰：有孚惠心，勿问之矣；惠我德，大得志也。

这《小象》是申言人君至诚以惠下，则必得民心而必遂己志。问是上语下，告是下语上。孔子说，上有孚诚惠下之心，则元吉之应乃理势所必得者，不待问而可知矣。君子存心于天下，以万物各得其所为志，而不可必得。今民既惠我德，则可以验我德，德及于人者深，而人被我德者广，子惠黎元的心，可以大慰其志，不大得乎？

上九，莫益之，或击之；立心勿恒，凶。

这一爻是言人臣专利之害。莫益之是言不惟人益他，或击之是言反有夺其所有者，或之字指专利者，立心勿恒是求益不已，凶就是莫益或击的意思。周公系上九辞说，上九以阳居益极，求益不已，是专利于己，而施夺于民；不惟莫曾任，而且或击之，安望其民悦无疆，而有孚惠我德哉！占者若立心不恒，亦如那上九求益不已，则岂能免于或击之凶哉！

《象》曰："莫益之"，偏辞也；"或击之"，自外来也。

这《小象》是申言求益不已者必有自至之害。偏辞是特从一偏言之的意思，自外来亦是不期然而然的意思。孔子说，上九求益不已，犯天下的大怒，而但言莫益者，特自那求益的偏辞而言；而其言尚有未竟者，若究竟而言之，犹有或击之自外者，岂但莫益之而已哉！

䷪ 乾下兑上

夬：扬于王庭，孚号有厉；告自邑，不利即戎；利有攸往。

这卦辞是戒君子当尽决小人之道。夬是去小人不难之义，扬于王庭是声小人的罪，孚号是集君子的势，有厉是当戒惧的意思，告自邑是严自治的象，不利即戎是不专逞威势的象，利往是可以决小人的意思。这卦以五阳去一阴，是以众君子而去一小人，不劳余力，特决之而已，故名夬。文王以小人岂可以易去哉？必扬于王庭，以声那小人的罪；必孚号党类，以集我君子的势。然小人的罪虽明，而君子之待小人者常疏，又必有危厉的道，操心也危，虑患也深，苟遂乘以安肆则不可；君子的势虽盛，而小人之伺君子者常密，又必有自治的道，无隙可乘，无过可议，苟徒专尚那威武则不可。这等，则我之所以去彼者有道，而彼之所以伺我者无间，其往而决小人不难矣。

《彖》曰："夬"，决也，刚决柔也；健而说，决而和。

这一节是解卦的名义而赞其德。健是刚毅，悦是和顺；决而和是决小人，自中乎道。孔子说，夬之义决也，卦体以五阳去一阴，其势甚易，决之不难，所以为夬。以卦德而言，下乾为健，而性体刚强；上兑为说，而性体和顺；以这德而决小人，不其和乎？盖凡过柔者易失于懦，过刚者易失于暴，其决难乎其和。今惟有是德而以之决小人，则健以施行，固不缓治以失其机；说以处置，亦不轻动以激其变；不先不后，而发中肯綮；无过不及，而动中事宜，一何和耶！

"扬于王庭"，柔乘五刚也；"孚号有厉"，其危乃光也；"告自邑，不利即戎"，所尚乃穷也；"利有攸往"，刚长乃终也。

这一节是详解卦辞见去小人不可不尽其道。柔乘五刚是一小人肆害于众君子的意思；其危乃光是言危惧存心，则决小人的道自光显的意思；所尚乃穷是言专尚威武，反为小人摧败而困穷；刚长乃终是言君子进用满朝的意思。孔子说，卦辞言"扬于王庭"，不必别求其罪，但即那一小人，加于众君子之上，逾节凌分，慢上暴下，便是小人的罪，所以当声扬之也。既言呼号，则君子之势已集，而又加以危厉者，盖小人的祸莫测。若以易心乘之，则其志浅昧，故必危厉以处之，则谋出万全，而决小人之道乃光也。既言“告自邑”，则君子的身已正，而又不可专尚威武者，盖惟圣可以服人。苟徒专尚威武，则侯之已甚，适以致乱而所尚者不穷极乎！又言“利有攸往”者，盖五刚在上而方长，使一变易，则内外皆君子，而无一小人间于其中，往其有不利乎？

《象》曰：泽上于天，夬；君子以施禄及下，居德则忌。

这《大象》是言君子体夬象而惠布其德泽。禄字当德泽字看，下字兼臣民言，居德是靳而不施其泽的意思，则忌是君子所不宜的意思。孔子说，泽上于天，势必沛决而下，这是夬之象；君子体之，则施惠泽以及天下，禄予加于君子，乐利及于小人，德惠旁达，就如那泽之沛决于下一般；若归藏其德惠，而不流及于下，则非君子厚下之仁，与那沛决的意全不相似，故所深忌也。

初九，壮于前趾，往不胜为咎。

这一爻是去小人而过于任刚则，不免于速祸者。壮于前趾，是居下任壮，而勇于前进的象；往是进而去小人，不胜是不能胜小人的奸，为咎是反为小人中祸的意思。周公系初爻辞说，初九当决之时，居下任壮，不量力而妄动，其于那惕号告自邑的道，皆不知预立。占者以是而往，非惟不能胜小人的邪，而适以速小人的祸，自取咎耳。

《象》曰：不胜而往，咎也。

这《小象》是申初九自取小人之祸。不胜是居下势不胜。孔子说，君子欲决小人，必事出万全，而功收一举方可。今初九居下，那势力既不足以胜小人；任壮则那义理又不足以胜小人；不胜而往，宜其激小人的变，徒自为咎耳。

九二，惕号，莫夜有戎，勿恤。

这一爻是言君子防奸有道自无不测之忧。惕是忧虑，号是呼集，暮夜是难测的时候，有戎是害之象，勿恤是不用忧患的意思。周公系二爻辞说，九二当决时，而得刚中的道；故其决小人，内怀忧惧的心以深密其谋，外呼同类的人以广集其势；戒备这等，则虽小人有不测的变，如那暮夜有戎一般。然思虑周而无可乘之机，党与众而有难犯的势，亦可以从容临之，而勿用忧恤，这可见有先事之防，斯无临事之患。

《象》曰："有戎勿恤"，得中道也。

这《小象》是推本九二有备患之德。得中道指以刚居柔，在下体之中言，是能酌事机之宜的意思。孔子说，君子去小人多轻动以激变，九二所以"有戎勿恤"者，由其以刚居柔，而在下卦之中，则是能审时度势；而发之中节，思患预防，而行之当可；戒备尽道，故虽有戎勿恤也。

九三，壮于頄，有凶；君子夬夬独行，遇雨若濡，有愠，无咎。

这一爻是去小人有恃壮之祸，因教他尽去奸之道。頄是面颧，壮于**頄**是刚壮见于面目，凶是被小人中伤，**夬夬**是奋勇决之志，独行是不与君子同行，遇雨是暂与小人相和的象，若濡是似为小人所说的意思，愠是见嗔于同类君子。周公系三爻辞说，九三当决的时，以刚而过乎中，是其决小人，以健而不以说，知决而不知和，惟恶声厉色是尚，而壮于頄者。这等，则事未成而机先露，其能免那反噬之凶乎？为九三的计当何如？惟能果决其决，断以大义，而不昵于私爱；则虽暂合于上六，受小人的污，取君子的怒；然从容以观其变，委曲以成其谋，终必能决去小人而无咎，何以壮頄为哉！

《象》曰："君子夬夬"。终无咎也。

这《小象》是深许君子能勇于决阴者。孔子说，君子决小人，诚能**夬夬**，而毅然去之，则始虽合于小人，而为君子所愠。然终能决去小人，而不为所浼；君子方将以为庆，而又何咎之有？

九四，臀无肤，其行次且；牵羊悔亡，闻言不信。

这一爻是才力不足以决阴，圣人教他因人以进的意思。臀无肤是居不安的象，次且即趑趄是行不进的象，牵羊是随人后行的象，悔亡是无不安不进的悔，闻言是闻这牵羊的言，不信是九三刚躁的人不信牵羊的言。周公系四爻辞说，九四以阳居阴，不中不正，则心不能以静守，而才又不足以有为。故当决时，将止而不决那小人，则志欲上进，而居则不安；将进而决那小人，则力有不足，而行则不进；故不免有臀无肤，其行次且之悔。所以然者，惟其不知牵羊之术耳。若能不与众阳竞进，而惟因人成事，有如牵羊者随其后，终必能决去小人，而亡其不安不进的悔。然四当决时，志在上进，虽牵羊之言，亦必不信，欲亡其悔，得乎？

《象》曰："其行次且"，位不当也；"闻言不信"，聪不明也。

这《小象》是推本九四无去奸之德，无知言之智。位字作居字看，不当指以阳居阴、不中不正说；聪字作听字看，是理不明。孔子说，九四"其行次且"者，由他以阳居阴，不中不正，无决小人的才德，而位不当，此所以次且也；"闻言不信"者，由他欲进的心胜，而听之有不明，使他若听之明，则必信其言之有理，而安出其后矣。

九五，苋陆夬夬，中行无咎。

这一爻是人君密近小人，圣人教他尽善决之术。苋陆是马齿苋菜，感阴气之多者，乃人感于阴邪的象；夬夬是果断，以决之中行是不过激的意思；无咎是无能决邪的意思。周公系五爻辞说，上六小人本当决者，九五当决之时而切近他，则左右朝夕间，必有深为他所蛊惑者，故为苋陆的象。然五阳上阴，其类不同，且为决的主，其义不容不决者。五者若能果决其上不系私爱，而果断中又从容以图其变，刚毅内又委曲以行其谋，不过暴而合那中行的道，则既非容恶不去以失其机，又非疾恶已甚而激其乱，终能决小人的奸邪，而舒君子的正气，故无咎。

《象》曰："中行无咎"，中未光也。

这《小象》是于九五之决小人，而鄙其心有所系。中指心言，未光是系于私的意思。孔子说，君子决小人，必其心一无所系，而后中道始光。五心有比于上六，特制于义之不可而去之，意未必其诚，心未必其正，岂能极中正之道而克实光辉哉！

上六，无号，终有凶。

这一爻是小人党与已尽，必为君子所决者。无号是无所呼集。周公系上爻辞说，上六阴柔小人，居穷极的时，三虽正应，亦不与合，五虽亲比，亦皆**夬夬**；则党类已尽，无所呼号以求援，终必为君子所决，而不能以独存。占者之凶可知矣。

《象》曰："无号之凶"，终不可长也。

这《小象》是申言上六必为君子所决。长是久居其位。孔子说，上六所说"无号而终有凶"者，正以小人居那穷极的时；一阴在上，终必为君子所斥，而不可久居其位也。

䷫ 巽下乾上

姤：女壮，勿用取女。

这卦辞是言小人忽生其间，其势必至害正，君子当预防闲的意思。**姤**是不期而遇之义，女壮是小人势盛的象，勿用取女是戒君子不可用这小人的象。卦名**姤**者，盖决尽而乾，世皆君子，人情所乐以为常者；当这时而一阴始生，这正奸邪衅孽起于微忽，卒于值之，有出于意望外者，故为**姤**。文王系辞说，阴邪卒长，遇已非正，而以一阴遇五阳，是寡能敌众，其强壮的势，能加害于君子者。占者敬不致谨于始而信用他，则必加害君子，而在君子为自始其害，故又有勿用娶女之象焉。

《彖》曰：姤，遇也，柔遇刚也。

这一节是以卦体解**姤**的名义。柔字当小人字看，刚字当阳明世时看，遇字当生字看。孔子说，这卦名**姤**者，盖有不期而遇之义也，于卦何所取哉？卦体一阴遇五阳，则是当阳明的世界，而小人忽生其间，非人情所愿，而卒然遇之，这卦所以为**姤**。

“勿用取女”，不可与长也。

这一节申明小人不可用之由。不可与长言不可与长久共朝政。孔子说，“勿用取女”者，盖君子小人不可共事。若取小人而在用，则必胜君子，而反为君子之害。

天地相遇，品物咸章也。

这一节是言造化之姤之善者。天指上五阳，地指下一阴，相遇只取阴遇阳意，咸章是皆著形色。孔子说，自其遇之善者言之，彼阴阳造化之本阳而不得那阴，则无所滋息，欲成那生物的功难矣。这卦以一阴生于五阳下，则是当天道纯阳用事之时，而地以微阴默会；天地之气，不期而相遇，如是则燥烈之气，有所滋润矣；而万物出乎震者，今皆相见于离，各著夫化光之盛，而品物咸章矣。造化相遇之善，具于卦体者如此。

刚遇中正，天下大行也。

这一节是言君道之姤之善者。刚是有圣明的德，中正是有天子的位，天下是王道弘敷。孔子说，君德以刚为主，而不遇乎位，则亦不足以行之。今九五阳刚中正，则是以强毅英明的德，而遇宅中居正的位，所遇适逢其会。由是德以位显，体乐刑政，四达不悖，而道大行于天下矣。君道所遇之善，具于卦体者如此。

姤之时义大矣哉！

这一节是叹处姤之义为甚难的意思。大是可虑者甚大。孔子说，姤也者，一阴始生，若无足虑，而不知其端虽微，而其势必盛，非有见几识微的士而防之，则将渐长而不可为，时义不其大哉！

《象》曰：天下有风，姤；后以施命诰四方。

这《大象》是言人君以言遇天下。命是号令，诰是布告。孔子说，风行天下，物无不遇，姤的象如此。元后观这姤象，以天不能遇物，而遇物以风；君不能遇民，而遇民以命。于是以王心之一，为王言之大，或兴利，或革弊；必施命令，播告天下，使天下皆晓然知君上的意，君心与民相遇。故圣人风乎民，无异昊天风乎物矣。

初六，系于金柅，贞吉；有攸往，见凶，羸豕孚蹢躅。

这一爻是戒小人不可进害君子，晓君子不可不防小人。金是坚刚之物，柅是止车之物，系金柅是坚中不进的象，贞就是坚止不害君子的意思，吉是彼此俱安的意思。有往是进而肆害，见凶是立见祸害，羸是弱；豕是阴物，喻小人尚微的意思；蹢躅是壮行的象，喻小人必至干政的意思。周公系初爻辞说，初阴始生于下，是小人欲进以害君子者。殊不知世道不可一日无君子，君子盛，则天下治，而小人阴受其赐；君子衰，则天下乱，而小人亦不能独免。为初六者，诚能坚于自止，以守其正，则可以获吉。苟不自止而进以肆害，则立见其凶。吉凶既明，为小人者，信当知所戒，在君子岂可以其微而忽之哉！盖小人浸长的势，已不可遏。今虽尚微，而将来得志岂无害正之日乎？犹羸豕必至于蹢躅。失此不备，将无及矣。

《象》曰：系于金柅，柔道牵也。

这《小象》是申言初六势必凌乎君子，见所以当守正不进的意思。柔是阴柔小人，道是势，牵是引类同进的意思。孔子说，周公戒初六“系金柅”者，以阴柔始生于下，乃欲进以害君子，故欲其止而不进也。

九二，包有鱼，无咎；不利宾。

这一爻是幸君子有制邪之机，因晓他以制御之术。鱼是阴物，包是包苴，包有鱼是小人在他管辖中的象，无咎是能制阴邪而无害的意思，宾是众阳，不利宾言不可使他与众阳相遇。周公系二爻辞说，九二阳刚君子，与初遇，是以得时的君子，而遇始进的小人，有包有鱼的象。然制御的机在我而已当，这时若能有以制他，犹可遏那祸乱的萌，而克那阴邪的害，故可无咎。若于此不制，使他得时位以遇于众阳，则机会一失，则祸百端，他人将无如之何矣。故不利使及于宾也。

《象》曰：“包有鱼”，义不及宾也。

这《小象》是申言去奸当乘其机。孔子说，九二“包有鱼”，是小人在我统驭中，揆以义，当乘此机会以遏绝他，不可使他得众阳也。

九三，臀无肤，其行次且；厉，无大咎。

这一爻是无德而孤处之士，圣人却有不足他的意思。厉即不安不进之危，无大咎是不遇阴邪之伤。周公系三爻辞说，九三过刚不中，是躁动不常，孤立无与者；欲居，则无亲比的人；欲行，则无汲引的人而不进。占者这等，则固有厉然成天下的事，必赖天下的人，而坏天下的事，却也系乎天下的人。今既无所遇，则无阴邪之伤，又何有大咎乎？

《象》曰："其行次且"，行未牵也。

这《小象》是申言九三无牵引之人。孔子说，九三"其行次且"者，过刚不中。而于人无所遇。则汲引者无其人。志虽欲进而未能。此所以为"其行次且"。

九四，包无鱼，起凶。

这一爻是民心叛去，乱亡将作者。"鱼"字当"民"字看，起凶是祸乱由此而作的意思。周公系四爻辞说，四与初遇，却是他所厉的民；今初遇于二而不及于己，是民心离散，如包苴中无鱼，而卒亡其所有。占有这等，则君身孤，而国势危，难将作矣。今虽未凶，凶不由此而作乎？

《象》曰：无鱼之凶，远民也。

这《小象》是推本九四自失其民。孔子说，得道者多助，失道者寡助，理势皆然；九四无鱼而起凶，正以其所特失道，众叛亲离，是民之去己，责由己远之也。

九五，以杞包瓜；含章，有陨自天。

这一爻是有德位的君，本有制小人之责者，故圣人教他以静制之术。杞是枸杞，高大坚实的本；九五居尊象瓜，是甘美善溃的阴物；初六居下象含章，是含晦章美，不露声色的意思；有陨自天是天命倏然回正的意思。周公系五爻辞说，九五以德位兼全的君子。下防始生必盛的小人。惟恐其进害君子，如以杞包瓜一般。夫杞高大坚实，固可恃而包乎瓜，其势未有不至于溃者；况彼的势方盛，而我的势方衰，天实为之，人力如之何哉！然天人有交胜之理，而五又天命之主。若能含晦章美，不大声色，而潜制小人于缜密之中，敛其才于不露，于以静观其势而徐为之图；藏其谋于不显，于以密察其机而潜为之所。这等则人事既尽，气化可回，小人方长而即退，君子方往而即来；转乱为治，阳道倏然而来复，不其自天而降乎！

《象》曰：九五含章，中正也；"有陨自天"，志不舍命也。

这《小象》是推本九五有制奸之德，又有回天之志。命是天运之常，不舍是周旋图回的意思。孔子说，大凡君子去小人，多不能密其机；九五能含章者，以他有中正的德，不徒恃其刚，故能含章。不然，涵养不深，鲜不以刚壮败事者；小人潜生，未有不至亡国者。五能"有陨自天"，以其志不舍命。盖阴阳迭胜，乃天命所在，五以有常的理，顺乎天，而含章以守正，以挽回之任尽乎己，而安静以图谋，是其志不舍乎天命。故人命胜天，而命自我回矣。

上九，姤其角；吝，无咎。

这一爻是独立违世的人。角是刚在上者，吝是见绝于人为可羞吝，无咎是无取伤的祸。周公系上爻辞说，凡人相遇，必由屈降以相从，和顺以相接，故能有合。上九高亢而刚极，人谁相与？以此去求遇，固为可吝，然既无所遇，则亦不近阴邪而无咎。

《象》曰："姤其角"，上穷吝也。

这《小象》是申言上九过刚，故无遇。上是以刚居上，穷是无所遇。孔子说，"姤其角"者，言上九以刚居上，而不能合人，离群绝物，无所与遇，穷亦其矣，不可羞吝乎？

䷬ 坤下兑上

萃：亨；王假有庙，利见大人，亨利贞；用大牲吉，有攸往。

这卦辞是言王者假庙，士者觐君之道。萃是群聚也，假庙是至庙中以享祖考，大人指君，亨是得行其道，贞是不失尊王之义，用大牲是尽物以昭诚，吉是绥神之福，利往是可以得君立业。这卦名萃者，盖卦德坤顺兑悦，君民之情聚；卦体刚中而应，君臣之情聚；合天下的涣以归于一统之盛，故名萃。文王系辞说，当萃之时，孝子以之而享其亲，忠臣以之而事其君，其道咸萃于此，故占者何以处萃哉！彼宗庙者，祖考之所依，王道当这萃聚的时，固必假庙以聚祖考的精神；然不聚己的精神，亦无以仁祖考。故必精诚既积，然后可至于庙而承祖考。不然，恶得为假庙乎？大人者，民物之所主。君子当这萃聚的时，固宜见大人以行道而得亨。然所聚不正，亦不能亨，故必聚之以正，然后得见大人而觐其耿光。不然，恶能以得亨乎？然其所以假庙者，岂徒聚己的精神而已哉！必用大牲以昭民力之普存，则祭而受福，其吉大矣。盖二簋之用，在损时则可；萃若如是，不几于以天下俭其亲乎？其所以“利见大人”者，岂徒进必以正己哉！必利有攸往，以展经纶之素蕴，则往而有尚，其利溥矣。盖俭德避难，在否时则可；萃若如是，不几于怀宝迷邦乎？是则幽而事神，明而事人，皆贵于萃如此。占者当知所从事矣。

《彖》曰：萃，聚也；顺以说，刚中而应，故聚也。

这一节是以卦德卦体解萃的名义。顺是民皆顺从乎君，说是君心和悦以爱民的意思，刚中是君有诚实之德以下交，而应是臣以虚中之德上交。孔子说，这卦名萃者，聚之义也。然果何以得聚哉！卦德坤顺而兑说，是惟民竭效顺之诚。惟君扩和平之度，君民的情其相通矣。卦体刚中而应，是君致其孚嘉之忱，臣怀乎虚中之节，君臣的情其相通矣。夫至难孚者君民的情知，而合天下以成其萃，至难合者君臣的情。今合之以刚中而应焉，则君不疑其臣，臣不欺其君，内外君臣皆相聚会，故名萃。

“王假有庙”，致孝享也；“利见大人亨”，聚以正也；“用大牲吉，利有攸往”，顺天命也。

这一节是详释萃辞之义。致是极，孝是一心的诚敬，聚以正是不植私党的意思，顺天命是顺从天理之当然的意思。孔子说，“王假有庙”者，却非妄福，以宗庙之立，有亲道而对越以告虔者，所以昭吾孝享之诚。“利见大人”者，非以干禄，以大人之尊，有君道而自内以此外者，是行吾君臣之义。然假庙而必用大牲者，盖财以萃而益丰，故大牲是用者。时隆则从而隆，所以顺天命以崇乎亲，有不吉乎？见大人而必利有攸往者，盖学以萃而益裕，故利为大作者。时行则从而行，所以顺天命以效之君，有不利乎！

观其所聚，而天地万物之情可见矣。

这一节是极言萃之理而赞之。情是性之发出而可见者；天地的情，在阳唱阴和处见；万物的情，在声应气求处见。孔子说，萃之为道，固通行于幽明，然岂止于此哉！明此于天地虽上下异位而对待，中以气而聚，天地的情，于萃可见矣。明此于万物，虽动植异类而异分，中以类而聚，万物的情，于萃可见矣。出入乎造化，宰制乎万象，萃道何其大哉！

《象》曰：泽上于地，萃；君子以除戎器，戒不虞。

这《大象》是言君子尽保萃的道。除是去旧换新之意，戎是兵，器是戈戟甲胄之属，戒是防卫的意思，不虞是不可虞度的意思。孔子说，泽上于地，津润上行，万物并茂，萃之象。君子体这象，以萃的时，何时也？物聚则乱所由生，人聚则争所由起。不有以预防之可乎？必修除武备，以防不测的变，则无事时已为有事的备，而天下之萃。可常保矣。

初六，有孚不终，乃乱乃萃；若号，一握为笑；勿恤，往无咎。

这一爻是妄有所萃，圣人因教他交初宜从正的意思。有孚是诚心与四相孚应，不终是变其初志，乃乱乃萃是乱其志而妄萃于二阴。若号是言设若呼号正应，一握是一众的小人，为笑是笑初舍近求远的意思。勿恤是不忌那众小人所笑；往无咎是往从正应，得免妄聚的咎。周公系初爻辞说，初与四为正应，知君臣有孚以相与者。然阳于二阴谗谄的人易合，而初当萃时，又急于求萃，而不能自守，是以有孚于九四者，不免有终乃乱其志，而妄萃于二阴的匪，人其咎可知。为初的计如之何而后可？若能有孚，不可以不终，其志不可以或乱。呼号正应而求聚的志甚专，则从违不一，去就无常，未免为众所笑。然我所号者正，而他所笑者妄。苟能勿恤众笑，而往从正应，前有孚之美，于是而克终，妄聚之失，于是而可免，何咎之有？

《象》曰："乃乱乃萃"，其志乱也。

这《小象》是申言初六惑志于小人，所以不能自守。孔子说，初六"乃乱乃萃"者，盖言不能自守心志，为二阴所惑乱，此所以乃乱乃萃也。

六二，引吉，无咎；孚乃利用禴。

这一爻是言人臣委曲以求合于君，以至诚荐贤自可以感君者。引是委曲牵引的意思，吉无咎是得聚于君，无负于职的意思；孚是用孚诚以事五之君，利用禴是不必的尚仪文，明媚利上的象。周公系二爻辞说，二与五本君臣相应，但杂于二阴间，易为所溺而变其节，是在我已有可疑之迹，五亦不能无疑于二。然君臣之义本无所逃，为二者必当委曲牵引以求合于君，使不亦吉而无咎乎？夫臣之于君，素不相入者，则其感之甚难，二、五本君臣相孚者，不必烦文缛礼，惟以一诚感通，亦可以自结于君，而获知遇之隆，则其牵引本非难者。而可不决所从哉！故占者诚能用这孚诚以事君，则精诚感格，有以获人君知遇之隆，诚有不必仪文周悉，而自无不孚者，就如用薄物，亦可以用享也。

《象》曰："引吉无咎"，中未变也。

这《小象》是推本能委曲事君之由。中是中心，未变是不为二阴所变移。孔子说，六二"引吉无咎"者，果何目而然哉？盖人臣事君，推其心而已。六二应五的心，犹未为二阴所变，此所以能引萃也。

六三，萃如嗟如，无攸利；往无咎，小吝。

这一爻是无德而妄萃于人者，圣人因教他当从所萃之正。萃如是求萃于九四，嗟如是自悲不得萃于人，无攸利是人皆不与他相萃，往是求萃于上，无咎是无嗟如的咎，小吝是小亦无大咎的意思。周公系三爻辞说，六三阴柔不中正，而上无应与，是才德不足取重于人，而人莫肯与者，故欲求萃于九四而不得，徒嗟如而无所利。为三的计，当知四非己的所当萃者，惟上六阴柔本非相偶的人，而以三视上，则有相应的分，故往从于上，终必得共所萃，而无嗟如的咎。然不得其萃，困然后往，已非求萃的本心，复得阴极无位之爻，恐惧不足以济事，故为“小吝”。

《象》曰：“往无咎”，上巽也。

这《小象》是推本六三往无咎之故。上指上六，巽是恭顺以受三之萃的意思。孔子说，六三往从于上而得无咎者，以上六居悦之极，是能巽而受三之萃，此所以得萃而无咎也。

九四，大吉，无咎。

这一爻是有君民之重寄者，必臣道之尽善而后臣职之无亏。大吉是所为尽善的意思，无咎是无失职的意思。周公系四爻辞说，九四上比九五，为君所任；下比众阴，为民所归；得其所萃。然以阳居阴，所以得君与民者，未免有不正之嫌，似乎有咎。故戒居这位，得这占者，必以道事君，毋阿谀以为容；以道使民，无违道以干誉；大吉。这等则得乎所萃的道，上不负君之托，下不失民之望，乃可以无咎。

《象》曰：“大吉无咎”，位不当也。

这《小象》是推本九四所以必大吉而后无咎之故。位不当指以阳居阴说。孔子说，九四必大吉而后得无咎者。盖以阳居阴，所处的位不当，是其得君与民者，未免有不正之嫌，故因其不足而戒之。

九五，萃有位，无咎，匪孚；元永贞，悔亡。

这一爻是克当天下之萃，而当具有人君之德者。萃有位是当萃时而居尊位，无咎是得禄位而天下信从的意思，匪孚是设或天下有不信从者，元是元善的德，永是长守这元德，贞是无失这元德，悔亡是无匪孚的悔。周公系五爻辞说，九五阳刚中正，当萃的时，而居尊则德称其位，有以得天下的心，而天下莫不信从，固可以无咎。设有未信者，亦德之在我者犹有未至，非可徒责诸人，惟当修其元永贞的德，体之以长人，而行之以悠久，出之以正大，则未信者皆于我乎信，而匪孚之悔亡矣。

《象》曰："萃有位"，志未光也。

这《小象》申言九五志有所歉的意思。孔子说，人君联属天下以成其身，必万邦作孚，而治斯光；九五萃有位而犹有未孚，则德有不足，其志亦不能以光显于天下也。

上六，赍咨涕洟，无咎。

这一爻是当人心散叛德位不足者，圣人教他当恐惧以自保。赍咨是嗟叹的意思，涕是目之所流者，洟是鼻之所出者，皆忧惧的象；无咎是无危亡之咎。周公系上爻辞说，上六处萃之终，正萃极而散的时，阴柔则才弱，无位则望轻；故虽欲萃于人，而人不肯与，势孤无辅，可惧之甚。占者得此，但当操心危，虑患深而赍咨涕洟焉。而哀求于五，则危可使平，虽不得萃，犹可自保而无咎。若势孤力寡，犹不知惧，则其祸岂止不得萃而已哉！

《象》曰："赍咨涕洟"，未安上也。

这《小象》是推原其忧惧之由。孔子说，上六"赍咨涕洟"者，言居上而人皆莫与中心危惧，惟哀求于五，不敢自安于上也。

䷭ 巽下坤上

升：元亨，用见大人，勿恤，南征吉。

这卦辞是言君子乘时进用可以得君而行道，有深为君子庆幸的意思。升是进而上，元亨是君子道大通，大人指人君，勿恤是不忧他不用的意思，南征是前进以有为，吉是可以建功立业。这卦名升者，卦变六三的柔，以时而上进于四，则是君子以懿恭的德，而乘时以奋庸，故名升。文王系辞说，时本当升，而卦德内巽外顺，有可进的德；卦体刚中而应，有与进的君。故占者当这时而进则亨，不徒亨自其方升之始。用见乎大人，则一德交孚，自可以必其委任之□而勿恤其见摧，元亨见于始升也。自其既升之后，而南征以有为，则一德运用，遂可以建乎盖世之勋，而吉无有不得，元亨见于既升也。

《彖》曰：柔以时升。

这一节是以卦变解升的名义。柔指六四之柔言，时是当亨泰之时，升是居大臣之位。孔子说这卦名升者，盖卦变自解而来，六四的柔，当升时而进居于四；是以恺悌的臣，当那亨嘉之会，而登宰辅之尊者，有升义，故名升。

巽而顺，刚中而应，是以大亨。

这一节是以卦德卦体解元亨之义。巽是能审时机，顺是动必以道，刚中是有纯王之德，而应是遇乐道之君。孔子说，当升时而何以得元亨？盖不度那身可进而进者。这便是轻其身者，不度那人能用而进者；这便是不量其君者，皆不可以得元亨。这卦德，巽而顺，是内则潜通义理，而外又顺理以攸行，成器藏身，在我有可进的德；卦体刚中而应，是我有致王的治具，君又有任贤诚心，明良相会，有这德，而君以任之，则不患进用无机，是以元亨。

"用见大人，勿恤"，有庆也；"南征吉"，志行也。

这一节是释卦辞，却有幸君子得君行道的意思。庆是一身的福庆，志是尧舜君民的志。孔子说，卦辞又言"用见大人，勿恤"者，盖君子出仕，必欲得君而事；"用见大人勿恤"，则一德交孚，大赐于是乎多受，亲礼于是乎显被，不惟一身之庆，而实斯道之庆矣。又言"南征吉"者，盖君子的志，在于得行其道；今南征而吉，则一人建立，上可致是君于尧舜，下可措斯世于唐虞，隐居之求，殆为行义之达矣，所谓元亨者如此。

《象》曰：地中生木，升；君子以顺德，积小以高大。

这《大象》是言君子崇德之学。顺德是敬慎以修德的意思，积小以高大是由渐渐堆积工夫，以造至那神化的地位。孔子说，地中有木，渐长而上升，有升之象。君子以山木人心，其理本一，养木养心，其机本同，本既以渐而升，君子升德，可不以渐哉！必敬以直内，而念念皆谨，义以方外，而事事皆宜；由一念的善，积而至那无一念不善；由一事的宜，积而至那无一事不宜；则德行纯正，殆日新月盛而不可遏，广大高明而不可及，不如那木之以渐升乎！

初六，允升，大吉。

这一爻是后进巽从先进而得遂其进者。允升是信乎其上升的意思；大吉是道行志遂，功立效成的意思。周公系初爻辞说，初六当升时，以柔顺而巽于二阳，则是温和足以起人之信，恭顺足以使人之慕者。占者这等，则志行孚于同类，而名誉著于朝廷，有允升的象。由是得君可以行道，升阶的治，自我辅相；南征的志，自我上行；不徒吉，而大吉也。

《象》曰:“允升大吉”，上合志也。

这《小象》是推本初六得遂其进之由。上指二阳，志是行道的志，合志是初合二阳的志。孔子说，初六“允升大吉”，何哉？盖上二阳或以刚中而见孚于君，或以刚正而见信于上，皆志在上进者。今初六巽于二阳，而与他合志，是以能得所援，而“允升大吉”。

九二，孚乃利用禴，无咎。

这一爻是以诚信感结乎君而无假于虚文者。孚字一读，只就九二有至诚以感君说；禴是薄祭的礼，用禴只是用诚心，不用浮礼意思；无咎是无负君臣之义的意思。周公系二爻辞说，九二刚健中正，诚实以上交；六五柔顺中正，虚中以下应；是其君臣相孚，自然以诚信相合，而不假于仪文者，其象如那孚乃利用禴一般。占者这等，则臣道尽而君宠永绥，臣节昭而福禄弗替，万世的臣极已立，又何咎？

《象》曰：九二之孚，有喜也。

这《小象》是申九二遂得君行道之愿。喜就心愿已遂说。孔子说，君子于天下，固欲行道以遂其愿，尤必得君以启其机。今九二有孚诚以上交，则意气相孚，而信任必至，可以舒忧违的念，可以展幼学的怀，南征之志得行，升阶之治可相矣，不亦有喜耶？

九三，升虚邑。

这一爻是有可升之德而适逢那可升之会者。虚邑只是无所阻碍的象。周公系三爻辞说，九三当升时，而有阳刚的德，既备那能升之具进临于坤，又遇那可升之机，以是而升，可以见大人而得乎君，可以南征而行乎道，不如那升虚邑而无所阻碍者乎？

《象》曰："升虚邑"，无所疑也。

这《小象》是申表九三进无不利。疑是迟疑，不得进的意思。孔子说，人于升时，虽有其时，苟无其德，未免有疑于己；虽有其德，苟无其时，未免有疑于人；三有德有时，而如升虚邑，则经济有术，际遇有时，非阻于时而不通者，何所疑乎？

六四，王用亨于岐山，吉，无咎。

这一爻是大臣推诚以格君者。王指六五，王用享岐山只是用诚以上事其君的象，吉是治道可臻，无咎是臣道无亏。周公系四爻辞说，六四以阴居阴，柔顺之至者。当升时以顺而升，则是虚中以外比，推诚以上交，格君的道，斯其为至，有王用享岐山的象。这等则可以辅君升斯世于大猷，跻斯民于皇极，报君的功已尽，大臣的职无愧，吉，无咎。

《象》曰："王用亨于岐山"，顺事也。

这《小象》是申言人臣以敬顺事君之义。顺是顺德，事是事君。孔子说，六四能格于君得吉无咎，犹王用享于岐山者。盖四有柔顺之德，以顺而升，则是本精白之诚，以承休德，竭纯一之念，以事一人；或相君以成升阶的治，或辅君以树保升的猷，皆率这顺德以上事焉。以这顺而事君，则为享岐山之象者此也；达这顺以得君，则有吉无咎之占者此也。

六五，贞，吉升阶。

这一爻是言人君以正道治天下而治自成者。贞是以纯心出治的意思，吉升阶是大化易成的意思。周公系五爻辞说，六五当升而居尊位者，然以阴居阳，有不正的嫌，则治道未必其能升者。故戒占者能反其不正以归于正，而经纬于一心，张弛乎万化者，悉出于王道之公，而不离于偏党之私；将见德教洋溢，正大光明的治，不劳而自致；道化旁敷，雍熙太和的俗，无为而自成；其得吉也，有若升阶之易矣。

《象》曰："贞吉升阶"，大得志也。

这《小象》是申言六五遂其致治之愿。孔子说，君无心，惟以民的心为己心；故君无乐，惟以民的乐为己乐；天下有一夫不获，欲其志之得且亦难矣，况大得乎？此言"贞吉升阶"，则是咸宁的治已普于无疆，昭格的勋已达于无外，垂拱受成，有以悉副那康济的初心矣。其志不亦大得乎？

上六，冥升，利于不息之贞。

这一爻是求进于利而不已者，圣人教他常变这求利的心，去求那心德的理便方可。冥是昏冥于利，升是求进不已的意思，贞是吾心义理之正。周公系上爻辞说，上六以阴柔居升极，这是昏冥于利求进不已的人，以这求进不已的心，他无所用，特利于吾心不息的德。理本根抵于一心，必欲存存而不已；理本流行于万事，必欲亹亹而不倦；则积小以高大，乃为利耳。

《象》曰：冥升在上，消不富也。

这《小象》是申言徇欲者必无所益，所以立好利之戒。消是德日退的意思，富是加益的意思。孔子说，上六居升极，若可以已顾乃冥升不已，则惟有消而已，岂复有所富益哉！

䷮ 坎下兑上

困：亨；贞，大人吉，无咎；有言不信。

这卦辞是以处困的道归诸有德的君子，而又以不能处困的道戒常人。困是君子被小人蒙蔽而穷困的意思，亨贞是自处泰然，就是持身的正道；

大人是有学守的人，吉就是能泰然自得，无咎就是能持正而不阿的意思；有言是倡于伸直排奸之说，不信是人不信服而反见伤的意思。这卦名困者，卦体阳为阴掩，是君子为小人所掩，志不得伸，道不得行，有困穷之义，故为困。文王系辞说，卦德坎阴兑说，有困亨的贞；卦体二五刚中，有大人的象。占者处此，必处困而心常泰然而得那处困的正道。然这非不正的小人所能，必有学有守的大人，乃能安土敦仁，而无所羡于外；知几固守，而无所动于中，吉无咎。若专务口给，则不亨不贞，非所以为大人，必不能取信于人，适以招尤取祸耳。

《彖》曰：困，刚揜也。

这一节是以卦体解卦的名义。刚是刚明的君子，揜是为小人沮厄。孔子说，卦名困者，卦体刚为柔掩，是正直的志，不得以遂；刚大的气，不得以伸；穷而不振，所以为困。

险以说，困而不失其所亨，其唯君子乎！“贞，大人吉”，以刚中也；“有言不信”，尚口乃穷也。

这一节是以卦德卦体解卦的辞。险是困穷，说是心自乐困而不失其亨，是身穷而道不穷的意思，唯是独君子，就是有学守的大人。刚中是有精明之德在心中者，尚口是专尚言说，乃穷是益取困穷的意思。孔子说，既处困穷，何以得亨？盖亨不于其身，而于其心；不于其时，而于其道。卦德处险而说，是困穷拂抑之中，有乐天知命者在；身虽困，而心之亨者固自如；这岂常人足以当之哉！其惟有德的大人，斯能顺理安行，知几固守，不行险以侥幸，不轻举以邀功，困而不失其所亨。故辞说“贞大人吉”。然“大人吉”者，盖以二、五有刚中的德，是能以理自信，而遇不足以戕他；又为大人而得其正者，所以吉。又说“有言不信”，盖以邦无道，惟默足以容，若徒尚口给，益以穷耳。

《象》曰：泽无水，困；君子以致命遂志。

这《大象》是言君子不为困所屈者。致命是弃却身命而不顾的意思，遂志是求伸我一个所愿的意思。孔子说，水漏而泽枯困之象。君子体以尽那处困的道，宁以义死，不苟偷生，求成就其是，以遂吾必欲为的志耳。这等，则身存而节已立，身没而名不朽，虽困而亨矣。

初六，臀困于株木，入于幽谷，三岁不觌。

这一爻是处困之甚，才不足以自振，智不足以自奋，而身心俱困者。臀困于株木是不能安的象，株是根株，株木是木之有根者，幽谷是暗地，三岁是久不觌是不自见。周公系初爻辞说，初六阴柔，才智不足者，以是居卦的下，为困之底，则才不能以有济，伤而不能自安，如臀困于株木一般。然使明者处此，或有可出的理。今初居坎下，为暗之甚，则智不足以有谋，入于困而不能自振，有入于幽谷，三岁不觌之象。

《象》曰："入于幽谷"，幽不明也。

这《小象》是申言初六自失于柔暗者。幽是幽闇之地，不明是不能通明。孔子说，初六为"入于幽谷"者，言其以阴柔居暗甚，迷焉而不能自觉，昧焉而不能自通，不得见乎四，是"幽不明"也。

九二，困于酒食，朱绂方来，利用享祀；征凶，无咎。

这一爻是人臣困于宠任之隆，益当竭诚图报者。困于酒食是养之极厚的象，朱绂是组绶用朱也，方来是锡命不已的象，利用享祀是尽诚报君的象；征凶是进而立功，限于困时之难为的意思；无咎是义所当为，不可归咎的意思。周公系二爻辞说，九二以刚中当困时，而有济困的德，是人臣以身系国家的安危。故不时禄以驭富，而所欲无不遂；不特养以大烹，而所求无不得，有困于酒食的象。且为君者，倚任极其专，普接极具殷，方将受人主知遇，而足以自愿于时，有朱绂方来的象。这等则君所以宠任者优渥已至，人臣果何以图报于君哉！盖以事君享帝其理则一，报国承祭，其诚则同。人之享祀，固无不诚者，亦必本那祭祀的诚意，以自献于吾君，庶可以答那困于酒食的恩；出那肃将的精诚，以自靖于其主；或可以酬那朱绂方来的宠。然以其时，则无可为，若征行未必功可立，而适以召祸，故凶。然志存报主，论是非，不论成败，义不得不然而无咎。

《象》曰:“困于酒食”,中有庆也。

这《小象》是推本九二得宠任之出。中是刚中之德,庆是君宠的庆。孔子说,九二“困于酒食”者,由他有刚中的德,则足以任大下的重;而君宠之庆,所以致也。不然,德有不足,不为所困者几希,又何庆之得哉!

六三困于石,据于蒺藜;入于其宫,不见其妻凶。

这一爻是无才无德无所倚赖于人而卒自危者。石是坚硬的物,困于石是前不可动,九四的象;据是依,蒺藜是有刺之物,乃刚锐的象,据于蒺藜是后不可依,九二的象;妻是正应的人,入宫不见妻是身家难保的象;凶是危亡的占。周公系三爻辞说,六三阴柔,不中正才不足以处困者。故欲前推九四以上进,则四坚刚而不可动;退倚九二以为安,则二刚锐而不可依。这等则祸必及身而家随以丧,虽得上六以为应,却终不能保。故其象如此,而占则凶也。

《象》曰:“据于蒺藜”,乘刚也;“入于其宫,不见其妻”,不祥也。

这《小象》是申言六三无德而无倚于人,所以不免有凶。“刚”专指九二不祥就是凶。孔子说,言“据于蒺藜”者,以柔乘九二的刚,则据非所据,故不自安也。至于妻不可见,是死亡必至,不祥也。

九四,来徐徐,困于金车,吝,有终。

这一爻是才弱不能急救人之困者。来徐徐是来救初六,缓而不急的意思;金车指九二,困于金车是初六为九二所困的象;吝是不得合,有终是后必得合。周公系四爻辞说,九四与初六为应,而初六方困于下,在四当急救援者,而四乃处位不当,才弱不能济物,是以来拯初六如徐徐云耳。而初又为九二所隔,不能自援,以求救于四,为困于金车的象。是其始焉,不得遂其合,而可羞吝。然邪不胜正,厥后自得相合而有终,故有是占。

《象》曰:“来徐徐”,志在下也;虽不当位,也。

这《小象》是推本九四有救初的志，故有相得的理。下指初六，不当位是才不足，有与是终相合的意思。孔子说，九四才虽不能济初，而速使相合。然四的志，则未尝不在初六，推其志在初六。故虽处位不当，而才不能济。然九二的邪，终不能胜我的正，必得相与以有合也。

九五，劓刖，困于赤绂；乃徐有说，利用祭祀。

这一爻是人君为臣下所困而能善处困者。劓是去鼻，象其为上六所掩；刖是去足，象其为九四所迫；赤绂是臣服蔽膝以行者，困于赤绂是反伤于奔走顺承之人的象；乃徐是久后的意思，有说是不为臣下所困的意思；利用享祀是言至诚之德自可弥臣之奸，就是乃徐有说的象。周公系五爻辞说，九五当困的时，上为阴掩，是奸臣蔽于内；下则乘刚，是强臣制于外；有如劓刖者，上下皆伤；伤于上下，则臣下不为我所用，而我反为臣下所制，不犹困于赤绂者乎！夫始先不说这等，然幸其有刚中的德而居说体，终能迟久而有说。何则？盖刚中而说体，则至诚以动物，而臣下乐为我用；伤于上下者不终于伤，因于赤绂者不终于困。故说其象，不犹利用祭祀者乎！

《象》曰："劓刖"，志未得也；"乃徐有说"，以中直也；"利用祭祀"，受福也。

这《小象》是申言五志虽困于臣下然有刚中的德，则至诚终得以受臣之福的意思。直即是正，孔子说，人君以制令为志者。今既劓刖，其志困而未得也。乃徐有说而志可得者，以其刚中说体，是以那真心待臣下，推赤心置人腹也。故又言"利用祭祀"者，正以至诚可以动物，而臣下终乐为我用，久当受福也。

上六，困于葛藟，于臲卼；曰动悔有悔，征吉。

这一爻是才弱不免于困者，圣人教他以悔过之道。葛藟是缚束之物，拘系不能自舒的象；臲卼是震惧不能自安的象。曰字助语辞，动悔是动辄行事皆悔的意思，有悔是心能悔悟，征吉是行无不得的意思。周公系上爻辞说，才有余者，终可以自振，困未甚者，犹可以自拔。上六阴柔，则才本柔弱，困极则时又甚穷。故欲动以求解欤，则才猷不充；缠束而不能解，欲静以求安欤；则事势急迫，危惧而不能安，动辍有悔，而无所不困。然居卦终，物穷则变，上六所以如此者，以失处困的道。占者若能悔既往的愆，去阴柔的疾，以是征行，则能振厉有为，无复葛藟鼿卼之悔矣。不亦吉乎？

《象》曰："困于葛藟"，未当也；"动悔有悔"，吉行也。

这《小象》是推本上六困极之由，而表其悔过之善。未当指阴柔言。孔子说，上六"困于葛藟"者，由其以阴居困极而欲揜刚，所处非其地，所为乘其方也。困动悔而有悔，则行与吉会，而顺理则裕，何困之不可亨乎！

䷯ 巽下坎上

井：改邑不改井，无丧无得，往来井井。汔至亦未繘井，羸其瓶，凶。

这卦辞是言人君得王道之宜而因示欲速之戒。井是地中之泉，改邑是宜民之道可变更者，不改井是王政之一定不可变更者，无丧是世乱莫能损的意思，无得是世治莫能加的意思；往来井井是帝王以前用这王道，帝王以后也用这王道。汔至是泽几及民，繘是井索，未繘井是未化的意思；羸是弱，汲水之人弱不胜其瓶，将瓶坠落于井也；凶是民不被泽，化终不成也。这卦名井者，盖象巽木入坎水下而上出其水，是吾心津涵德泽而时出不穷，有井的象，故为井。文王系辞说，井以上出为功，以大成为极，故有可以与民变更者。王者神化宜民的方，得以随时变易者也，有不可以变革者，王者公平正大的体，垂及万世无弊者也，如邑可改，而井不可改一般。是以世乱，不能为之损，而无丧于其旧；世治不能为之加，而无增于其旧。前乎千百世既往，而所以灌溉乎天下者此道；后乎千百世之将来，而所以润泽乎生民者此道；不犹无丧无得而往来井井者乎？行王道而王者亦惟慎终如始，而使泽被无穷可也。苟或不能敬勉，泽虽下流，而未遂息于垂成；惠虽下沛，而功及亏于一篑；犹汲井未尽绠而羸其瓶，则前功尽弃无益有害。虽有井养不穷的泽，亦徒为瓮敝漏而已，欲求上下并受其福，胡可得哉？凶！

《彖》曰：巽乎水而上水，井；井养而不穷也。

这一节是以卦象解卦的名义。巽乎水是言巽木入在井水下，上水是言坎水出在井之上，井养不穷是王泽普于无方的意思。孔子说，巽象为木，而入乎水之下，是君子德裕渊泉者，足以为出而渊泉的本;坎象为水，而行于木之上，是君子道裕于时出者，足以收入而上行的功；这卦所以名为井。然这井为用可以为大烹的资，可以为溉物的用。本不可穷，君子以这井道养民，则有本的仁，时出不匮，而无一夫不被其泽，其养宁有穷乎！

"改邑不改井"，乃以刚中也;"汔至亦未繘井"，未有功也;"羸其瓶"，是以凶也。

这一节以卦体解卦辞。刚中是以天德具于中，未有功是民未被泽；凶是王道未行，天德已亏的意思。孔子说，"改邑不改井"者，二五以刚居中，则天德渊涵于一心者，浑然全具，而莫非康济万民的泽。此卦非养民之本乎？有天德立其体，宜乎有王道以达其用。乃言"汔至亦未繘井"者，盖不能敬慎其始，是以泽不克终，功亏一篑，犹为弃井，而未有成功。因而"羸其瓶"，则渊泉的泽有亏，时出之功莫收，何以备天德而行王道？是以凶。

《象》曰：木上有水，井；君子以劳民劝相。

这《大象》是君子曲尽养民的道。劳民是安存慰劳的意思，劝相是劝民使辅相以相养的意思。孔子说，木上有水，泽润上行，有井的象。君子体那井养不穷的义，而尽惠养斯民的道，不有以劳民，则泽壅于上而不流；不劝他相养，则恩限于我而易竭，皆未尽养民的道。于是慰劳其民，为他制田里而教树畜，薄税敛而时补助，皆得以遂那引养引恬之天。又劝免其民，使他无事则相友，有事则相固，如那井之养物，其利溥矣。

初六，井泥不食，旧井无禽。

这一爻是德不足于己功不及于人而难济的意思。井泥则无泉，是无德的象；不食是不为世用的象。旧井即有泥者，无禽是甚言不为人用的意思。周公系初爻辞说，以阳刚为泉者，井的体；以上出为功者，井之用。今初六阴柔，则不泉，而无济利的才；居下则无位，而无及物的功；遂无补于天下国家，为人所废弃者；如那井有污泥，不见食于人。不特人不食这旧废的井，虽是禽鸟，也不回顾无德者，不见用于世有如此。

《象》曰："井泥不食"，下也；"旧井无禽"，时舍也。

这《小象》是申言初六无德，则泽不及人不见用。下是居下无位，故德不及物；"时舍"是时为君相摈弃。孔子说，"井泥不食"，言阴柔居下，而泽不及于人；"旧井无禽"者，言其不能济物，而为时所弃也。

六二，井谷射鲋，瓮敝漏。

这一爻是德修于己但限于时，而功不上行不能济物者。井谷是井旁穴出水处，射鲋是但可下注井中的小鱼，是仅能自润的象。瓮敝漏是汲水的坏瓮，反漏水去井，是不能济人用的象。周公系二爻辞说，九二有刚中的德，固非井泥，而足以济乎物者；然上无正，应与他同升诸公；下比初六，又是卑贱的交，不能维持以相推觳者。故道腴仅足以自润，而未能使往来井井者也。其象以言井，如那井旁穴出的水仅能下注于鲋，而不能为人所食；泽不及远以汲井言，如那敝坏的瓮不能承水，而漏乎下也。

《象》曰："井谷射鲋"，无与也。

这《小象》是推本九二无济物之功，由其无汲引之人。无与只指上无正应说，不兼下比初六。孔子说，"井谷射鲋"者，言九二有刚中的德，而上无正应以为援引，是以功不上行也。

九三，井渫不食，为我心恻；可用汲，王明并受其福。

这一爻是圣人深慨九三有德不为时用，而尤望其有及物的效。井渫是清洁的泉，有涵养之德的象；不食是未为人用的象；为是使；我是在傍见的人；心恻是隐然悯他，未为人用的意思。可用汲是可举用他的德，以润泽苍生的意思；王明是若遇贤明的君；并受福是君民皆被九三的福泽。周公系三爻辞说，井以阳刚为泉，上出为功；九三以阳居阳，在下之上，而未为时用，是渊泉的德，本足以尊主而庇民，而功未及于物，如那井渫不食一般。而吾人嘉其德者，宁免其心之恻乎？然我心所以恻者，何哉？为他德可用汲，而无人以汲耳。使遇王明未汲，而委他劳民劝相的任，则籁他启沃的方，上可以克绥乎先王的禄，资他惠鲜的泽，下可以永底烝民的生，而君民咸受其福。其可用汲如此，而莫能汲焉。此所以为我心恻也。

《象》曰："井渫不食"，行恻也；求"王明"，受福也。

这《小象》亦是悯九三不为人用，而望其终有及物的功。行是行道的人，求是遇。孔子说，贤才用舍，世道隆污所系；九三有德不为世用，不但相识者为他属心，虽行道的人，却也哀怜其穷。若此者，正以无那王明来汲用他；若遇王明，则必知举用，而君民并受其福矣。

六四，井甃，无咎。

这一爻是徒能修己而未能治人者。甃是砌井，井甃是德修于己的象，无咎是自治无亏的意思。周公系四爻辞说，六四柔顺得正，有谨厚的德，无刚果的才；但能进德修业，以尽修己的事，不能博施济众，以广及物的功；其象如那旧井完而更加修饰，使不坏焉。占者这等，则虽不能兼善天下，却也可以彼善而为清修的吉士，又何咎？

《象》曰："井甃无咎"，修井也。

这《小象》是申言六四仅能自治。孔子说，"井甃无咎"者，六四阴柔得正，虽不能及物，而却能自修，如人能修井也。

九五，井冽，寒泉食。

这一爻是天德纯全而王道弘敷者。冽是洁，寒泉是渊深中的泉，总是圣德澄彻静深的象；食是德泽及人的象。周公系五爻辞说，井以清冽为养，泉以见食为功，九五以阳刚中正的德而功及于物，是他修井的功已裕，而蕴之为内圣之德者，渊渊乎资深而不匮。由是那上出的利以溥，而措之为外王之政者，荡荡乎周遍而不穷，其象如井冽寒泉，而为人所食者焉。这便是初泥已浚，敝漏已修，所谓井养不穷者在是矣。

《象》曰：“寒泉之食”，中正也。

这《小象》是推本九五得位以行道。中正是居上卦之中，居阳位之正，以位言。孔子说，九五寒泉为人所食者，盖位者行道之资，功不及于物者，皆时位有以限之。今五以阳刚居中正之位，则帝位是履，而济世有机；此所以德以位显，有及物的功。

上六，井收，勿幕；有孚，元吉。

这一爻是泽被生民皆本于实德所流出者。收是成，幕是盖井之具，井收勿幕是德泽上出，济民利物的象；有孚是有纯王之心的象，元吉是王道大行的象。周公系上爻辞说，井以上出为功，上六虽非阳刚，而坎口不掩，是井养不穷的泽，无所壅于上，而斯民皆得蒙其惠，不犹井收勿幕者乎？然其所以致泽者，由其根本于有孚耳。故必洗心以裕渊泉的本，而使实德积中者，足以沛实惠之施，则有本的治，其出不穷而井收勿幕的功，于是乎大成矣。何无吉乎？夫井收勿幕，王道之所以溥其施也。有孚，天德之所以预其基也，养道之大固如此。

《象》曰：“元吉”在上，大成也。

这《小象》是申赞上六养道之盛。孔子说，九三“井渫可食”，而用犹未行，不可以语成；九五井冽虽食，而功犹未极，不可以语大成；今上六元吉在上，则始所以劳民者。至是而忘其为劳，始以劝相者；至是而忘其为劝，功化媲休于帝王，神化同流于天地，养道大成，岂曰小补之哉！

卷七

䷰ 离下兑上

革：已日乃孚，元亨利贞，悔亡。

这卦辞见人心不易孚，而革道当尽善。已日，变革了的日子，乃孚是人心方信从，元亨是必要革道大通方好，利贞是必要革道大公方好，悔亡是始而不信的悔已亡。这卦名革者，取变革的义。盖这卦先天水火异物，互相灭息，革之见于物理也；后天中少二女，志不相得，革之见于人情也；故为革。文王系辞说，人心可与乐成，难于虑始。方革而欲其孚，不可得；必已革的日真知其有利于吾民而后孚。然事苟当革，亦何恤其初之未孚哉！要在于革之当耳。惟卦德内而文明，则灼义理而不苟革；外而和悦，则顺时势而不骤革。故有所变革，必推无不准，动无不化，而大亨。又必利于守正，不先时而有革，不后时而不革，这便是所革皆当，而不信不通的悔亡矣。

《彖》曰：革，水火相息；二女同居，其志不相得，曰革。

这一节是以卦象解卦的名义。息是灭息，不相得是乖离的意思。孔子说，卦为革者，先天水火二物，火燃则水干，水决则火灭，各相灭息，有变革的义；后天二女少则志在艮，中则志在坎，各不相得，有变革的义；故为革。

已日乃孚，革而信之；文明以说，大亨以正，革而当，其悔乃亡。

这一节是以卦德解卦辞。革而信之是已革日，人方信其当革；文明是精见乎义理，以说是和顺乎时势；革而当是所革皆当乎理。孔子说，革必“已日乃孚”者，盖人情不可以虑始，而可乐成。故当初革时，人未遽信，必已革的日，然后信其为利夫国，而非病夫国，益夫民而非扰夫民。又言“元亨利贞悔亡”者，盖卦德内文明而外和悦，革道尽善。故其所革者，推无不准，行无不利，可以达之天下，顺天理，当人心，无不合乎道义，大亨以正。这等则所革皆当，而人无不信，事无不通，“其悔乃亡”。

天地革而四时成；汤武革命，顺乎天而应乎人，革之时大矣哉！

这一节是极言革道而赞其大。天地革就寒暑相变迁言，四时成谓阴往阳来成春夏，阳往阴来成秋冬；革命是变更那易姓受命的命，时指当革之时言。孔子说，又以革道而极言之，天地一气流行，宜无事于革。然必寒极而革以暑，暑极而革以寒。此所以一元之通，而为春为夏；一元之复，而为秋为冬；四时于是乎成焉。圣人行所无事，宜无事于革。然必汤革夏的命而为殷，武革殷的命而为周。此所以上顺天道之正，下应人心之公，世道于是乎成焉。使天地不革，则岁功不成，造化或几乎息矣；圣人不革，则治功不成，王化或几乎息矣。时至于革，天地圣人皆不能违者，革之时岂不大矣哉！

《象》曰：泽中有火，革；君子以治历明时。

这《大象》是君子尽革道之大者。治历是推步其日月星辰的缠次，而纪之于书；明时是因这书数，以明春夏秋冬的次序，晦朔昼夜的时候。孔子说，泽中有火，言水盛则火灭，火盛则水灭，有相变革的象；君子体之，以四时变革，乃革之大者。使不治历以明之，何以若昊天而授人事哉！于是推步那日月星辰的躔次，以明春夏秋冬的代序。由是在上者，得以敬天而勤民；在下者，得以因时而起事；为政首务，孰加于此！

初九，巩用黄牛之革。

这一爻是固守己德而不肯轻变法者。巩是固；这革是皮革，坚固的物，非变革之义。周公系初爻辞说，初九当革时，有阳刚之才，若可以革；然居初位卑，则无改革之权，上无应与，则无共事之人。故未敢遽有所革，惟以中顺的道自守，安常守分，无所变更，其象如巩用黄牛之革焉。

《象》曰：“巩用黄牛”，不可以有为也。

这《小象》是申言初九时势不可轻举妄动。孔子说，初九固守中顺而不轻于变革者，盖居初无应，时势未可以辄有所革也。

六二，已日乃革之，征吉，无咎。

这一爻是能慎重于变革而革无不善者。已日慎重不骤革的意思，征是去革，吉是有利于国，无咎是无害乎民。周公系二爻辞说，六二柔顺中正而为文明的主，是有德以立制作的本；上有九五之应，有势以运制作的权，可以革。然革非得已者，化可更，而无以善治，未可也；变可通，而无以宜民，未可也；必从容详审，已日然后革之。由是以往，则其革为便民，为利国，斯有大亨之吉，而无轻变妄动之咎矣。

《象》曰：已日革之，行有嘉也。

这《小象》是申言六二革道可行于天下的意思。嘉是嘉美。孔子说，六二已日而后革，谓上应九五，则详审精密。由是而行可以革天下的弊，新天下的治，有嘉美之功也。

九三，征凶，贞厉；革言三就，有孚。

这一爻是伤于躁动，圣人教他尽稽谋之善的意思。征是率意去妄动，凶是事败而人败，贞是虽法所宜革，厉是拂庶人情的意思。革言三就是议革的言，详审几翻然后就事；有孚是人心信从。周公系三爻辞说，九三过刚不中，居离之极，遇暴过察，躁动于革者。占者以是而往，则事有不通而人有不信凶。虽所革者固所当革，而得其正，却也不免有纷更的弊而厉，其谁信之？然时所当革所病者不能审耳。至于革言三就，将利害可否，熟思审处，则亦足以取信于人，而可革矣。

《象》曰："革言三就"，又何之矣！

这《小象》是申言九三议革已审。又何之是言何必再去审的意思。孔子说，九三议革的言，至于三就，则利害悉而可否明，事无乖理而致审已极，又何复有所之？盖已审而可革也。

九四，悔亡，有孚改命，吉。

这一爻是善革前人之弊者，而圣人又教他当无协诸民心而后革。悔亡是积弊尽革的意思，有孚是当乎理而信乎民的意思，改命即是革，吉是治法明备天下乐成的意思。周公系四爻辞说，九四以阳居阴，是当那积弊后不免有通变之艰，宜若有悔。然当革时，而刚柔不偏，又革之用，是其所革者，变而得中，而悔可亡。然在我虽有可革，而在人或未能信，则亦未可遽革，必其所革，质诸理无不当，而验诸人皆协从。然后举政令未善者，而尽革去，则可以消前事的弊，而收维新之功，无纷更的患，而有乐从之愿，吉。

《象》曰："改命之吉"，信志也。

这《小象》是推原九四革道之善，由先得那民心乐从。志是九四变革的志，信是天下臣民信从。孔子说，九四"改命吉"者，盖四欲革的志，本在于利天下。今上焉谅其有更化善治的心，而非徒欲纷纷于制作；下焉信其有通变宜民的念，而非徒欲屑屑于更张，是以吉。

九五，大人虎变，未占有孚。

这一爻是大君有新命之治，圣人原其必先得民心者。大人是圣人在天子之位者，虎变是天下文明的象，未占是未卜之先，有孚是民心已协从的意思。周公系五爻辞说，九五阳刚中正，为革的主，则大人自新新民之极，而适当顺天应人之时，制礼作乐，修政明刑，举天下而成维新的治，其象如那虎变，焕然有文而莫掩。然此岂易得哉？必其未占的时节，民心已信，然后可以当。苟非其时非其人，而民或不与，其何以有此！

《象》曰："大人虎变"，其文炳也。

这《小象》是申表九五革道维新于天下。炳是焕然一新的意思。孔子说，九五"大人虎变"者，盖圣人在天子之位，改正朔，易服色，殊徽号，变牺牲，而礼乐明备，其文炳然而不可掩也。

上六，君子豹变，小人革面；征凶，居贞吉。

这一爻是当革道已成，不可更起纷更之扰者。君子是有德的人，豹变是威仪文辞之美，小人是无德的人。革面是长法而顺君之治的意思，征是又去变更法度，凶是纷扰天下，居贞是安守旧章，吉是天下宁一的意思。周公系上爻辞说，上六当革道已成，正化成俗美之时，在君子则克养完粹，而凡根心而生色者，莫不灿然其一新，有如那豹之变焉。在小人，虽不能遽革其心，亦能遵道遵路，而革面以从君的化。革道至此，则天下的化已成，而不必更有所事，况上六又无有为的才。故占者当这时，使好大喜功，而必欲革焉，适以起纷更的弊而凶，惟率由旧章而安于贞焉，自享乎有道之长而吉。

《象》曰："君子豹变"，其文蔚也；"小人革面"，顺以从君也。

这《小象》是申言上六革道之成已征于君子小人。蔚是一身之文，详密可观；顺以从君是勉强从君的政令。孔子说，"君子豹变"，盖君子以忠信的质而加以文明，其文蔚然而可观；小人虽未必中心能革，亦顺以从君的治，而囿于文明内也。

䷱ 巽下离上

鼎：元吉，亨。

这卦辞是言人君有保鼎之善治。元亨是治化大通。卦名鼎者，观卦的六爻，而鼎的体已备；观卦的二象，而鼎的用已行；故为鼎。文王系辞说，鼎者天下的重器，当这任者，非有德，有位，有贤才协辅，必不能制作以新天下。今卦象则本诸身而有其德，卦变则作之君而有其位，卦体则取人以身以人立政而有其辅。兼这三者，故能起弊维风，措斯世于维新，补遍救弊，致天下于文明，上焉天命永绥也，下焉民心永戴也，可以保重器于无虞，不亦元亨乎？

《彖》曰：鼎，象也；以木巽火，亨饪也。圣人亨以享上帝，而大亨以养圣贤。

这一节是以卦体二象解鼎的名义，而因极言其用之大。象是形象，以卦体六爻言。巽是入，以木巽火是言用木入在火中。亨是煮，饪是熟食;“以亨”作“用享”看,“巽亨”作“入享”看;饪是饮食之属。圣人是君,圣贤是臣;享上帝是达诚的用,养圣贤是将敬的用。孔子说,即所以为器者,固以其体之全。今卦体下阴为足,二、三、四阳为腹,五阴为耳,上阳为铉,制器尚象,而鼎的体已全,亦其用之周。今卦象以巽木入离火,以烹以饪,而鼎的用已周,故为鼎。然以其用而极言之,享帝所以报本,夫固经邦的重事。然特牲的物,必用鼎以烹之,而后可以达其诚,养贤所以为民,夫固王朝的盛典。然式燕的具,必用鼎以烹之,而后可以将其敬。夫莫大于享上帝,而上帝来歆者,此鼎也;莫大于养圣贤,而圣贤乐用者,此鼎也。鼎之用大矣哉!

巽而耳目聪明,柔进而上行,得中而应乎刚,是以元亨。

这一节是以卦象、卦变、卦体解卦的辞。巽是心志和顺,聪明是通达事机。柔是懿恭的人;进而上行是高居,是后的位。得中是有纯德的君,应刚是任用刚明的臣。孔子说,夫鼎本天下的重器,难乎其克胜,而可以得元亨。德所以凝鼎,卦象内巽顺,而外聪明,则和顺在中,已裕谋哲的用,是本诸身而有其德;位所以胜这鼎,卦变柔进而上行,则宽仁的君,居那应天的位,作之君而有其位,贤才所辅之鼎。卦体六五得中,而下应九二之刚则纯心的主,得那刚明的臣,取诸人而有其辅;是以体元居正,可以成燮理的功;崇德尚贤,可以著调和的绩;人心以之而振起也,天命以之而维新也;是以元亨。不然,德薄位尊,徒为虚器之拥,位高无辅,未免覆𫗧之虞,何以胜任哉!

《象》象曰:木上有火,鼎;君子以正位凝命。

这《大象》是君子修保鼎之道。正位是敬慎端庄以居其位,凝命是保固天命。孔子说,木相有火,烹饪有资鼎的象,君子体之,以鼎乃天下的重器,犹人君大宝的位。鼎不正,固无以凝所受的实;位不正,又何以凝所受的命?是必居正以立其体,而端恭于南面,于以上凝那简在的天命,则主器有人,而无负神器之重。

初六,鼎颠趾,利出否;得妾以其子,无咎。

这一爻是在下位者，才德不足而无以副大臣之托，惟附势以行其道。颠趾是鼎仆则趾颠倒在上，正不胜任而败事的象；出否是去其旧积的污秽，是因无德致败，乃奋发勉励，以克去前羞的意思；得是获，得妾是贱致败的象；以是因，以子是贵成功的象；无咎是无负大臣所托的意思。周公系初爻辞说，初六上应九四，乃四所举以共济王事者，有鼎趾的象。然初力不足以胜其任，以致四覆公悚，则鼎而颠倒其趾。然居卦初，鼎未有实，而旧有否恶所积，是未有调燮才猷，而旧染未尽去。今因其困抑之故，则有以动心忍性，增益其所不能。故拟其取新的象，如鼎因颠而出否，广颠趾的象；又如得妾而因以得其子者。占者这等，则因败以为功，因贱以致贵，始而颠趾，终则鼎有实，而不负大烹之养矣，于义则无咎。

《象》曰："鼎颠趾"，未悖也；"利出否"，以从贵也。

这《小象》是申言初六能舍旧从新的意思。未悖是不失道，从贵是顺从乎九四。孔子说，人臣以尽职为道，鼎而颠趾，是悖道；而因可以出否，则舍旧图新，未为悖道。其言"利出否"者，上应九四因他摧败困抑的意而奋发勇为，而成乎才猷之善，从贵如此，所以能出否也。

六二，鼎有实；我仇有疾，不我能即，吉。

这一爻是有实德的君子能自守以正而不为小人所免者。鼎有实是腹中有道，腴之美的象；阳实阴虚，故九二言实。我仇是初六来仇我，有疾是我为他所疾害的意思。不我能即是他终不能近我的意思，吉是可以润身泽民的意思。周公系二爻辞说，九二以刚居中，则德在我者，足以凝天命，养万民，本是贤人君，而足以有用者，故为鼎有实的象。然近初阴，便分佞善柔的人将欲与我为仇匹，而胥于恶者。但二能以刚中自守，则不恶而严，小人虽近，不能浼我鼎有实之德。占者这等，则持守之正不失，刚中之德不亏，润身泽民，皆由此出，吉之道也。

《象》曰："鼎有实"，慎所之也；"我仇有疾"，终无尤也。

这《小象》是申戒九二能择所交，则不为小人所疾。慎是谨慎，所之是往交，尤是过。孔子说，九二虽有刚中的德，不可恃有这德而妄与人比，必择善而交，不失身于小人的党类，乃为得君子守身的常法。苟能慎所往，则虽我仇有疾，却也终不能即，而所有的实可以无丧。何尤之有？

九三，鼎耳革，其行塞，雉膏不食；方雨亏悔，终吉。

这一爻是个刚介壁立，不事王侯的人。耳指五，革是不相属，不肯就君的象；行塞是道不得行的象，雉膏是道德之美的象，不食是不为人用的象。方雨是终得与五和合的象，亏是亡，悔就是不食的悔；吉就是行不塞，雉膏为人所食的意思。周公系三爻辞说，鼎所赖以举行者耳也，士所赖以行道者君也。二则越五应上，舍可事的君，而从那避世的士，不得乎君，而道无由行，始犹鼎耳革而其行塞焉。虽有膏世之腴，终不能膺大烹之养而施泽以及万民，不有悔乎？然居得其正，可以自守。苟能自守以正，则不急于求合，亦不果于忘世，则三固有德的士，而五亦好贤的君，自将明良相遇，而亏其不食的悔。占者这等，始虽狷介大过，终则得君行道，膏泽溥施，上下并受其福。何吉如之！

《象》曰："鼎耳革"，失其义也。

这《小象》是申言九三刚介壁立，不免失君臣之义。孔子说，君子之仕，正所行其义。九三"鼎耳革"，则不仕无义，失那君臣的大义，岂可哉！

九四，鼎折足，覆公餗，其形渥，凶。

这一爻是大臣轻于任人，而比匪人误国者。鼎折足是不胜重任的象，覆是倾，公指在上位者，餗是馔，有负上托的象。形是当诛的罪，渥是重大的意思，凶是形渥的占。周公系四爻辞说，九四居大臣的位，任天下国家之重者，不能求贤与之协力，而反下应初六阴柔，则委任非人，卒至败天下国家的事，而负君上的所托。何异鼎折足而倾覆公餗，当受此刑剭之诛乎？占者这等，凶何如哉！

《象》曰："覆公餗"，信如何也！

这《小象》是申言大臣任匪人而失自许之忠。信是平日自言要如此者。孔子说，九四任天下的重事，其所以自许于国者固将常言，吾必为国荐贤而弼成元亨的治。今误用小人，以败事，信何如也，祇自愧于大烹之养耳。

六五，鼎黄耳，金铉，利贞。

这一爻是人君有虚中的德，职任刚中的贤者。黄耳是虚中的德的象，金铉是九二坚刚的象，利贞是戒他始终一德。周公系五爻辞说，六五以虚中而应九二刚中，是以贤君；又得贤臣以为助，明良相遇，可以祈天命，系人心如那鼎黄耳；而贯以金铉，可以承公悚于无虞，施雉膏而可食者。然虚中的德，若少变移，则下贤的诚心遂疏，故利于贞固；使虚中下贤之诚，始终不变，斯贤者乐为效用矣。

《象》曰："鼎黄耳"，中以为实也。

这《小象》是推原九五有纯德在中，所以能任贤图治的意思。中是德，实是诚笃的意思。孔子说，五象为耳，是谓鼎黄耳，则礼乐文章，所以新天下者，莫非皇极之中；若是者正，以五在中，有中德以为实耳。盖存之为纯王的实心，而立夫建中的体，自达之为纯王的实政，而溥夫行中的用。故正位以凝命，而上焉承天之休者，一此中之推行，虚己以行愿；而下焉任贤之诚者，一此中之运用也。

上九，鼎玉铉，大吉，无不利。

这一爻是宰相德盛而业著者。玉铉是有文武之德的象，大吉是功业尽善，无不利是治化大行。周公系上爻辞说，上九耳目的臣，人君所赖以举鼎者，以阳居刚而能温，则是职列在百辟之上，而德妙夫参和之用，刚而能柔义而以仁，辅相那神器之重者，莫非文武并用之才，有玉铉的象。占者这等，则刚足以彰明德的功，柔足以裕敦大的体，尽善尽美，相道得矣。上可以赞建中的治，下可以成化中的业。故大吉而无不利。

《象》曰：玉铉在上，刚柔节也。

这《小象》是申言上九相德之纯。节是有限而不过之义，刚柔节言刚而能节之以柔。孔子说，上九居卦上而为玉铉者，盖人臣的德，过刚无以立运厚的体，过柔无以起明作的功，皆不足以比德于玉。今以阳居柔，刚而节之以柔，则发皆中节，可以成调和的功，如玉之温润而栗然矣。此所以为玉铉也。

☳ 震下震上

震：亨。震来虩虩，笑言哑哑；震惊百里，不丧匕鬯。

这卦辞是言恐惧致福之道。震是动摇不安的意思，亨是有通达之理的意思，震来是言平时常若有危变来的意思，虩虩是恐惧惊顾的模样，笑言哑哑是举动间安乐自如的象。震惊百里是卒然变临的象；匕是匙，以棘为之，长三尺，荐则升于俎上；鬯是以秬黍酒和郁金以灌地降神；不丧匕鬯是存主有定的象。这卦名震者，盖震以一阳始生于二阴下，震而动者，在人则植天下的变，而震动不安，故名震。文王系辞说，人所以不亨者，惟其不能震惧耳。震则自有亨道何如？盖安不生于安生于危，人能于平时安不忘危，常若震来，其心虩虩然，恐惧惊顾不敢以自宁，则日用间，举动自有成法，而一笑一言，皆哑哑自如。虽或非常的变，生于卒然之顷，有如震惊百里，亦将有备无患，可以从容临之。而此心的主一无适者，不至丧失，不犹那主祭者，不丧匕鬯乎？信乎震有亨道矣。

《彖》曰：**震，亨。“震来虩虩”，恐致福也；“笑言哑哑”，后有则也。**

这一节只是申解卦辞之义。恐是恐惧，福即是安乐意；则是法，言有弭变的则法。孔子说，震而系以“亨”者，盖危者使平，震则必亨也。又言“震来虩虩”者，非徒惧而已。盖人惟常能恐惧，则祗畏至，而生全出于忧患之后；敬惧深，而和乐生于寅畏之后，自可以致福也。又言“笑言哑哑”者，非幸致而已。盖人能先事本惧，观变已精，而曲尽那经画的道，虑事已周，而素定那弥变的方，此所以“笑言哑哑”也。

“震惊百里”，惊远而惧迩也；出，可以守宗庙社稷，以为祭主也。

这一节是申解卦辞，见人君有主敬之德自可为祀典之主。惊是动于处，惧是畏于中；出是出而守宗庙，出而守社稷；可以是许之之辞。孔子说，所谓“震惊百里”者，盖言国家大变卒临，人人皆为之摇动，如雷震而远近皆惊惧也。当这时而有长子的责者，乃能泰然处之，不失其所主，则那持重的心，足以荷天下的重器；出而守宗庙，则宗庙以之巩固，可以为宗庙的祭主矣；出而守社稷，则社稷以之奠安，可以为社稷的祭主矣。

《象》曰：洊雷，震；君子以恐惧修省。

这《大象》是君子畏天的学。洊是再，恐惧是存敬畏的心，修省是行敬畏的事。孔子说，雷声洊至，天之变，而未必非天心仁爱所在，君子将何以格天耶？亦惟以德之不修，此天所以示变。于是内存恐惧，而此心兢惕，罔敢有一毫怠忽的念；外务修省，而此身捡束，罔敢有一事苟且的行。这等，则修德足以格天，而天变于是乎可弭矣。

初九，震来虩虩，后笑言哑哑，吉。

这一爻亦是恐惧致福能先事而戒者。周公系初爻辞说，初为震主，居震初，是能常存恐惧的人。占者得此，平时若能常如那震惧的事来，乃虩虩然恐惧，则后可以无惧，而笑言哑哑，安乐自如，不亦吉乎！

《象》曰："震来虩虩"，恐致福也；"笑言哑哑"，后有则也。

这《小象》是申言初九先忧后乐，亦非幸致者。孔子说，初九“震来虩虩”者，非徒畏；言恐惧，则既存肃然之戒，必获安然之休，可以致福。“笑言哑哑”者，非幸得；言其恐惧后，处事的权已定，宰物的机已熟，必有处震的法则也。

九二，震来厉，亿丧贝，跻于九陵，勿逐，七日得。

这一爻是迫于强暴之人但有自守的德，终可以获安者。震来是当侵迫的患来时，厉是其势危；亿是大，丧贝是心失其所主的象；跻是升，跻于九陵是行失常度的象；勿逐是惟自守而不妄动的意思，七日得只是后得所主的意思。周公系二爻辞说，六二阴柔，又乘初九的刚，天下的大患，二不能当其来，何危如之！六二智不足以善谋，才不足以敢当，仓卒间，中心丧其所主，而行止失其常度，其象如大丧其货贝，跻于九陵一般。然智力虽不足以应变，而柔顺的德，却能畏惧自守而始之，丧其所有者，终则可以复其所有，又有勿逐，七日得的象焉。

《象》曰："震来厉"，乘刚也。

这《小象》是推本六二敬惧之由。乘刚是下乘初九的刚。孔子说，六二"震来厉"者，以其乘初九的刚，力不相敌故震来厉也。

六三，震苏苏，震行无眚。

这一爻是无德而危益甚者，圣人教他改过以免难。苏是甦，下初之震动将尽，而上四之震动复生，上苏下苏，故曰苏苏；震行是因震惧而能改图的意思，无眚是无苏苏之失。周公系三爻辞说，六三以阴居阳，当震时而居不正，是当危难而行险，则难当益深。故不胜其惊惧的心，而精神散失，不有眚乎？若以此惧心而能震行，以去那不正，则难处中，却有善处的术，危不终于危，惧不终于惧，苏苏者，易而为哑哑，何至于眚？

《象》曰："震苏苏"，位不当也。

这《小象》是推本六三危惧之由。位是居；不当指以阴居阳言，是所行失正的意思。孔子说，"震苏苏"者，由他不中不正，处位不当，般乐怠傲，是以不能自主，而至于苏苏也。

九四，震遂泥。

这一爻是溺于宴安之私，而不振拔有为者。震是震惊，遂泥是陷溺不振的象。周公系四爻辞说，九四处柔，失刚健的道，居四无中正的德，陷溺于二阴之间，入阴益深，则其震也，遂于泥而不复起矣。

《象》曰：震遂泥，未光也。

这《小象》是申九四终不得出光明之地的意思。未光是沉溺昏昧的意思。孔子说，当震时而能奋发有为，乃为有光。今震而遂泥则所为皆邪僻之私，终于暗昧而已，始非光明之道也。

六五，震往来厉，亿无丧，有事。

这一爻是人君当国难之冲而德，足以自守有为者。震往来厉是当震时，而无时不危惧的意思；亿是大，无丧是社稷未至沦没；有事是犹可修集政事以图治的意思。周公系五爻辞说，当震时，惟有阳刚的才足以当之；六五以阴柔而当天下的难，吾知智不足以观变，才不足以靖邦，往来皆厉，无时不危。然以其得中，才虽不足以济时，而中德犹足以自守。故能国祚不至于分崩，宗社未至于危亡，而君德自此可修，王化自此可振，故大无丧而犹能有事也。

《象》曰："震往来厉"，危行也；其事在中，大无丧也。

这《小象》是申言六五因无才而致危，因有德而成功。危行是所行往来皆危的意思，在中是有中德在的意思，大无丧是明其可转乱为治。孔子说，六五"震往来厉"者，言其以柔弱的才，值国家的变，其所行皆危厉也。盖所行皆危厉，而犹能以有事者，以其中德也；在中德而能有事，故无大咎。

上六，震索索，视矍矍，征凶；震不于其躬，于其邻，无咎；婚媾有言。

这一爻是身弱不足以当祸难之冲，圣人教他当防于早。索索是志气消沮的形状，"矍矍"是瞻视徬徨的形状，征凶是往御事而先自乱的意思；震不于其躬是不堤防于祸已及身的时候，于其邻是修省于祸在邻的时候，总是防之于早的象；无咎就是无索矍的咎；婚媾是至亲谊无毁议者，有言是不免有所毁议，总是有不测之变的象。周公系上爻辞说，上六阴柔，既无自守的操处震极，又当事变之冲，是有所恐惧而不得其正。故当震来，而索索然，神气消沮；矍矍然，瞻视徬徨；视那笑言哑哑的气象大不同。以是而行，则方寸先自乱，而无以御事的变，其凶必矣。所以然者，由处震极，不能图于早。苟于震未及身，而方邻的时，恐惧修省，预为防备，则弭患有方，应变有道，自不至于索矍之凶，而可以无咎。然以阴柔处震极，虽能预备，亦不免于意外的变，未能相安于无事之天。婚媾有言是时所当然，亦君子所不惜也。

《象》曰:“震索索”，中未得也；虽凶无咎，畏邻戒也。

这《小象》是申言上六有危疑之心，而又推其能存戒备之心。中未得是中心危惧，畏邻戒是畏慎于邻人戒备的时节。孔子说，“震索索”者，由以阴处震极，中心危惧而不能以自安，若中有主，则必不至如此，虽凶而又得无咎者。盖天下的事，防于未然者易为力，制于已然者难为功。今震方在邻，乃邻人所戒而我就畏备，则有备无患，可以无咎也。

䷳ 艮下艮上

艮其背，不获其身；行其庭，不见其人。无咎。

这卦辞是君子动静合一之学。艮是止，背是所当止之处，即至善；不获其身是不得有私其己的意思。行其庭是身动的象，不见其人是忘乎人之所投我者。无咎能全初性之善的意思。艮者以止为义，观这卦的二体，则一阳上止者，既执极而不变；观这卦的二象，则兼由并峙者，又厚重而不迁；皆有止义，故为艮。文王系辞说，事有所止，在于理；如身有所止，在于昔；反同合动静。而一之也。人惟不知所止，是以内则迫于吾身的利害，外则夺于在人的是非，而不免于咎耳。苟能止于理而不迁，如艮其背一般，则方其静而未行于庭时，惟知有理，而内不见己。凡此身的利害得丧，无所动于中，曷有其身乎？及其动而既行于庭时，惟知有理，而外不见人。凡人的爱憎取舍，无所牵于外，曷见其人乎？夫身之止于理，静固定也，而内出的悔可无矣。行之止于理，动亦定也，而外至的尤可免矣，何咎之有？

《象》曰:艮，止也。时止则止，时行则行；动静不失其时，其道光明。

这一节是解艮的名义，而又赞其道之妙。时止是事物未交的时，则止是浑然无欲的意思，时行是事物交接的时，则行是顺应无累的意思，动静即是行止，不失其时即是则止则行的意思，其道是止之道，光明是无私欲昏昧之蔽。孔子说，卦名为艮者，盖艮者，止于这理而不迁之谓。止之义何如？彼行止各有其时，而当止的理，又随时而在。故事物未交，时当止则藏这当止的理于无形，时止而与之俱止也；事物既接，时当行则顺这当止的理以推行，时行而与之俱行也。夫行言乎其动，时行则行，是动非我道与之游，动而不失其时矣。时止则止，是静非我道与之俱静，而不失其时矣。动静皆止，能得其时，则全体呈露，而见于外者，皆斯道之焕发；大用显行，而存于内者，皆斯道之昭融；其道不亦光明矣乎！

“艮其止”，止其所也。上下敌应，不相与也，是以“不获其身，行其庭，不见其人，无咎”也。

这一节是解卦辞。所字当他字看，止其所是止于至善之地。上下指内外卦的六爻言；敌应是应爻，阴则皆阴，阳则皆阳的意思；不相与就有各止其所的意思；是以指止其所言。孔子说“艮其止”者，言止其所当止之所，安于至善而不迁。于卦何所取？盖卦体上下敌应而就相与，但知安我的分，上的人，尽上的道，而不苟徇乎下；下的人，尽下的道，而不苟同乎上；这便是各安其所。所以不知有己，亦不知有人而无咎。所谓“不获其身，行其庭，不见其人”者如此。

《象》曰：兼山艮，君子以思不出其位。

这《大象》是素位而行，不愿乎其外者。兼山是两重山，位是道之所在处。孔子说，上下皆艮，两山相连而起，彼此各止其所，艮之象。君子体之，则以道在天下，不易地而有存亡。故随其所在，而为道所当止者，即是吾之位。于是即那所居的位，思欲止之而未尝，欲出这道外而慕之也。

初六，艮其趾，无咎，利永贞。

这一爻是示初六以主静之学，而戒其所守。艮其趾是遇人欲于将动之初的意思，无咎是无妄动之非，永贞是长守这主静之正道的意思。周公系初爻辞说，初六阴柔，是性本静定者；而居艮初，是遏人欲于将萌，而存天理于未著，主静以待天下的感。夫何咎？即此艮趾便是贞，然阴柔不能固守，一有不谨，则主于静者，已失于动，故利于常守此贞，而不逾焉。

《象》曰："艮其趾"，未失正也。

这《小象》是申言初六的主静之道。孔子说，止所当止，君子主静的正道，因物有迁，则不得其正。初六"艮其趾"，则能存无感之良，而不流于妄动之累，未失正也。

六二，艮其腓，不拯其随，其心不快。

这一爻是仅能成已而歉于成人者。腓是足肚躁动者，艮其腓是止于理，而不妄动的象；不拯其随是不能救正九三的象；其指六二，心不快是言其责未尽为歉。周公系二爻辞说，艮以人身取象。六二当腓处，而居中得正是其所以制事制心者一于理而不苟，在己固止于其所，而无所失。然三乃二之所随者，过刚不中，以止于上，不顾其理之何如，而一于止者二的才，仅能自守，而不能救正他，其失在彼，而其责在我，故其心不快。

《象》曰："不拯其随"，未退听也。

这《小象》是推原六二不能成人之故。退听指九三退听六二说。孔子说，"不拯其随"，岂得专罪六二哉？由三以刚愎自用，不肯退听乎二也。

九三，艮其限，列其夤，厉薰心。

这一爻是执一不通的人，而止于不当止。限是腰胯，胯在腰下两股上，正屈伸之际；艮其限是止其上下，不得屈伸的意思，乃固执的象。夤是膂脊骨，气力皆从此出；列其夤，是上下脉络判隔，如列开夤一般，乃与人不相合的象。厉薰心言其心危厉熏灼，不安的意思。周公系三爻辞说，道在天下，时行时止不可执者，如那限在人，可屈可伸，不可艮者一般。九三过刚不中，据那一偏的见，以为典常，无复有变通的义，则于那天理有所不通，于人情有所不合，不犹那艮其限而列其夤者乎？外既不合于人情，则内必不慊于心志，反求诸心，必有热中而不安者。故危薰心，而其道未光也。

《象》曰："艮其限"，危薰心也。

这《小象》是申言执一者必困于心。孔子说，天下事宜知变通，九三列其限而不知通，则人情拂而事体乖，其危厉至于薰心矣。胶固这弊，一至于此。

六四，艮其身，无咎。

这一爻是有静止的学，而无私欲的累者。艮其身是一身的所感，皆其无所动的意思；无咎是一心皆圣而无欲的意思。周公系四爻辞说，艮以止为义，而止不可以失时；身以静为主，而静不可以或妄。六四以阴居阴，时止而止，凡一身的欲恶得丧，无所感于外，亦无所动于中，止于理而不易，即所谓不获其身者。占者这等，则心与理俱而广大宽平，但见其道光明而不见悔自内出，无咎。

《象》曰："艮其身"，止诸躬也。

这《小象》是申解六四能反身以静养。躬是躬行动者，止诸躬是反躬自止的意思。孔子说，躬也者，谓身方动，而将见于躬行者。六四所谓"艮其身"者，岂必敛身于无事，而后为得所止哉！一惟于那身之方动，而见诸反躬者，即止而不行耳。

六五，艮其辅，言有序，悔亡。

这一爻是王言之大，允为定保之征者。艮其辅是言不妄发的意思，言有序是发自当理的意思，悔亡是无失言的悔。周公系五爻辞说，六五当辅，处正言之所由宣者，以阴居阳，未免有失言的悔。然幸其得中，是人君发号施令，所以训告天下者不妄出于言，而皆合那义理的次第；则王言之大，言而民莫不信，何悔之有！

《象》曰："艮其辅"，以中正也。

这《小象》是推言原善之本。中是中德，正字当作止。孔子说，六五言不妄发，而"艮其辅"者，由他以柔居中，而有中德；王言之大，本于王心之一也。

上九，敦艮，吉。

这一爻是圣贤定性之学，时止而始终不移。敦艮是止于至善而不迁的意思，吉是性尽而德全。周公系上爻辞说，上九以阳刚居艮极，其止诸理者，自始至终，一于理而不变，敦厚于艮者。占者如是，则深造自得，居安资深，以成己则内外两忘而性以定，以成物则人己交尽而仁以固，是为大人的全德，吉。

《象》曰："敦艮之吉"，以厚终也。

这《小象》是申解上九造道之极。厚就是敦，终是愈久不变的意思。孔子说，敦艮而得吉者，盖昧于所止，不足以言艮；废于半涂，不足以言敦。上九以阳刚居止极，而于那理之止于初者，愈久不变。盖不徒处其始，而又能厚其终，所以吉也。

䷴ 艮下巽上

渐：女归吉，利贞。

这卦辞是言君子之仕贵以渐而以正。渐是不遽进之义；女归吉是言仕进者，如那女子于归，必体备以渐而往，则可以得君行道的意思；利贞是不可枉道徇人的意思。这卦名渐者，渐进之义，为卦止于下，而巽于上，为不遽进，故名渐。文王系辞说，君子仕进，惟患不以渐，然进以渐者，莫如女归，使仕进者，必以渐有如女子之归，则以道自重者，人亦以道重他。由是盘石的位可居，正邦的功可建，吉。然渐进而不以正，未免有枉道的失，而况卦体自二至五，位皆得正。故其所以渐进者，必以正自持，而进不以苟；以礼自律，而动不敢妄；乃为利。盖君子莫重于始进，故当以渐，而又必以正也。

《彖》曰：渐之进也，女归吉也。

这一节是解卦名义而又申渐进为善。孔子说，卦名渐者，盖渐有渐进之义也。天下渐进者，莫如女归，女归必纳采、问名、纳吉、纳徵、请期、亲迎，六礼备而后往；君子渐进，能如女归，自可以得吉也。

进得位，往有功也；进以正可以正邦也。

这节是以卦变解利贞的义。进得位自卦变言，九居三，九居五，皆以阳居阴，是君臣俱得位的意思；往有功是进而为治，而治化有成的意思。进以正亦就以阳居阳上看，是君臣各尽正身的道；可以正邦亦就治化上说。孔子说，卦辞言“利贞”者，何哉？盖卦变，九本居《涣》之二，今进居于三，是以阳居阳，而得其位；九本居《旅》之四，今进居于五，是亦以阳居阳，而得其位。夫臣得其位，而无失其为臣；君得其位，而无失其为君；则自可以升世道于大猷，奏肤功于不替，此往所以有功也，而岂幸致者哉？盖由其九得三位，是臣进以正，九得五位，是君进以正。由是君身正，而百辟刑相道得，而万国理正，朝廷以正百官而近焉无不正，正百官以正万民而远焉无不正。“可以正邦”，其往有功也何如哉！夫进以正，而可以成正邦的功，则进其可以不正耶？利贞之义明矣。

其位，刚得中也；

这一节是以卦体言九五有此善，亦是解利贞的义。其位指九五所居的爻位，刚得中是有仁义并用的才德。孔子说，进必以正，不惟卦变有这义。卦体九五，刚而得中，是以发强刚毅的质，而出以宽裕温柔的道，以居德于一己，则允执厥中也；以善俗于天下，则建中不偏也；即其刚中的德，自足以表正乎万方。观这君道，非利贞之义而何！

止而巽，动不穷也。

这一节是以卦德言渐进之义。止是不妄进，巽是不躁进，动不穷是推行无不利的意思。孔子说，卦何取于渐？盖卦德止而以巽，是时未可进，自止而不欲苟进；时既可进，从容而不躁进；则以之居德，而穷不失义也；以之善俗，而民不失望也；进以其渐，动之自尔不穷。观臣道而渐进之义不可见乎！

《象》曰：山上有木，渐；君子以居贤德善俗。

这《大象》是言君子以渐畜德、以渐成治的意思。居有从容涵养的意思在，善有优游更化的意思在。孔子说，山上有木，以渐而长渐的象。

君子体以为德，固不可以不畜；而至德渊深，则未可以一旦至，必优游以俟其自进，则犹以渐而畜矣；俗固不可以不善，而习俗污染，则未可以旦夕化，必从容使其自化，则俗以渐而善矣。

初六，鸿渐于干，小子厉，有言，无咎。

这一爻是始进于下而孤臣病于汲引之无人者。鸿是雁之大者，干是水涯，不安其位的象；小子是无学守的人，厉是心不安；有言是怨尤的言；无咎是时势所值，不可咎初的意思。周公系初爻辞说，渐初六始进为下，既无以安其位，而行其志；上复无应援的人，时穷势屈，志愿莫伸；如鸿渐在干，而未得所安的地。以小子而处此，则所守未定，不免于危厉，而且兴怨尤之言。然信乃时遭其穷，于吾性无所亏。故虽不免于危厉有言，而于义则无咎也。

《象》曰："小子之厉"，义无咎也。

这《小象》是言初六不安于位非自致之咎。孔子说，"小子之厉"，似有咎矣。然时当进之时，以渐而进，亦理之所宜，以义揆之，终无咎也。

六二，鸿渐于磐，饮食衎衎，吉。

这一爻是大臣有德足以安其位而享其禄者。磐是水边大石，衎衎是和乐的意思，吉是得君行道的意思。周公系二爻辞说，六二柔顺中正，则藏器于身，而非幸进；进以其渐，则待时而动，而非骤进。上又有九五中正相应，则遭逢圣主，得以展布其事功。是以居位，则有德以称其位，而处之不危；受禄，则有功以酬其禄，而享之无愧；如鸿渐于磐，而饮食自适。占者这等，不亦吉乎？盖德薄而位尊者，则有窃位的嫌；无功而受禄者，则有素餐的诮；皆非吉。今能这等，则得君行道，措天下于磐石之安，纳斯民于和乐之庆，上不负君的托，下不失民的望，吉。

《象》曰："饮食衎衎"，不素饱也。

这《小象》是申表六二诏禄之德。孔子说，六二食君禄而所处安者，盖其有德而得君，则受禄于君，莫非其分之所宜得者，而不为徒饱；是以食之委蛇，而无不安。不然，能免素餐之耻哉？

九三，鸿渐于陆，夫征不复，妇孕不育，凶；利御寇。

这一爻是无德无助而不得遂其进者。陆是高平之地，无水去处不得所安的象；“夫”指三，是自成事者不复是徒征而无功；“妇”指四，是助我成事者；孕不育是徒孕而无功，总是过刚而不得所安的象；凶就是不复不育的意思。利御寇是言这过刚但可用以戡定强暴的意思。周公系三爻辞说，九三过刚不中，是无渐进的德；上无正应，又无与进的人，其象如鸿渐于陆，不得所安者。故其自己而言，则逞其过刚的性，而率意妄行，如夫征而不复者一般。自人而言，则以六四的柔，足以助我成功者，而我既刚愎自用，彼虽怀忠告的心，而不得吐露，如妇孕而不育者一般。凶孰甚为？然这过刚的道，诚无适而可，惟用以御寇，则刚勇的气，足以一众志，而成克敌的功，乃为利耳。夫惟止于利御寇，则不可用于渐进也。亦可知矣。

《象》曰：“夫征不复”，离群丑也；“妇孕不育”，失其道也；“利用御寇”，顺相保也。

这《小象》只是据理历解爻辞。离群丑是独过刚，不与众类同的意思；道是渐进的道；顺是宜然的意思。孔子说，“夫征不复”者，盖当渐时，人皆渐进而彼独过刚躁进，离群丑故也。“妇孕不育”，何也？盖九三惟过刚而离群丑，失其渐进的道。故人莫能助我以成功。又言“利用御寇”者，盖御寇以刚，则得那所御的道，自能倡以勇敢，使众人同心协力，以相保衡；若刚勇不足，则先自溃，其能使相保哉？

六四，鸿渐于木，或得其桷，无咎。

这一爻是大臣虽乘小人之奸而不得所安，然有柔顺之德，终得以易危为安。木非鸿栖，且鸿掌平而且连，不能抓木，有不安的象；桷是平柯梢安的象；无咎是终得保身保国的意思。周公系四爻辞说，六四乘九三的刚，则是大臣进居上位，未免见逼于群小，而小得所安者。然和顺优游，乃大臣制服群小的术，六四柔顺巽体为能有以善处他，则在彼的暴，亦不得以加于我，不犹鸿渐于木，或得其桷，而因之以稍安者乎？占者这等，则始虽危，而终不危；吾身可保，国家可安，何咎之有？

《象》曰："或得其桷"，顺以巽也。

这《小象》是推本六四得稍安之由。顺是柔顺的德，巽是沉潜的智。孔子说，六四"或得其桷"者，盖以柔顺而居巽体，顺则退让谦冲，而与物无忤；巽则沉潜善入，而计出万全；当虽处的时，而有善处的术。此所以得安也。

九五，鸿渐于陵，妇三岁不孕；终莫之胜，吉。

这一爻是君臣合交始睽而终合成治。陵是高埠，居尊象；妇是正应，指六二；三岁不孕是隔于谗邪，久不得相亲以成治功的象；终莫之胜是谗邪终不能胜正应的意思；吉是得相合以成治功的占。周公系五爻辞说，九五居尊，如鸿渐于陵者；六二正应的臣在下，如为之妇者，而为三四小人所隔；则君臣正应，而妄求者终不能胜之。由是明良会而庶事康，一德孚而万化行，正邦善谷的功，皆于是乎可成，吉。

《象》曰："终莫之胜吉"，得所愿也。

这《小象》是申表六五得遂弘化之心。愿是正应相合之愿。孔子说，君得臣以弘化，是素所愿，惟于小人所间而愿不可得。今九五"莫之胜吉"，则君臣合，而治化成，有以得所愿矣。

上九，鸿渐于陆，其羽可用为仪，吉。

这一爻是有德而高遯名节，足以为世表者。逵[①]是云路，高蹈远隐的象；其羽是道德光辉的象；仪是为世的表，仪吉是有功于世的意思。周公系上爻辞说，上九处渐极而高出人臣之外，则是不事王侯，高尚其志，人爵不得而縻他，如鸿渐进于逵一般。这是高致，若无益于世者。然清风高节，足以起顽立懦，而师表于后世，犹鸿毛可为仪饰，而亦不为无用。占

① 《周易本义》：胡氏、程氏皆云陆当作逵，谓云路也。今以韻读之，良是。

者这等，吾知身虽未显于世，而不为无间于世；道虽不行于时，而不为无补于时；内焉可以居己的德，外焉可以善民的俗。何吉如之！

《象》曰："其羽可用为仪，吉"，不可乱也。

这《小象》是推本上九有高蹈之志。不可乱是确然有守的意思。孔子说，上九能师世善俗者，由其养素自高，而其志不为富贵利禄所动，由能正己故也。

䷵ 兑下震上

归妹：征凶，无攸利。

这卦辞是言君子之仕，枉道不足以有为，犹男女之合。归是嫁，妹是少女，归妹是动于情欲之私者；征凶是方进时，不免有枉己之辱；无攸利是既进后，亦无有正人之化。这卦名归妹者，兑以少女，从震长男，其情说而动，是为女子情胜而弃夫礼，皆非正也，故为归妹。文王系辞说，归妹已为不正，而爻不当位，以柔乘刚又皆不得其正。这固非女子于归之所宜，而君子之进，则犹是。故占仕进者，使或急于求合而不择可仕的君，不守难进的礼，亦如那女归不以正；则其方进时，为枉道以求合，辱己以从君；反其既进，枉己者不能正人，辱身者不能正天下。故又无所利也。

《彖》曰：归妹，天地之大义也。天地不交，而万物不兴；归妹，人之终始也。

这一节是举天地的常经以解归妹的名义。天地大义言是天地间经常的道理，天地不交是形那男女不交说，万物不兴是形那生育不成说；人之终始是女道之终，子道之始。孔子说，卦名归妹者，男有室，女有家，是乃不易的常经，通行的正道，天地间之大义也。何如见是天地间的大义？那天地不交，则万化窒而万物不兴，使男女不交，则形化泯，而人道灭息。是归妹者，虽为女道之终，而生育则人道所自始，归妹所关之大如此，非天地的大义而何！

说以动，所归妹也。

这一节又以卦德解归妹的名义。“所”是所以。孔子说，归妹固为天地间的大义，而这归妹所以得名者，则非以男室女家的常理而言。盖卦德以说而动，则是私情相合，而非义理之正；以男女皆为不正，而女先乎男，尤为可丑。所以为归妹也。

“征凶”，位不当也；“无攸利”，柔乘刚也。

这一节是以卦体解归妹的辞。位是爻位，不当指阴阳皆不正言，就君子枉道求合上讲；柔指六二六五，乘刚是二柔初刚，五柔四刚，就以下援上说。孔子说，“征凶”者，卦体二四阴位而居阳，三五阳位而居阴，自二至五，皆不得正，则是为臣者，于其始出，侥幸于富贵之图，不能以礼而自进。苟且于功名之会，不能以道而自出，位不当如女子不正者矣。此所以不免于征凶也。曰“无攸利”者，益以三、五爻，皆以柔乘刚，则是为臣者于其既出，以卑逾尊，不顾名义之正；以下援上，干犯纪法之章；臣之抗君，如女子违夫者矣。此所以“无攸利”也。

《象》曰：泽上有雷，归妹；君子以永终知敝。

这《大象》是君子谨始虑终的道。永终是久后的意思，知敝是知得始合不正，后必有乖淫的弊。孔子说，泽上有雷，雷动则泽随，如女子随男而动，归妹的象。君子以夫妇的道，不可不久，苟始合不正，则失身败德，情义乖离，后必有弊，欲正位乎内，正位乎外，不可得矣。君子所以重以为戒，而必谨其始，以杜其弊也。

初九，归妹以娣，跛能履，征吉。

这一爻是人臣有德而居卑位，仅足赞助其王事者。娣是为家臣之贱的象，跛能履是仅能效一职之能的象，征吉是事君亦有补于治道的占。周公系初爻辞说，初九阳刚，有君子的德者，居下无应，则不得君而事，为归妹以娣，即为家臣之贱，以臣王家者。然所用虽小，而其才足以位重，故为跛能履之象。占者以是而往，虽其势分之贱不能大成其内助之功，而为媵妾职分之当然，则已尽之矣，故征吉。

《象》曰："归妹以娣"，以恒也；跛能履，吉相承也。

这《小象》是申言初九有恒久的德，故能尽匡君的分。孔子说，"归妹以娣"，虽不得君而事，以其有恒久的德，其职虽卑，其德则尊，故能跛能履而吉者。初有是德，则虽不得王其功，却也可以相君以成功也。

九二，眇能视，利幽人之贞。

这一爻是有德而不遇于君，宁退处以自重者。眇能视是无明远之视，象其不得大有为于天下的意思；利幽人之贞，是宜抱道自重的占。周公系二爻辞说，九二阳刚得中，是有幽人的德，而可以有为于天下者。但所事者非其君，而不得究其功业之所施，为眇虽能视，而不能远的象。夫以九二的实，而犹不得大行其道。占者岂可复有所往哉？但当利幽人之贞，隐而不出可也。

《象》曰："利幽人之贞"，未变常也。

这《小象》是申释九二有自重之节。常是平日的节操。孔子说，九二"利幽人之贞"者，言其利于抱道守正，而不变其平生之所守也。

六三，归妹以须，反归以娣。

这一爻是无德之人，徇情利禄而为人所轻贱者。须是待人来举用，有所待者；反是颠倒之意，娣是妾之贱者，象其行之污贱可耻。周公系三爻辞说，六二阴柔不中正，为说之主，是德不足以待用，而徇情于利禄者。夫不正的女子，中士羞与为婚；不洁的士人，中主羞以为臣；将见取贱于人，而世莫之用。其与女之不正，未得所适，而反归为娣者，何以异哉！不言吉凶者，容悦之人，前之吉凶未可知也。

《象》曰："归妹以须"，未当也。

这《小象》是推本六三不见用于人之由。孔子说，六三所以不为世用者，以其阴柔不中正，德亏而节丧，故人莫之用也。

九四，归妹愆期，迟归有时。

这一爻是抱道待时，不肯苟徇人者。愆期是过其仕进的期，有时是待明良相遇的时。周公系四爻辞说，九四阳刚居上体而无正应，乃贤人有德而不苟于从人者，守其道而不轻其道，直其志而不降其志，宁过其仕进的期弗恤也。然其所以为是者，岂欲终于不仕哉？其志将以待时。盖圣主贤臣每相须以弘功业，阳刚的德，不容终废，以四贤者，而遇王明，终能见用于天下，九四愆期的志，盖如此。

《象》曰：愆期之志，有待而行也。

这《小象》是推原九四不苟仕之志。行是出而事君。孔子说，九四所以愆期者，岂诚利幽人之贞，而不欲有为于天下哉？其志欲待可事的君而后出仕也。

六五，帝乙归妹，其君之袂，不如其娣之袂良；月几望，吉。

这一爻是人君能诚心以下贤者。帝乙归妹是忘势下交的象，其君之袂，不如其娣之袂良，只是尚诚实而不尚虚文的象；月几望是君德将盛的象，吉是贤才辅而德业成的意思。周公系五爻辞说，九五有刚中的德，本有素丝之风，而六五有柔中的德，又有缁衣之诚。故其下交于贤惟结以盈缶之实，而不徒事乎繁缛之饰，故为帝乙归妹，君袂不如娣袂之良也。此则君德至诚，而有足以取信于贤者，月几望也。由是贤者乐为之用，而万国赖以理矣，吉。

《象》曰："帝乙归妹，不如其娣之袂良"也；其位在中，以贵行也。

这《小象》是申言六五下贤不尚虚文而尚实德。贵是中德，行是行下贤之礼。孔子说，所谓帝乙归妹，其君不如娣袂良者，以其位居上卦之中，是盛德中涵，为可贵者。以这中德之贵，而行那下贤的典，自足以取信于有道之士，而弘功化之吉有以哉！

上六，女承筐无实，士刲羊，无血。无攸利。

这一爻是士之无德，过时而见遗于用者。筐是竹器，承筐是约婚的礼，无实是未承筐，约婚不成的意思；刲是屠，刲羊是约娶的礼；无血是未封羊，约娶未成的意思；俱是出仕未能的象。无攸利是终不见用于人的意思。周公系上爻辞说，君子欲出而有为，如女成嫁而承筐，士成娶而封羊。君子得君而有为，如承筐有实，以成其嫁；封羊有血，以成其娶。今上六阴柔，既无可进的德，居妹之终，而无应又无可进的机。故欲仕的心非不切，而德不足以受知，终无以膺尚德之典。拟之女子之嫁，不犹承筐而无实者乎？拟之士之娶，不犹封羊而无血者乎？占者这等，则无德而见遗，终为天下所共弃，何利之有？

《象》曰：上六无实，承虚筐也。

这《小象》是申言上六终为世所弃。孔子说，上六“承筐无实”者，盖其阴柔无应，终不足见实用，是空有这心，而莫能遂，不犹所承者虚筐乎！

䷶ 离下震上

丰：亨，王假之；勿忧，宜日中。

这卦辞是人君值天运之隆，宜持盈而不可忘人事之修。丰是盛大，就治道功业上说；亨是德教洋溢，王政四达的意思；王是君天下者，“假”是“至”，“之”字指丰亨之时言。勿忧是不必忧，宜日中是但当保这盛治，常如那日中天，再不斜昃一般。卦名丰者，盖卦德明动相资，天下的事无不可为者，又雷电交作，有盛大之势，故名丰。文王系辞说，丰当时势盛大，固云亨。然王者至此，盛极当衰，已不能无去事的忧，但徒忧无益，勿忧方可。惟持盈守成，怀永图于有终，式王度于无愆，常如那日中天而勿昃，方可常保其丰。何以徒忧为哉！是则丰勿忧者，天运也；宜日者，人事也；尽人以祈天，处丰的道，实不外此。

《彖》曰：丰，大也；明以动，故丰。

这一节是以卦德解卦的名义，大略天下一统的意思。明是有照临的大智，动是有振作的大才。孔子说，卦名丰者，盖言王业归于一统，礼备乐和，民安物阜，大之说也。然何以致此哉？盖人君之德，非明无以察天下的大几，非动无以振天下的大业。何以丰？惟卦德离明而震动，则是见大的明。既周知而无外，而图大的力，又奋迅而不穷。君德既盈，则王业由此而恢廓，故名丰。

“王假之”，尚大也；“勿忧，宜日中”，宜照天下也。

这一节是解丰的辞。尚大是自尚骄侈；照天下是遍照天下，乃常明能觉民心之隐的意思。孔子说，卦辞又言“王假之”者，言王者当丰亨的时，见民物繁盛，所尚者皆侈大的事，而其势自不容不至于大矣。这正是所当忧者，而乃言“勿忧，宜日中”者。盖言人君当以天下为心，而凡生民的休戚利病，无不毕照，不可自恃其盛而置天下于度外。盖日惟中，乃能照万物；君子惟守中，乃能照万民。苟恃有盛大的势，而不知以天下为心，岂保丰圣道哉？尚大非是王者要尚大，至于丰，其势自然尚大矣。宜照天下总是言此心常在天下，洞察民物不敢自有其盈盛也，如汉武承文帝之富庶。是尚大也，使当时若能究心民隐，则亦奚至是乎？宜字便见如此则可，不如此则不可之意。

日中则昃，月盈则食；天地盈虚，与时消息，而况于人乎？况于鬼神乎？

这一节是发明卦辞外意，亦见王者当即保丰之道。日中是日已过盛处，昃是斜，月盈月已过盛处，食是亏，盈是化工昭著，虚是化工收敛，时是气，息是相生相养，消是剥落摧灭，人是天地的化生，鬼神是天地的功用。孔子说，王者当丰时，而不可过中，亦以那中不可过耳，如日既中而盛则必昃，月既盛而盈则必食，不特此日月为然。虽天地盈，却非自为之盈，因那时之息而后盈；天地虚，却也非自为之虚，因那时之消而后虚。是天地亦不能违时以过于盛，况人事不出于天地之外，有盛极而不衰者乎？吾知乱极则治，治极则乱，而在人不能违时以常盛也。况鬼神常运于天地之中，有盛极而不衰者乎？吾知屈以感伸，伸以感屈，而鬼神不能违时以常盛也。夫盛极有必衰的理如此，此至者保丰之治，所以当守中而不可过也。

《象》曰：雷电皆至，丰；君子以折狱致刑。

这《大象》是君子法天之威明以治狱。折是剖决其曲直而得其情，致是推极其轻重，而当其罪。孔子说，“雷电皆至”，威照并行，盛大的势，有丰的象。君子以狱未决，惟明克允，则取电的明以折其狱；以刑未审，惟断乃成，则取雷的威以致其刑。夫明以折狱，则是非曲直，必得其故，天下无遁情；威以致刑，则轻重大小，必当其罪，天下无遗奸，而明与威并行矣。

初九，遇其配主，虽旬无咎，往有尚。

这一爻是与九四德相尚，而功相济者。配主指九四。旬是均，又十日为旬，指皆阳言；无咎是无相病的意思。往是去济丰，有尚是有保丰的功。周公系初爻辞说，阴阳必相合而后相入，以初九遇九四，是遇其配主，则势分才力不相下，宜其情不相入。然两贵不相事，两贤岂相厄？况当丰的时，明动相资，情虽不相入，而道则相济，虽丰已一旬而无灾咎。以是往而从王的事，则同寅协恭，可以盛保丰的功，而可尚矣。

《象》曰：“虽旬无咎”，过旬灾也。

这《小象》是申戒初九不可求胜于四。过旬是恃才力，以自高于同事之人。孔子说，虽其同德相资，初不可不下于四，苟初九必欲求胜其配，是徒自绝于贤者，可以济天下的事，适以自取其灾耳。

六二，丰其蔀，日中见斗，往得疑疾；有孚发若，吉。

这一爻是人臣有德而蔽于君，益当积诚以格君。丰其蔀是大其障蔽的象，日中是当昼阳明的时候，见斗是当夜昏闇的时候，总是六二刚明的德，为上六暗主所蔽的象；往是去责谏这君，疑疾是猜疑疾害；有孚发若是至诚以感发他，若字语助辞，吉是得君行道的意思。周公系二爻辞说，二本明臣，而遇上暗君，至明的德，反为暗主所蔽。而其贤无以自见，其象如丰大其蔀屋。而日中至明友得以见斗，苟不度时而遽进，正言直谏以开他的蔽，则不惟无以谅我的心，而反重他疑忌的意。惟积其诚意，以感动他，则昏昧可开而道有可行，不亦吉乎？

《象》曰："有孚发若"，信以发志也。

这《小象》是申言人臣惟积诚可以感君。志是君之心志。孔子说，君心之蔽，虽未易以口舌争而其本心的明，有终不得而昧者，特积诚有未至或不足以感发之耳。今"有孚发若"，正言尽一己的诚信，以感发那人君的志意也。

九三，丰其沛，日中见沬；折其右肱，无咎。

这一爻是人臣有明德而不见用于其暗主，却非无才之罪者。丰其沛是大其帐幔暗君象，沬是小星，日中见沬是明为暗蔽象；肱是手臂，右肱是最便切用的，折右肱是废其有用之才的象；无咎是君的过，非三之罪的意思。周公系三爻辞说，三本至明而才智皆可用于天下者，然而应乎上六之柔暗，则反为所蔽，是以明无所用。故有丰其沛，不见日而见沬之象。动无所之，故又有"折其右肱"之象。然这却非其才之罪，特以所遇非其君耳，于三何咎哉？

《象》曰："丰其沛"，不可大事也；"折其右肱"，终不可用也。

这《小象》是申言人臣遇非其主，终不可有为的意思。大事是成丰亨之治不可用，是才德在我，无所施为的意思。孔子说，贤才必遇明君，斯可大有为于天下，今以明受蔽终不能出而济大事也。三的才，本足以股肱王室，左右斯民者，今既为时所废，如人"折其右肱"，则终不可用也。

九四，丰其蔀，日中见斗；遇其夷主，吉。

这一爻也是有明德而蔽于暗主者，圣人教他援同德以成共济之功。夷是等伦，指初九；吉是可格君行道的意思。周公系四爻辞说，四以刚明的德，而从暗君，则明为所蔽，而不得施，亦为丰蔀见斗的象。占者遇此，何以处之？盖上无明君虽不得与济大事，而初九同德，实共济之一助也，是必下就初九，与他同心协力，谋断相资，以匡那国事。庶乎君虽昏闇，未必无转移的力；丰虽过盛，未必无维持的功，可以得吉。

《象》曰："丰其蔀"，位不当也；"日中见斗"，幽不明也；"遇其夷主"，吉行也。

这《小象》是详释爻辞之意。位不当指近上六说，幽不明是为君遮蔽而不得显达出来的意思。孔子说，“丰其蔀”明不得达者，由其位近上六柔暗之君也；“日中见斗”者，既近上六之暗君，是以其德幽蔽，而不得明达之也；“遇其夷主”言正君的功不可以成，惟初九与九四同德相信，有以启其君心，而建保丰的功，吉行也。

六五，来章，有庆誉，吉。

这一爻是圣人勉人君用贤以保丰的意思。来是有德以招来之，章是明德的贤士，庆是福庆集于己，誉是声誉闻于人，吉是国运丰亨。周公系五爻辞说，六五柔暗的君，固不能保世运之丰。然自用则小，用人则裕，若能来致天下的贤，则贤者福及天下，即君的福，不有庆乎？功在贤者，而名归于君，不有誉乎？有庆誉这等，则庆隆而治益隆，誉大而业益大。丰亨的治，可以长保而得吉也。

《象》曰：六五之吉，有庆也。

这《小象》是申言人君用贤之益。庆字包上吉字在。孔子说，六五处丰而得吉者，盖能来天下的贤，则君德因人而日开，治道得贤而益盛，劳于求贤，逸于得人，故有庆。有庆方有誉，来有无福庆而有誉者，举庆则誉在其中矣。

上六，丰其屋，蔀其家，窥其户，阒其无人，三岁不觌，凶。

这一爻是昏闇益甚而骄汰致亡者。丰屋蔀家是恃才妄作，蒙蔽聪明的象；窥是窥视；阒是寂静，总是蒙蔽益深的象；三岁不觌是久迷而不知自反的象；凶就身亡国危言。周公系上爻辞，就上六阴柔，居丰极而处动终，是幸四海无虞而挟才妄作。蔀，承平日久，而好大喜功，自恃其明，以丧厥德，即其自蔽的象，如丰其屋而蔀其家；即其障蔽愈深，如窥其户，阒其无人，而三岁不觌。占者这等，吾见邦家自此而沦丧，社稷自此而不保。凶何如！

《象》曰:“丰其屋”,天际翔也;“窥其户,阒其无人”,自藏也。

这《小象》是申言上六骄亢自高终迷于昏蔽之深。天际是高大的象,翔是骄肆的象,自藏是自障蔽之深的意思。孔子说,“丰其屋”者,言其丰极动终,怀满假的心,负骄盈的气,如屋高大有以翔于天际也。“窥其户,阒其无人”者,由其恃势挟才,自骄以蔽其明,自满以昏其志,故障蔽之深,而一无所见也。

䷷ 艮下离上

旅:小亨,旅贞吉。

这卦辞是言处旅者,德在我者行之利,守以正者道尽善。旅是羁旅,凡客于外者之名;小亨是随寓可安的意思,贞就是得中顺刚,艮止严明的道,吉是终得亨的意思。这卦名旅者,山止于下,火炎于上,去其所止而不处,如旅人寓于外,而无宁居。故为旅。文王系辞说,旅途亲寡,势涣情疏,何以得亨?然卦体六五得中,而顺乎刚;卦德艮止,而严乎明;有亨的道。故占者如此,则有即次之安,得怀资之裕,亦可以小亨。然此即旅之正。苟能守这正而不易,则内不失己,外不失人,斯为得旅道之善,而小亨者亦可保矣,不亦吉乎?

《彖》曰:“旅,小亨”,柔得中乎外而顺乎刚,止而严乎明,是以“小亨,旅贞吉”也。

这一节是以卦体卦德解卦的辞。柔得中是在己有柔中的德,外是在外卦,外字轻;顺乎刚是能恭顺那有德的人。止是安静而不妄动,严乎明是能察事机而不迷于所往。孔子说,旅而得“小亨”者,何所取哉?盖处旅的道,莫贵乎得中,莫病于自足,合卦体六五柔得乎外,而顺于上下的二阳,则是谦卑适宜,行己合于中行,而于人之有德者,又虚心屈己恭顺而不失,处己处人,两得其道矣。为旅的道,莫贵于静正,莫患于不明。今卦体艮止而离严于明,则是恬退安静,内不失于妄动而所以应于外者,又审时度势,而所往不迷,以内以外,交尽其善矣。是以虽在旅之时,可以小亨,必如是,为旅之正,而得吉也。

旅之时义大矣哉！

这一节是叹旅之时为难处。时义是处旅的道，大是难处的意思。孔子说，当旅的时，所遇的人，既非其情所素孚；所处的地，又非其身所安便。骄亢不顺者，则失人而取伤；委靡太过者，则失己而取辱；自非得中顺刚，内止外明者不能处。旅之难处如此，旅的时义不其大哉！

《象》曰：山上有火，旅；君子以明慎用刑而不留狱。

这《大象》总是言君子慎刑的道。明慎用刑是狱未决的时节，必详审其罪之轻重，不敢轻易的意思；不留狱是刑既定的时节，必决断其当刑当赦，不敢迟留的意思。孔子说，山上有火，去而不留，旅的象如此。君子以主刑者，民的司命。故君子法山体之重，而明慎以审察，使其轻重得宜，出入惟允，不敢忽易，有如山之慎重焉。明慎既尽，其狱已定，即从而决断之，当刑即刑，当宥即宥，不至淹禁留滞，有如火势之不留焉，则刑不滥施，而民得其所矣。

初六，旅琐琐，斯其所取灾。

这一爻是言处旅者过于鄙吝则必召祸。琐琐是计较私利，器度鄙陋猥琐的象；斯是此，取灾是自取祸的意思。周公系初爻辞说，初六阴柔，则气量浅狭，居下则人所卑污，是处旅而鄙猥琐细的人。占着这等，则必召人轻侮，而自取灾咎矣。

《象》曰："旅琐琐"，志穷灾也。

这《小象》是申言初六为自取之灾。志穷是志议鄙陋穷促的意思。孔子说，初六"旅琐琐"者，由其志器卑陋，作为局促，宜其来人之侮，而自取灾也。

六二，旅即次，怀其资，得童仆，贞。

这一爻是处旅中之最善者。即是安，次是舍，得以安其身的意思；怀是藏，资是资身之财，得以裕其用的意思；少曰童，长曰仆，总是使令的人；贞是信服的意思。周公系二爻辞说，六二柔顺，则与物无忤，中正则处置得宜。以是处旅，吾见内不失己，而己无不安；外不失人，而人无不与。又安往而不遂其愿乎？是故次者，旅之居，二则即次而有以安其身；资者，旅之用，二则怀资而有以裕其用；童仆者，旅之服役者，二则得童仆之贞信，而心力两尽，有所依赖。盖□其德之全，故其处旅之善亦全如此。占者有这德，斯应是占矣。

《象》曰："得童仆，贞"，终无尤也。

这《小象》是申言六二处旅得童仆之益。尤是怨失。孔子说，旅以得人为重，若使童仆狡猾则居自不安，资亦难保其不盗矣。童仆能贞，则无欺而有赖，虽云亲寡，亦终无尤也。

九三，旅焚其次，丧其童仆，贞厉。

这一爻是过刚者失处旅之道。焚其次是无安身之地，丧童仆是无信从之人，贞指心之无私言，厉就是焚次失仆之危。周公系三爻辞说，处旅的道，以柔顺谦下为先。今九三过刚不中，则暴戾而失之过，居下之上，则骄亢而不能下人；这等处旅，其有不困于旅者乎？故以此道而处人，则人不合，如焚其旅次，而失其所安；以此道而处下，则下不从，如丧其童仆，而一无所赖。占者这等，虽其心无私邪而正，然行失真当，人莫肯容，而下莫肯附，其能免于失次寡助之厉乎？

《象》曰："旅焚其次"，亦以伤矣；以旅与下，其义丧也。

这《小象》是惜九三失安身之次，而责九三失处下之道。下即童仆。孔子说，旅而焚次，则人莫肯容，而身失所安，亦已困伤，况又丧其所亲童仆乎？然何以致童仆之丧？盖当旅时，而一以过刚自亢的道处童仆，则无以致其乐从，宜至于丧，不足惜也。

九四，旅于处，得其资斧，我心不快。

这一爻是处旅中身虽安而心尚有歉者。处是可暂息的地，资是资身之财，斧是防身的器，不快是终未得即次怀资的意思。周公系四爻辞说，九四用柔，能下则事无所拂，人无不爱，以此处旅，则虽未得即次的安，却旅得所处，庶乎不失其所，而又少安；虽未得怀资的然，却得其资斧，庶乎曲为自防，而可以无虞。然非其正位，又主同德下应阴柔，则所处非久安的地，所与非可赖的人，岂能尽得其志哉？故虽仅有于处资斧的善，而心终有所不快也。

《象》曰："旅于处"，未得位也；"得其资斧"，心未快也。

这《小象》是推原九四其心未快之故。未得位指上无阳刚之与，下惟阴柔之应言。孔子说，九四虽不失其所止，然未得正位，终非久安之所。故虽柔下的德，足以曲为自防，其心终有所未快也。

六五，射雉，一矢亡；终以誉命。

这一爻是言人臣得遇文明的主，而显身名于当世者。雉是文明的象，一矢亡是始虽有目屈之失的意思；终以誉命是后必得膺君命之隆，而显名于朝野的意思。周公系五爻辞说，六五柔顺文明，有得中的善；又离之主，为文明的君，有雉象。占得此者，当观光上国委质于那文明的君，如射雉然。然志行未孚，挟策自献，将不有喜进之累乎？是在我所养者，未必略无所失；射雉者，不免有亡矢的费。然所丧不多，□见本其学术之宏，自可以上达于君；出其抱负之大，自可以升闻于上，而身名著显，固终之所必至也，不如那一矢虽亡于射雉之前，而誉命终成于文明之获者也。

《象》曰："终以誉命"，上逮也。

这《小象》是申表人臣必得升闻于君。上即五，逮是及。孔子说，"终以誉命"者，言文明的道在我，而名誉自闻于上也。

上九，鸟焚其巢，旅人先笑，后号咷；丧牛于易，凶。

这一爻是过刚失柔固为失所居而徒自戚者。巢象高，焚巢是失所居的象。旅人指九三，先笑是先自骄乐的意思，后号咷是后有失次之悲的象，牛是柔顺的物象离，丧牛于易言忽然失其和顺的德，凶就是焚巢后咷言。周公系上爻辞说，上九过刚处旅，以故穷大失居，而卒无所依的地；鸣豫自乐，而徒有后事的嗟；其象如鸟焚其巢。其在旅人，则骄乐于未焚之先，而悲号于既焚之后。旅之极困者，所以致此者，由其过刚，处旅之上当离之极，骄亢自高，失其和顺的德，如丧牛于易地者然。占者这等，则欲止无地，欲行无资，凶何如哉！

《象》曰：以旅在上，其义焚也；“丧牛于易”，终莫之闻也。

这《小象》是申言上九过刚而不自悟的意思。莫之闻是莫能自闻知的意思。孔子说，上九处旅时，而好高自上，宜其见恶于人，而巢焚失所安也。又言“丧牛于易”者，盖骄气方盛，失那柔顺的德，而自不闻知也。

卷八

☴ 巽下巽上

巽：小亨，利有攸往，利见大人。

这卦辞是言为治者自用则小，而用人则大。巽取入义，小亨是才弱但可小就，利往是从阳刚的人，则可大有为的意思；大人是有刚中之德的人。此卦名巽者，巽入也，卦体一阴伏于二阳下，其性能巽以入，其象为风，亦取入义，上下皆巽，故名巽。文王系辞说，天下的事必济以阳刚则有余，处以阴柔则不足。这卦以阴为主，则才智不足而不能大有所为，仅可小亨。然以阴从阳，则资其才智，而所行无不利。然事固因人而成，亦以匪人而败，尤必所从者有德的大人乃为利耳。

《彖》曰：重巽以申命。

这一节是以入义解巽的名义。重巽是上下皆巽，有反复叮咛的意思；申是申达，命是命令。孔子说，巽取入义，人君入人，莫重于命令；重巽则人君施命以诰四方而反复叮咛，有以深入乎人心。重巽之义如此，故名巽。

刚巽乎中正而志行，柔皆顺乎刚，是以“小亨，利有攸往，利见大人”。

这一节是以卦体解卦的辞。刚是本刚健的德，巽乎中正指九五是深造入中正的道，志行是这中正可以化民，而为治的志愿已遂；柔皆指初四，作臣民看；顺乎刚是顺从乎刚德的君。孔子说，卦辞言“小亨，利有攸往，利见大人”者，盖卦体九五刚巽乎中正，是为上者刚足以有执而出之以中，有以中那天下的不中；而建中的志已行，强足以有断而施之以正；有以正那天下的不正，而表正的志已行。初四柔皆顺乎刚，则是为下者，仰大中的治，莫不为之化中，而媚兹之无斁被咸正的化；莫不为之从正，而钦承之不违。夫惟柔皆顺乎刚，此所以小亨而利有攸往。惟刚巽乎中正而志行，此所以为大人而利见。

《象》曰：随风，巽；君子以申命行事。

这《大象》是君子体巽象而有深入民心之政。申是详悉晓谕，命是政令，行事是行教养的事。孔子说，风行相继，无物不入，巽的象。君子体此，以风行不继无以鼓励万物，令出不详无以训示万民。故欲行政事以风天下，必申命令于先，以致其叮咛反复的意，然后一从而行事，使仁闻洽于民心，亦如那风行相继而无物不入，及民的道孰加于此！

初六，进退，利武人之贞。

这一爻是无从事之勇，圣人因振作其志。进退是或进或退，而不勇决的意思；武人是刚勇的象；贞是不变易的行。周公系初爻辞说，初六卑巽太过，于那天下事退怯而不敢为，化虽当更，徒裕蛊以滋其弊，而不能叮咛于其变之前；弊虽当革，徒诡随以安其陋，而不能揆度于其变之后。占者于此，何所利哉？惟以武人的贞处之，则出其果断足以建明作的功，而无复进退不果之弊矣。

《象》曰："进退"，志疑也；"利武人之贞"，志治也。

这《小象》是申言初六不果之志，必用刚而后能果。疑是不定，治是定。孔子说，初六"进退"者，以阴柔居巽下，是非可否，莫之适从，故有所疑而不果。若以武人的贞处之，则其志定而进退已决，非复向之迟疑。盖阴性多疑，而武人刚决，故必相济而后可。

九二，巽在床下，用史巫纷若，吉，无咎。

这一爻是卑巽以献诚，而臣道无亏、君心可格。床下是卑下不安的象，史巫纷若是叮咛，烦悉其辞，以道教其诚意的象；吉是得君的宠，无咎是尽臣的职。周公系二爻辞说，二以阳处阴，既不敢自安而居下得中，又不为已甚固巽而不过，得臣道之纯者。人臣于此，惟患不能巽，若能巽顺而不敢以自安，非故为这过谦，亦惟摅一念的忠悫，足以自献于君斯已，谦抑而不敢以自宁；非故为这过屈，亦惟秉一己的精诚，足以对于君斯已，其象就如巽在床下而用史巫纷若一般。这等，则至诚足以感通，谏无不行，言无不听，庞渥为之愈隆，何吉如之！忠顺以事其上，非谄媚以求容，非逢迎以为悦，臣道为之克尽，何咎之有？

《象》曰："纷若之吉"，得中也。

这《小象》是申言九二献诚为当然的道。得中是非过于已甚的意思。孔子说，"用史巫纷若"，似过于巽，而何以得吉？盖居下体中，为得中道，则是秉事君的小心，而不失于谄谀；率安贞的常分，而不过于承顺。此所以纷若而得吉也。

九三，频巽，吝。

这一爻是声音笑貌伪为于外者。频巽是强为巽顺而屡失者，吝是取人的辱。周公系三爻辞说，九三过刚不中，既无下人的资，居下之上，又挟上人的势，非能巽者；其所以为巽，不过强于一时，不能持久，频巽而频失者。占者这等，则终归于不巽而以满招损，以无恒取羞，不亦吝乎？

《象》曰："频巽之吝"，志穷也。

这《小象》是推本频巽取羞之由。志是志意，穷是高大自肆的意思。孔子说，巽本不可以伪为，九三过刚不中，居下之上，是志意满极，巽非出于中心，故勉为屡失，而致吝也。心虽欲巽而不得巽，故曰穷。

六四，悔亡，田获三品。

这一爻是大臣有谦德而得多贤之益。悔自阴柔无应，乘承旨刚上说；悔亡自柔而能下处说。田是田猎，获三品是得克祭品之多，群贤来助的象。周公系四爻辞说，六四阴柔无应，上承九五明察的君，下乘九三强暴的臣，本不足以称大臣的职而有悔。然当巽时，用柔能下，为能秉谦恭以下士，本和易以近人，则徽柔所感，天下乐从，人不病于无援，职不患于难供，其悔可亡。且不独近有所获而已，群贤汇集，而嘉谋嘉献，足以裕多助之益，群策毕举，而善政善教，足以广协赞之功，殆如田有三品之获，随所获而无不得者，岂特悔亡而已哉！

《象》曰："田获三品"，有功也。

这《小象》申言大臣能下贤必得多助之益。孔子说，六四"田获三品"，则上焉赖以正君而有功于君，下焉赖以泽民而有功于民也。

九五，贞吉，悔亡，无不利；无初有终，先庚三日，后庚三日，吉。

这一爻是人君能更新以善治者。贞吉是能反正以成治化的意思，悔亡是尽去积弊的悔，无不利是法尽善，可推准动化的意思。无初就是先有悔，有终就是吉无不利的意思；先庚三日是丁，言当丁宁以善变于先；后庚三日是癸，言当揆庆以尽变于后；吉自利及天下后世言。周公系五爻辞说，九五居巽体，则是承前人积弊的后本有悔，幸刚健中正为能奋发改图以复于正，而积衰的弊可去，文明的治可成，得吉而心无悔，无初而实有终。然贞果何以得之？必丁宁于变更的前而熟思审处，务为先事的防，不骤卒以遽变；废度于变更的后而深思远虑，务为善后的图，不苟且以为变。这乃贞之所在。故不惟前弊既去，而后弊亦不复生；不惟一时见休，而后世亦蒙其休；吉可得，悔可亡，行以利，无初而有终，举得之矣。

《象》曰：九五之吉，位正中也。

这《小象》是推本九五有更化的德。位是居，正本得阳位之正言，中本居于卦之中言。孔子说，九五能去积衰的弊而获吉者，以其有中正的德，意见不偏于自用，施为允协乎时宜。故以丁宁，以揆度，莫非本这德以运量之。苟无这德，则虑浅谋躁，安能善变而得吉乎？

上九，巽在床下，丧其资斧，贞凶。

这一爻是过巽而无刚断的人。巽在床下只是卑巽之极；资斧是资身的斧，只是无决断的意思；贞是巽所当巽的意思，凶是见恶于人的意思。周公系上爻辞说，上九本有阳刚的德，特以居巽极而失其刚，是凡事过巽而无些刚断，有巽在床下，丧其资斧的象。占者这等，谦巽施于当巽之地而得其正。然过巽，这等却也难免屈身召祸之凶。

《象》曰："巽在床下"，上穷也；"丧其资斧"，正乎凶也。

这《小象》是申言上六过于卑巽，必取耻辱的意思。上穷是居巽上穷极之际，正是固必的意思。孔子说，"巽在床下"者，言上六居巽极而专以依阿为心，其巽至于已甚也。"丧其资斧"，言过巽而失其刚断，可必其凶也。

䷹兑下兑上

兑：亨，利贞。

这卦辞见人君和悦必得民，而妄悦所当戒。兑取悦义，亨是人情乐与的意思，利贞是不违道以干百姓之誉的意思。这卦名兑者，阴居阳上，非其所望，喜见乎外，有和悦的意，故为兑。文王系辞说，卦体刚中，其说以正，柔外则又未免有不正的嫌。故占者诚能说以待人，而人乐吾可亲；悦以处事，而事因以顺应，可以得亨。然又必于那所悦者，一出于正，顺乎天，而应乎人；无来兑的私，有和兑的吉，无引兑的嫌，有孚兑的实，乃为利耳。

《彖》曰：兑，说也。

这一节只据兑义以解兑名义。孔子说，卦名兑者，盖阴居阳上，喜见乎外，在人是以和悦的道待人，有说义，故名兑焉。

刚中而柔外，说以利贞。是以顺乎天而应乎人。说以先民，民忘其劳；说以犯难，民忘其死；说之大，民劝矣哉！

这一节是以卦体解那卦辞而极言其悦道之大。刚中是存心刚直正大的意思，指二五；柔外是外貌有邪柔媚悦的形状，指三上。顺天是合那天理之正，应人是契那人心之正。说以先民是用那说道之正，去急使民的意思；忘劳是利于趋事的意思。犯难是使民赴难，忘死是乐于效死的意思。大就天人所系上见，劝就忘死上见。孔子说，说固有亨道，而又"利贞"者。盖卦体二五，以刚居中，三上以柔居外，刚中固无不正，柔外似有不正的嫌。故必所亲者，出于义理，而无妄悦的私，乃为利极而论之。

天理人心，正而已。既得其正，则上合天理的本然，而仰焉可以顺天；下契人心的同然，而俯可以应人。由是用这说道之正，而率民以从事，则民皆说。劳我者，却是所以逸我处，莫不勇于服役，而忘其劳。用这说道之正，而率民以犯难，则民皆说。死我者，却是所以生我处，莫不急于向义，而忘其死。夫人情莫不欲逸而曰忘劳，人情莫不欲生而曰恶死。即这说道而观，可见悦而顺天应人，有以极说道之大。是以民皆忘劳忘死，因以妙激劝之机。是则非说之正，不足以为说之大；非说之大，不足以致民之劝。此贞之所以利欤！

《象》曰：丽泽，兑；君子以朋友讲习。

这《大象》是君子体兑象而尽两相滋益的道。丽是附丽，两泽交相浸润的意思；讲是议论，习是讲后体验而熟习之。孔子说，两泽相丽，互相滋益兑的象。君子体之，以朋友讲习，或相与究极那天道的精微，或相与推究那入道的极致。故反复辨明，则在人者，有以裕于己；在己者，有以及于人；亦如那泽之互相滋益矣。

初九，和兑，吉。

这一爻是说人以当然之正道而人心莫不与之的意思。和是中节而无乖戾的意思。周公系初爻辞说，初九以阳居卦下而无应，则其所悦者顺乎性情之中正，发皆中节而于天理无所乖，于人心无所拂，正君子参和不偏者。这等，则大同无我，而有以通天下的志，吉。

《象》曰：和兑之吉，行未疑也。

这《小象》是推本初九所说之正。行是去说人，未疑是心正而无私累的意思。孔子说，和兑而得吉者，言以阳居下又无系应，则其说人，顺乎天应乎人，而无偏私之可疑。使有所疑，安得为和哉？

九二，孚兑，吉，悔亡。

这一爻是至诚足以说君者。孚兑是以诚实去说君，吉是得君信任，悔亡无亏臣道。周公系二爻辞说，九二以阳居阴，是人臣处危疑的地，本不足以取信于君，而有悔者。但他有刚中的德，则其所以自结于君者，一本于由衷之诚而非伪为于外者。占者这等，则至诚可以格君，而明良喜起的盛，由此以致，尚何失于人臣之义？故得吉而悔亡。

《象》曰："孚兑之吉"，信志也。

这《小象》是推本九二有报君之诚。信是诚实，志是心之所在。孔子说，九二所言"孚兑，吉"者，由他事君，一出于诚心无少妄伪，此所以为兑而吉。

六三，来兑，凶。

这一爻是阿谀媚悦取恶于人者。来兑是来就下二阳，求与他相说的意思；凶是可羞恶的意思。周公系三爻辞说，六三阴柔，不中正，妄为说者，为兑的主；深于悦者，上无所应；而反来就初与二之阳以求悦，是谄谀自卑而强合于人者。夫以那和兑、孚兑的二阳，而岂可以那非道去说他？适足以取他疾恶而已。

《象》曰："来兑之凶"，位不当也。

这《小象》是推本六三媚悦之由。位是居，不当指阴柔不中正言。孔子说，六三妄悦而得凶者，盖以阴柔不中正而德有不足故也。若初之刚正，则能守以和兑；二之刚中，则能率以孚兑，何有于凶？

九四，商兑未宁，介疾有喜。

这一爻是大臣能去奸佞以从大君者。商兑是度量于所悦之间，未宁是未有定从，介是介然从正，疾是疾恶的奸邪，有喜是邪去而君得。周公系四爻辞说，九四上承九五刚正的贤君，下比六三柔邪的奸党，将欲悦乎五则三乃情所可系者，将欲悦乎三则五乃理所当从者。故揆度于邪正间而未能以自决，是为商兑未宁。然其质本阳刚，则阴柔非其类。故能知君臣的分，定于立朝之初者，于是委质以事君，而奸邪之徒则远之为甚严。这等则君臣道合，而民劝之风可成；上下交孚，而天人之助交集，不有喜乎？盖商兑未宁者，势之二也；介疾有喜者，志之一也。

《象》曰：九四之喜，有庆也。

这《小象》是申表人臣忠君之福广被天下。孔子说，九四去六三小人而委身以事君，则明良会而庶事康，始焉自我而喜，终则民悦无疆，而庆及天下矣。

九五，孚于剥，有厉。

这一爻是人君惑于小人之害者。剥是剥害正人，指上六；孚是深信的意思；厉是伤于小人的祸。周公系五爻辞说，上六阴柔小人，妄悦以剥阳，五虽阳则中正，然当悦时，密近小人，能保其不信乎？故因占设戒说天下至可畏者，莫如小人的奸。占者恃在己的聪明，忽国家的治安，以那小人为不足畏，狃于所悦而孚于剥，则必为他所剥，而心志为他蛊惑，国政为他紊乱，其危必矣。

《象》曰："孚于剥"，位正当也。

这《小象》是推本人君伤于所恃。位是居，正指阳刚中正，是有天下的才；当指居尊位，是有天下的势。孔子说，九五"孚于剥"者，以其阳刚的德而又当那崇高的位，自恃可以去小人而反为小人所惑矣。

上六，引兑。

这一爻是务引正人与之相悦者。引是引下二阳。周公系上爻辞说，上六以阴柔为悦主，处悦极专务悦人。故引二阳以为悦，卑谄邪媚，无所不至。然引之者在上六，从之者在二阳，岂能必其所从哉！

《象》曰：上六"引兑"，未光也。

这《小象》是深鄙上六心迹之私。孔子说，上六引人以为悦，是其心有所利私而不公，邪而不正，未光明也；若那孚兑、和兑的意，则一以刚正，一以刚中，何其正大而光明耶！

☴☵ 坎下巽上

涣：亨，王假有庙，利涉大川，利贞。

这卦辞是言人君济涣的道。涣是天下混乱离散的意思，亨是涣可济的意思，假庙是聚祖考的涣，涉川是济人民的涣，利贞是不媚福、不徼幸的意思。这卦名涣者，谓风行水上，有披离解散之意，故名涣。盖涣则人心已散，自失所居，若难得亨，幸而卦变为居得其所，而又有其才，有其辅，故涣犹可济而亨。然济涣的道，何如？盖当涣的时，以九庙则震惊，而祖考的精神亦必因涣而散。故当致孝享于宗庙，而使那神灵涣散者有所安，以世道则溃乱。而这卦巽木坎水，又有济险的具。故利展才略于天下，而使民心离散者有所合。这固是济险的道，苟不以正而行，未有能济者。又必假庙，则尊祖敬宗，而非媚神以徼福；涉川，则顺天应人，而非行险以侥幸；乃为利。不然，则神不享，而人不与，涣何如而亨哉！

《彖》曰："涣，亨"，刚来而不穷，柔得位乎外而上同。

这一节是以卦变解卦的辞。刚来指九居五，是英武的人而来济涣的意思；不穷是得其地而不为所困的意思。柔指六，位指三，是有宽柔的德，而济以刚断的才；外指外卦六四言；上同亦指同于六四，是得同心的良佐。孔子说，涣不易济，而亨者何哉？盖济险的道非据那可为的地，具那能为的才，而得人协力者不足以有为。今卦变自《渐》而来，九来居二而得中，则是以英雄而得用武的地，山河险固，退可以为据守的资；形势便利，进可以成混一的功。所以济涣者有其地，又六往居三，得九的位，则是本以宽仁，而济以雄断；惠足以坚既去的人心，而不失于苛刻；威足以御身张的强敌，而不失于委靡。所以济涣者，又有其才，又上同于四，则是当那国步多艰，而得涣群的良佐；或与他图事揆策，以共济天下的难；或与他戮力同事，以共扶天下的危；可以济涣者，又有其助。此所以涣不终于涣而可亨也。

"王假有庙"，王乃在中也。

这一节是解卦辞见王人孝享之诚。中是庙中。孔子说，"王假有庙"

者，岂徒为观美而已哉？盖当涣的时，九庙震惊，祖考精神必为之涣散，于此不思所以凝聚，岂仁人孝子的心哉？故王者乃聚己的精神，至于宗庙中，而聚祖考的精神也。

“利涉大川”，乘木有功也。

这一节是解涉川之意，见济涣贵有才。乘木是用才的象，有功是能济涣的意思。孔子说，“利涉大川”者，岂幸致哉？盖当涣的时，国势已去，人心已离，苟无其具，何以克济？合观卦象，乘木于坎水上，则是经纶康济的才，蕴畜有素，可以极天下的难，而有济涣的功也。

《象》曰：风行水上，“涣”，先王以享于帝立庙。

这《大象》是先王因时涣而尽济涣之大要。享帝是行郊社之礼，立庙是崇那禘尝之义。孔子说，风行水上，难披解散，涣的象。当涣的时，郊庙礼废，鬼神几于无主，先王任宗子的责，奉神明的统，自有不能恝然者。故享帝于郊，以明父天母地的礼，而上帝的精神散于亭毒之表者，皆萃于郊祀之余；立庙于国，以报祖功宗德之隆，而祖考的精神；散于杳冥之中者，皆聚于庙祭之时。夫享帝以明有尊，而人皆知尊尊的义；立庙以明有亲，而人皆知亲亲的义。仁人孝子用心盖如此。

初六，用拯马壮，吉。

这一爻是人臣资有才者以成济涣之功。拯是救，马壮指九二刚健的象，言拯难而得壮马；吉是天下一统的意思。周公系初爻辞说，初六居涣始，阴柔本不足以济，而九二刚中，则有能济的具。初能顺他，资其雄断的略，以收将散的人心；赖其英武的才，以抚将弛的国势；是犹拯急难而得壮马。夫拯之于初而力既易，又得人助，则功易成，将见人心复聚于大同，国势复安于一统，涣无不济而吉。

《象》曰：初六之吉，顺也。

这《小象》是推本初六能济涣之故。顺是顺从九二。孔子说，初六本非济涣的才，何以得吉？盖九二阳刚的德，足以系天下的重望；强毅的才，足以任天下的重事；初能顺而从也。故有亲而有功也。

九二，涣奔其机，悔亡。

这一爻是英雄播迁，据得其地而成济涣之功者。奔是疾走，机是车中机子，人靠着以为安者；悔亡是先失故居的悔已亡。周公系二爻辞说，以九居二，失其故居，本不足以济涣，而有悔。然当那涣时，上应九五中正之君，来而不穷，是得其用武的地，而凭籍以为安；资其形势之便，而可依据以自守；如人奔得其可居而安者。占者这等，则进可以战，退可以守；戡定的谋可就，兴复的功可成，虽有悔亦亡。

《象》曰："涣奔其机"，得愿也。

这《小象》是申表九二遂济涣之心。孔子说，欲济涣以图安者，九二的志愿如此。今当涣时，而奔得其机，则有以据形势的便，图兴复的功，而济涣之愿已得，何悔不可亡？

六三，涣其躬，无悔。

这一爻是人臣忘身以急国难者。涣其躬是舍致其身的意思，无悔是无愧于心的意思。周公系三爻辞说，六三阴柔不中正，本有自便自利之私者。然居得阳位，则志操实大，为能以天下的涣为己责，而汲汲乎惟欲挽天下于一统，凡一身的利害得丧不暇计焉，有涣其躬的象。夫为身谋，而不恤天下的难者，其心有所不安。今果忘身，这等则能匡济时艰，而举动光明，此心可以无悔。

《象》曰："涣其躬"，志在外也。

这《小象》是推本六三有济天下之志。外指天下，谓外卦之上九。孔子说，人孰不欲自便其身图？六三乃能"涣其躬"者，盖事之公私在辨其志而已。六三志在天下，是为人的志重，故为己的念轻也。

六四，涣其群，元吉；涣有丘，匪夷所思。

这一爻是不植私党，惟尊一王而功业可成者。群是己的私党，元吉是能合天下的势，丘是土聚成埠者，涣有丘是联属天下以尊王室的意思，夷是平常，匪夷所思言非平常人思虑所及。周公系四爻辞说，六四居阴得正，上承九五，当济涣之任者而无应与，为能散其小人之朋党，而专一以事上。这是公而忘私而有以匡济乎时艰，固大善而元吉。然人君所望于四，与四所自期者，要不止是而已。盖私党既散，则大群自集。苟能开诚布公，散天下朋党而尽归上于君，使所散者聚而若丘焉，则其功业盛大，有非常人思虑所能及矣。

《象》曰："涣其群元吉"，光大也

这《小象》是申赞六四成涣群之功。光大是事业光明广大的意思。孔子说，六四"涣其群元吉"者，盖植党风行，则暗然而不光，狭小而不大。合能散小人的私群，成天下的公道，则反侧者消而归于一统，焕然俊伟的事业何光明！偏比者化而协于大同，恢然宏远的气象何广大！

九五，涣汗其大号，涣王居，无咎。

这一爻是人君下诏散财以收拾天下的人心者。涣汗是如汗之出而不反，颁布天下的意思；大号是王者的命令。居是积，涣王居是散居廪所积的财。无咎是能济涣的意思。周公系五爻辞说，民心涣者，凡以情意乖戾而恩泽未究。九五阳刚中正，有济涣的才；居尊位，有济涣的势。故知非涣号无以鼓动乎天下，于是出号令以一天下的心；非散财无以怀来乎天下，于是损所有以济万民的命。占有这等，则仁言所感，民莫不从，而人心乖离之念以收；实惠所孚，民莫不聚，而国势解散之危可振，何咎之有？

《象》曰："王居无咎"，正位也。

这《小象》是推原人君有惠下之本。正指德言，位指位言。孔子说，六五不徒涣号以孚聚，又且散财以得民。而无咎者，由其以阳刚中正的德而居尊位。盖有其德则志存于民，而不限于推行无地；有其位则权在于我，而不阻于运用无基，是以能公其利而无咎。不然，则或能涣而不欲，或欲涣而不能，其何以济涣哉！

上九，涣其血去逖出，无咎。

这一爻是人臣有拨乱之才而能成济涣这功者。血是杀伤的地，血去是无伤害的象，逖是忧惧的心，逖出是无忧惧的象。周公系上爻辞说，上九阳刚，既有拨乱反正的才，居涣极，又当乱极思治的时，以此济涣，是能出乎涣者。故当涣时，海内分崩，莫不有伤害的危。今叛乱的祸已息，乃为散其伤害；而伤害已去，人心摇动，莫不有忧惧的思。今倾危的患已安，乃为散其忧惧，而忧惧已去。这等则天人之机相应，而济涣之功可成，"无咎"。

《象》曰："涣其血"，远害也。

这《小象》是申言上九有出涣之功。害即血与逖，远害即血去逖出意。孔子说，"涣其血去逖出"者，盖上九以阳刚居涣极，则危者已安，否者已泰，能出乎涣而杀伤忧惧之害远矣。

䷻ 兑下坎上

节：亨；苦节不可贞。

这卦辞是言处节贵适中，若过则不可行而塞。节是有限而不过的意思，苦是过于节的意思，不可贞是不可守以为常的道。此卦名节者，水流无穷，泽容有限，若增之则溢矣，必有限而止，故名节。文王系辞说，坎为流水，泽为止水，下泽以注上水之流，自能节止而不行。盖能节则立身无过，裁制得中，自可通行而无弊，故亨。若过于节而无制，则拂情逆性，至于不近人情，则太苦矣。不惟处世不通，即自身亦有许多行不去的所在，这又岂可固守以为常哉！

《彖》曰："节，亨"，刚柔分而刚得中。

这一节是以卦体释卦辞，明节之所以亨。刚柔分谓坎卦刚而在外，兑卦柔而在内；得中指二、五皆以刚居中。孔子说，卦名节者，其道贵中，偏刚则太塞，偏柔则太奢，皆非中道。以卦之全体言，刚柔均分，而丰俭适宜；以二体言，二、五得中，而无过不及。这便是节制得中，所以亨也。

“苦节不可贞”，其道穷也。

这一节是以理言苦节之过。穷是亨之反，亨则不穷，穷则不亨。孔子说，所谓“苦节不可贞”者，以其过而不中，于天理不顺，人情不堪，难于其行，所以终穷也，安得亨乎？

说以行险，当位以节，中正以通。

这一节是以卦德卦体见行之贵得中。当位指九五，中正谓九五居中得正，通是推行不滞的意思。孔子说，节贵可行，若勉强行之则苦矣。盖说则易流，遇险则止说而不流，所以为节。且阳刚当九五之位，有行节之势，以是位而节之；九五具中正之全，有体节之德，以是德而通之。此所以为节之善也。这等，则占者自无不亨矣。

天地节而四时成；节以制度，不伤财不害民。

这一节是极言节道之善。天地节是阳极阴生，阴极阳生，寒暑有时而不过；四时成是二分二至、晦朔弦望，四时不差而岁功成；制是法禁，度是则节以制度，是量入为出；不伤是财不至于匮乏，不害是民不苦于诛求。孔子说，节道之善，直与天地合矣。盖天地有阴阳相生之理，柔节之以刚，刚节之以柔，皆有所制而不过。节以中正，故四时不穷于运而岁功成。人君法天地之节，费出有经，匪颁有式，则量入以为出，能节以中正之制度，则用财不滥，不滥则不至横征以害民，而制度可通行矣。这等，则节即天地之节制，度即四时寒暑之宜，自然而然，非若苦节者之不可贞也，所以不穷而亨。

《象》曰：泽上有水，节；君子以制数度，议德行。

这《大象》是言人君当随时合宜，得中正之则的意思。数是多寡之数，度是杀之度，德是得于中者，行是发于外者。孔子说，泽汇众流，水之所止自有限，节之象也。君子以民用民行，不节则流，故数有多寡，度有隆杀，则为制之。自车服章采，宫室器用，各有限制，使贱不逾贵，下不侵上，以节民用，德存于心，行见于事，则为议之。自民物则以至进退周旋，皆为拟议，使心无过思，动不逾则，以节民行。这等，则制与议无不合乎中正也。

初九，不出户庭，无咎。

这一爻是言士能审所处而不妄进的意思。周公系初爻辞说，初九阳刚得正，居节之初，知前有阳爻蔽塞，又应四险难之人，能抱道自守，不妄出以求仕，故有不出户庭之象。占者这等，则知节之蚤，能谨于微，无枉道辱身之咎矣。

《象》曰："不出户庭"，知通塞也。

这《小象》是申言初九能知时守塞之道。塞是止。孔子说，初九"不出户庭"，岂徒知塞哉！盖节之道，通则行，塞则止。今初知时之宜塞而未通，故不敢求通。苟时或可通，则自能与时偕行矣。

九二，不出门庭，凶。

这一爻是言不当以隐为高的意思。周公系二爻辞说，二前遇阴，阴偶为门，门既辟矣，有可出之道。今二失刚不正，又无应与，以隐为高，有不出门庭之象。此盖不知有节而不通，则丧身乱伦，自失可为之机，故凶。

《象》曰："不出门庭，凶"，失时机也。

这《小象》是深惜九二失时之甚的意思。极是至。孔子说，九二"不出门庭，凶"，岂知时通变之士哉！当时可出而不出，是天授以机会而自执迷也，则失时之甚矣，安得不凶？

六三，不节若，则嗟若，无咎。

这一爻是戒以当节而不可太侈，以自贻伊戚的意思。不节是纵欲妄费，嗟是有伤财败德之叹，若是语助辞；无咎是自作之孽，无所归咎的意思。周公系六三爻辞说，六三当节之时，本不容不节者也。以阴柔不中正居说之极，非能节者也。以行己则荡而无检，以制用则靡而不经，至于德纵而败，财恣而伤，是自取穷困，惟有嗟叹而已。占者至此，将何所归咎哉!

《象》曰:“不节之嗟”,又谁咎也!

这《小象》是言六三自怨自悔的意思。孔子说,六三之嗟非由外致,盖德毁必辱,财殚必穷,是我豪侈过情,以致今日,乃自取耳,又将谁咎哉!

六四,安节,亨。

这一爻是言人臣之义有顺无强,一惟成宪是遵的意思。安是顺承的意思。周公系六四爻辞说,六四柔顺得正,上承九五乃节之主,则数度自然奉天子制,德行自然奉天子议,是能安五之节而顺承之,则动无愆违,占者自得亨耳。

《象》曰:“安节之亨”,承上道也。

这《小象》是申纯臣守分而许其亨的意思。道即中正以通之道。孔子说,“安节之亨”,四非徒安为下之分也;九五主节于上,中正以通道本可承;四实近臣,能顺承其道;是以亨也。

九五,甘节吉,往有尚。

这一爻是人君有中正之德以主节,不为节苦。甘是乐,易而无艰苦的意思;吉是节之尽善尽美;往有尚是立法于今,可以垂范于后的意思。周公系九五爻辞说,九五为节之主而有中正之德,则制不强,世议不矫俗乐,易近情,节之甘美者也。节道至此,尽善尽美,在己则安行,在天下则悦从,故吉。以此甘节而往,则化行俗美,恭俭廉让之风成矣,往不有嘉尚乎?

《象》曰:甘节之吉,居位中也。

这《小象》是由九五当位以节天下的大任者。孔子说,九五有“甘节之吉”者,以其所居爻位,得上位之中,则存心不偏,故能调剂天下而无不通。这等则王道平康而甘美矣,故吉。

上六，苦节；贞凶，悔亡。

这一爻是言节之太过虽非正道，于理犹可以无悔。贞凶谓虽无越理犯分之失，而终有拂情之凶；悔亡是以理揆之，而无甚大悔。周公系上爻辞说，处节之道，中则甘，过则苦。上六居节之极，慕节素之风而流于固；高贤智之行，而伤于矫；乃节之苦者也。然事虽当节而贞，终非天理人情之所宜，故凶。盖礼奢宁俭，凶固苦节者所自甘，而究竟无甚大悔也。

《象》曰："苦节贞凶"，其道穷也。

这《小象》是申苦节者之道穷，而惜其难行的意思。孔子说，道岂有穷之理？苦节者自穷之也。或可艰难困苦于一人，未可公行于天下；或可勉强植立于一时，未可通行于后世，故为道穷。

䷼ 兑下巽上

中孚：豚鱼吉，利涉大川，利贞。

这卦辞是言信能合理无巧诈之弊的意思。中有外实、中虚二义，孚是信，豚是兽之微贱者，鱼是虫之顽冥者。此卦名中孚者，为卦二阴在内，四阳在外，而二、五之阳，皆得其中；以一卦六爻言之，为中虚；以二体之二、五言之，为中实，皆孚之象。又下说以应上，上巽以顺下，亦有孚义，故名中孚。文王系辞说，卦体中实中虚，一心之孚也。卦德下悦上巽，两情之孚也。孚既在中，则至诚所感，何人不格？何事不济？虽至顽冥如豚与鱼之无知，亦可感动之而得吉，况有知乎？盖事之艰危而至险者，莫如大川，而忠信可行，亦可济之而利，况平乎？即此见天下无不可感之人，无不可济之事。然又非硁硁小信可感孚也，必正而不谅，执而能通，信所当信，而合于贞，乃为利耳。

《彖》曰："中孚"，柔在内而刚得中；说而巽，孚乃化邦也。

这一节是以卦体卦德释中孚之义。柔在内指三四，刚得中指二、五，说而巽是上下交孚的象，化邦是万邦作孚的意思。孔子说，卦名中孚者，以卦体言，二柔在一卦之中而中虚，二刚处二体之中而中实。夫中虚则一物不容，中实则万理皆真。然虚实非两件，要知柔在内只形容得一个虚刚得中，正见虚之中又万物咸备也。以卦德言，则下说上巽，是臣以孚诚媚兹乎君，而君亦以孚诚折节乎臣，上下交孚，则天下自能潜通默喻，而成万邦作孚之化矣。这等是信之所致，故名中孚。

“豚鱼吉”，信及豚鱼也；“利涉大川”，乘木舟虚也。

这一节是以卦象释信能感物之理。及是至，舟虚是外实中虚之象。孔子说，中孚何以感得豚鱼而吉？惟信以行之，则顽冥之民无不输诚，至于豚鱼无知之物，亦自能及之而吉。由是实才运于虚中，应变不穷，如卦象之木乘水，而舟虚以济也。盖舟惟虚可以游于水，心惟虚可以行于世。能孚，何不利涉之有！

中孚以利贞，乃应乎天也。

这一节是释利贞之义。应乎天是事事皆合乎天理。孔子说，中孚而又教以利贞者何？盖孚命乎天，至诚不二，而实纯粹以精；或意见未融，念虑偏主，即非正而不可以言孚。惟中孚以利贞，乃与惟天之命相应也。这等则人无不格，事无不济，而为化原也欤！

《象》曰：泽上有风，中孚；君子以议狱缓死。

这《大象》是言为上者当察未尽之情，以求生民之法。议狱是议狱罪当死的理，缓死是欲求其可生之机的意思。孔子说，风感水受彼此相入，中孚的象。君子体此以用狱，而致我至诚恻怛之意以议之，恐其犯于不得已，与陷于不自知，务要死中求人之生；即求其生而不可得，亦不忍遽加大辟，姑缓其死以待议。这等则为上者一念之中孚，其不任刑有如此。

初九，虞吉，有他不燕。

这一爻是言初九当信任六四，而戒其有二三之心的意思。虞是度，有他是恐其变饰于终的意思，燕是安裕的意思。周公系初爻辞说，初九阳刚得正，而应六四柔顺之正人。当中孚之初，其志未变，能虞度其可信而一意信之，则德性事业，借为典型，观法有赖，得所安而吉。又戒占者，若半信半疑，稍有他焉，则二三之心，非所以定交而成其孚矣，宁能燕而安乎？

《象》曰：初九“虞吉”，志未变也。

这《小象》是申初九从正不可不专的意思。未变是未变初之志。孔子说，初九能虞而吉者，以其当中孚之初，始念最纯，良知未受变于外而自能无他，如何不吉？

九二，鸣鹤在阴，其子和之；我有好爵，吾与尔靡之。

这一爻是言二、五有君臣同德相孚之意。鹤在八月霜降则鸣，取信的意思；兑乃正秋，又为口舌，故言鹤在阴是言鹤行依洲与不集林木，九居阴爻故有阴之象。“好爵”是阳刚居中的懿德；子与尔皆指五，我与吾皆指二；靡与縻同，系恋也。周公系九二爻辞说，二与五皆以刚中之德相孚应，是人臣幽隐之诚素积于中以自鸣，有孚君于无心者，而君亦以诚信之念产，不期而与臣孚，则庚歌喜起之风，犹鹤鸣在阴而子和之象。盖所以致五之和者，由九二有懿德也；懿德在我自有以动其爱慕之思，是我有好爵彼亦系恋之也。故占者有是德，方有是交孚之感应耳。

《象》曰：其子和之，中心愿也。

这《小象》是申人君之好德出于中心的意思。中心愿是非二求于五的意思。孔子说，人心好德稍涉勉强，即非中孚之实。二之鸣由中而发，五之和宁有不根心而应，是诚出于中心之愿也。故不期应而自应，有子和之象。

六三，得敌，或鼓或罢，或泣或歌。

这一爻是言阴柔性躁，行失常度的象。得敌是对敌，指上九之应，犹云两个不好的是一对；鼓是鼓舞作事，罢是半涂而废，泣是忧事不就，歌是付之无可奈何的意思。周公系六三爻辞说，六三阴柔不正，而应上九之不正。此为悦之极，则无恒，彼为信之穷则太固，皆相敌也。己既无主，人又无借以为主，但见或鼓而起，或罢而止，而作止不定；或悲而泣，或喜而歌，而忧喜无常。颠倒若此，事何能济？这等，则占者之不能孚信可知矣。

《象》曰："或鼓或罢"，位不当也。

这《小象》是罪三不自立主意的意思。不当谓阴居阳位。孔子说，天下事全凭自家作主张。三之或鼓或罢，由阴不中正，无中孚自主之德。所以事到面前，且作且辍，而无恒信。岂徒得敌之咎哉！

六四，月几望，马匹亡，无咎。

这一爻是戒大臣宜杜私交以事主的意思。望是月盈，几望是未盈的意思；匹是配，指初与四应；亡是不与之交而绝其党；无咎是心事光明。周公系六四爻辞说，四当中孚之时，近君之位握枢秉要，德位兼盛，似迫主矣。他却以柔顺自处不居其盛，若月几望然。自非徇国之臣，鲜不植交而亡君者，四乃绝去私交，惟精白以事主，如马匹亡之象。这等则不疑不忌，何咎之有哉！

《象》曰："马匹亡"，绝类上也。

这《小象》是申言大臣不植党之实心。绝类是绝初九，上是从九五。孔子说，"马匹亡"者，岂犹有系恋于初之情哉？在初不能断四之交，而四已绝其私与克尽中孚之诚，以上事于五，犹晏子不入崔、陈之党也。

九五，有孚挛如，无咎。

这一爻是言九五有君臣同德相孚的道，在谗邪莫能闻他的意思。挛是固结而不可解之意，无咎有上下交而德业成的意思。周公系九五交辞说，五居尊位是中孚之主，刚健中正，有中孚之实德而下应九二之贤，中心利之，好爵縻之，交孚之固有非谗邪能间者，为有孚挛如之象。苟能同德相信，则孚乃化邦之效所由致也，何咎之有？

《象》曰："有孚挛如"，位正当也。

这《小象》是申九五有中正之德，故能为孚之主。孔子说，五之有孚，何自挛如是？不独以尊位之故，实由五以中正之德而当尊位也。惟有信任贤士之实德，自能挛如而孚信也。

上九，翰音登于天，贞凶。

这一爻是言处信之终者，忠笃内丧，华美外飏，是信非所信的象。翰是羽，翰音谓鸡鸣，则振拍其羽，音从羽出也；登是升。周公系上爻辞说，天下事理，常与时势上下，而不可胶于一定。上九居中孚之极，务执其信，而必欲行之，初不度时之可否，势之顺逆，如翰音非登天之物，而强欲登之，则声闻过情，不能长久于中孚者也。占者得此，彼岂不自以为贞？然拂于时，忤于势，反以信败矣，故凶。

《象》曰："翰音登于天"，何可长也！

这《小象》是申上九无通变之道，自不能长久的意思。孔子说，惟信为可长久，惟通其变而不穷，乃谓之真信。今翰音非登天之物，犹守孚至于穷极而不知变，必败于信矣，岂长久之道乎！

䷽ 艮下震上

小过：亨利贞，可小事，不可大事；飞鸟遗之音，不宜上宜下，大吉。

这卦辞是言君弱臣强之世，一惟以退处为事。小谓阴，亨是小心谨慎行得去的意思，利贞是能安守柔顺之下；"可小事，不可大事"是言小过之时当如此。"飞鸟遗音"是轻举留音，无甚大过的象；"不宜上宜下"又就小事言也。此卦名小过者，为卦四阴二阳，阴多于阳，小者过也。文王系辞说，阴柔于人无所逆，于事无所拂，随其所就，亦可以亨。然必不恃其可亨，而安守分义之正，乃为利耳。盖利贞何如？如寻常之事，乃吾分当为，与吾力能为者，慷慨为之则可，若关国家非常之事，自是阳刚之任，非我力量才干所堪为者，则不可强为。然卦体有飞鸟遗音，其过如是其小之象。故虽小事，亦宜收敛谦退，不居己于亢，而居己于卑，如鸟音之下而不上，则所处得宜，事无不当，乃大吉也。这等，可小事而又居下，斯得时宜而贞矣！

《彖》曰：小过，小者过而亨也。

这一节是以卦体释卦名辞之义。孔子说，卦名小过而“亨”者，卦体阴多于阳，是分处其小而势过于大。小者过也，能慎重周密，因其过而善用之，亦可以有为而亨。故当此之时，不容不小过，不小过则不能顺时，岂得亨？

过以利贞，与时行也。柔得中，是以小事吉也。

这一节是言得时守正，方为处小过之要道。时是理之当可处，柔得中以二、五言。孔子说，小过能亨，而又必用利贞者，以阴本有不可过之分，遂量力安分，而过以守贞，是过不违时，时所当然，与之而偕行也。时行何如？二、五以柔居中，柔本不足以任事而得中，则能知时不过以处小事，所谓与时偕行，可以吉也。

刚失位而不中，是以不可大事也。

这一节是戒为臣者不可恃刚妄为以图大的意思。失位不中指三、四。孔子说，凡天下的大事，必刚健中正之君子方可为之。今三、四刚失位而不中，失位则无任事之德，不中则昧时措之宜。这等，使之任那大事，非所谓与时偕行者也，故不可大事，有飞鸟之象焉。

“飞鸟遗之音，不宜上宜下，大吉”，上逆而下顺也。

这一节是以卦体释能下之义。上逆谓四、五失位，下顺谓二、三得正。孔子说，卦体内实外虚，如鸟张两翼有飞鸣之象焉。然卦辞又言“飞鸟遗音，必宜下大吉”者，当小过之时，若挟一上人之心而处于骄亢，则于理为逆；持一下人之心而安于卑逊，则于理为顺；顺则与时偕行，自能贞而得亨也。

《象》曰：山上有雷，小过；君子以行过乎恭，丧过乎哀，用过乎俭。

这《大象》是言救其过以补其不及而趋于平的意思。行过乎恭是行己一惟敬畏，丧过乎哀是执丧一惟忧戚，用过乎俭是制用一惟省约。孔子说，山上有雷，地远声微，小过之象。君子以小过之时，岂能为惊世之事？但就一身之中，如行己，如居丧，如制用，无关于天下国家者，皆小也，皆不妨于过也。故行宁过乎恭而不过乎傲，则非足恭；丧宁过乎哀而不过乎易，则非灭性；用宁过乎俭而不过乎奢，则非越礼。总是那收敛之意多，张大之事少，是过之得正，而与时偕行者也。

初六，飞鸟以凶。

这一爻是言初之举动躁妄不能处小过而贞，故有凶之象。初上犹翼，故言飞鸟；以是因，谓因飞而致凶也。周公系初爻辞说，初六以阴躁之性，上应九四强援；又居过盈之时，一种骄傲之能上而不下，有如飞鸟之象，则逆而不顺，招损取败之道，凶可知矣。

《象》曰："飞鸟以凶"，不可如何也。

这《小象》是申言小人依附权门，莫可药救的意思。孔子说，凡人凶害，未有不可解免者。今初居下而欲上飞，自必致凶，乃自作之孽，不可活也，亦无如之何矣。

六二，过其祖，遇其妣；不及其君，遇其臣，无咎。

这一爻是言纯臣处小过之时，而能安分不骄的意思。三、四阳爻皆居二之上，有祖与君之象；五阴爻有妣之象，初在下有臣之象，相过之谓过，凌逼之谓及，适相当之谓遇，无咎是无抗上之咎。周公系六二爻辞说，六二柔顺中正，为纯德之臣。其进而事君也，以阴遇阴而不抗乎阳，犹过祖遇妣之象。如此则不凌迫其君，而适得为臣之分，是不及其君而遇其臣矣。这等，则当过而不过，无咎之道也。

《象》曰："不及其君"，臣不可过也。

这《小象》是申人臣不逼上的意思。孔子说，六二之不凌迫其君者，以臣之分不可毫发过乎君也。过小则专恣而不敬，过大则僭逼而不忠，乌乎可？惟不可过，故不及；不及，固二之忠，即臣之纪也。

九三，弗过防之，从或戕之，凶。

这一爻是戒三不当比众阴，须防小人能致祸的意思。弗过是阳不能过乎阴，防之是当备惧防乎阴的意思，从是从乎其阴也，戕是害。周公系九三爻辞说，凡事不可太过，惟防小人不可不过。九三当小过之时，阳不能过阴，故言弗过。然以刚正之德乃群阴之所欲害者。故当防之。若不妨备而反从之，则小人得以乘间而中伤矣。这等，大则危身，小则削权，悔无及矣，凶。

《象》曰："从或戕之"，凶如何也。

这《小象》是申九三不能正己而狎比小人，断招凶害的意思，如何是言其凶之甚。孔子说，小人方侧目君子，而不能据逞者，正惧君子有备耳。今防之不至，而反从之，能免其肆害乎？故其凶之甚也如此。

九四，无咎，弗过遇之；往厉必戒，勿用，永贞。

这一爻是戒大臣用柔不可变、不可执的意思。遇之是上遇五之阴也，往是往从乎阴，永贞是贞实之心长相从也。周公系九四爻辞说，九四以刚居柔，若有咎矣。然当小过之时，宁安于下而顺，毋过于刚而逆，正即所谓小过也，故无咎。若其阳弗过乎阴亦如其三，但四弗过乎阴而反遇乎阴，不当往从之。若往从乎彼，与之相随，则必危厉所当深戒也。又须随时制宜，不可相从而与之长永贞固，故戒占者以此。

《象》曰："弗过遇之"，位不当也；"往厉必戒"，终不可长也。

这《小象》是申言九四若不善用其刚必不能永终的意思。位不当谓刚居柔位，不长是终不能相随而长久的意思。孔子说，四之"弗过遇之"者，以刚居柔而不当位，所以弗过于刚而适合其宜也。"往厉必戒"者，盖往则过刚，轻举妄动，岂能长随于五而不败乎？故戒之也。

六五，密云不雨，自我西郊，公弋取彼在穴。

这一爻是言六五志高无辅的象。弋是以丝系矢而射也，取彼是取彼鸟也，穴是鸟之巢；云自西而东是不能成雨之象，鸟在穴是弋不能取之象。

周公系六五爻辞说，五以柔弱之才，处太高之位，又当阴过之时，不能沛泽于下，犹密云起自我西郊，而不能致雨的象。此时或得阳刚之助，犹可有为，乃弋取者；又六二之阴柔以无能之臣辅不振之君，安能济乎？犹鸟之在穴，非弋之所能取也，故有此象。

《象》曰："密云不雨"，已上也。

这《小象》是申六五负势自骄，不求贤以为辅的意思。孔子说，本卦上逆下顺，则"宜下不宜上"。今六五已高在上矣，所以"密云不雨"之故，皆由居尊而挟势过高不肯下贤，仅得六二阿谀之臣，焉能有济哉！

上六，弗遇过之；飞鸟离之，凶，是谓灾眚。

这一爻是言亢非小过之宜，难免举动之凶的意思。弗遇谓上六隔五而不能遇乎阳，过之谓上六居高而反过乎阳；离之是高飞远举，不能闻其音声的意思。凡卦阴多于阳者，圣人皆戒以有灾眚，灾是天灾，眚是人眚。周公系上六爻辞说，六以阴居动体之上，处小过之极，则其施为动作弗合乎宜。盖过之高而亢者也，与飞鸟之宜下者不同矣，不犹"弗遇过之，飞鸟离之"者乎？阴过如此，非阴之福也，必至天人交忌，灾眚荐臻，凶孰甚焉！故戒占者乃尔。

《象》曰："弗遇过之"，已亢也。

这《小象》是申上六过亢不肯下贤的意思。亢是更在上的意思。孔子说，上之"弗遇过之"者，是乃犯上逆之戒也。盖由其心之太亢而不能下，所以致天人之忌耳。

䷾ 离下坎上

既济：亨小，利贞；初吉终乱。

这卦辞是言处全盛之时者，当防其终乱的意思。既济是事之已成者；亨小是言已济，则不能大有为的意思；利贞即泰之艰贞也。初吉谓方济之时人心儆戒，故吉；终乱谓既济之后，人心怠傲，故乱。此卦名既济者，水火相交各得其用；又六爻之位各得其位，故为既济。文王系辞说，君臣协力施为，当可太平事，亦既已济矣。盖既济则盛时将过，虽处治平而实有不测之虞，仅可蒙安，而其亨也亦小。然小亨岂易得哉？必敬天勤民，思患预防不忘戒惧，固守其贞可也。所以然者，盖既济之初，心尚谨惕固无不吉；至于那既济之后，人多恃其既济，则怠心生而纪纲废，衅孽萌矣。这等乱所必至，故利于贞。

《彖》曰：“既济，亨小者”，亨也。

这一节是释卦名亨小之义。孔子说，既济而言“亨小者”，盖时以济名，则丰盛已过，无大作为，而伏衰之渐，但可小有亨而已，非不亨也，特小耳。

“利贞”，刚柔正而位当也。

这一节是释卦体能忧勤谨畏，以善保亨的意思。刚正谓初、三、五，阳居阳位；柔正谓二、四、上，阴居阴位；刚柔正即是位当。孔子说，此时而非守之以贞，虽小亨岂能保乎？故辞言“利贞”者，卦体初、三、五皆居阳，二、四、六皆居阴，是刚柔各得其正，而恰当本位。这等，则刚正而不至好大生事，柔正而不至好逸滋弊。此保济之善道所贵乎贞也。

“初吉”，柔得中也。

这一节是言六二能儆戒以保济的意思。初指六二，得中谓居内卦之中。孔子说，盖初之得吉者，以六二柔顺得中。凡事持重谨畏，而无般乐怠傲之失，安得不保济而吉？

“终止则乱”，其道穷也。

这一节是推乱之由皆人有止心所致。止是苟安偷惰之心。孔子说，“终乱”者，非终自乱也；由平常无事之时忧勤之念辍，而怠荒之心起，乱之所由生也。故人无止心，乱安从生。此乃自取困穷之道也。处济之终，可不利贞是兢乎？

《象》曰：水在火上，既济；君子以思患而豫防之。

这《大象》是言君子处盛时不可不豫备守贞的意思。思以心言，豫以事言，患是蹇难之事，防是见几之事，思患是虑乎其后，豫防是图之于先的意思。孔子说，水火相交，各得其用，既济之象也。君子体之以保济，惟恐无患之既济而患忽生。故必未雨而彻桑土，未火而徙积薪，战兢恐惧以思其患，而谨微杜渐以豫为之防。这等，则天下事有备无患，而济可常保矣。

初九，曳其轮，濡其尾，无咎。

这一爻是言人臣处济之初而能敬慎不败的意思。为轮、为狐皆坎的象，曳轮、濡尾皆在下不前的象；无咎是能保济的意思。周公系初九爻辞说，当既济之初，其逸欲未萌，止心未起，可以谨戒而守成者；且刚得其正能长虑，却顾而不敢轻举妄动，如车将行而曳轮，狐将涉而濡尾之象。然非终曳而不前，终濡而不济也，特不轻进耳。这等，则敬慎守戒，可以无咎。

《象》曰："曳其轮"，义无咎也。

这《小象》是申言初九能察几慎始，小心得济之道的意思。义字正与道穷相反。孔子说，居初能戒，如曳其轮，则防患豫图，而衅孽不萌，宜无终乱之咎也。

六二，妇丧其茀，勿逐，七日得。

这一爻是言六二能以中德自守，待时而合的意思。妇是离的象，茀是妇车之蔽，勿逐是不急急求合的意思；七日得是以理数论，阴阳极于六，七则变矣，变则通，故有七日得之象。周公系六二爻辞说，臣必得君而道行，犹妇必得茀而出行也。二以中正之德，而上应中正之君，本五之妇也，但乘承皆刚与五不得相合，故有妇丧茀不能行之象。然上下中正，岂容终阻？但俟其时，而不汲汲求行。久之君心自悟，必能见用，不犹丧茀者，勿逐而七日得乎？

《象》曰："七日得"，以中道也。

这《小象》是申言六二能守中必不至终穷的意思。中道谓居下卦之中。孔子说，六二之能不求自得者，以其得中道，而济世安民之具在我，君欲保济，舍我其谁？这等，定知其七日自得，而不必遂也。

九三，高宗伐鬼方，三年克之；小人勿用。

这一爻是言盛世用兵，必择良将方可保济的意思。伐是征伐，鬼方是北方夷狄之国，克是胜，小人谓阴。周公系九三爻辞说，当既济之时，天下本无事矣。三以刚居刚，是治安之日，而或有不庭者以间吾治，则必伐之，有高宗伐鬼方之象。然险陷在前如此，而况既济之世，任用小人，舍内治而幸边功，未免穷兵厉民矣。故戒占者说，不得已而用兵，不可不慎，即任将又不可不审也。

《象》曰："三年克之"，惫也。

这《小象》是戒用兵者不可轻举妄动的意思。惫是病。孔子说，用兵至三年乃克者，时久师老财匮力困，惫之甚矣。言惫，以见事之至难，若无高宗之志者，可轻举乎？

六四，繻有衣袽，终日戒。

这一爻是言大臣不因有备或弛戒的意思。繻是舟有渗漏处，袽是救衣，终日是尽日也，戒是戒惧不安的意思。周公系六四爻辞说，四当出离入坎之时，以柔居柔，是过于敬畏者。故致治保邦之略，无不备具，而心犹不敢宁也，防之又防，象乘舟者，虑舟之漏而预备衣袽，犹恐漏至而不及觉，终日戒惧不敢一息稍懈，断不以衣袽之备而自安也。这是深于保济者。

《象》曰："终日戒"，有所疑也。

这《小象》是言既济不可无忧疑之心。疑是疑祸患之将至也。孔子人只是自信得太平无所以不能戒谨。今四之能"终日戒"者，是其心不敢以有备自安，而常有所疑惧，恐一念不谨，祸患旋至，故不得不疑，岂无益之忧哉！

九五，东邻杀牛，不如西邻之禴祭，实受其福。

这一爻是戒处盛之主当节省以挽回天之福的意思。东邻指五，杀牛是盛祭，西邻指二，禴是薄祭。周公系九五爻辞说，天下大福，惟君享之。五虽居尊，但济将终，而盛时已过，天命人心莫之挽留。岂若二方得时，而天与人归乎？其象如东邻杀牛以祭，似可祈神之祐，反不如西邻禴祭之薄，而实受其福也。

《象》曰，"东邻杀牛"，不如西邻之时也；"实受其福"，吉大来也。

这《小象》是警九五不当侈盛的意思。孔子说，杀牛不如禴祭者，盖济道当终乱之时，非五不如二之位，不如二之时也。惟得时，有真实受福之具，所以福屡方来而未艾也。

上六，濡其首，厉。

这一爻是言上九不畏惧而终乱的象。濡首谓首尾俱溺也。周公系上六爻辞说，既济之极，正乱终之时，虽以阳刚处之，犹恐不保，况阴柔怠惰，靡靡不振有载胥及溺的气象，是乱愈亟而险愈深，如狐涉水而濡其首。这等，则身已溺，而危可知矣。

《象》曰："濡其首，厉"，何可久也。

这《小象》是申言上六志满意盈，必至沉溺的意思。不久是必危亡的意思。孔子说，济何以濡首？盖自恃为济而怠弛念胜，则危亡立至，岂能久乎？故保济之道，惟在思患豫防耳。

䷿ 坎下离上

未济：亨；小狐汔济，濡其尾，无攸利。

这卦辞是言未济时能以老成练达之才处之，必得终济的意思。未济是事未成之时，亨是以时至必济的理言。狐是坎象，小狐谓坎居下卦；汔是水涸，指济渡水边，水浅处言也；濡尾言至中间深处，即濡其尾而不能涉之象。故卦名未济者，水火不交，便无同心，六爻失位便乏良谋，事无所济，故为未济。文王系辞说，夫以天运言，未济终有可济之理，故亨。然岂轻于济而得亨哉？必老成持重，敬慎图回者，方可以济。若使少年轻事之人当之，犹如小狐不量水中之浅深，见水边之浅涸，果于必济，及济于水之中，乃濡其尾而不能济矣。如此求济岂得济哉？占者无攸利可知矣。这等，必识浅深之宜，持敬畏之心者，方可以济而亨也。

《彖》曰："未济，亨"，柔得中也。

这一节是释卦辞六五柔中之善于拨乱为治的意思。孔子说，卦名未济，何以得"亨"哉？盖未济之时非小心谨审，处置得宜者，不能济也。今六五阴居阳位得中，则既不柔弱无为，又不刚猛偾事，未济终于必济，所以亨也。

"小狐汔济"，未出中也；"濡其尾，无攸利"，不续终也。虽不当位，刚柔应也。

这一节是言济事无可轻忽之时，得人无不可济之事。未出中是言未出阴中，不续终是言不能继续而成其终，刚柔应是终有协力出险之功的意思。孔子说，《彖》言"小狐汔济"者，是时事方殷，尚未出险之中，此时正宜竭力维持，谨始图成，以收永济之利，而乃"濡其尾，无攸利"，则始乎圆济卒乎不克济，而不续终也。然则天下事将遂已乎？要在得协济之人耳。卦之六爻虽失其位而谋猷不藏，然刚柔皆应可与同心协力，终有济矣，何至汔济濡尾哉！此柔得中之所以亨也。

《象》曰：火在水上，未济；君子以慎辨物居方。

这《大象》是言人君当慎辨物宜，居之以道，令物咸济的意思。辨物是使物以群分，居方是使方以类聚。孔子说，火在水上，炎者自炎，润者自润；南方火，北方水，物各失其所居，而不相济，故有未济之象。君子以天下未济，则物之倒置易位者，不可不谨慎而明辨之，因器命名，缘分定制；使亲疏贵贱，各得其序；尊卑大小，各安其分；则阳居阳位，阴居阴位；民志定，而天下可保终济矣。

初六，濡其尾，吝。

这一爻是言初六位卑才弱，不能进而济世的意思。凡兽济水必揭其尾，若尾濡则不能济矣。周公系初六爻辞说，初以阴柔居下，当不济之时，是无才无位，而又值难济之时，乃不量其才力而冒险以进，就如那狐涉水而濡其尾，便不能济矣，岂非羞吝之道乎？

《象》曰："濡其尾"，亦不知极也。

这《小象》是申初六不能量力妄进，而终于不济的意思。极是终。孔子说，争必敬始，而后可以善终。初六濡尾，虽时不可为，亦由不量己之阴柔无才，居下无势，而冒昧以进，是不知其终之不济也。

九二，曳其轮，贞吉。

这一爻是言人臣能安分不妄进的意思。曳轮是不遽进的意思，贞是得济之正道，吉是终得以济的吉。周公系九二爻辞说，当未济之时，柔主所赖者才臣耳。然才臣贞静者少，二以阳刚应五，惟以那恭顺退守为尚，而分毫不敢专成，如曳其轮而不进之象。这等，则得臣道之贞而可成济时之功，故吉。

《象》曰：九二贞吉，中以行正也。

这《小象》是申九二不挟才恃势，而能矫偏归正的意思。中以心言，正以事言。孔子说，二以贞得吉，可谓能行正矣。然岂勉为行哉？由其居柔得中，宅心忠顺，礼义素闲，故能威福不专，行乎为臣之正道也。

六三，未济，征凶，利涉大川。

这一爻是言六三才力不足，必仗人以济的意思。未济谓犹未出坎险也，征是行；利涉大川谓坎变巽，有乘木以渡之象。周公系六三爻辞说，三以阴柔不中正，无经纶之才者，当未济之时，若欲前往以济，鲜不仆矣，故凶。然未济有可济之道，险终有出险之□，但病在独力不能以济。

幸上有阳刚之应，若能资其才力以□，将出之险，何涉川之不利哉！

《象》曰："未济，征凶"，位不当也。

这《小象》是申言独征之失，皆由柔居刚位所致。孔子说，凡乱之转治皆从人为，三如何未济便征凶，由其阴柔而居刚位，所处不当，故得凶也。

九四，贞吉悔亡，震用伐鬼方，三年有赏于大国。

这一爻是言大臣能用力以变化气质之偏的意思。震用是勇，鬼方是克己私，三年是久，有赏是功成的意思。周公系九四爻辞说，以九居四，不正而有悔也，能勉之以贞，则难无不济，心无不慊，吉而悔亡矣，其贞何如？未济之时，祸乱未平，正戮力勛勷之日，是必以刚决作其震发，奋然为国家扬戡定之烈，至于积久以图而小丑顺服，如震用伐鬼方，三年有赏于大国焉。这等，则非贞何以得吉而悔亡乎？

《象》曰："贞吉悔亡"，志行也。

这《小象》是申九四志在必济，故能守贞以待。志行谓已出险行志也。孔子说，四原志在济时，今能勉而贞，则震奋功深，无不济之悔，而济世之志自行矣。

六五，贞吉，无悔；君子之光，有孚吉。

这一爻是言人君能矫偏归正，则德盛而业光的意思。贞非戒辞，乃六五之所自有者；无悔是自无悔，与悔亡不同；光是渐济的辉光；有孚谓五之虚中也。周公系六五爻辞说，五为文明之主，本体极其虚灵，居中应刚，英贤皆为之辅，虚心以求九二之共济，是能贞吉而无悔者。由是而闇然日章之君子，焕为礼乐文章。故本之于身，则光辉发越，征之于人，则诚意相孚，吉不必言矣。

《象》曰："君子之光"，其晖吉也。

这《小象》是申六五实德克盈，光辉昭著于天下的意思。晖是日之光言，如日光之盛也。孔子说，六五承乘应皆阳刚，是得文明之助，不但一己之辉光，其功业彪炳，天地将为昭矣，何其晖而吉也！

上九，有孚于饮酒，无咎；濡其首，有孚失是。

这一爻是言上九处可济之时，而又不可恃的意思。周公系上九爻辞说，处未济之极，时当济矣。但上九负刚明之才，又无其位，果何所事哉？惟有孚于五，饮酒宴乐而已，自无侥幸欲速之咎。然谓之有孚于饮酒，正缘人事已尽，所以能自信耳。若自以身处度外，不以正事警心，饮酒而至濡其首，信非所信矣，天下事何由济乎？这等，是圣人教人以不失是为处济之道也。

《象》曰："饮酒濡首"，亦不知节也。

这《小象》是申上九处济当节的意思。节是有孚中自然的定制。孔子说，饮酒而至濡首者，但知有孚之为是，至于是之所在，自有节制不可过者，亦未尝思量裁度，遂至于失是。这是戒君子当慎终，而后可以保始也。

卷九

系辞上传

天尊地卑，乾坤定矣。卑高以陈，贵贱位矣。动静有常，刚柔断矣。方以类聚，物以群分，吉凶生矣。在天成象，在地成形，变化见矣。

这一节是以易之后追论未有易之先，言天地对待之体。天是阳之体，尊而在上；地是阴之体，卑而在下。乾是纯阳卦名，坤是纯阴卦名。卑高是天地万物上下的位；贵贱是卦爻外贵而内贱，乘贵而承贱的位。动静是阴阳的常性，以天地言，天动地静；以万物言，男外而动，女内而静；雄鸣而动，雌伏而静。刚柔是阴阳之定体，断是决断，有自然不易的意思。方是东南西北四方之向，类聚谓中国与中国相聚，南蛮与南蛮相聚，北虏与北虏相聚；物是万物，群分谓君子之群，分别于小人；角的群，分别于毛；毛的群，分别于羽；羽的群，分别于裸。吉凶即善恶，以方言之，中国四夷有内华外夷之善恶；以物言之，君子则善，小人则恶；牛马则善，虎狼则恶。生谓易中卦爻占决吉凶的情由，已生于此矣。象谓日月星辰之属，形谓山川动植之属；变化谓阴变乎阳，阳变乎阴，日月之往来，山川之流峙，动植之荣枯。

孔子复传上系辞说，易之为书，虽圣人所作，要知天地间原有那易理，不过圣人因而摹写之。盖乾坤岂自易始有的？天以纯阳位于上而处尊，地以纯阴凝于下而处卑，一健一顺，已有乾坤之是矣。乾坤不先易而定乎？自是有贵有贱，非位于易也。地与万物之卑者陈于下，天与万物之高者陈于上，则易中卦爻列在上为贵，列在下为贱者，已位于此而不紊矣。有刚有柔，非断于易也。天与凡物之阳者性常主动，地与凡物之阴者性常主静，则易中卦爻，阳动称刚，阴静称柔者，已决断不移于此矣。吉凶辨于词，岂始于词哉？以中国言之，如冀州之类与冀州相聚，扬州之类与扬州相聚；以外夷言之，如南倭之类与南倭相聚，北狄之类与北狄相聚；在君子有君子之群，自然分别于那小人；在羽毛有羽毛之群，自然分别于那鳞介；而方之中，如里仁则善，互乡则恶；物之中，君子则善，小人则恶；牛马则善，虎狼则恶。故聚分而善必吉，犹易之顺理而吉也，聚分而恶必凶，犹易之逆理而凶也。吉凶不已，生于此乎。变化起于蓍，岂始于蓍哉？故观于日月星辰之属，在天而成昭回之象；山川动植之属，在地而成经纬之形。象形之阳化阴者，蓍策的阳穷于九，化为少阴的八；象形之阴变阳者，蓍策的阴穷于六，变为少阳的七。日月的往来，星辰的显晦，山川的耸伏潮汐，人物的老少荣枯，变变化化之妙，不已见于此乎？这等，则圣人之易，不过因造化自然之理，而发挥之耳。

是故刚柔相摩，八卦相荡。

这一节是言易卦横图之变化。刚柔是八卦之总名，即奇偶也。摩荡谓南仪配对，气通乎其间，交相摩荡也。

伏羲圣人，见得天地间，只阴阳两端，而万事万物之理莫不悉备。故画一奇以象阳，画一偶以象阴，则那刚柔立矣。由是刚摩柔而生太阴少阳，柔摩刚而生太阳少阴，两相摩为四矣。太阳与少阴相摩而生乾兑离震，太阴与少阳相摩而生巽坎艮坤，四相摩而八矣。这是刚柔相摩，乃易之小成。再以乾兑离震为主，将那八卦推荡其上，则自乾至复，三十二之阳卦立矣。以巽坎艮坤为主，将那八卦推荡其上，则自姤至坤，三十二之阴卦立矣。这是八卦相荡，乃易之大成也。至此则道大备，而凡乾坤也，贵贱、刚柔、吉凶、变化也，无不具其中矣。

鼓之以雷霆，润之以风雨；日月运行，一寒一暑。

这一节是言变化之成象，以见造化即在易中。雷是阳气在内，奋击不得出之声；霆是雷之迅速者；风不能润风，而雨则可以言润；运行即往来寒暑，循环不穷的意思。

圣人既本天地以作易，则天地间那一件不是易理之著见乎？若雷霆之鼓励，即阴阳的搏击也；风雨之滋润，即阴阳的和畅也；日月运行之不息，即阴阳的推迁也；寒暑循环之不已，即阴阳的代谢也。这等，则造化所在，皆易之所在。

乾道成男，坤道成女。

这一节是言变化之成形，总不外一个阴阳的意思。男女不止言人，物之雄与牡，凡属阳者皆男；物之雌与牝，凡属阴者皆女。由是阳而健者乾道，得乾道以成者为男；阴而顺者坤道，得坤道以成者为女。这等，则阴阳之变，都不出易之范围。易非圣人之强作可知矣。

乾知大始，坤作成物。

这一节是承上交男女以明造化之理。乾坤指天地言。知是知此事，谓未成之物，无所造作，故言知；作是能此事，谓已成之物，曾经长养故言作。分言则乾男坤女，合言则乾始坤终。

乾坤之道，最广大又是最要约的，以分见于天地者言之。乾天也，有父道焉，不特成男而已，气始其形，理始其性，尽男女皆主宰而资始之也。乾其知大始乎！坤地也，有母道焉，不特成女而已，气成其形，理成其性，尽男女皆作养而成就之也。坤其作成物乎！这等，则无乾之施不能成坤之终，无坤之受不能成乾之始。惟知以施之，能以受之，则那生育不穷矣。

乾以易知，坤以简能。

这一节是赞乾坤之功，虽至广无际实至要不烦的意思。知是良知，能是良能，易知是绝无凝滞的意思，简能是不自作为的意思。

于始物可以观知，若尽物始之，亦甚难了。不知乾健而动气至即行，无一毫私欲之间，则所知者皆性分之所固有，略无等待留难，何易如之！于成物可以观能，若尽物成之，亦甚烦了。不知坤顺而静，只就乾之气醞酿而成，无一毫私欲之扰，则所能者皆职分之所当为，略不添那分毫，何简如之！这等，则乾坤之成位者，惟此易简而已。

易则易知，简则易从；易知则有亲，易从则有功；有亲则可久，有功则可大；可久则贤人之德，可大则贤人之业。

这一节是言人心自具一乾坤功夫，只在首二句上。易知是我易知乎此无私之理也，易从是我易从乎此无私之理也，非人知人从也；有亲谓得人心之同的意思，有功谓天下力于为善的意思，可久谓日新不已，可大谓富有盛大；贤人犹言过人，德是至诚无息之德，业是广大无方之业。

不特乾坤有易简之理，人心亦有之。我与天下同为良知，同为良能也。果能法那乾的易以存心，而克夫艰险，则明白坦夷，尽人皆可知矣。法那坤的简以处事，而谢绝纷扰，则径直要约，尽人皆可能矣。惟易知，则我以是存心，人亦以是存心，凡天下以心相信者皆吾亲也。惟易从，则我以是成能，凡天下力于为善者皆吾功也。有亲则其精神更无古今，不可久乎？有功则其作用直盈宇宙，不可大乎？可久，则其德与天同其悠久，是贤人之德也。可大，则其业与地同其博大，是贤人之业也。

易简，而天下之理得矣；天下之理得，而成位乎其中矣。

这一节是言人易简之未始不为天地的意思。理得即得易简之理，更无两样；成位即易中三才，成那六位也。德业至于贤人，则我之易简，即乾坤自然之易简一般。天下之理有不得乎？说个天下之理，便觉克满宇内的道理，亦是天下所公共的道理，都是那性分所有的无不收拾于此中。夫理得至此，则天得这易理成位乎上，地得这简理成位乎下，我亦得那易简之理而成位乎中矣。这等，可见易书之理，即天地之理，天地之理，即吾身之理。人虽求易理于天地，还当求易理于吾身可也。

右第一章

圣人设卦观象，系辞焉而明吉凶。

这节是言圣人作易系辞不外于卦象的意思。设卦是文周将伏羲圆图六十四卦陈列也，象是义理可见的影子，即逐卦六爻之象；系辞谓观此象而系之以辞，吉凶是逐卦逐爻之吉凶也，明谓有易以来，吉凶的理虽具，却未曾明白说出，至文周系辞，而吉凶始大明于天下。孔子说，自伏羲画卦时，那吉凶之理已寓矣。然有画无文，民用不彰，文周圣人于是取先天六十四卦，陈设而布列焉。总观卦象，则时有消息，而系彖辞以明一卦之吉凶；析观爻象，则位有当否，而系爻辞以明一爻之吉凶。这等，则易道大备而利用昭然矣。

刚柔相推，而生变化。

这一节是原圣人观象系辞之由。推是迭相为推，不是两物对待而相推荡也。所以观象系辞，果何本哉？盖易中卦爻，只是刚柔两画而已，柔不一于柔，柔有时而穷，则自阴以推于阳而变生矣；刚不一于刚，刚有时而穷，则自阳以推于阴而化生矣。如乾之初九，交那坤之初六，则为震；坤之初六，交那乾之初九，则为巽；此类是也。又如那夬极而乾矣，反下则又为姤，剥极而坤矣，反下则又为复之类是也。这等，则其变化之间，消息当否，无不具焉，所谓吉凶已寓此矣。

是故吉凶者，得失之象也；悔吝者，忧虞之象也。

这一节是以人事申观象系辞之意。是故是因上文的意思，吉凶悔吝以卦辞言，失得忧虞以人事言。失是逆理，得是顺理，忧是虑患，虞是娱乐。观那辞之吉凶，就是人得失的模样。人事惠迪，便能致祥；人事拂逆，便能招福；未有得而不吉，失而不凶者也。辞有吉凶之未定，而有悔吝，就是人忧虞的模样。忧则困心衡虑，慚趋于吉，亦如悔之自凶而趋吉的象；虞则志得意满，渐向于凶，亦如吝之自吉而向凶的象。所谓观象系辞，以明吉凶者此也。

变化者，进退之象也；刚柔者，昼夜之象也。六爻之动，三极之道也。

这一节是言造化中刚柔变化之故。变化刚柔以卦画言，进退昼夜以造化言。进是息而盈，退是消而虚，昼是阳明，夜是阴闇，三是天地人三才，极是至。象变之中，柔变趋刚者，即造化退极而进，消而后息之象也；刚化趋柔者，即造化进极而退，息而后消之象也。既变而刚，即阳明用事，昼之象也。既化而柔，即阴晦用事，夜之象也。至若那刚柔变化流行于一卦六爻之间，九六迭用，所谓动也。然爻不极则不变动，阳极则阴，阴极则阳，言六爻之变动者，乃三才极至的道理如是耳。所谓刚柔相推，而生变化者此也。

是故君子所居而安者，《易》之序也；所乐而玩者，爻之辞也。

这一节是言君子身心不离平易的意思。居是处，安是处而不迁；

乐是悦，玩是悦乐，而反覆玩味。序是文王六十四卦之序，辞是周公三百八十四爻之辞，三极之道即此卦爻之序列处，系辞处。何莫非道？在君子可不学乎？身之所处，有为持循之地，而安适不变者，则在《易》之序焉。如乾止可与坤相错，不可与别卦相错；屯止可与蒙相综，不可与别卦相综之类。岂非有定处而不迁的道理存焉？故居安在此，则一身皆易矣。心之所寓有焉，悦怿之真，而沉潜玩味者，则在爻之辞焉。盖爻之辞，假象明理，稽实待虚，莫不有精蕴旁通，足为悦心之契，乐玩在此，则一心皆易矣。

是故君子居则观其象而玩其辞，动则观其变而玩其占，是以“自天祐之，吉无不利”。

这一节是承上文教人学文周辞、变、象、占，则动静不间其功的意思。居是未卜筮时，动是已卜筮时；天祐谓能趋吉避凶，便可合天，而天若或助之一般。辞因象而系，占因变而决。方其静而未卜筮也，则观其得失忧虞之象，而玩其吉凶悔吝之辞。及动而已卜筮也，则观其刚柔相推之变，而玩其吉凶所决之占。此居安乐玩矣。盖《易》之道，一阴一阳即天道也。如此观玩，则所趋皆吉，而静与天俱所避皆凶；而动与天游，冥冥之默祐，有自来矣。这等，则居无不安，动无不顺，不亦吉而无不利乎？总之，学易要人知悔吝凶咎之当避，而趋到吉利处，方是易书之旨。故此章言学易，说到“吉无不利”尽之矣。

右第二章

彖者，言乎象者也；爻者，言乎变者也。

这一节是言卦爻之词的通例。彖是文王所作卦下之辞，孔子所作的是《彖传》，爻是周公所作的爻辞，彖指全体而言。变指一节而言。孔子说，先天立象，意已备矣，何文周二圣，又系辞以尽其言？无非觉后之意。文王系彖，乃统言乎全体之象耳。如元亨利贞，则言一卦纯阳之象，牝马则言一卦纯阴之象，而六十四卦例如此。周公系爻，乃析乎一节之变耳。如潜龙勿用，则言初阳在下之变，履霜则言初阴始进之变，而三百八十四爻例如此。

吉凶者，言乎其得失也；悔吝者，言乎其小疵也；无咎者，善补过也。

这一节是圣人忧世觉民之意，实指出以示人。失是不尽善而逆理的意思，得是尽善而顺理的意思，疵是小不善处，过是偶误于不善处，善补是能图回改复的意思。《象》言变则吉凶悔吝无咎之辞，已备之矣。然又言吉凶者，以时之消、位之不当为失，失则从逆而凶；时之息、位之当为得，得则从顺而吉。又言悔吝者，觉那小不善非不欲改，而彼时未改则有悔；觉那小不善犹及于改，而不能改或不肯改，则有吝悔未至于吉；而犹有小疵吝未至于凶，而已有小疵。又言无咎者，盖因象变时穷位极，不免有过矣，于穷极之中，求其一节之变通，卒能图回而补救之，则不终于过而咎可无矣。这等，则吉凶得失之大，不如悔吝之小；悔吝疵病之小，又不如无咎之为善也。

是故列贵贱者存乎位，齐小大者存乎卦，辨吉凶者存乎辞。

这一节是教人体卦爻吉凶的功夫。列是分列，统言爻位，上三爻贵，下三爻贱；析言爻位，乘贵而承贱；齐是等；大谓阳，复临泰之类是也，小谓阴，姤遁否之类是也。爻固言乎其变已，但那贵贱，易列之而以次分布者，则在乎内外乘承之位；六爻不越上下，而贵贱自列矣。象固言乎其象已，但那小大，易齐之而以类分定者，则存乎阳健阴顺之卦。阴为主者，其道私而小；阳为主者，其道公而大。六十四卦不出健顺而小大自齐矣。吉凶固言乎失得已，但那吉凶，易辨之而使知趋避者，存乎卦爻之辞，辞吉则趋之，辞凶则避之，有能辨之，而吉凶判然矣。

忧悔吝者存乎介，震无咎者存乎悔。

这一节是教人体卦爻悔吝无咎的功夫。介是理欲分路处，震是惊动的意思。悔吝固言乎小疵矣，然不可因小疵而自恕，必当于此心方动，理欲初分，几微之时即忧之。如忧盱豫之悔，在迟速之介；忧即鹿之吝，在往舍之介；能于此际存之，则不至于悔吝矣。无咎固补过矣，然欲动补过之心者，必自悔中来；悔即良心几息而复见的时节，于此震之，则必舍旧维新，咎可免矣。如震甘临之无咎，在既忧之悔；震频复之无咎，在能厉之悔；使不知悔，安得无咎？

是故卦有小大，辞有险易；辞也者，各指其所之。

这一节是总言卦爻辞原是合一的所在。小大即所齐之小大，险是卦爻中暗昧而艰深之辞。易是卦爻中明白而坦夷之辞。各是吉、凶、悔、吝、无咎五者各不同。之是往。合而言之，卦分阴阳，则阴为小，阳为大，辞辨吉、凶、悔、吝、无咎，则有险易。如卦辞“履虎尾”“先甲后甲”之类，爻辞“其人天且劓”“入于左腹”之类，岂非辞之险者？如卦辞“谦，君子有终”“渐，女归吉”之类，爻辞“师左次”“同人于门”之类，岂非辞之易者？然辞之所以险易者，各随小大之卦；所向之情险易，而指出言之耳。如吉凶则趋之避之，如悔吝则忧乎其介，如无咎存乎悔也。这等，则卦与辞岂有二哉？观玩者，当由乎易而不入乎险，庶可获吉而避凶矣。

右第三章

《易》与天地准，故能弥纶天地之道。

这一节是言圣人作《易》直知天地的意思。准是均平，弥是弥缝，纶是丝纶。孔子说，天地二阴阳也，这阴阳却都包蕴在《易》书中，便与天地齐准矣。惟与天地准，则弥之而包括周密。合万为一，而浑然无欠，纶之而条理分明；析一为万，而灿然有伦。那天地之道有不为易所弥纶乎？要非精通造化者不能也。

仰以观于天文，俯以察于地理，是故知幽明之故；原始反终，故知死生之说；精气为物，游魂为变，是故知鬼神之情状。

这一节是言圣人知天地之道，方能穷阴阳之理。天垂象而易见，故言观；地则有山川原隰，条理各别，故言察；幽犹天之夜，地之北，阴幽的意思；明犹天之昼，地之南，阳明的意思；故是所以然之理。始终是人物之始终，原是推原，反是折转来的意思，死是气散而理随以尽，生是气聚而理随以完。阴精阳气生聚为物，魂游魄降死散为变，神是阳之伸也，鬼是阴之归也，情状犹言模样。《易》与天地准者，非圣人安排穿凿，强与准也。盖《易》以道那阴阳，阴阳之道，不过幽明死生鬼神之理而已。今作《易》，圣人仰观经纬之天文，俯察一定之地理，则知天地之晦冥深险处，阳变阴而幽也；天地之昭著平夷处，阴变阳而明也；其所以幽明之故，因《易》而知之矣。圣人又以《易》之理，推原人物之所以始，反观人物之所以终，则知始之生者，气化之凝，阴变阳也；终之死者，气化之尽，阳变阴也；其所以死生之说，因《易》而知之矣。圣人又以《易》之理，观那阴精阳气凝聚为有象而成物，魂游魄降散入于无形而为变；则知精气之聚，乃造化自无而有，神之来而伸也，阴变阳也；游魂之变，乃造化自有而无，鬼之往而屈也，阳变阴也；则那神之情状，又以《易》而知之矣。《易》固圣人穷理之书也。

与天地相似，故不违；知周乎万物而道济天下，故不过；旁行而不流，乐天知命，故不忧；安土敦乎仁，故能爱。

这一节是言圣人尽性之事，亦能与天地准的意思。相似即不违，下文不过、不忧、能爱，皆不违的事；知即聪明睿知；旁行是行权，不流是不失乎常经的意思；天以理言，仁义忠信是也；命以气言，吉凶祸福是也；忧不必言到愁苦田地，稍着一念凝滞，便是忧；安是随寓而安，敦是笃，爱是慈祥的意思。圣人于天地之道，岂特如上文知之哉！圣人之高明似天，博厚似地，惟其与天地相似，故圣人之道，皆不违乎天地矣。何也？天地至大无外，不能过者也；圣人则聪明睿知，足以有临。凡物之隐微利病，无不毕照，知何周也！随知周所到，即有道以宏济天下，故与天地相似，同其不过。天地无心而成化，鼓万物而不与圣人同忧。不忧者也，圣人则权度轻重，而委曲圆通，于难行中少为权变，究不失中正之道，故不流于变诈；又能优游于仁义忠信之天理，而洞烛乎吉凶祸福之命数，则见大心泰，故与天地相似，同其不忧。天地以生物为心，能爱者也，圣人则素位自安，而一敦乎天理之纯，则仁之恳笃处，无非爱也，其慈祥自能注乎民物，故与天地相似，同其能爱。这等，则三者皆与天地不违，天地不准于《易》乎？

范围天地之化而不过，曲成万物而不遗，通乎昼夜之道而知，故神无方而易无体。

这一节是言圣人至命之事与天地同其功用也。范如人铸金，使成形器；围如人墙围，使有界止；化是天地之变化，不过是使之不过。曲成如教养之大以成大、小以成小之类是也。通犹兼也，昼夜即幽明死生鬼神。神指圣人，易指《易》书，无方谓无方所，无体谓无形迹。圣人既与那天地相似，则天地之化，一阴阳之气，乃命之流行不能无过，圣人以《易》范围之，如治历明时，体国经野，使各有节制，而不过乎中。盖为天地立心矣。万物者，一阴阳之形，乃命之赋予，大小不齐，圣人以《易》曲成之，如正德厚生，撙节爱养，务要曲成，而略无遗缺。盖为万物立命矣。昼夜之道，一阴阳之变，乃命之循环，难以通知也，圣人以《易》通知之，如明也生也神也，不特知那昼之道，而且知其为夜之因；幽也死也鬼也，不特知那夜之道，而且知其为昼之因；其代明终始于一心者乎，即此范围曲成通知处。可见圣心之神，一阴阳不测之神也。主宰于天地万物昼夜之中，或在此，或在彼，无那方所之可执。圣心之《易》，一阴阳变化之《易》也。运行于范围曲成通知之际，或为此，或为彼，无形体之可拘。《易》之功用至此，信乎与天地准也！

右第四章

一阴一阳之谓道。

这一节是圣人恐人外阴阳以求道，故从一阴一阳上指出道来。一即迭运的意思，道即阴阳，只管迭运的道。孔子说，道之名其来尚矣。自今言之，一阴一阳之谓乎？盖道者，太极本然之理，而阴阳即太极所乘之机。太极之静，固一阴矣。静极而动，又一阳焉。则阴阳迭运，循环无端，岂不是道？

继之者善也，成之者性也。

这一节是言一阴一阳之道，即在那人性中人不可不体也。继是接续不息的意思，善是天命之本体，不杂一毫形气之私的意思；成是凝成，性是物物各足，无妄之理。此一阴一阳之道，若以天命之流行赋受者言之，方天理未著于人物，浑然太极之纯粹，略无间杂，所谓善也。及至气之凝成有主，人物受此善去各成个性，不相假借，所谓性也。这就是道。

仁者见之谓之仁，知者见之谓之知，百姓日用而不知，故君子之道鲜矣。

这一节是以人的气禀之异，明一阴一阳之道。见是发见，仁者、知者即君子，谓之指道言。一阴一阳，道在是矣。然天命难全，而气禀或异。以君子的禀受言之，彼得阳之流动，而发见于恻隐者，仁也；仁者所见，便谓道之全体尽于仁，不知有那智也。得阴之贞静而发见于是非者知也，知者所见，便谓道之全体尽于知，不知有仁也。至若阴阳所禀，驳杂不纯者，百姓也。百姓的日用，非不与君子同具此仁智，但为形气所拘，物欲所蔽，而知君子仁智之道者鲜矣。

显诸仁，藏诸用，鼓万物而不与圣人同忧，盛德大业至矣哉！

这一节是以化机出入明一阴一阳之道。仁是造化之心，用是造化之功，显诸仁如春夏生长万物的意思，藏诸用如秋冬收敛万物的意思；不与圣人同忧是表天地之无心，非抑圣人处；至矣哉是赞美之辞。阴阳之道，若以天地言之，天地以生物为仁也。自其气之嘘也，则由内而外，自无而有，如春夏之发生昭著，显诸仁焉。自其气之吸也，则由外而内，自有而无，如秋冬之收敛缄闭，藏诸用焉。此气机也，所以鼓万物之出入也。然天地无心，气至自出，气敛自入，一气互为显藏，有不得不然而亦不知其所以然者。与圣人竭心思，以忧天下者不同矣。惟不与圣人同忧，则至仁无迹，莫能以德名之，妙用无端，莫能以业名之。这等，则盛德大业不可复如矣。

富有之谓大业，日新之谓盛德。

这一节是申解上文德业之至的意思。富有是无物不有，毫无亏欠的意思；日新是无时不然，毫无间断的意思；德是生物之功，业是成物之业。德业之功用何如？造化无无体之用，那藏用的时节，许多生物都收敛在此，所有甚富，故究其施，其施必宏；这是因内而知外，所以直谓之大业也。造化无无用之体，那显仁的时节，种种化工都茂荣畅达，日日增新，故探其源，其源必深；这是因外而知内，所以直谓之盛德也。这盛德阳也，大业阴也，一阴一阳道不在是乎！

生生之谓易。

这一节是合言阴阳动静之无端，以阴阳之循环言之，便可以见道。阴阳何尝有意于生？只是阴静之极，此气遏抑不住，不得不发散出来。这发散是从阴里边生出来的，发散之极，自然消散，不得不收敛入去。这收敛，是从发散里边生出来的。这等，则阳生阴，阴生阳，消息盈虚，始终代谢，其变无穷。《易》之所由名者此也。

成象之谓乾，效法之谓坤。

这一节是以生物之显微，明一阴一阳之道。效如效顺，效力之效，是呈献出来的意思；法是则象之成，即成那法之象，法之效，即效那象之法。圣人作《易》之初，不过此阴阳二画，即具生物之理。彼物生之初，胚胎始露，仅有仿佛可象，这是轻清未形，属乎阳也，故谓之乾。及其既生形色象貌，森然呈现，这是重浊有迹，属乎阴也，故谓之坤。夫成象之乾，阴而阳也；效法之理，阳而阴也。此道现于生物者然也。

极数知来之谓占，通变之谓事。

这一节是以人事之始终，明一阴一阳之道。极数是方卜筮时，究极那七八九六之数；通变是已卜筮之后，详通那阴阳老少之变；占是占得何卦何爻，事是趋吉避凶之事。凡人事变方来未有定向，则抱蓍问易，究极阴阳七八九六之数，观那所值何卦，所值何爻，而因以知未来之吉凶，则疑决志通，这叫做占。占既决矣，则吉凶已明，详通乎阴阳老少之变，吉则趋之凶则避之。而圆通于事变纷纭之际，则务成业定，这叫做事。夫占乃事之未定，属乎阳也，事乃占之已决，属乎阴也。此道见于人事者然也。

阴阳不测之谓神。

这一节是总结上文以阴阳不测赞道之妙。神即道之不测处，非道外有神也。以天地人物合而观之，无非阴阳，孰得而测之哉？以为阴而阳却在焉，以为阳而阴却在焉，无在而无不在，不可以象求，不可以器执，两在不测，非天下之至神，不能与于此矣。

右第五章

夫《易》广矣大矣！以言乎远则不御，以言乎迩则静而正，以言乎天地之间则备矣。

这一节是推论《易》书之广大而极赞之。“夫《易》”是想象慨叹的意思，广是言其中之含蓄无涯，大是言其外之包括无尽；三“以言乎”是总形容其广大处，不御是无远不到，而莫之止的意思；静是无安排布置之扰，正犹六十四卦，皆利于正的意思；备是无所不有。孔子说，夫《易》之为书，其中的涵蓄无涯，诚广矣哉；其外的包括无遗，诚大矣哉。盖易道不外乎阴阳，而阴阳之理，则遍体乎事物。以言乎远，则千载六合，此理随在各足，莫可限止；以言乎迩，则瞬息几席，此理不待安排，自能咸正；以言乎天所覆以下，地所载以上，精及无形，粗及有象，万事万物之理无不悉备。此《易》所以广大也。

夫乾，其静也专，其动也直，是以大生焉；夫坤，其静也翕，其动也辟，是以广生焉。

这一节是言广大从乾坤来。乾坤只以生物为心，乾坤是天地之情性。专是专一而不他，直是直遂而不挠，翕是万物之生意收敛于内，辟是万物之生意发散于外。乾一而实，天之大足以包乎地之形；坤二而虚，故地之广足以容乎天之气。《易》之广大一本于乾坤而得之也。盖乾画奇，不变则静与坤别，而生物之心，专一不他；变则动与坤交，而生物之用，直遂不挠。是以乾一之气，下行乎坤两之中，万物皆资始矣。生岂不大乎？坤画偶，不变则静与乾别，而万物之生意，翕受无遗；变则动与乾交，而效法之宏功，敷辟无隐。是以坤二之量，顺承乎乾一之施，万物皆资生矣。生岂不广乎？这等，则大生广生之理，《易》不过模写乾坤耳。

广大配天地，变通配四时，阴阳之义配日月，易简之善配至德。

这一节以广大配天地作主。变通、阴阳、易简，皆广大中事；四时、日月、至德，皆天地间所有的。配是相似的意思，变通是阴变通阳，阳变通阴；义是名义，易简是健顺，善是易简纯粹处，至德是仁义礼智之德。《易》之广大，得于乾坤，则《易》即乾坤矣。由乾坤而生，则广大之理，一天地之理也。岂不相似而无间乎？由是推之，四时之行于天地，而广大之中有变通，则配四时焉。那刚柔之迭运，即其屈伸相感，而寒暑推迁也。日月贞明于天地，而广大之中有阴阳之义，则配日月焉。那对待而流行，即其精不可二，而明未尝息也。天地有至德，而广大之中，有易简之善，则配至德焉。那"确然易""粹然简"者，即天之大生健而易，广生顺而简也。这正是远不御，近不遗，天地之间，无不备者在是矣，故曰广矣大矣。

右第六章

子曰："《易》其至矣乎！夫《易》，圣人所以崇德而广业也。知崇礼卑，崇效天，卑法地。"

这一节极言《易》理之至，于圣人知行处见之。子曰二字是后人加的，崇德广业即富有之德，日新之业，所谓生生之理也。知即德之高明处，崇是高明卓越的意思，礼即业之矩矱处，卑是践履着实的意思；效天法地是就崇卑处形容，其知行之至耳。孔子说，《易》之理，充塞乎天地，通彻人性情，其始至极而无复加矣乎。何以见其至？说德崇业广莫如圣人，而《易》则圣人所以崇之广之也。盖德起于智，若那识见稍不高明，德何能崇？圣人以是理穷之于心，则识见超迈，日进于高明，而其知也崇矣。业基于礼，若那践履稍不笃实，业何能广？圣人以是理循而行之，则功夫敦笃，日就于平实，而其体也卑矣。然知不待崇也，效天之高明覆物，无一理不在洞察中，则崇之至矣，这才叫做德崇。礼不徒卑也，法地之博厚载物，无一理不在体验内，则卑之至，这才叫做业广。

"天地设位，而《易》行乎其中矣。成性存存，道义之门。"

这一节见《易》不出天地外，德业不在吾性外。天清地浊，知阳礼阴，易字即知礼、也；知礼在人则谓之性，道义是其所发也。存存是存之又存，门言道义人此出也。圣人的知礼既效法天地，而天地岂是虚设的？试观天地设位于上下，其间知阳礼阴之道已行乎其中矣。其在人也则谓之成性，浑然天成，乃人之良知良能，非有所造作而然也，圣人特能存之耳。今圣人知崇如天，则成性之良知已存矣；礼卑如地，则成性之良能又存矣，存之又存，纯亦不已，是以道义之得于心焉。德见于事为业者，自然日新月盛，不期崇而自崇，不期广而自广矣。圣人崇德广业以此，此《易》所以为至也。

右第七章

圣人有以见天下之赜，而拟诸其形容，象其物宜，是故谓之象。

这一节是言圣人画卦尚象，自其真见中模写出来的。赜是事物至多的象，拟诸形容犹乾为圜、坤为大舆之类，象其物宜犹乾称龙、坤称牝马之类，二“其”字皆指赜言。孔子说，羲皇著《易》，有六十四卦之象，非无谓也。仰观俯察，见天下许多事物都不越阴阳之变化，于是以至赜之物，各有形容，拟之于未画之先；各有所宜，象之于既画之后。物有纯阴纯阳之形容，则画那奇偶之纯以象之；物有杂阴杂阳之形容，则画那奇偶之杂以象之，故谓之象。

圣人有以见天下之动，而观其会通，以行其典礼，系辞焉以断其吉凶，是故谓之爻。

这一节是言圣人立爻，自其真见中指点出来的。动专指人事言；会是事势之凑合难通者，通是于众理会聚处，恭酌行之；典是常法，礼是天理之节文。周公系辞有三百八十四爻，非无谓也，远求近取，见天下许多动作莫不有至一之理寓焉。于是观众理之统会者，求一理之可通，即通处之可行者，立经营之典礼，爻有循典礼的，则系辞以断其吉；爻有悖典礼的，则系辞以断其凶。这等，则辞未系，动在天下；辞既系，天下之动若有仿效之者，是故谓之爻。

言天下之至赜，而不可恶也；言天下之至动，而不可乱也。

这一节是赞象爻之妙，亦见其可用也。言是助语辞，恶是厌，乱是紊，不可恶是一物各有一理，不可乱是一事各有一理。象有见于赜而立，是真能言天下之至赜矣。但杂乱不齐如“牝马”“牝牛”“匪人”“女壮”“栋挠”“羸瓶”之类，若可厌恶。然物宜之象，都本于阴阳之理，而犁然有当于心，则不可恶也。爻有见于动而立，是真能言天下之“至动”矣。但纷纭万变如“户庭无咎”“门庭则凶”“弗过遇之”“弗遇过之”；“先笑后号”“先号后笑”之类，若可紊乱。然吉凶之断，惟观其会通之理，而井然有此条贯，则不可乱也。

拟之而后言，议之而后动，拟议以成其变化。

这一节是言君子拟议之合乎时宜，以起下七爻之事。拟是比拟，议是商确。赜不可恶，动不可乱，《易》之言动何如？变化也，诚君子所当拟议者矣。是故言不遽言，比拟其所立之象以出言，则言之浅深详略，自各当其理。动不遽动，商议其所变之爻以制动，则动之用舍行藏，自各当其时。夫变化者，《易》之道也。既拟《易》后言，详《易》后动，则语默动静，皆中于道。《易》之变化，不在夫《易》，而成于吾身矣。

“鸣鹤在阴，其子和之;我有好爵，吾与尔靡之。”子曰:“君子居其室，出其言善，则千里之外应之，况其迩者乎？居其室，出其言不善，则千里之外违之，况其迩者乎？言出乎身，加乎民；行发乎迩，见乎远；言行，君子之枢机。枢机之发，荣辱之主也。言行，君子之所以动天地也，可不慎乎？”

这一节是释《中孚》九二爻义，以拟议于言行之诚。居室是在阴之象，出言是鸣鹤之象，千里应之子和之象，言是心之声，行是心之迹，出身加民、发迩见远，总是好爵尔靡之象，枢是户之主，机是弩之主，荣辱之主谓感召在我也。《中孚》九二所云，盖言诚信感通莫大于言行也。君子居室之间，非大庭莅众之际，使出其言合乎实理而善，则千里之外，心悦应之，况其迩者有不应乎？使出其言悖乎实理而不善，则千里之外，心非违之，况其迩者有不违乎？知言则行可知矣。故身在宫闱，而音旨一出，即加乎千里之远，而民罔不属耳。近在几席，而举措一动，即见乎千里之远，而民罔不属目。言行，诚君子之枢机乎？枢一动而户斯辟，机一动而矢斯发，言行一动而即加民见远，其感通之速如此。故枢机之发而善，则远迩皆应，为荣之主；不善则远迩皆远，为辱之主。然岂惟民有从违哉？言行而善，则作善降祥，天地亦吾应矣；不善则作恶降殃，天地亦吾违矣。言行又非君子所以动天地乎？这等，则关应违、召荣辱、动天地如此，而言行所系匪细，可不慎所出乎？

“同人，先号咷而后笑。”子曰：“君子之道，或出或处，或默或语。二人同心，其利断金；同心之言，其臭如兰。”

这一节是释《同人》九五爻义，以拟议于迹异心同之道。断金是物不能间的意思，如兰是气味之相投处。《同人》九五所云，盖言君子大同之道，不于其迹而于其心也。若据迹而观，或出而事君，或处而独善，或默而藏辨，或语而论列，似不同矣。然自其心观之，则出非徇君，处非忘世，默非避祸，语非沽名，二人之心有不同乎？惟心同则谗莫能间，虽金石至坚，其利足以断矣。以同心而发于言，则意味相投，虽兰之至馨，其臭不足以拟矣。宜乎“先号而后笑”也。

“初六藉用白茅，无咎。”子曰：“苟错诸地而可矣，藉之用茅，何咎之有？慎之至也。夫茅之为物薄，而用可重也。慎斯术也以往，其无所失矣。”

这一节是释《大过》初六爻义，以拟议于敬慎。错是置。《大过》初六所云，盖言君子敬慎之道也。彼置物者不过求其安，今置之于地，尽可以为安矣。而又承借之以茅，则更有那凭借，安得有顾覆之咎乎？此其心，盖慎之至也。夫茅之为物，灵不如蓍，臭不如兰，岂不微薄无所关系？而用以借物，可以表敬慎之心，获无咎之善，是其用诚重矣。斯术也，乃过慎之术也。慎得此术以往，而处大过之时，凡制治保邦无非周悉万全之计，又何咎而失哉？

“劳谦，君子有终，吉。”子曰：“劳而不伐，有功而不德，厚之至也。语以其功下人者也。德言盛，礼言恭；谦也者，致恭以存其位者也。”

这一节是释《谦》九三爻义，以拟议人之处功名。劳是功之未成，功是劳之已著，不伐是不夸，不德是不以我有功为德；厚，是浑厚，据理而赞其至，非言九三；语是言，以功下人即不伐不德处，德即功劳及人之德，礼即捡摄己身之体，言者言从来如此说也。《谦》九三所云，盖言君子善处功名之际也。彼动于王事，可谓劳矣。今劳而不夸伐于人，成其王事，可谓功矣。今有功而不居德于己，此必器度识量有大过人者，故为厚之至。夫厚之至者，不过言其以功下人耳。知此可以论九三矣。何也？盖人之言德者，必造到那圣神的地位，方言盛；人之言礼者，必造到那中和的德位，方言恭。今九三劳则德盛矣，谦则礼恭矣。这德盛礼恭本君子修身之事，非自心为保其禄位而强为乎此也。然致恭则人不与争劳争功，岂不永保斯位乎？

"亢龙有悔。"子曰："贵而无位，高而无民，贤人在下位而无辅，是以动而有悔也。"

这一节重出，是拟议持盈之道贵变通的意思。

"不出户庭，无咎。"子曰："乱之所生也，则言语以为阶。君不密则失臣，臣不密则失身，几事不密则害成。是以君子慎密而不出也。"

这一节是释《节》初九爻义，以拟议人之慎言语。乱即下失臣失身害成也，几是事之始而未形，成是事之终而已定。《节》初九爻云，盖言君子慎密之道也。口舌乃召祸之门，故乱之所由生也，则言语以为阶。君为臣谋而不密，其言则害及其成，欲以弥祸，而反以嫁祸于臣，如唐高宗告武后以"上官仪教我废汝"是也。臣谋去奸而不密，其言则害及其身，欲以除害，而反得反噬之祸，如陈蕃"乞宣臣章以示宦者"是也。不特君臣为然，凡天下之事，有关于成败而不可告人者。设或不密，则人皆恶其成而乐其败，必乘其机而破之，是事可成而吾自害其成了，如寇准欲去钦若，而被酒漏言是也。这等，则失臣、失身、害成，皆所谓乱，皆始于言之不密。是以君子慎密其言而不轻出也。

子曰："作《易》者其知盗乎？《易》曰：'负且乘。致寇至。'负也者，小人之事也；乘也者，君子之器也。小人而乘君子之器，盗思夺之矣；上慢下暴，盗思伐之矣。慢藏诲盗，冶容诲淫。《易》曰'负且乘，致寇至'，盗之招也。"

这一节是释《解》六三爻义，以拟小人不能度德而窃高位。知盗谓作《易》以尽伪，思是未夺而思夺也，夺是强取，伐是声言而夺之也；四盗字皆言寇盗、诲盗之盗，作偷字看；冶是妆饰妖冶之容。作《易》者其知致盗之情由乎？《解》六三爻云，盖言负也者，小人劳力之事也；乘也者，君子御德之器也。以小人而乘君子之名器，则处非其据，盗思起而夺之矣。何也？盖小人窃位，上则慢君不忠，下则暴民不仁，而隙自我开，谋利者得执之以为辞，盗思伐之矣。是犹慢其藏所以教人盗，冶其容所以教人淫，而于人何尤？《易》之言，正言六三无德而窃高位，寇盗之来由己招之也。作《易》者不归罪于为盗，而归罪于致盗之人。此所以为知盗也。

即以杂举之七爻观之，而三百八十四爻可类推矣。

右第八章

天一、地二，天三、地四，天五、地六，天七、地八，天九、地十。

这一节是指出河图奇偶属天地之数的道理。孔子说，伏羲时有龙马负图出于河，马背上旋毛，有一至十之数。人知其为河图之数，而不知却是天地之数。又不知何者属天，何者属地。自今观之，天纯阳其数奇，而图之一三五七九皆奇，则皆天数；地纯阴，其数偶，而图之二四六八十皆偶，则皆地数。此图数也，筮所由衍而卦所由卜也。

天数五，地数五，五位相行而各有合。天数二十有五，地数三十，凡天地之数五十有五。此所以成变化而行鬼神也。

这一节是将河图之数分之积之，以见天地间变化鬼神总不由此数的意思。造化之全功即数备之，彼一、三、五、七、九属乎天，是天数五也；二、四、六、八、十属乎地，是地数五也。五数在图，各有定位，如一、六居下是一位，二、七居上是一位，三、八居左是一位，四、九居右是一位，五、十居中是一位，共总是五位，岂不相得而有合哉！一对二，三对四，五对六，七对八，九对十，奇先偶后，而其序不紊，如那兄弟相得一般，生成之功，各专其一矣。相得之中自是有合，如一与六，二与七，三与八，四与九，五与十，皆奇偶同居，而其交无间，犹那夫妇配合一般，生成之功，妙合以两矣。此特自其分□言耳。若积天之数，一与九是十，三与七是十，加以五，是二十有五；积地之数，二与八是十，四与六是十，再加以十，是三十也。积天地二十有五，三十之总数言之，列有五十有五之合矣。是数也，不有以成变化而行鬼神乎？天以一、三、五之数，生水、木、土，地以六、八、十而化成之；地以二、四之数，生火与金，天以七、九而变成之。是变起于天者，化成于地，化起于地者，变成于天，所以成变化者，此数耳。一、二、三、四、五，生数也，即伸而神也；六、七、八、九、十，成数也，即屈而鬼也。然始生虽来而伸，既生则往而屈，既成虽往而屈，方成则来而伸矣。所以行鬼神者，此数耳，河图之功用如此。

大衍之数五十，其用四十有九。分而为二以象，两挂一以象三，揲之以四以象四时，归奇于扐以象闰；五岁再闰，故再扐而后挂。

这一节是言圣人衍河图中宫之数，而用以揲蓍各有所合的意思。衍与演同，五十谓取蓍草五十茎，两是两仪，三是三才，四时是春夏秋冬，奇是零，扐是勒，闰是日之余。圣人作《易》而立为蓍策，岂无谓哉！盖河图中宫有五十之数，五者生数之极也，故以为衍母；十者成数之极也，故以为衍子。以五之一而乘其十，则为小衍，小衍之乃一十矣；以五之数各乘其十，则为大衍；大衍之，乃五十矣。此大衍之全数也及用以筮。若用五十，则体方而变不行，故虚一以象太极，止用四十有九之策，所以演数之法必除其一。方筮之初，右手取其一策，反于椟中是也。至以所用之策，信手中分，置左以半，置右以半，左象天，右象地，宛如两仪对待也；取分右之一策挂于左手小指之间，以象人，观左，犹人仰参乎天；观右，犹人俯两乎地；俨乎三才并立矣。挂一之后，两手犹未知盈缩也，乃取两手之策，先置右手之策于一处，而以右手四四数左手之策；又置左手之策于一处，而以左手四四数右手之策；所以象春、夏、秋、冬之运以成岁也。四数之后，左右各有奇零也；或一，或二，或三，或四；左手者，扐之于第四第三指之间；右手者，扐之于第三第二指之间；以象气盈、朔虚之积而成闰也。盖积策之余以成爻，犹一年十二月，气盈六日，朔虚六日，共余十二日，三年则余三十六日，分三十日为一月；又以六日为后闰之积，至第四第五年，又各余十二日，以此二十四日，凑前六日，又成一闰。此五岁再闰也。挂一，当一岁揲左，当二岁扐左，则三岁一闰矣；又揲右，当四岁扐右，则五岁再闰矣；再扐而后挂者，再扐之后复以所余之蓍合而为一。第二变，仍再分，分再挂，再揲也。这等，则筮法之再扐，即历法之再闰，谓之象闰，有以哉！

《乾》之策二百一十有六，《坤》之策百四十有四，凡三百有六十，当期之日。

这一节是言过揲余策亦与年数相准也。策是《乾》《坤》老阳老阴过揲之策数，当是适相当也。河图四面，太阳居一而连九，九乃阳的数。盖揲蓍三变之末，凡四为奇，三奇则九，是为老阳之爻策，亦四九三十六，总《乾》六爻计之，则二百一十有六矣。凡八为偶，三偶则六，是为老阴之爻策，亦四六二十四，总《坤》六爻计之，则百四十有四矣。合《乾》《坤》策数，凡三百有六十，与那一年之日适相当焉。盖一岁之中，气盈朔虚，虽有不齐，而三百六十其常数也。

二篇之策，万有一千五百二十，当万物之数。

这一节是推究策数之极，以见万物之相当处。二篇指上下经，不特《乾》《坤》为然。试以二篇过揲的策总论之，阳爻百九十二，每一爻三十六，得六千九百一十二策；阴爻百九十二，每一爻二十四，得四千六百四十策；合之万有一千五百二十，与那万物之数相当焉。盖天下之物虽不一，而万者其常数也，二篇亦有此数，则陈列于二篇者，即并育于两间者也。

是故四营而成《易》，十有八变而成卦。

这一节是言成卦的次序，以明筮法之终始。营是求，四营是以四而求之也。揲蓍正所以求卦也。既揲之后，有一变之《易》，而非自成也；分二挂一，揲四归奇；凡四度经营，则或四或五成一变之奇，或九或八成一变之偶，《易》自此成矣。夫一变之后历以三变，固成一爻；又必积以七十二营，则十有八变，而成六爻。这等，内外咸备，贞悔以全，六十四卦中的一卦于是乎成矣。

八卦而小成。

这一节是以有内体必有外体，足大成之法的意思。盖大成之卦，未有内体不立，而外体生者。方其三十六爻以成九变，九变以成三画，则或阴或阳，于八卦中得一卦，已为内体之八卦而小成矣。自是十八变之大成，亦即此重之耳。

引而伸之，触类而长之，天下之能事毕矣。

这一节是言成卦之终考变占也。引伸是由此以达彼，如引分寸之丝，而伸于机杼的意思；触类是推一以例其余。卦既成六爻，则老少形而动静异，其变可考而知也。于是有此卦，则有此变，引此八卦而伸之，则自此至彼，其出不穷，一卦可变为六十四。同此卦则同此变，触此八卦之类而长之，则以此例彼，其变皆通，卦卦皆可变为六十四。变既极，则筮得以广圆神之用，爻得以周易贡之宜，那趋吉避凶之理，悉备于中，而天下人之能事，岂不毕于斯乎？

显道神德，行是故可与酬酢，可与祐神矣。

这一节是言蓍法功用之妙道，是吉凶、消长、进退、存亡之道德。行是趋避之，见于躬行实践处；酬酢是借宾主之相应对而言。与是以，祐是助。盖毕天下之能事何如？那吉凶之道，隐于无形，不能以自显，惟有筮卦之辞，则彖言象，爻言变，不隐于茫昧，而道以辞显矣。那趋吉避凶之德行，滞于有迹，不能以自神，惟人取决于筮则趋之避之，民咸用以出入，莫测其机缄，而行以数而神矣。惟其显道神之德行，则受命如响，可以酬酢万变，犹如宾主对待也。惟有蓍卦之辞，则代鬼神之言，而开物成务，以祐助其不及。这等，则蓍卦功用之大，真可以成变化而行鬼神矣。

子曰："知变化之道者，其知神之所为乎？"

这一节是单赞筮法之妙，以见变化出于自然的意思。盖筮卦之妙不惟明有功于人，而且幽有功于神，天下的能事，无不毕于此。故筮法之变化，两在不测，数出于天地，天地不得而知也；摹写于蓍卦，圣人不得而知也。这等，则知法之所以进退离合，皆自然而然，莫知为而为者，其知神之所为乎？

右第九章

《易》有圣人之道四焉：以言者尚其辞，以动者尚其变，以制器者尚其象，以卜筮者尚其占。

这一节是言《易》虽作于圣人，用却用于天下的意思。四即辞、变、象、占，以是用，尚是取辞即彖辞，动是动作营为，变即爻之变，制器犹结绳网罟之类，“尚象”犹罟有离的象；占是占辞，犹卜得初九潜龙，则尚其勿用之占是也。孔子说，圣人欲以其道示天下，而因以这《易》见之焉。易有圣道之四者何？辞、变、象、占而已。故人之处事，而用《易》以言者，尚其浅深详略曲中之辞；心之应事，而用《易》以动者，尚其卷舒进退化裁之变。动之有成绩者，为制器则于刚柔之定象取焉；临事审决为卜筮，则于得失之占验取焉。这等，则圣人之道实为民用之全耳。

是以君子将有为也，将有行也，问焉而以言，其受命也如响。无有远近幽深，遂知来物。非天下之至精，其孰能与于此？

这一节是言圣人尚辞、尚占之事。问即命也，受命是受其问也，向是应，远谓天下后世，近谓瞬息户庭，幽则其事不明，深则其事不浅，来物谓将来之吉凶也，精谓洁静精微。夫尚辞，尚占之事，君子将见诸躬行而有为也，将措诸天下而有行也。吉凶之来物未知，故抱筮问《易》，以言所行所为之事，《易》则受其问，随叩随答，如响之应声，略无留待且应之极周焉。所问之事，或远而天下万世，近而几席瞬息，幽而气数推迁，深而念虑萌动，其间未来之吉凶遂知无遗。此无他，由辞占之理洁净精微，极天下之至精，故能如此。

参伍以变，错综其数：通其变，遂成天地之文；极其数，遂定天下之象。非天下之至变，其孰能与于此？

这一节是推象变所由著而赞其妙。参伍是借字以形容分揲挂扐之变，错是阴阳相对，如《乾》错《坤》,《坎》错《离》之类；综犹织帛之综，一上一下，如《屯》《蒙》本是一卦，在下则为《屯》，在上则为《蒙》。天地即阴阳，成文是成阴阳老少之文。定天下之象，如《乾》《坤》相错，则《乾》马《坤》牛之象是也;《震》《艮》相错，则《震》雷《艮》山之象是也。盖君子当四营成《易》之时，却是一变奇偶所由分也；于是将左右之所归三以数之于前，合先后之所扐五以数之于后，则其策或四五之寡，或八九之多，皆辨之不差矣。三变成爻，必有其数，老少所由别也；于是分之左右，而交互以稽其实，列之低昂，而总挈以合其归，则其数或九六为老，或七八为少，皆稽之不紊矣。那参伍以变，特一变而未成爻也，通之三变而皆用，此参伍之法便成一画了。一画虽不知是阴是阳，然阳即是那天之文，阴即是地之文，就此通变处，不宛然天经地纬灿然而成文乎？盖一爻未成卦也，极之以至十有八变便成六画，分个动静出来。盖天下事物之象，非动即静，数焉既极，将见或九六多而以少者为动、老者为静，或七八多而以老者为动、少者为静，则天下之象，悉体备于其中，若一定而不易者然。此盖由象变圆神不滞，极天下之至变，故能如此。苟非至变则滞于阴阳、胶于动静，孰能成文成象，遂定若此哉？惟象变至变，此以动以制器者尚之也。

《易》无思也，无为也，寂然不动，感而遂通天下之故。非天下之至神，其孰能与于此？

这一节是言尚占之事。《易》是卜筮，无思无为指著龟言；寂然不动是未卜之时；感是人来问卜，通是问无不应，神谓随感随通也。凡物有思有为其知识才能超出于万物之表者，方可以通天下之故。今著龟不过一物耳，何有于思？何有于为？当那著未揲而卦未求，辞占隐于无形，象变藏于无迹，来物文象之理，寂然不动。及其筮动于分揲、挂扐之余，卦成于十有八变之后，则受命如响，而来物周知；通变极数，而文象尽泄。若是通天下之故，正其无思而无不思，无为而无不为也。这等，则辞占之精，象变之变，动中有静而不滞于动，静中有动而不泥于静，极天下之至神，故能如此。使非至神，寂则沦于静矣，感则滞于动矣，孰能寂而能感哉！

夫《易》，圣人所以极深而研几也。

这一节是言圣人能穷究天下事物之理的意思。极是究，深是精深，研是审，几是微。辞、占、象、变皆《易》也，何以这等至精、至变、至神乎？盖来物隐于无形，所谓深也；圣人究极于辞占之中，而得其精深之理，精之至而能神者此也。故象隐于未判，所谓几也；圣人研审于象变之际，而得其几微之理，变之至而能神者此也。

惟深也，故能通天下之志；惟几也，故能成天下之务；惟神也，故不疾而速，不行而至。

这一节是承上文以申明前三节的意思。通志谓发言处事无不开通人志，成务谓制器成文成象，不疾不行即寂然不动的意思，速至即感而遂通的意思。夫吉、凶、悔、吝之理，若不能穷究到极至处，何以能透彻隐微？惟极之而深，则那几微曲折无不备具，一玩辞玩占而吉凶以明，天下之志为能通之矣。惟研之而几，则那阴阳老少推移靡定，一通变极数而趋避以决，天下之务为能成之矣。惟深且几之神也，则那蓍一揲、卦一求而辞占、象变流水跃出，叩即应、触即觉、志即通、务即成，不待丝毫用力，有不疾而速，不行而至，其神之至妙者欤！

子曰"《易》有圣人之道四焉"者，此之谓也。

这一节是申明《易》之辞、变、象、占皆圣人之道的意思。盖《易》有圣人之道四者非无谓也，正以辞、占为圣人所极深而神于通志，象、变为圣人所研几而神于成务之谓也。不然，《易》道有四而为人所尚者，从何来哉？作《易》之功大矣。

右第十章

子曰："夫《易》何为者也？夫《易》开物成务，冒天下之道，如斯而已者也。"是故圣人以通天下之志，以定天下之业，以断天下之疑。

这一节是言《易》道之大，所以祐民，而圣人用之以化天下，惟在卜筮。为字作用字看，何为是问辞；开物是人所未知者，有以开发之也；成是就，务是趋避之事；冒天下之道是天下之道悉覆冒，包括于卦爻之中也；如斯而已者，答辞也；以者，以是《易》也。孔子说，夫《易》始于先天画卦，终于后天系辞。书更三圣，必有所用，而果何为者也？盖为那民用计也。用之开物，恐人迷于吉凶，而得告吉、失告凶，一一开发之；用之成务，恐事眩于趋避，而吉使趋、凶使避，一一成就之；用之冒天下之道，凡吉凶贞胜，上自造化下及人心谋虑，千条万绪，虽巧历不能记，自卦爻一设，便都收拾在里而如此乎，为万古启群蒙、济民行、阐斯道，其用盖无不尽矣。《易》之为用既如斯，岂小补哉！是故圣人知《易》可以开物，故制卜筮，俾人心晓然于吉凶而不阻于所向，志通矣。知《易》可以成务，故制卜筮，俾群动画然于趋避而不摇于所为，业定矣。知《易》可以冒道，故制卜筮，凡心有所疑事有不决的则自凶趋吉、自吉避凶，而疑断矣。这等，则《易》足以周民用有如此。

是故蓍之德圆而神，卦之德方以知，六爻之义易以贡。圣人以此洗心，退藏于密，吉凶与民同患；神以知来，知以藏往。其孰能与于此哉？古之聪明睿知，神武而不杀者夫。

这一节是圣人心易之妙不假于卜筮的意思。圆是蓍数七七四十九，象阳之圆也；方是卦数八八六十四，象阴之方也；易是变易，贡是献以吉凶，陈献于人也。洗心谓圣人之心，无一毫私欲，如洗濯的一般；藏密是心之未发处；同患是同患其吉当趋、凶当避。知来是先知，藏往是了然蕴蓄于胸中的意思。不杀之杀，方是神武。夫《易》之用周于天下，而理则具于圣心，故《易》之所有蓍卦爻耳。方蓍之揲也，老少无定位，动静无定体，妙于两在莫测，非圆而神乎？既揲则有卦焉，贞悔具备，得失并陈，确然一定而独照，非方以知乎？及看卦所生之爻，时位屡迁，当否异用，吉凶存亡，辞无不备以告人，非易以贡乎？然《易》未作之先，圣人浑涵，是三者之德于心无纤埃点染，却如把这个蓍卦爻去洗濯其心的一般。故方其无事也，敛神智变易之德，退藏于静密，与寂然不动者同体，则鬼神莫能窥。及其有事而吉凶，忧民之不能趋避，与民同患也。此心随感而应，未来之吉凶，难逃其先见之明；已往之吉凶，不出其退藏之蕴；与感而遂通天下之故者同用。此无卜筮而知吉凶也，若此者孰能与于此哉！惟古之圣人，聪无不闻，明不无照，睿以通微，知以周物，得蓍卦之理，而不假于蓍卦之物，犹那神武自足以服人，不假于杀伐之威者，方足以当之也。

是以明于天之道，而察于民之故，是兴神物以前民用。圣人以此斋戒，以神明其德夫。

这一节是言卜筮必当洗心斋戒，以慎重其事的意思。天道，阴阳刚柔、盈虚消息是也；民故，爱恶情伪、相攻相感是也。神物是蓍龟，兴是起而用之，前民用即上文通志、成务、断疑也，斋戒是致敬的意思。圣人惟其聪明睿知，是以上明天道之消息而契吉凶之原，下察民故之攻取而洞吉凶之理。又恐人不知天道民故的吉凶所当趋避，故因蓍兴筮，因龟兴卜，使民先事而知吉凶，以前民趋避之用焉。至于那考占之际，犹恐民之亵也，故湛然斋焉而用志不分，肃然戒焉而摄心无斁，使以吾心之理合蓍龟之神，以蓍龟之知，验吾心之知。这等，则知来益精，藏往益彻，不有以神明其德夫。

是故阖户谓之坤，辟户谓之乾。一阖一辟谓之变，往来不穷谓之通；见乃谓之象，形乃谓之器，制而用之谓之法，利用出入，民咸用之谓之神。

这一节正是“兴神物以前民用”之事。乾坤只作阴阳说，一阖一辟以阖辟两对言，往来不穷以阖辟互禅言，乃者二气之理也，制谓定阴阳老少之象，法谓卦爻筮数之法。圣人既能明察上下，兴神物，前民用矣。然岂深远而难知者哉？造化不过一阴阳也。方其静也，气机收敛，如户斯阖，阴的事也，故谓之坤。及其动也，气机发舒，如户斯辟，阳的事也，故谓之乾。又能阖、又能辟，一动一静，不胶固于一定故谓之变。既阖矣，而复辟矣；既辟矣，而复阖，往来相续不穷，故谓之通。夫化言流行，物生于其间矣。方其始生的时节，仅有那端倪可见，轻清未形，故谓之象。及其既生之后，则那形质已具，重浊有迹，故谓之器。此生物之序，蓍龟生其中矣。圣人因蓍为植物之神，制为四十九策使人用以筮；因龟为动物之神，制为七十二刻，使人用以卜。此圣人之神道设教，古今则之，不谓之法乎？法既立矣，由是神物利用以出，民咸用出；神物利用以入，民咸用入。这是百姓自然之日用，不知谁之所为者，不谓之神乎？即此观之，《易》之理已在目前，虽极神明，究非深远难知者也。

是故《易》有太极，是生两仪，两仪生四象，四象生八卦。

这一节是言画卦之序。太极是浑沦至极的道理，生是加一倍法也，两仪是阴阳。四象是阴上加一阴为太阴，加一阳为少阳；阳上加一阳为太阳，加一阴为少阴。八卦是一象之上各加一阴一阳也。夫圣人作《易》，既有蓍龟以神其用，必有卦画以立其体。《易》之浑沦而无所不包者，太极也。太极动而生阳，则画一奇以象阳；静而生阴，则画一偶以象阴。这等，则太极生两仪，而两仪一太极。阳仪之上加一奇一偶，则太阳少阴生焉。阴仪之上加一奇一偶，则太阴少阳生焉。这等，则两仪生四象，而四象一太极也。太阳少阴之上各加一奇一偶，而乾兑离震生焉。太阴少阳之上各加一奇一偶，而巽坎艮坤生焉。这等，则四象生八卦，八卦一太极也。八卦既生，则那六十四卦，不过因而重之耳。

八卦定吉凶，吉凶生大业。

这一节是言六十四卦不外八卦，而吉凶之理默定于此矣。定即通天下之志的意思，生即成天下之务的意思。由是八卦，因而重之，六十四卦之体已具于此。这八卦之中，虽未断其吉凶，而刚柔迭运，九六相推，时之消息，位之当否，那吉凶已前定矣。吉凶既定，虽未有所趋避。然得失之报明，而利用出入之有资，那大业已这端矣。这等，则孰非太极之定生乎？

是故法象莫大乎天地；变通莫大乎四时；县象著明莫大乎日月；崇高莫大乎富贵；备物致用，立成器以为天下利，莫大乎圣人；探赜索隐，钩深致远，以定天下之吉凶，成天下之亹亹者，莫大乎蓍龟。

这一节是以天地间至大之功用，形容圣人蓍龟之大处。法象谓天成象地则效法之也，崇高以位言，富是富有天下，贵是贵为天子；物是天地之所生者，备以致用，如服牛乘马之类；器是人之所成者，立成器之利，如耒耜利耕耨，网罟利渔佃之类；赜是事为太多的意思，隐是事几幽僻的意思，深是理之不可测度处，远是事之不可骤至处，探是讨，索是寻，钩是曲取的意思，致是推极的意思，亹亹是勉勉不已的意思。夫蓍龟功用之大，岂易言哉？试以天地之大者观之，凡物有显有微皆法象也，而莫大乎天地；运行乎天地中皆变通也，而莫大乎四时。县象于上，而其明之昭著莫掩者，孰大于日月乎？由造化而推及于人，列爵惟五，分土惟三，信非崇高，惟富有四海，贵为天子者为尤大。智者作法，巧者创始，谁非制作而备水火动植之物，致那斯民之用；立小大方圆之器，利那天下之民；惟圣人极耳目心思之巧，通民情世务之烦，岂不大乎？即天人之功用如此，而神物可知矣。至若理散万事，杂然赜也，能探讨之；理伏几微，渊然隐也，能索出之。理藏于气数者，深也，钩之使明；理限于时势者，远也，致之使近。于以定天下之吉凶，而得失之报明；成天下之亹亹，而趋避之不倦。这等，则蓍一筮而八卦之象著，龟一卜而五行之兆明，那前民者无以加矣，宁有大于蓍龟乎！

是故天生神物，圣人则之；天地变化，圣人效之；天垂象，见吉凶，圣人象之；河出图，洛出书，圣人则之。

这一节是言圣人作《易》之由，不过因辞、占、象、变四者而已。神物即蓍龟，天变化是日月寒暑、往来相推之类，地变化是山峙川流、万物荣枯之类，见吉凶是日月星辰、躔次循度、晦明薄蚀也，河图是龙马负图而出于河，洛书是神龟载书而出于洛。《易》虽作于圣人，而原实由于造化。故惟天之生物也，蓍具圆神之德，龟具伏藏之智，而后圣人从而则之，以立其占，蓍用以筮，龟用以卜，不过天之所生耳。卜筮中有变化，非无自也；在天成象，在地成形，各有变化。故圣人效之，以立其变，而九六迭用、刚柔迭居焉。卜筮中有吉凶，非无自也；和气致祥，戾气致异，天垂象见吉凶。故圣人象之，以立其象，得断以吉，休征也；失断以凶，咎征也。盖由当时龙马负图而出于河，神龟载书而出于洛。九宫八卦皆兆其数，阴阳进退皆居其中，而道之变化，几之吉凶，于此而显矣。天盖以此理著于图书，而圣人则之以立其辞，何莫非天道之自然乎？

《易》有四象，所以示也；系辞焉，所以告也；定之以吉凶，所以断也。

这一节是承上则之效之象之，而申明其义。示即通志，告即定业，断即断疑。夫《易》既作，则那象、辞、占，何莫非前民用者哉？故揲蓍之后，《易》有阴阳老少之四象焉。纯乎老少者，示人所值之卦也；杂乎老少者，示人所值之爻也。那所值之卦爻各有所系之辞，彖辞告人以全体之象，爻辞告人以一节之变。至若辞之所告，定之以吉，吉则断其必当趋；定之以凶，凶则断其必当避。这等，则志无不通，务无不成，疑无不决矣，岂圣人勉强自作者乎？

右第十一章

《易》曰："自天祐之，吉无不利。"子曰："祐者，助也。天之所助者，顺也；人之所助者，信也。履信思乎顺，又以尚贤也，是以'自天祐之，吉无不利'也。"

这一节是释《大有》上九爻的义。顺是不悖于理，信是不欺乎人，尚贤是尊尚五信顺之贤也。孔子说，《大有》的上九，曰天祐之吉利，何哉？以尽保有之道耳。祐者助之义也；顺者，天道能顺，则从理无违，天必眷矣；信者，人道能信，则诚一不二，人必从矣。上九以刚居上，而能下从六五，是身所履者信，而动必以是；心所思者顺，而虑以下人；又专尚六五信顺之贤。这是满而不溢，尽处有之道而合天也，克当天心。是以"自天祐之，吉无不利"也。

子曰："书不尽言，言不尽意。"然则圣人之意，其不可见乎？子曰："圣人立象以尽意，设卦以尽情伪，系辞焉以尽其言，变而通之以尽利，鼓之舞之以尽神。"

这一节是以立象尽意为主。立象谓画一奇象阳，画一偶象阴也；情是本于性之善处，伪是拂乎性之不善处；利是用不穷，鼓是动，舞是行。书本载言，而言之烦悉，非书能尽那无穷之言；言以达意，而意之含蓄，非言能尽那无穷之意。然则圣人忧世觉民之意，终隐而不可见乎？圣人极天道民故于一心，意欲宣之觉民也。以言之所传者浅，而象之所示者深。于是画一奇以象阳，画一偶以象阴，则体贞对待，而包涵无外；用贵流行，而变化无方。言与书不能尽者，以象尽矣。然意之所包有情伪，情伪未尽，即意未尽也。由是即此象摩荡之，设为六十四卦，则消息异时而大小判，当否异位而淑慝分。那情伪有不尽乎？意之所发有言，言未尽，即意未尽也。由是即此象发挥之，系彖辞以言材，而全体义著系爻辞以言变，而一节义彰。那言有不尽乎？然卦辞既立，其体使不能达其用，圣人之意穷矣。于是即象之趋时者，制为七八九六之变，通之可行则吉趋凶避，行无不宜而利尽矣。由是即象之变通者作，民行之惰，妙为鼓舞，则自趋自避，莫知谁之所为，而神尽矣。尽利尽神，则圣人之意斯无余蕴，而忧世觉民之心，方于此乎遂也。

乾坤其易之缊耶？乾坤成列，而《易》位乎其中矣。乾坤毁，则无以见《易》;《易》不可见，则乾坤或几乎息矣。

这一节是申释立象尽意，不外乾坤二画的意思。易是《易》书，缊是包含的意思，成列谓阴阳对待也，毁谓卦画不立，息谓变化不行也。立象所以尽意者，以此乾坤二画，其能包含夫《易》变而为《易》之缊耶？试观乾列于左，坤列于右，虽未阴变阳化，而所以化阴变阳者，已立乎其中矣。设若乾坤毁而不成列，则何以为变化？而易不可见矣。夫《易》惟可见，乃能不息；既无《易》了，则阳何以化？阴何以变？变化之用，或几乎息矣。夫变化必不可息，此所以必立象也。

是故形而上者谓之道，形而下者谓之器，化而裁之谓之变，推而行之谓之通，举而措之天下之民谓之事业。

这一节正是体认立象尽意处。形是阴阳之象，道是无声无臭之理，器是有色有象之体；化裁谓阴化趋阳则裁之为九与七，至阳化趋阴则裁之为六与八；推行谓将已裁定有推行之也，通是达，事是业之方行者，业是事出已著者。盖象立而意何不尽耶？阴阳之象皆形也，自其超乎形而不以象囿者，形而上也，这是太极至精之理，故谓之道。自其况于迹而可以象求者，形而下也，这是阴阳成质承载，是道之器。因此，阴阳自然之化而裁定之，阴变为阳，阳变为阴，则谓之变。推此化裁之理，而行之于日用动静之间，则此理无空滞，不谓之通乎？至于举此变通之理，而措之天下之民，使民皆因筮求变，因变求通，则事业无不成矣，故谓之事业。此五

“谓”字，言天地间之正理，圣人的教化，礼乐刑赏都不外此理。下文六“存乎”，方说卦爻，方与下文化而裁之有别。

是故夫象，圣人有以见天下之赜，而拟诸其形容，象其物宜，是故谓之象。圣人有以见天下之动，而观其会通，以行其典礼，系辞焉以断其吉凶，是故谓之爻。

这一节是重出，以起下文之义。

极天下之赜者存乎卦，鼓天下之动者存乎辞。

这一节是以象爻之大无所不在的意思。极是穷究也，赜是多的意思，鼓是起发也，动是酬酢往来的意思，卦即象，辞即爻。惟见道之至赜而立卦，故用《易》者，欲穷究天下之赜，则存乎圣人所立之卦焉，见那画之纯杂而天地万物之象，无一不会于心。故曰极天下之赜者存乎卦。惟见道之所动而系辞，故用《易》者，欲起发天下之动，则存乎圣人所系之辞焉，观那爻之吉凶而或趋或避之理，无一不勇于为，故曰鼓天下之动者存乎辞。

化而裁之存乎变，推而行之存乎通，神而明之存乎其人，默而成之，不言而信，存乎德行。

这一节是言有德行者不必本诸卦辞，而神明在我的意思。裁是度，变即阴阳之变；通即行之通达不滞处；神是运用之莫测，明是发挥之精晰；默是无所作为，言是见诸辞说，成是我自成其变通之事也；信是人自信之，如蓍龟也。由是揲蓍之时，因那阴阳自然之化而裁为七八九六之数也，则存乎卦爻之变焉。凡四为奇，奇之纯杂不同，皆阴变阳也；凡八为偶，偶之纯杂不同，皆阳变阴也；裁之而七八九六分矣。极数之后，因化裁可行之理，而推于出入云为之际也，则存乎卦爻之通焉。变在于卦，卦必有当动也，变在于爻，爻必有可行也，推之而出入云为利矣。然执《易》以求变通，恐用《易》而未忘乎《易》也。若夫运用乎变，显设其通，不假那化裁推行之迹，自然神融而明彻之，则存乎其人焉。所谓其人者，必沉潜渊默，而变通自成，且不假意言而变通之理油然孚契。此正神而明之者也，则存乎德行焉。造理精微、履事纯熟，吾心有自然之变通，故卦爻变通不得泥也。不则，成未能也，况默哉？信未能也，况不言哉？能由圣人之意象耶？信乎《易》非圣人不能作，亦非圣人不能用也。

右第十二章

卷十

系辞下传

八卦成列，象在其中矣。因而重之，爻在其中矣。

这一节是言卦爻之体。八卦是三画的小横图，因重是六画的大横图；成列谓乾兑离震，那阳在下的列于左；巽坎艮坤，那阴在下的列于右；在中非外至之辞，乃自然有的。孔子复传下系辞说，《易》之作自伏羲，而八卦成列，虽不言象，然乾坤列，而纯阴纯阳之形已具；六子列，而杂阴杂阳之形已具；象不在此八卦成列之中乎？伏羲八卦虽无爻，然由三画上复加三画，则初二三成爻于内，四五六成爻于外。凡爻之远近贵贱，乘承比应。即灿然于各卦之中矣。此《易》之体所以立也。

刚柔相推，变在其中矣。系辞焉而命之，动在其中矣。

这一节是言卦爻之用。刚柔相推如乾为天，乾下变一阴之巽，二阴之艮，三阴之坤是也；系辞是系六十四卦，三百八十四爻之辞也；命是命其吉凶悔吝也；动是占者所值当动之象爻也。卦爻既立，则卦爻一刚柔也。然这刚柔迭相推荡，刚推乎柔，则刚变为柔矣；柔推乎刚，则柔变为刚矣。此虽非占卜卦爻之变，而卦爻之变已在其中矣。于是圣人因相推之时位，或息而当者，系辞命其吉；或消而不当者，系辞命其凶。而占者所值当动之卦，有卦辞可观；所值当动之爻，有爻辞可玩；则动不在系辞而命之中乎？此《易》之用所以行也。

吉凶悔吝者，生乎动者也。

这一节是言卦爻之动处。动是人之动作营为，即趋吉避凶也。夫吉凶悔吝，皆辞之所命也。然动则有吉凶，有悔吝，故吉凶悔吝皆因动而生也。占者由是而当趋当避，则动无不吉，而凶悔吝可免矣。这等，则吉凶悔吝，何者不生于动之中乎？

刚柔者，立本者也；变通者，趋时者也。

这一节是言卦爻之动重在趋时上。立本谓九六自有定位，更易不得的意思；趋是向，时谓一卦一爻之时。夫刚柔相推，而变在其中者。何也？那未动时，刚柔散见于六十四卦中，各有定位：刚立刚的本位，柔立柔的本位；而不相移夺。及其既动，则变通无定，刚极变而通于柔，是趋那进极而退之时也；柔极变而通于刚，是趋那退极而进之时也。这等，则无刚柔不能变通，既有变通，不得不趋时矣。

吉凶者，贞胜者也。

这一节是言《易》惟至正则胜，不徒论吉凶也。贞是正，胜是胜负之胜。夫刚柔变通，则卦爻动而吉凶生矣。这吉凶岂循环无定者哉？又岂对待相胜者哉？盖天下有常胜之道，贞是也。吉凶无当而贞有常，如季氏之富贵，虽吉亦凶；公冶长之缧绁，虽凶亦吉。凡杀身成仁，舍生取义，过涉灭顶，何常是凶？皆以正胜之故也。

天地之道，贞观者也；日月之道，贞明者也；天下之动，贞夫一者也。

这一节是承上文贞胜之理，以见造化不外一贞的意思。观即垂象以示人也，道即天地日月之正理；一即精一之一，断无两路的意思。盖理一，则不当有二，至常则不容有变。今天地有此正理而观，则无私覆、无私载；日月有此正理而明，则无私照。天地日月且如此，而况于人乎？故天下之动，虽千端万绪，总之以贞而常胜，非贞夫一者乎？惟贞则吉固吉，凶亦吉，正大光明，与天地的贞观，日月的贞明，并垂宇宙，岂论其吉凶哉！

夫乾，确然示人易矣；夫坤，隤然示人简矣。

这一节是承上吉贞一之理，本于天地之易简，以见卦爻所由作的意思。确然是健貌，隤然是顺貌。夫吉凶贞胜，固由于一；而一之原，则出于天地。盖乾天也，性情确然至健矣，健则气至即达，其知始处更无等待，直示人以生物之易矣。坤地也，性情隤然至顺矣，顺则代天有终，其作成处不过因乾之所始而成就之，直从人以生物之简矣。

爻也者，效此者也；象也者，像此者也。

这一节是以易简之用见爻象之贞一处。效、象是描写的意思。夫乾坤以易简示人，八卦因重而有爻，那百九十二之阳爻，一而实者，皆效乾之易；百九十二之阴爻，二而虚者，皆效坤之简。八卦成列而有象，凡乾震坎艮为阳卦，则阳息阴消者，皆像乾之易；坤巽离兑，为阴卦，则阴息阳消者，皆像坤之简。这等，则爻象虽至变至赜，安能外乎贞一之理哉！

爻象动乎内，吉凶见乎外，功业见乎变，圣人之情见乎辞。

这一节是申明首三节之意，以见蓍卦之功用。内外犹言先后也，功业只从趋避上说，非已成之功业也；情是忧世觉民之情。盖有爻象，便可因蓍以求卦矣。然那蓍方揲而卦方求，则参伍错综而爻象隐然动于蓍卦之内。蓍既揲而卦既求则成爻定象，而吉凶昭然见于蓍卦之外。夫爻象之动，即变也，变虽未赏明以作用教人。然那开物成务之功业当趋当避者，已见乎卦多之变矣。吉凶之占即辞也，辞岂圣人多事以扰民？见世之受福者少，而蒙祸者多，故忧世觉民之情不得不见乎卦爻之辞矣。这等，则有乾坤而后有卦爻，有卦爻而后有吉凶；卦爻吉凶，其阐天地之秘而神圣人之用者欤！

天地之大德曰生，圣人之大宝曰位，何以守位？曰仁。何以聚人？曰财。理财正辞、禁民为非曰义。

这一节是言圣人之功业，能参赞乎天地的意思。大德谓易简贞一之大德，生兼成始、成终说，虽到剥杀处，亦是欲固其生理的意思；大宝非圣人自以为宝也，人幸圣人之得位行道，成那参赞之功，故曰大宝；聚人言内而百官，外而黎庶，心无涣散也；理财是疏理其出入之道，使不壅滞而富之也；正辞是反经设教，使邪说横议不得干正的意思；禁非言既道之以德，必齐之以刑，使放辟邪侈，不敢自肆的意思。夫在《易》则有卦爻吉凶，在天地则有造化，在圣人则有功业，不可与共参乎？天地有此贞一之大德，非法象之谓也。造化运于无心，而生生不已者是也。圣人继天立极，而法其无私覆载之心，则必居夫可为之位，位非圣人之大宝耶？至若那守位则以人焉，得天地所生之人，而天位其承膺矣。聚人则以财焉，分天地自然之利，而人心其乐附矣。再导之以生养，则财不可不理也，而理财者必正辞以训之，禁其彝以防之，不外乎义而已。义者裁制起于一心，调剂妙于万化，理以义，则九赋九式有规矣；正以义，则三物十二教有训矣；禁以义，则五刑五罚有章矣。而功业不与天地参乎？这等，则作《易》圣人，其功用之贞一有如此。

右第一章

古者包牺氏之王天下也，仰则观象于天，俯则观法于地，观鸟兽之文，与地之宜，近取诸身，远取诸物，于是始作八卦，以通神明之德，以类万物之情。

这一节是原象之所由立以见八卦之始。天之象是日月星辰，地之法是山陵川泽；鸟兽之文如柔毛刚鬣，希革毛毨之类；地之宜如兖之漆、青之檿、徐之桐，高下原隰、东西南北，各有所宜的意思；近取诸身谓性情形体也，远取诸物谓飞潜动植也；通是理之相会合，类是象之相肖似；德是阴阳之理，精而难见，故曰通；情是阴阳之迹，粗而易见，故曰类。孔子说，古昔羲皇之王天下，欲作《易》以前民用，而不遽作也。仰则观那日月何以升沉，星辰何以显晦之象于天；俯则观那山川何以流峙，陵谷何以变迁于地；观鸟兽之文，而希革毛毨者求其故；观地之宜，而高下原隰者求其实；近取诸身之性情形体，远取诸物之飞潜动植；固无往而不验矣。见得天地间一对一待，成列于两间者，不过此阴阳消息。于是始画一奇偶以分阴阳，因而重之三画而成八卦。至若微而神明之德，一阴阳之理也，《易》卦直与通焉；如健顺动止，震艮乾坤通之也；悦陷丽入，兑坎离巽通之也。显而万物之情，一阴阳之迹也，《易》卦直与相当焉；天地雷山，乾坤震艮类之也；泽火风水，兑坎离巽类之也。这等，则显微毕具，圣人制器尚象，不本是哉！

作结绳而为网罟，以佃以渔，盖取诸《离》。

这一节是圣人制器尚象以教民肉食之事。网罟捕禽鱼之器，罟又网之总名也，佃是入山林取禽兽，渔是入川泽取鱼也。伏羲因民未知鲜食之利，乃教人缉麻为绳结，以为纲罟之器，用以佃于山林渔于川泽，使民得有鲜食之利，这是取诸《离》的意思。《离》的象为目，网罟之两目相承者似之;《离》的德为丽，物之丽于网罟者似之。则教民肉食，自包牺氏始也。

包牺氏没，神农氏作，斫木为耜，揉木为耒，耒耨之利，以教天下。盖取诸《益》。

这一节是圣人制器尚象，以教民粒食之事。斫是削，耜是耒的首，削之使锐，利于入土，古人以木，今则以铁为之;揉是屈木之直而使曲也，耒是耜的柄，耨是耕。包牺氏没，而神农氏继起为君，亦以物理明《易》理，因斯民未知粒食之利，于是斫木使锐而为耜，揉木使曲而为耒，耒以运耜，耜以起土，将那耕耨之利以教天下树艺，这是取诸《益》的意思。其卦二体皆木，上入下动，中爻坤土，木入土而动，耒耜之象。则教民粒食，自神农氏始也。

日中为市，致天下之民，聚天下之货，交易而退，各得其所，盖取诸《噬嗑》。

这一节是言货殖的理，使民知交易之利如此。日中是离日在上之象，市是交易之所，致是招徕的意思，聚是集，货是菽粟禽鱼之类；交易是以其所有，易其所无，各得其所，是以有无相易，各遂其愿而济其用的意思。神农于是教民日之方中为市，使远近之民，于此时而至也。致天下之民，于各市的地；聚天下之货，于各市的廛；以其所有者，易其所无者；交易而退，则积者非有余，乏者无不足。凡禽鱼菽粟之类，皆得以相济而各得其所矣，这是取诸《噬嗑》的意思。卦德上明下动，日中为上明，为市则下动也。

神农氏没，黄帝、尧、舜氏作，通其变，使民不倦；神而化之，使民宜之。《易》穷则变，变则通，通则久。是以“自天祐之，吉无不利”。黄帝、尧、舜垂衣裳而天下治，盖取诸《乾》《坤》。

这一节是言三圣人作，而文明之治兴衣裳之制起。通变言朴陋之风去，而渐变为文明也；不倦是不苦其纷更。神是由之而莫知其所以然，化是以渐而相忘于不言之中，宜之是相安的意思。上衣有阳的象，下裳有阴的象，使尊卑上下，不可紊乱的意思。牺农之时，民朴俗野，至黄帝、尧、舜时，风气渐开，时已变矣。三圣知时当变也，革其固陋而通之，使天下之人皆欢忻鼓舞，趋于文明而不倦。所以然者，非圣人有以强之也。正以变通者，神明不测，变而不见其迹，神而化之也。故民相忘于不识不知，而安之以为宜耳。惟其宜之，故趋之而不倦也。要其通变宜民之妙，亦循乎易理耳。《易》理在天地间，消息互乘，盈虚迭运。当那时事衰敝之极，其行不通处是穷，穷则数尽必更，断然变了；变则乘时而转，因势而导，未有不可通行者，是变之必然也。通则一时为宜，万世无敝，未有不可常久者，是通之必然也。则圣人之变通神化，合乎此耳。合乎《易》，则合乎天，是以自天祐之，民宜不倦，而吉元不利也。牺农之时，人害虽消，而人文未著；衣食虽足，而礼义未兴。故黄帝、尧、舜，惟垂上衣下裳之制，以明尊卑贵贱之分，而天下自治，所谓通变宜民者此也。盖有取于《乾》《坤》。《乾》易《坤》简变化而无为；上衣下裳，顺治而无迹，非乾坤之义而何?

刳木为舟，剡木为楫，舟楫之利以济不通，致远以利天下，盖取诸《涣》。

这一节是言圣人济涉之功。刳是剖而使空，剡是斩削；舟是载物，楫是以运舟，济不通是横渡或有阻绝则济之，致远是直行可通蛮陌也。夫礼制既兴，则远迩观化。然用途阻隔，则文教不通，舟楫可不兴乎?于是刳木中虚而为舟以载物，剡木未锐而为楫以进舟。既有楫，则近可以济不通，远可以致遐荒，均之为天下利矣。盖有取于《涣》。《涣》象以巽木居于坎木之上，犹舟楫之在那川泽上也。

服牛乘马，引重致远，以利天下盖取诸《随》。

这一节是言圣人教民陆行之利。服牛是因其性之顺而穿其鼻，以驯服之；乘马是因其性之健而络其首，以驾乘之；引重谓牛，牛非不可以致远，但取其力的意思；致远谓马，马非不可以引重，但取其敏的意思。又因动物之性以为道途之用，如牛之性顺，则穿其鼻而驯取之；马之性健，则络其首而乘驾之；使牛以引重，有所牵而进的义；使马以致远，有所极而至的义；则物当其劳，人享其逸，而天下之徒行者利矣。盖有取于《随》。随的卦德下动上悦，犹物劳人安也。

重门击柝，以待暴客，盖取诸《豫》。

这一节是有备以御暴的意思。重门谓城门郭也，击柝谓夜巡所击之木也，暴客是寇盗之小者，待是未然而先防之也。水陆既通，未必无暴客之至，能无备乎？故设重门以御之于外，有击柝以警之于内，则那暴客虽欲乘间，而我之防闲甚密，自能有备无患，盖有取于《豫》之豫备也。

断木为杵，掘地为臼，臼杵之利，万民以济，盖取诸《小过》。

这一节是言粒食务精以养民。杵臼是舂米粟之具，前此之民虽知粒食，犹未知那食之精也，于是断木使大其本而为杵；掘地令空其中而为臼，臼以容粟杵以脱粟，则易粗以为精，而万民莫不以此而济其养。盖有取于《小过》。《小过》之德，下止上动，那臼杵之制，亦下止上动也。

弦木为弧，剡木为矢，弧矢之利，以威天下，盖取诸《睽》。

这一节是修武备以服天下之不轨者。弧是弓，以丝弦木使曲；矢是箭剡木，使锐威，是示有警备而使之畏。夫外警以门柝，内精以粒食，若无以威不轨，虽有险能守乎？有粟能食乎？于是弦木使那中曲而为弧，剡木使那末锐而为矢。盖弧矢是凶器，何利之有？然威暴所以仁其良也。这等是弧矢之利，以威天下之不轫，大矣哉！盖有取于《睽》，睽乖不服者，非弧矢不能服也。

上古穴居而野处，后世圣人易之以宫室，上栋下宇，以待风雨，盖取诸《大壮》。

这一节是奠居以养生之事。冬则穴居，夏则野处；栋是屋脊木，宇是椽栋直承而上，故言上栋；宇两垂而下，故言下宇。夫兵器既制，民患御矣。宫室不兴，民居何以奠乎？上古宫室未兴，冬则掘地穴居，夏则旷野而处，风雨交侵，民无安息矣。后世圣人易之以宫室，上有直承而为栋，下有两垂而为宇。这等，则奠厥攸居，可以待风雨而无祈寒暑雨之患矣。盖有取于《大壮》，即壮固之意，以见宫室之制，亦壮固而民得以奠安也。

古之葬者，厚衣之以薪，葬之中野，不封不树，丧期无数，后世圣人易之以棺椁，盖取诸《大过》。

这一节是使民送死无憾的意思。衣之以薪是覆之以薪也，葬之中野是弃之郊野之土中，不封是无土堆而人不识，不树是不树木以依神，丧期无数谓丧服之期亦无限数也，棺是附身之具，椁是附棺之具。夫宫室既制，民得以安生，葬埋不举，孝思何存？故上古葬礼未起，惟厚覆盖之以薪，而委弃那中野，不封土以示后，不树木以依神，那衰麻哭泣之期，亦无定数。到后世圣人，则易之棺以周身，椁以周棺，而封树之丰，丧期之数，无不全矣。盖有取于《大过》。《大过》有过厚之义，而送死足以当大事，不妨过厚也。

上古结绳而治，后世圣人易之以书契，百官以治，万民以察，盖取诸《夬》。

这一节是言文治之始。结绳是以绳结两头中割断之，各持其一，以为他日之对验也；书是文字，言有不能记者书识之；契是合约，事有不能信者契验之；治是得理，察是明察。盖上古民淳事简，凡事惟结绳以记验之，而百官万民亦无弗治。后世则淳者渐伪，简者日烦，可复以那结绳之治治乎？于是圣人易以书契，言不能记者，书则识之；事不能信者，契则验之；则是综核明，而臣纪肃，百官治矣；是非审而情伪彰，万民察矣。盖有取于《夬》之明决焉。统而观之，始于伏羲终于尧、舜，由朴而渐文；始于结绳终于书契，由略而极备；则那制备于圣，用周于民，尚象之功岂不大哉！

右第二章

是故《易》者，象也；象也者，像也。

这一节是言先天立象尽意之妙。像犹似也。孔子说，羲皇作而图书启，便有那大成小成之《易》。易岂有他哉？奇偶成列，莫非阴阳纯杂之象而已。然这象，非滞于迹也，乃像夫造化阴阳之理也。阳之理不可见，而假之奇以似之；阴之理不可见，而假之偶以似之；阴阳无形而以象告。盖以其理之仿佛近似，而可以想象者也。

彖者，材也。

这一节是言一卦之成德。材是材干。文王本此象而系彖。果何言乎？盖一卦之中，德体象变，那材质不同，而彖则发挥其全体之蕴，如大通至正，乾的材，而元亨利贞发之；大通顺健，坤的材，而元亨牝马发之是也。

爻也者，效天下之动者也。

这一节是言后天系辞以尽言也。爻是效，有发露的意思。周公本此象而系那爻辞，又何言乎？盖情伪利害，天下之动不齐，爻则仿佛其酬酢之迹，一一呈效于各爻之下以示人，而象之一节昭然矣。

是故吉凶生，而悔吝著也。

这一节是承上三节而言。生谓从此生出也，著谓自微而著见也；吉凶在事本显，故言生；悔吝在心尚微，故言著。是故羲之《易》以像其理而近似之，文之彖以言其材，姬之爻以效其动，则孰为吉而当趋，孰为凶而当避，彖辞中皆发生无隐，而即其自凶趋吉的悔，自吉向凶的吝，这介于几微者，亦无不显著。此所以能贞天下之动也，《易》之有裨于民用如此。

右第三章

阳卦多阴，阴卦多阳。

这一节是言六子卦画之数。孔子说，乾坤之卦，纯乎阴阳，那画自无多寡矣。至于震坎艮，都索诸乾，则是阳卦了，阳卦宜多阳，这画偏一阳二阴，而反多阴。巽离兑，都索诸坤，则是阴卦了，阴卦宜多阴，这画偏一阴二阳，而反多阳。

其故何也？阳卦奇，阴卦偶。

这一节是承上文而言奇偶之数。其多阴多阳之故何也？阳卦的数奇，一阳一画，而二阴四画，以一合四则为五画，五是数之奇，故阳卦所以多阴也。阴卦的数偶，一阴二画，而二阳又二画，以二合二则为四画，四是数之偶，阴卦所以多阳也。

其德行何也？阳一君而二民，君子之道也；阴二君而一民，小人之道也。

这一节是言阴阳之理。君子小人之道分，阳为君，阴为民。然有数则有理，其德行何也？《易》的大分，阳贵阴贱，有君民之象焉。这阳卦，一阳二阴，是为一君二民，乃天地之常经，古今之大义，如唐虞三代，海宇苍生，罔不率俾之象，其道公而大，故为君子之道。阴卦一阴二阳，是为二君一民，则政出多门，车书无统，如七国争雄，四方黎庶，靡有定主之象，其道私而慝，故为小人之道。观此则卦画阴阳奇偶之辨，正所以定名分，而维世道也。

右第四章

《易》曰："憧憧往来，朋从尔思。"子曰："天下何思何虑？天下同归而殊涂，一致而百虑，天下何思何虑！"

这一节是释《咸》九四爻义，以拟议于太虚无我之体。思是心之运，虑是思之深，同归是理如此，一致是数如此。《咸》九四所云，盖言天下感应之理，顺其自然，何必心之扰而思哉？何必思之深而虑哉？盖理原于太极，本同归也。但事物之散见不齐，其涂不能不殊耳，而同归者自若也。理根于心，本一致也。但此心酬酢不一，如处父子则思亲，处君臣则思义，处夫妇则思别之类，逐项把念头去应付他，其虑不能不能不百耳，而一致者自在也。君子亦由一理以善天下之施，而顺其自然，一了百了，何用憧憧思虑为哉？

日往则月来，月往则日来，日月相推而明生焉；寒往则暑来，暑往则寒来，寒暑相推而岁成焉。往者屈也，来者信也，屈信相感而利生焉。

这一节是言造化之往来屈信，皆感应自然之常理。屈是成功者退，即往的意思；信是方来者进，即来的意思；相感是循环不已的意思；利是功，谓日月有照临之功，岁序有生成功。盖以造化言之，造化之精有日月，日往则月自来，月往则日自来；日月相推，则或明于昼，或明于夜，而明生焉。造化之运有寒暑，寒往则暑自来，暑往则寒自来；寒暑相推，则由春而夏，由秋而冬，而岁成焉。这等则日月寒暑之往者，非有心往也，是那气机之消，而成功者退非屈乎？日月寒暑之来者，非有心来也，是那气机之息，而将来者进，非信乎？屈以感那来者之信，信以应那往者之屈，相感不已，而明生岁成之利生焉，则造化屈信往来，一感应自然之理也。

尺蠖之屈，以求信也；龙蛇之蛰，以存身也；精义入神，以致用也；利用安身，以崇德也。

这一节是因物理而又推言圣学。尺蠖、龙蛇是引起语，屈是缩，蛰是藏；求信、存身都要见得物理自然，不着力的意思。精是明，理之宜于事者谓义；入神是精义之熟，犹从心所欲不逾矩的一般；致用是诣于其用，犹出乎身，发乎迩也。利用是利于其用，犹加乎民，见乎远也；安身是身安，犹四体不言而喻也；崇德谓吾身之德，自能积小而高大也，及推之物理焉。尺蠖不屈则不能信，彼其缩而屈也，正是那求信而可行的所在。龙蛇不蛰则气不伏，彼其藏而蛰也，正是那存身而待奋的所在。盖自屈自信，自蛰自存，在尺蠖龙蛇无心也，物理且然，圣学可知矣。以吾身言之，精研其义，至于几微必察，以造于神妙之境，则有真知，斯有妙用，而千变万化从此出矣，这就是致用之本。义之泛应为用，而利其施用，至于身无不安以游于自得之天，则有实行，斯有真得，而高明广大从此极矣，这就是崇德之资，又何必论其殊途而憧憧往来哉？

过此以往，未之或知也；穷神知化，德之盛也。

这一节是承上文言，由下学而上达的意思。过此即上精义利用的工夫，以往是前去，即下穷神知化的境界；未之或知言不知也；穷神谓穷吾心神明之理，知化谓知吾心变化之数；盛即崇，非崇外别有盛也。夫义未精而求精，用未利而求利，则机在我者，我所易知到义精、用利的田地，则过此而机不在我了，非我所知矣。当此未之或知时节，忽到那穷神地位，是吾心神明同归一致的功夫。穷极至此，则神由我存，分明即心即神。忽到那知化地位，是吾心变化，殊途百虑的妙用，知契至此，则化由我出，分明即心即化。这等，则义精到那无可精，利用到那无可利，而德极其盛，是本吾心自然之神化，极于天地之神化，此乃感应自然之理耳，何以思虑为哉！

《易》曰：“困于石，据于蒺藜，入于其宫，不见其妻，凶。”子曰：“非所困而困焉，名必辱；非所据而据焉，身必危。既辱且危，死期将至，妻其可得见耶？”

这一节是释《困》六三爻义。非所困是我非所困，非所据是人非所据，辱是求荣反辱的意思，危是求安反危的意思。《困》六三所云，何也？孔子说，君子之于天下，进而有成，退而有据，身名两全者，既度其身，又度其人也。那九四刚而在上，如石不可困的一般，三不自量而强欲去之以邀功，则妄行取困，只贻讥于天下，而名必辱。那九二刚而在下，如蒺藜不依的一般，三不自择，而强欲倚借以求安，则投身非所，适以贾祸耳，而身心危。既辱且危，两者交集则丧亡立至，虽有上六之应，如妻的象，身且不保，妻其可得亲昵耶？故有不见其妻的象。

《易》曰：“公用射隼于高墉之上，获之，无不利。”子曰：“隼者禽也。弓矢者器也。射之者人也。君子藏器于身。待时而动，何不利之有！动而不括，是以出而有获，语成而动者也。”

这一节是释《解》上六爻义。括是闭结的意思。《解》上六所云，何也？孔子说，隼乃鸷悍之禽，犹小人心术艰险莫测也；弓矢是射禽之器，犹君子道德之威也；至于挟弓矢之器，以射除鸷悍之禽者，又在善用其器之人也；善用其器者，惟君子。那君子涵养深，磨练熟，负济世之具于身，而不与人争长角胜，只管藏器于身而不轻试，直待那时之可为而后动。这等，则动中机宜，何不利之有？是何也？器者动之本，时者器之用，惟藏器于身，待时而动，则其推行有本，其设施有权，动而不括矣。是以不出则已，出则鸷害以除，不有获乎？彼上六所云者，正语成器于身，待时而动者也。其收必获之利，岂幸成哉？

子曰："小人不耻不仁，不畏不义，不见利不劝，不威不惩。小惩而大诫，此小人之福也。《易》曰'屦校灭趾，无咎'，此之谓也。"

这一节是释《噬嗑》初九爻义，惩是追咎他已然之心，诫是豫防他未然之念，都从上人使惩使诫说。孔子说，天下惟君子则知耻知畏，无所惩而为善，亦无所畏而不为恶，何用刑罚以示惩哉？那小人则不然，天下至可耻者莫如不仁，小人则甘心不仁，纵有仁义之事，必从利赏上激劝来，不见利不劝矣；纵或去不仁不义之事，必从刑威上惩治来，不威则不惩矣。故小有惩于前，大有诫于后。这是圣人欲成全小人，使他去恶迁善，乃小人之福也。不然，不仁不义，不劝不惩，积之既久，罪大而不可解矣。何福之有？《易》曰："屦校灭趾，无咎"者，正此止恶于未形，小惩大诫，为小人之福之谓也。

善不积，不足以成名；恶不积，不足以灭身。小人以小善为无益而弗为也，以小恶为无伤而弗去也，故恶积而不可掩，罪大而不可解。《易》曰："何校灭耳，凶。"

这一节是释《噬嗑》上九爻义。无益、无伤是小人解释处。夫善乃成名之基，善不积不足以成名；恶乃灭身之阶，恶不积不足以灭身。然所谓积者，由小以积大也；小人则昧于积之义者，见得那些小的善，何益于名而不为；因以那些小的恶，为无伤于身而不去，惟恃以为无伤，故由小恶积至大恶，至于暴著而不可掩也。因恶定罪，则恶大罪亦大。那灭身的祸，安得而解之哉？《易》曰："何校灭耳，凶"者，是积恶之所致也。

子曰："危者，安其位者也；亡者，保其存者也；乱者，有其治者也。是故君子安而不忘危，存而不忘亡，治而不忘乱。是以身安而国家可保也。《易》曰：'其亡其亡，系于包桑。'"

这一节是释《否》九五爻义，人群当防之于未然的意思。安危是言身位，存亡是言国家，治乱是言世故。孔子说，未然之防，自古记之。大凡恃那安的，未有不危。惟心常若危者，则有图安之术，所以安其位也。恃那存的，未有不亡。惟心常若亡者，便有固存之法，所以保其存也。恃那治的未有不乱，惟心常若乱者，自有致治之方。所以有其治也。君子深见于此，故四方无虞，可谓安矣。又恐安是危的机，故不忘危，宗社巩固，可谓存矣。常恐存是亡的兆，故不忘亡，纲举目张，可谓治矣。常恐治是乱的阶，故不忘乱。夫有思危、思亡、思乱之心，必有图安、图存、图治之策。是以身安而国家可承保也。《易》之《否》卦五爻所云，正此君子以不忘之心，而得安且保之谓也。

子曰:“德薄而位尊，知小而谋大，力小而任重，鲜不及矣。《易》曰:‘鼎折足，覆公馀，其形渥，凶。’言不胜其任也。”

这一节是释《鼎》九四爻义。德所以诏爵，智所以谋事，力所以当任，鲜不及是鲜不及其祸也。凡为臣者，位欲当德，谋欲量知，任欲称力，乃可有成无败。如无调燮之能，德薄矣，而居凝承之位;乏远大之谋，知小矣，而图弘巨之业；少负荷之具，力小矣，而膺天下万世之责。三者俱有不胜。则位必倾，谋必败，任必仆，鲜不及于祸者。《易》之《鼎》卦四爻所云，正言那才德之薄，不胜其任以至此也，可不戒哉!

子曰:“知几其神乎？君子上交不谄，下交不渎。其知几乎？几者，动之微，吉之先见者也。君子见几而作，不俟终日。《易》曰:‘介于石，不终日，贞吉。’介如石焉，宁用终日？断可识矣！君子知微知彰，知柔知刚，万夫之望。”

这一节是释《豫》六二爻义。谄是阿谀，渎是亵慢，几是谄渎之初起念处，断可识是断识其不俟终日也;微是韬晦，彰是显设，柔是退避，刚是勇往。皆从作用上见；望是其神之不可及处，非人仰望也。孔子说，天下事莫不有几，几乃人之所难知者，能知人之所不能知，岂非神而明之者乎？于君子之交际观之，上交易谄，下交易渎，惟君子能于谄渎发念之初，觉之早，绝之力，其知几乎？然所谓几者，念虑方动而尚微，良心初发，而一念之善，吉已先兆其端矣。君子独能于微之先见者，有早见之识，作而起之，不待终日之久，而速赴焉。果何本哉？《易》之《豫》卦二爻所云，盖方君子之心，定而不摇，安静耿介，如石之不可移易，则知之之明，去之之决，不用终日，而断可识其事之几微矣。但见天下事有潜晦而微，即有显著而彰者，有巽顺而柔，即有勇敢而刚者，君子心体上，无不先知之。这才是知几所在，其能见超物表为万夫之望也。非天下至神，其孰能与于此？

子曰："颜氏之子，其殆庶几乎？有不善，未尝不知；知之，未尝复行也。《易》曰：'不远复，无祇悔，元吉。'"

这一节是释《复》初九爻义。殆是将，庶是近，几即上"知几"的几；不善要看得细，只在起念之间；知即上"知几"的知，复犹见言不善之念，一萌即释，那曾见他再行。孔子说，继善成性，人心本来只是一个善，纯之则一，复之则几，颜氏之子，其将近于知几乎？彼其克复功至，原无不善，在至善之体，少有一念之未纯。即回之所为不善也，回则不加检点，而未尝不知，无迷机也；便到那不可遏抑处，回未尝见于行，无留念也。此其去不善以复善，则在一念真知中，随起随融，未尝见其再行也。《易》之《复》卦初九爻所云，即颜氏之学耳。

天地细缊，万物化醇；男女构精，万物化生。《易》曰："三人行，则损一人；一人行，则得其友。"言致一也。

这一节是释《损》六三爻义。细缊，缠绵交密的意思，醇是凝厚；男女兼万物言，不独人之男女也；致是专致。大凡天下事两情专一而后成，故天地以气升降，则万物以气化，而体自凝实矣。男女以精施受，则万物以形化，而生生不已矣。夫天地男女，两也。细缊构精以一合一，是两而一也。惟一故生，而生物所以不息。此致一之道也。《易》之《损》卦六三爻所云，正言须去那间吾两者之人，以致吾两者之专一，乃能与天地男女等也。所以这爻辞，言损一得友，方能成功也。

子曰："君子安其身而后动，易其心而后语，定其交而后求：君子修此三者，故全也。危以动，则民不与也；惧以语，则民不应也；无交而求，则民不与也：莫之与，则伤之者至矣。《易》曰：'莫益之，或击之，立心勿恒，凶。'"

这一节是释《益》上九爻义。安是身无愧怍，易是心能坦荡，定是交以道义；修此三者，即安也，易也，定也；危、惧、安是反此三者而言。

上“与”字是党与之与，下“与”字是取与之与；伤之即爻辞击之也。孔子说，求益贵于有恒。故君子动以率民，而不遽动者，必平素身有顺理之安而后动；言以令民，而不遽语者，必平素心有和平之善而后语；求以取民，而不遽求者，必平素上下之情意交孚而后求。君子能于平日修此三者，立心之恒可知矣。故动则民后，语则民应，求则民与，益道毫无欠缺而全矣。若危逆以动，动必悖理，谁肯顺从而与之？威惧以语，语必悖道，谁肯倾心以应之？交未定而求，民必以为厉己，谁肯乐？输而与之，既莫之与，则必夺君之有，而伤之者至矣。《易》之《益》卦上爻所云，正以立心不恒之所致也。

右第五章

子曰：“乾坤其《易》之门耶？乾，阳物也；坤，阴物也。阴阳合德而刚柔有体，以体天地之撰，以通神明之德。”

这一节是言伏羲画卦乃先天之《易》也。门是物之所从出者，物是有形质的象，以是用；撰是述，天地之撰，雷风山泽之类是也；德是理，神明之德；健顺动止之类是也。孔子说，伏羲画卦，始终乾坤两画，有阴阳二卦，而六十四卦皆由此而出，不犹《易》之门耶？然乾坤有形再见之物也。乾原象阳，则立体一而实，性动而健，非阳物乎？坤原象阴，则立体二而虚，性静而顺，非阴物乎？有阴阳，则相摩相荡，阴交于阳，阳交于阴，其情相得而德合矣。惟合德，则八卦六十四卦之刚柔，或刚上柔下，或柔上刚下，其质不同，而有体矣。显而天地之撰，阴阳之迹的可见者。《易》有刚柔，则其撰悉备于其中，如雷风山泽，无不形容其似，若合体而不殊者然。微而神明之德，阴阳之理的无形者，《易》之刚柔，本阴阳之合德而来，则这德和顺于其中，如健顺动止，无不发挥其妙，实通一而无二者也。此正先天立象以尽意也。

其称名也，杂而不越，于稽其类，其衰世之意耶？

这一节是言文周系辞乃后天之《易》也。称名谓一卦一爻，各有名之可称；杂是称名不一，越是逾，稽是考。当文周时，复系辞于卦爻之间。一卦有一卦所称的名，一爻有一爻所称的名，或假物象，如乾称龙、坤称马的一般；或言事变，如建侯行师的一般，可谓至杂矣。然不过体天地之撰，通神明之德而已。二者之外，未尝有逾越也。但稽考其所称之事类，如言“龙战于野”“入于左腹”“获明夷之心”之类，似非上古民淳俗朴、不识不知的语。盖缘皇风下衰，情伪日滋，古今希有之事，圣人一一经历之，所以说这许多名称事类出来，亦不得已也。故虽杂出，何莫非阴阳之□理耶？

夫《易》彰往而察来，而微显阐幽。开而当名辩物，正言断辞则备矣。

这一节是单承称名之《易》来，非总承先后天也。彰往是明天道之已然，阴阳消息，卦爻之变象，有以彰之；察来是察人事之未然，吉凶悔吝，卦爻之占辞，有以察之；显是日用事为，幽是神化不测；名是《易》中所称，君臣父子的名；物是《易》中所称，禽兽草木、服食器用的物；正言是无偏曲回互的意思，断辞是无两可不决的意思。夫《易》固杂而不越矣，而何理不备乎？消息盈虚，乃天道已然之往，《易》则彰其一定之理，使不晦；吉凶悔吝，乃人事未然之来，《易》则察其几先之故，使前知；显而事为，阴阳之迹也，《易》则推其根于理数之幽以微之，使人敬慎而不敢慢；幽而性命，阴阳之秘也，《易》则就其事为之显以阐之，使人洞晓而无所疑；天下名分不可乱也，《易》则因阴阳定分而称之，使各当其实，如合称君则称君，合称父则称父，及爻中承乘比应可推；天下物类不可混也，《易》则因阴阳成质而别之，使各从其类，如乾马坤牛，火炎上，水润下之类，不相混淆。至论道理之言，则辞严义正，都本阴阳典常之道以发之，言何有不正耶？至论占决之辞，则剖悉辩明，都从阴阳得失之情以判之，辞何有不断耶？如此则意之尽于言前者，毫无隐匿；言之尽于意中者，毫无遗漏；精及无形，粗及有象，无不备矣。

其称名也小，其取类也大，其旨远，其辞文，其言曲而中，其事肆而隐。因贰以济民行，以明失得之报。

这一节是详论备中之妙的意思。小谓卦称牝马、遗音是也，爻称茅棘、豕雉、负乘、丧茀之类是也；肆是陈；贰是副，犹两可也；失得犹言吉凶。夫卦爻所称之名，间或指一物拟一事，至纤细无遗，何其小也，小似无甚关系。那阴阳之理，默寓其中，则取类又大；其中旨趣，所含都是天地鬼神之奥，道德性命之微，散见于诸卦爻之间，其旨远矣。远若易晦，然其辞昭然有文，明白显然以示人，而未当远也。言有不可直遂者，须旁引曲尽之，如先庚后庚、遇巷纳牖，可谓曲矣。然曲而能中乎典理，自无牵合附会之病矣。叙事到大小无不详备，何其肆也，肆则若无所隐矣。然理贯于大小本末之中，显而未必不隐焉。圣人岂无因哉？亦因民行之不济。由于民心之贰，那民心有贰，又于失得之报未明。故圣人虑民二于趋避，而思以济民行之所不济，乃作《易》，定吉凶以告人。如逆理者，命之以凶，以明失之报；那顺理者，命之以吉，以明得之报；失得之报既明，则民心的疑二已剖，行无不济矣。此正圣人开物成务之深意也。

右第六章

《易》之兴也，其于中古乎？作《易》者，其有忧患乎？

这一节是言文王于忧患之中而作《易》，因教人以处忧患之道也。《易》之兴指《周易》所系之辞，中古是商周之间，忧患谓文王囚于羑里时也。《易》始于伏羲，迨夏商之世，阐发未明，不过为占卜之书而已。至中古有文王作，而阐先天之秘，遂系彖辞教人以反身修德之道，则《易》书之著明而兴起者，自文王始也。因受羑里之难，故操心危虑患深，所言之《易》，无非处患难之道。故下文九卦，是教人免忧患之道也。

是故《履》，德之基也;《谦》，德之柄也;《复》，德之本也;《恒》，德之固也;《损》，德之修也;《益》，德之裕也;《困》，德之辩也;《井》，德之地也;《巽》，德之制也。

这一节是错举九卦以明反身修德之义。德是行道而有得于身也；基是筑室之址，犹是踏实地也；柄是人所执持的柄；本是根犹木之枝叶，未有不犹本而畅茂也；固是坚久的意思；修是去其欲而修治之也；裕是充裕；辩是别；地是安止的意思；制是裁制。圣人作《易》，固有忧患矣。然圣人之忧患惟在那修德，而德又不因忧患乃修。试举九卦以明之，德始于践履，履者礼也。人能以礼治躬，日检束于节文，是众那实地上立脚，则德有所依据，可日进于高明，非德之基乎？然始基不足恃也，故执持在谦，而谦固礼之体也，人能秉谦虚以为礼，则其无骄无亢处，皆德之有把握的所在，非德之柄乎？德修于存养，而复与恒有焉。谦以行礼则制名养中，善端复矣。复者，复吾所本有也。人能一念之复，则万善从此克广，非德之本乎？然复而不守，虽得必失，故贵那恒久。得一善，则拳拳固守，而不为私欲外诱所摇，故为德之固。持守虽固，私欲果尽去乎？损则惩忿窒欲，尽去那人欲之私，损而又损，以至于无，此乃修身之事，故为德之修。克治虽严，天理果尽纯乎？益则迁善改过，克长那本然之善，而日增月盛，有余裕焉，故为德之裕。人处平常，不足以见德，惟处困穷，最可观德。因而能亨，是学力已至处；困而不亨，毕竟是学力有未到的所在；是因乃辩其德之至与否也。德虽亨于困，未必不渝于终，井则静深有本而后泽及于物，人涵养所蓄之德，坚定而不移，故为德之地。然可与立者未必可与权，巽则顺入于理，而能达万事之变随时制宜，化裁而不过，故为德之制。盖不必六十四卦，而九卦即为修德之具矣。

《履》，和而至;《谦》，尊而光;《复》，小而辩于物;《恒》，杂而不厌;《损》先虽而后易;《益》，长裕而不设;《困》，穷而通;《井》，居其所而迁;《巽》，称而隐。

这一节是承上文以明九卦才德之善。至谓天理人情之极至，尊以德言，物是物欲，不厌是不厌恶，不设是不侈张，迁犹泉脉流通的意思；隐是不见，如风之委曲善入，而不露形迹的一般。九卦之德何如？礼缘人情而制，非以强世，岂不是和？然节文仪则，皆天理民彝之极，一毫增减不得，却是和而至。谦本自卑自晦，然有这德，毕竟理没不去，故我弥卑而人弥尊，心弥晦而德弥显，却是尊而光。凡暗昧而小者，必不能辩物，复则一阳居于群阴暗昧之下，虽阴盛阳微，以一阳之小而能知辩那五阴皆为物欲，所以反其不善以复其善，这是小而能辩矣。事物杂投者，必虽守而易厌，恒则虽处纷纭轇轕之地而定见定力，始终一致，每独觉其意味之长，何尝有厌恶的所在？凡事之难者，则必不易，损则惩忿窒欲，虽克己之最难，到后习熟已久，私意渐消，自然忿惩欲窒，何等易也！凡事克长者多设施造作，益则功夫都已用在先难时了，至此则涵泳从容，自然有得，善日益进，过日益寡，长裕而无容施设也。身之穷者，则必不亨，因则所得既深，见大心泰，身穷而道不与之俱穷，无入而不处得者，何通如之？凡人居其所，则必不能迁，井则居安而资深，体虽静而用则动，日迁徙而常新，何迁如之？制用者，未必能藏，巽则以深入之义理，运用于心，不动声色、不露机缄，其转移变化之神，毫无形迹之可见，何其称而隐也？此正九卦之才德，所以极其善也。

《履》以和行，《谦》以制礼，《复》以自知，《恒》以一德，《损》以远害，《益》以兴利，《困》以寡怨，《井》以辩义，《巽》以行权。

这一节是言圣人用九卦以修德的意思。以是用，行是日用所行的行迹；制是制服的意思；自知即善端之复此中常惺惺处；兴利谓迁善改过，日益于高明；怨不言无而言寡者，亦以见无怨之难；辩义是辩其是非可否之义；行权如汤武之放伐，乃行权也。夫九卦之妙如此，而其用何如？行者五德所行之行迹也，行已非礼，则乖戾不和，这礼所以和其行，而使之中节。礼者，吾德之品节也。行礼非谦，则骄亢无本，这谦所以制乎礼而出之以逊。择善者，吾身修德之始事也。以复而用之，则已自觉悟而良心不为私欲所蔽。固执者，吾身修德之终事也。以恒而用之，则久暂不摇而天德不为事所夺。人欲者，吾德之害也。用损之惩忿窒欲，而已私物诱之害远矣。天理者，吾德之利也。用益之迁善改过，而进德修业之利兴矣。不知其命之当安，未免怨天，非所以修德也。用困之穷而通，则怨天尤人之念鲜矣。不知性之当尽，不能徙义，非所以修德也。惟井体能迁，则安静能虑，故断经事而知宜。然此皆言修德之常经也。若有权变不可通常经者，则用巽以行之，便达变化而知权。九卦之用如此，以是反身修德，天下有何忧患不可处哉！

右第七章

《易》之为书也，不可远。为道也屡迁，变动不居，周流六虚，上下无常，刚柔相易，不可为典要，惟变所适。

这一节是言无在非《易》，观玩者不可执一而求的意思。书即卦爻之辞，不可远谓不可离的意思，道即一阴一阳之道，变动谓卦爻之变动，不居谓不居于一定也。六虚即六位，谓刚柔往来如寄，无有实体，故言虚；上是外三爻，下是内三爻；典是定，要是执，犹册之有典，体之有要也；适即趋时的趋字。孔子说，《易》之为书也，有画有辞，为载道之书，乃人所当观玩而不可离者。以其为道也屡迁，说是定的，却又不定；说是不定，却又是定的。试以屡迁言之，《易》道不外九六，而九六则变动不居方所，周遍流转于一卦六虚位之间。从六位而中分之，则初二三爻为下，四五上爻为上；今九有时居上，六亦有时居上，六有时居下，九亦有时居下；上下之位有常，而九六居之无常也；从六位而细别之，初三五为刚，二四上为柔；今九有时居刚，六亦有时居刚，六有时居柔，九亦有时居柔，刚柔之位不易，而九六居之，则相易也。这等，则无常相易，皆不可为一定的典要，惟是九六之变所趋而已。变在上则上，变在下则下，变为刚则刚，变为柔则柔，随所适而无非是道，故不可远也。

其出入以度，外内使知惧。

这一节是承上言《易》之变。出是由内而之外，往也；入是由外而之内，来也；皆以卦言。度是法度；外内与出入二字相连。夫《易》惟变所适者，非幻而未有则也。其出也以度，而使人知恐惧于外；其入也以度，而使人知恐惧于内。故观《易》者，良知自惺，神情自悚，虽欲不惧，不可得矣。

又明于忧患与故，无有师保，如临父母。

这一节又承上文以极状其敬谨的意思。忧谓终身，患谓一时，师者致之道，保者保其躬。然岂特使民知惧哉？又且于出入以度之中，独提忧患与所以致忧患之故。盖言忧患而不明其故，则人犹有幸免之心，而怠于避祸。故于近虑远说，详叫人晓得那忧患，非无故而来，须常怀兢惕。惟恐一失其度，或陷忧患之中，虽无师以训之，保以辅之，而常若在家庭父母之侧，如父母临于上而不敢违也。这等，则惧之而不敢犯，又爱之而不忍违。《易》道有益于人如此，人岂可远乎？

初率其辞，而揆其方，既有典常。苟非其人，道不虚行。

这一节是以不远《易》责之人。初是始，率是由，揆是度，方是出入忧患的方道，既是终，人是圣人，行即默成自信的意思。《易》之为书，上下无常，刚柔相易，不可为典要，若不可揆其方矣。然幸有那圣人的辞在，故始而由其辞以揆，出入以度，使民惧的方，由其辞以揆忧患与故；使民爱的方，始见《易》之为书，有典可循，有常可蹈，而向之不可为典要者，于此有典要矣。故神而明之，惟存乎其人，率辞揆方何如耳。若不是那默而成之，不言而信的圣人，则不能率辞揆方，屡变之道，不可虚行矣。岂能知《易》哉？《易》之为书不可远如此。

右第八章

《易》之为书也，原始要终以为质也。六爻相杂，惟其时物也。

这一节是举卦爻之全体，以见有《易》后之妙用。质谓卦体，初乃卦的始，原其始，则二三在其中矣；上乃卦的终，要其终，则四五在其中矣；相杂谓阴阳杂属。阴爻曰阴物，阳爻曰阳物，如乾的龙，物也，而有潜、见、跃、飞之时不同；渐的鸿，物也，而有于磐、陆、木之时不同；故言时物。孔子说，《易》之为书，有卦有爻，卦之质何以成，必原一画之始；而要六画之终，则那贞悔全而内外备，一卦之体质成矣。若夫一卦之六爻那刚柔相杂，如初三五，刚位也，九居之，六亦居之；二四上，柔位也，六居之，九亦居之；此岂无故而杂居乎？盖刚柔之成质者，皆称物而往来之靡定者，则称时物。故占者之决吉凶，惟观其所值之时，所值之物而已，虽相杂而实不相杂也，《易》之为书有如此。

其初难知，其上易知：本末也，初辞拟之，卒成之终。

这一节是言时物之相杂，教学《易》者缘本以知末，即始而见终的意思。自时物见于初上者言之，初爻难知者，方有初爻则一卦之形体未成，其理幽隐而难知；上爻易知者，卦至上爻则全卦之神情毕露，其理显著而易知。何也？以初、上有本末之分。初在卦为本，本则质之精蕴尚含，非极深研几不得，故其知难；上在卦为末，末则质之机缄尽露，一触类返观可见，故其知易。因此想圣人当日系辞，每到那初爻，必拟议商确，看此爻当假何象，当著何占，不敢轻率，且欲以始该终，豫决这六爻之义焉，至于上之卒也。其辞不必更用心思，别立主意，不过因那所假的象，所著的占，而成拟之之终耳。

若夫杂物撰德，辨是与非，则非其中爻不备。

这一节是言合卦所互之体，以明中四爻之义。杂是两相杂而互之也，物即爻之阴阳，撰是述，德即卦之德，辨是非即辨物与德之是非，是是当于理，非是悖于理，中爻谓二三四五。观初、上二爻，固是该始终之时物矣。若夫阴阳赜乱之物，杂而陈之，刚柔中正之德，撰而出之，如物的纯，德的善，则辨为是；物的邪，德的慝，则辨为非。若徒以正卦观之，而遗那合卦所互之体，则其义必有不备者矣。这等，则有初爻而无二三，有上爻而无四五，物虽杂而万物之情岂尽类乎？德虽撰而神明之德岂尽通乎？是非虽辨而得失之报岂尽明乎？信非中爻不备也。

噫！亦要存亡吉凶，则居可知矣。知者观其彖辞，则思过半矣。

这一节是赞其天人之理莫不备于此。噫是叹美声；要谓中四爻，为六爻的要，彖为一卦的要；存亡是天道的消息，吉凶是人事的当否。彖辞是文王卦下所系之辞，六爻既全，则吉凶存亡之理具矣。故孔子感而叹美之曰：噫！人欲总六爻之要而求之，则或存或亡，为天道消息之机；或吉或凶，为人事得失之故；不待爻之动，而居然可知矣。故学《易》者宜观玩焉。若观玩所思之精专，不必观周公分而为六的爻辞。但观文王一卦未分的彖辞，则此心之所思者亦可以得存亡吉凶于过半矣。况中爻之合两卦者乎？中爻成两卦，宜乎知存亡吉凶也。

二与四同功而异位，其善不同：二多誉，四多惧，柔之为道，不利远者；其要无咎，其用柔中也。

这一节是就爻之同处以辨其异，所以尽中爻时物之蕴的意思。同功谓二与四互成一卦，皆知存亡吉凶其功同也；善不同谓二中而四不中，故不同也；不利远谓柔不能自立，又于君，则为孤臣，所以不利；要是约，用是发之于事，柔中是柔而得中也。以二四爻言之，二四皆阴爻，据阴的力量，皆能为柔顺事业，故同这功。但二是二的位，四是四的位，位则异矣；惟位不同，则类无淑慝而遇有休咎，位中所具之善亦不同，故二的善，大率多名誉；四的善，大率多危惧。夫四何为多惧也？以他的位近乎君。近则天威咫尺，动有僭逼之嫌，故多惧也。观四之多惧由于近，则知二之多誉由于远矣。然非尽在远也，二以柔为道，非得阳刚以为之依附，则无以自立。何利？远君乃大要。多誉而得无咎者，以其用柔得中也。惟柔中，则张弛合宜不过于柔，故能致誉。这等，则二四之善皆各有当耳。

三与五同功而异位：三多凶，五多功，贵贱之等也。其柔危，其刚胜耶？

这一节与上节俱不外德、位二字，而德为重。三多凶者，六十四卦，惟《谦》卦“劳谦”一爻，许之以吉，故言多凶；柔刚指九六，以德言也。以三五爻言之，三五皆阳爻，据阳的力量，皆能为刚健事业，故同这功。但五是五的位，三是三的位，位则异矣。惟其位之异，凡三大率多凶厉，凡五大率多功绩。何也？五处君位而贵，贵则操权独运，展布自如，而有致治之功；三处臣位而贱，贱则不能专成，协皆掣肘，而常任其凶。总之三五皆任事之大者，不在位而在德，故三五皆阳位。若以六的柔居之，则委靡不振，君臣胥失其道，三固多凶，五亦不能多功也，不亦危乎？若以九的刚居之，则刚毅有为，君臣各称其职，五固多功，三亦不至多凶也，其有不胜耶？是知远近贵贱，所谓物也；刚柔中正，所谓德也；誉惧凶功，是非之辨也；自非中爻何以悉备哉！观象者，可忽意于斯乎？

右第九章

《易》之为书也，广大悉备：有天道焉，有人道焉，有地道焉。兼三才而两之，故六；六者，非他也，三才之道也。

这一节是言《易》道之广大悉备，皆具于三画之中。广大是体统浑沦的意思，悉备是条理详密的意思；三才本各一，因重为六，故曰兼；才是能两，是天地人各两也。孔子说，《易》之为书也，其统之无不包，析之无不密，广大而悉备者乎。何以见之？天下之道，尽于三才，方《易》三画的卦，上画有天道焉，中画有人道焉，下画有地道焉，三画具三才矣。然此三才，使一而不两，则独阴无阳、独阳无阴非生成之道。故圣人必兼通此三才，而各两其画，以故有内外，有贞悔，而六画成矣。这六者虽有加于三画，乃其道岂加于三才之外，而有他道哉？五奇上偶，是天道之阴阳成象也；三奇四偶，是人道之仁义成德也；初奇二偶，是地道之刚柔成质也。道本如是，故兼而两之，非圣人之安排也，而《易》之小成大成，俱是此道，故曰广大悉备。

道有变动，故曰爻；爻有等，故曰物；物相杂，故曰文；文不当，故吉凶生焉。

这一节是孔子恐人认画为滞物，特揭道之变动以见广大悉备之妙。变动谓潜、见、跃、飞之类，等谓刚柔大小、远近贵贱之类，物即是那列贵贱、辨尊卑的物，相杂是相间。不当非专指爻位，如卦情若淑，或以不当为吉，《剥》之上九、《豫》之九四是也；卦情若慝，反以当位为凶，《大壮》初九、《同人》六二是也；是随时变易得其当也。夫《易》备三才之道，则画之所在，即道的所在，故道之变动不拘。周流六虚则谓之爻，爻有交变之义，那承乘比应，有远近贵贱之等差，故爻不专谓之爻，亦有名为物者，以爻之非，犹物之不齐故也。物之刚柔杂居，有分阴分阳，迭用柔刚的相间，故爻不专谓之物，亦有名为文者，以六位错综，犹两间之经纬故也。至文又何而生吉凶？为其文之不当耳。非特以柔居刚、以刚居柔者为不当，就是那刚居刚、柔居柔，亦未必皆当也。变因时异，而得失亦异时，当相济则以不当为吉，时当以正，则以不当为凶，吉凶于是生矣。这等，则随其道而别名之，为爻，为物，为文，为吉凶，而皆出于《易》，则其广大悉备可见矣。

右第十章

《易》之兴也，其当殷之末世，周之盛德邪？当文王与纣之事邪？是故其辞危。危者使平，易者使倾；其道甚大，百物不废。惧以终始，其要无咎，此之谓《易》之道也。

这一章是原彖辞所由具，而因以见圣人忧世觉民之情。危是忧惕的意思，使是若或使之也，物是事，废即倾，惧以终始是惟恐其始危而终易也。孔子说，《易》之兴也，其时当殷民伪日滋之末世，周备九卦之盛德，而《易》道乃传耶？其人为周文王之盛德，与殷纣末世之事耶？文王以是德，当是时遇是事，故其所系彖辞与民同患，故多警戒之意而危焉。何以明其危也？卦辞所发，莫非人事之理。凡以危存心的，戒谨恒至，必有安宁之庆，则辞亦系之以吉利，若使之平。凡以易存心的，忽慢不检，必有败覆之虞，则辞亦系之以凶害，若使之倾。这危平易倾之道，是安危存亡之所系者，岂不甚大？故自天子至庶人，凡一身之举动，万物之操履，与夫家国天下之治忽，百千事物，无巨无细，未有这危易而可以幸得，可以苟免的。所以文王系辞，惟恐人废此道，只是教人警惧存心，终如其始，不敢始危而终易也。大要令天下百物获平安，免倾覆，而归于无咎耳。圣人与民同患之情，作这《易》以教天下万世，其道如此。

右第十一章

夫乾，天下之至健也，德行恒易以知险；夫坤，天下之至顺也，德行恒简以知阻。

这一节止论其理，言人心的险阻非易简之理无以知之。健顺是乾坤的性；德是乾坤蕴蓄的德，得诸心者；行是乾坤生成之迹，见诸事者；易简是乾坤无私之理；险是险难，阻是壅塞。盖太极之理一也，分布于乾坤而体会于圣心，自其纯乎理者名乾，乾则自强不息，极天下之至健也；至健则不可屈挠，本是德而见之行，做来自无艰险，常是平易的，易本无险，况以坦夷明白之衷，灼那艰险之几，便不冒进而知险矣。自其顺乎理者名坤，坤则安贞无为，极天下之至顺也；至顺则无有烦扰，本是德而见之行，做来自无阻滞，常是简要的，简本无阻，况以小心敬慎之念，处那阻滞之几，便不轻试而知阻矣。这等，则六十四卦利贞者，无非易简无私之理而已。

能说诸心，能研诸侯之虑，定天下之吉凶，成天下之亹亹者。

这一节是历发乾坤之能事，正见至健至顺者知险阻而不陷于险阻处。能是人皆不能，圣人独能的意思；悦诸心是心与理会，研诸虑是理因虑审，“侯之”二字是衍文，定是剖决的意思，成是造就的意思。圣人于未事时，能以易简无私之理，欢欣浃洽，以悦诸心焉。及应事时，能以易简无私之理，熟思审处以研诸虑焉。有是心，即有是虑，那险阻之吉者，知其为吉；险阻之凶者，知其为凶，则那天下之吉凶，皆圣心所虑中前定之矣。险阻之吉者，遂教人趋之；险阻之凶者，遂教人避之；则天下之亹亹，皆圣心所虑中默成之矣。这等，则定之成之者，一惟易简而已。

是故变化云为，吉事有祥；象事知器，占事知来。

这一节是言圣人心易之妙，不是用意推测得来的。云为即言行二字，象占即上说研意，知器、知来即上成、定意；两“事”字皆指变化云为中事，非吉凶之事；两“知”字，不是空知，便有干旋的意思，此其自然之知，岂待卜筮哉？亦理之先见耳。天道寒暑昼夜，风雨露雷，即有变化；人事语默动静，日用饮食，即有云为；而得失以判，此理之著于明者可象也。天道有吉，必有祯祥以开先；人事有吉，必有休征以呈兆；此理之著于休者可占也。圣人以吾心之定理而象貌之，则险阻之一定者，已灼知其故矣。以吾心之先见而占度之，则险阻之未来者，已预识其几矣。这是圣心之易简，藏往知来，故无不可以象得，无不可以占决者也。

天地设位，圣人成能；人谋鬼谋，百姓与能。

这一节是言圣人作《易》之功重在成能上。人谋谓议可否于人，鬼谋谓决趋避于卜筮。盖无卜筮而知吉凶，圣人能之，而非百姓与能也。《易》可不作乎？是故天地设位于上。凡乾坤易简之理，与那变化云为吉事的理无一不具，此天地之能也。圣人则以易简之理，悦心研虑，画卦系辞，作为《易》书，以泄天地之秘，凡天地所不能者，得圣人而成其能矣。由是人欲定吉凶成亹亹也，既先谋之人，以审是非，复抱著问《易》，谋之鬼以决趋避，则知器知来，不惟圣人能之，虽百姓之愚者，亦可以与神智之能事矣。

八卦以象告，爻彖以情言；刚柔杂居，而吉凶可见矣。

这一节正是圣人成能之事，所以使百姓与能处。象是像此理以告人也，爻是效，彖是材，情即象之情，刚柔即九六也，告是告此险阻，言是言此险阻，见是见此险阻也。圣人作《易》，无非明吉凶以示百姓，那吉凶于何见哉？先天之《易》有八卦，或以纯阴纯阳之象告，或以杂阴杂阳之象告；后天之《易》有爻象，或以全体之情言，或以一节之情言。然象之所告险阻，情之所言险阻，莫非吉凶，如何见之？盖卦爻中刚柔杂居，如初三五刚也，或杂之以柔；二四上柔也，或杂之以刚。杂居而当位中正，则为顺理而得，那吉居然见矣；杂居而失位不中正，则为逆理而失，那凶居然见矣。这等，则百姓虽至愚，有圣人之《易》作，而所告所言所见，自能知险知阻而与能矣。

变动以利言，吉凶以情迁；是故爱恶相攻而吉凶生，远近相取而悔吝生，情伪相感而利害生。凡《易》之情，近而不相得则凶，或害之，悔且吝。

这一节是发明变占险阻之情，使人知所趋避的意思。利兼吉凶说，言吉者固利，言凶者能使人避，亦利也；迁如屡迁之迁；攻非攻击，是两情相触务入而中的意思；相取是强结要援之意；情是情实，对伪而言；近是近乎相攻、相取、相感之情也；不相得是与易简之理相违背也。夫有象辞，必有变占，方揲蓍之初，老少未定，所谓变动也。此虽未成卦爻，而趋避之利已寓于此，非以利言乎？及求卦之后，那占决已著，必有吉凶也；此则因卦爻之情消息当否之异，为之迁徙，非以情迁乎？情迁何如？卦爻有爱恶相攻者焉。爱相攻，如中正相与，则情孚而理顺，故吉生；恶相攻，如不以中正相与，则情乖而理拂，故凶生。有远近相取者焉，远相取，如有他不燕，而悔心生；近相取，如乃乱乃萃，而羞吝生；有情伪相感者焉，卦爻中，应皆正而感以诚，是情也，则为道义之交，而利生；应有不正而感以不诚，是伪也，则为私邪之合，而害生。凡《易》之情，近而相得，固为贵远而不相得，亦无害。惟爻之承乘密迩，义实相须，而猜疑间隔，情不相得，则一切情之不好处都凑集焉，以恶相攻，而致凶者此也；以伪相感，而致害者此也；且以不善相取，而致悔且吝者此也。这等，则小而悔吝，中而利害，大而吉凶，皆由此险阻之情而出。此《易》所以象告，以情言，见吉凶，使人知所趋避者此也。

将叛者其辞惭，中心疑者其辞枝，吉人之辞寡，躁人之辞多，诬善

之人其辞游，失其守者其辞屈。

这一节是因人出辞之异，见《易》辞易简之理也。叛是背理，惭是羞愧，疑是可否本决，枝是两枝不一，躁是急迫无涵养；诬善之人，或援正入邪，或推邪入正，故游荡无实；失守是无操持，屈是抑而不伸。夫人心之动，因方以宣，试以人险阻之情，发于言辞者观之：正理在人心，原自难昧，如将欲叛去此理，托邪以背正者，其心先自觉羞惭了，辞安得不惭愧而多回互？中心疑于理有可否，便无定主了，其辞必迁就而枝离不一；吉人则养深蓄邃沉于理，自简于辞而辞寡；躁人之心常扰乱不静，不任理而任辨，故其辞每轻率而伤烦，非多乎？人本善而心欲诬之，谮毁附会，则其辞浮游而不根；理原有定，而内无定见，则外无定守矣；失其守，则亏气阻辞屈抑而不伸。这等，则人情险阻不同，而其辞既异如此，又何独于圣人卦爻之辞而疑之？可见易知险、简知阻，本圣人成天地之能而使百姓与能者，亦不过此易简之理而已。

右第十二章

卷十一

说卦传

昔者圣人之作《易》也，幽赞于神明而生蓍。

这一节是言蓍本神物，圣心的神明因与之流通而作《易》。圣人专指伏羲；幽赞是默与相助的意思，就王道上说；神明是天地的主宰处；蓍是揲筮的草，丛生满百，茎长丈余，神明幽助方生。孔子说，昔日伏羲圣人之作《易》也，有蓍数以妙用，而蓍何由生也？盖由圣人在上，中和位育，王道昭明，能于天地之神明默默赞助之，故灵气钟于草木而神物生焉。《易》所以有蓍也。

参天两地而倚数。

这一节是言河图生数自然之妙。一、三、五天数也，三积之而为九，故曰参；二、四地数也，两积之而为六，故曰两。倚是依。夫揲蓍求卦必有数，数何自而起？盖天的体圆，圆者径一而围三，三合一奇，是天原有三数也，圣人以阳全之理裁之，故参天而为三。地之体方，方者径一而围四，四合二偶，是地原有两数也，圣人以阴半之理裁之，故两地而为一。然后七八九六之数，皆倚此而起焉。三其三是九，三其二是六，则九六之数，由分天地的参两而起。两其二，一其三，是七；两其三，一其二，是八，则七八之数，由合天地之参两而起。《易》所以有数也。

观变于阴阳而立卦，发挥于刚柔而生爻，和顺于道德而理于义，穷理尽性以至于命。

这一节是明作《易》之极功，欲人由器以顺于道的意思。观是大概看几画阳，几画阴，成个甚卦的意思；发挥是逐爻细看，阐发明白出来的意思；道是共由的道，德是蕴蓄的德，理则其散布而不可移易处；性是那各得其所赋之理。道、德、理、性四者，自其在人而言谓之义，自其在天而言谓之命，盖数既形，而卦斯立矣。观其阳变阴，阴变阳，则所值之卦，已植立而不移矣。卦立则六爻备有刚柔之质，圣人从而发挥之。细审某爻是刚，某爻是柔，某爻是老，某爻是少，一一阐扬明白，则时物相杂，爻之所以生也。如是而功用当何如？彼吉凶、消息、进退、存亡之道，皆本于健顺易简之德，有以旁通其情融会其旨，而无少乖逆，不其顺乎？且于和顺之中，又有条理，一一分析出来，宜易而易，宜简而简，宜健顺而健顺，条析甚精，不其理于义乎？这道德义散之万事万物，莫不有理；卦爻中于理则穷之，举那事物之当然，皆究极到尽头处，这叫做穷理。此理皆根于有生之初，所禀受者为性，既穷了天下物理，便尽物性之所具，举那人物之彝则，皆区别到确当处，这叫做尽性。夫理具于性，而总原于天命之流行不已，全在理性上见得穷理尽性，便到天命之极致处，直与於穆不已者吻合而无间，不有以至于命乎？所以圣人作《易》，惟教人安于义命而已。

右第一章

昔者圣人之作《易》也，将以顺性命之理。是以立天之道曰阴与阳，立地之道曰柔与刚，立人之道曰仁与义，兼三才而两之，故《易》六画而成卦，分阴分阳，迭用柔刚，故《易》六位而成章。

这一章是言《易》不徒为卜筮之用，而性命之理实具于此。性是人之理，命是天地之理，阴阳以气言，刚柔以质言，仁义以德言，三才是三画卦，两之是重其画而为六，分阴分阳以爻位言，迭用是间杂互用，章是经纬错综而成文章。孔子说，昔者圣人之作《易》，而卦爻具，岂徒迹象之粗哉？将举性命之理，一一模写出来，非有勉强安排也。何以见其顺？盖性命之理，天地人备之，天非以象立也，有立天之道焉。如有寒无暑，有昼无夜，如何成个天道？曰阴与阳，则静专与动植合，而天道有常运矣。地非以形立也，有立地之道焉。那水火土石，南北高深，刚柔之显然易见者，如有水无火，有高无深，如何成个地道？曰柔与刚，则静翕与动间合，而地道有常凝矣。人亦非以气血立也，有立人之道焉。如有慈爱而无断制，有庆赏而无刑威，如何成个人道？曰仁与义，则慈爱与裁制合，而人道有常处矣。是三才之道，皆性命之理也，而《易》之六画六位，无非此理耳。当其画卦，三画已具三才，又重其画而两之，故《易》有六画便成那一卦之体，则初刚而二柔，三仁而四义，五阳而六阴，性命之理，不顺于全体中乎？析言其爻于六画又分之，初三五为阳，二四上为阴，既分阴阳，乃迭用刚柔之爻以居之，或以柔居阴、以刚居阳为当位，或以柔居阳、以刚居阴为不当位，亦有以刚柔之爻，互居阴阳之位，为刚柔得中者。故《易》有六位，而阴阳间杂，自成文章也，章成则五刚与上柔间，即天之阴阳迭运；三刚与四柔相间，即人之仁义相济；初刚与二柔相间，即地之刚柔交错。性命之理，不顺于一节中乎？《易》成性命之书矣。

右第二章

天地定位，山泽通气，雷风相薄，水火不相射；八卦相错。

这一章是专解圆图，此条只是分布先天卦位出来的意思。通气是以气相感受；相薄是势相迫而成震荡之功；射是犯，谓相济为用，不相犯害也；相错谓一与八错，二与七错，三与六错，四与五错。孔子说，伏羲既作八卦横图矣，复中分而圆之，有对待之体，有交错之用，有生出之序，皆可按图而知也。今观图位，乾南坤北，是天确然在上，地隤然在下，两仪之位定矣。由是艮与兑，东南西北对，则山以融结之气下通于泽，为泉为水，泽以滋润之气上通于山，为云为雨；震与巽东北西南对，则雷因风而益迅，风因雷而益烈，其势相薄而交相助矣；坎与离东西对，则水得火而济其寒，火得水以济其燥，其用相济而不相射矣。然对待之中，即有交变，乾、兑、离、震各与八卦相错，而阳卦成于此矣；坤、艮、坎、巽，各与八卦相错，而阴卦成于此矣。是先天图位之列，岂容安排布置者哉！

数往者顺，知来者逆，是故《易》逆数也。

这一节是承上八卦相错，以见易数之逆，正所以成其顺也。是图乃从中起而分其位之左右，自其左方数之，起一阳之震，而历离、兑以至三阳的乾，皆已生的卦，故谓之往，即是数之，则已然之迹甚明；如今日计昨日事，顺而易矣。自其右方数之，起一阴之巽，而历坎、艮以至三阴的坤，皆未生的卦，故谓之来，并欲知之，则将来不可预料；如今日推来日事，逆而难矣。然按那图之中分，固有顺而有逆。若溯这本来生出之序，则皆逆而非顺，有乾一而后有兑二，以至于坤八，皆已生而及未生；逆固逆也，顺亦逆也。故知《易》之八卦，皆逆数也。这等，则《易》为知来之书，于圆图可见矣。

右第三章

雷以动之，风以散之；雨以润之，日以晅之；艮以止之，兑以说之；乾以君之，坤以藏之。

这一章是言方圆具造化之功的意思。动是萌动，散是嘘拂，润是滋长，晅是明，止是敛，说是和悦，君是主宰，藏收藏。孔子说，先天方图中起震巽而始终于乾坤，震居左，有雷的象，万物未萌者，雷则奋迅搏击，以发生之；巽居右，有风的象，万物未发舒者，风则吹嘘披拂，以舒畅之，此始物之功也。坎象为雨，万物之畅茂者，雨则滋培润泽，以长养之；离象为日，万物之数荣者，日则阳和照耀，以发荣之，此亨物之功也。物无常生常长之理，故发育为收敛。艮德为止，能止乎物而使生意收敛，节而不过；兑德为说，能悦乎物而使生意各足，欢欣饱满，此成物之功也。这是六子各司其职，而相须为用的所在。若乾则为造物之主，又居图始，六子皆统宗乎乾，而分职以所，则乾实君之也。又必须以凝成之，而坤居图终，六子皆包涵乎坤，而乘时以出，则坤实藏之也。这等，则六子循其序，乾坤统其全，此方图卦位之功用也。

右第四章

帝出乎震，齐乎巽，相见乎离；致役乎坤，说言乎兑，战乎乾，劳乎坎，成乎艮。

这一章是言文王圆图，此条言八卦流行之序。帝是阳之称，二言字是助语辞，致是委。孔子说，文王取先天之图而更置之，八卦之位起子震也，而主宰在震。故乾言君，而震言帝，震为乾之长子，皆可称君称帝。此时令方行而气方动，则化育所以发端在震也，始则必亨出之，后必继以齐，而齐则于巽，巽次离者也；那气之出者，至此而截然毕达，比于出则少畅矣。形则必著，齐之后必继以相见，而相见必于离，离、坎、巽者也；那气之齐者，至此而光辉发现，比于齐又加显矣。相见之后，由出而入，阴代阳以有终，故继之以坤，其致力效用，莫非坤之事也。致役之后既养矣，将有渐饮其机，而欢欣各足者，则在次坤的兑，其实理畅，遂莫非兑之事也。兑之后有乾，盖自巽至兑皆阴卦，忽与乾遇，则阴疑于阳必战，那肃杀之气与生育之气交相搏击也。乾之即次以坎，则气机之由，战而劳者以之，终岁勤动，罔不归藏得那慰劳休息之意，至于劳则气凝而成矣。今岁之终而兆来岁之始，是得收成之意，故次之以艮。这等，则帝之出入，不外后天之卦有如此。

万物出乎震，震东方也。齐乎巽，巽东南也。齐也者，言万物之洁齐也。离也者，明也，万物皆相见，南方之卦也；圣人南面而听天下，向明而治，盖取诸此也。坤也者，地也，万物皆致养焉，故曰致役乎坤。兑，正秋也，万物之所说也，故曰说言乎兑。战乎乾，乾西北之卦也，言阴阳相薄也。坎者，水也，正北方之卦也，劳卦也，万物之所归也，故曰劳乎坎。艮东北之卦也，万物之所成终而所成始也，故曰成言乎艮。

这一节是言八卦流行，生成物之功的意思。洁齐谓鲜洁而整齐；相见谓时至五月，凡物皆畅茂毕现也；向明是明目达聪的意思；养谓万物全赖土养之以向实，然皆阳以委役之也；相薄犹言相迫激也。然帝之出入不可见，即物之出入以见之，自帝乘乎震而万物于震乎出焉。盖震居东方，于时为春，正青阳之始，勾萌甲拆之候也。自帝乘乎巽，而万物于巽乎齐焉。盖巽居东南，于时为春夏之交，序属南讹，时当嘉会，那万物皆形形色色、生意毕达，不但鲜洁而且均齐，齐也者，言万物之鲜洁整齐也。何以相见乎离？盖离的德，以明盛为义，万物至此，畅茂条达，各呈这形色以相见，无有不著见者，故谓之明也。又卦居南方，时当正夏，是发扬昭著之时，品物咸亨之候也，圣人宅中御极，位南而以观听天下，而其治一本于明目达聪，以显礼乐教化于天下，盖取那离明的意思。何以致役乎坤？坤者地之象，位居西南，于五行为土，于时为夏秋之交，前之生长者赖此收敛，后之成实者赖此造端，故万物无不涵养于上膏之润，是坤悉委其力于万物而不斩也，故曰致役乎坤。说言兑者何也？兑居西方，时为正秋，乃金气肃杀，化机始藏之日也，凡物到秋成后，敛外之华，饱内之实，生意克足，何等欣欣自得，故曰说言乎兑。战乎乾者何也？以乾的卦位乎西北，于时为秋冬之交，此时阳衰阴盛，阴与阳相为搏击，而物当其时，亦若随那肃杀之气以变。坎于五行为水，以其卦居正北，于时为冬，正水德用事之日也，故无坤之役，乾之战，惟以纯阴退处，乃慰劳之卦，而休息之时也。万物至此，说者恬适，战者宁足，凡劳于前者，得所归宿矣，故曰劳乎坎。艮卦居东北，于时为冬春之交，万物当此，则自有而无，今岁之生长者，于此而成其终；自无而含有，来岁之发育者，由此而成其始，是贞元之际，正静之极而动之端也，故曰成言乎艮。这等，则尽万物之出入，皆八卦的显藏，而尽八卦的显藏，皆上帝之主宰。后天图位之妙有如此。

右第五章

神也者，妙万物而为言者也。动万物者莫疾乎雷，挠万物者莫疾乎风，燥万物者莫熯乎火，说万物者莫说乎泽，润万物者莫润乎水，终万物、始万物者莫盛乎艮。故水火相逮，雷风不相悖，山泽通气，然后能变化，既成万物也。

这一章是总二圣之图而言后天之流行，有先天之对待而后可流行也。神即雷风之类，妙即动挠之类，以其不可测，故谓之神。动是鼓，挠是散，燥是乾，泽是地土中之水气，水是天降的雨露，终是终万物之无，始是始万物之有，逮是及，既是尽，成是生成。乾坤之功散于六子，那六子的用总于一神。神也者，即从万物上见，殆不离于物，不倚于物，乃妙万物之表而莫测其机者乎？何言乎妙万物也？物之始生，必有以鼓动其生意，而动孰疾于震的雷？雷一动而随鼓其根芽矣。物既动必有以挠散其滞机，而挠孰疾于巽的风？风一挠而随散其湮欝矣。那挠者必燥之使荣，而离象为火，火一燥其湿，而物乃得坚疑，故言燥莫熯乎火。那燥者必说之使遂，而兑象为泽，泽一液其机，而物乃得欣畅，故言说莫说乎泽。物至于说，有不润乎？而润莫过于坎水，有雨露之滋培，那生意自然克足，故言润莫润乎水。物至于润，有不成终而兆始乎？而终之始之者，莫盛乎艮。盖能敛其实，即能启其机。故终万物之无，始万物之有者，莫盛乎艮矣。此皆六子之能变化而既成万物者也。这等，则流行处一神也。那所以流行之故，未有不从对待中出者。故坎离虽分水火，而燥润之气，恒相逮矣。震巽虽分雷风，而动挠之气，不相悖矣。艮兑虽分山泽，而凝融之气相贯通矣。然后阴阳合，而自无向有为变，则动挠与燥而成万物之始；自有向无为化，则说润终始而成万物之终矣。苟无其偶，则独阳不生，独阴不成，安能变化而成万物乎？可见流行于一而神之用行，对待于两而神之体寓，自体达用，生成变化，而神无不在焉。故曰妙万物而为言也。

右第六章

乾，健也；坤，顺也；震，动也；巽，入也；坎，陷也，离，丽也；艮，止也，兑，说也。

这一章是言八卦之性情，以表其德的所在。孔子说易有八卦，而八卦之画不同则性情亦异。三画皆奇曰乾，故静专动直，体则强毅不挠，用则果敢不息故健。三画皆偶曰坤，故静翕动辟，体则至静无为，用则至简不扰故顺。那六子之得于乾坤者何如？一阳动于二阴之下为震，震则有为奋迅之机，达为发舒之气，性动而情亦动也。一阴伏于二阳之下为巽，巽则内有沉潜之体，外有宛转之机，性入而情亦入也。坎阳留于阴中，是德蕴于中者莫测，用藏于事者难窥，其性情不亦陷乎？离阴丽于阳中，是内有文明之蕴，外有华美之章，其性情不亦丽乎？一阳止于二阴之上为艮，盖阳动之终而主乎收敛，所以静固止，而动亦止也，止，其艮之性情哉！一阴见乎二阳之上为兑，盖阴静之终而主乎发散，所以静固和，而动亦和也，说，其兑之性情哉！于八卦之性情，则易书所以通神明之德可见矣。

右第七章

乾为马，坤为牛，震为龙，巽为鸡，坎为豕，离为雉，艮为狗，兑为羊。

这一章是言万物无非是《易》的所在。马性健而蹄圆，故象乾；牛性顺而蹄拆故象坤；龙是蛰物，遇阳则奋也；鸡羽属，遇阴则入也；豕是污浊之物；雉是文明之物；狗是止人之物；羊是悦群之物。孔子说，这八卦试以物象之，乾纯阳至健，那物之性健而行不息者莫如马，故乾有取于马。坤纯阴至顺，那物之性顺而胜重载者莫如牛，故坤有取于牛。以动奋之身，而特起于地势重阴之下的莫如龙，震则阳动阴下，不为龙乎？以入伏之身，而出声于天气重阳之表莫如鸡，巽则阴入阳下，不为鸡乎？坎外柔内刚，而豕则外污浊而内刚躁，故有象于豕。离外刚而内柔，而雉则外文明而内柔顺，故有象于雉。外刚能止而内柔媚者狗也，艮阳止于上，不象狗乎？外柔能悦而内刚狠者羊也，兑阴见于上，不象羊乎？这等，则远取诸物者，无非《易》也，《易》无非万物也。

右第八章

乾为首，坤为腹，震为足，巽为股，坎为耳，离为目，艮为手，兑为口。

这一章是言人一身无非是《易》的所在。孔子说，八卦不徒有象于物，即身亦有所象焉。首会诸阳，尊而在上，乾积阳在上而覆物，故为首。腹藏诸阴，虚而能容，坤积阴在下而载物，故为腹。震阳动于下，与足在下而动，超越善行者似之。巽阴偶居下，与股两垂于下，随足而动者似之。耳轮内陷，阳在内而聪也，坎则阳陷阴中，故其象为耳。目睛外附，阳在外而明也，离阴丽阳中，故其象为目。艮阳在上为止，而手刚在前，亦能按止也，故为手。兑阴在上能说，而口开于上，亦能容悦也，故为口。这等，则近取诸身者，无非《易》也，《易》即具于吾身矣。

右第九章

乾，天也，故称乎父；坤，地也，故称乎母；震一索而得男，故谓之长男；巽一索而得女，故谓之长女；坎再索而得男，故谓之中男；离再索而得女，故谓之中女；艮三索而得男，故谓之少男；兑三索而得女，故谓之少女。

这一节是言夫子本阴阳以正名分的意思。索是阴阳之交相求也。一、再、三，是从画之次序言。孔子说，今观文王八卦次序，那乾坤以父母称，六子以男女称，此何以故？盖乾本纯阳至健，其象为天，天者物所资始，有父之道，故父的称不易焉。坤本纯阴而至顺，其象为地，地者物所资生，有母之道，故母的称不易焉。至于六子，是那乾父坤母交相求而以次得者，凡本乎乾的皆阳，皆男也；本乎坤的皆阴，皆母也。震何以谓长男？震是坤始求于乾，而得乾之初画，惟得画在诸阳之先，故称名在诸男之首，而谓之长男。巽何以谓长女？巽是乾始求于坤，而得坤之初画，惟得画在诸阴之先，故称名在诸女之首，而谓之长女。至于那坎，则坤再求于乾，而得乾之中画，所得的阳在中，是继震而为男者也，故谓之中男。至于那离，则乾再求于坤，而得坤之中画，所得的阴在中，是继巽而为女者也，故谓之中女。若艮则坤三求于乾，而得乾之三画，则次于坎，而谓之少男。若兑则乾三求于坤，而得坤之三画，则次于离，而谓之少女。这等，则原二老之称父母，既尊卑有等，推六子之谓男女，又长幼有伦。《易》诚正名定分之书也。

右第十章

乾为天，为圜，为君，为父，为玉，为金，为寒，为冰，为大赤，为良马，为老马，为瘠马，为驳马，为木果。

这一章是孔子广八卦之象文，示人以不可泥象求《易》的意思。天是纯阳至健，圜是天体圆而动，君是尊而在上，父是知大始的意思，玉是纯粹之物；金是坚刚之物，位居西北故寒；冰是寒之凝，大赤是盛阳之色，良马是纯阳之德，老马是取老阳最健的意思；瘠马是取其骨最坚刚的意思，非羸弱也；驳马是健之最勇猛者，木果是圆而在上者。孔子说，积阳成象，而行健者天也，乾则纯阳至健，故为天。从那天的象而广之，天体圆而循环不穷，故为圜；人之至尊莫如君父，乾统诸卦，犹君之统万民也，故为君，乾知大始，犹父之抚诸子也，故为父；物之至贵，莫如金玉，乾德纯粹不杂为玉，坚刚不屈为金；乾在后天，位居西北，于时为寒；寒冽之极而水始凝，故为冰；乾在先天，位居正南，于时为夏，阳盛之极，则为大赤；取诸动物则纯阳不杂，健之最善者为良马；其老阳取健，而健之最久者为老马；其健之最坚强者，为瘠马；其健之最威猛者，为锯牙食虎之驳马；取诸植物，则阳之体实，犹木之实也，阳之体圆犹木果之圆也，故为木果。这乾象之无所不该如此。

坤为地，为母，为布，为釜，为吝啬，为均，为子母牛，为大舆，为文，为众，为柄，其于地也为黑。

这一节是广坤的象。地是纯阴凝结以载物，母是资生万物的，布是柔而平广的意思，釜是虚而能容之物，吝啬是翕聚不施，均是动辟不择美恶之物皆生的意思；子母牛是牡牛之小者，言纯阴至顺；大舆是所载者广，文是三画成章，众是偶画之多，柄是持成物之权，黑是极阴之色。积阴成形，而不凝者地也，坤阴在下，故为地；从此地之象而广之，作成万物，为母；质柔而人皆乐就能敷布发生之泽，为布；量虚而物无不容，能含弘光大其德为釜；坤静而翕，生意一敛积聚不散，若靳焉而无所施，故为吝啬；且赋形有定，气机一开，无处不到，故为均；坤顺承天施，故聚象于物，牛不足以尽之，取其生生有继，顺而又顺的子母牛；坤厚德载物，故取象于器，舆不足以象之，又取积中不败，□而能载的大舆；为文者，三画皆偶，经纬成章，天下其文明矣；为众者，偶画至多，民皆顺德，天下其多助矣；或宰资生之权而物无不作成，或秉巽顺之德，而人所当执持，故取持物之具为柄；地土的色有五，黑乃纯阴之色，坤本纯阴之卦，故其于也为黑。这坤象之无所不该如此。

震为雷，为龙，为玄黄，为旉，为大涂，为长子，为决躁，为苍筤竹，为萑苇，其于马也为善鸣，为馵足，为作足，为的颡，其于稼也为反生，其究为健，为蕃鲜。

这一节是广震象的意思。雷是阳气发于地，龙是阳物奋于渊，玄黄是乾坤始交的兼色，旉是阳气始施的意思，大涂是四通八达之所，长子谓一索得男；决躁是一阳动于下，有躁进的意思；苍是东方之色，筤竹之筠；萑苇是荻与芦，与那竹皆下本实而上干虚；善鸣是阳在内为声，上画偶，则开口出声也；馵足是一阳悬起，左足白的象；作足是腾起为作阳之健，的颡是白额的马；稼反生是阳动于下，犹稼之根在上也；究是极，健谓震进为临为泰，三画皆阳故健；蕃鲜谓阳盛，则万物必蕃滋鲜美也。盖雷以阳起于地，震以一阳自下而动，故为雷。从此雷之象而广之，则为龙，亦以阳动于下，犹龙奋于渊也；乾之色玄，坤之色黄，震则乾坤始交而成，故兼有天地的色；阳初动，生气始施而化育流行，有数布之义，阳气一动，万物毕出而略无阻碍，有大涂通达之义；自其人而言之，一索得男，主鼎以之，执鬯以之，乃宗社之所托也，故为长子；阳动于下，而上进决阴，其进也锐，有见义必为、闻善必行的力量，故为决躁；取象于植，则震居东方，而色深青，一苍莨竹之色也；震阳下实，阴上虚，犹萑苇的下本实，而上干虚之象；其取象于马也，则二阴上拆，马之开口善鸣也；一阳下动，马之馵足，而悬起，又四足超腾，而为作足；取上二画之阳的白色，为的颡；又取其刚反，则于稼为反生，萌芽自下而生也；又取其刚长，则由此一阳，究之中上二画皆变为阳，即乾之健也，故为健；既变为乾，则阳气极盛，而万物之生盛美矣，故又为蕃鲜。这震象之无所不该如此。

巽为木，为风，为长女，为绳直，为工，为白，为长，为高，为进退，为不果，为臭，其于人也为寡发，为广颡，为多白眼，为近利市三倍，其究为躁卦。

这一节是广巽象的意思。木是物之善入者，风是气之善入者，长女是一索得女，绳直是以绳纠木之曲而取直也，工是引绳之直以制木之曲者，白是少阴之色，长是风行之性，高是木生之性，进退是行多迟疑，不果是心无决断，臭是阴郁积而不散；寡发是阴血不上行也，广颡是阔额，言阳气上盛也；白为阳，黑为阴，巽体二阳在上，故多白，又反离之中画为眼；近利市三倍谓阴主利，巽阴为主，而性善入；躁卦谓震为决躁，巽错震，故其究为躁卦。巽以一阳伏于二阴之下，犹木入地有巽的义，故为木。从这木之象而广之，风固气之善入者，无物不被，故有取于风；乾交于坤，一索而得女，故为长女；绳以纠木之风而使直，下能引绳之直而制木，巽德之制也，故能制器为工；巽以少阴而位西方，于色为白；风行地上，无处不到，何其长也；木生地中，积小高大，何其高也；阴性多疑，故行或进或退，而且心不果断；臭属阴，一阴下郁，而二阴外达，故为臭；其于人之体也，则发者阴属，巽阴在下，而阴血不升，为寡发；颡者阳属，巽二阳在上，而阳气上盛，为广颡；眼的白为阳，黑为阴，巽一阴二阳，故为多白眼；其于人之情也则主利，善入自与利亲，是善生财者，于所市之物得利三倍，言获之多也；震为决躁，究之那巽三爻的变，则为震，是决躁之卦矣。这巽象之无不该如此。

坎为水，为沟渎，为隐伏，为矫揉，为弓轮，其于人也为加忧，为心病，为耳痛，为血卦，为赤，其于马也为美脊，为亟心，为下首，为薄

蹄，为曳，其于舆也为多眚，为通，为月，为盗，其于木也为坚多心。

这一节是广坎象的意思。水谓内明外暗，沟渎所以行水之处；隐伏是阳匿阴中，有韬光之意；矫是直者使曲，揉是曲者使直，弓轮皆矫揉所成的；加忧谓阳陷阴中；心病、耳痛皆以虚为体，坎中实故疾；血卦谓冰为人血，赤是得乾中画之色，美脊谓阳明中，亟心谓刚躁在内，下首是头垂而不昂；薄蹄谓下画之柔，如蹄薄而不厚；曳是阴柔不进的意思，与多眚是险陷而多阻也；通是水之性，月是水之精；盗谓阳匿阴中，而能陷物；木坚多心谓刚在内而实。坎阳陷阴中，内实而行有常，故为水。就此水之象而广之，又为那沟渎，即水所流行而不盈；相灌注而通达者，阳匿阴中，心机隐而不露，伏而不出，是为君子存心之密养不发，故为隐伏；自其阳在阴中，抑而能制，则为克己之勇，矫偏以归正也，故为矫揉；弓中劲则矢必前，轮中实则行必远弓与轮，皆矫揉所成，取中画之阳也；其取象于人也，则阴邪蔽明，处险陷而操心危，虑患深，加倍于忧而不宁也；心耳皆以虚为体，坎体中实，是私欲锢蔽，有以汩其虚灵，心为物累而病，耳为物壅而痛；坎水在地中，如血在人身中，周流不滞，故为血卦；乾为大赤，坎得那乾的中画，故为赤；其取象于马也，为美脊，而文采可观；以阳在中而光明也，为亟心，而躁急难驭，以阳在内而刚猛也；阳昂阴低，上画柔，则为首之下而不昂；阳厚阴薄，下画柔，则为蹄之薄而不厚；阳前阴后，蹄薄则不能致远，故为曳而不进；其取象于舆也，为多眚，以坎体险蹈，而行多阻也；通乃水之性，为通者坎中实而心亨也；月乃水之精，为月者，坎内阳而外阴也；为盗者阳匿阴中，未免有盗名盗利之心；其在木也，为坚多心，以阳在内也，坚取其刚；多心是刚在中也。这坎象之无所不该如此。

离为火，为日，为电，为中女，为甲胄，为戈兵，其于人也为大腹，为乾卦，为鳖，为蟹，为蠃，为蚌，为龟，其于木也为科上槁。

这一节是广离象的意思。火是内暗外明的象，日是火之精，电是火之光，中女是再索得女，甲胄是阳外坚的象，戈兵是阳上锐的象；大腹取中虚的意思，乾卦是火燥的象，鳖、蟹、蠃、龟皆外刚内柔之物；科上槁谓科空也，中空则上槁中虚之义。离内阴而外阳，火则内暗而外明，体阴而用阳，故为火。从这火的象而广之，则日为火之精，取大明当空的象；为日电为火之光，取光明闪发的象为电；乾与坤交，索得女，故为中女；甲以卫身，胄以捍首，皆外空也，取阳在外而坚的象为甲胄；长而戈枪，短而兵刃，皆上锐也，取阳在上而锐的象，为戈兵；腹是个空虚的，这离中虚，其于人也为大腹，以其能虚而能容也；火是个干燥的，这离为火能燥物，故为乾卦，以象那火之性也；鳖性静之物，离中画柔，如那鳖的性静；蟹性躁之物，离上下皆刚，如那蟹的性躁；善丽者蠃，离则一阴丽二阳，故为蠃；中虚者蚌，离则一阴中虚，故为蚌；龟则中具五行，外列八卦，有文明的象，离德文明，故为龟，皆取介物。总言内柔而外刚也，木中虚，则上必枯槁，离中虚而上干燥，故于木为科上槁。这离象之无所不该有如此也。

艮为山，为径路，为小石，为门阙，为果蓏，为阍寺，为指，为狗，为鼠，为黔喙之属，其于木也为坚多节。

这一节是广艮象的意思。山是一阳隆于坤地之上的象；径路是蹊路，谓一阳横亘二阴之上；小石是卷石，谓一阳在上；门阙是门出入之处，谓上阳横，下阴开也；果是木之寔，蓏是草之实，谓刚在上，小而圆也；阍寺皆掌王宫禁者，阍人止外之不应入者，寺人止内之不得出者；人能止于物者在指，物能止于物者在狗；鼠的刚在齿，鸟的刚在喙，黔是黑色，皆取前刚的意思；木坚多节谓艮阳在上也。艮的象何如？那隆起于地上者山也。艮以一阳隆起于坤地之上，为山；径路是山上的小蹊，艮以一阳横亘于二阴之上，故为径路；小石是山上的卷石，艮以一阳在上小而刚，故为小石；上实下虚而通出入者门阙，艮则上画相连，下二画对峙而虚，故为门阙；实而在上者，是那果蓏，艮以一阳在上而实，有象于木之果，草之蓏也；阍人掌王宫中门之禁，止物之不应入者，寺人掌王之内人，及宫女之戒令，止物之不得出者，艮则刚止内柔，故为阍寺；人之止物者指也，艮德为止故为指；物之止物者狗也，艮德为止故为狗，取象于动物；鼠之刚在齿，鸟之刚在喙，而鸟的喙大概多黑，艮刚在前，故为鼠、为黔喙之属；取象于植物，为木之坚而多节，谓阳之坚刚在外而不可移也。这艮象之无所不该有如此。

兑为泽，为少女，为巫，为口舌，为毁折，为附决，其于地也为刚卤，为妾，为羊。

这一节是广兑象的意思。泽是潴水之地；少女是坤与乾交，三索而得女；巫是歌舞悦神者，口舌是悦人上折之义；毁折谓金气肃杀，条枯实落也；附决谓柔附于刚，为刚所决也，刚谓二阳在下；卤是地刚，而卤水不下漏也；妾谓阴小而贱，羊谓内狠外说。兑的象何如？泽乃水的聚处，今坎水塞其下流，故为泽。其在人也，则三索而得为少女；取那兑德之说，则幽以言悦；神的是巫，明以言悦人的是口舌；取那时之秋，则为毁折，兑为正秋，金气肃杀，那物的全者以毁，刚者以折，是条枯实落的象；兑以阴附乎阳，是小人附乎君子，而君子必决去小人，故为附决；兑以一阴在二阳之上，犹地之下坚刚而上卤湿也，故于地为刚卤；少女从外为妾，妾固以悦从人者；内刚外悦为羊，羊固见草则悦者。这兑象之无所不该有如此。

卷十二

序卦传

有天地，然后万物生焉。盈天地之间者唯万物，故受之以《屯》；屯者盈也，屯者物之始生也。物生必蒙，故受之以《蒙》；蒙者蒙也，物之稺也。物稺不可不养也，故受之以《需》；需者，饮食之道也。饮食必有讼，故受之以《讼》。讼必有众起，故受之以《师》；师者众也。众必有所比，故受之以《比》；比者比也。比必有所畜，故受之以《小畜》。物畜然后有礼，故受之以《履》。履而泰然后安，故受之以《泰》。

这一章是孔子因文王序卦之意而发明之。自太极判而两仪分，动而生阳，则天开于上；静而生阴，则地辟于下，于是乎有天地矣。有天地然后二气细缊，而万物之气化形化者，莫不得天地之理气以生焉，则天地为万物之父母，而《乾》《坤》乃天地之法象也，故为诸卦之首。天地既生万物，则飞潜动植，凡有声色象貌，而盈满于两间者，皆万物也。故《乾》《坤》的后，受之以《屯》。屯者乾坤始交，雷雨交作，其气有克塞盈满之义；且屯者，又为物始生之时郁未通，故盈塞于两间耳。物生之始，知识未开，必蒙昧而无全觉，故《屯》之后受之以《蒙》。蒙者，正是那蒙昧不明的义，且蒙又为物之稺幼也；物稺而不有以养之，则真性必耗，孩心必凿，是必培养以遂其生，故《蒙》之后受之以《需》。需者，以饮食为养，而有中正之道者也。然饮食，人之所大欲，欲的所在，人必争焉，那强必凌弱，智必诈愚，理势不至于讼不止，故《需》之后，受之以《讼》。讼则各有朋党起而相援，群众聚而相胁，有众起之象，故《讼》之后，受之以《师》。师乃众之义也，众无统必乱，故必仰此一人以为君，而听其约束驾驭，则政权一矣，故《师》之后，受之以《比》也。比者是取那比辅之义也，众比于我而我不有以畜众，何以坚来比之心乎？故必制里田、轻徭赋，以遂其生，畜养以恩，而比从不散矣，故《比》之后受之以《小畜》也。物既得其所畜，则道之以遂生养者，然后可教之以明伦理、辨亲疏、别贵贱，而揖逊之风，从此有矣，故《小畜》之后，受之以《履》也。人所履而行者，既有礼，然后此心泰然各得其分，而彼此相安，所谓和生于均者是也，故《履》之后，受之以《泰》也。至此则富庶已极，教养已深，而天下无不治者矣。

泰者通也，物不可以终通，故受之以《否》。物不可以终否，故受之以《同人》。与人同者，物必归焉，故受之以《大有》。有大者不可以盈，故受之以《谦》。有大而能谦必豫，故受之以《豫》。豫必有随，故受之以《随》。以喜随人者必有事，故受之以《蛊》。蛊者事也，有事而后可大，故受之以《临》；临者大也，物大然后可观，故受之以《观》。可观而后有所合，故受之以《噬嗑》；嗑者合也。物不可以苟合而已，故受之以《贲》；贲者饰也。致饰然后亨则尽矣，故受之以《剥》；剥者剥也。物不可以终尽剥，穷上反下，故受之以《复》。复则不妄矣，故受之以《无妄》。有无妄然后可畜，故受之以《大畜》。物畜然后可养，故受之以《颐》；颐者养也。不养则不可动，故受之以《大过》。物不可以终过，故受之以《坎》；坎者陷也。陷必有所丽，故受之以《离》；离者丽也。

这一节是言治乱之理，人君当保泰无过的意思。泰者天地交而二气通，人物无不交通流洽，故谓之通。然世无常通之理，治极必乱，如环无端，故《泰》之后，受之以《否》。上下不交，所以为否；然亦无常否之理，乱极必有君臣同心协力，起而倾其否，故《否》之后，受以《同人》。与人同，故人见以好恶公天下，则民必归心，近悦远来，所有甚大，故受之以《大有》。所有既大，又不可好大喜功以有自满，须抑畏持守，敬天勤民，一切谦谨，故受之以《谦》。如有大而能谦，则无骄侈之害，天佑人助，必然安享其有，而中心和乐矣，故《谦》之后，受之以《豫》。人君能以谦致豫，则臣民的心必随之，故受之以《随》。夫以喜悦致人之随者，非苟随也，必上下同心协力，而有事于修治耳，故《随》后受之以《蛊》。蛊者政坏而饬治，振起有所事也，既有事于励精图治，则宇宙大事业、大经济，皆由此而起，故《蛊》后受之以《临》。临者居上临下，遍临而有大之义也，物大则丰功伟烈，焕然一新，有以耸天下之耳目，故受之以《观》。大观在上，下民而化，则朝野必合藏一人，来享来王，而成一统之治，故《观》之后受以《噬嗑》；嗑是合而为一的意思。凡物不可不合，又不可以苟合，如直情而行，便是苟合了，事则相渎易离，故天合人合者，皆有礼以饬之，故以《贲》次之；贲者交饰其质之谓也。饰本有亨道，若专事交饰，则繁交盛而实行衰，如何行得去，是可行之亨立尽矣，故继之以《剥》；剥者交教剥尽，塞而不通之义也。凡物尽则反，无终尽的理，故剥穷尽于上，则必反生于下，如天地之心隐而复见，人之心息而复生，故以《复》次之。人心善端一复，则所存皆天理之心，而人欲之妄即除矣，故《复》之后即受以《无妄》。无妄则诚矣，好善必万善皆备，恶恶必纤恶不留，然后可以畜德而至于大，故《大畜》次之。所畜既大，则必优游涵泳，以克养其德性，而使之自化，是得养之义也，故受之以《颐》；颐者正涵养之谓也。惟有大涵养，而后有大施设，未有养不豫而可以干旋大事者，故《颐》之后受以《大过》。以大过人之才，为大过人之事，非有养者不能；然又不可过乎中，若恃才过动，则为终过，毕竟轻躁悖戾，有难行之处而陷溺于险矣，故《坎》次之。坎者一阳陷于二阴之中，有险陷之义；既陷于险难之中，则必有所附丽以自振作，庶资其财力而难可免矣，故受之以《离》。离者一阴丽于二阳之间，有附丽之义也。这等，则上篇之终以《坎》《离》，将水火共济，以见天地之能事也。

右上篇

有天地然后有万物，有万物然后有男女，有男女然后有夫妇，有夫妇然后有父子，有父子然后有君臣，有君臣然后有上下，有上下然后礼义有所错。夫妇之道不可以不久也，故受之以《恒》；恒者久也。物不可以久居其所，故受之以《遯》;遯者退也。物不可以终遯，故受之以《大壮》。物不可以终壮，故受之以《晋》；晋者进也，过必有所伤，故受之以《明夷》；夷者伤也；伤于外者必反其家，故受之以《家人》。家道穷必乖，故受之以《睽》；睽者乖也。乖必有难，故受之以《蹇》；蹇者难也。物不可以终难，故受之以《解》；解者缓也。缓必有所失，故受之以《损》。损而不已必益，故受之以《益》。益而不已必决，故受之以《夬》；夬者决也。决必有所遇，故受之以《姤》；姤者遇也。物相遇而后聚，故受之以《萃》；萃者聚也。聚而上者谓之升，故受之以《升》。升而不已必困，故受之以《困》。困乎上者必反下，故受之以《井》。井道不可不革，故受之以《革》。革物者莫若鼎，故受之以《鼎》。主器者莫若长子，故受之以《震》；震者动也，物不可以终动止之，故受之以《艮》；艮者止也。物不可以终止，故受之以《渐》；渐者进也。进必有所归，故受之以《归妹》。得其所归者必大，故受之以《丰》；丰者大也。穷大者必失其居，故受之以《旅》。旅而无所容，故受之以《巽》；巽者入也。入而后说之，故受之以《兑》；兑者说也。说而后散之，故受之以《涣》；涣者离也。物不可以终离，故受之以《节》。节而信之，故受之以《中孚》。有其信者必行之，故受之以《小过》。有过物者必济，故受之以《既济》。物不可穷也，故受之以《未济》终焉。

这一章是孔子因文王序下经之义以明之。夫首《咸》而终以《未济》者何也？自有天地，则气化形化，然后有万物；有万物则分阴分阳，然后有男女；有男女则阴阳以两配合，然后有夫妇；有夫妇，则生育之功成而有父子。有父子，则生齿日烦，无主乃乱，必有君以统之，臣以承之，则其分相临，而其义相维也。有君臣，则贵贱之等立，不独自天子以至于庶人，有上下于其中；凡权得自专者皆上，凡我处事人者皆下，又在在各有上下之位也。既有上下，则有拜趋坐立之节，有宫室车马之等，小而系缨之微，大而衣裳之垂，其制之必有文，故谓之礼；其处之必得宜，故谓之义，则礼义有所设施措置矣。是天地万物男女者，夫妇之所由始；父子君臣上下礼义者，夫妇之所由致；夫妇所关大矣。故下经首《咸》，咸者夫妇之道也。夫妇乃人道的根本，天地的常经不可以不久也，故受之以《恒》；恒者常久不易之义也。夫妇之道固当久矣，若夫久处盛满者，造物所忌久居大位者，祸机所伏，是物不可久居其所也，须见几而知止，故《恒》之后受之以《遯》；遯者功成名遂，而退避不居之义也。然时有盈虚，道有屈伸，物无终遯之理，将来必有壮盛之时，故《遯》之后受之以《大壮》。物既壮则不止于徒壮，必能建大功、立大业，显明德于明时，故《晋》次之；晋者进而有为之义也。凡处晋者，知进要知退，若不知盈虚消息与时偕行，则必致于伤矣，故《明夷》次之；夷者伤害之义也。既伤于外者，其祸必及于家，故《家人》次之；祸及于家，则家道穷困矣。家道穷困，则父子兄弟夫妇之间，必情义乖离，故《家人》之后受之以

《睽》；睽者乖异之谓也。凡人情乖戾，则必相戕相贼，一室戈矛，而内难作矣，故《蹇》次之；蹇者，所遇蹇难之义也。然世无终于患难之理，难极必有解散之日，故又以《解》受之；解者缓怠之义也。缓则怠惰偷安，废时败事，必有所失，故受之以《损》。凡物损而不已损极矣，则亏者必盈，屈者必神，未有不受其益者，故《益》次之。益则迁善改过，不已其功，将裕内利外，流于既溢，若决江河，不亦决乎？故受之以《夬》；夬者决之义也。君子小人不并立，小人一旦决去，则君子必不约而遇矣，故《夬》之后受以《姤》；姤者相遇之义也。君子既遇，则同德相聚而成群矣，故受之以《萃》；萃者以类聚之义也。君子既聚于上，则乘时遘会，以类而进，故受之以《升》。然爵禄非一人之私，高显丛众人之忌，如升而不已，贪求而不知止，则必遭摧抑之困，故《困》次之。既欲进取，困而上不见容，势必退处而反乎下，至下者莫若井，故受之以《井》。井若常久，必停污；法若常久，必滋弊；故欲更化善治，则井道不可不革，故受以《革》。革物之器，去故而取新者，莫若鼎，故《鼎》次《革》。鼎乃宗庙社稷之重器，主此器者，惟大君之长子，分在世嫡，位居储副，使之主器，则名正言顺，故受之以《震》；震者阳生于下，动之义也。物无终动之理发舒之后，继以收敛故，受以《艮》；艮者阳极于上，止之义也。动极复静也，物无终止之理，收敛之后发舒因之，故《渐》次之；渐者渐进之义。静极复动也，学问之道，渐进不已，则理有归宿，犹女子之归，六礼以渐而行故受以《归妹》。既得所归，那细流归于江海则江海大，万民归于帝王则帝王大，至善归于圣贤则圣贤大，故《丰》次之；丰者盛大之义也。穷大而骄奢无度，则必亡国败家而失其所居之位矣，故受之以《旅》；旅者寓于外也。既自外于圣贤之道，则心不自安，无地可容，苟能巽顺于旅困之中，方有可入之机，故受之以《巽》；巽者巽心以入于理也。人情相拒则怒，相入则悦，敬能虚心逊志以入之，则不觉意味深长，旨趣隽永而说矣，故受以《兑》；兑者悦心之语也。人的气忧则郁结，和悦则舒散，苟能义理浃洽以出之，则不觉天机泮涣，意气舒畅而散矣，故受以《涣》；涣者涣散之义也。人心放逸而无所统系则离，若使离披解散，而无所终止，非处涣之道也，故必制数度、议德行、立防闲以节之，故受之以《节》。节道既立，则度信其制，礼信其议，民将输诚于我而不忍悖也，故《中孚》次之。凡事当随时制宜，若自恃其信，则言必信、行必果，而过乎中矣，势必至以小信妨大义，故《小过》次之；然人固不可过于信，亦不可无过人之才；有过人之才干，必能戡祸乱、定太平，以成济世之宏猷；故受之以《既济》。物至于既济，物之穷也；穷则变，必无终穷之理。稽之天地，则循环之运不可穷；验之人物，则生息之机不可穷；推之人事，则治乱相寻之数不可穷；惟不可穷，故《易》不以《既济》终，而以《未济》终也。这等，是终则有始，《易》其生生之谓乎！

右下篇

杂卦传

《乾》刚《坤》柔，《比》乐《师》忧。

这一章是孔子杂乱文王之序卦，而错综言之也。《乾》《坤》是言错，《比》《师》是言综。孔子说乾的六画皆奇，纯阳至健，静专动直，其性情为刚；坤的六画皆偶，纯阴至顺，静翕动辟，其性情至柔；则刚柔相反矣。《比》以天下而仰一人，向德归心，远近协应，岂不可乐？《师》以一人而统三军，动众行险，安危所系。岂不可忧？此《比》《师》之义反对也。

《临》《观》之义，或与或求。

这二卦是以综言。上之临下，下之观上，各有义之宜然者。故君子之临小人，有发政施仁之意，则上之所与，正以应其求也；下民之观君上，有仰止观光之心；则下之所求，正以承其与也。故言或与或求，是画反对，而义亦反也。

《屯》见而不失其居，《蒙》杂而著。

这二卦是以综言。《屯》以震遇坎，又居九五之位，是能见者；而坎险不行，则善藏其用，静里观变，而不失其安止之居者也。《蒙》以坎遇艮，坎体幽，犹那人的资禀昏昧者。然艮的体光明，则牿引未深，良知尚露，非杂而著乎？

《震》起也,《艮》止也;《损》《益》盛衰之始也。

这四卦是以综言。《震》以阳自下起，是静极而动，化机之发舒也。《艮》以阳自上止，是动极而静，化机之收敛也。《损》者，损下以益上；夫上益非衰，然民贫，君不能独富，衰由此始矣。《益》者，损上以益下；夫上损非盛，然民富，君不致独贫，盛由此始矣。

《大畜》时也,《无妄》灾也。

这二卦是以综言。《大畜》以艮畜乾，虽有难止之健，而亦能止者，时适然也，非幸也。《无妄》以乾而动，本无取祸之理，而或不免灾者，偶然之祸也，非宜也。

《萃》聚而《升》不来也,《谦》轻而《豫》怠也。

这四卦是以综言。《萃》是君子类聚，考德问业，同聚于下而不往，以隐为高也。《升》是君子上升，得时行道，同往于上而不来，以仕为通也。《谦》则虚己下人，自视不胜其轻也。《豫》则意得志满，自处不胜其怠也。

《噬嗑》食也,《贲》无色也。

这二卦是以综言。《噬嗑》以合天下之间，如啮去其强梗而食之，是去有间而归无间，混一之治也。《贲》以反天下之本，以无色而受采，是去有文而归无文，敦本之治也。

《兑》见而《巽》伏也。

这二卦是以综言。《兑》则柔居上为见，是感而接乎物也，和顺之气积中而发外也。《巽》则柔居下为伏，是寂而未与物交也，深潜之思，退藏而渊密也。

《随》无故也,《蛊》则饬也。

这二卦是以综言。《随》的时上下交励，无事故之可虞，但当恪守旧章，无所用其整饬；一至于《蛊》，上下胥玩，有坏乱之足忧，则亟宜修饬以善治矣。这等，则守成之主，与中兴之主，各惟其时而已。

《剥》烂也，《复》反也。

这二卦是以综言。《剥》者阳穷于上，品汇生意，溃烂而归于无也。《复》者阳生于下，品汇生意，复萌而反于有也。

《晋》昼也，《明夷》诛也。

这二卦是以综言。《晋》以明出地上而为昼，正世道昌隆之会，焕然如日之中天而昼也。《明夷》是明入地中而见伤，正世道晦塞之秋，乃善类见伤之日也。

《井》通而《困》相遇也。

这二卦是以综言。《井》以养物不穷，是君子之行道济时而功得以及物也。《困》则刚遇柔所掩，是君子见制于小人而动为其掣肘也。

《咸》速也，《恒》久也。

这二卦是以综言。《咸》以言乎其心之感也，圣人以此心默感于天下，而天下和平，绥之斯来，动之斯和，何其速也？《恒》以言乎其道之常也，圣人以此道常运于天下，而天下化成，教思无穷，容保无疆，何其久也？

《涣》离也，《节》止也。《解》缓也，《蹇》难也。《睽》外也，《家人》内也。《否》《泰》反其类也。

这八卦是以综言。《涣》以风散水，民心离析，无所统一而不可止。《节》以泽限水，议礼制度有所限止而不敢离。《解》则已出于险，利用那缓以宽舒之政，与民休息也。《蹇》则方在于险，当思这难，以艰难之虑图维时事也。《睽》则情意不相维系，情甚疏而外也。《家人》则恩义自相联属，情甚亲而内也。《否》则大往小来，《泰》则小往大来，相反处其类甚多。彼一离一止，一缓一难，一外一内，孰非反类中事乎？

《大壮》则止，《遯》则退也。

这二卦是以综言。《大壮》阳方壮也，虑其恃壮而失防阴之道，故戒君子亟止而不可轻进。《遯》阴方长也，虑其逞势而肆害阳之心，故戒君子勇退而不可冒进。

《大有》众也，《同人》亲也；《革》去故也，《鼎》取新也；《小过》过也，《中孚》信也；《丰》多故也，亲寡《旅》也。

这一节《大有》《同人》《革》《鼎》《丰》《旅》，是以综言。《小过》《中孚》，是以错言。《大有》之君，德足以致有，而我所有者众，则人人在其统驭之中。《同人》之情，联亿兆为一体，而人人皆来亲附也。《革》则将积习之陋尽更，凡旧日之弊，为天下去之。《鼎》则举维新之政悉布。凡新朝之政，为天下兴之，过不可有，虽小有失，亦过也，故细行之当谨。信不可无，中心之孚，乃信也，故色取之必戒。《丰》则明动相资，纷纷更张，事事欲其如意，其故多矣。《旅》则羁旅于外，无依无赖，人皆疏远，而所亲者寡矣。

《离》上而《坎》下也。

这二卦是以错言。《离》为火，火性炎上而不附于下，难以扑灭。《坎》为水，水性润下，而不行上，难以堤防。

《小畜》寡也，《履》不处也。

这二卦是以综言。《小畜》以一阴而畜众阳，则一小人之寡，而欲制诸君子，欲止者心而不能止者势，是寡不胜众也。《履》以和说而蹑刚躁之后，是君子以柔而制小人之刚，难进者势而易进者德，可以行而不处也。

《需》不进也，《讼》不亲也。《大过》颠也，《姤》遇也，柔遇刚也。《渐》女归，待男行也。《颐》养正也，《既济》定也。《归妹》女之终也，《未济》男之穷也。《夬》决也，刚决柔也；君子道长，小人道忧也。

这一节皆以综言。惟《大过》《颐》二卦是言错。事莫善于《需》，

《需》则安分待时，无躁进之心，故常安。事莫不善于《讼》,《讼》则越分求胜，而不与人亲，故多疏。《大过》之时，本末俱弱，非遗大投艰之才，故不胜其任而颠。《姤》是卒然而遇之义也，以一阴而遇五阳，遇之不以正，能无包藏祸心乎？君子以《渐》而进，如女子归，必待男的六礼备而后行也，则进得其正矣。《颐》则养德、养身皆以正也，正则《颐》道无拂经矣。《既济》是治之既成，礼备乐和，刑清政举，天下事大定也。《归妹》者，言女得所归，而终身有托，则女道有终矣。《未济》者，三阳失位，是丈夫无权而困穷也，何以成济世之功乎？《夬》之义决也，是以五刚而决一柔，直决之而已；决尽则君子满朝，其道日长而可喜；小人屏迹，其道日消，终于忧辱而已。《易》之为书，不过扶阳抑阴，存君子而去小人。故有治而无乱，为天下庆，为万世庆也。